9783801204549-8

WILLY BRANDT
Berliner Ausgabe

WILLY BRANDT
Berliner Ausgabe
Herausgegeben von
HELGA GREBING, GREGOR SCHÖLLGEN
und HEINRICH AUGUST WINKLER
Im Auftrag der
Bundeskanzler-Willy-Brandt-Stiftung

BAND 1:
Hitler ist nicht Deutschland.
Jugend in Lübeck – Exil in Norwegen 1928 – 1940
BAND 2:
Zwei Vaterländer.
Deutsch-Norweger im schwedischen Exil –
Rückkehr nach Deutschland 1940 – 1947
BAND 3:
Berlin bleibt frei.
Politik in und für Berlin 1947 – 1966
BAND 4:
Auf dem Weg nach vorn.
Willy Brandt und die SPD 1947 – 1972
BAND 5:
Die Partei der Freiheit.
Willy Brandt und die SPD 1972 – 1992
BAND 6:
Ein Volk der guten Nachbarn.
Außen- und Deutschlandpolitik 1966 – 1974
BAND 7:
Mehr Demokratie wagen.
Innen- und Gesellschaftspolitik 1966 – 1974
BAND 8:
Über Europa hinaus.
Dritte Welt und Sozialistische Internationale
BAND 9:
Die Entspannung unzerstörbar machen.
Internationale Beziehungen und deutsche Frage 1974 – 1982
BAND 10:
Gemeinsame Sicherheit.
Internationale Beziehungen und deutsche Frage 1982 – 1992

WILLY BRANDT
Berliner Ausgabe
BAND 8
Über Europa hinaus
Dritte Welt und Sozialistische Internationale

Bearbeitet von
BERND ROTHER und WOLFGANG SCHMIDT

Verlag J.H.W. Dietz Nachf. GmbH

Die Bundeskanzler-Willy-Brandt-Stiftung bedankt sich für die großzügige finanzielle Unterstützung der gesamten Berliner Ausgabe bei:

Frau Ursula Katz, Northbrook, Illinois
Alfried Krupp von Bohlen und Halbach-Stiftung, Essen
Otto Wolff von Amerongen-Stiftung, Köln
Stiftungsfonds Deutsche Bank im Stifterverband für die Deutsche Wissenschaft e. V., Essen
Stiftung Deutsche Klassenlotterie Berlin
Deutsche Druck- und Verlagsgesellschaft mbH, Hamburg
Bankgesellschaft Berlin AG
Herlitz AG, Berlin
Metro AG, Köln
Schering AG, Berlin

Bibliografische Information der Deutschen Bibliothek
Die Deutsche Bibliothek verzeichnet diese Publikation
in der Deutschen Nationalbibliografie;
detaillierte bibliografische Daten sind im Internet über
http://dnb.ddb.de abrufbar.

ISBN 3-8012-0308-5

© Copyright der deutschsprachigen Ausgabe
Verlag J.H.W. Dietz Nachfolger GmbH, Bonn
© Copyright für alle übrigen Sprachen
Bundeskanzler-Willy-Brandt-Stiftung, Berlin
Lektorat: Dr. Heiner Lindner
Umschlag und Layout-Konzept:
Groothuis & Consorten, Hamburg
Satz: XConMedia AG, Bonn, Berlin
Druck und Verarbeitung: Ebner + Spiegel, Ulm
Printed in Germany 2006

Inhalt

Willy Brandt – Stationen seines Lebens	7
Vorwort der Herausgeber	11

BERND ROTHER/WOLFGANG SCHMIDT
Einleitung
    Über Europa hinaus
    „Dritte Welt" und Sozialistische Internationale
	15

Verzeichnis der Dokumente	111
Dokumente	123
Anmerkungen	517
Anhang	
Quellen- und Literaturverzeichnis	602
Abkürzungsverzeichnis	614
Editionsgrundsätze	622
Personenregister	627
Sachregister	652
Bildnachweis	682
Angaben zu den Bearbeitern und zu den Herausgebern	685

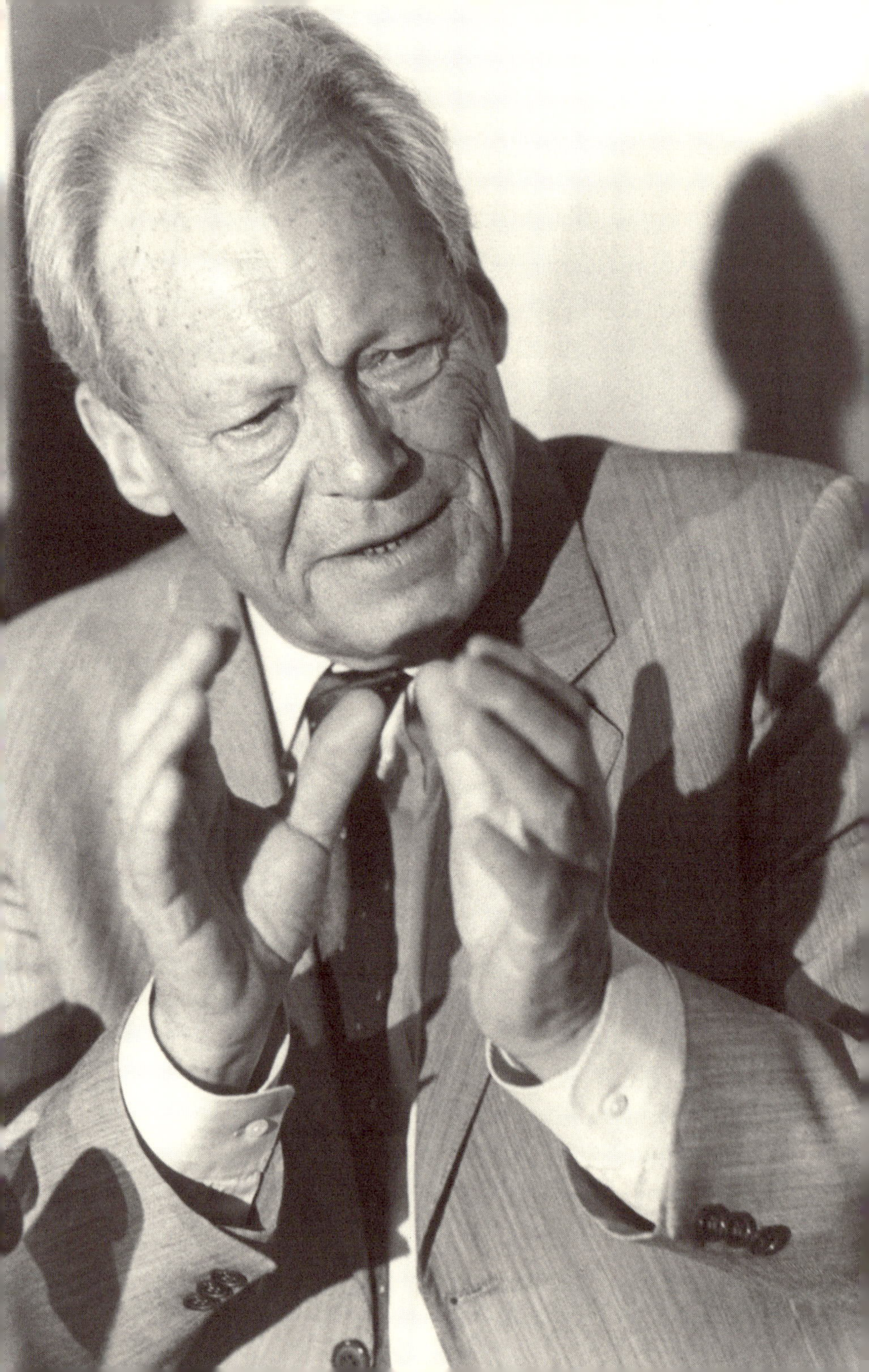

Willy Brandt – Stationen seines Lebens

1913	Am 18. Dezember in Lübeck als Herbert Ernst Karl Frahm geboren
1929	Mitglied der Sozialistischen Arbeiterjugend (SAJ) in Lübeck
1930	Eintritt in die SPD
1931	Wechsel zur Sozialistischen Arbeiterpartei Deutschlands (SAP); Vorsitzender ihres Jugendverbandes in der Hansestadt
1932	Abitur am Lübecker Reform-Gymnasium „Johanneum"
1933–1940	Exil in Norwegen; unter dem Namen Willy Brandt Widerstand gegen das NS-Regime; Mitglied der Exil-Leitung des SAP-Jugendverbandes und des Internationalen Büros revolutionärer Jugendorganisationen; seit 1939 Koordinator für Inlandsarbeit der SAP; zum „Federführenden" der SAP während des Krieges ernannt; umfangreiche journalistische und publizistische Tätigkeit
1936	Illegaler Aufenthalt in Berlin
1937	Beauftragter der SAP im Spanischen Bürgerkrieg
1938	Ausbürgerung durch die Nationalsozialisten
1939	Sekretär der norwegischen Volkshilfe
1940	Flucht ins Exil nach Schweden; norwegische Staatsbürgerschaft; umfangreiche publizistische Tätigkeit für den norwegischen Widerstand
1942–1945	Sekretär der „Kleinen Internationale" in Stockholm
1944	Eintritt in die Landesgruppe deutscher Sozialdemokraten in Schweden; Verbindungen zur Widerstandsgruppe des 20. Juli
1945	Nach Kriegsende Rückkehr nach Oslo

1945–1946	Berichterstatter für skandinavische Zeitungen aus Deutschland, u. a. über das Internationale Kriegsverbrechertribunal in Nürnberg
1947	Presseattaché an der norwegischen Militärmission in Berlin
1948	Vertreter des SPD-Parteivorstandes in Berlin; Wiedereinbürgerung
1949–1957, 1961	Vertreter Berlins im Deutschen Bundestag
1950–1969	Mitglied des Berliner Abgeordnetenhauses
1954–1958	Stellvertretender Landesvorsitzender der Berliner SPD
1955–1957	Präsident des Berliner Abgeordnetenhauses
1957–1966	Regierender Bürgermeister von Berlin
1957–1958	Vorsitzender des Bundesrats
1958–1963	Präsident des Deutschen Städtetages
1958–1964	Vorsitzender des Berliner Landesverbandes der SPD
1958–1992	Mitglied des Parteivorstandes der SPD
1960, 1964, 1969	Nominierung zum Kanzlerkandidaten der SPD
1962–1964	Stellvertretender Vorsitzender der SPD
1964–1987	Vorsitzender der SPD
1966–1969	Bundesminister des Auswärtigen und Vizekanzler in der Großen Koalition aus CDU/CSU und SPD
1966–1976	Vizepräsident der Sozialistischen Internationale
1969–1992	Mitglied des Deutschen Bundestages
1969	Wahl zum Bundeskanzler und Beginn der sozialliberalen Ära
1970	Erste deutsch-deutsche Gipfeltreffen in Erfurt und Kassel; Unterzeichnung des Moskauer und des Warschauer Vertrages; Wahl zum „Mann des Jahres" durch „Time" (USA) und „L'Express" (Frankreich)
1971	Verleihung des Friedensnobelpreises; Ehrenbürger von Berlin

1972	Erfolgloses Misstrauensvotum der CDU/CSU gegen den Bundeskanzler; Sieg der SPD bei den vorgezogenen Wahlen zum Deutschen Bundestag; Wiederwahl zum Bundeskanzler; Ehrenbürger von Lübeck
1973	Inkrafttreten des Grundlagenvertrages; Beitritt beider deutscher Staaten zu den Vereinten Nationen; Unterzeichnung des Prager Vertrages
1974	Rücktritt vom Amt des Bundeskanzlers
1976–1992	Präsident der Sozialistischen Internationale
1977–1983	Vorsitzender der Nord-Süd-Kommission
1979–1983	Mitglied des Europäischen Parlaments
1983, 1987	Alterspräsident des Deutschen Bundestages
1985	Auszeichnung mit dem Albert-Einstein-Friedenspreis
1987–1992	Ehrenvorsitzender der SPD
1990	Ehrenvorsitzender der SPD in der DDR; Alterspräsident des ersten gesamtdeutschen Bundestages
1991	Auf Antrag Brandts und anderer Entscheidung des Deutschen Bundestages für Berlin als Sitz von Regierung und Parlament
1992	Am 8. Oktober in Unkel bei Bonn verstorben

Vorwort der Herausgeber

Willy Brandt zählt zu den großen Persönlichkeiten und bedeutenden Staatsmännern des 20. Jahrhunderts. Sein Name ist untrennbar verbunden mit der Sicherung des Friedens, der Verteidigung der Freiheit und dem unablässigen Bemühen um mehr soziale Gerechtigkeit. Seine Entwicklung vom jungen Linkssozialisten, den seine politische Überzeugung und der Kampf gegen die nationalsozialistische Diktatur in die Emigration führte, zum Regierenden Bürgermeister von Berlin, Vorsitzenden der SPD und später der Sozialistischen Internationale sowie zum Außenminister und Bundeskanzler der Bundesrepublik Deutschland ist eine der bemerkenswertesten Politikerkarrieren des 20. Jahrhunderts.

Die durch den Deutschen Bundestag 1994 ins Leben gerufene Bundeskanzler-Willy-Brandt-Stiftung, in deren Auftrag die Herausgeber die Berliner Ausgabe vorlegen, will mit dieser Edition die Bedeutung Willy Brandts für die Geschichte des 20. Jahrhunderts dokumentieren und einer breiten historisch-politisch interessierten Öffentlichkeit zugänglich machen. An diesem Zweck orientiert sich die auf zehn Bände angelegte Auswahl wichtiger Reden, Artikel und Briefe Willy Brandts.

Die Berliner Ausgabe wird jene innenpolitischen Weichenstellungen beleuchten, die wesentlich von Willy Brandt herbeigeführt wurden. Sie wird zugleich deutlich machen, dass sein vorrangiges politisches Interesse nicht erst seit seinen Berliner Tagen im Bereich der Deutschland- und Außenpolitik lag. Das Augenmerk der Dokumentation gilt weiter dem Parteiführer, der die SPD in ihrer Binnenstruktur modernisierte und einem neuen Denken öffnete, ihr neue Wählerschichten erschloss und später Ansehen und Gewicht der Sozialistischen Internationale, nicht zuletzt in den Ländern der „Dritten Welt", beträchtlich erhöhte. Immer wieder wird offenkundig, dass es bei Willy Brandt beides gibt: bemerkenswerte Konstanten seines Denkens und Handelns und zugleich ein hohes Maß an Flexibilität gegenüber konkreten zeitbedingten Anforderungen sowie die Fähigkeit zur Korrektur der eigenen Politik angesichts neuer Herausforderungen.

Willy Brandt beherrschte die unterschiedlichen Formen und Instrumente der politischen Meinungs- und Willensbildung gleichermaßen souverän. Große Reden auf Parteitagen, auf Marktplätzen, in Versammlungslokalen und Festhallen stehen neben Ansprachen vor einem intellektuellen Publikum und Zeitschriftenaufsätzen; kurze Briefe neben umfassenden grundsätzlichen Äußerungen, Radio- und Fernsehkommentare neben großen Büchern; konzentrierte und gezielte Diskussionsbemerkungen neben knappen, seinerzeit manchmal kaum wahrgenommenen Einmischungen in politische Entscheidungsprozesse. All das werden die Bände widerspiegeln.

Wie nur wenige deutsche Politiker im 20. Jahrhundert hat Willy Brandt nach dem Zusammenbruch der nationalsozialistischen Herrschaft das Weltgeschehen nicht nur beeinflusst, sondern entscheidend mitgestaltet. Er fühlte sich verpflichtet, sich der Last der deutschen Vergangenheit persönlich zu stellen, was ihm neben Anerkennung auch viel Anfeindung eintrug. Bis in die siebziger Jahre musste er sich politischer Diffamierung erwehren, die ihm als Emigranten und Widerstandskämpfer gegen den Nationalsozialismus galten. Auch dies werden die Bände belegen.

Maßgebliche Fundstellen für die Berliner Ausgabe sind der umfangreiche Nachlass im Willy-Brandt-Archiv im Archiv der sozialen Demokratie der Friedrich-Ebert-Stiftung sowie Parallelüberlieferungen im Archiv der sozialen Demokratie – wie SPD-Parteivorstandsakten, Deposita und Nachlässe anderer Politiker. Hinzu kommen zahlreiche einschlägige Bestände von Archiven, Bibliotheken und Stiftungen, wie diejenigen des Bundesarchivs, und natürlich Publikationen Willy Brandts. Jedem der zehn Bände ist eine umfangreiche Einleitung vorangestellt, in der die Texte in den historischen Zusammenhang eingeordnet und kritisch gewürdigt werden. Jeder Band hat einen Umfang von etwa 500 Druckseiten einschließlich eines Personen- und Sachregisters.

Die Berliner Ausgabe will ein facettenreiches Bild vom Leben und Werk Willy Brandts vermitteln. Die Herausgeber hoffen, dass es auf diese Weise gelingt, die Erinnerung an den bedeutenden Politiker und Staatsmann lebendig zu halten. Sie sind davon überzeugt, dass sein Denken und Wirken tiefe Spuren hinterlassen haben und auch unter den veränderten Bedingungen des 21. Jahrhunderts die politische Entwicklung beeinflussen.

Für die unverzichtbare und kollegiale Zusammenarbeit wissen sich die Herausgeber dem Leiter des Historischen Forschungszentrums der Friedrich-Ebert-Stiftung, Herrn Prof. Dr. Dieter Dowe, zu besonderem Dank verpflichtet.

Prof. Dr. Helga Grebing
Prof. Dr. Gregor Schöllgen
Prof. Dr. Heinrich August Winkler

BERND ROTHER/WOLFGANG SCHMIDT

Einleitung

Über Europa hinaus
„Dritte Welt" und Sozialistische Internationale

I. *Willy Brandt, die Sozialistische Internationale und die „Dritte Welt" –
Brückenschläge vom Exil bis zum Ende der Kanzlerschaft*

Die Weltkarriere, die Willy Brandt seit 1976 an der Spitze der Sozialistischen Internationale (SI) und ein Jahr später als Vorsitzender der Nord-Süd-Kommission antrat, konnte er weder vorhersehen noch planen. Doch kaum ein anderer Politiker war für diesen Weg besser gerüstet als der international so erfahrene Altbundeskanzler und SPD-Vorsitzende. Die Weltpolitik faszinierte ihn, und in mehr als vier Jahrzehnten hatte er auch über Europa hinaus viele Kontakte ins Ausland geknüpft.

In der Zeit seines Exils hatte Brandt in der Internationalen Gruppe demokratischer Sozialisten in Stockholm, zu der auch der spätere österreichische Bundeskanzler Bruno Kreisky gehörte, führend mitgearbeitet.[1] Die so genannte „Kleine Internationale" war eine der Keimzellen, aus der 1951 die SI entstand. Deren Wurzeln reichen bis 1864 zurück. Damals war in London die Internationale Arbeiterassoziation gegründet worden, in der an einflussreicher Stelle auch Karl Marx mitwirkte. Aufgrund interner Konflikte löste sie sich jedoch bereits 1876 wieder auf. Die 1889 ins Leben gerufene Zweite Internationale zerbrach mit dem Ausbruch des Ersten Weltkriegs, denn die europäischen Mitgliedsparteien stellten 1914 die nationale vor die internationale Solidarität und unterstützten ihre jeweiligen Regierungen. Auch die Sozialistische Arbeiter-Internationale der zwanziger und dreißiger Jahre scheiterte an dem Versuch, die Politik ihrer Mitglieder zu vereinheitlichen. Mit Beginn des Zweiten Weltkriegs zerfiel dieser Zusammenschluss der internationalen sozialdemokratischen und sozialistischen Arbeiterbewegung. Aus diesen Erfahrungen zogen die Gründer der SI 1951 Konsequenzen. Die neue Organisation wurde nur als lockere Arbeitsgemeinschaft souveräner Parteien eingerichtet. In den ersten 25 Jahren ihres Bestehens erlangte die SI, deren Mitglieder fast alle aus Europa stammten, allerdings so gut wie keine internationale Bedeutung. Das erklärt, warum Willy Brandt, obwohl er 1966 zu einem ihrer Vizepräsidenten gewählt worden war, bis 1976 kein großes Engagement in der Sozialistischen Internationale entwickelte.

Was er bei der eurozentrischen SI vermisste, zeigte er schon früh: Interesse an den Vorgängen in der außereuropäischen Welt. Dass er über den deutschen und den europäischen Tellerrand weit hinaus zu blicken imstande war, hatte er schon in der „Kleinen Internationale" bewiesen. Während des Zweiten Weltkrieges bekannte er sich zum Kampf gegen Rassenklischees und unterstützte die Unabhängigkeitsbestrebungen der Kolonialvölker. 1945 hieß Brandts Losung: „universale Demokratisierung". „Zu fordern ist Demokratie – politisch und ökonomisch – überall in der Welt."[2]

In den fünfziger Jahren nahm der aufsteigende Berliner Sozialdemokrat aufmerksam wahr, wie sich die weltpolitische Landkarte mit der Entkolonisierung und dem Auftreten der Blockfreien zu verändern begann.[3] Als Geburtsstunde der Blockfreienbewegung gilt die Konferenz asiatischer und afrikanischer Länder im indonesischen Bandung 1955. Die Teilnehmer schrieben die „friedliche Koexistenz" der Staaten als Motto auf ihre Fahnen. So lautete bereits damals auch das politische Leitmotiv Willy Brandts.[4] 1961 versammelten sich die führenden Vertreter aus 25 Staaten zur ersten Gipfelkonferenz der Blockfreienbewegung in Belgrad. Zu deren Sprechern zählten charismatische Politiker, wie der jugoslawische Staatschef Tito, der indische Premierminister Jawaharlal Nehru, der indonesische Staatspräsident Sukarno und der ägyptische Präsident Gamal Abd el Nasser. Die Blockfreien wollten weder dem Lager der westlichen noch dem der östlichen Supermacht zugehören. Das trug ihnen die Bezeichnung „Dritte Welt" ein. Diese Wortschöpfung französischen Ursprungs wurde in den sechziger Jahren zum Synonym für alle unterentwickelten Länder.[5] Nicht selten suchten diese Staaten auch einen „dritten Weg" zwischen Kapitalismus und Kommunismus.

Die „Dritte Welt" lernte Willy Brandt erstmals 1959 aus eigener Anschauung kennen. Anlässlich einer weltweiten Werbetour für das vom Chruschtschow-Ultimatum bedrohte West-Berlin traf der Regierende Bürgermeister mit Nehru und dessen Tochter Indira Gandhi zusammen.[6] Über diesen ersten Besuch in Asien schrieb er 1976 im Rückblick: „Die Bilder des grenzenlosen Elends in den Straßen von Kalkutta und in den Außenbezirken von Karatschi haben mich nie mehr verlassen."[7] Im Oktober 1962 prophezeite er in seinen Vorlesungen vor der Harvard-Universität, das Ost-West-Problem könne eines Tages vom Nord-Süd-Problem überlagert werden, und warnte, die Menschheit stehe „vor einer weltweiten sozialen Explosion".[8] Ein Jahr später besuchte Brandt den afrikanischen Kontinent und sprach dabei nicht nur mit Nasser, sondern auch mit führenden Staatsmännern wie Julius Nyerere (Tansania), Milton Obote (Uganda), Félix Houphouët-Boigny (Elfenbeinküste), Jomo Kenyatta (Kenia) und dem Kaiser von Äthiopien, Haile Selassie.[9]

Als Außenminister reiste Willy Brandt nach Afrika, Lateinamerika und Asien.[10] 1969 regte er an, dass die westlichen und östlichen Industrieländer ein Prozent ihres Verteidigungshaushalts zugunsten der Entwicklungshilfe umschichten und auf diesem Gebiet zusammenarbeiten könnten.[11] Auf die Regierungspolitik der Großen Koalition wirkte sich das nicht mehr aus. Erst die sozial-liberale Koalition stellte die Weichen neu. Entwicklungspolitik wurde nicht mehr als weltweites diplomatisches Kampfmittel gegen das Vordringen des Kommunismus angesehen. Erhard Eppler, Minister für wirtschaftliche Zusammenarbeit, bezeichnete sie vielmehr als einen Ansatz zur „Weltinnenpolitik".[12] 1971 verabschiedete das Kabinett Brandt die erste entwicklungspolitische Konzeption der Bundesregierung.[13] Demnach orientierte sich Bonn an den Zielen und Prioritäten des jeweiligen Entwicklungslandes und versuchte nicht mehr, den Partnerländern die eigenen gesellschafts- und wirtschaftspolitischen Vorstellungen aufzudrängen.

„So bald wie möglich" wollte die Bundesregierung die Empfehlung der UN-Generalversammlung von 1970 verwirklichen, wonach die Industriestaaten jährlich mindestens 0,7 % ihres Bruttosozialprodukts (BSP) für öffentliche Entwicklungshilfe ausgeben sollen. Sie hat dieses Versprechen jedoch nicht erfüllt. Zwischen 1968 und 1973 gingen die öffentlichen Entwicklungshilfeausgaben der Bundesrepublik sogar zurück – und zwar von 0,42 % auf 0,32 % des BSP.[14] Als er kein Staatsamt mehr ausübte, blickte Willy Brandt selbstkritisch auf seine Kanzlerjahre zurück: „[I]ch muss gestehen, dass [...] Nord-Süd-Fragen nicht im Mittelpunkt meiner täglichen Aktivitäten standen. Wir hätten mehr tun sollen und können."[15]

Herausforderung durch die „Dritte Welt": Der Ruf nach einer Neuen Weltwirtschaftsordnung und die Ölkrise 1973/74

Der Beginn der siebziger Jahre war zweifelsohne die Hochphase der Ost- und Entspannungspolitik. Doch während der Kalte Krieg an Dramatik verlor, entwickelte sich in der internationalen Politik eine neuartige Auseinandersetzung. Bereits Mitte der sechziger Jahre hatten sich die Entwicklungsländer in der „Gruppe der 77" – unter ihnen viele Blockfreie – zusammengetan, um bei der Konferenz der Vereinten Nationen für Handel und Entwicklung (UNCTAD) eine gemeinsame Linie zu vertreten. In der Generalversammlung und den Sonderorganisationen der UN bildete die rasch über 100 Mitglieder zählende, politisch aber sehr heterogene G 77 eine Mehrheit.[16] Seit der UNCTAD III in Santiago de Chile 1972 verlangten diese Staaten vehement die Errichtung einer „Neuen Weltwirtschaftsordnung". Durch Reformen der internationalen Wirtschaftsbeziehungen sollte die Benachteiligung der Entwicklungsländer beseitigt und deren stärkere Teilhabe am Nutzen der Weltwirtschaft verwirklicht werden. Von den Industrieländern wurde außerdem ein Ausgleich für jene Schäden eingefordert, die den Entwicklungsländern nach eigener Ansicht durch „Kolonialismus", „Neokolonialismus" und „ungerechte Handelsbeziehungen" entstanden waren. Dem Ruf nach einer „Neuen Weltwirtschaftsordnung" schloss sich die UN-Generalversammlung im Mai 1974 in einer entsprechenden Erklärung an.[17]

Die erste Ölkrise 1973/74 im Gefolge des Vierten Nahostkrieges[18] wurde zum Fanal des Nord-Süd-Konflikts und des Ringens um eine „Neue Weltwirtschaftsordnung". Mit der Drosselung der Fördermengen und einem Lieferboykott gegen jene westliche Staaten, die Israel unterstützten, setzten die in der Organisation erdölexportierender Länder (OPEC) dominierenden arabischen Staaten den Rohstoff Öl als strategische Waffe ein. Das trieb die Ölpreise in die Höhe und löste schwere ökonomische Turbulenzen aus, die unter anderem auch die wohlstandsverwöhnte Bundesrepublik erfassten.[19] Die potenzielle Macht der meist armen Rohstoffländer wie die Verwundbarkeit der reichen Industrieländer wurden schlagartig sichtbar. Nach dem Beispiel des erfolgreichen OPEC-Kartells wollte die „Dritte Welt" nun

„So etwas wie ein Erweckungserlebnis" – Bundeskanzler Willy Brandt trifft einen der Sprecher der „Dritten Welt", den algerischen Staatschef Houari Boumediène, am 19. April 1974 in Algier.

die Rohstoffabhängigkeit der Industriestaaten zum Hebel für grundlegende Veränderungen der weltwirtschaftlichen Strukturen machen. Während seiner letzten Auslandsreise als Bundeskanzler, die ihn im April 1974 nach Algerien und Ägypten führte, wurde Willy Brandt mit den radikalen Vorstellungen und dem gewachsenen Selbstbewusstsein der Entwicklungswelt direkt konfrontiert. Eine der führenden Persönlichkeiten der G 77, der algerische Staatspräsident Houari Boumediène, machte im Gespräch mit dem deutschen Regierungschef unmissverständlich klar: „Das Weltwirtschaftssystem müsse im Interesse sowohl der Industriestaaten wie der Entwicklungsländer auf eine neue und gerechtere Grundlage gestellt werden. [...] Die Zeit des Imperialismus und der Ausbeutung müsse endgültig vorbei sein."[20]

Dieses Treffen in Algier und besonders die Persönlichkeit Boumediènes haben Brandt sehr beeindruckt.[21] Wie er 1986 bekannte, sei ihm im Gespräch mit dem algerischen Präsidenten „die ganze Bedeutung des Nord-Süd-Problems, auch für den Frieden der Welt", „voll bewußt" geworden. Daher rühre auch sein späteres entwicklungspolitisches Engagement.[22] Für den Kanzler, erinnerte sich Erhard Eppler, war die Begegnung „so etwas wie ein Erweckungserlebnis". Nach seiner Rückkehr sagte Brandt, der bis dahin „allenfalls gemäßigtes Wohlwollen" für Entwicklungshilfe gezeigt hatte, zu seinem Minister: „Erhard, jetzt hab' ich's begriffen. Jetzt laß uns arbeiten."[23] Doch die „Sternstunde", so Eppler, war zu kurz, um Folgen zu zeitigen, denn kaum zwei Wochen später trat der Bundeskanzler zurück.

II. Für den demokratischen Sozialismus – Internationale Aktivitäten nach dem Rücktritt als Bundeskanzler 1974–1976

Der Rückzug am 6. Mai 1974 war Ausdruck des innenpolitischen Scheiterns Willy Brandts. Das Ende seiner Kanzlerschaft bedeutete aber nicht, dass er damit allen Einfluss verloren hätte. Brandt blieb nicht nur Vorsitzender der Regierungspartei SPD. Vor allem verfügte er nun über das internationale Renommee eines „elder statesman". Dem Friedensnobelpreisträger von 1971 wurde weltweit höchste Anerkennung und große Sympathie entgegengebracht, wie Brandt auf seinen weit über 200 Auslandsreisen vom Kanzlerrücktritt bis zu seinem Lebensende immer wieder feststellen durfte. Unverkennbar genoss er die Ehre, fast wie ein Regierungschef empfangen zu werden. Für die Rückkehr auf die Bühne der Weltpolitik nutzte Brandt zunächst die internationalen Beziehungen seiner Partei. Die Organisations- und Finanzkraft der SPD, die unter den sozialdemokratischen und sozialistischen Parteien weltweit einmalig war, setzte er als Instrument ein, um sowohl die Ausbreitung der Demokratie in Europa und darüber hinaus zu unterstützen als auch das Netzwerk persönlicher Verbindungen auszubauen. Dabei nutzte er auch die Gestaltungsmöglichkeiten der Friedrich-Ebert-Stiftung, deren Mitglied er war und die er mit seinen Ideen befruchtete.

Hilfe für die jungen Demokratien in Portugal und Spanien 1974/75

Willy Brandts letzter ausländischer Gast in der Kanzlerzeit war Mário Soares.[24] Der portugiesische Sozialist war gerade Außenminister geworden, nachdem am 25. April 1974 linksgerichtete Militärs die jahrzehntealte Diktatur gestürzt hatten.

Als Bundeskanzler konnte Brandt Soares' Bitte um Unterstützung nicht mehr nachkommen. Als Parteivorsitzender aber engagierte er sich entschieden für die portugiesische Demokratie und besonders für die Sozialisten in diesem Lande. Seine Bemühungen nahmen 1975 noch zu, als der Eindruck entstand, dass die portugiesische KP gemeinsam mit linksradikalen Militärs Wahlen entweder gänzlich unterbinden oder zumindest deren Ergebnis ignorieren werde. Die Entwicklung in Portugal drohte sogar den Abschluss der Konferenz über Sicherheit und Zusammenarbeit in Europa (KSZE) zu gefährden.

Gegenwind spürte Brandt abwechselnd aus zwei ganz unterschiedlichen Richtungen: Zum einen machte die sowjetische Führung – um das Mindeste zu sagen – ihren portugiesischen Ge-

Hilfe für die Demokratie: Bundeskanzler Willy Brandt empfängt den portugiesischen Außenminister Mário Soares am 3. Mai 1974 in Bonn.

sinnungsgenossen nicht hinlänglich klar, dass ein Putsch gegen die Demokratie ein schwerer Schlag für die Entspannungspolitik wäre. Zum anderen hatte die amerikanische Führung 1975 kaum noch Hoffnung, dass sich die von Soares und seinen Sozialisten geführten demokratischen Kräfte durchsetzen könnten.[25]

Ein solcher Defätismus war Brandt fremd. In Washington bat er am 27. März 1975 Präsident Ford und Außenminister Henry Kissinger um Unterstützung der portugiesischen Demokraten.[26] KPdSU-Generalsekretär Leonid Breschnew forderte er Anfang Juli 1975 auf, den KP-Führer Álvaro Cunhal zu bremsen. Neben der Sorge um die Zukunft der internationalen Entspannung gab es für Brandt zwei weitere Motive, die ihn zur Intervention bei Breschnew bewegten: Eine radikal linke Regierung würde die Wahrscheinlichkeit eines Putsches von rechts wie in Chile 1973 erhöhen. Auch konnte der erhoffte friedliche Übergang zur Demokratie in Spanien – noch war dort der Diktator Francisco Franco an der Macht – durch eine kommunistische Offensive im Nachbarland in Gefahr geraten.

Breschnew zeigte sich diesen Argumenten gegenüber wenig aufgeschlossen.[27] Im Sommer 1975 spitzte sich die politische Konfrontation derartig zu, dass Brandt am 2. August 1975 an die Spitze eines Solidaritätskomitees sozialdemokratischer und sozialistischer Parteien Westeuropas für Portugal trat.[28] Sogar militärische Unterstützung für die Anhänger der Demokratie in Portugal wurde in den Reihen des Komitees erwogen, sollten die Kommunisten den Putsch tatsächlich wagen.[29]

Während des Sommers 1975 verglich der SPD-Vorsitzende die Lage in Lissabon mit derjenigen in Prag vor dem kommunistischen Putsch im Frühjahr 1948.[30] Da beide Supermächte in dieser Frage eine aus Sicht Brandts unverantwortliche Haltung an den Tag legten, kam in seinen Augen den Parteien des demokratischen Sozialismus die Aufgabe zu, die Krise in Portugal zu lösen. Die SI, an die man dabei zuerst hätte denken wollen, erwies sich dazu jedoch außerstande.[31] Daher wurde das Portugal-Solidaritätskomitee außerhalb des organisatorischen Rahmens der Internationale etabliert.

Ende 1975 gelang es den gemäßigten Gruppen im Lande, die linksradikalen Kräfte und die Kommunisten nachhaltig zu schwächen und einen entscheidenden Schritt zur Etablierung einer parlamentarischen Demokratie zu gehen. Nach dieser Wende mahnte der SPD-Vorsitzende in einer Pressekonferenz, die Europäische Gemeinschaft müsse nun der jungen portugiesischen Demokratie eine Perspektive politischer und wirtschaftlicher Zusammenarbeit bieten. Von Spanien, wo wenige Wochen zuvor Franco gestorben war, verlangte er konkrete Schritte zur Errichtung der Demokratie. Nur dann könne das Land auf eine stärkere Kooperation mit den europäischen Demokratien hoffen.[32]

Mit der erfolgreichen Unterstützung der portugiesischen Sozialisten, die 1976 die Führung der Regierung übernehmen konnten, war Brandts Plan aufgegangen: Die internationale Sozialdemokratie – insbesondere deren europäischer Zweig – hatte gezeigt, dass auf sie

Verlass war. Von einer Konkurrenz zu den Supermächten konnte natürlich keine Rede sein, aber dort, wo diese „Nischen" ließen, hatte sich damit eine Kraft auf der weltpolitischen Bühne zurückgemeldet, von der lange nichts zu hören gewesen war. Portugal war der Auftakt zum Engagement Brandts auf internationaler Parteienebene.

Die Hilfe für die spanischen Sozialisten, die nach dem Tode Francos im November 1975 am schwierigen Übergang von einer Diktatur zur Demokratie mitwirkten, erfolgte weniger spektakulär, stand aber in puncto Effizienz dem Einsatz für Portugal nicht nach. In Felipe González, dem Vorsitzenden der spanischen Schwesterpartei, fand er einen Partner, zu dem er ein besonders enges Vertrauensverhältnis aufbaute. Anfang Dezember 1976 besuchte Brandt den Parteitag der Sozialistischen Arbeiterpartei Spaniens. Es war 37 Jahre nach Ende des Bürgerkrieges der erste, der im Inland stattfinden konnte. Tief bewegt sagte Brandt, der in den dreißiger Jahren aktiv die spanische Linke unterstützt hatte: „Wenn es zu den Pflichten eines guten Politikers gehört, seine Emotionen zu verbergen, so werde ich in diesem Augenblick kein Politiker sein." Die gesamte Rede hielt er auf Spanisch, das er ein wenig in der Schule gelernt und in Barcelona 1937 vertieft hatte.[33]

Die Allianz für Frieden und Fortschritt 1975/76

Bei allem Erfolg hatte die Solidaritätsaktion insofern erneut die Handlungsunfähigkeit der SI offenbart, als der Anstoß zur Bildung des Komitees eben nicht von ihr ausgegangen war. So gering waren Brandts Hoffnungen auf Besserung, dass er auf eine ergänzende Organisation setzte, aus der schnell eine direkte Konkurrenz zur SI werden konnte, wenngleich er mehrfach betonte, dies sei nicht sein Ziel.

Der Fall Portugal hatte aber noch mehr deutlich werden lassen: Trotz der KSZE waren die Supermächte selbst in Europa nicht immer an der Stabilisierung eines entspannungsfreundlichen Klimas in den internationalen Beziehungen interessiert. In noch viel stärkerem Maße galt dies für die „Dritte Welt", für deren riesige Probleme Brandt ein hinreichendes Engagement von USA und UdSSR vermisste. Statt dessen wurde sie zum Schauplatz von Stellvertreterkriegen.

Um so aktiver mussten daher die Parteien des demokratischen Sozialismus werden. Sie durften nach Brandts Meinung nicht warten, bis auch die Regierungen so weit waren, um Frieden, Entspannung und Entwicklung weltweit zu fördern. An den Staatspräsidenten Venezuelas, Carlos Andrés Pérez, schrieb er am 24. Januar 1976: „Die politischen Kräfte, die sich gemeinsam den Vorstellungen der sozialen Demokratie, des Friedens und des Fortschritts verpflichtet fühlen, sollten von sich aus das Tempo der Entwicklung bestimmen."[34] Das war der Startschuss für die später so genannte und in den achtziger Jahren umstrittene Neben-, Sonder- oder auch parallele Außenpolitik der SPD.

Dass Brandt nach seinem Rücktritt als Bundeskanzler den Schwerpunkt seiner Aktivitäten mehr und mehr auf das außenpolitische Terrain verlegte, entsprach nicht nur seinem ausgeprägten Interesse an den internationalen Beziehungen und der Sorge um die Zukunft der Entspannungspolitik, sondern wohl auch einem wachsenden Unbehagen über die Politik seines Nachfolgers im Kanzleramt. Alsbald kürzte Helmut Schmidt die Entwicklungshilfe, was Erhard Eppler schon Anfang Juli 1974 zum Rücktritt vom Ministeramt veranlasste.[35] Im Dezember 1974 stimmte die Bundesrepublik gemeinsam mit den USA in den Vereinten Nationen gegen die „Charta über die wirtschaftlichen Rechte und Pflichten der Staaten". Das Dokument bekräftigte die Forderung nach einer „Neuen Weltwirtschaftsordnung". Besonders umstritten waren jene Artikel der Charta, die Verstaatlichungs- und Enteignungsoptionen gegen ausländische Unternehmen sowie nationale Kontrollen von privaten Auslandsinvestitionen enthielten. Das lehnten auch andere führende westliche Industriestaaten als unzulässige und schädliche Eingriffe in die Wirtschaft ab.[36]

Während Schmidt gegenüber den Forderungen der „Dritten Welt" zunächst wenig sensibel war, zeigte Brandt für diese viel Verständnis. Allerdings verstand er im Gegensatz zum Kanzler von wirtschaftlichen Dingen wenig. Brandt dachte und agierte mehr in diplomatischen Kategorien, setzte auf Ausgleich und Konsens. Als der SPD-Vorsitzende im März 1975 in Mexiko-Stadt mit dem mexikanischen Staatspräsidenten Luis Echeverría zusammentraf, der maßgeblich an der Erarbeitung besagter Charta beteiligt gewesen war, fragte sich Brandt laut, warum die Regierung der Bundesrepublik Deutschland der Charta ihre Zustimmung verweigert habe. „Er könne hierzu natürlich nur eine persönliche Meinung äussern [...]; er jedenfalls hätte wahrscheinlich anders entschieden."[37]

Im Anschluss an seinen Besuch in Mexiko führte Brandt im März 1975 in Caracas Gespräche mit den wichtigsten Politikern der venezolanischen Regierungspartei „Acción Democrática".[38] Es stellte sich heraus, dass auch sie auf der Suche nach internationalen Partnern außerhalb ihres Heimatkontinentes waren. Nach der gewaltsamen Unterdrückung des chilenischen Volksfrontexperiments 1973, dem Niedergang der meist an Kuba orientierten Guerilla und nicht zuletzt angesichts der Ausbreitung rechtsgerichteter Militärdiktaturen wünschten die AD und andere lateinamerikanische[39] Organisationen die Zusammenarbeit mit der europäischen Sozialdemokratie, deren Gesellschaftsmodell sie als erfolgreiche soziale Alternative ansahen. Venezuelas Staatspräsident Pérez war bestrebt, sich zum Sprecher der linken demokratischen Kräfte Lateinamerikas zu machen.[40] Auch im Kreis der G 77 trat er als Wortführer auf. Als mit Abstand bedeutendstes erdölförderndes Land Lateinamerikas und Mitglied der OPEC hatte Venezuela die materielle Basis für eine aktive Außenpolitik.

Bald nach der Rückkehr von seiner Reise besprach Brandt mit Bruno Kreisky und Olof Palme den Weg zum Aufbau eines neuen internationalen Netzwerks.[41] So reifte langsam die Idee heran, Neuland für den demokratischen Sozialismus in der Welt zu gewinnen. Die drei auch privat miteinander befreundeten Politiker pflegten seit längerer Zeit einen Gedankenaustausch, in dem es um Antworten auf die Herausforderungen der siebziger Jahre ging.[42] Um den Dialog mit Parteien und Bewegungen aufzunehmen, die den Ideen des demokratischen Sozialismus nahestanden, ohne aus der Arbeiterbewegung hervorgegangen zu sein, hielt Brandt neue Organisationsformen für erforderlich. Dabei hatte er vor allem die Kontakte zur „Dritten Welt" im Auge, denn dort regierten nicht selten Einheitsparteien. Deren Aufnahme in die SI aber war nach den Statuten ausgeschlossen. Das galt selbst in solchen Fällen, in denen die innere Struktur der Partei demokratisch und die Bildung unterschiedlicher politischer Strömungen in ihr zugelassen waren.

Willy Brandt war der Überzeugung, dass demokratische Sozialisten gemeinsam Konzepte zur Lösung der drängendsten Probleme in der Welt entwickeln könnten. Deswegen war er unzufrieden mit der Bedeutungslosigkeit der Internationale, die ihn nach einer Ergänzung suchen ließ. An die Öffentlichkeit trat der SPD-Vorsitzende mit seinen Plänen auf dem Bundesparteitag in Mannheim im November 1975. Brandt proklamierte eine „Allianz für Frieden und Fortschritt", welche die SI aber nicht ersetzen sollte. Die SI werde sich, so war seinen Reden und Interviews dieser Tage zu entnehmen, wie bisher auf Europa be-

Am Rande des Treffens sozialdemokratischer Parteien aus Europa und Lateinamerika in Caracas im Mai 1976 spricht Willy Brandt mit dem peruanischen Politiker Víctor Raúl Haya de la Torre (im Hintergrund: Mário Soares).

schränken, während die Allianz den Kontakt zu nichtkommunistischen Linksparteien in anderen Weltregionen aufnehmen solle. Dem Parteitag wohnte die außergewöhnlich hohe Zahl von 36 Gastdelegationen aus aller Welt bei.[43] Auch deshalb spielten Fragen der internationalen Politik, insbesondere die Probleme der Entwicklungsländer, in den Debatten eine wichtige Rolle. Erstmals in der Geschichte der SPD stand der Nord-Süd-Konflikt in einem vom Parteitag verabschiedeten Beschluss zur Außenpolitik an erster Stelle.[44]

Im Mai 1976 kam es in Caracas zur Auftaktveranstaltung des von Brandt initiierten neuen Diskussionsforums. An dem Treffen, das der Beginn eines weltumspannenden, Kontinente übergreifenden Dialogs sein sollte, beteiligten sich 13 europäische und 15 lateinamerikanische Parteien.[45] Prominente Anwesende aus Europa waren neben Willy Brandt Bruno Kreisky, Anker Jørgensen und Mário Soares.[46] Ein derartiges „Gipfeltreffen" linker Kräfte Europas und der außereuropäischen Welt hatte es noch nie gegeben. Der SPD-Vorsitzende wandte sich mit grundsätzlichen Ausführungen an die Versammelten.[47] Mit dem Bekenntnis „zum Weg der politischen und sozialen Reform in gesellschaftlicher Freiheit" grenzte er sich und die Gesprächspartner von allen kommunistischen oder linksradikalen Bewegungen ab. Nicht minder eindeutig wandte er sich gegen die „Maßlosigkeit eines überkommenen Kapitalismus", der weder zu sozialer Reform fähig sei noch zu einem Verständnis von Freiheit, das auch die sozialen Grundrechte wie ausreichende Ernährung, Bildung für alle, menschenwürdige Wohnung und die Möglichkeit einschließe, den Lebensunterhalt durch Arbeit zu bestreiten. Keine Frage, der SPD-Vorsitzende sympathisierte mit dem Konzept eines „dritten Wegs".

Besondere Anstrengungen verlangte Brandt zur Überwindung der krassen Unterschiede zwischen reichen und armen Nationen. In diesem Sinne machte er sich die Forderung nach einer „neuen gerechteren Weltwirtschaftsordnung" zu eigen, fügte jedoch hinzu, dass sie nur gelingen könne, „wenn innerhalb der Gesellschaften mehr Gerechtigkeit verwirklicht wird." Dies richtete sich vornehmlich an die Adresse jener Regierungen in der „Dritten Welt", die allein den kapitalistischen Industriestaaten die Verantwortung für das Elend in den Entwicklungsländern zuschoben. Damit machte Brandt deutlich, worin er den besonderen Beitrag des demokratischen Sozialismus zur entwicklungspolitischen Diskussion sah: in der Stärkung der innergesellschaftlichen Reformkräfte. Welchen Sinn hätte auch eine Kooperation der reformerischen Parteien gehabt, wenn sie die Verhältnisse im Inneren der Nationen, also ihren ureigensten Wirkungsbereich, außer Acht gelassen hätte?

Die am Ende des Treffens einvernehmlich gebilligte „Erklärung von Caracas" folgte den Vorstellungen Brandts.[48] So gesehen war der Start der Allianz insgesamt gelungen. „‚Die verehren Willy Brandt wie einen Heiligen', schwärmte ein Teilnehmer der Konferenz mit den Lateinamerikanern. [...] Brandts Ansehen in der sozialistischen Bewegung und in der Dritten Welt scheint ungebrochen."[49] In den Kontakten zwischen lateinamerikanischen und europäischen Reformparteien lagen Perspektiven. Amerika südlich des Rio Grande wurde zum zweiten Schwerpunkt der Bewegung des demokratischen Sozialismus.

Afrika, Asien und Nordamerika hingegen verschlossen sich weitgehend dem Werben der westeuropäischen Sozialdemokraten.[50] Im Falle Afrikas wirkten aus der Kolonialzeit überkommene nationale Konkurrenzen hemmend. Hinzu kam, dass nur wenige „geborene" Partner existierten, also Bewegungen mit reformerischer Programmatik und Praxis, und auch das Eigeninteresse der linken Parteien Afrikas, Asiens und Nordamerikas an einer Zusammenarbeit mit der europäischen Sozialdemokratie war bei weitem nicht so ausgeprägt wie in Lateinamerika.

III. Willy Brandt und die Sozialistische Internationale 1976–1992

Die Übernahme der SI-Präsidentschaft

Im Rückblick mag es folgerichtig erscheinen, dass Willy Brandt im November 1976 zum Präsidenten der Sozialistischen Internationale gewählt wurde. Doch der Weg dahin war keineswegs geradlinig. Die Debatte um eine Kandidatur Brandts als SI-Präsident war im zeitlichen Umfeld der Caracas-Konferenz belebt worden. Bruno Kreisky sprach sich am 21. April 1976 öffentlich dafür aus. Der SPD-Vorsitzende, der sofort sein Desinteresse publik machte, reagierte intern mit einem ungewöhnlich langen Brief an den österreichischen Bundeskanzler: fünf Seiten statt der bei Brandt selbst in wichtigen Dingen üblichen halben oder einen Seite.[51] Praktische und inhaltliche Gründe führte er gegen Kreiskys Aufforderung ins Felde: Die zeitlichen Verpflichtungen als SPD-Vorsitzender ließen eine zusätzliche Belastung dieser Art nicht zu. Die SI sei organisatorisch und finanziell in einem desolaten Zustand – Besserung nicht in Sicht. Der SPD könnte bei der Vereinigung beider Führungsämter in seiner Person die Politik anderer SI-Parteien vorgehalten werden, wobei Brandt vorrangig an das Bündnis der französischen Sozialisten mit den Kommunisten gedacht haben dürfte. Deutsche Sozialdemokraten hätten bereits andere wichtige Posten auf internationaler Ebene inne. Die Öffnung der Bewegung des demokratischen Sozialismus zu nichteuropäischen Partnern könne von ihm besser außerhalb der starren SI-Strukturen betrieben werden.

Im Lichte der weiteren Entwicklung, die dann doch zur Kandidatur Brandts führte, lässt sich diese Liste aber auch als Katalog von Vorbedingungen lesen, deren Erfüllung er verlangte. Und in der Tat verfuhr die SPD in den folgenden Monaten mit Billigung Brandts zweigleisig. Öffentlich blieb es bis in den November 1976 dabei, dass Brandt nicht kandidieren werde. Hinter den Kulissen wurden aber die Weichen gestellt, damit der Parteivorsitzende unter akzeptablen Bedingungen das Amt übernehmen konnte.

Alles in allem handelte es sich jedoch wohl weniger um ein taktisches Spiel, mit dem Brandt seine Startchancen verbessern wollte; das war ein positiver Nebeneffekt. Die Zweifel an der Arbeitsfähigkeit der SI saßen tief, und die Angst vor einer Belastung der innenpolitischen Stellung der SPD wurde auch von seinen Mitarbeitern geteilt.[52] Ende Oktober 1976 wurde Brandt am Rande des Parteitages der portugiesischen Sozialisten von den anwesenden Vorsitzendenkollegen einmütig aufgefordert, sich in Genf am 26. November zur Wahl zu stellen.[53] Zwar erklärte er sich jetzt grundsätzlich zur Kandidatur bereit, forderte aber, dass sechs Voraussetzungen erfüllt sein müssten.[54] Im Wesentlichen entsprachen die sechs Punkte den Argumenten, mit denen Brandt im April Kreisky gegenüber eine Kandidatur abgelehnt hatte.

Am 26. November 1976 wählte der SI-Kongress Willy Brandt einstimmig zum Präsidenten. In seiner Antrittsrede setzte sich der SPD-Vorsitzende einleitend mit dem Problem auseinander, eventuell für die Politik einzelner SI-Mitglieder zur Rechenschaft gezogen zu werden.[55] Seine Position war klar: Verantwortlich sei er nur für das, „was wir miteinander beschließen". Vor allem aber kündigte Brandt drei Offensiven der SI an. Allein schon der Begriff „Offensive" war etwas gänzlich Neues für die Internationale, die in den vorausgegangenen Jahren nicht gerade durch Initiativen aufgefallen war. An erster Stelle nannte der neue SI-Präsident den Einsatz für einen „gesicherten Frieden".[56] „Neue Beziehungen zwischen Nord und Süd" waren das zweite Thema. In den Folgejahren wurden sie mehr in der von ihm geleiteten Nord-Süd-Kommission bearbeitet als in der SI selbst.

Die dritte Offensive sollte den Menschenrechten gelten. Kollektive und soziale Menschenrechte, also ausreichende Ernährung, menschenwürdige Wohnung oder auch Bildung, standen für Brandt gleichberechtigt neben den individuellen. Mitte der siebziger Jahre gewann diese Problematik einen neuen Stellenwert in der internationalen Politik und auch in der Bewegung des demokratischen Sozialismus. Weiter aufgewertet wurde sie 1977, als US-Präsident Carter ankündigte, die Menschenrechte ins Zentrum seiner Außenpolitik zu stellen.

Den Eurozentrismus überwinden

Der Auftakt von Brandts Präsidentschaft kann – gemessen am bisherigen Schattendasein der SI – furios genannt werden. Schon das Medienecho auf den Genfer Kongress war überwältigend. Die Wahl des Altbundeskanzlers und Friedensnobelpreisträgers an die Spitze reichte aus, um Freunden Hoffnung zu machen und Gegnern Schrecken einzujagen. Für Letztere steht der *Münchner Merkur*, dessen Kommentator schrieb: Brandts „Wahl zum Präsidenten der Sozialistischen Internationale wird dieses eher unbedeutende Gremium zu einer gefährlichen Institution machen, gefährlich für alle jene, die nicht in einer nivellierten Gesellschaft, nicht in einem sozialistischen Gesamteuropa leben wollen".[57]

Die SI-Offensive, die nun tatsächlich einsetzte, hatte nicht Abrüstung, Nord-Süd-Beziehungen oder Menschenrechte zum Ziel – jedenfalls nicht vorrangig. Den Eurozentrismus zu überwinden, der bisher für die Internationale so typisch gewesen war, galt in Fortsetzung der „Allianz"-Bestrebungen als wichtigste Aufgabe. Im September 1977 wurde eine Delegation unter Olof Palme ins südliche Afrika entsandt, im März 1978 machte sich eine zweite unter Leitung von Mário Soares auf den Weg nach Lateinamerika. Im Mai 1977 reiste Bruno Kreisky in den Nahen Osten und legte dann einen Bericht über seine Missionen in diese Region vor, die er seit 1974 im Auftrag der SI unternommen hatte. In Tokio fand Ende 1977 die erste Parteiführerkonferenz in Asien statt. Im Mai 1978 folgte die erste Sitzung eines SI-Gremiums in Afrika, als sich das „Büro", in dem alle Parteien vertreten sind und das zweimal im Jahr als höchstes Beratungsorgan zwischen den Kongressen tagt, in der senegalesischen Hauptstadt Dakar traf. Der nächste SI-Kongress fand im November 1978 im kanadischen Vancouver statt. 1980 versuchte eine große Tagung in Washington, der amerikanischen Öffentlichkeit die Idee des demokratischen Sozialismus näher zu bringen.[58] Damit waren alle Weltgegenden ins Blickfeld der SI geraten.

Die von Willy Brandt beabsichtigte Ausdehnung über Europa hinaus strapazierte jedoch ihre programmatischen Grundlagen. Er sprach davon, dass die Anerkennung von politischem Pluralismus für die SI-Mitgliedschaft nötig sei, das Modell des Westminster-Parlamentarismus aber nicht einfach exportiert werden könne.[59] Eine Grundsatzdebatte darüber, nach welchen Kriterien eine Partei zugelassen werden sollte, entwickelte sich jedoch nicht. Entschieden wurde von Fall zu Fall, manchmal – so scheint es in der Rückschau – auf ungenügender Informationsbasis.[60]

Eine besonders schwerwiegende Fehlentscheidung war die Aufnahme des teils linksnationalistischen, teils leninistischen New Jewel Movement Grenada auf dem Kongress des Jahres 1980. Warnende Stimmen wie die des Lateinamerika-Experten Klaus Lindenberg wurden nicht gehört.[61] Zwar regte sich intern zunehmend Kritik, insbesondere von Seiten Portugals und Costa Ricas, doch die Mehrheit nahm die Regierungspartei Grenadas öffentlich gegen Kritik der USA in Schutz und hoffte auf eine baldige Demokratisierung der kleinen Karibikinsel.[62] Aber die innenpolitische Lage des Landes verschlimmerte sich dramatisch. Mitte Oktober 1983 wurde Premierminister Maurice Bishop gestürzt und ermordet. Beide Seiten, Bishop wie auch die Putschisten, gehörten dem New Jewel Movement an. Die neue Regierung wurde vom marxistisch-leninistischen Flügel der Partei gestellt. Die SI verurteilte den Mord umgehend.[63] Wenige Tage später machten die Vereinigten Staaten dem Regime ein Ende. Am 25. Oktober 1983 landeten amerikanische Truppen auf Grenada. Präsident Ronald Reagan fürchtete, dass sich die Insel in ein „zweites Kuba" verwandeln würde, und sah die nationale Sicherheit der USA bedroht. Brandt protestierte „aufs schärfste" gegen diese Militäraktion. Die Invasion und Besetzung des unabhängigen Staates Grenada sei mit den Prinzipien des Völkerrechts völlig unvereinbar.[64]

Als problematisch erwies sich auch die Aufnahme des Partido Revolucionario Democrático (PRD) Panama als konsultatives Mitglied, also ohne volles Stimmrecht, im Jahre 1986. Im Mai 1989 ließ sie die Neuwahlen annullieren, weil die von den USA unterstützte Opposition in Führung lag. Die SI-Führung forderte eine Stellungnahme und ein aktives Auftreten der Partei gegen die Manipulation des Volkswillens. Angesichts der Vorgeschichte überrascht nicht, dass die PRD dazu nicht bereit war, so dass der Internationale keine andere Möglichkeit blieb, als die Mitgliedschaft zu suspendieren.[65]

Interne Probleme der Sozialistischen Internationale

Die Zentrale der SI in London, das so genannte „Sekretariat", war der Fülle neuer Aktivitäten kaum gewachsen. Mit seinen insgesamt 14 Mitarbeitern war es 1982 schwächer besetzt als das Büro eines SPD-Landesverbandes. Die finanzielle Situation der SI war auch nach

Brandts Amtsantritt so prekär, dass der SPD-Schatzmeister Wilhelm Dröscher zu vertraulicher Behandlung riet, nicht weil das Budget Geheimnisse berge, sondern weil es die SI im Falle der Publizierung lächerlich mache.[66] 1976 hatte die Internationale nicht mehr Einnahmen als der Bezirk Stockholm des sozialdemokratischen Jugendverbandes Schwedens; 1982 wurde für zwei Wochen die Telexverbindung unterbrochen, weil Rechnungen nicht bezahlt worden waren – und dies in einer Zeit ohne Fax und E-Mail. 1990 lagen die – inzwischen gestiegenen – Einnahmen immer noch bei nur 4 % derjenigen der französischen Sozialisten, die in der SI als eher arm galten.[67] Ein Großteil der Aktivitäten des neuen Präsidenten lief über die SPD. Gleichzeitig richtete die Friedrich-Ebert-Stiftung einen erheblichen Teil ihrer internationalen Arbeit auf die Intentionen, die Willy Brandt in der SI verfolgte.

Auch die Zusammenarbeit im SI-Präsidium, dem neben Brandt erst 14, seit 1980 mehr als 20 Vizepräsidenten angehörten, funktionierte nicht immer reibungslos. Als Brandt sein neues Amt antrat, bat er seine Stellvertreter um Unterstützung. Es waren vor allem Kreisky, Palme und Soares, die dem Appell folgten und wichtige Aufgaben übernahmen. Die übrigen Vizepräsidenten traten zunächst wenig in Erscheinung. Felipe González war einstweilen ein aufstrebender spanischer Oppositionsführer, und die Lateinamerikaner suchten ihre Rolle in der SI noch. Besondere Schwierigkeiten im persönlichen Umgang hatte Brandt in den ersten Jahren seiner Präsidentschaft jedoch nur mit François Mitterrand, dem Ersten Sekretär der französischen Sozialisten, und Bernt Carlsson, dem Generalsekretär der SI seit dem Genfer Kongress.

Brandt hatte Mitterrand 1976 gebeten, in der Internationale eine herausgehobene Rolle zu übernehmen und nicht nur als einer unter vielen Vizepräsidenten zu figurieren. Der Franzose sollte sich besonders um das Thema Menschenrechte kümmern, dem er bereits in Frankreich seine besondere Aufmerksamkeit schenkte. Mitterrand wäre damit Palme und Kreisky, also Brandts engsten Mitstreitern, gleichgestellt gewesen. Den französischen Sozialisten wurde zudem angeboten, einen stellvertretenden Generalsekretär der SI zu stellen.

Hintergrund dieser besonderen Behandlung waren zeitweilige Bestrebungen Mitterrands, als Gegengewicht zu den nordischen Sozialdemokraten – zu denen er auch die SPD zählte – eine Kooperation der südeuropäischen Sozialisten zu etablieren, woraus dann aber nichts wurde.

Aber weder benannte die PSF einen Vertreter für Generalsekretär Carlsson noch entwickelte Mitterrand Aktivitäten in der Menschenrechtsfrage, wie Palme und Kreisky das auf ihren Gebieten taten. Die Gründe sind nicht erkennbar. Als der französische Sozialistenchef sich 1978 am Rande des SI-Kongresses im kanadischen Vancouver bei Brandt über einige strukturelle Probleme der SI beklagte, gab ihm der wiedergewählte Präsident in vielen Dingen recht, mahnte aber in diplomatischen Formulierungen auch den versprochenen französischen Beitrag an.[68]

Eine Ende 1978 ins Auge gefasste Aussprache zwischen den beiden kam wegen einer schweren Erkrankung Brandts nicht zustande: Am 28. Oktober 1978 war Brandt in New York zusammengebrochen, hatte aber nach einigen Tagen Bettruhe sein Programm mit der Kongressteilnahme in Vancouver fortgesetzt. Erst nach seiner Rückkehr stellten die Ärzte in Bonn fest, dass er in den USA einen Herzinfarkt erlitten hatte. Es folgten sechs Wochen Krankenhausaufenthalt und ab Weihnachten eine zweimonatige Kur in einer Klinik im südfranzösischen Hyères.

So trafen Brandt und Mitterrand erst im März 1980 zu einer längeren Unterredung über die Organisationsstrukturen der SI zusammen. Die Schwierigkeiten wurden damit aber nicht ausgeräumt. Im Juni 1980 sprach der Chef der französischen Sozialisten in einem Schreiben die Probleme, die ihn unmittelbar tangierten, direkt an: Mehrfach seien außerhalb der SI-Gremien und ohne sein Wissen politische Initiativen beschlossen worden, die nach außen als Aktivitäten der Internationale erschienen. Mitterrand fühlte sich vom Entscheidungsprozess ausgeschlossen. In seiner Antwort versuchte Brandt zu beschwichtigen. Tatsächlich aber hatte er in einem Fall bewusst seinen französischen Kollegen nicht zur Besprechung hinzugezogen.[69] Ein Jahr später wurde Mitterrand zum Staatspräsidenten gewählt. Bis auf wenige Ausnahmen zog er sich nun aus der SI-Arbeit zurück. Die Internationale verlor damit einen außergewöhnlichen politischen Führer, der in früheren Jahren ein wichtiger Impulsgeber gewesen war.

Für Brandt hingegen entstanden in den nächsten drei Jahren neue innerorganisatorische Probleme. Die Zusammenarbeit mit Generalsekretär Carlsson, der zuvor Internationaler Sekretär der schwedischen Sozialdemokraten gewesen war, gestaltete sich zusehends schwieriger. Die Gründe hierfür liegen im Dunkeln. Mitarbeiter des SPD-Vorsitzenden halten sich bis heute in dieser Sache bedeckt. Es hat den Anschein, dass hier zwei Persönlichkeiten aufeinander trafen, die nicht miteinander konnten. Jenseits dieser nicht näher benennbaren zwischenmenschlichen Probleme beklagte sich Brandt zunehmend über Eigenmächtigkeiten des Generalsekretärs und über organisatorische Mängel.[70]

Erschwerend wirkte die innenpolitische Krise in der Bundesrepublik Deutschland, die 1982 zum Bruch der SPD/FDP-Koalition führte und Brandt sehr beanspruchte. Auch deshalb war er entschlossen, nach reichlich sechsjähriger Amtszeit beim SI-Kongress im Frühjahr 1983 nicht wieder zu kandidieren. Als Nachfolger wünschte er sich Olof Palme. Die einhellige Aufforderung der SI-Spitzen, weiter Präsident zu bleiben, stimmte Brandt jedoch um.[71] Zur Voraussetzung machte er aber die Wahl eines neuen Generalsekretärs. Einen konsensfähigen Kandidaten zu finden, erwies sich als schwierig. Insbesondere kamen nun Rivalitäten zwischen nord- und südeuropäischen Mitgliedsparteien zum Tragen, die sich über der Frage der „NATO-Nachrüstung" zerstritten hatten.[72] Nach langer Suche wurde der Finne Pentti Väänänen zum Nachfolger Carlssons gewählt. Er blieb bis 1989 im Amt; ihm folgte Luís Ayala aus Chile.

Die SI und die Frage der Menschen- und Bürgerrechte

„Freiheitlicher Sozialismus ohne Menschenrechte wäre wie Christentum ohne Jesus"[73], rief Willy Brandt 1986 auf dem SI-Kongress in Lima aus. Zehn Jahre zuvor hatte er eine Offensive der SI zugunsten der Menschenrechte angekündigt. Doch daraus war nichts geworden, denn die zuständige Arbeitsgruppe legte keine Resultate vor. 1977 hatte die SI versucht, mit der liberalen und der christdemokratischen Internationale sowie den beiden großen Parteien der USA eine gemeinsame Menschenrechtserklärung zu veröffentlichen. Das aber hatten die französischen Sozialisten mit ihrem Veto verhindert.[74]

Dennoch beschäftigte sich Brandt immer wieder mit dem Thema. Im Kampf gegen Menschenrechtsverletzungen galten für ihn folgende Prinzipien: Soziale und individuelle Menschenrechte sind gleichwertig. „Das Ziel ist immer die Rettung der Opfer."[75] Diskrete Intervention kann daher unter Umständen eher angebracht sein als lautstarker Protest.[76] „Wer zum Westen gehört, muß sich strengere Maßstäbe gefallenlassen."[77] Den Frieden zu sichern ist genau so wichtig wie die Wahrung der Menschenrechte.[78]

Aus diesen Leitsätzen ergaben sich für Brandt und die SI zwei Probleme: Ein wichtiger Teil der Aktivitäten zugunsten der Menschenrechte musste der Öffentlichkeit verborgen bleiben, und das konnte Vorwürfe der Untätigkeit mit sich bringen. Aber selbst wenn die Friedenssicherung und der Schutz der Menschenrechte gleichrangige Ziele sein sollten, musste man sich im Zweifelsfall für eines von beiden entscheiden, womöglich sogar gegen Maßnahmen zur Verteidigung der politischen Grundrechte.

Genau diese Schwierigkeiten traten mehrfach ein. Obwohl sich Brandt bei fast jedem Zusammentreffen mit Diktatoren zugunsten Verfolgter eingesetzt haben dürfte, erwarb er sich in der Öffentlichkeit nicht den Ruf eines unermüdlichen Verfechters der Menschenrechte, wie das zeitweilig dem amerikanischen Präsidenten Jimmy Carter oder dem französischen Präsidenten Mitterrand gelang. Brandt bevorzugte es, hinter den Kulissen zu agieren.

Anfang 1979 schrieb Brandt vertraulich dem tunesischen Präsidenten, der Vorsitzender einer seit langem mit der SPD verbundenen Partei war, dass die Verhaftung von Gewerkschaftern das Ansehen des Landes belaste.[79] Im April 1989 wandte sich der SI-Präsident in einem Brief an den Generalsekretär der KP der Tschechoslowakei und intervenierte zugunsten des Schriftstellers und Regimekritikers Václav Havel. Ausdrücklich erwähnte Brandt, dass die SI bisher von öffentlichen Protesten abgesehen habe und hoffe, auch dieser diskrete Weg führe zur Freilassung.[80] In beiden Fällen erfolgte bald eine Reduzierung der Strafen. Nicht selten beließ es Brandt bei mündlichen Fürsprachen, denn: „Meine persönliche Erfahrung in solchen Fällen ist, dass ich persönlich mehr durch inoffizielle Kanäle machen kann als durch offizielle Briefe an Breschnew." Das gab er 1981 zu Protokoll, als die Sowjetunion einem Juden die Ausreise nach Israel verweigerte.[81]

Grundsätzlich aber war Brandt in Menschenrechtsfragen gegenüber kommunistischen Regimen nicht nachsichtiger als gegenüber westlich orientierten Diktaturen. Zugespitzt kann man sagen: Wo und solange er hoffte, praktische Verbesserungen für einzelne Verfolgte erreichen zu können, vermied er Publizität. Öffentliche Kritik an politischer Unterdrückung äußerte er in der Regel nur dort, wo er keine Chance sah, wirklich etwas bewegen zu können, oder falls öffentlicher Protest ausnahmsweise Erfolg versprach. Beispielsweise protestierte er mit einem Telegramm, das er umgehend publik machte, gegen die geplante Hinrichtung des südkoreanischen Oppositionspolitikers Kim Dae Jung.[82] Bald darauf wurde Kim begnadigt.

Es mag überraschen, dass nicht jede Menschenrechtsverletzung Willy Brandt sofort auf den Plan rief. Aber er war Realpolitiker, der bereit war, die kurzfristige Suspendierung von Grundrechten hinzunehmen, wenn chaotische Verhältnisse nicht auf andere Art beseitigt werden konnten. So zeigte er Nachsicht, als nach lang anhaltenden Unruhen das Militär im NATO-Mitgliedstaat Türkei im September 1980 putschte. Die Generäle versprachen, Ruhe und Ordnung im Land wiederherzustellen und eine neue Verfassung auszuarbeiten zu lassen. Auch wenn Brandt die Verhaftung des mit ihm befreundeten türkischen Sozialdemokraten Bülent Ecevit kritisierte, nannte er das Vorgehen der Militärs nicht Putsch oder Staatsstreich, sondern „Verantwortung übernehmen". Die Ursache des militärischen Eingreifens sah er im Versagen der politischen Parteien.[83] Ein Jahr später musste Brandt mit Bitterkeit zugestehen, dass er sich in den Absichten der türkischen Armeeführung getäuscht hatte. Da die versprochene rasche Rückkehr zur Demokratie ausblieb, formulierte der Präsident der SI nun eine scharfe Kritik an den Machthabern in Ankara.[84] Erst Ende 1983 wurden in der Türkei Wahlen abgehalten.

Die SI und die Verhängung des Kriegsrechts in Polen 1981

Weit mehr Beachtung in der Öffentlichkeit fand indes die Haltung Brandts zur Entwicklung in Polen seit 1980. Hier ging es um die erste erfolgversprechende Bewegung zur Demokratisierung im sowjetischen Herrschaftsbereich seit dem Prager Frühling 1968. Die treibenden Kräfte waren keine reformbereiten Kommunisten, sondern um ihre Rechte kämpfende Arbeiter, überwiegend gläubige Katholiken, die von der Kirche unterstützt wurden. Im Sommer 1980 gründeten sie nach einer Streikwelle die „Solidarność", die erste unabhängige Gewerkschaft in einem kommunistischen Staat. An ihrer Spitze stand der Danziger Werftarbeiter Lech Wałęsa. Für nicht wenige demokratische Sozialisten Westeuropas, deren Organisationen häufig in Abgrenzung zur Kirche entstanden waren, war die große Bedeutung des Katholizismus in der polnischen Arbeiterbewegung nur schwer begreifbar.

1981 verschlechterte sich die wirtschaftliche Situation Polens zusehends. Die kommunistische PVAP fühlte sich von der Solidarność, die bis auf neun Millionen Mitglieder angewachsen war und den Anspruch auf politische Mitentscheidung stellte, in ihrer Macht bedroht. Viele politische Beobachter befürchteten eine militärische Intervention der Sowjetunion und anderer Staaten des Warschauer Pakts wie 1968 in der Tschechoslowakei, sollte keine innerpolnische Lösung für den Konflikt zwischen Regierung und Gewerkschaft gefunden werden. Ein Einsatz der Roten Armee und ihrer Verbündeten in Polen aber wäre mit unabsehbaren Konsequenzen für die internationalen Beziehungen verbunden gewesen. Diese waren bereits durch den Einmarsch der Sowjetunion in Afghanistan seit Dezember 1979 stark belastet. Moskau hatte auf diese Weise das kommunistische

Regime des zentralasiatischen Landes vor dem Sturz durch antikommunistische Kräfte bewahren wollen. Der Westen hatte darauf mit Wirtschaftssanktionen gegen die Sowjetunion und mit dem Boykott der Olympischen Spiele in Moskau 1980 reagiert.

Am 13. Dezember 1981 verhängte die polnische Staatsführung das Kriegsrecht. Diese Maßnahme schien Brandt das geringere Übel zu sein, verglichen mit einem militärischen Eingreifen des Kremls, das er für möglich gehalten hatte. Seine Erklärung zum Kriegsrecht fiel daher sehr zurückhaltend aus.[85] Er hoffte auf eine Stabilisierung der Lage in Polen, die eine allmähliche Wiederherstellung der bis 1981 erreichten Freiräume für die politische Opposition und die Gewerkschaften Polens ermöglichen könnte. Denn starke Regime würden weniger zur Repression greifen als schwache – so die Logik Brandts.

In der SI erntete er für die vorsichtige Stellungnahme heftige Kritik. Besonders Franzosen und Italiener hielten ihm entgegen, dass so viel Zurückhaltung vielleicht realpolitisch, aber nicht moralisch begründbar sei. Manche von ihnen hatten zudem innenpolitische Motive, eine schärfere Stellungnahme zu den Ereignissen in Polen zu verlangen, weil sie in ihren Ländern in Konkurrenz mit eurokommunistischen Parteien standen, die sich als Demokraten präsentierten. Das Kriegsrecht gegen Arbeiter stellte die Eurokommunisten vor die Frage, ob sie der Solidarität mit den Genossen in Warschau und Moskau oder dem Bekenntnis zur Demokratie den Vorzug gaben. Diesen Konflikt wollten vor allem die französischen und italienischen Sozialisten für die innenpolitische Auseinandersetzung ausnutzen.[86]

Brandt sah zwar nach wenigen Tagen ein, dass er „übervorsichtig" reagiert hatte.[87] Aber er blieb dabei, dass den Menschen in Polen mit „Phrasendrescherei" nicht geholfen sei.[88] Der SI-Präsident setzte darauf, einerseits in Gesprächen mit den Machthabern auf baldige Wiederaufnahme innerer Reformen zu drängen und andererseits in konkreten Fällen zu intervenieren, so für den als Solidarność-Aktivist inhaftierten Anführer des Warschauer Ghetto-Aufstandes von 1943, Marek Edelmann.[89]

Die Auseinandersetzungen um Polen stürzten die SI in die schwerste Krise während der gesamten Amtszeit Willy Brandts. Außer von den Franzosen und Italienern kam die Kritik auch von Niederländern, Österreichern, Schweden, Schweizern und Spaniern. Sie setzten eine Sondersitzung des SI-Präsidiums durch, die am 29. Dezember 1981 stattfand. Brandt ließ sich jedoch durch Hans-Jürgen Wischnewski vertreten. Die dort einmütig verabschiedete Erklärung, die schärfer im Ton war als Brandts erste Stellungnahme vom 17. Dezember, forderte aber gleichfalls keine Sanktionen gegen Polen.[90]

Brandt beurteilte die polnischen Vorgänge vor dem Hintergrund der Erfahrungen mit den Oppositionsbewegungen im Ostblock seit den fünfziger Jahren. Keiner von ihnen war es gelungen, das Machtmonopol der Kommunisten zu brechen. Daher riet er zur Vorsicht, und wohl auch darum hat er sich nicht mit Wałęsa getroffen, als er im Dezember 1985 Warschau besuchte.[91] Dass am Ende des Konfliktes im Juni 1989 der Wahlsieg von Solidarność und die Bildung der ersten nichtkommunistischen Regierung in einem Ostblockstaat stehen würde, konnte er nicht ahnen. Dennoch ist seine Reaktion auf das Kriegsrecht in der Rückschau als Fehleinschätzung anzusehen. Sie belastete jahrelang die Beziehungen der SI, noch mehr aber der SPD, zur osteuropäischen Opposition, besonders natürlich der in Polen.

Die SI und Lateinamerika

Lateinamerika und die Karibik wurden während der Präsidentschaft Brandts zum zweiten Schwerpunkt der SI neben (West-)Europa. Die Sozialistische Internationale öffnete sich nicht nur neuen Partnern, sondern suchte auch den Prozess der Demokratisierung aktiv zu unterstützen und kriegerische Konflikte in der Region lösen zu helfen. In diese Bemühungen schaltete sich Willy Brandt immer wieder persönlich ein.

Unterstützung der chilenischen Opposition gegen das Pinochet-Regime

Bereits vor der Konferenz von Caracas 1976 hatte der Amtsantritt der Volksfront-Regierung unter Salvador Allende in Chile im Oktober

1970 und ihr gewaltsames Ende durch einen Militärputsch im September 1973 das Augenmerk der europäischen Sozialdemokratie auf Lateinamerika gelenkt. Die Politik Allendes war von vielen europäischen Sozialisten und Sozialdemokraten mit Skepsis beobachtet worden, weil man sie für zu radikal hielt. Nach dem Putsch aber stand die Solidarität mit den nunmehr Verfolgten außer Frage.[92]

In Brandts Botschaft an die internationale Chile-Konferenz in Rotterdam 1977 lag ihm besonders daran, zur Überwindung alter Gräben aufzurufen.[93] Ohne es auszusprechen, hieß dies, auch die chilenischen Christdemokraten in das Oppositionsbündnis einzubeziehen, obwohl Teile dieser Partei anfänglich den Putsch Augusto Pinochets begrüßt hatten. Brandt wusste aus eigener Anschauung, dass die politische Konstellation nach dem Ende der Diktatur anders sein würde als zuvor.

Kritische Solidarität mit der sandinistischen Revolution in Nicaragua

Seit 1978 verdrängten die Vorkommnisse in Nicaragua das Thema Chile vom ersten Platz der Lateinamerikapolitik der SPD und der SI.[94] Seit der Regierung Allende hatte es kein Ereignis in Lateinamerika gegeben, das die Linke in aller Welt so faszinierte, wie der Kampf der sandinistischen Rebellen gegen die jahrzehntelange Diktatur der Familie Somoza, dem sich wichtige Teile des Bürgertums anschlossen. Dass die deutschen Sozialdemokraten und die Sozialistische Internationale die nicaraguanische Opposition unterstützten, hatte zwei Gründe: Die Revolution in Nicaragua, so hoffte Brandt, könnte der Auftakt für das Ende der rechten Diktaturen zumindest in den übrigen Staaten Mittelamerikas sein, sei es – um nicht wie Anastasio Somoza schmählich verjagt zu werden – durch freiwilligen Rückzug, sei es durch nun gestärkte Oppositionsbewegungen. Nicht noch einmal sollte, wie im Falle Kubas, eine national-demokratische Revolutionsbewegung in die Arme Moskaus getrieben werden, weil der Westen ihr aufgrund kurzfristiger ökonomischer Interessen oder überzogener Kommunistenfurcht misstraute oder sie sogar bekämpfte.[95]

1978/79 zog Brandt es vor, für die Unterstützung der demokratischen Kräfte in Nicaragua zu werben. Dies schloss die Sandinisten natürlich ein, aber eine vorzeitige Festlegung nur auf diese Bewegung, auch wenn sie eindeutig die wichtigste Kraft des Kampfes gegen die Diktatur war, erschien ihm nicht angemessen. Doch schon dieser Schritt war für Brandt und die SI ungewöhnlich. Nie zuvor hatten sich die Parteien der Internationale so eindeutig zur Unterstützung einer kämpfenden, sich selbst als revolutionär verstehenden Befreiungsbewegung bereit gefunden. Die Sandinisten waren eine ideologisch sehr heterogene Bewegung, die bis dahin mit der SI nichts zu tun gehabt hatte und von deren Innenleben die Führung der Internationale wenig wusste. Als Brandt in Übereinstimmung mit allen anderen Führern der SI den Sandinisten Solidarität zusicherte, ging er ein nicht unbeträchtliches politisches Risiko ein. Auch die rhetorische Absicherung, stets von der Unterstützung des „demokratischen" Nicaragua zu sprechen, war keine Gewähr dafür, dass die Sandinisten nicht einen Weg einschlagen würden, der die SI über kurz oder lang in Rechtfertigungs- oder Distanzierungszwänge bringen könnte. Wie einige Jahre zuvor auf der Iberischen Halbinsel stoßen wir auch hier auf einen Fall paralleler Außenpolitik, und auch in diesem Falle war Willy Brandt die treibende Kraft.

Aber der Erfolg hielt sich in engen Grenzen. Statt der von Brandt erhofften allgemeinen Demokratisierung in Mittelamerika verschärften sich nach dem Amtsantritt von Ronald Reagan als US-Präsident 1981 die Spannungen in der Region. Mehrfach schien eine Invasion Nicaraguas durch die Vereinigten Staaten unmittelbar bevorzustehen. Die amerikanische Regierung sah in allen Sandinisten, die bald nach 1979 konkurrierende politische Kräfte aus der Regierung gedrängt hatten, Marxisten-Leninisten, die im Grunde ein zweites Kuba errichten wollten. Einige der politischen Führer Nicaraguas taten Washington unfreiwillig den Gefallen und lieferten Indizien, die diese Sicht der Dinge zu bestätigen schienen. Selbst Fidel Castro fühlte sich genötigt, die Junta in Managua zur Mäßigung aufzufordern.

Nach außen verteidigte Brandt zwar Nicaraguas neue Führung stets gegen die verbalen Attacken und militärischen Drohungen

Washingtons. Intern aber wurde er bereits im Dezember 1980 deutlich und kritisierte ein zunehmendes Abweichen von den ursprünglichen drei Prinzipien der Revolution.[96] Nach seiner Auffassung waren dies Blockfreiheit nach außen, politischer Pluralismus und eine Wirtschaftsordnung mit einer Mischung aus privatem und staatlichem Sektor, von der Brandt allerdings sagte, sie sei ihm persönlich gleichgültig.[97] Dank subtiler Brandtscher Formulierungen konnte auch die Öffentlichkeit erahnen, dass sich der SI-Präsident allmählich von der Regierung in Managua distanzierte: Man unterstütze diese „ursprünglichen Ziele". Das hieß nichts anderes, als dass Brandt die Junta vor weitergehenden Maßnahmen warnte.[98]

Das ganze Ausmaß an Differenzen zwischen der SI-Führung und den Sandinisten kam im Juli 1983 ans Tageslicht, als Brandt und die drei SI-Vizepräsidenten González (Spanien), Daniel Oduber (Costa Rica) und Pérez (Venezuela) anlässlich des vierten Jahrestages der Revolution als „Privatpersonen" einen Brief an die Führung in Managua richteten.[99] Höflich versteckt hinter Bekenntnissen zur weiteren Unterstützung der Revolution, mahnten sie die Umsetzung des erwähnten „ursprünglichen Projektes" an; dies sei entscheidend zur Sicherung des Friedens. Konkret rieten sie zur Verabschiedung eines Parteiengesetzes, eines Wahlgesetzes und einer Verordnung zum Schutz der Meinungsfreiheit sowie zur Abhaltung freier Wahlen im Jahr 1984. Noch bevor die Sandinisten ihn in Händen hielten, wurde der vertrauliche Brief der Presse zugespielt.[100]

Insgesamt trug Brandts Strategie, einerseits die Unterstützung der Sandinisten gegen Destabilisierungsversuche fortzusetzen und sie andererseits zu einem freiheitlicheren Kurs aufzufordern, durchaus Früchte. Auch seine Botschaft zum 50. Todestag von Augusto Sandino im Februar 1984 folgte diesem Muster. Sie wurde während der Gedenkfeier zu Ehren des Begründers der nicaraguanischen Befreiungsbewegung in Managua verlesen. Die sandinistische Führung nutzte die Veranstaltung, um das Vorziehen der Wahlen auf den November 1984 zu verkünden, und informierte

Willy Brandt als einzigen ausländischen Politiker vorab von dem Beschluss.[101] Entscheidend für die internationale Wirkung der Wahlen in Nicaragua war die Beteiligung der Oppositionskräfte. Die stärkste Gruppierung auf der politischen Rechten, die „Coordinadora Democrática", weigerte sich lange Zeit, eigene Kandidaten aufzustellen. Am Rande der Sitzung des SI-Büros in Rio de Janeiro am 1. und 2. Oktober 1984 versuchte Brandt vergeblich, eine Einigung zwischen Sandinisten und der rechten Opposition zu vermitteln. Beobachter gaben überwiegend den Regierungsgegnern die Schuld am Scheitern. Auch Brandt sah dies so.[102] Als er den Sandinisten eine zu radikale Politik vorhielt, die die internationale Situation außer Acht lasse, griff er übrigens auf Erfahrungen aus seiner linkssozialistischen Jugendzeit zurück.[103]

Der Bürgerkrieg in El Salvador

Einige Zeit schien es so, als werde es in El Salvador zu einer ähnlichen Entwicklung wie in Nicaragua kommen: Würde die linke Opposition die rechtsgerichtete Regierung stürzen? Anfang 1981 startete die Guerillabewegung FMLN, mit der das SI-Mitglied MNR kooperierte, eine „Schlussoffensive". Brandt erwartete offenkundig einen Sieg, als er Ende Januar 1981 gemeinsam mit Generalsekretär Bernt Carlsson erklärte, die SI unterstütze den „revolutionären Wechsel in El Salvador".[104] Scharfe Kritik kam prompt aus Costa Rica. Die PLN, ebenfalls SI-Mitglied, vermisste den Zusatz, dass der Wechsel auch demokratisch vonstatten gehen müsse. Für die Sozialdemokraten Costa Ricas war das ein unverzichtbarer Grundsatz, der nicht vergessen werden durfte.

Es hat den Anschein, als sei die von Carlsson formulierte Erklärung ein singulärer Fehltritt Brandts gewesen.[105] Zuvor und danach plädierte er für einen Kompromiss zwischen Christ- und Sozialdemokraten, um den Konflikt friedlich, nicht mit Gewalt zu lösen. Bereits 1981 kam es daher zu Kontakten der SI mit der Christdemokratischen Weltunion über die Lage in El Salvador.[106] 1984 mündete

Regionalkonferenz der SI für Lateinamerika und die Karibik in Santo Domingo am 26. März 1980: Gedenkminute für den zwei Tage zuvor in El Salvador ermordeten Erzbischof Oscar Romero. V. l. Daniel Oduber, Carlos Andrés Pérez, José Francisco Peña Gomez, Jacobo Majluta, Antonio Guzmán, Willy Brandt, Bernt Carlsson und François Mitterrand.

dies in eine gemeinsame Erklärung der Präsidenten der Christdemokratischen, der Liberalen und der Sozialistischen Internationale zu Lateinamerika, in der Washingtons These zurückgewiesen wurde, die Konflikte in Mittelamerika seien Ergebnis des Ost-West-Konflikts. Vielmehr seien wirtschaftliche und soziale Ungerechtigkeiten die Ursache. Die Unterzeichner sprachen sich für einen Dialog der demokratischen Kräfte El Salvadors nach den Wahlen aus, die im Mai 1984 stattfanden.[107] Aus ihnen ging der Christdemokrat Napoleon Duarte als Sieger hervor. Guillermo Ungos MNR hatte die Wahlen boykottiert, weil sie vermutete, dass sie nicht fair verlaufen würden. Das hinderte Brandt nicht daran, Duarte zu gratulieren und ihn zu Verhandlungen mit der Guerilla aufzufordern.[108]

Der Falklandkrieg

1982 wurde die Integration Lateinamerikas in die SI, für die Brandt sich so sehr eingesetzt hatte, ernsthaft in Frage gestellt. Der Falklandkrieg löste eine gravierende Kontroverse zwischen den lateinamerikanischen und den europäischen Parteien aus. Anfang April 1982 besetzten argentinische Truppen die zu Großbritannien gehörenden Inseln im Südatlantik. Argentinien beanspruchte sie seit dem 19. Jahrhundert. Im Mai/Juni 1982 erfolgte die Rückeroberung durch britische Truppen. Bei der Abstimmung im Unterhaus über den Militäreinsatz enthielt sich die große Mehrheit der britischen Labour Party, nur eine Minderheit lehnte ihn ab. Die Lateinamerikaner forderten, die SI solle die Zugehörigkeit der Inseln zu Argentinien anerkennen. Zur großen Überraschung Brandts stellten sie sich damit einhellig hinter die Militärjunta in Buenos Aires, obwohl die Besetzung als Versuch der Generäle gewertet wurde, von ihrem Scheitern im Innern abzulenken. Die europäischen SI-Parteien hingegen traten für die Selbstbestimmung der Inselbewohner ein, an deren Loyalität zu Großbritannien kein Zweifel bestand. Argentinien solle, so forderten die Europäer, als Aggressor verurteilt werden, auch wenn sie die militärische Reaktion der britischen Regierung für überzogen hielten.

Auf dem Höhepunkt der kriegerischen Auseinandersetzungen bezeichnete Brandt Ende Mai 1982 den Konflikt als „einen Anachronismus" und „ein Stück Wiederaufleben des 19. Jahrhunderts".[109] Die Beratungen des SI-Büros, an deren Rande er diese Äußerungen tat, waren für ihn – so berichtete er später dem SPD-Präsidium – „bedrückend".[110] Nach einer kontroversen Debatte brachte die Führung der SI nicht mehr als einen „Formelkompromiss" zustande. So jedenfalls sah es der Internationale Sekretär der SPD, Hans-Eberhard Dingels.[111]

Brandts Lateinamerikareise 1984 und seine Kontakte mit Kuba

Im September/Oktober 1984 besuchte der SI-Präsident auf einer dreiwöchigen Rundreise elf Staaten des Subkontinents. Brandt traf dabei eine Vielzahl von Staats- und Regierungschefs sowie linke Oppositionspolitiker. U. a. machte er Station in Brasilien, wo noch immer das Militär regierte, und reiste nach Argentinien, das ein Jahr zuvor zur Demokratie zurückgekehrt war. Außerdem stattete er Nicaragua einen Besuch ab und sprach in Managua mit der Führung des Landes. Zum politisch heikelsten Teil seiner Reise gehörte die Begegnung mit Fidel Castro, zu der Willy Brandt von Felipe González ermuntert worden war.

Erstmals hatte Brandt im Juli 1978 als Vorsitzender der Nord-Süd-Kommission mit einem Schreiben Kontakt zum kubanischen Staatschef aufgenommen, der unter anderem auch eine führende Rolle innerhalb der Blockfreienbewegung spielte.[112] Der ehrenamtliche Schatzmeister der Kommission, der Niederländer Jan Pronk, der anlässlich des kommunistischen Weltjugendfestivals nach Kuba reiste, übergab den Brief persönlich. Castro begriff sofort die weiterreichende Bedeutung der Initiative. Er habe für Brandt immer den größten Respekt empfunden und fühle sich glücklich und geehrt, das Schreiben erhalten zu haben, referierte Pronk die Antwort Castros. „Er lädt Sie zu einem Besuch in Kuba ein und fragte, ob dies für Sie politisch möglich sei."[113] Noch war dies nicht der Fall. Einerseits galt es, auf die Empfindlichkeiten in Washington Rücksicht zu nehmen. Für die USA war Castro seit der kubanischen Revolution 1959 ein rotes Tuch. Andererseits gab es damals wegen Kubas Treue zu Moskau heftigen Streit unter den Blockfreien. Die Intervention von 50.000 kubanischen Soldaten in Angola 1975 und von 10.000 Mann in Äthiopien 1977/78 – jeweils zumindest logistisch unterstützt durch die Sowjetunion – widersprach eindeutig dem Credo der Blockfreiheit und stellte keinen Ausweis von Friedfertigkeit dar.[114]

Brandts Kontaktaufnahme mit Castro entwickelte sich behutsam. Seit 1980 trafen Horst Ehmke, Hans-Jürgen Wischnewski und Klaus Lindenberg mehrmals zu Gesprächen mit dem „Comandante" zusammen. Im Oktober 1984 kam dann der Präsident der SI selbst nach Havanna. Insgesamt über neun Stunden unterhielt sich Willy Brandt mit dem kubanischen Präsidenten. „Für mich [...] waren diese langen, langen Gespräche mit Fidel Castro etwas, was mit zu dem

Interessantesten gehört, was ich in den letzten Jahren erlebt habe."[115] Die Schreiben an Castro und an Carlos Andrés Pérez nach Abschluss der Reise zeigen, wie bedeutsam Brandt die Zusammenkunft gewesen war.[116] Für ihn war wichtig, von Castro „eher vernünftige als unvernünftige Ratschläge" gehört zu haben. Der kubanische Staatschef habe erklärt, das kubanische Modell nicht nach Mittelamerika exportieren zu wollen, und er habe sich für eine friedliche Lösung der dortigen Konflikte ausgesprochen.[117] Wegen des Einflusses auf die Sandinisten und auf die Guerilla in El Salvador, der Castro allgemein zugebilligt wurde, waren das für Brandt positive Erkenntnisse.[118]

Der SI-Kongress in Lima 1986

Der Kongress der Sozialistischen Internationale im Juni 1986 in Lima war der erste, der in Lateinamerika stattfand. Er sollte ein weithin sichtbares Zeichen der vollzogenen Öffnung der SI für den Subkontinent setzen. Die größte Linkspartei Perus, die APRA, stand der SI seit längerer Zeit nahe und war auch 1976 in Caracas vertreten gewesen. Mit Alan García stellte sie seit einem Jahr den Staatspräsidenten. Zu den Problemen, denen sich dieser gegenübersah, gehörte der Terror einer maoistischen Guerilla. Mehrere prominente europäische Sozialdemokraten sagten ihre Teilnahme aus Sicherheitsgründen ab. Wenige Tage vor Beginn des Kongresses kam es in Gefängnissen Perus zu einem Aufstand von Häftlingen aus den Reihen der Maoisten. García sah keine andere Möglichkeit, als das Militär mit der Niederschlagung der Rebellion zu beauftragen, obwohl er wusste, dass sich die Streitkräfte nicht in allen Fällen an seine Anordnungen halten würden. In der Tat kam es zur Ermordung unbewaffneter Häftlinge, die sich bereits ergeben hatten. Insgesamt verloren über hundert Aufständische ihr Leben.[119] Brandt, der allerdings von den Exzessen des Militärs erst nach dem Kongress erfuhr, entschied sich dafür, die Tagung trotz der Ereignisse abzuhalten.[120]

Eine Bilanz der Lateinamerikapolitik der SI

Ende 1976 waren fünf Parteien aus Lateinamerika und der Karibik Mitglied der Internationale, nach dem Berliner SI-Kongress 1992 waren es 17. Mit weitem Abstand folgte Afrika mit sechs Mitgliedsparteien. Wie lässt sich dieser Erfolg der SI in Lateinamerika erklären?

Zunächst einmal war und ist in keiner Region der Welt die Parteienstruktur derjenigen Europas so vergleichbar wie in Lateinamerika und der Karibik. Zwar existieren kaum Parteien, die dezidiert und seit langem in der Tradition des demokratischen Sozialismus stehen. Auch gab es überwiegend keine Massen- und Programmparteien wie in Europa. Aber fast alle Länder Süd- und Mittelamerikas besaßen einen lange gewachsenen Parteienpluralismus mit konservativen, liberalen, christdemokratischen und sozialreformerischen Kräften. Staatsparteien waren, von Mexiko und Kuba abgesehen, unbekannt.

Es waren im Kern fünf Parteien, welche die Ausdehnung der SI nach Lateinamerika dominierten: PNP Jamaika, PR Chile, PLN Costa Rica, PRD Dominikanische Republik und AD Venezuela. In allen Fällen handelt es sich – vergleichbar der europäischen Sozialdemokratie – um sozialreformerische Parteien, die aber (mit der Ausnahme Jamaika) ihre Wurzeln nicht in der europäischen Tradition haben.[121] Zwischen 1976 und 1992 regierten sie mehrere Jahre lang ihr Land, alleine oder in einer Koalition.

Von größerer Bedeutung als die Expansion der Organisation war der Ausbau der Kontakte. Das persönliche Ansehen Willy Brandts als Architekt der Ostpolitik, Friedensnobelpreisträger und Vorsitzender der Nord-Süd-Kommission half dabei sehr. Hinzu kam die Hoffnung auf ideelle und materielle Hilfe, insbesondere durch die europäischen Parteien und die von ihnen getragenen Regierungen. Unterstützung wurde erbeten beim Kampf gegen Verfolgung, beim Aufbau einer Parteiorganisation, bei der Formulierung eines Regierungsprogramms, bei der wirtschaftlichen Entwicklung des Landes oder auch ganz allgemein bei der Lösung von Konflikten. Die Sandinisten

Nicaraguas und der MNR El Salvador sind prominente Beispiele für diese Erwartungshaltung. Schwer zu bestimmen ist, in welchem Ausmaß das sozialdemokratische Gesellschaftsmodell, der Wohlfahrtsstaat, als attraktives Vorbild wirkte. Zu vermuten ist, dass dem Wohlfahrtsstaat als Vorbild für die künftige Entwicklung des eigenen Landes eine hohe Bedeutung zukam. Nicht zuletzt aber: Die Sozialistische Internationale galt als eine handlungsfähige Kraft, mit deren Hilfe man den Einfluss der USA auf die Region zurückdrängen wollte.

Die SI und der Nahe und Mittlere Osten

Ging es in Lateinamerika um neue Mitglieder und Gesprächspartner für die Sozialistische Internationale und nur im Ausnahmefall um die Lösung von Konflikten, so war gerade dies im Nahen Osten die Herausforderung, der sich Willy Brandt insbesondere von Ende der siebziger Jahre bis Anfang der achtziger Jahre gegenübersah. Lange hatte er gezögert, in dieser Region als Vermittler aktiv zu werden, weil er meinte, dass Deutsche im Nahostkonflikt besonders zurückhaltend agieren müssten, aber auch wegen der Komplexität des Problems.[122]

Als Anfang 1978 die Friedensgespräche zwischen Israel und Ägypten stockten, die durch den überraschenden Besuch des ägyptischen Präsidenten Anwar el-Sadat in Jerusalem im November 1977 möglich geworden waren, intensivierte Brandt sein Engagement für eine Entspannung in Nahost. Im Juli 1978 gelang es ihm und dem österreichischen Bundeskanzler Bruno Kreisky, den Vorsitzenden der israelischen Arbeitspartei, Shimon Peres, und den ägyptischen Staatspräsidenten zu einem Gespräch in Wien zusammenzubringen. Im Anschluss daran formulierten Brandt und Kreisky vier Grundsätze für die Lösung des Nahostkonflikts, die sie dem SI-Büro vorlegen wollten: Beilegung des Konflikts nur durch Verhandlungen; normale Beziehungen zwischen allen Staaten der Region; sichere Grenzen, namentlich für Israel; Lösung des Palästinenserproblems

V. l. Willy Brandt, Shimon Peres, Bruno Kreisky und Anwar el-Sadat erörtern am 9. Juli 1978 in Wien die Chancen für Frieden im Nahen Osten.

und Teilnahme gewählter Vertreter des palästinensischen Volkes an den Verhandlungen.[123]

Widerspruch provozierten zwei der vier Punkte: Sichere Grenzen bedeuteten nicht zwangsläufig die Wiederherstellung des Status quo vor der Besetzung arabischen Territoriums durch Israel 1967. Und: Zu den gewählten Vertretern der Palästinenser würden höchstwahrscheinlich auch Angehörige der PLO gehören. War der erste Punkt für die arabische Seite eine Herausforderung, so galt dies beim zweiten Punkt für die Israelis, da sie die PLO als Terrororganisation grundsätzlich ablehnten.

Am 28./29. September 1978 billigte das SI-Büro Brandts und Kreiskys Grundsätze einhellig. Kontrovers hingegen war die Debatte um den Vorstoß der spanischen PSOE, zum nächsten SI-Kongress in Vancouver die PLO als Beobachterin einzuladen. Dagegen legte die israelische Arbeitspartei ihr Veto ein. Brandt erhielt stattdessen den Auftrag, in Gesprächen die aktuelle Position der Palästinenserorganisation zum Staate Israel zu erkunden. Er sollte überprüfen, ob die PLO weiterhin die Existenz des jüdischen Staates ablehnte.[124] Brandt beschränkte sich nicht darauf, dieser Frage anhand von PLO-Dokumenten nachzugehen; er wollte den Vorsitzenden der PLO, Jasir Arafat, persönlich sprechen. Einen engen Vertrauten Arafats, Isam Sartawi, hatte der SI-Präsident bereits im November 1977 getroffen.[125] Am 31. März 1979 kamen beide wieder zusammen. Arafats Emissär übermittelte die Idee des PLO-Vorsitzenden, ein informelles Treffen mit prominenten linken Politikern aus mehreren Ländern, darunter auch Brandt und Kreisky, zu organisieren. Vor diesem Forum wolle Arafat eine Garantieerklärung der PLO für Israels Existenz in sicheren Grenzen abgeben. Im Gegenzug solle Israel die PLO anerkennen. Brandt erklärte sich zur Teilnahme an einem derartigen Treffen bereit.[126] Aus dieser Gesprächsrunde wurde aus unbekannten Gründen nichts. Daher traf sich der SI-Präsident, begleitet von Kreisky, am 7. und 8. Juli 1979 mit dem PLO-Chef in Wien.[127]

Ende Oktober 1979 berichtete er dem SI-Büro[128], Arafat habe ihm versichert, die PLO strebe nicht die Vernichtung Israels an. Brandt zeigte sich nun überzeugt, „daß es dauerhaften Frieden im Nahen Osten ohne Beteiligung der PLO nicht geben wird". Als diese Aussage des SPD-Vorsitzenden Widerspruch nicht nur in Israel provozierte, fügte er hinzu, dass an seiner Loyalität zu den Freunden in Israel kein Zweifel bestehe. Die Debatte im SI-Büro zeigte aber auch, dass der israelische Standpunkt, keine Gespräche mit der PLO zu führen, nur von wenigen anderen Parteien geteilt wurde; von den größeren war es allein die britische Labour Party.[129]

Probleme entstanden für Brandts Strategie dadurch, dass nicht alle PLO-Sprecher die Existenz Israels akzeptierten. Im Mai 1980 schrieb er hierzu dem SPD-Mitglied Günter Bröhl, der Brandts Kontakte zur PLO kritisiert hatte, dass die Palästinensische Befreiungsfront eine Dachorganisation verschiedenster Strömungen sei. Er wolle dazu beitragen, „die relativ gemäßigten Kräfte zu stärken, die eine friedliche Lösung anstreben."[130] Auch Arafat selbst, auf dessen Zusicherung sich Brandt verlassen hatte, erschwerte das Streben nach einem Ausgleich zwischen Israel und den Palästinensern. In Caracas forderte der PLO-Vorsitzende im Februar 1980 die Vernichtung Israels. Brandt hatte geglaubt, dass diese Haltung der Vergangenheit angehörte.[131]

Der SI-Präsident ließ sich dennoch nicht beirren. Neben der Suche nach einer Lösung für den Konflikt zwischen Israelis und Arabern bewegte ihn die Furcht, der „islamische Radikalismus" könne verhandlungsbereite Politiker wie Arafat an den Rand drängen, wenn Israel die PLO weiter ignoriere.[132] Dabei dachte Brandt an mögliche Auswirkungen der „Islamischen Revolution" im Iran. Dort hatte im Januar 1979 der prowestlich orientierte, diktatorisch regierende Schah nach Massenprotesten das Land verlassen. Im Februar errichtete der religiöse Führer, Ajatollah Khomeini, der aus dem Exil in Paris zurückgekehrt war, ein radikal-islamisches Regime. Die SI hatte für die Demonstrationen gegen den Schah Sympathie gezeigt, die überragende Bedeutung des Islam beim Umsturz war aber für Brandt nur schwer zu verstehen.[133]

Ein Jahr nach dem Treffen mit Arafat schätzte der SI-Präsident die Chancen für einen umfassenden Frieden im Nahen Osten skeptischer ein. Zwar hatten im März 1979 Ägypten und Israel in Washington einen Friedensvertrag unterzeichnet, den die USA vermittelt hatten. Das Palästinenserproblem aber blieb ungelöst. Ende 1980 schrieb Brandt an den PLO-Chef, im Moment sei nicht mehr möglich, als „weiteren Schaden für den Prozess der Friedenssuche im Nahen Osten zu verhindern".[134] Unnachgiebigkeit erkannte er Anfang 1982 vorrangig auf israelischer Seite: „[...] genau in jenem Moment, in dem beträchtliche Teile der arabischen Welt bereit sind, den ‚fait accompli' der Existenz Israels zu akzeptieren, [verfolgen] Israels öffentliche Meinung und seine Regierung eine Politik [...], die eine Verständigung mit den Arabern unmöglich zu machen scheint".[135] Mit dieser Meinung konnte sich Brandt breiter Unterstützung in der SI gewiss sein.

Im Juni 1982 marschierten israelische Streitkräfte in den von einem Bürgerkrieg zwischen Christen und Muslimen erschütterten Libanon ein. Im August mussten Arafat und seine PLO-Kämpfer fluchtartig das Land verlassen. Innerhalb der SI wurde der israelischen Arbeitspartei vorgeworfen, den Angriff als größte Kraft der

Opposition gebilligt zu haben. Willy Brandt musste sich gegen Bestrebungen zur Wehr setzen, die israelischen Genossen aus der Internationale auszuschließen, wie dies besonders Bruno Kreisky forderte. Der SI-Präsident war nun in der paradoxen Situation, zur Wahrung der Einheit der Organisation die von ihm zuvor inhaltlich deutlich kritisierte Arbeitspartei in Schutz zu nehmen.[136]

Die Haltung der israelischen Vertreter zur PLO änderte sich auch in den folgenden Jahren kaum. Zwar redete man bei internen Treffen von SI-Kommissionen informell mit deren Repräsentanten, aber die Grenze war erreicht, wenn Arafats Organisation offiziell eingeladen werden sollte. Ende der achtziger Jahre war Brandt nicht mehr bereit, den Israelis ein Vetorecht zuzubilligen. Zum offenen Konflikt kam es im Vorfeld des SI-Kongresses in Stockholm im Juni 1989. Wieder lehnte die Arbeitspartei die Teilnahme der PLO als Beobachter ab – ein Status, den auch einige kommunistische Parteien bekamen, ohne dass unterstellt werden konnte, die SI würde sich mit deren Positionen auch nur partiell identifizieren. Vor die Entscheidung gestellt, die PLO nicht einzuladen oder auf die Teilnahme der Arbeitspartei am Kongress zu verzichten, stellte sich Brandt erstmals offen gegen die israelischen Genossen.[137]

Als am 1. August 1990 der Irak überraschend in Kuwait einmarschierte, wurde der Krisenherd im Nahen und Mittleren Osten aufs Neue zum Brennpunkt der Weltpolitik. In den folgenden Monaten bemühte sich auch der Präsident der SI um eine diplomatische Lösung der Krise. Im November 1990 reiste Brandt nach Bagdad, um den irakischen Diktator Saddam Hussein zum Rückzug seiner Truppen zu bewegen. Das gelang nicht, aber Brandt konnte bei seinem Besuch, der in der deutschen Öffentlichkeit umstritten war, die Freilassung der deutschen und zahlreicher westlicher Geiseln erreichen. Die Befreiung Kuwaits durch alliierte Truppen mit UN-Mandat unter dem Oberkommando der USA im Januar 1991 war für den SI-Präsidenten Anlass zu einem letzten öffentlichen Vorstoß im Nahostkonflikt.[138] Sein Vorschlag erstreckte sich auch auf den Mittleren Osten. Angelehnt war er an die Vorgehensweise auf der Konferenz über Sicherheit und Zusammenarbeit in Europa

(KSZE), die am 1. August 1975 mit der Unterzeichnung der Schlussakte von Helsinki zu Ende gegangen war.[139] Was Brandt 1991 vortrug, war ein langfristig angelegtes Konzept. Manches wirkte utopisch, so z. b. der Vorschlag einer engen wirtschaftlichen Kooperation Israels mit den arabischen Staaten und dem Iran. Seine zentrale Forderung hieß: „Das ‚Pulverfaß' muß entschärft werden, um weitere Kriege zu vereiteln." Diese Befürchtung erwies sich leider als zutreffend.

Bewegt hat Brandt im Nahostkonflikt relativ wenig, wenn er auch 1979 durch sein Treffen mit Arafat in Wien zur Anerkennung der PLO als internationaler Gesprächspartner beigetragen hat. Diskrete Kontakte von Vertretern der israelischen Arbeitspartei mit der PLO am Rande von SI-Tagungen wurden möglich, obwohl solche Kontakte offiziell von den Israelis noch kategorisch abgelehnt wurden.[140] Anders als in Mittelamerika setzte im Nahen Osten jedoch keine Konfliktpartei auf die Vermittlung der SI. Brandt störte seine begrenzte Rolle offenkundig nicht, auch wenn er natürlich im Interesse des Friedens gerne mehr bewegt hätte. Aber er wusste, dass zur Lösung des Konflikts Einsicht auf Seiten aller beteiligten Parteien erforderlich und darüber hinaus ein Engagement der beiden Supermächte USA und UdSSR unumgänglich war. Dies konnten weder er noch die SI zustande bringen, bestenfalls anmahnen. Die zutreffende Analyse der weltpolitischen Bedeutung des Nahostkonflikts, verbunden mit der historisch begründeten Verantwortung Deutschlands für das Schicksal Israels, ließ Brandt dennoch immer wieder aktiv werden.

Die SI und das südliche Afrika

Ähnlich schwierig wie im Nahen Osten war für Brandt und große Teile der SI die Kooperation mit politischen Kräften im südlichen Afrika. Als der SPD-Vorsitzende an die Spitze der Internationale trat, waren Mosambik und Angola soeben aus portugiesischer Kolonialherrschaft entlassen worden. In beiden Ländern regierten ehemalige Befreiungsbewegungen, die sich zumindest offiziell dem Marxismus-Leninismus verschrieben hatten. In Angola kämpfte die westlich orientierte UNITA gegen die Regierung. Rhodesien, das heutige Zimbabwe, stand unter der Herrschaft eines international isolierten weißen Minderheitsregimes, das von einer zunehmend stärker werdenden Guerilla bekämpft wurde. Südwestafrika bzw. Namibia wurde von Südafrika verwaltet, auch dort galt die Rassentrennung. Die von der UNO geforderte Unabhängigkeit des Landes war noch nicht absehbar. In der Republik Südafrika schließlich gab es keine Anzeichen für ein Ende der Apartheid. Der ANC, die größte Organisation der schwarzen Bevölkerungsmehrheit, war militärisch chancenlos; die Mittel des Kampfes um Freiheit waren Demonstrationen und Streiks. International fanden Forderungen nach ökonomischen Sanktionen gegen das Regime in Pretoria nur wenig Unterstützung. Auch in der SI waren sie umstritten.

Unstrittig war die Ablehnung der Apartheid durch die SI und die Befürwortung demokratischer Verhältnisse, uneinig war man sich über den Weg dorthin. Brandt gehörte zu denjenigen, die Sanktionen skeptisch gegenüberstanden. In den dreißiger Jahren hatte er beobachten müssen, dass Aufrufe zum Wirtschaftsboykott gegen das „Dritte Reich" gescheitert waren.[141] Diese Haltung belastete die Beziehungen zu den schwarzen Regierungen und den Befreiungsbewegungen im südlichen Afrika.

Die SPD hatte bis 1976 zu den Befreiungsbewegungen in Zimbabwe, zur SWAPO und zum ANC keine regelmäßigen Kontakte.[142] Erst allmählich entstand eine Kooperation und mit ihr begann sich die Einstellung des SI-Präsidenten zu den Forderungen nach Sanktionen gegen Südafrika zu wandeln. Dies wiederum erleichterte die Annäherung der Befreiungsbewegungen an die Internationale. 1978 beschrieb Brandt den ersten Schritt seines Lernprozesses: Anders als zehn Jahre zuvor – damals war er Außenminister – wolle er nun Politik und Handel nicht strikt voneinander trennen. Sanktionen hielt er zwar immer noch für wirkungslos, sprach sich aber gegen weitere Investitionen in Südafrika aus.[143]

Eine entscheidende Wendung nahm seine Politik mit einem Besuch der Region im April 1986. In seiner Rede bei der Südafrika-

Konferenz der SI in Botswana, die den Anlass für die Reise bildete, unterstützte Brandt „ausgewählte und effektive Import- und Exportbeschränkungen".[144] Drei Tage später erlebte er im Gespräch mit Präsident Pieter Willem Botha in der südafrikanischen Hauptstadt Pretoria hautnah die Unnachgiebigkeit des weißen Minderheitsregimes.[145] Nach seiner Rückkehr bekannte er vor der Presse, dass er „über gezielte wirtschaftliche Maßnahmen, mit denen politischer Druck erzeugt werden könnte", nun anders denke – schon weil sich die Schwarzen Südafrikas trotz der für sie zu erwartenden materiellen Nachteile für Sanktionen aussprachen.[146]

Auch im südlichen Afrika wollte Brandt verhindern, dass die Demokratien Europas und Nordamerikas aus geostrategischen Gründen Regime unterstützten, die die Menschenrechte negierten. Das galt zuvörderst für Südafrika selbst; ein demokratisches Südafrika war – so Brandt 1986 – die beste Garantie gegen ein Vordringen der Sowjetunion in der Region. Jedoch verweigerte er sich grundsätzlich der Sichtweise, die Auseinandersetzungen in der „Dritten Welt" nur als Ausdruck des Ost-West-Konflikts zu betrachten. Deshalb war er auch dagegen, dass die Amerikaner die angolanische UNITA unterstützten. Ebenso lehnte Brandt das von Washington formulierte Junktim ab, wonach Namibia erst unabhängig werden könne, wenn Kuba seine Truppen aus Angola zurückgezogen habe.[147]

Seit Mitte der achtziger Jahre nahm der internationale Druck auf das Apartheid-Regime zu. Auch die Vereinigten Staaten stimmten nun für ein Handelsembargo gegen Südafrika. Selbstkritisch bekannte Brandt im April 1989, dass es auch in der Zeit der sozialliberalen Bundesregierung eine nicht akzeptable Zusammenarbeit deutscher und südafrikanischer Firmen in rüstungsrelevanten Angelegenheiten gegeben habe. Der SI-Präsident glaubte, erste Wirkungen der „bisher sehr bescheidenen Sanktionen" gegen Südafrika erkennen zu können. Die schon eingeleiteten Veränderungen im Land hielt er allerdings eher für kosmetisch.[148]

Erst im Februar 1990 kam der Durchbruch, als der neue südafrikanische Staatspräsident Frederik Willem de Klerk das Ende der Rassentrennung und die Legalisierung der Opposition ankündigte.

Am 11. Februar 1990 wurde der Führer des ANC, Nelson Mandela, der seit 1964 aus politischen Gründen inhaftiert gewesen war und den Brandt 1986 nicht hatte besuchen dürfen, ein freier Mann. Im Juni 1990 kam Mandela nach Bonn. Noch aber waren die wichtigsten Bestimmungen des Apartheidsystems in Kraft. Brandt plädierte daher für die Aufrechterhaltung der Sanktionen, bis tatsächlich der Wandel eingetreten sei. Europa müsse die friedliche Veränderung am Kap durch praktische Solidarität mit den demokratischen Organisationen unterstützen. Südafrika müsse seinen eigenen Weg finden. Von „Systeme[n] mit zentral-bürokratischer Lenkung" wie im Ostblock riet er ab.[149]

Recht spät haben Brandt und die Sozialistische Internationale bei den Befreiungsbewegungen im südlichen Afrika Anerkennung gefunden. Mit wenigen Ausnahmen war die Haltung der SI-Mitgliedsparteien und der von ihnen gestellten Regierungen in der Sanktionsfrage zu zögerlich gewesen. Eine Unterstützung des bewaffneten Kampfes hatte nie zur Debatte gestanden. So überrascht es nicht, dass ZANU und ZAPU in Zimbabwe, SWAPO in Namibia und ANC in Südafrika ihre engsten Partner andernorts, meist in Moskau, gefunden hatten. 1990 aber war die Sowjetunion kein attraktiver Partner mehr.

Die Öffnung der SI nach Osten 1989/90[150]

Als die SI im März 1989 in Wien zu ihrer turnusmäßigen Parteiführer-Konferenz zusammentrat, stand ein historisches Ereignis an: Erstmals seit Beginn des Kalten Krieges konnte die Delegation einer sozialdemokratischen Partei aus Osteuropa teilnehmen. Sie kam aus Ungarn, wo sich im Frühjahr 1989 – ähnlich wie in Polen – das Ende der kommunistischen Herrschaft abzuzeichnen begann. Die Zeitenwende im sowjetischen Machtbereich hatte 1985 mit Michail Gorbatschows Amtsantritt als Generalsekretär der KPdSU begonnen. 1987 machte er deutlich, dass künftig jedes Land des Warschauer Pakts ohne Einmischung von außen selbst über den eigenen Weg entscheiden könne.

Gänzlich obsolet waren Anfang 1989 die Zwänge, die aus der Blockzugehörigkeit resultierten, indes noch nicht. Daher äußerte sich Willy Brandt vorsichtig, als er in Wien nach der Reaktion der SI auf die neue Situation befragt wurde.[151] Wie in der Polen-Krise zu Beginn der achtziger Jahre[152] war für ihn entscheidend, dass die Entspannung nicht beeinträchtigt werde. Speziell für die SI ergaben sich zwei weitere Probleme: In ihr waren Exilparteien aus fast allen osteuropäischen Ländern (nicht aber der Sowjetunion) als beratende Mitglieder vertreten, die jedoch seit Jahrzehnten nur geringen Kontakt in ihre Heimatländer hatten. Nun galt es, die Beziehungen dieser Emigrantenorganisationen zu den neu entstehenden Parteien vor Ort zu klären. Aus Ungarn gab es bereits Signale, dass sich Teile der bisher kommunistischen Regierungspartei in eine demokratisch-sozialistische Kraft umwandeln wollten. Wie sollte die SI mit diesen „Konvertiten" umgehen?

Beim SI-Kongress im Juni 1989 in Stockholm, der den 100. Jahrestag der Gründung der Zweiten Internationale feierte, waren die Veränderungen in Mittel- und Osteuropa prominentes Thema in Brandts Grundsatzrede.[153] Den Reformkräften in diesen Ländern bot der SI-Präsident die Zusammenarbeit seiner Organisation an: Der demokratische Sozialismus biete Perspektiven für eine freiheitliche und sozial ausgestaltete Marktwirtschaft. Eine klare Grenze zog die Internationale zur chinesischen Führung, die Anfang Juni 1989 den Protest demokratischer Kräfte in Peking mit Panzern unterdrückt hatte. Die Einladung an Chinas Kommunisten, Beobachter zum Kongress zu senden, wurde sofort zurückgezogen.[154]

Die revolutionäre Entwicklung in Mittel- und Osteuropa im Herbst und Winter 1989/90 ließ der SI kaum Zeit zur Reflexion über die passende Antwort auf die grundlegenden Veränderungen. Bei der Ratstagung[155] in Genf Ende November 1989 wollte man eigentlich in Ruhe darüber beraten. Mittlerweile aber war die Berliner Mauer gefallen, und die im Oktober 1989 gegründete Sozialdemokratische Partei der DDR (SDP) hatte einen Aufnahmeantrag gestellt. Auf Vorschlag Brandts wurde sie zum „ständigen Gast" ernannt. Die Vollmitgliedschaft der ungarischen Exil-Sozialdemokraten wurde wiederhergestellt.[156] Im Mai 1990 nahm die SI die Sozialdemokraten der DDR als Vollmitglied auf, ebenso die Bulgariens und der Tschechoslowakei.[157] Im Oktober 1990 folgten die Sozialdemokratien Litauens und Estlands.[158] Symbolischer Höhepunkt und vorläufiger Abschluss des Prozesses der Öffnung nach Osten war die Rede des früheren KPdSU-Generalsekretärs und sowjetischen Staatspräsidenten Gorbatschow vor dem SI-Kongress im September 1992 in Berlin. Dazu war er von Brandt im März des Jahres eingeladen worden.[159] Bei dieser Gelegenheit hatte der SI-Präsident seine Zielvorstellung einer zukünftigen Sozialistischen Internationale dargelegt: Osteuropa werde durch wieder legalisierte frühere Exilparteien, „linksliberale Kräfte" aus Bürgerrechtsbewegungen und zur Sozialdemokratie gewendete frühere kommunistische Parteien vertreten sein. Ergänzt werden sollten die neuen Kräfte durch einstige Eurokommunisten, die sich inzwischen zum demokratischen Sozialismus bekannten. Um diese Entwicklung, die Zeit brauche, in Gang zu setzen, schlug Brandt ein „Forum soziale Demokratie in Europa" vor.

In den wenigen Monaten bis zu seinem Tode wurde davon nur wenig realisiert. Die wichtigste Neuaufnahme beim SI-Kongress in Berlin war die der italienischen Linksdemokraten, die ehemaligen Eurokommunisten. In den folgenden Jahren stießen immer mehr „gewendete" ehemalige osteuropäische Regierungsparteien zur SI. Im Jahre 2005 traf dies für Polen, Ungarn, Rumänien, Bulgarien und Albanien zu. Nur die Tschechen fehlten, weil die dortige KP sich dem Wandel verschlossen hatte. Umgekehrt waren die früheren Oppositionsbewegungen in der Regel nicht zum Anschluss an die SI bereit. Das programmatische Konzept „Sozialismus" war durch die kommunistische Herrschaft für sie als Referenzpunkt diskreditiert, und die zögerliche Reaktion der SI-Spitze auf die Bürgerrechtler in den achtziger Jahren hatte einen Graben entstehen lassen, der nicht so schnell zugeschüttet werden konnte. Brandts Vision ließ sich nicht umsetzen – und dieser Fehlschlag war auch ein Erbe seiner Politik der stillen Diplomatie und enger Kontakte zu den Staatsparteien, deren Korrektur 1989 zu spät kam.

Das Vermächtnis Willy Brandts an die Sozialistische Internationale

Im November 1991 entschied sich Willy Brandt, beim folgenden SI-Kongress nicht mehr als Präsident zu kandidieren. Er war fast 78 Jahre alt und hatte gerade eine Darmkrebsoperation hinter sich gebracht. Sein Wunschkandidat als Nachfolger war der spanische Ministerpräsident Felipe González.[160] Doch dieser lehnte unter Verweis auf seine Verpflichtungen als Regierungschef ab. Mitarbeiter Brandts reisten um die Jahreswende 1991/92 durch Europa und fragten bei mehreren Spitzenpolitikern nach, ob sie zur Kandidatur bereit seien. Der Einzige, der „Ja" sagte, war Pierre Mauroy, von 1981 bis 1984 französischer Premierminister und seit 1988 Vorsitzender der Sozialistischen Partei – ein Amt, das er im Januar 1992 abgab. Als politisches Schwergewicht galt er nicht, was er selbst in die Worte fasste: „Man tritt nicht an Willy Brandts Stelle, man folgt ihm nach."[161] Falsch aber wäre es zu behaupten, Brandt habe Mauroy nicht gewollt.

Am Kongress der Sozialistischen Internationale vom 15. bis 17. September 1992 im Berliner Reichstag konnte Brandt nicht mehr teilnehmen; seine Krankheit war zu weit fortgeschritten. Seine Abschiedsbotschaft formulierte er in einem Grußwort, das Hans-Jochen Vogel verlas.[162] Die Öffnung der SI über Europas Grenzen hinaus war für Brandt das wichtigste Ergebnis seiner Präsidentschaft. Die Internationale, so sein Vermächtnis, müsse auch in Zukunft weltweit gegen Unrecht kämpfen. Seinen Nachfolger und seine Mitstreiter in der SI forderte er auf, sich zu allererst für die Wiederherstellung und Bewahrung des Friedens zu engagieren. Frieden sei „unverzichtbar [...], um Freiheit möglich zu machen." Ähnlich hatte er sich bereits bei seinem Abschied als SPD-Vorsitzender 1987 ausgedrückt.[163] Brandt schloss mit der Ermunterung, die eigenen Positionen immer wieder zu überdenken. Jede Zeit verlange ihre eigenen Antworten – das war die Maxime, der er selbst zu folgen versucht hatte.

Willy Brandt zu Besuch beim spanischen Ministerpräsidenten, Felipe González, am 3. April 1990 in Madrid.

IV. Willy Brandt und die „Dritte Welt" 1977–1992

Das lange Zögern – Der Weg zur Brandt-Kommission 1977

Nur vier Wochen nach seiner Wahl zum SI-Präsidenten eröffnete sich Willy Brandt überraschend die Möglichkeit, sein internationales Betätigungsfeld noch auszuweiten. In einem Schreiben, das ihm am 28. Dezember 1976 an seinem südfranzösischen Urlaubsort überbracht wurde[164], teilte Weltbankpräsident Robert S. McNamara mit, er gedenke, den Altkanzler für den Vorsitz einer Internationalen Kommission für Entwicklungsfragen vorzuschlagen, und bat dafür um baldige Zustimmung.[165] McNamara, den Brandt seit den Zeiten John F. Kennedys kannte, zeigte sich tief besorgt über den Stillstand in den Nord-Süd-Verhandlungen. Daher sollte eine „hochrangige, doch bewußt nichtamtliche Kommission" mit Mitgliedern sowohl aus reichen als auch armen Ländern eingesetzt werden, um praktische Maßnahmen vorzuschlagen.

Brandt – in entwicklungspolitischen Detailfragen gänzlich unerfahren – reagierte skeptisch. Auf Anraten von Egon Bahr, der bis Dezember 1976 das Ministerium für wirtschaftliche Zusammenarbeit geleitet hatte und fachliche Unterstützung zusagte[166], willigte er aber ein, dass McNamara seinen Vorschlag in einer Rede am 14. Januar 1977 in Boston öffentlich machen konnte.[167] Die Initiative stieß jedoch auf unerwartet heftigen Widerstand der 19 Entwicklungsländer, die seit Dezember 1975 in Paris bei der Konferenz über internationale wirtschaftliche Zusammenarbeit (KIWZ) mit acht Industriestaaten über Energie-, Rohstoff-, Entwicklungs- und Finanzfragen verhandelten.[168] Der venezolanische Minister für internationale Wirtschaftsbeziehungen und Ko-Präsident der KIWZ, Manuel Pérez-Guerrero, erklärte offiziell, er halte eine unabhängige Kommission für verfrüht.[169]

Unter allen Umständen wollte Brandt jeden Anschein eines Konflikts mit andauernden Nord-Süd-Gesprächen vermeiden.[170] Daher ließ er den Weltbankpräsidenten Mitte Februar 1977 wissen, „dass die volle Unterstützung der Dritten Welt, besonders der Verhandlungsführer, eine Vorbedingung für jegliche öffentliche Ak-

Weltbankpräsident Robert S. McNamara und Willy Brandt sprechen am 7. März 1979 in Bonn über die Arbeit der Nord-Süd-Kommission.

tivität meinerseits für eine solche Kommission ist. Wie die Dinge liegen, kann ich Sie nicht dabei ersetzen, diese volle Unterstützung zu bekommen."[171]

Am 8. März 1977 traf Willy Brandt während eines Besuchs in den Vereinigten Staaten mit McNamara zusammen. Nach der Rückkehr verkündete er, dass er sich entschlossen habe, für den Vorsitz der vorgeschlagenen Kommission für Entwicklungsfragen zur Verfügung zu stehen.[172] Nach einer weiteren Unterredung mit dem Präsidenten der Weltbank am 6. April 1977 in Bonn skizzierte Brandt in einem Interview erstmals öffentlich seine Vorstellungen über die Tätigkeit der Kommission.[173] Eine Schlichterfunktion zwischen Nord und Süd zu übernehmen, lehnte er ab und betonte, das Gremium werde trotz der Initiative McNamaras von der Weltbank organisatorisch und finanziell unabhängig sein. Das sollte sie von der 1968 eingesetzten Pearson-Kommission unterscheiden.[174]

Dennoch folgte eine monatelange Hängepartie. Hinter den Kulissen wurde versucht, die weiterhin bestehenden internationalen Widerstände abzubauen. Ende Mai 1977 schrieb der niederländische Entwicklungshilfeminister Jan Pronk an eine Reihe von Regierungschefs und Amtskollegen, um für eine Brandt-Kommission zu werben.[175] Positive Reaktionen aus den Entwicklungsländern blieben aber zunächst aus.

Nachdem die Pariser KIWZ am 2. Juni 1977 gescheitert war[176], verschob Brandt die Entscheidung über die Gründung der Kommission gegen den Rat McNamaras ein weiteres Mal. Der SPD-Vorsitzende war nach wie vor der Ansicht, dass vor der Bekanntgabe eine gewisse Ermutigung durch führende Vertreter der G 77 vorliegen sollte.[177] Die Hoffnung auf einen Ruf aus der „Dritten Welt" erfüllte sich indes auch in den darauf folgenden Wochen nicht. Die G-77-Staaten fürchteten, die Nord-Süd-Verhandlungen könnten aus dem UN-System herausverlagert werden und die Einheit der Entwicklungsländer könne zerbrechen.

Um endlich die gewünschte politische Unterstützung zu bekommen, fasste Brandt daher ein Treffen mit einigen Meinungsführern der „Dritten Welt" am Rande der UN-Generalversammlung im September 1977 in New York ins Auge.[178] Zur Vorbereitung wandte er sich am 5. September 1977 in einem Schreiben an insgesamt 20 Staats- und Regierungschefs.[179] Schließlich reiste er Ende September in die Vereinigten Staaten, wo er zunächst an der Jahresversammlung von Weltbank und Internationalem Währungsfonds in Washington teilnahm. Anschließend traf er in New York UN-Generalsekretär Kurt Waldheim und führte eine Vielzahl von Gesprächen mit Außenministern und Botschaftern aus Entwicklungs- und Industrieländern. Die Unterredungen machten „überdeutlich", „dass W[illy] B[randt] überall – besonders auch in den Entwicklungsländern – ein überaus hohes, uneingeschränktes Vertrauen genießt".[180]

Die Mehrzahl der Entwicklungsländer begrüßte die Kommissionsidee. Das überzeugte Brandt. Am 28. September 1977 gab er „nach reiflicher Überlegung" auf einer internationalen Pressekonferenz im UN-Gebäude die Gründung der „Unabhängigen Kommission für Internationale Entwicklungsfragen" – so der offizielle Titel – unter seinem Vorsitz bekannt.[181] Noch in der Nacht zuvor hatte er mit sich gerungen. Ein anwesender deutscher Journalist schrieb, man habe im kleinen Kreis gespürt, „wie den ehemaligen Kanzler diese neue Aufgabe umtreibt. Willy Brandt ist ein Mann, der sich dem moralischen Imperativ nicht entziehen kann."[182] Schließlich ging es, wie er nicht müde wurde zu betonen, um nicht weniger als um „*die* entscheidende soziale Frage für den Rest unseres Jahrhunderts".[183]

Sein langes Zögern hatte gute Gründe. Nicht nur bestand die Gefahr, sich im komplizierten Nord-Süd-Konflikt zwischen alle Stühle zu setzen. Vielmehr konnte das neue internationale Engagement des SPD-Vorsitzenden auch innenpolitisch eine Hypothek werden, schon weil die Opposition und konservative Publizisten bei ihm ein klares Bekenntnis zur Marktwirtschaft außerhalb der Bundesrepublik vermissten.[184] Wenngleich Brandt dies bestritt, waren vor allem Loyalitätskonflikte mit der eigenen Regierung denkbar.[185]

Zwar hatte Bundeskanzler Helmut Schmidt der Kommission seine volle Unterstützung zugesagt, doch waren Zweifel angebracht. Im Kanzleramt hatte schon die Resolution des SI-Kongresses in Genf im November 1976 über die „Internationale wirtschaftliche Solidarität", in der das Versagen des Kapitalismus als Hauptursache für die Unterentwicklung bezeichnet und die Schaffung einer „Neuen Weltwirtschaftsordnung" gefordert worden war, großes Missfallen hervorgerufen.[186] Im März 1977 monierte der Kanzler im Gespräch mit der neuen Ministerin Marie Schlei, die Bonner Entwicklungspolitik berücksichtige die außen- und rohstoffpolitischen Interessen der Bundesrepublik nicht ausreichend. Schmidt war nicht länger bereit, „diejenigen vorbehaltlos mit Vergünstigungen zu bedenken, die uns ungerechtfertigt und unbegründet angriffen".[187] Seitens der Entwicklungsländer galt die Bundesrepublik darob als „konservativ" bzw. „rechtsaußen".[188]

Nach der Übernahme des Vorsitzes der Nord-Süd-Kommission stand im Herbst 1977 die Frage im Raum, ob Brandt noch Zeit für seine eigene Partei haben werde oder ob er sich langsam in die internationale Politik absetzen wolle. Er widersprach: Die Hauptaufgabe sei der Parteivorsitz. „Aber nationale Interessen können eben schon lange nicht mehr allein hinter den eigenen Grenzen wahrgenommen werden."[189]

„Alles andere als einheitlich" – Zusammensetzung und Beginn der Unabhängigen Kommission für Internationale Entwicklungsfragen

Die Auswahl der Mitglieder der Nord-Süd-Kommission gestaltete sich schwierig. Mit Bedacht gewährte Brandt den Vertretern aus den Entwicklungsländern ein zahlenmäßiges Übergewicht, um den Vorwurf einer Majorisierung durch die Industriestaaten gar nicht erst aufkommen zu lassen. Dem Gremium gehörten aus dem Norden neben dem Vorsitzenden je ein Mitglied aus Frankreich, Großbritannien, Schweden, Japan und Kanada sowie zwei Vertreter aus den USA an. Wunschkandidat Henry Kissinger hatte Brandt trotz zuvor mehrfach gegebener Zusagen im November 1977 überraschend einen Korb gegeben, was indes Olof Palme die Teilnahme erleichterte.[190] Aus der „Dritten Welt" kam jeweils eine Persönlichkeit aus Algerien, Obervolta – dem heutigen Burkina Faso –, Tansania, Kuwait, Indien, Indonesien, Malaysia, Chile, Kolumbien und Guyana. Die Zusammensetzung der Kommission war „alles andere als einheitlich", musste Brandt zugeben.[191] Konservative wie der ehemalige britische Premierminister Edward Heath, die Herausgeberin der *Washington Post*, Katharine Graham, und der amerikanische Banker Peter G. Peterson trafen auf den schwedischen Sozialdemokraten Palme und den kanadischen Gewerkschafter Joe Morris. Den „Süden" repräsentierten u. a. der ehemalige chilenische Staatspräsident Eduardo Frei und eher radikale Vertreter wie der Vizepräsident des algerischen Parlaments Layachi Yaker, der tansanische Minister Amir Jamal und der Generalsekretär des Commonwealth, Shridath Ramphal aus Guyana.[192] Mit der Nominierung Freis suchte Brandt auch ein Zeichen gegen die Pinochet-Diktatur zu setzen.[193] Auch brachte die Wahl des Christdemokraten zugleich seinen Wunsch zum Ausdruck, dass die Oppositionskräfte der Linken und der Mitte in Chile zusammenarbeiten sollten.

Zum Exekutivsekretär der Kommission wurde der Schwede Göran Ohlin und zum Direktor des Sekretariats der Jugoslawe Dragoslav Avramović berufen, die den in Genf ansässigen wissenschaftlichen Expertenstab leiteten. Finanziert wurde die Kommission zur Hälfte von der niederländischen Regierung. Darüber hinaus leisteten Dänemark, Finnland, Indien, Japan, Südkorea, Norwegen, Saudi-Arabien, Schweden, Großbritannien und die Schweiz sowie die EG-Kommission, der Sonderfonds der OPEC, der German Marshall Fund, die Ford Foundation, die Friedrich-Ebert-Stiftung, die Friedrich-Naumann-Stiftung und private Spender finanzielle Unterstützung.[194]

Am 9. Dezember 1977 eröffnete Willy Brandt in Anwesenheit von Bundespräsident Walter Scheel die konstituierende Sitzung der Unabhängigen Kommission für Internationale Entwicklungsfragen auf Schloss Gymnich bei Bonn. In seiner Begrüßungsansprache ließ der Vorsitzende deutlich werden, dass vor etwaigen Lösungen der Probleme zwischen Nord und Süd das Verständnis für deren Dringlichkeit erhöht und demnach auch das Bewusstsein insbesondere in den Industriestaaten verändert werden müsse. Der von der Kommission zu erstellende Bericht sollte deswegen „im Ausdruck kurz und knapp sein", „so daß jeder gewöhnliche und leidlich informierte Bürger der Welt ihn verstehen kann."[195] Bereits im September 1977 hatte Willy Brandt mit Kurt Waldheim vereinbart, den Abschlussbericht an den UN-Generalsekretär zu übergeben. Für die Beratungen der Kommission veranschlagte ihr Vorsitzender 18 Monate. Vorsorglich warnte er die Öffentlichkeit: „[K]einer darf erwarten, daß hier jetzt plötzlich die Lösung der Welträtsel ansteht."[196]

Die Räson der Entspannungspolitik wollte Brandt auf die „Südpolitik" übertragen. Die Ostpolitik habe nämlich gezeigt, „daß es möglich ist, den Charakter eines Konflikts zu ändern und [...] diejenigen Elemente eines gegenseitigen Interesses festzustellen, die beiderseitig vertretbare gemeinsame Lösungen hervorbringen können".[197] Die Entwicklungspolitik stellte für ihn eine neue Di-

Willy Brandt (am Rednerpult) eröffnet am 9. Dezember 1977 die Konstituierende Sitzung der Nord-Süd-Kommission auf Schloss Gymnich bei Bonn. V.l. Abdlatif Y. Al-Hamad, Rodrigo Botero Montoya, Antoine Kipsa Dakouré, Eduardo Frei, Katharine Graham, Olof Palme, Bundespräsident Walter Scheel, Amir H. Jamal, Lakshmi Kant Jha, Adam Malik, Joe Morris und Haruki Mori.

mension der Friedens- und Entspannungspolitik dar: „Wir leben in *einer* Welt, und jeder Konflikt von der gefährlichen Dynamik des Nord-Süd-Gefälles steht einer dauerhaften Friedensordnung im Wege."[198] Demgemäß mussten auch die Sowjetunion und ihre osteuropäischen Verbündeten, die Brandt allesamt zu den Industriestaaten des Nordens zählte, in die entwicklungspolitischen Bemühungen einbezogen werden. Die kommunistischen Regime erklärten sich jedoch für die Probleme der Entwicklungsländer nicht zuständig, da sie deren Ursachen allein dem westlichen „Imperialismus und Kolonialismus" zuschrieben. Diese ideologische Verbohrtheit hoffte Brandt aufbrechen zu können, wenngleich er noch keine Chance sah, in die Kommission schon einen Vertreter aus dem „Ostblock" berufen zu können.[199] 1978 und 1979 kam es zu zwei Begegnungen von Kommissionsmitgliedern mit sowjetischen, aber auch chinesischen Experten. In Gymnich beschloss die Brandt-Kommission ihr Arbeitsmandat („Terms of Reference"), das Willy Brandt zehn Tage später zu Beginn einer zweiwöchigen Asien- und Ostafrika-Reise in der indischen Hauptstadt Neu-Delhi der internationalen Presse erläuterte.[200] Demzufolge ging die Kommission von der „Notwendigkeit einer neuen Weltwirtschaftsordnung" aus. Die Verwendung des umstrittenen Begriffs war eine Verbeugung vor den Entwicklungsländern. Besonderen Wert legte die Kommission auf eine Neuinterpretation der Entwicklungspolitik. Bewusst habe man, so Brandt, Worte wie „Hilfe" oder „die Reichen helfen den Armen" vermieden und durch die Idee der „Interdependenz" und „Gemeinsamkeit von Interessen" ersetzt.

Eine Definition der „Gemeinsamkeit von Interessen" legte der „Chairman" seinen Kollegen in einer Ausarbeitung zu Beginn der zweiten Sitzung im schweizerischen Mont Pèlerin im März 1978 vor.[201] Mit diesem Diskussionsbeitrag versuchte Brandt, den Beratungen ein politisch-philosophisches Fundament zu geben. Der Weltfrieden, schrieb er, sei nicht nur durch Atomwaffen, sondern auch durch Hungerkatastrophen und durch ökologische Zerstörungen mit weltweiten Folgen gefährdet. Aus globalen Problemen und Bedrohungen leitete er gemeinsame Interessen ab, worunter das Überleben der Menschheit das elementarste war: „Ein Programm, das darauf abzielt, die menschlichen Grundbedürfnisse zu befriedigen, ist daher nicht allein eine humanitäre Pflicht, sondern auch durch das gemeinsame Überlebensinteresse zu begründen." „Das Überleben sichern" wurde zum Leitmotiv des ersten Kommissionsberichts von 1980.

Die konfliktreiche Arbeit der Brandt-Kommission unter großem Einsatz ihres Vorsitzenden

Die Nord-Süd-Kommission kam im Abstand von zwei bis drei Monaten zu zehn mehrtägigen Treffen (einschließlich zweier Redaktionssitzungen) an neun verschiedenen Orten in Europa, Afrika, Nordamerika und Asien zusammen. Doch die Beratungen verliefen von Anfang an alles andere als reibungslos. Das Sekretariat, das die Kommissionsmitglieder wissenschaftlich unterstützen sollte, führte ein Eigenleben.[202] Die Vorbereitung der Sitzungen durch das Sekretariat stieß immer wieder auf Kritik.[203] Das erzürnte Brandt: „Ich bin nicht und die Kommission ist nicht ein Hilfsorgan des Staff."[204] Er und sein für Nord-Süd-Fragen zuständiger Mitarbeiter Fritz Fischer mussten in Genf häufiger nach dem Rechten sehen, als ihnen lieb war. Die starken Meinungsverschiedenheiten unter den Mitgliedern trugen das Ihre dazu bei, dass man im ersten halben Jahr inhaltlich kaum vorankam.[205]

Als Vorsitzender war Brandt in erster Linie für die Außendarstellung der Kommission zuständig. Dabei entwickelte der damals 64-jährige eine beinahe unglaubliche Reiseaktivität. In den ersten zehn Monaten nach dem Auftakt in Gymnich nahm er an drei Kommissionssitzungen in der Schweiz, in Mali und den USA teil, reiste zu zwei Treffen mit Sekretariatsmitarbeitern nach Genf und besuchte in seiner Eigenschaft als Kommissionsvorsitzender – teils in Verbindung mit Terminen der SI – Japan, Indien, Mauritius, Tansania, Sambia, Kenia, Norwegen, Ungarn, Finnland, Senegal, Algerien, Bulgarien, Rumänien, die acht Hauptstädte der EG-Partner, Österreich, den Vatikan, Jugoslawien, nochmals die Vereinigten Staaten und Kanada. Fast überall sprach er mit den Staats- und Regierungschefs. Darüber hinaus nahm er in Bonn und anderen Orten die Gelegenheit wahr, die Arbeit der Kommission dem Generalsekretär der KPdSU, den Premierministern Jamaikas, Australiens und Schwedens, den Staatspräsidenten Brasiliens, Syriens und des Sudan, dem König von Jordanien sowie dem saudi-arabischen Kronprinzen zu erläutern. Zusätzlich fanden viele Gespräche mit führenden Repräsentanten internationaler Organisationen über Entwicklungsfragen statt. Im Oktober 1978 traf Brandt UN-Generalsekretär Waldheim und über 20 Botschafter bei den Vereinten Nationen in New York, um über den Stand der Kommissionsarbeit zu berichten.[206] Selbstverständlich war auch der deutsche Bundeskanzler als Repräsentant der sieben führenden westlichen Industrienationen (G 7) ein wichtiger Ansprechpartner in Nord-Süd- und Wirtschaftsfragen.[207]

Um die Öffentlichkeit zu informieren, gab Brandt den Medien bereitwillig Interviews[208] und absolvierte nicht zuletzt unzählige Auftritte vor Tagungen und Kongressen. So präsentierte er in einem Vortrag vor der United Nations Association am 26. Oktober 1978 in New York seine Vorstellungen von einer „neuen internationalen Ordnung".[209] Dringenden Reformbedarf sah der Vorsitzende der Nord-Süd-Kommission vor allen Dingen bei Weltbank und Internationalem Währungsfonds (IWF), denen die Steuerung der internationalen Entwicklungs- und Währungspolitik oblag. Nachdrücklich forderte Brandt eine stärkere Repräsentanz der „Dritten Welt" in beiden Gremien. Denn in diesen 1944 im amerikanischen Bretton Woods ins Leben gerufenen Institutionen dominierten die wirtschaftlich potenten westlichen Industrieländer. Die Vereinigten Staaten von Amerika rief er auf, wie beim Marshall-Plan 1947 mutig die politische Führung zu übernehmen, um gemeinsam mit Europa und Japan ein ähnliches Hilfsprogramm zugunsten der Entwicklungsländer aufzulegen.

Sein großer internationaler Einsatz hatte allerdings Schattenseiten. Die enormen Reisestrapazen, die er sich 1978 zumutete, hätten ihn beinahe das Leben gekostet. Aufgrund des Herzinfarkts, den er während seiner Nordamerikareise erlitten hatte, konnte er an der Kommissionssitzung in Kuala Lumpur (Malaysia) Ende November 1978 nicht teilnehmen. Er wurde schmerzlich vermisst.[210] Die Sitzung war gekennzeichnet durch harte Auseinandersetzungen, die Edward Heath und Shridath Ramphal als die Köpfe der gegensätzlichen Strömungen mit Leidenschaft ausfochten. Ohne Brandts straffe und ausgleichende Leitung sowie seine Zuversicht und Zusammengehörigkeit vermittelnde Art zerstritt sich die Kommission heillos. Die für Herbst 1979 geplante Veröffentlichung des Berichts geriet in Gefahr.[211]

Das zähe Ringen um den Kommissionsbericht

Während seiner Rekonvaleszenz in Südfrankreich, bei der ihm drei bis vier Stunden Arbeit am Tag erlaubt wurden, widmete sich Brandt fast ausschließlich den Angelegenheiten der Nord-Süd-Kommission.[212] Er schloss deren Scheitern jetzt nicht mehr aus.[213]

Doch die Flinte einfach ins Korn zu werfen kam für Brandt nie in Frage. In der nächsten Sitzung, die Ende Februar 1979 erneut in Mont Pèlerin und nicht wie geplant in Lateinamerika stattfand, da dem Vorsitzenden Flugreisen noch nicht wieder gestattet waren, tat er unmissverständlich seinen Unmut über den Zwist der Mitglieder kund und forderte mehr Disziplin. In seinem „Chairman's Report", der wie immer am Beginn stand, gab er zugleich eindrucksvoll die Richtung für den Kommissionsbericht vor. Er riet zu mehr Realismus: Mit seinen Vorschlägen dürfe das Gremium dem Denken der Menschen voraus sein. „Aber wenn jemand zu weit voraus ist, gerät er in Schwierigkeiten."[214] Trotz kritischer Einwände ließ sich Brandt nicht davon abbringen, dem Bericht eine persönliche Einleitung voranzustellen, die gleichsam die ideelle Basis für die praktischen Empfehlungen bilden sollte. Bereits im März 1979 erstellte er dafür einen ersten Entwurf, der anschließend überarbeitet und ins Englische übersetzt wurde, um danach wieder und wieder vom Vorsitzenden bearbeitet zu werden.[215]

Besonders heiß umstritten in der Nord-Süd-Kommission war die zukünftige Finanzierung der Entwicklungshilfe, wenn man sich auch einig war, dass sie deutlich steigen müsse. Das Genfer Sekretariat schlug einen World Development Fund (WDF) als eine neue Organisation zur programmorientierten Entwicklungsfinanzierung vor.[216] Goldverkäufe des IWF und eine internationale Steuer sollten die Finanzmittel für den Weltentwicklungsfonds bereitstellen. Das Sekretariat sprach sich zudem dafür aus, einer Forderung der „Dritten Welt" zu entsprechen und über die bisherigen Quoten hinausgehende Sonderziehungsrechte der Entwicklungsländer beim IWF zu schaffen. Dieses Mittel zur Schaffung zusätzlicher Liquidität sollte an die Finanzierung von Entwicklungsvorhaben gebunden sein.

Widerstand gegen diese Pläne regte sich nicht nur unter Kommissionsmitgliedern aus dem Norden. Die deutschen Experten in Kanzleramt, Finanzministerium und Bundesbank, denen Willy Brandt die Sekretariatspapiere zur Begutachtung hatte zukommen lassen, fällten ein sehr kritisches Urteil: Die Schaffung eines Weltentwicklungsfonds würde einen Vertrauensentzug für Weltbank und IWF bedeuten und wäre für die Kapitalmärkte ein Schock. Das Vorhaben habe keinerlei Chance auf Realisierung. Sie warnten zudem vor Inflationsgefahren durch neue Sonderziehungsrechte.[217] Dennoch stand der „Chairman" den Vorschlägen nicht ablehnend gegenüber. Das Ziel, die Entwicklungsfinanzierung zu universalisieren und zu automatisieren, unterstützte er. Besondere Sympathien hegte er für eine von allen Staaten zu zahlende Entwicklungshilfeabgabe. Einer vom französischen Staatspräsidenten Valéry Giscard d'Estaing vorgeschlagenen Rüstungssteuer erteilte er jedoch eine Absage.[218] Als mögliche Bereiche für eine internationale Steuer diskutierte die Kommission u. a. auch Handel, Luftverkehr und Transportwesen. Ferner sollten Einnahmen aus der Ausbeutung von Bodenschätzen in der Tiefsee erzielt werden.[219]

Auch Helmut Schmidt konnte sich durchaus vorstellen, als neues Finanzierungsinstrument für Entwicklungshilfe eine internationale Steuer einzuführen, z. B. auf den Außenhandel. Denn der Kanzler hielt, wie er bei einem Gespräch mit Brandt am 25. September 1979 erklärte, „ein Erreichen des 0,7 %-Ziels in demokratischen Staaten auf absehbare Zeit für ganz ausgeschlossen".[220] Dabei hatten die Fraktionen von SPD und FDP die Bundesregierung 1977 aufgefordert, diese Zielmarke bis 1985 zu erreichen. Seither waren die Entwicklungshilfeausgaben der Bundesrepublik von 0,33 auf 0,44 % des BSP gesteigert worden. Überraschend ging Brandt in diesem Punkt sogar noch einen Schritt weiter als Schmidt: Er zweifelte generell den Sinn der 0,7 %-Vorgabe an. Das Ziel sei „eine heilige Kuh" und „eine sehr willkürliche Meßlatte". „Wenn es nach ihm ginge, sollte man davon wieder abgehen." Um die Leistungen eines Landes zu bewerten, müsse man auf jeden Fall die Handelspolitik einbeziehen, erklärte der SPD-Vorsitzende und meinte damit den Protektionismus der Industriestaaten.

Bei dem Treffen, an dem u. a. auch Entwicklungshilfeminister Rainer Offergeld, SPD-Bundesgeschäftsführer Egon Bahr und Kanzleramtsminister Hans-Jürgen Wischnewski teilnahmen, wurde über die zu erwartenden Vorschläge der Nord-Süd-Kommission eingehend und kontrovers diskutiert. Bundeskanzler Schmidt übte speziell Kritik an den währungspolitischen Überlegungen der Kommission. Die Berücksichtigung entwicklungspolitischer Ziele bei der Zuteilung von Sonderziehungsrechten beim IWF kam für ihn ebenso wenig in Frage wie Änderungen bei der Stimmenverteilung in den beiden Bretton-Woods-Institutionen IWF und Weltbank. Auch die Konditionalität von IWF-Krediten dürfe nicht aufgegeben werden, betonte Schmidt. Bundesminister Offergeld äußerte sich besonders kritisch und ließ an den „dirigistischen Vorstellungen" der Kommission kaum ein gutes Haar. Er sprach sich gegen die Schaffung neuer Institutionen und neuer Fonds aus. Ihm fehlte vor allem ein klarer Hinweis auf die notwendigen Eigenanstrengungen der Entwicklungsländer und die große Bedeutung von Privatinvestitionen.

Der Vorwurf war durchaus berechtigt. Die Brandt-Kommission wandte sich nämlich von den Modernisierungs- und Wachstumstheorien ab, welche die Entwicklungspolitik bis in die siebziger Jahre hinein bestimmt hatten. Stattdessen machte sie sich den neuen entwicklungspolitischen Ansatz zu eigen, der die Befriedigung von Grundbedürfnissen („basic needs") in den Vordergrund rückte. Allerdings lehnte es Brandt ab, den Entwicklungsländern, die fürchteten, auf diese Weise von moderner Technologie ausgeschlossen zu werden, bestimmte Maßnahmenschwerpunkte vorzugeben: „Ich akzeptiere basic needs nur dort, wo sie von meinen Freunden und Kollegen in der Entwicklungswelt selbst definiert werden."[221] Die Möglichkeit, Entwicklungshilfe an innere Reformen in den Empfängerländern zu koppeln, war damit so gut wie ausgeschlossen. In dieser Frage fügte sich der Vorsitzende letztlich dem Druck von Seiten der Kommissionsmitglieder aus dem Süden, die jegliche Art von „Konditionalität" kategorisch zurückwiesen.[222]

Den gemeinsamen Nenner für die Kommission suchte Brandt nicht so sehr in Einzelvorschlägen denn in visionären und mobilisierenden Botschaften. Ein Teil des bislang in die Rüstung gehenden Geldes sollte in Vorhaben der internationalen wirtschaftlichen Zusammenarbeit umgelenkt werden. Als eine Art Millenniumsziel formulierte er: Bis zum Jahr 2000 sollte der Hunger in der Welt, unter dem damals schätzungsweise 800 Mio. Menschen litten, besiegt sein. Das sei vielleicht zu ehrgeizig, räumte er ein. „Aber ich gehöre zu einer Generation, die zweimal erlebt hat, daß und wie aus Krieg Hunger wird. Deshalb möchte ich nicht, daß eine neue Generation erlebt, wie aus Hunger Krieg wird."[223]

Eigentlich hatte das Treffen in Wien im Juli 1979 der Abschluss der Kommissionsberatungen sein sollen. Doch die Sitzung geriet zur Enttäuschung, weil es das Sekretariat in seinem Entwurf für den Endbericht nicht vermochte, den zuvor gefundenen politischen Grundkonsens angemessen auszudrücken. Die Genfer Wirtschaftsexperten hatten in erster Linie Veränderungen des internationalen Finanz- und Währungssystems im Visier. Brandt und andere Kommissionsmitglieder vermissten außerdem substanzielle Vorschläge zu den Bereichen Energie und Arbeit.[224]

Antworten zu diesen Themen zu finden hatten unerwartete weltpolitische Ereignisse notwendig gemacht. Die islamische Revolution im Iran im Februar 1979 widersprach allen Modernisierungstheorien der Entwicklungspolitik. Was jedoch noch schwerer wog, waren ihre Auswirkungen auf die Energiepreise. Die zweite Ölkrise belastete die ärmsten Entwicklungsländer besonders schwer und führte zu einer neuen Weltwirtschaftskrise. Dass die USA nach dem Sturz des Schahs von Persien Pläne für eine militärische Eingreiftruppe zur Sicherung ihrer Energieversorgung aufbauten, veranlasste Brandt zu einer für ihn ungewöhnlich scharfen Reaktion: „Unsere verehrten amerikanischen Freunde müssen aufhören, mit dem Öl so zu aasen, wie sie es tun."[225] In der Förderung und Anwendung alternativer Energien, wie der Solarenergie, erkannte er die Lösungen für die Zukunft.[226]

Durch die fortgesetzten internen Reibereien verzögerte sich der Abschluss des Berichts der Nord-Süd-Kommission um mehr als drei Monate. Zwar hatte Willy Brandt zu Beginn der Arbeiten erklärt, wenn es unvermeidlich wäre, hätte er lieber abweichende Meinungen im Kommissionsbericht als ein künstliches Einvernehmen, das die wahren Probleme verschleiere.[227] Doch was die Ausnahme sein sollte, drohte zur Regel zu werden. Ende September 1979 teilte er Helmut Schmidt alles andere als hoffnungsfroh mit: „Zu eindeutigen Aussagen werde man kaum kommen, weil man sich kaum einigen könne."[228] In der Tat stand die Kommission bei ihrem nächsten Treffen in Brüssel kurz vor dem Scheitern. Deprimiert darüber, dass nach drei Tagen Diskussion eine Einigung wieder nicht erzielt werden konnte, zog sich Brandt am letzten Abend der Sitzung auf sein Zimmer zurück.[229] Das bewirkte einen heilsamen Schock unter den Kommissionsmitgliedern, die sich nun zusammenrauften und ihren Vorsitzenden in den frühen Morgenstunden des 9. Oktober 1979 mit der rettenden Idee weckten: Es wurde ein „Triumvirat" – bestehend aus Edward Heath, Shridath Ramphal und Willy Brandt – gebildet, das für die Endredaktion verantwortlich zeichnete. Mitarbeiter der drei Redakteure kamen sodann in London zusammen und stellten in ständiger Rücksprache mit ihren Chefs den Bericht fertig. Für Brandt nahm Michael Hofmann diese Aufgabe wahr, der zwischen London und Bonn pendelte. Mit dieser Lösung wurde dem Sekretariat in Genf die Federführung aus der Hand genommen.[230] Das Redaktionsteam nahm auch die Hilfe des britischen Bestsellerautors Anthony Sampson in Anspruch, der eigens dafür verpflichtet worden war, den Abschlussbericht in eine für die breite Öffentlichkeit verständliche Sprache zu bringen.[231]

Nach der dreitägigen Sitzung in Leeds Castle konnte Willy Brandt am 17. Dezember 1979 vor der internationalen Presse in London endlich den Abschluss der Kommissionsarbeiten verkünden und die wichtigsten Ergebnisse vorstellen.[232] Er zeichnete ein düsteres Bild der weltwirtschaftlichen Lage. Die Länder des Südens sähen sich einer Bedrohung ihrer Existenzgrundlage gegenüber, weil sie durch weiter steigende Preise für Industriegüter, Rohstoffe und Öl immer weniger Geld zur Verfügung hätten. Die fehlende Kaufkraft in den Entwicklungsländern wirkte sich nach Brandts Überzeugung wiederum negativ auf die Wirtschaft der Industrieländer aus: „Es ist eine Schande, daß in den Industriestaaten so viele Männer und Frauen arbeitslos sind, weil die Menschen in der Dritten Welt, die ihre Produkte benötigen, kein Geld haben, um sie zu kaufen." Verstärkte Hilfen für die „Dritte Welt" waren somit als Teil eines Konjunkturprogramms für die Weltwirtschaft zu verstehen. Die ökonomischen Vorstellungen des Vorsitzenden, die auch den Bericht seiner Kommission durchzogen, orientierten sich stark an der Theorie von John Maynard Keynes, der in der Stimulierung der Nachfrage durch erhöhte Staatsausgaben das probate Mittel gegen Wirtschaftskrisen erblickt hatte. Gleichzeitig wird deutlich, dass Willy Brandt alles andere als ein Gegner des freien Weltmarkts war. Mit Nachdruck plädierte er immer wieder für den Abbau von Handelshemmnissen, die den Export der Entwicklungsländer in die Industrieländer – z.B. im Agrar- und Textilbereich – behinderten. Manchen deutschen Gewerkschaftern gefiel das überhaupt nicht.[233]

Die Nord-Süd-Kommission empfahl eine deutliche Ausweitung der Kredite von Weltbank und IWF für spezifische Investitionsprojekte. Daneben machte sie Vorschläge für langfristige strukturelle Reformen der Weltwirtschaft. Das betraf u.a. die Stabilisierung der Rohstoffpreise, die Verringerung des Protektionismus, den Umbau des internationalen Finanz- und Währungssystems, die Erhöhung der Entwicklungsausgaben, die Regelung der Beziehungen zwischen transnationalen Unternehmen und ihren Gastländern, die Ausweitung der Nahrungsmittelproduktion, die Verbesserung der Gesundheitspolitik sowie Maßnahmen gegen die Überbevölkerung. Für die Jahre 1980–85 legte sie ein Notprogramm vor, das 1. einen höheren Kapitaltransfer in die Entwicklungsländer von 50 bis 60 Mrd. Dollar jährlich, 2. eine internationale Energiestrategie, 3. ein Welternährungsprogramm sowie 4. einen Einstieg in Reformen des Weltwirtschaftssystems vorsah. Die Industriestaaten sollten ihre öffentliche Entwicklungshilfe bis 1985 auf 0,7 % des BSP steigern; für das Jahr 2000 wurde 1 % als Ziel angepeilt.

Der Brandt-Report 1980 – Reaktionen und Wirkungen

Am 12. Februar 1980 übergab Willy Brandt in Begleitung der Kommissionsmitglieder Graham, Peterson und Ramphal den im englischen Original über 300 Seiten starken Bericht der Nord-Süd-Kommission an UN-Generalsekretär Waldheim. Die verspätete Fertigstellung erwies sich nun als fatal. Der Zeitpunkt für die Veröffentlichung des Brandt-Reports, wie die Medien das Dokument nannten, hätte unglücklicher kaum sein können. Der sowjetische Einmarsch in Afghanistan an Weihnachten 1979 löste einen Klimasturz in den internationalen Beziehungen aus.

In seinem Vorwort, das er „trotzig und tief betrübt" vor die Invasion datierte[234], warnte Brandt eindringlich vor dem drohenden internationalen Chaos „als Ergebnis von Massenhunger, wirtschaftlicher Zusammenbrüche, Umweltkatastrophen oder auch von Terrorismus". An die beiden Supermächte appellierte er, mehr Geld für Entwicklungshilfe und weniger für Rüstung auszugeben. Denn Entwicklung sei ein anderes Wort für Frieden. „Die Globalisierung von Gefahren und Herausforderungen – Krieg, Chaos, Selbstzerstörung – erfordert eine Art ‚Weltinnenpolitik'."[235]

Die Erinnerung an die Mühsal der zweijährigen Beratungen verblasste in der Rückschau rasch. Die Zusammenarbeit und das Klima der Debatte in der Nord-Süd-Kommission stellten „eine der interessantesten und faszinierendsten Erfahrungen" seines Lebens dar, resümierte Brandt. Er war sich dennoch sehr wohl bewusst, dass der Report in der aktuellen Krise unterzugehen drohte. An seine Kollegen schrieb er: „Alles in allem denke ich, dass unser Bericht vielleicht nicht sofort die Aufmerksamkeit erhalten mag, auf die wir gehofft hatten, aber – mit fortschreitender Zeit – kann er als weiteres Argument für mehr internationale Zusammenarbeit dienen."[236]

Die politischen Spitzen in Nord und Süd bekundeten der Kommission zwar ihre Wertschätzung. Deren Empfehlungen ließen sie aber, wenn überhaupt, nur selektiv gelten. US-Präsident Carter, dem Willy Brandt am 15. Februar 1980 persönlich ein Exemplar über-

Gemeinsam mit Shridath Ramphal (l.) überreicht Willy Brandt dem amerikanischen Präsidenten Jimmy Carter am 15. Februar 1980 im Weißen Haus in Washington ein Exemplar des ersten Berichts der Nord-Süd-Kommission „Das Überleben sichern".

reichte, fand herzliche Worte und gab sich an den Vorschlägen sehr interessiert.[237] In der praktischen Politik seiner Administration wirkte sich das nicht aus. Beim G-7-Gipfel in Venedig im Juni 1980, bei dem in den Worten Helmut Schmidts das Nord-Süd-Thema „in einem Maße die Diskussion bestimmt[e], wie das bisher noch auf keinem Wirtschaftsgipfel der Fall war"[238], spielte der Brandt-Report kaum eine Rolle. Im Abschlusskommuniqué hieß es lapidar: „Wir begrüßen den Bericht der Brandt-Kommission. Wir werden ihre Empfehlungen sorgfältig prüfen."[239]

Selbst in Bonn wurde der Brandt-Report kaum mehr als pflichtschuldig begrüßt. An der Bundestagsdebatte über den Bericht nahmen 13 Abgeordnete teil. Nach monatelangem Hickhack zwischen den zuständigen Ministerien und einer dezenten Beschwerde Brandts beim Kanzler[240] wurde im Juli 1980 eine Kabinettsvorlage mit dem Titel „Die zukünftige Entwicklungspolitik der Bundesregierung im Lichte der Empfehlungen der Unabhängigen Kommission für internationale Entwicklungsfragen" verabschiedet. Den zentralen finanz- und währungspolitischen Vorschlägen sowie den an Weltbank und IWF gerichteten Reformforderungen stimmte die Bundesregierung nicht zu. Diese Punkte wurden aus Rücksicht auf den SPD-Vorsitzenden vorsorglich ausgeklammert. Es ging letztlich nur darum, „die Stellungnahme zum Brandt-Bericht in einer auch für die Öffentlichkeitsarbeit geeigneten Form ‚einzupacken'".[241]

Auch in den Reihen der Experten vermochten die meisten Vorschläge der Nord-Süd-Kommission nicht zu überzeugen. Mancher Vorwurf war sicherlich keine Überraschung: Der Wirtschaftsnobelpreisträger Friedrich August von Hayek, der zu den Vertretern des „Neoliberalismus" gehörte, bezeichnete den Bericht als auf „Ignoranz der tatsächlichen Probleme" beruhendes „dummes Geschwätz".[242] Während die Kritiker von rechts dem Report übertriebene Schwarzmalerei vorwarfen und eine Mischung aus Rhetorik und Phantasterei mit verfehlten Analysen und Rezepten ausmachten[243], bemängelten Vertreter der radikalen Linken, dass die Vorschläge nur die bestehende kapitalistische Wirtschaftsordnung retten wollten.[244] Auch Fachleute aus der politischen Mitte äußerten Kritik. Der Soziologe Ralf Dahrendorf entdeckte im Brandt-Report sieben Mythen, zu denen er angesichts des Ost-West-Gegensatzes und des Nord-Süd-Gefälles u. a. das Postulat von der Einen Welt und die Neue Weltwirtschaftsordnung zählte.[245] Rückblickend räumt auch Brandts Mitarbeiter Michael Hofmann Defizite ein: Die Behandlung der Themen Bevölkerungswachstum, Migration und Umwelt, Abrüstung und Entwicklung, Reformen im Süden sowie internationale Organisationen und Verhandlungen sei unbefriedigend gewesen. Zu Recht sei zudem kritisiert worden, dass der Brandt-Bericht die Differenzierungsprozesse zwischen den Entwicklungsländern und innerhalb ihrer Gesellschaften nicht angemessen berücksichtigt habe.[246]

Der weltweiten Verbreitung und Popularisierung des Brandt-Reports tat dies alles keinen Abbruch. Bis 1983 wurde der Bericht in 21 Sprachen übersetzt und 350.000-mal verkauft.[247] Mehr als die Hälfte dieses Ergebnisses steuerte der Absatz des englischen Originals bei. Das Ziel, die Weltöffentlichkeit auf die Nord-Süd-Problematik aufmerksam zu machen, erreichten Willy Brandt und seine Kommission vollauf. Die Einleitung des Vorsitzenden hatte daran entscheidenden Anteil. Mit zahlreichen öffentlichen Auftritten im In- und Ausland legte der sich einmal mehr mächtig ins Zeug, um Aufklärungsarbeit zu leisten.[248] Den Vorschlägen des Brandt-Reports widmete sich auch eine dreiteilige Fernsehdokumentation, die 1981 im britischen Fernsehen gesendet wurde.[249] Für die Vermittlung des Themas in den Medien war genau das von Vorteil, was angemessene Antworten in der Wirklichkeit eher erschwerte: Die Einteilung der Welt nach dem groben Raster Nord-Süd. Der Erfolg beim Publikum hatte seine Ursache nicht zuletzt in der Zuspitzung der internationalen Lage und der Weltwirtschaftskrise zu Beginn der achtziger Jahre. „Die Grundmelodie des Brandt-Berichts mit der Moll- und Dur-Mischung apokalyptischer Warnungen und optimistischer Zukunftsvision traf gleichsam den Stimmungsnerv."[250] Eines mussten letztlich auch die Kritiker des Brandt-Reports zugeben: „Kaum eine andere Veröffentlichung hat die Diskussion über die Hilfe an die Dritte Welt so stimuliert wie diese."[251]

Um die Reaktionen auf den Bericht zu diskutieren und über mögliche zusätzliche Aktionen zu beraten, trafen sich die Mitglieder im Mai 1980 in Den Haag und erneut ein Jahr später in Berlin. In einem Vortrag in der Technischen Universität Berlin beklagte Willy Brandt das Desinteresse der Regierungen, speziell der Supermächte, und machte beide gleichermaßen für ein Missverhältnis zwischen dem steilen Anstieg der Rüstungsausgaben und dem wachsenden Hunger in der Welt verantwortlich: „Was dem einen seine SS-20, sind dem anderen seine Pershings."[252] Das große Interesse der internationalen Friedens- und Umweltbewegung am Bericht seiner Kommission ermutigte ihn hingegen. Am 5. Mai 1981 beteiligten sich mehr als 6.000 Teilnehmer in London an einer so genannten „Lobby on Brandt", mit der das britische Unterhaus aufgefordert wurde, die Empfehlungen des Nord-Süd-Berichts zu übernehmen.[253] Dass sich so viele junge Leute in Fragen der Entwicklungspolitik engagierten, hielt Brandt für besonders bedeutend – vor allem für seine eigene Partei, die sich den „alternativen" Aktivitäten gegenüber öffnen sollte.

Das sah Helmut Schmidt bekanntlich ganz anders. Die Diskrepanz zwischen den Forderungen der Nord-Süd-Kommission und der Politik der sozialdemokratisch geführten Bundesregierung wuchs, was Brandt zu kritischen Bemerkungen herausforderte. Beispielsweise übte er öffentlich Kritik am Abstimmungsverhalten der Bundesrepublik in den Vereinten Nationen, die im September 1980 die Aufnahme der von den Entwicklungsländern geforderten Globalverhandlungen abgelehnt hatte.[254] Nach der Bundestagswahl 1980 kam innerhalb der SPD Streit über den Entwicklungshilfehaushalt auf. Vor dem Parteivorstand verlangte Oskar Lafontaine von Helmut Schmidt detaillierte Angaben darüber, wie die Regierung das 0,7 %-Ziel bis 1985 erreichen wolle.[255] Wenig später stellten knapp zwei Dutzend SPD-Bundestagsabgeordnete – unter ihnen Gerhard Schröder, Ottmar Schreiner und Renate Schmidt – mit ausdrücklichem Verweis auf den Brandt-Report, der die Umlenkung „unproduktiver" Rüstungsausgaben in Entwicklungshilfe forderte, den Antrag, eine Milliarde DM aus dem Verteidigungshaushalt in den Etat des BMZ umzuschichten.[256] Die Vorstöße wurden erwartungsgemäß abgelehnt und von Brandt nicht unterstützt. Als dann aber der Bundeskanzler im März 1981 Druck machte, aus wirtschaftlichen Gründen die Lieferung deutscher Kampfpanzer nach Saudi-Arabien zu genehmigen, stellte sich der Parteivorsitzende quer: Die Bundesrepublik sollte ihre restriktive Rüstungsexportpolitik beibehalten und möglichst wenig in den internationalen Waffenhandel verstrickt werden.[257]

Wie in der Sicherheits- so ließen sich auch in der Entwicklungspolitik die politischen Differenzen zwischen Brandt und Schmidt kaum mehr verbergen, wie ein Vorfall am Rande des Treffens der Nord-Süd-Kommission in Berlin zeigte. Während eines Abendessens,

das der Regierende Bürgermeister Hans-Jochen Vogel am 29. Mai
1981 im Schloss Charlottenburg ausrichtete, trug der Bundeskanzler
seine entwicklungs- und wirtschaftspolitischen Auffassungen in
einer derart aggressiven und selbstherrlichen Weise vor[258], dass sich
einige Kommissionsmitglieder zu scharfen Gegenreden veranlasst
sahen.[259] Brandt machte seine Unzufriedenheit über den Auftritt des
Kanzlers wie über die deutsche Entwicklungspolitik im Allgemeinen
zwei Tage später bei einer Pressekonferenz mit der Bemerkung kund:
„Ja, man kann sich nicht beschweren, wenn auch Reaktionen bei
Tisch eingefangen werden. Und ich habe mich auch nicht verstellt.
[...] Die deutsche Politik ist rückständig auf diesem Gebiet, und die
Intelligenz in diesem Lande ist es noch mehr."[260]

Der Nord-Süd-Gipfel von Cancún 1981

Der Brandt-Report bewirkte immerhin ein weltweit sichtbares Ergebnis. Die Kommission hatte vorgeschlagen, eine Nord-Süd-Gipfelkonferenz mit ca. 25 Staats- und Regierungschefs aus den wichtigsten Regionen der Welt einzuberufen. Sie fand nach langem diplomatischem Tauziehen im Oktober 1981 im mexikanischen Badeort Cancún statt.

Die Idee zu einem informellen Treffen über Entwicklungsfragen, das intensive persönliche Gespräche und Diskussionen zwischen den Spitzenpolitikern unter Ausschluss der Öffentlichkeit ermöglichen sollte, stammte von Brandt selbst. Er hatte sie erstmals im Mai 1979 gegenüber UN-Generalsekretär Waldheim vorgebracht.[261] Seine Überlegung war, dass ein solcher Weltgipfel, der alle wesentlichen Staatengruppen fair repräsentieren müsse, besser zu gemeinsamen Lösungen kommen werde als die vielen Mammutkonferenzen der UN mit über 150 Teilnehmerstaaten. Nach den Vorstellungen Willy Brandts sollten entweder der deutsche Bundeskanzler oder der französische Staatspräsident für die Industriestaaten sowie ein Vertreter aus den Entwicklungsländern zu dem Gipfeltreffen einladen.[262] Noch vor Fertigstellung des Kommissionsberichts bat er Giscard d'Estaing, in diesem Sinne aktiv zu werden.[263] Im Dezember 1979 trat

Brandt an den österreichischen Bundeskanzler Bruno Kreisky heran, der daraufhin die Chancen des Gipfelvorschlags international sondierte.[264]

Die führenden westlichen Industriestaaten waren nicht begeistert. Frankreich zeigte nach dem Scheitern der KIWZ 1977 keine Neigung, sich erneut zu engagieren. Die USA und Großbritannien schätzten das Vorhaben sehr skeptisch ein.[265] Der deutsche Bundeskanzler, der den Vorstoß grundsätzlich guthieß, war ebenfalls nicht bereit, die Rolle des Einladenden zu übernehmen – auch weil Schmidt fürchtete, dies werde zusätzliche Finanzforderungen der Entwicklungsländer an die Bundesrepublik nach sich ziehen.[266] Schließlich ergriffen Kreisky und der mexikanische Staatspräsident José López Portillo in enger Abstimmung mit Brandt die Initiative.[267] Zur Vorbereitung des Gipfels berieten im November 1980 und im März 1981 Außenminister aus elf Staaten in der Wiener Hofburg.[268]

Am 22./23. Oktober 1981 kam es in Cancún zur „Internationalen Konferenz über Zusammenarbeit und Entwicklung". Gemeinsam mit Shridath Ramphal und Edward Heath hatte sich Willy Brandt zuvor am 11. September 1981 in einem eindringlichen Appell an die 22 Staats- und Regierungschefs gewandt. In dem Schreiben hieß es: „Das Treffen von Cancún bietet eine einzigartige Gelegenheit zu jenem politischen Dialog, der allein zu einem Neubeginn führen kann." Angesichts der vorangegangenen Fehlschläge sei die Konferenz „in gewissem Sinne eine letzte Chance".[269]

Das Zustandekommen des Gipfels war allein schon ein Erfolg. Nach langem Zögern hatte sich der amerikanische Präsident zur Teilnahme entschlossen, auch der chinesische Ministerpräsident war der Einladung gefolgt. Die sowjetische Führung verweigerte sich hingegen wieder einmal. Sowohl der deutsche als auch der österreichische Bundeskanzler mussten wegen Krankheit absagen und wurden durch ihre Außenminister vertreten. Die Gründe für das Fernbleiben Willy Brandts sind bereits in der Vorbereitungsphase zu suchen. Vor dem ersten Außenministertreffen in Wien hatte wieder einmal Algerien für Schwierigkeiten gesorgt, das keine

Konkurrenz zu den von den Entwicklungsländern angestrebten Globalverhandlungen im Rahmen der Vereinten Nationen wünschte. Die algerische Forderung, der Gipfel dürfe keine Art Fortsetzung der Brandt-Kommission werden, führte zu einem letztlich folgenschweren Missverständnis. Der österreichische Außenminister Willibald Pahr deutete dies als ein generelles Nein gegen die Teilnahme des Kommissionsvorsitzenden an den vorbereitenden Gesprächen im November 1980. Brandt, dem eine Einladung der österreichischen Regierung vorlag, sagte daraufhin sein Kommen ab und änderte seinen Terminplan, den er dann nicht mehr umwerfen konnte, als der Botschafter Österreichs in Bonn die Fehleinschätzung korrigierte.[270]

Allerdings hatte auch die deutsche Bundesregierung bereits bei den Wiener Beratungen der Außenminister erkennen lassen, dass sie die Teilnahme Brandts am Gipfel nicht unterstützte. Der wiederum dürfte von vornherein kein Interesse an eventuellen Verlegenheiten auf internationalem Parkett gehabt haben. Daher kam er auch einer Einladung nicht nach, die ihm wenige Tage vor dem Treffen noch offeriert wurde.[271] Der mexikanische Gastgeber López Portillo ließ über seinen UN-Botschafter Porfirio Muñoz Ledo ausrichten, dass der Vorsitzende der Nord-Süd-Kommission als beratendes Mitglied der mexikanischen Delegation auftreten könnte.[272] Schon aus Statusgründen, auf die Brandt penibel achtete, war diese Notlösung für ihn nicht akzeptabel.

Darüber hinaus entsprach die Organisation des Gipfels nicht den Vorstellungen des geistigen Vaters der Veranstaltung. Indira Gandhi und Julius Nyerere waren zwar überzeugt davon, durch ihre Beiträge in Cancún hätten Ronald Reagan und Margaret Thatcher „einen neuen und bleibenden Eindruck der schwierigen Lage der Dritten Welt bekommen".[273] Aber einen wirklich freimütigen persönlichen Dialog nur der anwesenden Regierungschefs ließ das Protokoll nicht zu.

Wenngleich er aufgrund der positiveren Einschätzungen von Teilnehmern aus den Entwicklungsländern seine öffentliche Kritik zügelte[274], war Willy Brandt über die ausbleibenden Fortschritte im

Nord-Süd-Dialog tief enttäuscht. Angesichts der Bedrohung des Weltfriedens durch das Wettrüsten der Supermächte, die Wirtschaftskrise, drohende ökologische Katastrophen und die Verzweiflung der Hungernden in den Entwicklungsländern fand er die Handlungsunfähigkeit der Verantwortlichen schier unerträglich. Doch die Zeit war noch nicht reif für seine Vision: „Globale Probleme erfordern globale Lösungen; und Interdependenz erzeugende Probleme erfordern gemeinsame Lösungen."[275]

In Reaktion auf den praktisch ergebnislosen Gipfel von Cancún meldeten sich Brandt und seine Freunde in der Nord-Süd-Kommission noch einmal zu Wort. 1982 kam man in Kuwait, Brüssel und Ottawa zusammen und erarbeitete den Bericht „Common Crisis" – der deutsche Titel lautete „Hilfe in der Weltkrise". Den zweiten Nord-Süd-Bericht übergab Brandt am 15. Februar 1983 an UN-Generalsekretär Andrés Pérez de Cuéllar. Der Report war ein aktualisiertes Dringlichkeitsprogramm, das sich besonders den institutionellen Reformen in Weltbank und IWF widmete.[276] Mit unverkennbaren Anklängen an das 50 Jahre zuvor aufgelegte Programm des *New Deal*, mit dem der amerikanische Präsident Franklin D. Roosevelt gegen die große Depression zu Felde gezogen war, wurden die keynesianisch geprägten Vorschläge des ersten Brandt-Reports zur Ankurbelung der Weltkonjunktur wiederholt und weiter zugespitzt. Das stieß bei den konservativen Regierungen in Washington, London und Bonn auf große Ablehnung. Dort setzte man auf die Stärkung der Angebotsseite durch Steuersenkungen, Ausgabenkürzungen, marktwirtschaftliche Deregulierung und Privatinvestitionen und empfahl dieses Rezept auch für die Entwicklungspolitik.[277]

Ein „verlorenes Jahrzehnt" für den Süden – Die entwicklungspolitischen Aktivitäten Brandts in den achtziger Jahren

Der zweite Bericht der Nord-Süd-Kommission blieb in der Praxis so wirkungslos wie der erste. Willy Brandt stellte sein Engagement für die unterentwickelten Länder gleichwohl nicht ein. Zwar sagte er unmittelbar nach dem Regierungswechsel in Bonn im Oktober 1982, er könne die Nord-Süd-Politik leider nicht zum Hauptfeld seiner Aktivität machen.[278] Doch den Kontakt zu den Mitgliedern seiner Kommission ließ er nicht abreißen. Besonders am Herzen lag ihm die weitere Beschäftigung mit der Frage „Rüstung und Entwicklung". Darüber berieten im Januar 1984 die Brandt-Kommission und die von Olof Palme geleitete Unabhängige Kommission für Internationale Sicherheits- und Abrüstungsfragen. Die Palme-Kommission, der mit Shridath Ramphal und Haruki Mori zwei Mitglieder der Brandt-Kommission angehörten, hatte 1982 ihren Bericht „Gemeinsame Sicherheit" vorgelegt. Das Schlussdokument des Treffens in Rom blieb indessen im Allgemeinen stecken.[279]

In seinem 1985 veröffentlichten Buch „Der organisierte Wahnsinn" geißelte Brandt den Gegensatz zwischen Wettrüsten und Welthunger und machte kaum einen Hehl daraus, dass er in dem Präsidenten der Vereinigten Staaten von Amerika den Hauptverantwortlichen für die Misere erblickte. Gigantische Steigerungen des Militärhaushaltes, militanter Antikommunismus, Kürzungen der Entwicklungshilfe, Interventionen in Mittelamerika, eine „neoliberale" Wirtschafts- und Sozialpolitik, Uni- und Bilateralismus in der Außenpolitik: Ronald Reagan verkörperte Mitte der achtziger Jahre die Antithese zu fast allem, wofür Willy Brandt, die deutsche Sozialdemokratie und die Sozialistische Internationale eintraten.

Der Streit um die Bereitstellung von Finanzmitteln für die International Development Agency (IDA) war geradezu exemplarisch. Diese Weltbanktochter vergibt besonders günstige Kredite an die ärmsten Entwicklungsländer. Anfang 1984 kürzten die USA ihren IDA-Beitrag, so dass der Organisation für die kommenden drei Jahre drei Milliarden US-Dollar weniger zur Verfügung standen. Brandt war empört und forderte Westeuropäer und Japaner auf, notfalls auch ohne die USA das Budget wie ursprünglich geplant aufzustocken. In Gesprächen und Schreiben wandte er sich auch an Bundeskanzler Helmut Kohl.[280] Aber alle Bemühungen, die US-Regierung doch noch umzustimmen, fruchteten nicht.

Die in diesem Zusammenhang von Brandt gestellte Frage, ob denn die Bundesrepublik wirklich in allem der amerikanischen Politik folgen müsse, war programmatisch zu verstehen. Europa, so erklärte er im Oktober 1984, müsse eine neue Rolle akzeptieren, „die seinem gegenwärtigen Gewicht in der Weltwirtschaft und in der multipolaren Welt von heute mehr entsprechen würde. [...] Es ist Zeit, dass wir anfangen, mit einer Stimme zu sprechen."[281] Insbesondere die Europäische Gemeinschaft sollte ihre gewachsene Wirtschaftskraft in der Entwicklungszusammenarbeit selbstbewusst einsetzen, ohne auf die USA oder die Sowjetunion zu warten.

Während Willy Brandt bei der amerikanischen Regierung in Ungnade fiel, blieb sein Ansehen unter den Entwicklungsländern ungebrochen. Im November 1984 wurde ihm für sein Bemühen um Frieden und Entwicklung sowie seine Verbundenheit mit den Völkern der „Dritten Welt" der „Third-World-Prize" zuerkannt. Mit dem Preisgeld legte er den Grundstock der „Stiftung Entwicklung und Frieden (SEF)" in Bonn, die im November 1986 aus der Taufe gehoben wurde. Brandt übernahm den ehrenamtlichen Vorsitz.

Nicht nur wegen der neuen Eiszeit zwischen den beiden Supermächten galten die achtziger Jahre bald als für die Entwicklungspolitik „verlorenes Jahrzehnt". Eines der größten Probleme, das im August 1982 mit der Zahlungsunfähigkeit Mexikos schlagartig ins Weltbewusstsein eindrang, war die Verschuldungskrise. Sie hatte ihre Ursache in dem starken Anstieg der Kreditnachfrage der Entwicklungsländer zwischen 1973 und 1980, die westliche Privatbanken aufgrund des massiven Zuflusses von Kapital aus den OPEC-Staaten („Petrodollars") mit zunächst günstigen, aber im Zinssatz variablen Krediten befriedigten. Der Anteil von Krediten zu Sonderkonditionen der Entwicklungshilfe mit festen Zinssätzen sank derweil. Durch die Weltwirtschaftskrise zu Beginn der achtziger Jahre sowie den dramatischen Zinsanstieg, der maßgeblich auf die riesigen Haushaltsdefizite der USA zurückging, saßen viele Staaten in der Schuldenfalle. Zwischen 1979 und 1982 verdoppelten sich die Zinsausgaben für die Entwicklungsländer. Die am höchsten verschuldeten Staaten, die nicht selten eine verschwenderische

Ausgabenpolitik betrieben hatten, gerieten in existenzielle Schwierigkeiten. Nach Mexiko stellten weitere lateinamerikanische Länder ihren Schuldendienst ein, so dass gar ein Zusammenbruch des internationalen Finanzsystems befürchtet wurde. Gefangen im Teufelskreis von Altschulden, neuen Krediten, hohen Zinsen und schlechter Wirtschaftslage, wuchs die gesamte Auslandsverschuldung der Entwicklungsländer zwischen 1980 und 1988 von 647 auf 1375 Milliarden US-Dollar.[282] Der Schuldendienst stieg dadurch so stark an, dass mehr Finanzmittel vom Süden in den Norden als in die umgekehrte Richtung flossen. Zwar gewährten Weltbank und IWF den betroffenen Staaten Hilfe, knüpften sie jedoch an strenge Auflagen zur wirtschaftlichen Umstrukturierung. Diese so genannten Strukturanpassungsprogramme führten zu enormen sozialen und politischen Belastungen in vielen Entwicklungsländern.[283]

Weltbank und IWF standen deshalb im Kreuzfeuer der Kritik. Brandt solidarisierte sich mit den Entwicklungsländern, die nach einer Reform des internationalen Finanz- und Währungssystems riefen und mehr Mitbestimmungsrechte für sich reklamierten. Zum Abschluss seiner Lateinamerikareise im Herbst 1984 sagte er in Buenos Aires: „Wir brauchen ein neues Bretton Woods."[284] In einem Vier-Punkte-Plan forderte der SI-Präsident eine Senkung und Begrenzung der Schuldzinsen, eine Höchstgrenze des Schuldendienstes, ein Schuldenmoratorium für die am stärksten betroffenen Länder sowie eine Sozialklausel für die Strukturanpassungsprogramme des IWF.[285] Die lateinamerikanischen Regierungschefs begrüßten den Vorschlag. Mehr wurde daraus allerdings nicht.

Die Bereitschaft von Regierungen und Banken, den Entwicklungsländern entgegenzukommen, war noch sehr gering. Auf der einen Seite pochten die Gläubiger auf volle Rückzahlung der Schulden, um die säumigen Zahler nicht zu bevorzugen. Auf der anderen Seite war die Interessenlage der Schuldner viel zu heterogen, um etwa durch die Bildung einer einheitlichen Front die Verhandlungsmacht der Entwicklungsländer zu stärken. Erst gegen Ende der achtziger Jahre vollzog sich allmählich ein Bewusstseinswandel in den

Industriestaaten. Schuldenerlasse wurden nicht mehr ausgeschlossen. Dazu hat der unermüdlich drängende Willy Brandt beigetragen, der schon 1988 die völlige Streichung der Schulden für die ärmsten Länder der Welt verlangte.[286]

Für einzelne in Zahlungsschwierigkeiten geratene Staaten setzte Brandt sich zuweilen persönlich ein. So im Juni 1986 im Fall des von Naturkatastrophen, Wirtschaftskrisen und Terrorismus schwer gebeutelten Peru, das ein Jahr zuvor seine Schuldendienstzahlungen an den IWF ausgesetzt hatte. Doch die Bemühungen des SI-Präsidenten beim Geschäftsführenden Direktor des Währungsfonds blieben ohne Erfolg[287]; das Land verlor wenig später seine Kreditwürdigkeit. Das Beispiel Peru ist jedoch zugleich ein Beleg dafür, dass die Finanz- und Wirtschaftsprobleme der Entwicklungsländer nicht allein auf das Konto hartherziger Politiker und Banker in den Industriestaaten gingen. Was Brandt damals nicht ahnte: Staatspräsident Alan García konnte wie viele seiner Amtskollegen in Südamerika – so etwa der ebenfalls der SI nahestehende Venezolaner Carlos Andrés Pérez – der Versuchung nicht widerstehen, sich zu bereichern. Anfangs als Hoffnungsträger gefeiert, stürzte der Populist García sein Land in ein wirtschaftspolitisches Chaos sondergleichen.

Korruption, Kapitalflucht, unfähige Regierungen und Verwaltungen, steigende Waffenimporte, Kriege und Bürgerkriege, Diktaturen, Menschenrechtsverletzungen – auch das gehörte zu den Realitäten der „Dritten Welt" und zu den Ursachen ihrer Unterentwicklung. Seit Mitte der achtziger Jahre rückten diese Missstände in den Entwicklungsländern in der öffentlichen Diskussion immer stärker ins Blickfeld. Die Hungerkatastrophe in Afrika 1985, auf die viele Menschen im Westen mit einer beispiellosen Spendenaktion reagierten, wurde nicht allein durch eine schwere Dürre oder durch fehlende Hilfen der Weltbank ausgelöst. Zum millionenfachen Hungertod trug der Bürgerkrieg in Äthiopien ganz entscheidend bei. Das kommunistische Militärregime in Addis Abeba verweigerte sich sogar dem Vorschlag, Lebensmittel unter internationaler Überwachung in das Krisengebiet zu bringen. Brandt, der eine entsprechende britische Initiative unterstützt hatte, meinte dazu mit resignierendem Unterton: „Man kann hier einen mäßigenden Einfluss nur ausüben, wenn man die Empfindlichkeiten einer auf Souveränität bedachten Regierung mit in Rechnung stellt."[288]

Nicht nur auf konservativer Seite wollte man diese Geduld gegenüber gescheiterten, aber uneinsichtigen Regimen nicht mehr aufbringen. Sogar von links regte sich inzwischen heftige Kritik an der bis dato praktizierten Entwicklungshilfe. Die ehemalige SPD-Bundestagsabgeordnete Brigitte Erler forderte nicht weniger als das Ende der Hilfe, denn diese Hilfe sei für die Empfängerländer tödlich und schade den Armen mehr, als sie ihnen helfe. In einem Streitgespräch im November 1985 räumte Brandt ein, dass in vielen Ländern des Südens Regierungen und Eliten ihre Macht missbrauchten und versagten. Das Konzept der Entwicklungshilfe verteidigte er dennoch vehement, weil Entwicklungshilfe für die Armen unverzichtbar sei und im Interesse der Industrieländer liege.[289]

Aufbruch zu neuen Ufern – Die internationale Zeitenwende und die Nord-Süd-Politik Willy Brandts 1987–1992

Als Michail Gorbatschow die Innen- und Außenpolitik der Sowjetunion gänzlich neu auszurichten begann, keimte bei Willy Brandt nicht nur die Hoffnung auf Abrüstungsfortschritte in Europa. Von Veränderungen im Ost-West-Verhältnis versprach er sich auch positive Auswirkungen auf den Nord-Süd-Dialog.[290] Anlass dazu gab vor allem seine Zusammenkunft mit Gorbatschow am 5. April 1988 im Kreml. In Begleitung von Egon Bahr und Jan Pronk stellte der SPD-Ehrenvorsitzende mit Freude fest, wie sehr sich der sowjetische Präsident für die Entwicklungspolitik und globale Umweltfragen interessierte. Unmittelbar nach der Rückkehr aus Moskau rief Brandt seinen ehemaligen Mitarbeiter Michael Hofmann an, den er mit der Begründung zum Wiedereintritt in seine Dienste überzeugte: „Unsere Themen kommen wieder."[291]

Die Themen der Brandt-Kommission hatte inzwischen eine weitere unabhängige Kommission fortentwickelt und vertieft. 1987 legte die von den Vereinten Nationen eingesetzte Weltkommission für Umwelt und Entwicklung unter der Leitung der norwegischen Ministerpräsidentin Gro Harlem Brundtland ihren Bericht „Unsere gemeinsame Zukunft" vor und prägte den Begriff der nachhaltigen Entwicklung.[292] Die Brundtland-Kommission knüpfte ausdrücklich an die Vorstellungen von Brandt und Palme über gemeinsame Interessen und gemeinsame Sicherheit an.

Das neue globale Denken war in dem Maße auf dem Vormarsch, wie die wirtschaftliche „Globalisierung" rasant an Tempo zunahm. In den achtziger Jahren verschoben sich die ökonomischen Gewichte zugunsten der neuen Exportwunderländer Asiens. Deren Aufstieg stand der Abstieg Afrikas und von Teilen Lateinamerikas gegenüber. Von der Einheit der „Dritten Welt", wenn sie denn je bestanden hatte, konnte keine Rede sein. Die Sozialistische Internationale reagierte mit Korrekturen ihres wirtschaftspolitischen Kurses. Im September 1988 rückte die SI von der Forderung nach einer Neuen Weltwirtschaftsordnung ab. Anstelle des abgegriffenen und illusionären Begriffs mochte ihr Präsident nur noch „von den dringenden Reformen der weltwirtschaftlichen Beziehungen" sprechen. Brandt nahm sogar IWF und Weltbank, die 1988 ihre Jahrestagung in Berlin abhielten, vor den maßlosen Angriffen ihrer militanten Gegner in Schutz. Sein Ziel war nicht die Abschaffung dieser beiden Organisationen, sondern realistische Reformen, welche die wirtschaftliche Machtverteilung in der Welt nicht außer Acht ließen.[293] An eine simple Übertragbarkeit der Erfolge in Ostasien auf andere Weltregionen glaubte Brandt aber nicht, wenn er sagte: „[W]ir können nicht die Modelle bestimmen für wie auch immer zu definierende Wege wirtschaftlicher und sozialer Entwicklung."[294]

Diese ordnungspolitische Unentschiedenheit, die weiterhin Sympathien für die Suche nach einem „dritten Weg" verriet, fand allerdings kaum noch Resonanz in der internationalen Politik. Denn zu dieser Zeit waren Amerika und der Westen gerade dabei, mit ihrem Gesellschafts- und Wirtschaftsmodell den Kalten Krieg für sich zu entscheiden. Schon deshalb konnte aus der Initiative nichts werden, zu der Willy Brandt und Shridath Ramphal gemeinsam im März 1989 in Briefen an den neuen amerikanischen Präsidenten Bush und den sowjetischen Präsidenten Gorbatschow ansetzten.[295] Demnach hätten die ersten Männer der USA und der Sowjetunion ein zweites Gipfeltreffen nach dem Vorbild von Cancún einberufen sollen, um Impulse zu geben für globales Handeln im kommenden Jahrzehnt gegen Armut, Überbevölkerung, Krankheiten, illegalen Drogenhandel, die Erderwärmung und die Zerstörung der Ozonschicht. Doch der Vorschlag ging von falschen Voraussetzungen aus. Die Sowjetunion war keine Supermacht mehr. Sie war bankrott und hatte den Entwicklungsländern ideologisch und ökonomisch nichts mehr anzubieten. Die wirtschaftliche Leistungsfähigkeit der Sowjetunion und der Ostblockstaaten hat Brandt, wie viele andere auch, immer überschätzt.

Die Idee eines zweiten, besser vorbereiteten Gipfeltreffens hatte er lange mit sich herumgetragen.[296] Im Juni 1984 – wenige Monate vor ihrem gewaltsamen Tod – hatte ihm die indische Ministerpräsidentin Indira Gandhi in Neu-Delhi gesagt, sie überlege, zu gegebener Zeit die Initiative für ein „neues Cancún" zu ergreifen.[297] Am 1. September 1988 hielt der SPD-Ehrenvorsitzende den richtigen Zeitpunkt für gekommen. In seiner Rede vor dem Bundesparteitag in Münster regte er an, einen zweiten Nord-Süd-Gipfel vorzubereiten.[298]

Das Schreiben an George Bush übergab Willy Brandt am 3. März 1989 persönlich im Weißen Haus – doch konnte er nur mit Sicherheitsberater Brent Scowcroft sprechen. Die ignorante Art des Empfangs ließ erkennen, was die amerikanische Administration vom Besucher und dessen Vorschlägen hielt: Der frühere Bundeskanzler musste sich am Eingang vorstellen und dem Pförtner seinen Namen buchstabieren.[299] Zur zugesagten schriftlichen Antwort auf den Brief bequemte sich Scowcroft – nicht der Adressat Bush – erst im August 1989. Demzufolge bezweifelte die US-Regierung, ob ein Gipfel à la Cancún der effektivste Weg sei. Wirtschaftliche Entwicklung könne am besten erreicht werden durch Wirtschaftsreformen, „die den Marktkräften freien Lauf lassen", hieß es aus Washington.[300]

Die Cancún-II-Initiative wurde von den revolutionären Ereignissen in Europa 1989 überrollt. Dennoch stand das Thema Entwicklungspolitik bis zuletzt sehr weit oben auf Brandts Agenda. Einerseits forderte er, mindestens ein Drittel der durch die Abrüstung frei werdenden Finanzmittel – die so genannte „Friedensdividende" – für zusätzliche Entwicklungshilfe zur Verfügung zu stellen. Die Sorgen der „Dritten Welt", dass sich die Geldgeber in den Industriestaaten auf die neuen Märkte in Mittel- und Osteuropa konzentrieren würden, nahm er sehr ernst. Er warnte Europa, insbesondere seine eigenen Landsleute, eindringlich davor, bei aller Freude über die wiedergewonnene Einheit die Entwicklungsländer zu vergessen.[301]

Andererseits legte Brandt 1990 die diplomatische Zurückhaltung früherer Jahre ab und sparte nicht mehr mit Kritik an den Missständen in vielen Staaten der „Dritten Welt". Entschieden prangerte er jetzt Kriegstreiberei, Waffenkäufe, korrupte und verantwortungslose Eliten, fehlende Familienplanung, Unterdrückung und Verletzung der Menschenrechte an.[302] Klarer als zuvor sprach er sich dafür aus, Entwicklungshilfe an die Erfüllung politischer, sozialer und ökonomischer Voraussetzungen zu knüpfen. Die Rolle der Marktwirtschaft im Entwicklungsprozess beurteilte er entsprechend positiver als früher, riet aber von einseitigem Denken ab: „Zusammenarbeit auf der Nord-Süd-Schiene und der Ost-West-Achse sollte sich vielleicht nicht ausschließlich am marktwirtschaftlichen Wettbewerb orientieren – so unendlich wichtig dieser ist –, weil aus der einseitigen Orientierung kaum eine Welt entsteht, sondern lediglich wenige Schnellstraßen mit viel unwirtlichem Niemandsland."[303]

Mehr als nur Wettbewerb, das hieß vor allem die soziale und kulturelle Dimension der Entwicklung mit im Auge zu behalten. Die Rückbesinnung auf eigene Traditionen in den Entwicklungsländern verurteilte er zwar nicht, doch ließ er keinen Zweifel, dass die antiwestlichen Reflexe in Teilen der islamischen Welt seinen Vorstellungen von universellen Grundwerten zutiefst widersprachen.[304] Als die religiöse Führung des Iran im Februar 1989 zum Mord am britischen Autor Salman Rushdie aufrief, protestierte Willy Brandt energisch.[305]

Das Ende des Kalten Krieges bedeutete nicht den Beginn des goldenen Zeitalters ewigen Friedens. Um sich vor den neuen internationalen Gefahren in den neunziger Jahren zu wappnen, hielt der SI-Präsident eine „ernsthafte Überprüfung des Systems der Vereinten Nationen [für] gewiss überfällig". In einem Schreiben an UN-Generalsekretär Pérez de Cuéllar erklärte er im September 1989, die multilaterale Zusammenarbeit werde immer noch behindert „durch altmodische Konzepte von Souveränität und abgestandene Vetorechte". Brandt wollte die Vereinten Nationen stärken. Dazu empfahl er eine bessere internationale Überwachung des staatlichen Handelns nationaler Regierungen. Außerdem schwebte ihm die institutionelle Verankerung eines erweiterten Sicherheitsbegriffs vor, als er die Einrichtung eines Sicherheitsrats für globale Umwelt- und Entwicklungsangelegenheiten ins Gespräch brachte.[306]

Während einer Tagung der Friedrich-Ebert-Stiftung, die anlässlich des zehnjährigen Jubiläums der Veröffentlichung des ersten Brandt-Reports im Januar 1990 in Königswinter stattfand, griff der SPD-Ehrenvorsitzende seine Überlegungen für eine zukünftige Weltordnungspolitik erneut auf. Die neunziger Jahre müssten das Jahrzehnt globaler Verhandlungen werden, forderte er vor Mitgliedern der Brandt-, der Palme-, der Brundtland- und der Nyerere-Kommission. Damit gab er den Anstoß für eine Arbeitsgruppe, die – aufbauend auf den Berichten der vier genannten Kommissionen – gemeinsame Vorschläge für eine Reform der Vereinten Nationen und des internationalen Systems entwerfen sollte.[307] Die Arbeitsgruppe konstituierte sich am 25. Juni 1990 in Stockholm unter dem Vorsitz des schwedischen Ministerpräsidenten Ingvar Carlsson. Am 22. April 1991 verabschiedeten über 30 Politiker aus aller Welt, darunter u. a. Willy Brandt, Václav Havel, Gro Harlem Brundtland, Edward Heath, Robert S. McNamara, Julius Nyerere, Fernando Henrique Cardoso und Thabo Mbeki, die so genannte „Stockholmer Initiative zu globaler Sicherheit und Weltordnung".[308] Dieses Aktionsprogramm für ein neues internationales Sicherheitssystem entstand nicht zuletzt unter dem Eindruck des Golfkriegs 1990/91.[309] Das von der Stockholmer Initiative erarbeitete Memorandum überreichte Willy Brandt am 10. Mai 1991 an den UN-Generalsekretär in New York. Die Stafette, die mit der Brandt-Kommission 1977 begonnen und durch die Palme-, die Brundtland- und die Nyerere-Kommission fortgesetzt worden war, wurde 1992 mit der von Ingvar Carlsson und Shridath Ramphal gemeinsam geleiteten unabhängigen „Commission on Global Governance" weitergeführt.[310] Es war Willy Brandt nicht mehr vergönnt, an der Arbeit dieses Gremiums mitzuwirken, das seinen Abschlussbericht „Our Global Neighbourhood" im Frühjahr 1995 vorstellte.[311]

Fazit

In der Politik hatte Willy Brandt zwei Leidenschaften: die internationalen Beziehungen und die Sozialdemokratie. Nach seinem Rücktritt als Bundeskanzler konnte der SPD-Vorsitzende an der Spitze der Sozialistischen Internationale und als Vorsitzender der Nord-Süd-Kommission beide Vorlieben ideal miteinander verbinden.

Er tat dies in einer Zeit epochalen Wandels. Als er 1976 SI-Präsident wurde, stand die USA noch unter dem Schock der Niederlage in Vietnam, und die Sowjetunion schien weltweit auf dem Vormarsch. Im Jahr zuvor hatte die KSZE den Entspannungsprozess zwischen Ost und West zu einem vorläufigen Abschluss geführt. Doch Europa und die Welt blieben geteilt. Die Systemkonkurrenz zwischen Kapitalismus und Kommunismus bestand weiter und führte zu Stellvertreterkriegen in der „Dritten Welt". Die Weltwirtschaft befand sich seit 1973 in einem rasanten strukturellen Umbruch, der Krisen auslöste. Die Entwicklungsländer hatten selbstbewusst die internationale Bühne betreten und forderten vehement eine „Neue Weltwirtschaftsordnung". In Südeuropa war der Übergang zur Demokratie in Portugal, Griechenland und Spanien noch im Gange.

Als der Präsident der SI sechzehn Jahre später sein Amt abgab und drei Wochen später starb, war die Welt eine völlig andere geworden. Der Kongress der SI fand im wiedervereinten Berlin statt.

V. l. Willy Brandt, Julius Nyerere, Gro Harlem Brundtland, Ingvar Carlsson und Holger Börner bei der Nord-Süd-Konferenz der Friedrich-Ebert-Stiftung in Königswinter am 17. Januar 1990.

Einer der Redner war Michail Gorbatschow, nun nicht mehr Präsident der UdSSR, denn diese hatte sich inzwischen aufgelöst. Der Systemkonflikt war mit dem Verschwinden der kommunistischen Regime in Osteuropa und der Sowjetunion beendet. Die Europäische Gemeinschaft hatte sich in den achtziger Jahren nach Süden ausgedehnt und stand nun vor einer Erweiterung, die Währungsunion war beschlossen, der Binnenmarkt wurde Ende 1992 vollendet. Einigen wenigen Staaten war es gelungen, den „Dritte-Welt"-Status zu überwinden und sich dem ökonomischen Niveau der Industrieländer anzunähern. Für die Mehrheit der Menschen aber hatte es keine durchgreifende Verbesserung ihrer Lebenssituation gegeben.

Brandt formte in seiner Zeit an der Spitze des weltweiten Zusammenschlusses linker demokratischer Parteien, aus einer vor seiner Wahl organisatorisch desolaten und politisch bedeutungslosen Internationale eine beachtete und geachtete Stimme für Frieden,

Freiheit und soziale Gerechtigkeit in der Weltpolitik. Seine internationalen Parteiaktivitäten setzten jedoch schon vor der SI-Präsidentschaft ein. Zum einen drängten sie sich von außen auf, als es um die Unterstützung des Demokratisierungsprozesses in Südeuropa ab 1974 ging, zum anderen ergaben sie sich aus Brandts eigenen Initiativen. Ursprünglich wollte er nicht an die Spitze der Internationale treten, weil er eine Öffnung dieser traditionsbeladenen Organisation gegenüber den Reformkräften außerhalb Europas für unwahrscheinlich hielt.

Nie zuvor und nie danach spielte die Sozialistische Internationale in der Weltpolitik eine so große Rolle wie unter dem Präsidenten Willy Brandt. Nicht die Bedeutungslosigkeit vor 1976 und bald nach 1992 ist erklärungsbedürftig, sondern der Erfolg in den sechzehn Jahren dazwischen. Der erste Grund dafür ist auch der nächstliegende: die überragende Persönlichkeit an der Spitze. Brandt war nicht nur ein erfahrener und anerkannter Staatsmann, sondern verfügte in der Wahrnehmung vieler Menschen auch über ein moralisches Kapital, von dem die SI zehren konnte. Ihm öffneten sich in aller Welt Türen, obwohl er weniger als fünf Jahre Bundeskanzler gewesen war und seit 1982 nicht einmal mehr einer Regierungspartei vorstand. Sein Lebenslauf als Antifaschist und Antikommunist, seine Bereitschaft, dem eigenen Volk den Abschied von außenpolitischen Illusionen zuzumuten, die Anerkennung dieser Arbeit durch die säkulare Form der Heiligsprechung, den Friedensnobelpreis, schließlich seine Hinwendung zu den Problemen der „Dritten Welt" qualifizierten ihn für die Rolle des Staatsmannes ohne Staatsamt.[312]

Der Umbruch in der Weltwirtschaft seit der ersten Ölkrise 1973, der die Phase der Globalisierung einleitete, ließ die Bedeutung internationaler Politik ganz erheblich anwachsen. Politische Konzepte, die über die Grenzen des Nationalstaates hinauswiesen, und deren Umsetzung in praktisches Handeln waren gefragt wie nie zuvor. Die SI und ihr neuer Präsident standen vor neuen Herausforderungen, die aber zugleich ungeahnte Spielräume boten.

Begünstigt wurde der SI-Präsident durch die politische Konstellation in Lateinamerika und in Westeuropa. In beiden Weltregionen gab es – dies gilt besonders für die ersten zehn Jahre von Brandts Amtszeit – starke Kräfte, die trotz oder vielleicht gerade wegen des Fortbestehens der Rivalität der Supermächte nicht mehr entlang den Linien des Ost-West-Konflikts agieren wollten. Daher wurden Brandts Aktivitäten, besonders die „Allianz für Frieden und Fortschritt", von Teilen der Bewegung der blockfreien Staaten als Konkurrenz beargwöhnt.[313] Anderen aber bot die „neue" SI die Möglichkeit internationaler Kooperation quer zu den bisherigen Blöcken und Bewegungen. In Lateinamerika war es die reformistische Linke, die Brandts Angebot mit großem Interesse aufnahm. Für die Mehrheit der SI-Mitglieder in Westeuropa wurde die Sicherheitspolitik ein Betätigungsfeld, in dem sie unabhängig von den beiden Supermächten aktiv werden konnten. Andere wie Mitterrands Sozialisten blieben skeptisch, ließen die Mehrheit aber agieren.

Der spezifische Beitrag der SI und ihres Präsidenten sollte nach Vorstellung Brandts sein, zur Lösung von Konflikten beizutragen, wo Regierungen nicht weiter kamen oder weiter kommen wollten. Dabei versuchte Brandt, die in der Deutschland- und Ostpolitik entwickelte Methode, gemeinsame Interessen der streitenden Parteien zu suchen, auch in der internationalen Politik anzuwenden. Kompromisse in kleinen, praktischen Fragen sollten der Ausgangspunkt für allmähliche Vertrauensbildung sein. Entscheidend war für Brandt, dass die Kommunikation zwischen den Gegnern nicht abbrach. Nur so schien es ihm möglich, in langwierigen Gesprächen am Ende vielleicht eine Kompromisslösung zu finden. Durchschlagender Erfolg war Brandt mit dieser Strategie in keinem der international bedeutsamen Konflikte seiner Zeit als SI-Präsident vergönnt. Der große Erfolg der Ostpolitik blieb ein Solitär. Aber immerhin konnte der SI-Präsident in Mittelamerika dazu beitragen, dass die äußerste Eskalation, nämlich die Invasion Nicaraguas durch die USA und ein offener Krieg in El Salvador mit Einmischung Nicaraguas, verhindert wurde. Im Nahen Osten hingegen sind greifbare Ergebnisse seiner Initiativen nicht zu erkennen.

Ohne dass sich Brandt je so geäußert hätte, kann man mit guten Gründen sein Wirken an der Spitze der SI als Beitrag zum Aufbau einer internationalen Zivilgesellschaft deuten. Nichtregierungsorganisationen wie Amnesty International, Greenpeace, Médecins sans frontières (Ärzte ohne Grenzen), aber auch das Internationale Komitee vom Roten Kreuz und eben auch internationale Parteienzusammenschlüsse, von denen die SI nicht nur der traditionsreichste, sondern damals auch der aktivste Zusammenschluss war, traten an, die internationale Politik nicht den Regierungen allein zu überlassen. Sie waren Teil des Aufbaus einer „Weltinnenpolitik", denn auch diese benötigt, soll sie demokratisch strukturiert sein, unabhängige Akteure, die die Mächtigen kontrollieren und mit denen die Gesellschaft sich regierungsunabhängige Kommunikationsstrukturen schafft.

Lange hatte Brandt gezögert, an die Spitze der SI zu treten; bis zuletzt hatte er gehofft, Olof Palme würde ihm diese Aufgabe abnehmen. Einmal gewählt, engagierte er sich jedoch mit voller Kraft – bei weitem nicht nur aus Pflichterfüllung. Der sentimentale Wert, den die SI seit seinem Kindheitserlebnis besaß, als er 1923 in Hamburg die Wiedergründung der Sozialistischen Arbeiterinternationale erlebt hatte, war ein weiterer Faktor. Entscheidend aber war, dass er als Präsident eine organisatorische Plattform besaß, die es ihm erleichterte, auf der internationalen Bühne tätig zu bleiben. Das Engagement in den großen Fragen der Weltpolitik bildete neben der Sorge um den Zusammenhalt und die Regierungsfähigkeit der deutschen Sozialdemokratie den Kern der politischen Aktivitäten Willy Brandts im letzten Abschnitt seiner langen Karriere. SI-Präsident war von allen politischen Ämtern Brandts das, in dem er am freiesten agieren konnte. Seine Autorität wurde, von wenigen Wochen am Jahreswechsel 1981/82 einmal abgesehen, nie angetastet. Intrigen gegen ihn gab es nicht. Seine Neigung zum Kompromiss war gerade in der SI gefordert, denn auf Disziplin konnte er dort weniger pochen als in der SPD oder in der Regierung. Denkanstöße zu geben, den Horizont zu weiten, Gegner an einen Tisch zu bekommen, neue Koalitionen zu schmieden – dies beherrschte er, und genau darin bestand die Aufgabe eines Chefs der SI. Brandt war 16 Jahre lang der richtige Mann an der richtigen Stelle zum richtigen Zeitpunkt. Die SI profitierte von ihm, er von der Internationale.

Der Nord-Süd-Konflikt, den Brandt als *die* soziale Frage des ausgehenden 20. Jahrhunderts bezeichnete, zählte gewiss zu den größten Herausforderungen, denen er sich international stellte. Nach einigem Zaudern nahm er 1977 die Aufgabe als Vorsitzender der Unabhängigen Kommission für internationale Entwicklungsfragen an. Den Kampf gegen Hunger und Armut, für Frieden und mehr Gerechtigkeit in der Welt empfand er zeitlebens als eine hochmoralische, mitmenschliche Pflicht. Dieses ethische Motiv, das den Quellen von Christentum, Humanismus und demokratischem Sozialismus entsprang, war die primäre Antriebsfeder seines unermüdlichen internationalen Engagements für die „Dritte Welt" und verlieh seinen eindringlichen Appellen große persönliche Glaubwürdigkeit. Der Friedensnobelpreisträger von 1971 brachte aber keineswegs nur moralische Argumente vor, sondern hielt sich in der Politik stets an die gemeinsamen Interessen aller und erinnerte an diese, um zu Kompromissen zu gelangen. Angesichts der wachsenden globalen Sicherheits-, Wirtschafts- und Umweltprobleme, die nach seiner Überzeugung das Überleben der Menschheit in Frage stellten, forderte Willy Brandt die Staatengemeinschaft auf, in Richtung einer „Weltinnenpolitik" zu denken und zu handeln. Im Erkennen der Krisentrends und mit einem entschieden multilateralen Politikansatz für die „Eine Welt" war er seiner Zeit gedanklich weit voraus.

Der Brandt-Report von 1980, der weltweite Verbreitung fand, belebte die entwicklungspolitische Debatte neu und inspirierte sie bis heute. Doch fast keine der Forderungen und Vorschläge der Nord-Süd-Kommission – vor allem jene, die mehr finanzielle Hilfe für die Entwicklungsländer vorsahen – wurde damals aufgegriffen. Vieles davon war schon in dem alles andere als homogen zusammengesetzten Gremium umstritten. Entscheidend für den anfänglichen Fehlschlag war indessen, dass die Mächtigen dieser Welt in Zeiten des wieder aufflammenden Ost-West-Konflikts ganz anderes im Sinn hatten. Brandts Visionen von einer globalen Politik entbehrten bis 1989 der realen Grundlage. Erst mit der Zeitenwende in der internationalen Politik und der schier unaufhaltsamen wirtschaftlichen Globalisierung wuchs in den neunziger Jahren die Einsicht bei vielen

Verantwortlichen, gemeinsame Probleme auch gemeinsam lösen zu müssen.

Was bleibt von Willy Brandts Engagement in der Entwicklungspolitik? Betrachtet man nur die zählbaren Ergebnisse, so ist die Bilanz wenig erfreulich. Nicht einmal nach dem Ende des Kalten Kriegs 1989/90 gelang es, einen Teil der „Friedensdividende" zugunsten der Entwicklungsländer einzusetzen. Nach einem kurzzeitigen Rückgang stiegen die weltweiten Rüstungsausgaben seit Mitte der neunziger Jahre wieder an. Währenddessen gingen die öffentlichen Entwicklungshilfeausgaben der Industriestaaten stark zurück. Das von der Brandt-Kommission formulierte Ziel, den Hunger in der Welt bis zum Jahr 2000 zu besiegen, wurde gar nicht erst angegangen. Im Jahr 2005 hungern noch immer 850 Millionen Menschen. 1,2 Milliarden Menschen auf der Welt gelten als absolut arm. Sie müssen mit weniger als einem Dollar pro Tag auskommen. Immerhin ist der relative Anteil der absolut Armen an der Weltbevölkerung vor allem dank des Entwicklungsschubs in Asien seit 1990 von 28 auf 21 % gefallen. Dagegen sind die afrikanischen Staaten südlich der Sahara seither noch ärmer geworden. Es war daher überfällig, dass IWF und Weltbank auf Initiative der führenden Industrienationen Ende 2005 beschlossen, 19 der ärmsten Länder der Welt die Schulden vollständig zu erlassen.

Alte und neue Herausforderungen behindern und verhindern Entwicklungsfortschritte: Terrorismus, Kriege, Bürgerkriege, Staatszerfall, Flüchtlingswellen, Völkermord, Rassenhass, Überbevölkerung, Analphabetismus, Unterbeschäftigung, Agrarprotektionismus in Amerika und Europa, Energiekrisen, Naturkatastrophen, Umweltzerstörung, Klimawandel, Wassermangel, AIDS, Malaria. Die Liste ist nicht einmal vollständig. Es bleibt abzuwarten, ob die vom UN-Gipfel im Jahr 2000 ausgerufenen „Millenniumsziele" erreicht werden können. Bis 2015 sollen u. a. die extreme Armut halbiert, eine allgemeine Grundbildung verwirklicht, die Kinder- und Müttersterblichkeit reduziert, tödliche Krankheiten aufgehalten werden und die Industrieländer ihre öffentliche Entwicklungshilfe auf 0,7 % des BSP steigern.[314]

Alles in allem kann die Entwicklungspolitik nur wenige Erfolge vermelden. Von den Empfehlungen des ersten Brandt-Reports von 1980 wurde kaum eine umgesetzt, wie hochrangige Politiker und Experten aus aller Welt bei einer von der Bundeskanzler-Willy-Brandt-Stiftung und der Stiftung Entwicklung und Frieden gemeinsam organisierten Tagung im Jahr 2000 feststellten.[315] Nichtsdestoweniger haben Willy Brandt und die beiden Berichte, die seinen Namen tragen, viel bewirkt: Das Wissen um die Probleme der Entwicklungsländer wurde im Bewusstsein vieler Menschen auf der ganzen Welt verankert. Dadurch ist das Verständnis für die Gefährdung der menschlichen Zukunft und die Notwendigkeit einer globalen Politik erkennbar gestiegen. Brandt war ein Vordenker aller Aspekte der Globalisierung, die über die rein ökonomische Dimension weit hinaus reicht. Als Brückenbauer zwischen den entwickelten und unterentwickelten Teilen unserer Erde hat er zugleich nachhaltige Anstöße für eine neue Friedens- und Entwicklungspolitik gegeben. Mit dem Zustand der Welt heute wäre Willy Brandt sicherlich kaum zufrieden. Aber es gilt auch sein Wort: „Situationen sind selten hoffnungslos, wenn man sie nicht als solche akzeptiert. Und die Hoffnung selbst ist das wichtigste Element, wenn es darum geht, Hürden zu nehmen, die sonst als unüberwindbar erscheinen würden."[316]

Zur Dokumentenauswahl

Politik gestaltete Willy Brandt durch Gespräche, Briefe, Interviews, Reden sowie – als gelernter Journalist – durch Artikel und Bücher. SI-Präsidentschaft und Vorsitz der Nord-Süd-Kommission bedeuteten, weltweit Kontakte zu knüpfen und zu pflegen. Er bevorzugte dazu das persönliche Gespräch; dem dienten die zahlreichen Reisen. Vermerke seiner Mitarbeiter hielten die wesentlichen Passagen fest. Brandts Ausführungen kamen dabei jedoch oft etwas zu kurz. Interessanter erschien, was der Gesprächspartner äußerte.

In der Vor- und Nachbereitung sowie dort, wo Treffen nicht möglich waren, waren ihm Briefe auch nach dem Zeugnis seiner

Mitarbeiter lieber als Telefonate. Auf das Wesentliche konzentriert, fielen sie selten länger als eine Seite aus. Zugespitzte Formulierungen sind in ihnen kaum zu finden. Die Korrespondenz ging oft langsam voran. Schreiben an Staatsoberhäupter oder führende Regierungsmitglieder konnten nicht mit normaler Post befördert werden. Diplomaten, die in diesen Fällen den Transport übernehmen, reisten nicht täglich in ihre Hauptstadt. Erwiderungen auf eingetroffene Briefe wollten wohl erwogen sein. Das konnte Wochen dauern.

Eine Ausnahme von diesen Kommunikationsformen gab es. Mit seinen wichtigsten SI-Mitstreitern Bruno Kreisky und Olof Palme führte Brandt häufig ohne Beisein von Mitarbeitern Gespräche per Telefon oder am Rande von Sitzungen, von denen es keine Aufzeichnungen gibt. Die persönliche Freundschaft und die gemeinsamen Sprachen (Schwedisch und Deutsch) machten alle Formalitäten überflüssig – nicht zur Freude des Historikers, denn er findet fast nichts zum Inhalt. Anders als z. B. bei Gesprächen mit führenden SPD-Politikern fertigte Brandt keine Vermerke über die Inhalte an. Auch von Palme und Kreisky sind keine Aufzeichnungen überliefert.

Damit musste das entfallen, was sonst sicher das Rückgrat der Edition gebildet hätte: der Gedankenaustausch dieser drei SI-Spitzen. Hingegen kommt deutlich zum Vorschein, wie groß der Kreis der Politiker und wie vielfältig die Themen waren, mit denen Brandt als Präsident der Internationale zu tun hatte. In diesem Band unserer Edition wurde allerdings der Bereich der Sicherheitspolitik ausgeklammert, weil er in Band 10 der Berliner Ausgabe behandelt wird. Dies entspricht auch Brandts Politikverständnis. Ob er sich zur „Nachrüstung" als SPD-Vorsitzender oder als SI-Präsident äußerte, war zwar nicht ohne Bedeutung. Aber im Vordergrund standen die politischen Inhalte. In welcher Funktion Brandt schrieb, lässt sich am Briefpapier nicht immer entscheiden. Schreiben, in denen eindeutig der SI-Präsident zu Wort kam, trugen durchaus manchmal den Kopf des Parteivorsitzenden.

Bei der Dokumentation seiner Aktivitäten für die „Dritte Welt" liegt der Schwerpunkt auf dem Zeitraum 1977 bis 1981, als Brandt den Vorsitz der Unabhängigen Kommission für Internationale Entwicklungsfragen innehatte. Sie zeigen vor allem sein stetes Bemühen, die Weltöffentlichkeit für die Anliegen der Entwicklungspolitik zu mobilisieren. Denn der Kommission stand als Waffe nur das Wort zur Verfügung. Zugleich geben sie Einblick in die schwierigen Beratungen und seine Rolle innerhalb des Gremiums und sie berichten über Folgen und Resonanz, die der Brandt-Report national und international auslöste. Die Dokumentenauswahl verdeutlicht schließlich, dass seine Beschäftigung mit der Entwicklungspolitik in den achtziger Jahren kontinuierlich weiterging und 1988 bis 1991 einen zweiten Höhepunkt erreichte.

Auch wenn der Vorsitz der Nord-Süd-Kommission rein formal schon seit Anfang 1983 nicht mehr bestand, trat Brandt nicht nur bei gelegentlichen Treffen ihrer Mitglieder in den Jahren danach weiterhin als Vorsitzender der Nord-Süd-Kommission öffentlich in Erscheinung. Die Dokumentenköpfe tragen dem Rechnung.

Den Grundstock der Edition bildet der Nachlass im Willy-Brandt-Archiv. Die Unterlagen der Nord-Süd-Kommission – sowohl die einschlägigen Akten aus Brandts Bonner Büro als auch die Papiere des Genfer Sekretariats und seines Nachfolgebüros in Den Haag – werden indessen nicht dort, sondern in einem anderen Teil des Archivs der sozialen Demokratie der Friedrich-Ebert-Stiftung aufbewahrt. Wichtige Ergänzungen bildeten die Überlieferung im Archiv der SI im Internationalen Institut für Sozialgeschichte (Amsterdam), das jedoch 1986 abbricht, und der Nachlass von Bernt Carlsson ebendort. Neuere SI-Akten scheinen verloren gegangen zu sein, befinden sich jedenfalls laut SI-Sekretariat auch nicht in London. Unterlagen in den Nachlässen von Bruno Kreisky, Olof Palme, Joop den Uyl und Hans-Jürgen Wischnewski sowie den Deposita von Egon Bahr, Horst Ehmke, Klaus Lindenberg sowie Helmut Schmidt und schließlich die Akten der Internationalen Abteilung des SPD-PV ergänzten die Überlieferung in wichtigen Details.

Danksagung

Zum Gelingen dieses Bandes haben viele Personen und Einrichtungen beigetragen.

Für die stete Förderung und Begleitung unserer Arbeit von der Archivrecherche bis zur Korrektur des Manuskripts danken wir den Herausgebern der Berliner Ausgabe, den Professoren Dr. Helga Grebing, Dr. Gregor Schöllgen und Dr. Heinrich August Winkler. Herrn Schöllgen, dem federführenden Betreuer dieses Bandes, gilt unser besonderer Dank für seinen wertvollen Rat bei der Auswahl der Dokumente sowie für die anregend kritische Lektüre der Einleitung. Dem Vorstand der Bundeskanzler-Willy-Brandt-Stiftung, seinem Vorsitzenden Herrn Karsten Brenner sowie den Professoren Dr. Dieter Dowe und Dr. Klaus Schönhoven, möchten wir ebenfalls für ihre Unterstützung danken. Dieser Dank geht auch an den ehemaligen Vorsitzenden der Stiftung, Herrn Dr. Gerhard Groß.

Hans-Eberhard Dingels, Dr. Fritz Fischer, Dr. Michael J. Hofmann, Veronika Isenberg, Klaus Lindenberg, Dr. Thomas Mirow, Gerhard Thiebach und Pentti Väänänen gaben uns in Interviews bereitwillig Auskunft über ihre Arbeit an der Seite Willy Brandts. Dies gilt auch für Hans-Jürgen Wischnewski, der das Erscheinen des Bandes nicht mehr erleben konnte.

Den Mitarbeitern der Bundeskanzler-Willy-Brandt-Stiftung danken wir für die in vielfältiger Form geleistete Hilfe, vor allem Dr. Wolfram Hoppenstedt, Sylvia Wilbrecht, Waltraut Dorlaß, Udo Bauer, Jamal Chlosta und Andreas Smolla-Schneider. Henning Fahrenberg, Ralf Kasper, Silke Kehl, Ferdinand Krings, Anita Mage, Marco Schwarz und Jost Wessels waren in ihren Praktika in der Bundeskanzler-Willy-Brandt-Stiftung bei der Dokumentenrecherche und beim Erstellen der Register behilflich.

Darüber hinaus unterstützten uns folgende Institutionen und Personen, denen wir Dank sagen möchten: Das Willy-Brandt-Archiv und alle Abteilungen des Archivs der sozialen Demokratie sowie die Bibliothek der Friedrich-Ebert-Stiftung in Bonn haben uns stets mit Rat und Tat geholfen. Allen voran sind zu nennen der Referent des

WBA, Harry Scholz, und seine unermüdlichen Mitarbeiter, Sven Haarmann und Sonja Profittlich, sowie Mario Bungert, Horst-Peter Schulz, Dr. Christoph Stamm und Wolfgang Stärcke.

Mieke Ijzermans im Internationalen Institut für Sozialgeschichte (Amsterdam) unterstützte die Recherchen zur SI. John Powers von den National Archives und Dr. Bernd Schäfer vom Deutschen Historischen Institut in Washington D.C. halfen uns, relevante Dokumente der Carter- und der Reagan-Administration ausfindig zu machen.

Der Generalsekretär der SI, Luis Ayala, stellte Kopien von Artikeln Willy Brandts aus „Socialist Affairs" zur Verfügung. Ralf Noltensmeier im Archiv der Deutschen Welle in Bonn machte uns Tonaufnahmen von Rundfunkinterviews zugänglich und Dr. Andreas Graf Wass von Czege von der International Partnership Initiative e.V. in Wolfsburg übersandte uns die Abschrift einer Rede Brandts. Mark Flatten verdanken wir den Hinweis auf einen wichtigen Vortrag des Außenministers Brandt.

Zahlreiche Gespräche mit unseren Bearbeiterkollegen Dr. Uwe Mai und Dr. Frank Fischer lieferten uns wichtige Informationen und Anregungen. Sie dienten auch dazu, die Bände 8, 9 und 10 der Berliner Ausgabe sinnvoll voneinander abzugrenzen.

Zu guter Letzt danken wir Dr. Heiner Lindner für das sorgfältige Lektorieren des Manuskripts.

Berlin, im Juni 2006   Bernd Rother/Wolfgang Schmidt

Verzeichnis der Dokumente

124	Nr. 1	23. März 1975	Aus der Zusammenfassung der Gespräche des Vorsitzenden der SPD, Brandt, mit dem Präsidenten Mexikos, Echeverría, in Mexiko-Stadt
128	Nr. 2	25. Mai 1975	Aus der Aufzeichnung des Gesprächs des Vorsitzenden der SPD, Brandt, mit dem Vorsitzenden der SPÖ, Kreisky, und dem Vorsitzenden der schwedischen Sozialdemokraten, Palme
131	Nr. 3	3. Juli 1975	Aus dem Vermerk über das Gespräch des Vorsitzenden der SPD, Brandt, mit dem Generalsekretär des ZK der KPdSU, Breschnew
133	Nr. 4	19. Dezember 1975	Erklärung des Vorsitzenden der SPD, Brandt, bei einer Pressekonferenz in Bonn
136	Nr. 5	26. April 1976	Schreiben des Vorsitzenden der SPD, Brandt, an den Bundeskanzler der Republik Österreich, Kreisky
141	Nr. 6	23. Mai 1976	Aus dem Manuskript der Rede des Vorsitzenden der SPD, Brandt, bei der Konferenz von Caracas
150	Nr. 7	28. Juli 1976	Schreiben des Vorsitzenden der SPD, Brandt, an den Präsidenten der Republik Senegal, Senghor
151	Nr. 8	3. August 1976	Interview des Vorsitzenden der SPD, Brandt, für die Deutsche Welle
158	Nr. 9	31. Oktober 1976	Vermerk über die informelle Parteiführerbesprechung in Lissabon
159	Nr. 10	22. November 1976	Aus dem Protokoll der Sitzung des Parteivorstandes der SPD

161	Nr. 11	26. November 1976	Antrittsrede des Präsidenten der SI, Brandt, beim Kongress der SI in Genf
177	Nr. 12	28. Januar 1977	Schreiben des Vorsitzenden der SPD, Brandt, an den Präsidenten der Weltbank, McNamara
179	Nr. 13	7. April 1977	Interview des Vorsitzenden der SPD, Brandt, für die *Westfälische Rundschau*
183	Nr. 14	10. Mai 1977	Manuskript der Rede des Präsidenten der SI, Brandt, beim Parteitag der Norwegischen Arbeiterpartei in Oslo
197	Nr. 15	15. Juli 1977	Schreiben des Vorsitzenden der SPD, Brandt, an den Präsidenten der Weltbank, McNamara
198	Nr. 16	29. August 1977	Aus dem Manuskript der Rede des Präsidenten der SI, Brandt, bei der Chile-Konferenz in Rotterdam
201	Nr. 17	5. September 1977	Schreiben des Vorsitzenden der SPD, Brandt, an den Präsidenten der Arabischen Republik Ägypten, Sadat
202	Nr. 18	29. September 1977	Interview des Vorsitzenden der SPD, Brandt, für die *Süddeutsche Zeitung*
209	Nr. 19	9. Dezember 1977	Rede des Vorsitzenden der Nord-Süd-Kommission, Brandt, zur Eröffnung der Konstituierenden Sitzung auf Schloss Gymnich
214	Nr. 20	10. Januar 1978	Interview des Vorsitzenden der SPD, Brandt, für die *Frankfurter Rundschau*
221	Nr. 21	11. März 1978	Ausarbeitung des Vorsitzenden der Nord-Süd-Kommission, Brandt, für die Sitzung in Mont Pèlerin

227	Nr. 22	3. April 1978	Schreiben des Vorsitzenden der SPD, Brandt, an den Botschafter i. R. Peiser
229	Nr. 23	3. Juli 1978	Schreiben des Vorsitzenden der Nord-Süd-Kommission, Brandt, an den Bundeskanzler, Schmidt
230	Nr. 24	10. Juli 1978	Gemeinsame Erklärung des Präsidenten der SI, Brandt, und des Vizepräsidenten der SI Kreisky
232	Nr. 25	18. Juli 1978	Schreiben des Vorsitzenden der Nord-Süd-Kommission, Brandt, an den Vorsitzenden des Staatsrates Kubas, Castro
233	Nr. 26	11. Oktober 1978	Schreiben des Vorsitzenden der SPD, Brandt, an den nicaraguanischen Politiker Ramírez
234	Nr. 27	26. Oktober 1978	Aus dem Manuskript der Rede des Vorsitzenden der Nord-Süd-Kommission, Brandt, vor der United Nations Association in New York
242	Nr. 28	13. November 1978	Schreiben des Vorsitzenden der SPD, Brandt, an den Ersten Sekretär des PSF, Mitterrand
245	Nr. 29	14. Februar 1979	Schreiben des Vorsitzenden der SPD, Brandt, an den Präsidenten der Republik Tunesien, Bourguiba
247	Nr. 30	23. Februar 1979	Aus dem Bericht des Vorsitzenden der Nord-Süd-Kommission, Brandt, in der Sitzung in Mont Pèlerin
256	Nr. 31	31. März 1979	Aus dem Vermerk über Gespräche des PLO-Vertreters Sartawi mit Staatsminister Wischnewski und dem Vorsitzenden der SPD, Brandt
257	Nr. 32	9. Juli 1979	Aus dem Interview des Vorsitzenden der Nord-Süd-Kommission, Brandt, für den Deutschlandfunk

259	Nr. 33	August 1979	Aus dem Interview des Vorsitzenden der Nord-Süd-Kommission, Brandt, für das Magazin *Bild der Wissenschaft*
267	Nr. 34	25. September 1979	Aus der Aufzeichnung über das Gespräch des Vorsitzenden der Nord-Süd-Kommission, Brandt, mit dem Bundeskanzler, Schmidt
275	Nr. 35	18. Oktober 1979	Schreiben des Vorsitzenden der Nord-Süd-Kommission, Brandt, an den Exekutivsekretär der Kommission, Ohlin
276	Nr. 36	30./31. Oktober 1979	Manuskript der Erklärung des Präsidenten der SI, Brandt, vor dem Büro der SI in Lissabon
280	Nr. 37	November/Dezember 1979	Artikel des Präsidenten der SI, Brandt, in *Socialist Affairs*
287	Nr. 38	27. November 1979	Erklärung des Präsidenten der SI, Brandt, zur Lage im Iran
288	Nr. 39	17. Dezember 1979	Erklärung des Vorsitzenden der Nord-Süd-Kommission, Brandt, vor der internationalen Presse in London
295	Nr. 40	29. Januar 1980	Aus dem Schreiben des Vorsitzenden der Nord-Süd-Kommission, Brandt, an die Mitglieder der Kommission
296	Nr. 41	3. März 1980	Schreiben des Vorsitzenden der SPD und Vorsitzenden der Nord-Süd-Kommission, Brandt, an den Bundeskanzler, Schmidt
298	Nr. 42	30. März 1980	Aus dem Interview des Präsidenten der SI, Brandt, für die französische Zeitschrift *Le Nouvel Observateur*
300	Nr. 43	5. Mai 1980	Aus dem Schreiben des Vorsitzenden der SPD, Brandt, an das SPD-Mitglied Bröhl

301	Nr. 44	27. Mai 1980	Schreiben des Vorsitzenden der SPD und Vorsitzenden der Nord-Süd-Kommission, Brandt, an den Bundeskanzler, Schmidt
303	Nr. 45	30. Mai 1980	Rede des Vorsitzenden der SPD und Vorsitzenden der Nord-Süd-Kommission, Brandt, bei der Tagung „Weltproblem Flüchtlinge" in Bergneustadt
307	Nr. 46	9. Juni 1980	Schreiben des Ersten Sekretärs des PSF, Mitterrand, an den Präsidenten der SI, Brandt
310	Nr. 47	13. Juni 1980	Erklärung des Präsidenten der SI, Brandt, zur Lage im Iran
311	Nr. 48	24. Juni 1980	Schreiben des Vorsitzenden der SPD und Vorsitzenden der Nord-Süd-Kommission, Brandt, an den Bundeskanzler, Schmidt
312	Nr. 49	26. Juni 1980	Schreiben des Präsidenten der SI, Brandt, an den Ersten Sekretär des PSF, Mitterrand
314	Nr. 50	12. September 1980	Interview des Vorsitzenden der SPD, Brandt, für den Saarländischen Rundfunk
315	Nr. 51	17. September 1980	Telegramm des Vorsitzenden der SPD, Brandt, an den Präsidenten der Republik Korea, Chun
316	Nr. 52	8. Oktober 1980	Aus dem Manuskript der Rede des Vorsitzenden der Nord-Süd-Kommission, Brandt, anlässlich der Verleihung des Shango-Preises in Frankfurt/Main
321	Nr. 53	13. Oktober 1980	Aus dem Schreiben des Vorsitzenden des PLO-Exekutivkomitees, Arafat, an den Vorsitzenden der SPD, Brandt

322	Nr. 54	12. Dezember 1980	Schreiben des Vorsitzenden der SPD, Brandt, an den Vorsitzenden des PLO-Exekutivkomitees, Arafat
323	Nr. 55	23. Januar 1981	Erklärung des Präsidenten der SI, Brandt, und des Generalsekretärs der SI, Carlsson, zur Lage in El Salvador
324	Nr. 56	2. Juni 1981	Schreiben des Präsidenten der SI, Brandt, an den Vorsitzenden des „Komitees der SI zur Verteidigung der Revolution in Nicaragua", González
325	Nr. 57	11. September 1981	Gemeinsames Schreiben des Vorsitzenden und des Mitglieds der Nord-Süd-Kommission, Brandt und Ramphal, an die Staats- und Regierungschefs der zum Gipfels in Cancún geladenen Länder
331	Nr. 58	28. Oktober 1981	Erklärung des Präsidenten der SI, Brandt, zur Lage in der Türkei
332	Nr. 59	2. November 1981	Interview des Vorsitzenden der Nord-Süd-Kommission, Brandt, für die *Frankfurter Rundschau*
339	Nr. 60	11. November 1981	Aus dem Manuskript des Vortrags des Vorsitzenden der Nord-Süd-Kommission, Brandt, vor der Konferenz der EADI in Budapest
347	Nr. 61	17. Dezember 1981	Erklärung des Präsidenten der SI, Brandt, und des Generalsekretärs der SI, Carlsson, zur Lage in Polen
348	Nr. 62	22. Dezember 1981	Hs. Vermerk des Präsidenten der SI, Brandt, für den Leiter seines Büros, Mirow
349	Nr. 63	23. Dezember 1981	Interview des Vorsitzenden der SPD, Brandt, für das „heute-journal" des ZDF

351	Nr. 64	27. Mai 1982	Interview des Präsidenten der SI, Brandt, für das „Morgenmagazin" des Westdeutschen Rundfunks
354	Nr. 65	21. Juni 1982	Schreiben des Präsidenten der SI, Brandt, an den Generalsekretär der Sozialistischen Partei Portugals, Soares
355	Nr. 66	5. Oktober 1982	Aus dem Interview des Vorsitzenden der Nord-Süd-Kommission, Brandt, für die Deutsche Welle
358	Nr. 67	9. Februar 1983	Aus den einführenden Bemerkungen des Vorsitzenden der Nord-Süd-Kommission, Brandt, zur Vorstellung des Berichts „Hilfe in der Weltkrise" vor der Bundespressekonferenz in Bonn
362	Nr. 68	17. Februar 1983	Schreiben des Vorsitzenden der SPD, Brandt, an den Generalsekretär der PSOE (Spanien), González
363	Nr. 69	18. März 1983	Schreiben des Vorsitzenden der SPD, Brandt, an den Internationalen Sekretär der PvdA (Niederlande), van Traa
364	Nr. 70	8. Juli 1983	Gemeinsames Schreiben von Brandt, González, Oduber und Pérez an die Führung der FSLN (Nicaragua)
366	Nr. 71	5. August 1983	Interview des Vorsitzenden der SPD, Brandt, für *Verdens Gang/VG* (Oslo)
368	Nr. 72	26. Oktober 1983	Erklärung des Präsidenten der SI und Vorsitzenden der SPD, Brandt, zur Besetzung Grenadas
369	Nr. 73	16. Februar 1984	Aus dem Manuskript der Rede des Vorsitzenden der SPD, Brandt, vor dem Nord-Süd-Forum der SPD

374	Nr. 74	10. April 1984	Gemeinsame Erklärung der Präsidenten der Christlich-Demokratischen Internationale, der Liberalen Internationale und der Sozialistischen Internationale zu Lateinamerika
377	Nr. 75	16. Mai 1984	Botschaft des Präsidenten der SI, Brandt, und der Vizepräsidenten der SI González, Pérez und Peña Gomez an den Präsidenten El Salvadors, Duarte
380	Nr. 76	9. Juni 1984	Aus dem Vermerk über das Gespräch des Vorsitzenden der SPD und Präsidenten der SI, Brandt, mit dem Präsidenten Costa Ricas, Monge
383	Nr. 77	12. Juni 1984	Schreiben des Vorsitzenden der Nord-Süd-Kommission, Brandt, an die Mitglieder der Kommission
386	Nr. 78	2. Juli 1984	Schreiben des Vorsitzenden der SPD und Vorsitzenden der Nord-Süd-Kommission, Brandt, an den Bundeskanzler, Kohl
387	Nr. 79	18. Oktober 1984	Aus dem Manuskript der Rede des Vorsitzenden der SPD und Präsidenten der SI, Brandt, vor dem Colegio de México in Mexiko-Stadt
393	Nr. 80	3. November 1984	Interview des Vorsitzenden der SPD, Brandt, für die *tageszeitung*
399	Nr. 81	17. Dezember 1984	Aus dem Interview des Vorsitzenden der SPD, Brandt, für den Pressedienst IPS
403	Nr. 82	17. Dezember 1984	Schreiben des Vorsitzenden der SPD und Präsidenten der SI, Brandt, an den früheren Präsidenten Venezuelas Pérez

404	Nr. 83	17. Dezember 1984	Schreiben des Vorsitzenden der SPD und Präsidenten der SI, Brandt, an den Vorsitzenden des Staatsrates Kubas, Castro
406	Nr. 84	23. Januar 1985	Aus dem Interview des Vorsitzenden der Nord-Süd-Kommission, Brandt, für den Deutschlandfunk anlässlich des „Tags für Afrika"
411	Nr. 85	15. Oktober 1985	Aus der Rede des Präsidenten der SI, Brandt, vor dem Büro der SI in Wien
413	Nr. 86	8. November 1985	Aus dem Streitgespräch zwischen dem Vorsitzenden der Nord-Süd-Kommission, Brandt, und der ehemaligen SPD-Bundestagsabgeordneten Erler
424	Nr. 87	15. April 1986	Erklärung des Präsidenten der SI, Brandt, und des Generalsekretärs der SI, Väänänen, zum Angriff der USA auf Libyen
425	Nr. 88	18. April 1986	Manuskript der Rede des Präsidenten der SI, Brandt, bei der Südafrika-Konferenz der SI in Gaborone
433	Nr. 89	20. Juni 1986	Aus der Rede des Präsidenten der SI, Brandt, zur Eröffnung des Kongresses der SI in Lima
440	Nr. 90	27. Juni 1986	Schreiben des Präsidenten der SI, Brandt, an den Geschäftsführenden Direktor des IWF, de Larosière
441	Nr. 91	Februar/März 1987	Aus dem Interview des Präsidenten der SI, Brandt, für die Zeitschrift *Quehacer* (Lima)
448	Nr. 92	5. Oktober 1988	Interview des Präsidenten der SI und Vorsitzenden der Nord-Süd-Kommission, Brandt, für das Berliner Stadtmagazin *zitty*

456	Nr. 93	25. November 1988	Aus dem Vortrag des Ehrenvorsitzenden der SPD und Präsidenten der SI, Brandt, an der Ruhr-Universität Bochum
461	Nr. 94	9. Dezember 1988	Schreiben des Ehrenvorsitzenden der SPD und Präsidenten der SI, Brandt, an den Präsidenten der Volksrepublik Angola, dos Santos
463	Nr. 95	26. Januar 1989	Schreiben des Präsidenten der SI, Brandt, an die der SI angehörenden Regierungsparteien in Europa und Ozeanien
464	Nr. 96	17. Februar 1989	Telegramm des Ehrenvorsitzenden der SPD, Brandt, an den Generalsekretär der Vereinten Nationen, Pérez de Cuéllar
465	Nr. 97	1. März 1989	Gemeinsames Schreiben des Vorsitzenden und des Mitglieds der Nord-Süd-Kommission, Brandt und Ramphal, an den Präsidenten der Vereinigten Staaten von Amerika, Bush
469	Nr. 98	11. März 1989	Aus dem Bericht über das Gespräch des Präsidenten der SI, Brandt, mit der *Frankfurter Rundschau*
471	Nr. 99	19. April 1989	Schreiben des Präsidenten der SI, Brandt, an den Generalsekretär der KPTsch, Jakeš
472	Nr. 100	27. April 1989	Erklärung des Ehrenvorsitzenden der SPD und Präsidenten der SI, Brandt, zur Lage in Südafrika
477	Nr. 101	12. Mai 1989	Schreiben des Präsidenten der SI, Brandt, an die Führung der PRD Panama

477	Nr. 102	15. Mai 1989	Vermerk über das Gespräch des Präsidenten der SI, Brandt, mit dem Vorsitzenden der israelischen Arbeitspartei, Peres
479	Nr. 103	25. September 1989	Aus dem Schreiben des Präsidenten der SI und Vorsitzenden der Nord-Süd-Kommission, Brandt, an den Generalsekretär der Vereinten Nationen, Pérez de Cuéllar
483	Nr. 104	16. Januar 1990	Aus der Rede des Vorsitzenden der Nord-Süd-Kommission, Brandt, bei einer internationalen Konferenz in Königswinter
485	Nr. 105	31. Mai 1990	Aus der Tischrede des Ehrenvorsitzenden der SPD, Brandt, bei einer Regionalkonferenz der Friedrich-Ebert-Stiftung in Manila
490	Nr. 106	11. Juni 1990	Manuskript der Rede des Ehrenvorsitzenden der SPD, Brandt, zur Begrüßung des Vizepräsidenten des ANC, Mandela, in Bonn
495	Nr. 107	14. September 1990	Aus der Rede des Ehrenvorsitzenden der SPD, Brandt, vor dem Kongress „Europa und die Welt im Umbruch" in Wolfsburg
501	Nr. 108	15. Februar 1991	Aus dem Manuskript der Rede des Ehrenvorsitzenden der SPD, Brandt, zum 40jährigen Bestehen des Gustav-Stresemann-Instituts in Bonn
504	Nr. 109	26. August 1991	Aus dem Schreiben des Präsidenten der SI, Brandt, an den sowjetischen Politiker Schewardnadse
506	Nr. 110	11. September 1991	Schreiben des Präsidenten der SI, Brandt, an den früheren Präsidenten der Republik Senegal, Senghor

507	Nr. 111	2. Oktober 1991	Schreiben des Präsidenten der SI, Brandt, an den Ministerpräsidenten Jamaikas, Manley
508	Nr. 112	4. Dezember 1991	Schreiben des Ehrenvorsitzenden der SPD und Präsidenten der SI, Brandt, an den Generalsekretär der Vereinten Nationen, Pérez de Cuéllar
509	Nr. 113	12. Dezember 1991	Schreiben des Präsidenten der SI, Brandt, an den Generalsekretär der Vereinten Nationen, Boutros Ghali
511	Nr. 114	8. Januar 1992	Schreiben des Präsidenten der SI, Brandt, an den Präsidenten der Regierung des Königreiches Spanien, González
512	Nr. 115	5. März 1992	Aus dem Vermerk über das Gespräch des Ehrenvorsitzenden der SPD und Präsidenten der SI, Brandt, mit dem früheren Präsidenten der Sowjetunion, Gorbatschow
514	Nr. 116	14. September 1992	Grußwort des Präsidenten der SI, Brandt, an den Kongress der SI in Berlin

Dokumente

Nr. 1
**Aus der Zusammenfassung der Gespräche des Vorsitzenden der SPD, Brandt, mit dem Präsidenten Mexikos, Echeverría, in Mexiko-Stadt
23. März 1975**[1]

AdsD, WBA, A 19, 271.

[...][2]

2. Arbeitsgespräch während des Mittagessens in „Los Pinos" vom 23. 3. 1975 sowie späteres Gespräch im Garten der Residenz

Nach einer echt bunten Palette von Themen [...] leitete der mexikanische Präsident das Thema auf die „Charta"[3] [über]. – Hier versuchte er, unterstützt von seinem Aussenminister Emilio Rabasa, noch einmal die Vorzüge der Charta auch für die Industrieländer selbst „anzudienen". – Hier wurde insbesondere auf die Entschädigungsregelungen des ‹Artikels 2, Absatz 3›[4] des Vertragswerkes verwiesen, die nach Ansicht der mexikanischen Seite von den Industrieländern nicht in ihrem vollen Ausmass begriffen worden seien. In diesen Regelungen würde nämlich auch ein Instrumentarium geschaffen, das auch die Entwicklungsländer in gleicher Weise zu gesetzlichen Verpflichtungen hinsichtlich einer angemessenen Entschädigung bei eventuellen Enteignungen zwinge.[5] [...][6]

Echeverría fasst dann noch einmal die möglichen Alternativen zusammen, die eine Nichtbeachtung der Prinzipien der Charta für die Prinzipien der internationalen Kooperation bringen könnte und hebt hierbei vor allem die Gefahr einer wachsenden „Anarchie" und Rechtsunsicherheit in allen Bereichen der internationalen Beziehungen hervor. Verbraucherländer und Rohstoffländer seien heute aufeinander angewiesen. Ihre Interessenlage sei nicht mehr antagonistisch. Echeverría versucht dies am Beispiel des Verhältnisses von einem Tabakarbeiter im Staate Veracruz[7] zu einem Arbeiter der Volkswagenwerke in der Bundesrepublik darzustellen. Beiden könne nicht daran gelegen sein, dass ihr Arbeitsplatz gefährdet wäre, ‹damit›⁸ ihre Kaufkraft ‹sinke›⁹, was den beiderseitigen Absatz ihres erarbeiteten Produktes unmöglich mache. Das zu verhindern mache gemeinsame wirtschaftliche Planungen erforderlich, die am besten in Form einer Art Kodex des wirtschaftlichen Wohlverhaltens, so wie ihn die Charta fordere, am sinnvollsten geregelt werden könne. Es komme dabei darauf an, dass die Rohstoffländer künftig auch gerechtere Preise für ihre Produkte in den Verbraucherländern erhalten. Die Bildung des SELA (Sistema Económico Latinoamericano)¹⁰ sei ein solcher Versuch der Verteidigung von gerechten Preisen der Rohstoffe, die in der Region produziert werden. Hier würde auch das Prinzip praktiziert, dass die rohstoffreichen Länder der Region mithilfe überschüssigen Kapitals an der Entwicklung von Infrastrukturprojekten für rohstoffärmere Länder der Region teilhaben sollten, was in erheblicher Weise zur Behebung der Ungleichheit im wirtschaftlichen Entwicklungsprozess einzelner Länder der Region beitragen würde.

Echeverría verweist in diesem Zusammenhang auf die Entschliessungen der letzten OPEC-Konferenz in Algier, wo es, nach Meinung von Präsident Echeverría, auf die Initiative von Carlos Andrés Pérez und in geringerem Umfange auch auf Präsident Boumediène hin, zu einem neuen Konzept über die Nutzung von überschüssigem Erdölkapital zugunsten von Entwicklungsprojekten in den Ländern der dritten Welt gekommen sei – ein Konzept, das von der überwiegenden Mehrheit der OPEC als verbindlich angenommen worden sei. Im Sinne dieses Konzeptes erwüchsen den Verbraucherländern, insbesondere in Westeuropa, unter Einbringung ihrer Technologie neue Perspektiven der Zusammenarbeit im Rahmen gemeinsamer Entwicklungsprojekte.

Willy Brandt, der zu einzelnen Fragen während der Ausführungen Echeverrías schon kurz Stellung genommen hat, fasst seine Entgegnung in einer etwa halbstündigen Darstellung, wie folgt, zusammen:

a) Er unterstützt das Anliegen des mexikanischen Präsidenten hinsichtlich der Regelung neuer Normen internationaler wirtschaftlicher Kooperation und deren Kodifizierung, wie es z. B. im Rahmen

der Charta der Rechte und Pflichten der Staaten, der[en] grundsätzliche Überlegungen er voll unterstützt, gefordert wird.
b) Er hält desgleichen andere bilaterale oder multilaterale Abkommen, wie sie z. B. von dem SELA vorgesehen werden, für wünschenswert.
c) Er teilt die Meinung des mexikanischen Präsidenten, dass das Ausbleiben solcher globaler Regelungen eine weit grössere Gefahr für die Erhaltung des Weltfriedens darstellen als die noch so ernstzunehmenden lokalen kriegerischen Konflikte, z. B. im Nahen Osten oder in Südostasien. –

Brandt warnt jedoch davor, übertriebenen Optimismus aus der Tatsache abzuleiten, dass eine Mehrheitsentscheidung,[11] und sei sie noch so überwältigend, zu einem Vertragswerk damit automatisch die Probleme, die zu seiner Schaffung geführt haben, beseitigen helfe. Hier erinnert er an die Vorbehalte, die z. B. die Volksrepublik China[12] bei ihrer positiven Stimmabgabe in den Vereinten Nationen vorgebracht habe, wobei er sich frage, warum die Regierung der Bundesrepublik Deutschland, die weit weniger Vorbehalte geltend gemacht habe, ihre Zustimmung dem Vertragswerk verweigert hätte.[13]
– Er könne hierzu natürlich nur eine persönliche Meinung äussern, denn er könne nicht so tun, als sei er Regierung; er jedenfalls hätte wahrscheinlich anders entschieden. –

Brandt schlägt vor, dass man erneut über „die Haare" diskutieren solle, die einige Experten „in der Suppe" gefunden haben, als die das Vertragswerk zur Diskussion stellten. Er sei sicher, dass, wenn beide Seiten genau ihre jeweilige Interessenlage definieren würden und zu beiderseitigen Konzessionen bereit seien, man zu einem späteren Zeitpunkt sicherlich zu einer einmütigen Annahme der Charta kommen könne. – Er weist in diesem Zusammenhang auf die Entstehung der Menschenrechtserklärung im Zuge der Schaffung der Vereinten Nationen hin.[14] Ebenso wenig wie diese Erklärung nicht durch einen Mehrheitsbeschluss zustandekam, sondern aufgrund einer gemeinsamen furchtbaren Erfahrung nach dem 2. Weltkrieg, die die Interessen aller Staaten dieser Erde in Mitleidenschaft gezogen habe und sie damit zu konkreten Regelungen herausforderte, so müsse man anhand der Interessenlage aller Beteiligten zu neuen Formen der internationalen Zusammenarbeit kommen. Die Charta weise solche Wege auf und sei deshalb ein sehr ernstzunehmendes Dokument. –

d) Brandt unterstützt voll die Auffassung Echeverrías, dass die Industrieländer ihre Technologie bei gemeinsamen Projekten mit rohstoffarmen und rohstoffreichen Ländern einbringen sollen, wobei noch einmal das „Dreiecksverhältnis" angesprochen wird.[15] Hier schlägt er wie bereits am ‹Vortage›[16] vor, im Rahmen der Pariser Rohstoffkonferenz das Rohstoffproblem im allgemeinen und nicht nur auf das Erdöl beschränkt zu behandeln.[17] Er verweist auf die besonderen Verpflichtungen der Länder der Europäischen Gemeinschaft hinsichtlich der ihr assoziierten afrikanischen Staaten[18], was jedoch kein Hindernis für den Abschluss zusätzlicher bilateraler oder multilateraler Regelungen der Bundesrepublik oder der europäischen Gemeinschaft mit lateinamerikanischen Ländern oder Wirtschaftsgruppierungen darstelle. – Noch einmal auf die Charta eingehend, bezieht sich Brandt auf die möglichen „Rechtsunsicherheiten", die entstehen können, solange ein neues Stück Völkerrecht, das durch die neue Charta impliziert würde, noch nicht kodifiziert sei. –

Darüber müssten die Experten aller betroffenen Länder sprechen. Desgleichen mach[t]en bestimmte Dispositionen der Charta, die der Struktur von Ländern entsprechen, in denen der Staat grössere Steuerungsfunktionen in der allgemeinen Wirtschaftsplanung einnimmt, ihre Durchführung in hochentwickelten Industrieländern schwierig, in denen dem Staat eben solche Funktionen nicht zuerkannt werden. Auch in dieser Frage müss[t]en Regelungen getroffen werden, die auf die verschiedenartige Struktur aller Vertragsländer Rücksicht nehmen müsse. –

[...][19]

Er sichert abschliessend dem mexikanischen Präsidenten zu, den deutschen Bundeskanzler von diesem Meinungsaustausch zu informieren und auch im Rahmen seiner Möglichkeiten „seine bescheidenen Kräfte" einzusetzen, dass auch in anderen Ländern der

Europäischen Gemeinschaft erneut eine Diskussion über die Charta in Gang komme. In einem ständigen und fruchtbaren Gedankenaustausch würden sich, nach Überzeugung von Brandt, am ehesten die Voraussetzungen schaffen lassen, um zu für alle Seiten befriedigenden und akzeptablen Lösungen zu gelangen und damit auch zu einer vielleicht künftig einmütigen Annahme der Charta durch die Gesamtheit der UNO-Mitgliedsstaaten.
[...][20]

Nr. 2
Aus der Aufzeichnung des Gesprächs des Vorsitzenden der SPD, Brandt, mit dem Vorsitzenden der SPÖ, Kreisky, und dem Vorsitzenden der schwedischen Sozialdemokraten, Palme 25. Mai 1975[1]

Brandt, Willy/Kreisky, Bruno/Palme, Olof: Briefe und Gespräche 1972 bis 1975, Frankfurt/Main – Köln 1975, S. 131–133.

[...][2]
Willy Brandt:
Wir sollten nicht auseinandergehen, ohne unsere Meinungen dazu festzuhalten, wie die Kooperation zwischen Sozialdemokraten und in etwa gleichgerichteten Kräften in verschiedenen Teilen der Welt verbessert werden kann. Unsere Internationale ist dazu nur sehr bedingt in der Lage. Wir brauchen keine schematische, sondern eine elastische Zusammenarbeit mit Kräften in anderen Teilen der Welt, die natürlich ihre eigenen Voraussetzungen haben, aber mit denen es Berührungspunkte gibt. Die europäischen Sozialdemokraten insgesamt und vor allem die starken Parteien müssen dies in einer praktischeren Form angehen. Zum Teil geschieht das ja auch schon bilateral.

Also nehmen wir einmal das Beispiel Zentralamerika. Da gibt es mehrere Länder mit Parteien, die dem sehr nahekommen, was wir demokratischen Sozialismus nennen. Aber sie passen nicht in so einen starren, ja stark traditionsbestimmten Rahmen wie die Internationale. Also müßte man eine Form finden, um zwischen unseren Parteien und einer Gruppierung von Parteien dort zu einem Meinungsaustausch zu kommen. Man könnte und müßte über grundsätzliche Fragen, aber auch über ganz praktische Themen reden. Die Doktrin der Internationale erschwert zum Beispiel den Kontakt mit den Parteien vieler Länder – wie etwa Schwarzafrikas –, weil ihre insoweit richtigen Grundsätze nicht mit dem Phänomen der Monopolparteien zu vereinbaren sind.

Bruno Kreisky:
Marokko hat viele Parteien.

Gespräch zwischen den Vorsitzenden der sozialdemokratischen Parteien Deutschlands, Schwedens und Österreichs, Willy Brandt, Olof Palme und Bruno Kreisky, am 24. Mai 1975 in Wien.

Willy Brandt:
Aber es gibt zahlreiche andere Länder mit Einparteiensystem. Und nun existieren dort oft Gliederungen innerhalb ein und derselben Partei, von denen man sagen kann, sie könnten woanders auch in unterschiedlichen Parteien organisiert sein. Warum also nicht befreundete Kräfte, sozialistisch sich empfindende und tatsächlich so eingestellte Parteien oder Parteigruppierungen in Afrika dazu bringen, daß sie allein oder in einer Gruppierung mit den sozialdemokratischen und sozialistischen Parteien nicht nur ad hoc, sondern mit einer gewissen Regelmäßigkeit zusammenarbeiten? Ähnliches gilt für die arabische Welt. Man sollte einen Informationsaustausch einleiten, eine Zusammenarbeit in lockerer Form.
[...]³
Willy Brandt:
Ich möchte zu bedenken geben, daß wir unsere internationale Arbeit um eine wesentliche Komponente erweitern sollten. Wir haben die Sozialistische Internationale, deren vermittelnde und anregende Aktivitäten zweifellos verbessert werden könnten. Dabei haben sich die Konferenzen der Parteivorsitzenden recht gut bewährt. Wir haben die besonderen Formen unserer westeuropäischen Zusammenarbeit, die nicht auf die Länder der [Europäischen] Gemeinschaft beschränkt bleiben sollte und erheblich angereichert werden muß, wenn sie dem heutigen Einfluß unserer Parteien in den einzelnen Ländern einigermaßen entsprechen soll.⁴

Was wir aber zusätzlich brauchen, ist so etwas wie ein internationales Kontaktbüro, das auf unserer Seite, auch um Kosten zu sparen, personell mit der Internationale verbunden sein könnte. Dieses Kontaktbüro sollte den Informationsaustausch und die Zusammenkünfte mit solchen Parteien und Gruppierungen organisieren, über die wir eben gesprochen haben. Dazu gehören natürlich auch Gruppierungen in Asien und nicht zuletzt in den Vereinigten Staaten, und zwar solche, die uns nahestehen und die doch in einen durch die europäischen Sozialdemokraten geprägten Rahmen nicht leicht hineinpassen. Wir müssen flexibel genug sein, um den Meinungsaustausch mit diesen Kräften so zu führen, daß die Unterschiede von

Programmaussage und politischer Struktur nicht verwischt werden und doch Felder gemeinsamen Handelns abgesteckt werden können – eine Aufgabe aller europäischen Sozialdemokraten.

Nr. 3
Aus dem Vermerk über das Gespräch des Vorsitzenden der SPD, Brandt, mit dem Generalsekretär des ZK der KPdSU, Breschnew 3. Juli 1975[1]

AdsD, WBA, A 9, 33.

[...][2]

Zu Portugal führte Herr Brandt insbesondere aus, dass die der Bewegung der Streitkräfte angehörenden Militärs Vertreter verschiedener ideologischer Richtungen seien.[3] Man habe den Eindruck, dass der von Breschnew erwähnte Führer der Kommunistischen Partei Portugals, Cunhal, der im politischen Kampf viel Härte entwickelt habe, durch die Zusammenarbeit mit der MFA etwas zu stark das übergehe, was aus den Wahlen zur Verfassunggebenden Versammlung herausgekommen sei. Dies führe zu Reibungen. Er wolle in allem Freimut sagen, dass der Führer der Sozialistischen Partei Portugals, Soares, ihn gebeten habe, Breschnew mitzuteilen, dass er nicht verstehe, warum er in der sowjetischen Presse so scharf kritisiert werde. Er sei kein Antisowjet. Er habe Streit mit Cunhal und dessen Partei, aber er sei für die Fortführung der Arbeit in der Koalitionsregierung. Aber er wehre sich dagegen, dass seine Partei von einer Partei, die weniger Zustimmung in der Bevölkerung habe, zusammen mit deren Verbündeten in der MFA majorisiert werde.[4] Herr Brandt fuhr fort, er glaube, es wäre gut, wenn man einen mässigenden Einfluss auf die Entwicklung nehme, da eine Entwicklung, bei der die sozialistische Partei „untergebuttert" werde, in den Ländern Europas, in denen die Sozialdemokraten und Sozialisten Einfluss hätten, ungünstig beurteilt würde und dies indirekt den Prozess der Zusammenarbeit stören könnte. Portugal müsse seinen eigenen Weg finden, und es dürfe keine Einmischung geben. Aber wo Rat angenommen werde, solle dieser mässigend sein, da noch immer nicht die Gefahr abgewendet sei, dass eine extreme Linksbewegung zu einem rechten Backlash, nicht unbedingt nach dem Muster Chiles[5], führen könne. Dies würde negative Folgen haben, nicht nur für Portugal, sondern auch für Spanien und für die gesamte Entwicklung in Europa.

Herr Breschnew erwiderte hierauf, dass tatsächlich zur Zeit alle Aufmerksamkeit Portugal gelte. Man könne sagen, dass wie, auf welche Weise und in welchem Tempo sich die Ereignisse entwickelten, zunächst Sache der Portugiesen sein müsse und es wichtig sei, dass sich niemand einmische. Grundlage der sowjetischen Politik sei das Prinzip der Nichteinmischung. Andererseits hätten einige NATO-Länder noch nicht ihre Versuche eingestellt, sich in die inneren Angelegenheiten Portugals einzumischen. Er müsse, obwohl er noch nicht über genügend Angaben verfüge, offen sagen, dass er es sehr bedaure, dass viele Vertreter der Internationalen Sozialdemokratischen Bewegung, auch der Sozialdemokratischen Partei Deutschlands, nicht nur sich nicht den rechten Kräften widersetzten, sondern selbst die linken Kräfte, die KP Portugals, die MFA und andere demokratische Parteien, attackierten. Dies könne nicht von Nutzen sein. Dies sei eine zu einseitige Einstellung zur Demokratie. Man habe auf beiden Seiten verschiedene Sympathien, die sich auf unterschiedliche ideologische Plattformen gründeten. Gemeinsam solle jedoch das Bestreben sein, mit allen Mitteln den Sieg über die faschistischen[6] und antidemokratischen Kräfte zu fördern. Die rechten Kräfte der Vergangenheit hätten in Portugal die Waffen noch nicht gestreckt.

Herr Brandt erwiderte hierauf, Breschnew irre, wenn er glaube, dass die SPD und andere sozialistische und sozialdemokratische Parteien eine prorechte Haltung in Portugal einnähmen. Es sei jedoch keine Frage, dass die KPP durch ihre internationalen Verbindungen erheblich stärker gefördert werde als die sozialistische Partei Portugals. Er wolle dies nur konstatieren. Er glaube auch, dass es kein Zurück zum Faschismus und keine chilenische Entwicklung geben dürfe. Wenn man dieses Interesse habe, so folge daraus, dass eine einseitige Entwicklung, die das Wahlergebnis auf den Kopf stelle, kein Beitrag zur Einheit, sondern ein Beitrag zur Spaltung sei und sich negativ auf die Entwicklung in Südeuropa und anderen Ländern Europas auswirken würde.

Herr Breschnew erwiderte darauf, vielleicht habe Herr Brandt ihn nicht richtig verstanden. Er spreche davon, dass man die linken Kräfte attackiere. Dies seien verschiedene Begriffe. Er glaube, dass die Entwicklung in Portugal keine Gefahr darstelle. [. . .][7]

Nr. 4
Erklärung des Vorsitzenden der SPD, Brandt, bei einer Pressekonferenz in Bonn
19. Dezember 1975[1]

AdsD, WBA, A 3, 646.

Die politische Entwicklung auf der iberischen Halbinsel seit dem vergangenen Jahr hat die Aufmerksamkeit und die Anteilnahme all derer auf sich gezogen, die dieser untrennbar zu Europa gehörenden Region eine gesicherte demokratische Zukunft wünschen. Aus europäischer Verantwortung maßen die deutschen Sozialdemokraten, wie ihre Freunde in anderen Ländern, dieser Entwicklung besonderes Gewicht bei.

(Spanien)

Die Nach-Franco-Ära bedeutet eine geschichtliche Zäsur nicht allein für Spanien, sondern auch für Europa; daran besteht kein Zweifel. Allerdings steht Spanien erst am Anfang eines längeren und auch schwierigen Weges, auf dem mit seiner inneren Ordnung auch über seine engere Verbindung mit Europa entschieden wird. Absichtserklärungen der jetzt in Spanien politisch Verantwortlichen über den künftigen politischen Kurs sind mit positivem Interesse aufgenommen worden. Die Führung in Madrid muß jedoch in angemessener Form darauf hingewiesen werden, daß für die Freunde Spaniens die Chance zur verstärkten Zusammenarbeit damit verbunden ist, daß deutlicher als bisher Voraussetzungen für die Entwicklung demokratischer Strukturen geschaffen werden.

In meinen Gesprächen mit dem Generalsekretär der Sozialistischen Arbeiterpartei Spaniens, Felipe González[2], habe ich mich von der Berechtigung dieser Forderungen überzeugt:
– Freilassung der politischen Gefangenen
– Aufhebung der sogenannten Anti-Terror-Gesetze
– Presse- und Versammlungsfreiheit
– Freiheit der Organisation für Gewerkschaften und politische Parteien.

Es bedeutet keine Einmischung in die Angelegenheiten eines anderen Landes, wenn man auf die Faktoren hinweist, die für eine friedliche innere Entwicklung Spaniens, aber auch für sein Verhältnis zu Europa von großer Bedeutung sind. Die meisten von uns verstehen, daß es sich um einen Prozeß der Veränderung handelt. Eine jahrzehntelange Diktatur mit ihren Verkrustungen in den verschiedenen Bereichen des politischen Lebens abzulösen und neue Grundlagen für den staatlichen und gesellschaftlichen Aufbau zu schaffen, ist eine Aufgabe, die Zeit braucht. Aber der Prozeß der Veränderung wird nur dann einen gedeihlichen Verlauf nehmen, wenn ein deutlicher Anfang zur Änderung der politischen Strukturen gemacht wird.

Die demokratischen Kräfte in Spanien – und dazu gehören als bedeutende Gruppierungen neben den Christdemokraten vor allem die spanischen Sozialisten – müssen sich unbehindert organisieren können; das gilt auch für die Gewerkschaften. Die politischen Kräfte in Spanien müssen die Möglichkeit erhalten, sich frei zu betätigen. Hiervon wird für eine gute Zukunft des spanischen Volkes viel abhängen.

Die zukünftigen Beziehungen Spaniens zum demokratischen Europa, seinen Staaten und Gemeinschaften werden in hohem Maße von Faktoren bestimmt, auf die ich Sie eben hingewiesen habe. Es handelt sich dabei um eine Zusammenarbeit, die wirtschaftlich, kulturell und politisch im beiderseitigen Interesse liegt.

Meine Partei wird ihre Unterstützung für die Freunde in Spanien fortsetzen. Wir vertrauen darauf, daß unsere politischen Freunde mit der gleichen bewundernswerten Zähigkeit wie bisher ihre Position als demokratische Sozialisten entwickeln und ausbauen werden. Spanien eine konkrete demokratische Alternative zu bieten, ist das Gebot der Stunde. Daß wir den befreundeten spanischen Sozialisten dabei hilfreich zur Seite stehen, ist für uns eine solidarische Pflicht.

(Portugal)

Wer die derzeitige Lage in Portugal betrachtet, wird mir zustimmen, daß diejenigen Unrecht gehabt haben, die dieses Land als Teil Europas und der westlichen Gemeinschaft schon abgeschrieben hatten. Unsere Freunde in Portugal haben sich und wir, die wir an ihrer Seite stehen, haben uns nicht durch reaktionären Kleinmut beirren lassen.

Nun sind wesentliche Voraussetzungen für eine Stabilisierung der Lage in Portugal gegeben.[3] Der Generalsekretär der Sozialistischen Partei Portugals, Mario Soares, hat uns dies bestätigt und begründet. Aber sein Land steht vor großen wirtschaftlichen Problemen.

Für den demokratischen Aufbau Portugals ist vor allem durch das Engagement von demokratischen Sozialisten in den vergangenen Wochen und Monaten ein entscheidender Durchbruch erzielt worden. Diejenigen, die glaubten, den in den Wahlen zur Verfassunggebenden Versammlung bekundeten Willen der Portugiesen übergehen zu können, haben eine ernste Schlappe erlitten.[4] Die Kleingläubigen – nicht nur in der Bundesrepublik Deutschland, sondern auch in anderen Ländern Westeuropas und in Amerika – haben alle Veranlassung, ihr Urteil über Kraft und Stehvermögen der portugiesischen Sozialisten und der anderen demokratischen Kräfte dieses Landes zu korrigieren.

Im nächsten Jahr werden in Portugal Parlamentswahlen stattfinden; dies wird ein wichtiges Datum sein. Die militärischen Kräfte werden eine sich verändernde, aber weiterhin wichtige Rolle spielen.

Die führenden politischen Kräfte Portugals bieten die Gewähr dafür, daß das Land an die Arbeit geht und sich seiner ernsten wirtschaftlichen Probleme annimmt. Jetzt darf das demokratische Europa mit seiner Bereitschaft zur Zusammenarbeit nicht länger zögern. Ich fordere dazu auf,
– daß die Europäische Gemeinschaft ihre Vorhaben und Möglichkeiten ohne Zeitverlust verwirklicht
– daß unsere eigene Regierung und die Regierungen anderer Staaten solche Projekte rasch auf den Weg bringen, die eine europäisch-wirtschaftliche Perspektive deutlich machen
– daß unsere Firmen sich die ihnen gebotenen Chancen einer gesicherten Zusammenarbeit nicht entgehen lassen
– daß wir Portugal als Touristenland wieder voll in unsere Überlegungen einbeziehen.

Es handelt sich hier um eine europäische Aufgabe und um gemeinsame Interessen. Es handelt sich auch um den Nachweis, wie Europa demokratisch-sozialistische Entwicklungen zu integrieren versteht. Wer nur Unkenrufe zur Verfügung stellt, wird den Aufgaben dieser Zeit nicht gerecht.

Nr. 5
Schreiben des Vorsitzenden der SPD, Brandt, an den Bundeskanzler der Republik Österreich, Kreisky
26. April 1976[1]

AdsD, SPD-PV, 11610.

Lieber Bruno,
als ich in Malta war[2], berichteten die Zeitungen, Du hättest Dich erneut für meine Wahl zum Vorsitzenden der Internationale ausgesprochen. Ich habe bestätigt, daß ich mich nicht als Kandidat betrachte und meine Freunde gebeten habe, sich um eine andere

Lösung zu bemühen. Dies war ja auch das Ergebnis der Unterhaltung zwischen den zehn Parteivorsitzenden, die Mitte März in Porto auf Deine Initiative über dieses Thema sprachen.[3] Meine Gegengründe möchte ich hier noch einmal darlegen:

Erstens ist der Vorsitz der SPD keine Nebenbeschäftigung. Ich möchte nicht den Eindruck aufkommen lassen, als ob ich meiner Partei nicht weiterhin voll zur Verfügung stünde. Die Meinungen der führenden Genossen, die ich in den vergangenen Monaten um einen Rat gebeten habe, sind geteilt. Helmut Schmidt hat übrigens – bei skeptischer Beurteilung dessen, was die Internationale darstellt – gemeint, daß ich mich einer solchen Aufforderung kaum würde entziehen können. Ich möchte das erwähnen, damit es in dieser Hinsicht keine Mißverständnisse gibt. Gleichzeitig muß man sich über die Belastungen im klaren sein, die der deutschen Partei – unter den politisch-psychologischen Bedingungen in der Bundesrepublik – dadurch entstehen können, daß man sie mit den Sonderproblemen anderer Parteien in anderen Ländern identifiziert.

Zweitens habe ich mehrfach meine Zweifel angemeldet, ob man einen Deutschen wählen sollte. Dazu ist gesagt worden, ich möge nicht übervorsichtig sein, und man hat damit zuweilen auch auf mich bezogene Äußerungen verbunden, für die ich nur dankbar sein kann. Aber man muß auf der anderen Seite sehen, daß in den letzten Jahren – im gewerkschaftlichen Raum wohl noch stärker als in dem der Parteien – eine Reihe deutscher Sozialdemokraten mit europäischen und internationalen Vertrauensfunktionen betraut worden sind.[4] Wir haben dies nicht angestrebt, es hat sich so ergeben. Aber ich sehe Gefahren, wenn man hier in der weiteren Entwicklung nicht auf größtmögliche Ausgewogenheit achtet.

Drittens wüßte ich nicht, ob ich guten Gewissens die Verantwortung für eine Organisation übernehmen könnte, die sich organisatorisch in einem so miserablen Zustand befindet. Das Londoner Büro ist, wenn ich es recht sehe, schlechter ausgestattet als ein Bezirkssekretariat der SPD. Wird man vom neuen Generalsekretär erwarten dürfen, daß sich dies wesentlich ändert? Werden sich am gegenwärtigen Sitz die erforderlichen Arbeitsbedingungen schaffen lassen? Werden die Parteien bereit sein, mehr Mittel aufzubringen?

Viertens waren wir uns – gerade auch in unseren Gesprächen mit Olof Palme – seit langem darin einig, daß neben der traditionellen Internationale genügend flexible Formen der Zusammenarbeit mit dafür geeigneten und offenen Parteien und Bewegungen in Afrika und der arabischen Welt, in beiden Teilen Amerikas und in Asien entwickelt werden müssen. Ich hatte mich bereit erklärt, an dieser Aufgabe, um die wir uns ja schon – etwa auf dem Mannheimer Parteitag[5] – bemüht haben, auch als Vizepräsident der Internationale mitzuwirken.[6] Ob – von meinen anderen, schwerwiegenden Einwänden abgesehen – der Präsident das in gleichem Maße tun könnte?

Ich möchte noch über einige Gespräche berichten, die dem Treffen in Porto folgten.

Mitterrand war Ende März bei uns in Bonn.[7] Dabei kam auch die Vorsitzenden-Frage zur Sprache. Er schien meinen Reservationen nicht viel Gewicht beizumessen und bestätigte, daß die Franzosen mit der Wahl Brandts einverstanden wären. Allerdings kam dann der sehr deutliche Hinweis (vgl. oben) auf eine Mehrzahl deutscher Funktionsträger in europäischen Gremien. Er wisse, daß die französischen Sozialisten in der Internationale wegen ihrer[8] Sonderlage Zurückhaltung üben müßten, aber sie wünschten doch, daß sie in der „Struktur" der internationalen Gremien wiederzufinden seien. (Auf die Internationale bezogen, könnte dies bedeuten, daß sie gern jemand im Sekretariat hätten.)

Harold Wilson ließ mir im Zusammenhang mit seinem Rücktritt sagen, daß er weiterhin für meine Wahl eintrete.[9] Falls dies wegen der deutschen Wahlen noch nicht möglich sei, sollte man sich auf eine Zwischenlösung – was immer das bedeuten mag – verständigen. (Von anderer Seite war zu erfahren, daß bei einigen Engländern erwogen wurde, Wilson für die Kandidatur zum Vorsitz zu gewinnen.) James Callaghan, der in Kopenhagen eindringlich mit mir gesprochen hatte[10], bin ich immer noch einen Brief schuldig, aber ich vermute, daß er inzwischen genügend andere Sorgen gehabt hat.[11]

Noch vor dem Treffen in Porto hatte ich Anfragen aus Skandinavien, aus den Reihen der Benelux-Parteien und aus Israel in dem Dir bekannten Sinne beantwortet.¹² Während meines Osterurlaubs hat auch Dom Mintoff auf mich eingeredet.

Unabhängig von der Vorsitzenden-Frage ergab sich bei meinem kürzlichen Zusammentreffen mit Ecevit in Istanbul, daß dieser die Verbindung seiner Partei mit der Internationale nicht zu forcieren wünscht. Das erscheint mir durchaus vernünftig. In Griechenland ist das Bemühen, der Zentrums-Union eine eindeutig sozialdemokratische Orientierung zu geben, nicht ohne Widerspruch geblieben. In beiden Fällen besteht aber der Wunsch nach enger Zusammenarbeit mit unseren Parteien.

Als Sadat vor Ostern in Bonn war, sagte er mir, nach der Aufgliederung der ASU verfüge er nun über eine Sozialistische Partei, die Mitglied der Internationale werden könne. Ich habe ausweichend reagiert und meine, daß es besser ist, mit den Parteien in den arabischen Staaten auf andere Weise den Kontakt weiterzuentwickeln. Hierbei werden die Empfehlungen von besonderem Gewicht sein, die Du nach Deinen Reisen unterbreiten wirst.

Senghor hat über Mitterrand und Hans-Jürgen Wischnewski wissen lassen, daß er mit seiner Partei der Internationale beizutreten wünsche. Ich würde es weiterhin lieber sehen, wenn man zu einem Kontaktbüro der interessierten afrikanischen Parteien käme. (Nyerere, dessen Meinung dazu wichtig ist, wird demnächst in Bonn sein.)

Im übrigen hoffe ich, daß die Tagung in Caracas Ende nächsten Monats uns einen Schritt weiterbringt.¹³ Ich will bis dahin versuchen, den Gedanken der „Allianz" (ohne auf das Wort festgelegt zu sein) zu konkretisieren.¹⁴

Zurück zur Internationale: Die Mitarbeiter haben inzwischen ein Programm für den Kongreß Ende Juli in Genf ausgearbeitet. So war es in Porto verabredet worden. Ich will nicht verhehlen, daß ich Zweifel bekommen habe und mich frage, ob es – nachdem ohnehin so viel Zeit ins Land gegangen war – nicht besser gewesen wäre, den Kongreß bis Ende des Jahres zu verschieben. Dann hätten wir die schwedischen und die deutschen Wahlen hinter uns. Aber es ist wohl nicht ratsam, die Terminabfrage noch einmal aufzugreifen?

Bei der Vorsitz-Frage geht es nicht nur darum – worum ich noch einmal bitten muß –, an meiner Stelle zu einem neuen Vorschlag zu gelangen, sondern es geht auch um eine zweckmäßige Auswahl der Stellvertreter. Sie sollten nicht nur auf dem Papier stehen. Auch muß geklärt werden, ob der Präsident oder einer seiner Stellvertreter die Sitzungen des Büros leitet oder ob man gesondert einen Vorsitzenden des Büros bestellt.[15]

Daß wir von deutscher Seite die Frage einer Sitzverlegung nicht aufzuwerfen wünschen, habe ich früher betont. Bekannt ist nur, daß die Holländer das Sekretariat gern nach Amsterdam hätten und daß außerdem – wofür aus sachlichen Gründen manches sprechen könnte – Genf genannt worden ist. Vielleicht sollte man dem neuen Generalsekretär den Auftrag geben, im nächsten Jahr über Arbeitsweise etc. des Sekretariats zu berichten? Die oben genannte Frage der Finanzierung wird vermutlich nicht oder nicht allein durch eine Anhebung der Beiträge zu regeln sein. Man sollte einen kleinen Sonderausschuß aus Personen bilden, die nach zusätzlichen Einnahmen Ausschau halten.

Dies ist ein langer Brief geworden, und Du ersiehst daraus, daß die Gegengründe zur eigenen Kandidatur nicht etwa auf mangelndem Interesse an der Zukunft der Internationale beruhen. Du bist sicher damit einverstanden, daß ich Olof [Palme] eine Kopie schicke.
Mit herzlichen Grüßen
‹Dein
W[illy]›[16]

Nr. 6
Aus dem Manuskript der Rede des Vorsitzenden der SPD, Brandt, bei der Konferenz von Caracas
23. Mai 1976

AdsD, WBA, A 19, 25.

Mit grosser Freude sind wir der Einladung unserer venezolanischen Freunde zu dieser wichtigen Konferenz gefolgt. Fuer ihre Initiative und ihr unermuedliches Wirken bei der Vorbereitung dieses Treffens moechte ich schon jetzt den Freunden der Acción Democratica[1] unter ihrem Vorsitzenden Dr. Barrios meinen Dank aussprechen. Ich bin sicher, dass ich ihn auch im Namen der anderen europaeischen Gaeste aussprechen darf.[2]

Die stattliche Zahl von Persoenlichkeiten aus dem politischen Leben Lateinamerikas und der Karibik, die hier anwesend ist, zeigt mir, dass wir europaeische Sozialdemokraten (und Mitglieder der Sozialistischen Internationale) uns hier zugleich als Gaeste der Voelker Lateinamerikas und der Karibik empfinden duerfen.[3] Vielen Freunden, die heute nicht dabei sein koennen und mit denen wir uns zusammengehoerig fuehlen, gilt unser Gruß im Zeichen herzlicher Verbundenheit.

Dies ist das zweite Mal in wenig mehr als einem Jahr, daß ich die Ehre habe, die Gastfreundschaft des venezolanischen Volkes und seines Präsidenten, Carlos Andrés Pérez, zu erleben.[4] Dieser Umstand ermutigt mich, meine verehrten Anwesenden, Sie um Nachsicht für einige persönliche Bemerkungen zum Zustandekommen und Charakter dieses Treffens zu bitten. Sie gelten all jenen in verschiedenen Teilen der Welt, die diese Tage hier in Caracas mit Aufmerksamkeit verfolgen.

Da meinen manche, hier solle für eine alte Internationale missioniert oder gar eine neue gegründet werden. Das ist ein Irrtum.

Andere argwöhnen vielleicht, hier könnte sich etwas ergeben, was in Konkurrenz stünde zu den Bemühungen der Blockfreien

Staaten (die ich ausdrücklich würdigen möchte) oder zu den internationalen Verhandlungen über eine bessere oekonomische Zusammenarbeit. Auch davon kann keine Rede sein.

Wir sind hierher gekommen als Partner und Freunde zu Gastgebern, mit denen wir uns in vielem verbunden wissen. Wir moechten Erfahrungen austauschen, voneinander lernen und – das ist richtig – den Kontakt untereinander verstaerken, ohne eine neue Organisation zu schaffen.

Wir wollen nicht an uns reissen, was an anderer Stelle gemacht wird oder gemacht werden sollte. Der <u>besondere</u> Charakter dieses Treffens von Caracas wird, am Ende unserer Gespraeche, auch misstrauischen Beobachtern in Ost und West deutlich geworden sein.

Ich will nicht verschweigen, dass unser Treffen seinen ganz spezifischen Ursprung hier in Venezuela hat. In den Ostertagen des vergangenen Jahres hatte ich die Ehre und unvergessliche Gelegenheit, vor dem Kongress dieser gastfreien Republik einige Gedanken ueber Gemeinsamkeiten von Anhaengern der sozialen Demokratie in aller Welt vorzutragen.[5] In Gespraechen mit unseren venezolanischen Kameraden, darunter vor allem mit meinem Freunde Carlos Andrés Pérez, und mit Rómulo Betancourt, jenem eminenten Staatsmann, kristallisierte sich die Idee eines Treffens zwischen Politikern aus Lateinamerika und Europa heraus.

Am 31. März des vergangenen Jahres sagte ich vor dem venezolanischen Kongreß: „In den Gesprächen während dieser Tage habe ich in keinem einzigen Augenblick eine Haltung oder einen Gedanken angetroffen, die sich <u>gegen</u> etwas oder <u>gegen</u> irgend jemanden gewendet hätten. Im Gegenteil, ich habe durchweg eine Haltung <u>für</u> etwas angetroffen: die eindrucksvolle Bereitschaft, für den Fortschritt im Dienste am Menschen und an der Menschlichkeit Arbeit, Klugheit, Wissen, Energie und Liebe einzusetzen."[6]

Wir haben über den Nutzen eines besseren Kontaktes weiter gesprochen, als wir mehrfach lateinamerikanische Gaeste bei uns in Deutschland begruessen konnten, so auch bei unserem Mannheimer Parteitag im November vergangenen Jahres.[7] Und nun sind wir hier als Teilnehmer an einem ersten großen Versuch, ein europäisch-lateinamerikanisches Gespräch im Zeichen von Ideen zu führen, die uns gemeinsam bewegen.

Die europäische Sozialdemokratie begrüßt diese Initiative, die ich schlicht das „Treffen von Caracas" nenne. Wir würdigen die historische Bedeutung dieses Treffens im Wissen um die traditionelle Verbundenheit unserer beiden Kontinente. Wir wünschen, daß von hier Impulse ausgehen, die das Gespräch mit befreundeten demokratischen und sozialistischen Kräften auch in anderen Teilen der Welt fördern werden.[8]

Unser Gespräch wird sich den Themen des Friedens ebenso zu widmen haben wie denen des sozialen Fortschritts. Wir werden auszuloten haben, wo wir in Respekt vor unseren geschichtlich bedingten Unterschiedlichkeiten den gemeinsamen Nenner dessen finden, was den freiheitlichen, den demokratischen Sozialismus ausmacht, auch wenn er nicht ueberall so benannt wird.
[...][9]

Grundwerte: Freiheit, Gerechtigkeit, Solidaritaet

Das Bekenntnis zur sozialen Demokratie (fuer viele von uns gleichbedeutend mit demokratischem Sozialismus) kann verschieden begruendet werden. Die Namensgebungen der politischen Gruppen, die sich einer sozialen Neugestaltung in Freiheit verschrieben haben, entsprechen den besonderen historischen Aspekten der einzelnen Laender.

Fuer unsere Uebereinstimmung ist nicht entscheidend, welche philosophischen und weltanschaulichen Begruendungen wir im einzelnen geben. Worauf es ankommt, ist die gemeinsame politische Zielsetzung:

Im Eintreten fuer das Wohlergehen und den Fortschritt unserer Voelker wissen wir uns einig im Beharren auf der prinzipiellen Untrennbarkeit der drei Grundwerte Freiheit, Gerechtigkeit und Solidarität. Dies unterscheidet uns von jenen, die Fortschritt von oben anordnen, die ihn durch Unterdrückung erzwingen zu können glauben, die den Menschen als bloßes Mittel zu einem wie auch immer interpretierten höheren Zweck einsetzen.

Wir sind uns einig, so nehme ich an, daß die Maßlosigkeit eines überkommenen Kapitalismus ebenso überwunden werden muß, wie wir keinen menschenfeindlichen Totalitarismus akzeptieren können, weder in staatskommunistischem noch in anderem Gewand.

Im Zentrum unserer Politik steht der <u>einzelne</u> Mensch. Unsere Politik will die Fremdbestimmung des Menschen überwinden und die gesellschaftlichen Lebensverhältnisse soweit wie möglich der Selbstbestimmung der Bürger unterwerfen. Viele drückende Probleme sind nicht naturgegeben, sondern von Menschen in der Geschichte geschaffen und daher auch von Menschen lösbar.

Die <u>Untrennbarkeit</u> der drei grundlegenden Werte eint uns im Kampf und Widerstand gegen jene Kräfte, die in vielen Teilen der Welt den Weg der Unfreiheit und der Repression eingeschlagen haben, also gegen Diktaturen von rechts wie von links.

<u>Freiheit</u> bedeutet uns das Freisein von entwürdigenden Abhängigkeiten und die Möglichkeit, die eigene Persönlichkeit in Gerechtigkeit und Solidarität gegenüber anderen frei zu entfalten. Freiheit darf kein Privileg für einige wenige sein, nicht die falsch verstandene Freiheit des Wirtschaftsliberalismus, die oekonomische Unfreiheit und soziale Mißstände schafft und konserviert.

Freiheit der Nationen von äußerer Abhängigkeit, Verwirklichung ihres elementaren Rechts auf Selbstbestimmung kann sich aber nur in Rechtsstaatlichkeit – das heißt: Rechtssicherheit und Gleichheit vor dem Gesetz – und <u>gesicherter innerer Freiheit</u> voll entfalten. Wer ohne solche innere Freiheit Gleichheit erreichen und Solidarität erzwingen will, engt die Grundwerte ein und wird sie letzten Endes zerstören.

Nicht von ungefähr waren es Stationen der inneren, der sozialen Befreiung, über die bei uns in Europa der Weg der Sozialdemokratie führte.

Nicht nur im Innern einer Nation, auch zwischen den Nationen verstößt der krasse Unterschied zwischen arm und reich gegen den

Grundwert der Gerechtigkeit. Es muß zu den wichtigsten Zielen sozialdemokratischer Politik gehören, sich für die Entwicklung der weniger industrialisierten Staaten einzusetzen, den hungernden Völkern zu helfen, also auch über wirtschaftliches Wachstum vernünftiger zu verfügen. Ohne internationalen Ausgleich ist auf die Dauer der Fortschritt im Weltmaßstab nicht zu sichern.

Ich begrüße in diesem Zusammenhang die Initiativen und Vorstöße, die Sie, meine lateinamerikanischen Freunde, in internationalen Foren und Gremien, zumal auch auf der Ebene der regionalen Integration unternommen haben.

Auf ihrem Parteitag vom vergangenen November hat die deutsche Sozialdemokratie erklärt: „Die Völker in den Entwicklungsländern fordern mit Recht eine Weltwirtschaftsordnung, welche die Deckung der Grundbedürfnisse aller Menschen sicherstellt ... Dies schließt materielle Opfer der Industrieländer ein."[10]

Mit ist bewußt, daß die Haltung meines Landes bei manchen Verhandlungen der letzten Jahre nicht immer leicht zu verstehen gewesen ist.[11] Ich werde mich einer kritischen Diskussion darüber nicht entziehen.

Ich gehe davon aus, wir sind uns darin einig, daß eine neue Ordnung in den weltwirtschaftlichen Zusammenhängen nur dann Resultate für die Menschen in den einzelnen Ländern zeitigen wird, wenn innerhalb der Gesellschaften mehr Gerechtigkeit verwirklicht wird.

Wir, die wir hier in Caracas miteinander sprechen, bekennen uns – bei allen Unterschieden zwischen unseren Ländern – zum Weg der politischen und sozialen Reform in gesellschaftlicher Freiheit. Dies unterscheidet uns nicht nur von den Anhängern kommunistischer Diktatur, sondern mindestens so sehr von den Kraeften der konservativen Reaktion, die den Problemen durch Vertagung oder Unterdrückung aus dem Weg gehen.

Solidarität hat für uns einen allgemein menschlichen Rang. Sie ist die Klammer zwischen Freiheit und Gerechtigkeit. Ich habe schon gesagt, daß sie für uns nicht an nationalen Grenzen aufhören darf.

Unser Treffen soll als Brückenschlag zwischen Nord und Süd, zwischen Europa und Lateinamerika, ein Bekenntnis zu dieser Überzeugung sein.

Aber Solidarität hat für die Geschichte unserer Bewegungen noch einen besonderen Sinn. Im solidarischen Kampf um den Fortschritt war und ist uns die Beteiligung der Bürger unverzichtbar. Die Erfahrung Lateinamerikas wie Europas hat gezeigt, daß sozialer Fortschritt ohne die Partizipation der breiten Schichten nicht möglich, jedenfalls nicht haltbar ist.

In der praktischen Willensbildung unserer Parteien vertreten wir und nicht die autoritären, selbsternannten Freunde des Volkes, mögen sie sich konservativ oder fortschrittlich geben, diesen unverzichtbaren Anspruch auf solidarische Demokratie in Freiheit und Gerechtigkeit.

Ich meine, wer in dieser Weise den Zusammenhang und die Gleichrangigkeit von Freiheit, Gerechtigkeit und Solidarität anerkennt, wird sich in der praktischen Politik auf einen gemeinsamen Weg verständigen können. Die konkrete Verwirklichung der Grundwerte muß sich gewiß an den Bedingungen der einzelnen Nationen orientieren. Einheitliche Schemata taugen nichts. Dem Anspruch der Grundwerte darf man sich allerdings auch nicht durch bloße Lippenbekenntnisse entziehen.

Dialog der Solidarität

Wir leben in einer Welt des Übergangs. Macht- und Denkstrukturen aus dem 19. Jahrhundert, die Reste des Kolonialismus, die Ergebnisse des letzten Weltkrieges, das Gleichgewicht des Schreckens durch die noch immer wachsenden militärischen Potentiale der beiden Supermächte, das Nebeneinander ihrer Rivalität und wachsender gemeinsamer Interessen an der Verhinderung eines großen Konflikts, die galoppierende Zunahme weltwirtschaftlicher Verflochtenheit und Abhängigkeit, das wachsende Selbstbewusstsein der Dritten Welt für Macht, ihr Anspruch auf Gerechtigkeit und Teilnahme am Fortschritt der Welt, die rasche Zunahme von Wissen, der explosive

Bevölkerungszuwachs, die Parallelität von Hoffnung und Verzweiflung, von theoretischer Fähigkeit und praktischer Unfähigkeit, Probleme zu lösen – all diese Faktoren existieren und bestimmen die Einzigartigkeit unserer heutigen Situation.

Die Menschheit beginnt, langsam und mühsam, gegen viele Widerstände, zu begreifen, daß sie die selbst geschaffenen Probleme nur gemeinsam lösen kann. Wir erleben die Zunahme globaler Absprachen, globaler Regelungen, ohne daß wir bisher globale Instrumentarien hätten; man versucht durch Druck und Überzeugung, global vereinbartes Verhalten auf See, in der Luft, für das Atom, für den Handel, für den Ressourcentransfer, für Bevölkerungspolitik, für Nahrungsmittelerzeugung, für Rohstoffe und ihre Verarbeitung zu erreichen.

In dieser Situation stellt sich die Frage, ob sich aus den Grundwerten der sozialen Demokratie Antworten ergeben, ob sich also aus unseren Vorstellungen von Gerechtigkeit für den Einzelnen wie für die Staaten und von Solidarität unter Einzelnen und unter Staaten, über alle sonstigen Besonderheiten, Unterschiedlichkeiten von Interessen hinweg, vernuenftige und realisierbare Antworten ableiten lassen.

Ich sage hier in aller Deutlichkeit, daß ich noch nicht weiß, wie die Antwort ausfallen wird. Es ist meine Hoffnung, daß sie positiv ausfallen wird, weil ich daran glaube, daß unsere Ideen eine bedeutende Rolle fuer die weitere Geschichte der Menschheit spielen werden.

Es ist meine Überzeugung, daß die Menschheit weder durch menschenfeindlichen Kapitalismus noch durch freiheitstötenden Kommunismus, daß die Welt weder durch Extreme von links noch durch Extreme von rechts ihre künftige Gestaltung finden kann, sondern einen Weg des Ausgleichs, einen Weg der Vernunft, einen Weg der Achtung vor dem Einzelnen braucht. So stark unsere Ideen die Welt in den letzten hundert Jahren schon verändert haben – die geschichtliche Aufgabe in der Zukunft ist größer.

Es gibt viele Bindungen, viele Interessen, viele Besonderheiten der Parteien und der Staaten, die hier versammelt sind. Es gibt anerkennenswerte und eingebildete Notwendigkeiten für ihr Verhalten. Es gibt Arme und Reiche, Mächtige und Schwache, Regierende und Opponierende, darunter solche, die offen um die Regierung kämpfen, und solche, die im Untergrund wirken müssen.

Die Frage, die sich an alle stellt, ist die, ob es eine Solidarität zwischen uns gibt, die alle die eben genannten Unterschiedlichkeiten zwar nicht beseitigt, denn das zu verlangen wäre unvernünftig, aber als gewichtiger Faktor neben diese Unterschiedlichkeiten tritt und einen Faktor der Verantwortung für das Ganze schafft. Wenn man im Jahre 2000 feststellen sollte, daß die Solidarität stärker ist als die Eigeninteressen, dann wird die Menschheit mit Hoffnung die Schwelle zum dritten Jahrtausend überschreiten können.

Es geht also um die Frage, ob die hier versammelten Parteien und die später in anderen Kontinenten zu versammelnden Parteien[12] miteinander sprechen wollen im Interesse einer Solidarität, die nach unserer Auffassung einen großen Beitrag für den Weg der Menschheit leisten kann. Anders strukturierte, anders denkende Parteien mögen ihren Beitrag leisten. Die Kommunisten tun das ohnehin auf ihre Weise. Die Konservativen auf der Welt haben sich verstanden, ohne viel miteinander sprechen zu müssen.

Niemand kann von unserem Treffen verbindliche oder gar endgueltige Antworten auf viele dieser Fragen erwarten. Wir koennen sie schon deshalb nicht geben, weil wir die Antworten vieler aus anderen Kontinenten nicht vorwegnehmen koennen. Aber ich wuerde es als eine Ermutigung betrachten, wenn wir uns verstaendigten, den Versuch zu einem Dialog der Solidaritaet aufzunehmen.

Wir sollten dabei ohne jede Institutionalisierung auskommen.

Wir sollten weitere Treffen – wie hier in Caracas – gemeinsam mit Freunden in Afrika, in Asien, in Nordamerika, in anderen Teilen der Welt halten. Der Impuls von Caracas koennte so weiter wirken.

Ich moechte bei dieser Gelegenheit darauf hinweisen, dass unser Freund Bruno Kreisky – gemeinsam mit anderen Vertretern der europäischen Sozialdemokratie – durch seine Besuche in zwoelf arabischen Laendern (und in Israel) den Dialog mit einer wichtigen Region eingeleitet hat.[13]

Auch koennten in einer zweiten Runde weltweite Fachkonferenzen zu einzelnen uns gemeinsam bewegende Themen nuetzlich sein.

Eine Hilfe fuer uns alle schiene mir ein staendiges Diskussionsforum in Form einer internationalen politisch-sozialen Zeitschrift zu sein: ohne dogmatische Einengung, offen fuer alle Kraefte und Ideen, die in den hier angedeuteten Rahmen hineinpassen.[14]

Ich fasse zusammen:

1. Wir erstreben keine neue Organisation, sondern entschliessen uns zu einem weltweiten Dialog der Solidaritaet.

2. Voraussetzung fuer die Teilnahme ist nicht eine Gebundenheit oder Ungebundenheit in einem Block; mit unserem Respekt vor der Entscheidung jeder einzelnen Partei ueber den fuer ihre Situation richtigen Weg verbindet sich allerdings die Anerkennung der Rechtsstaatlichkeit im Sinne der Grundwerte.

3. Der Dialog der Solidaritaet ist weder Ersatz noch Begleitmusik fuer internationale Konferenzen der Regierungen, sondern jenseits von Tagesaktualitaeten Ausdruck der Ueberzeugung, dass die soziale Demokratie ueber viele Grenzen und Gegensaetze hinweg solidarische Ziele schafft und daher geeignet ist, Wege zu weisen fuer die Loesung von Menschheitsproblemen zum Ausgang des 20. Jahrhunderts.

4. Das Treffen von Caracas sollte Aufforderung und Bereitschaft sein, mit Parteien aus anderen Kontinenten den Dialog der Solidaritaet weiterzutragen.

Ich wiederhole meinen aufrichtigen Dank an die Gastgeber und hoffe auf einen guten Verlauf unserer Beratungen.[15]

Nr. 7
Schreiben des Vorsitzenden der SPD, Brandt, an den Präsidenten der Republik Senegal, Senghor
28. Juli 1976

AdsD, SPD-PV, 10721.

‹Verehrter Herr Präsident
und lieber Freund,›[1]
mit diesem Brief möchte ich unseren früheren Gedankenaustausch wiederaufnehmen und Sie über einige Dinge informieren, die für Sie vielleicht von Interesse sind.

Der Besuch Vorsters in der Bundesrepublik Deutschland ist in unserer Öffentlichkeit im wesentlichen kritisch verfolgt worden.[2] Die SPD hat auf ihrem Parteitag in Dortmund am 18./19. Juni 1976 zum Thema Mehrheitsherrschaft eine klare Stellung bezogen.[3] Ich nehme an, Sie sind darüber informiert. Das Gespräch des Bundeskanzlers mit Herrn Vorster hat uns dazu gedient, unsere Auffassung in aller notwendigen Deutlichkeit zu sagen und auf eine Verhandlungslinie zu drücken. Es hat den Anschein, daß er durch die Zwischenfälle noch unbeweglicher geworden war, als er vielleicht hätte sein wollen.[4] Das Gespräch ging von seiner Seite fast ausschließlich um Namibia.[5]

Sie waren über die Absichten informiert, die sozialdemokratischen Parteien Europas in einen Kontakt zu einer Reihe von Parteien in Südamerika zu bringen, die im Prinzip den Weg eines demokratischen Sozialismus gehen. Das Treffen, das in Caracas stattfand, hat ein positives Ergebnis gehabt. Ich lege Ihnen die Deklaration bei, die wir, für mich selbst überraschend, nach ein paar Tagen Diskussion verabschieden konnten.[6]

Anknüpfend an das Gespräch, das wir unter hervorragender Beteiligung Ihrer Vertreter bei unserem Parteitag gehabt haben[7] – und an Caracas –, würde ich es begrüßen, wenn wir ein ähnliches Treffen mit Vertretern afrikanischer Parteien im kommenden Jahr in Afrika vorbereiten könnten. Es läßt sich auf der Ebene der Parteien besser über manche Fragen sprechen, die über den Notwendigkeiten des Tages nicht vergessen werden dürfen und die für die Orientierung der Entwicklung für die nächsten Jahre wichtig sind.

In diesem Zusammenhang hat es mich gefreut, daß die Zusammenkunft der Industrieländer in Puerto Rico Ende vergangenen Monats neben anderen Fragen eine Reihe von Vorschlägen erörtert hat, die auf den Ergebnissen von Nairobi basieren.[8] Keines dieser Länder wollte Nairobi in Frage stellen. Ich teile die Auffassung, daß das Ziel einer vertieften Analyse der rohstoffpolitischen Fragen nur sein darf, die wirtschaftliche Zukunft der Entwicklungsländer und ihren Anteil an der Weltwirtschaft zu verbessern.
‹Mit freundlichen Grüssen,
Ihr
Willy Brandt›[9]

Nr. 8
Interview des Vorsitzenden der SPD, Brandt, für die Deutsche Welle
3. August 1976[1]

Sozialdemokraten Service Presse Funk TV, Nr. 395/76 vom 3. August 1976.

Frage: Am Rande des SPD-Parteitages in Mannheim[2], Herr Brandt, hat Ihre Partei, haben Sie als Gastgeber Vertreter von 42 sozialistischen Parteien aus aller Welt begrüsst. Ein internationales Forum ist auf diese Weise entstanden, das von Ihnen selbst auf einer Pressekonferenz als eine „Allianz für Frieden und Fortschritt" gekennzeichnet worden ist. Inzwischen, Ende Mai 1976, hat eine Regionaltagung für Lateinamerika in Caracas, in Venezuela, stattgefunden.[3] Was geschieht weiter, wohin führen die nächsten Schritte?

Antwort: Vielleicht darf ich erst einmal mit Caracas beginnen. Es stimmt, dort hat Ende Mai eine wichtige Begegnung stattgefunden, aber man muss sehen, dass da bewusst eine europäisch-lateinamerikanische Begegnung stattgefunden hat. 13 westeuropäische sozialdemokratische Parteien waren vertreten, 15 Parteien und Gruppierungen aus der lateinamerikanischen und karibischen Region. Die Diskussionen wurden anschliessend in Mexiko übrigens noch weitergeführt. Wenn ich dies sage, dann liegt darin schon eine Antwort auf den letzten Teil Ihrer Frage. Es sind ähnliche Begegnungen mit den westeuropäischen Sozialdemokraten und verwandten Gruppierungen in anderen Teilen der Welt vorgesehen. Der Ausdruck „Allianz für Frieden und Fortschritt", an den Sie erinnern, der ist mehr eine Kennzeichnung dessen, was aus dieser Art Zusammenarbeit später einmal werden kann, nicht eine Beschreibung des gegenwärtigen Zustandes. Die SPD wird weiter, wie in den vergangenen Jahren, über den Kreis der in der Sozialistischen Internationale zusammengeschlossenen Parteien jede mögliche vernünftige Zusammenarbeit suchen und fördern, zum Beispiel auch durch die Teilnahme an Konferenzen wie der eben erwähnten, die dann jeweils in der Verantwortung einer Partei in der Region liegen. Um dies noch hinzuzufügen: Die Konferenz in Caracas wurde von der Acción Democratica, der Regierungspartei Venezuelas, durchgeführt, und das hat sich auch sehr bewährt; man brauchte also gar nicht dazu eine besondere neue Organisation.
Frage: Der nächste Schritt, können Sie ihn schon andeuten, ist er schon absehbar? Wird das Afrika sein?
Antwort: Vermutlich Afrika mit Einschluss der arabischen nordafrikanischen Länder oder getrennt davon, das wird sich in den nächsten Monaten herausstellen. Um das mit Lateinamerika noch abzuschliessen, da ist ein kleines Kontaktkomitee gebildet: die Vorsitzenden der Parteien in Venezuela und in Mexiko, auf europäischer Seite Mario Soares und ich, und wir wollen uns im Herbst treffen und darüber sprechen, was wir miteinander weiter machen können, und dann werden wir unseren lateinamerikanischen Freunden auch sagen, ob und in welcher Richtung wir im nächsten Jahr weitere Kon-

takte suchen. Zum Beispiel, wie Sie eben andeuteten, im Verhältnis zu befreundeten Gruppen und Parteien in Afrika.
Frage: Herr Brandt, es gibt ja wohl bisher kein Programm dieser Allianz. Wäre es denkbar, dass eine Schrift, vielleicht eine periodische Schrift entsteht?
Antwort: Dies haben wir diskutiert in Caracas – auch schon früher. Ich halte es für möglich und jedenfalls für erwünscht, dass in den nächsten Jahren eine internationale Zeitschrift erscheint, in der sozialdemokratische und ihnen verwandte Parteien in verschiedenen Teilen der Welt ihre Auffassungen darlegen und ihre Meinungen austauschen können.[4]
Frage: Darf die mit Ihrer Hilfe als Bundeskanzler eingeleitete Politik der Entspannung, des Gewaltverzichts, für die Sie mit dem Friedensnobelpreis ausgezeichnet worden sind, den Bemühungen dieser Allianz zugeordnet werden oder in ihr wiederkehren? Sie selbst haben ja in Mannheim die Ostpolitik als eine Zwischenphase, als eine Voraussetzung, eine Vorstufe für den grossen Nord-Süd-Dialog bezeichnet?
Antwort: Es ist ganz sicher, dass die Probleme der Entspannung und der Friedenssicherung diese Art von Zusammenarbeit, über die wir sprechen, stark prägen wird, und gestützt darauf oder abgeleitet daraus wird sich unser Interesse den in gewisser Hinsicht noch wichtigeren Fragen des Nord-Süd-Dialogs zuwenden.
Frage: In einer Resolution des Parteitages ist wohl nicht zufällig das Verhältnis zur Dritten Welt an die erste Stelle in der Rangordnung der aussenpolitischen Ziele der SPD gerückt worden, noch vor der Europa-Politik, noch vor dem Atlantischen Bündnis?[5] Könnte das nicht zu Missverständnissen führen oder zu einer Vernachlässigung von unmittelbaren, für die Bundesrepublik Deutschland lebenswichtigen nationalen Zielen?
Antwort: Das glaube ich nicht. Wir haben ja ausserdem nach dem Mannheimer Parteitag im November vergangenen Jahres, an den Sie erinnern, im Juni einen Ausserordentlichen Parteitag in Dortmund durchgeführt und das Regierungsprogramm der deutschen Sozialdemokraten für die nächsten vier Jahre skizziert. Dort stehen ganz ein-

deutig die Fragen der Europapolitik, der West-Ost-Politik, der Bündnispolitik im Vorrang, aber in Mannheim, wo wir über Fragen gesprochen haben, die über die nächsten Jahre hinausreichen, ist zu Recht die Nord-Süd-Problematik, das Verhältnis zur Entwicklungswelt, an die erste Stelle gesetzt worden.
Frage: Handelt es sich bei dieser Allianz, der „Allianz für Frieden und Fortschritt", im Wortsinne um ein festes Bündnis mit formulierten Zielen und gegebenenfalls mit welchen Zielen, denn das Wort Sozialismus kommt ja in dieser Bezeichnung nicht vor?
Antwort: Es handelt sich nicht um eine neue Organisation, sondern um eine flexible, lockere Zusammenarbeit. Ob sie auf dem einen oder anderen Gebiet zu Vereinbarungen über konkrete gemeinsame Schritte führt, das kann erst die Entwicklung der nächsten Jahre zeigen.
Frage: Was würden Sie, Herr Brandt, als den kleinsten gemeinsamen Nenner bezeichnen, auf den sich so verschiedenartige Parteien aus fast allen Teilen der Welt einigen können. Ist der Begriff Sozialismus überhaupt und, wenn ja, von irgendeiner Bedeutung?
Antwort: Wir gehen nicht davon aus, dass wir – also wir meine ich die deutschen Sozialdemokraten, das gilt auch für die anderen europäischen Sozialdemokraten – wir gehen nicht davon aus, dass wir zu missionieren hätten, dass wir unsere Deutung des demokratischen Sozialismus einfach anderen andienen könnten. Die gehen ja, die befreundeten Parteien in anderen Teilen der Welt, zum grossen Teil von ganz anderen gesellschaftlichen Verhältnissen, auch zum Teil anderen ideenmässigen Voraussetzungen aus. Gleichwohl hat Caracas gezeigt, dass eine Verständigung auf die Grundwerte, wie sie im Godesberger Programm der deutschen Sozialdemokratie enthalten sind, die Grundwerte der Freiheit, der Gerechtigkeit und der Solidarität, eine grosse Rolle spielen können: Solidarität dann allerdings auch im umfassenden, nicht nur innergesellschaftlichen Sinne, sondern auch im Sinne der internationalen Zusammenarbeit zwischen Staaten und Völkern. Dann, denke ich, wird sich auch eine gemeinsame Ablehnung von Diktaturen der einen und der anderen Prägung rechter wie linker Art als ein gemeinsamer Inhalt feststellen lassen

können. Es wird, auch hier stütze ich mich auf die Erfahrung von Caracas, aber auch auf Unterhaltungen mit anderen politischen führenden Vertretern, etwa aus Afrika, aus der arabischen Welt, es wird bei jeder Art dieser Zusammenarbeit auch darum gehen, das Recht jeden Volkes auf seinen eigenen Weg ganz gross zu schreiben, das heisst, sich zu verbünden gegen den Interventionismus, das Eingreifen – zumal mit militärischen Mitteln, aber nicht nur mit solchen – in die inneren Angelegenheiten anderer Staaten, und die Ablehnung von Hegemonialansprüchen, die den eigenen Weg der jeweiligen Völker beeinträchtigen können.

Frage: Soll die Erklärung, ergänzend gefragt, auch verbindlich werden für andere Regionen, für Afrika und Asien? Ist das gewissermassen eine Mustersatzung?

Antwort: Nein, das Ergebnis, das ich eben skizziert habe, war in der Tat etwas angelehnt an die Erklärung von Caracas[6], aber es stützte sich schon mit auf Unterhaltungen, in die auch andere mit einbezogen sind. Nein, die Zusammenkünfte, die mir vorschweben in den nächsten Jahren, müssen jeweils vorurteilsfrei den Versuch machen, dort begonnene gemeinsame Überzeugungen zusammenzufassen. Und dann kann man es getrost der Entwicklung überlassen, ob und wann daraus auch einmal eine umfassendere grundsätzliche Erklärung werden könnte. Viel wichtiger übrigens als das Skizzieren von grundsätzlichen Positionen ist das Miteinandersprechen darüber: Was kann man konkret in einer bestimmten Situation im Interesse der internationalen Zusammenarbeit oder auch der regionalen und interregionalen Zusammenarbeit miteinander tun.

Frage: Herr Brandt, ist in irgendeinem Sinne ein historischer Vergleich möglich oder zulässig mit der Gründung der Sozialistischen Internationale in den sechziger Jahren des vorigen Jahrhunderts.[7] Damals ist ja der Begriff Sozialismus nicht eindeutig definiert worden, wie ich glaube, trotz der Inaugural-Adresse von Marx und Engels.[8] Beteiligt waren neben Parteien auch Gewerkschaften, ja sogar Anarchisten, Bakunin. Ist es erlaubt, in der Allianz für Frieden und Fortschritt einen ähnlichen Ansatz zu sehen wie seinerzeit in dieser Gründung?

Antwort: Das glaube ich eigentlich nicht. Es hat sich so viel verändert ausserdem seit den sechziger Jahren des vergangenen Jahrhunderts. Zur Internationalen Arbeiterassoziation, an die Sie erinnern, liesse sich eine ganze Menge sagen. Die ist ja geschaffen worden zu einer Zeit, als sozialistische Parteien und Gewerkschaften in manchen Ländern noch ein und dasselbe waren. Und die Anarchisten, die Sie erwähnen, sind, bevor diese Internationale Arbeiterassoziation oder auch Erste Internationale, wie man sagt, einging, sind die ausgeschlossen worden.[9] Aber davon einmal abgesehen, heute haben wir es mit einer Menge neuer gesellschaftlicher Realitäten zu tun, und das Entscheidende ist aber wohl, dass damals es sich um einen internationalen Zusammenschluss handelte, der sich so gut wie ganz auf Europa beschränkte, während das, worum wir uns jetzt bemühen, gerade darauf abzielt, unter Berücksichtigung der unterschiedlichen Bedingungen die Zusammenarbeit zwischen Europa und anderen Teilen der Welt voranzubringen.

Frage: Herr Brandt, wie beschaffen sind die Verbindungen der Allianz zu kommunistischen Parteien, die ja auch in mehreren national geprägten Formen, Spielarten in Erscheinung treten? Sind Kommunisten irgendeiner Art in diesem Forum zugelassen?

Antwort: Die Allianz kann ja dafür keine Regeln aufstellen, weil es sie nicht gibt anders denn als Zielvorstellung, als wirkliche Zielvorstellung. Nein, das Verhältnis zu kommunistischen Parteien ist ein Problem, das die Sozialisten in verschiedenen Ländern auf unterschiedliche Weise betrifft und berührt, zumal dort, wo Kommunisten einen beträchtlichen Teil der Wähler hinter sich gebracht haben aus Gründen, die wir jetzt nicht untersuchen wollen; und das Verhältnis zu den Kommunisten wird natürlich auch mitgeprägt durch den Differenzierungsprozess, den man im internationalen Kommunismus verzeichnen kann.[10] Aber für die internationalen Zusammenkünfte, über die wir jetzt gesprochen haben, ist eine Beteiligung kommunistischer Parteien nicht vorgesehen.

Frage: Worin sehen Sie den konkreten Nutzen dieser multilateralen Beziehungen zwischen sozialistischen Parteien in der Allianz? Sollen, können diese Parteibeziehungen auch in aussenpolitischer Hinsicht,

etwa in internationalen Körperschaften, wirksam werden wie bei den Vereinten Nationen?
Antwort: Ja, zunächst einmal muss ich eine Anmerkung machen zu der Charakterisierung der Beziehungen zwischen sozialistischen Parteien. Nicht alle nennen sich so, nicht einmal alle in Europa Beteiligten nennen sich so. Einige nennen sich Arbeiterparteien. In anderen Teilen der Welt heissen sie zum Beispiel Aktionsparteien. Ich kenne sogar ein paar sozialdemokratische Parteien, die sich liberale Parteien nennen aufgrund der geschichtlichen Entwicklung in ihren Ländern. Es kommt also nicht auf die Parteinamen an, sondern darauf, ob sie in der Sache einander nahestehen oder nahekommen können. Aber zur eigentlichen Frage: Es ist nicht daran gedacht, etwas – man würde sich auch übernehmen, es wäre nicht sinnvoll –, was in die zwischenstaatlichen Regierungsgremien hineingehört [sic]; indirekt kann man freilich, wenn man Glück hat, auch Entwicklungen, die die Regierungen zu behandeln haben, beeinflussen. Die Konferenz in Nairobi, um die es so viel Wirbel gegeben hat vor Pfingsten, ist ein wenig mitbeeinflusst worden durch die Gespräche, die es darüber in Caracas und in Mexiko gegeben hat.[11]
Frage: Nairobi, Herr Brandt. Darf davon ausgegangen werden, dass diese Allianz einen thematischen Schwerpunkt hat wie etwa das Verhältnis zwischen Nord und Süd, zwischen Industriestaaten und Entwicklungsländern?
Antwort: Dies wird ganz sicher ein Schwerpunkt dieser Art von Zusammenarbeit sein.

Nr. 9
Vermerk über die informelle Parteiführerbesprechung in Lissabon
31. Oktober 1976[1]

AdsD, WBA, A 19, 110.

Informelle Besprechung der am portugiesischen Parteitag[2] in Lissabon anwesenden Vorsitzenden bzw. Vertreter sozialdemokratischer Parteien am 31. 10. 1976[3]

1. Diese ursprünglich von François Mitterrand angeregte Besprechung zur Erörterung der Lage in der Sozialistischen Internationale fand auf Einladung der beiden belgischen Parteivorsitzenden Cools und Claes statt.
2. Die beiden belgischen Parteivorsitzenden, die sich zu Sprechern der übrigen Parteivorsitzenden angeboten hatten, baten Willy Brandt, sich für das Amt des ‹Präsidenten der SI›[4] zur Verfügung zu stellen. Der SPD-Vorsitzende machte sehr deutlich, daß die Übernahme des Amtes nur dann möglich sei, wenn dies mit seinen Aufgaben des Vorsitzenden der SPD vereinbar und wenn die Zustimmung seines Parteivorstandes erfolgt sei. Außerdem müßten bis zum Kongreß in Genf noch einige sachliche Voraussetzungen geschaffen werden.
3. Es wurde vereinbart, daß die belgischen Parteivorsitzenden dem Kongreß in Genf einen Vorschlag hinsichtlich der personellen Zusammensetzung der Vizepräsidenten sowie des ‹Generalsekretärs›[5] vorlegen.
4. Aus allen Besprechungen wurde deutlich – auch aus dem gemeinsamen Gespräch mit Mitterrand – daß die französischen Freunde eine stärkere Verankerung, auch personeller Art, in der SI wünschen und darauf drängen. Auch aus diesem Grunde wurde François Mitterrand gebeten, den Kongreß in Genf zu eröffnen.
5. Es wurde ebenfalls vereinbart, daß in Kürze die Schatzmeister der Parteien, die im Finanzausschuß der Internationale vertreten sind,

sich zu einem ersten Gespräch treffen, um darüber zu beraten, wie zusätzlich zu dem Beitragsaufkommen der SI Finanzquellen erschlossen werden können.
gez. Hans-Eberhard Dingels

Nr. 10
Aus dem Protokoll der Sitzung des Parteivorstandes der SPD
22. November 1976

AdsD, WBA, A 11.4, 171.

[...]¹
Hans-Jürgen Wischnewski wies darauf hin, daß alle Parteien der SI, die beim Parteitag der portugiesischen Sozialisten Ende Oktober anwesend waren, Willy Brandt gebeten haben, sich als Präsident der Sozialistischen Internationale zur Verfügung zu stellen.²

Auch das Präsidium der Partei habe sich mit dieser Frage befaßt und schlage dem Vorstand einstimmig die Nominierung des Parteivorsitzenden vor.³ Auch die Kommission für internationale Beziehungen bitte den Parteivorstand einstimmig, Willy Brandt zum Präsidenten der Sozialistischen Internationale vorzuschlagen.

Willy Brandt sagte, früher habe er immer, wie allen bekannt sei, eine Kandidatur für die Präsidentschaft der SI abgelehnt. Bei dem portugiesischen Parteitag sei er jedoch von allen dort anwesenden Vertretern der Sozialdemokratischen Parteien aufgefordert worden, sich der Wahl zu stellen. Er habe in Lissabon die Übernahme des Amtes von folgenden sechs Voraussetzungen abhängig gemacht:
1. Der Parteivorstand müsse seiner Nominierung zustimmen.
Dabei stehe nicht das Problem der zeitlichen Belastung im Vordergrund, sondern mögliche politische Belastungen für Partei, die daraus erwachsen könnten, daß die politischen Gegner die Sozialdemokratische Partei Deutschlands für Beschlüsse anderer Par-

teien, die der Sozialistischen Internationale angehören, zukünftig verantwortlich machen. Dazu stellte er fest, daß die Sozialistische Internationale keine Überpartei sei, sondern eine Arbeitsgemeinschaft von Parteien. Der Präsident sei somit nur für die von den Gremien der SI gemeinsam gefaßten Beschlüsse verantwortlich.
2. Es müsse ein tüchtiger Generalsekretär zur Verfügung stehen. Mit der Kandidatur von Bernt Carlsson werde diese Bedingung erfüllt. Es sei beabsichtigt, zukünftig von London[4] aus weniger Papiere zu versenden, dafür jedoch ein Dienstleistungszentrum zu errichten, das einen Meinungsaustausch zwischen den Mitgliedsparteien der Sozialistischen Internationale ermögliche.
3. Durch die Schatzmeister der Parteien müsse die finanzielle Basis der SI verbessert werden.
4. Eine Reihe von Vizepräsidenten der Sozialistischen Internationale müsse bereit sein, einige konkrete Aufgaben zu übernehmen. Dies sei in den Vorgesprächen sichergestellt worden.
5. Mit den Sitzungen des Büros müsse mehr Qualität statt Quantität erzielt werden.
6. Von der Sozialistischen Internationale müsse das „Caracas-Modell" akzeptiert werden, d. h. die Internationale müsse zukünftig flexible Formen der Zusammenarbeit mit Parteien gerade in Ländern der Dritten Welt, die unseren Ideen gegenüber offen sind, unterstützen.[5]

Willy Brandt kündigte an, daß im kommenden Jahr ein Treffen westeuropäischer Sozialdemokratischer Parteien mit zahlreichen afrikanischen Parteien in Afrika geplant sei. Auf der gleichen Basis werde eine Begegnung mit nordamerikanischen Parteien für 1978 geplant.

Der Parteivorstand schloß sich einstimmig der Empfehlung von Präsidium und Internationaler Kommission an und stellte fest, daß die Aufgabe Willy Brandts als Parteivorsitzender mit der Präsidentschaft der SI zu vereinbaren sei. Die sachlichen Voraussetzungen, die Willy Brandt den Parteivorsitzenden der anderen Parteien zur Kenntnis gebracht hatte, bleiben hiervon unberührt.
[. . .][6]

Nr. 11
Antrittsrede des Präsidenten der SI, Brandt, beim Kongress der SI in Genf
26. November 1976

Günsche, Karl-Ludwig/Lantermann, Klaus: Kleine Geschichte der Sozialistischen Internationale, Bonn-Bad Godesberg 1977, S. 195–203.[1]

Für mich ergeben sich neue, ernste Pflichten. Ich will versuchen, ihnen gerecht zu werden und verbinde damit die Hoffnung, daß von diesem Genfer Kongreß etwas ausgehen möge, das Spuren hinterläßt.

Wir brauchen einen Neubeginn unserer Zusammenarbeit. Ich will meinen Beitrag leisten, aber ich bin dabei auf viel Unterstützung angewiesen: auf guten Rat und auf die Bereitschaft, einander zu verstehen und sich zu verständigen, Aufgaben zu übernehmen, Kräfte zusammenzuführen und in vernünftiger Abstimmung sinnvolle Initiativen zu ergreifen.

Die Aufrichtigkeit Ihnen allen gegenüber gebietet, daß ich die sachlichen Begrenzungen meiner Präsidentschaft deutlich mache: Einmal will und darf ich meine Aufgaben als Vorsitzender der deutschen Sozialdemokraten nicht vernachlässigen. Zum andern kann sich meine Verantwortung als Präsident der Internationale nur aus dem ergeben, was wir miteinander beschließen und was sich aus unseren gemeinsamen Überzeugungen ergibt. Der Vorsitzende der Internationale ist kein Vormund der Parteien, und ich will auch nicht für das in Anspruch genommen werden, was die einzelnen Parteien aufgrund der Bedingungen, unter denen sie wirken, und aufgrund ihrer Eigenverantwortung zu vertreten für richtig halten.

Bevor ich mich hier zu den Aufgaben der Internationale äußere, möchte ich einen Gruß richten an die Frauen und Männer, die ihrer freiheitlichen und sozialistischen Überzeugung wegen in vielen Ländern verfolgt und in Gefängnissen gequält werden. Sie sollen wissen, daß wir mit guten Gedanken bei ihnen sind und uns ihnen eng verbunden fühlen.

Dies gilt auch für diejenigen, die ihrer Überzeugung wegen die Heimat verlassen mußten und womöglich auch noch ausgebürgert wurden. Wir müssen wie eh und je dafür sorgen, daß unsere Staaten den Exilierten eine sichere Zuflucht bieten.

Einen herzlichen Gruß richte ich an die Bewegungen, die in diesem Augenblick in verschiedenen Teilen der Welt im Kampf um Frieden und Freiheit und soziale Gerechtigkeit stehen. Ich nenne die Friedensaktion der Frauen in Nordirland, den Kampf um die Freiheit der Mehrheit im südlichen Afrika, das opfervolle Ringen um sozialen Fortschritt in weiten Regionen Lateinamerikas und Asiens. Überall, wo es darum geht, die Knechtung und Ausbeutung des Menschen durch den Menschen zu überwinden, sind wir mitbetroffen, mitherausgefordert und dazu aufgerufen, Mittel und Wege der Solidarität ausfindig zu machen.

Mein aufrichtiger Dank schließlich gilt denen, die vor uns in der Sozialistischen Internationale Verantwortung getragen haben. Stellvertretend für sie alle nenne ich unseren Freund Bruno Pittermann, dessen Verdienste hier jeder kennt. Der Niederschlag dessen, was die, die vor uns wirkten, geleistet haben, bleibt in unserer Obhut. Wir möchten möglichst viel weitergeben an die jungen Frauen und Männer, die auf uns folgen in der Kette der Generationen. Ich möchte, daß wir uns auf einen engen Kontakt mit den nachrückenden Kräften einstellen, mit denen wir – wie ich hoffe – die Erneuerung und Stärkung des demokratischen Sozialismus ein gutes Stück voranbringen können.

Wir stehen in der Tradition der Internationale als einer starken Idee und als einer nun schon historischen Bewegung, auf die sich viel Hoffnung konzentrierte – sehr viel mehr, als sie erfüllen konnte. Das zwingt uns zur Bescheidenheit. Nichts ist damit gewonnen, wenn wir Worte für die Wirklichkeit nehmen oder uns wesentlich mehr vornehmen als wir zu leisten vermögen.

112 Jahre sind vergangen, seit die Internationale Arbeiter-Assoziation in London ins Leben gerufen wurde. 87 Jahre seit dem Internationalen Arbeiterkongreß in Paris, 53 Jahre, seit ich als kleiner Junge in das Hamburger Gewerkschaftshaus kam, als dort nach dem

Willy Brandt nach seiner Wahl zum Präsidenten der SI beim Genfer Kongress am 26. November 1976.

Ersten Weltkrieg die Sozialistische Arbeiter-Internationale wiederbegründet wurde. 25 Jahre, seit – nach den Verwüstungen des Zweiten Weltkrieges – unser heutiger internationaler Zusammenschluß durch den Frankfurter Kongreß auf den Weg gebracht werden konnte.²

Wenn man so will, kann man hierin eine Geschichte der Niederlagen sehen: Niederlagen der Völker, der Vernunft, der Humanität. Die beiden Weltkriege konnten nicht verhindert werden. Immer neue Formen von Gewaltherrschaft breiteten sich aus. Sozialismus als Freiheitsbewegung wurde weithin pervertiert. Aber man kann auch fragen:

Was wäre den Völkern erspart geblieben, wenn man jedenfalls nach dem Ersten Weltkrieg auf die Ratschläge demokratischer Sozialisten gehört hätte? Und wieviel besser stünde es heute um die Welt, wenn die Vorschläge durchgedrungen wären, die aus weitreichender Verantwortung vor 1945 im bombengeplagten London oder durch uns in Stockholm in einer Internationalen Gruppe demokratischer Sozialisten zu Papier gebracht wurden? Oder die aus dem sozialistischen Widerstand in Frankreich und Italien kamen, aus dem indischen Freiheitskampf und der japanischen Arbeiterbewegung, aus dem großen amerikanischen Freiheitsreservoir und den vielen kleinen Quellen eines weltweiten Ringens um nationale und soziale Befreiung?

Viele Warnungen wurden überhört oder drangen nicht durch. Vielerorts wurden leidvolle Erfahrungen zunächst umsonst gemacht. Das wäre nur eine Geschichte von Niederlagen, wenn wir selbst aus dieser Erfahrung nichts gelernt hätten.

Wir haben gleichzeitig auch Grund, stolz zu sein: In einer Vielzahl von Ländern haben sich demokratische Sozialisten in der Regierungsverantwortung erproben und – gemeinsam mit den Gewerkschaften – dabei helfen können, daß aus Abermillionen rechtloser Proletarier gleichberechtigte Staatsbürger geworden sind. In fast allen Teilen der Welt liegt das Zeitalter des Kolonialismus hinter uns. Auf mehr Gebieten als uns von Tag zu Tag bewußt sein mag, haben freiheitlich-sozialistische Gedanken ihren Niederschlag gefunden im Denken derer, die zu handeln haben, oder im Aufbegehren derer, die nicht mehr nur mit sich handeln lassen ‹wollen›[3].

Die meisten von uns dürften darin übereinstimmen, daß die allgemeine Orientierung, die unserer Frankfurter Prinzipienerklärung von 1951 zugrunde liegt, bestätigt zu werden verdient.[4] Wir werden uns auch darin einig sein, daß die Erfahrungen – und welche Erfahrungen! – des vergangenen Vierteljahrhunderts verarbeitet werden müssen. Wir können uns dem nicht entziehen, während wir uns – und das ist das Entscheidende! – den Aufgaben der 80er und 90er Jahre zuwenden. Ich möchte nicht, daß wir die Debatte über die programmatischen Grundlagen vernachlässigen, aber es wäre ebenso falsch, wenn die praktische Arbeit der Koordination, des Austausches von Meinungen und Erfahrungen, der Verständigung über gemeinsame Aktionen dabei zu kurz käme.

Dies wirft die Frage auf, was die Internationale ist und was sie nicht ist, was sie sein und was sie nicht sein kann. Sie war jedenfalls niemals und sie wird niemals eine internationale Kommandozentrale sein, die den Mitgliedsparteien vorschreibt, welchen Weg sie in ihren Ländern zu gehen hätten. Unterstellungen, dies sei eine internationale Partei mit einheitlichen Doktrinen, werden von reaktionären Kreisen in der Absicht genährt, uns in die Nähe von Kräften zu rücken, die sich im Interesse ihrer Machtentfaltung einer zentralistischen Struktur bedienen.

All dies hat mit der Wirklichkeit unserer Gemeinschaft nichts zu tun. Die Sozialistische Internationale kann und will nicht verzichten auf die Vielschichtigkeit und Vielfarbigkeit ihrer Mitgliedsparteien, die das Ergebnis langer historischer Entwicklungen sind und der Ausdruck unterschiedlicher objektiver Gegebenheiten. Auch die subjektiven Unterschiede, die auf manchen Teilgebieten voneinander abweichenden Meinungen, wollen wir nicht verkleistern. Eine sozialdemokratische Weltexekutive gab es nicht und wird es nicht geben.

Dies ist eine Arbeitsgemeinschaft souveräner Parteien, die von einer Anzahl gemeinsamer Grundüberzeugungen ausgehen und sich – vielfach schon seit vielen Jahrzehnten – miteinander verbunden fühlen. Nicht Weisungen oder lebensfremde Mehrheitsbeschlüsse prägen die Zusammenarbeit, sondern Ideen und moralische Impulse und nicht zuletzt die Suche nach gemeinsamen Lösungen. Und dies in einer Welt, die zunehmend angewiesen ist auf neue, grenzüberschreitende Antworten auf Fragen, die einerseits von zerstörerischer Bedrohung handeln, andererseits vom Überleben in Freiheit und Würde.

Ich sprach vom Programm, von den uns verbindenden Prinzipien. Wir sollten uns dabei auf die Kontinuität besinnen, die unserem Ringen um Frieden und Freiheit, um Gerechtigkeit und Solidarität seit vielen Jahrzehnten zugrunde liegt.

Erinnern wir uns an die Inauguraladresse von 1864.[5] Die einfachen Gesetze der Moral und des Rechts, welche die Beziehungen von Privatpersonen regeln sollten, so hieß es dort, seien als die obersten Gesetze auch des Verkehrs von Nationen geltend zu machen. Und in den Statuten für die 1. Internationale heißt es: Die Emanzipation der „Arbeiterklasse", der breiten benachteiligten Schichten also, sei weder eine lokale, noch eine nationale, sondern sie sei eine *soziale* Aufgabe, welche alle Länder umfasse, in denen die moderne Gesellschaft besteht.

Wer von uns wollte leugnen, daß uns hier ein Kompaß an die Hand gegeben wurde, der nicht veraltet ist! Auch nicht durch die stolzen Leistungen, die die Arbeiterbewegung, die sozialdemokratischen Parteien und die Gewerkschaften, hinter sich gebracht haben. Auch nicht durch grundlegende Veränderungen, die für das Verhältnis zwischen den Staaten in diesem Teil der Welt kennzeichnend geworden sind. Ich sage dies an diesem Ort im wachen Bewußtsein dessen, wie es zwischen Deutschland und Frankreich stand und was sich daraus zum Besseren entwickelt hat.

Oder denken wir an unsere anti-imperialistische Tradition! Die Konturen einer neuen Entwicklung wurden deutlich vorgezeichnet. So, als die 2. Internationale 1900 in Paris die herrschende Kolonialpolitik verurteilte; als 1907 in Stuttgart der siebente Kongreß verlangte, die Bodenschätze der Erde in den Dienst der Entwicklung der gesamten Menschheit zu stellen; als wir[6] mitten im Zweiten Weltkrieg unsere Friedensziele deutlich verknüpften mit den Postulaten der Unabhängigkeit der Staaten und der Selbstbestimmung der Völker. Demokratische Sozialisten haben früh nachgedacht über völkerumspannende Solidarität und weltweite gemeinsame Verantwortung. Sie waren moderner als ihre Umwelt.

Vor allem auch stehen wir in der Kontinuität des Ringens um einen Sozialismus, der Freiheit voraussetzt und Freiheit bewirkt: der einzelne soll sich frei entfalten können in einer Gesellschaft und in einer Welt, in der die Ausbeutung von Menschen durch Menschen überwunden wird. Dies führte zum Streit, zum Bruch mit den Kommunisten, es führte zu Auseinandersetzungen, die opfervoll waren und noch lange nicht abgeschlossen sind. Das Verhältnis zu Freiheit und Demokratie ist aber auch der Prüfstand, der über die weitere Entwicklung einiger kommunistischer Parteien Aufschluß geben wird.

Demokratische Sozialisten haben die Orientierung am Menschen, an seiner Sehnsucht nach Freiheit und Frieden, seinem Drang nach Gerechtigkeit und seiner Fähigkeit zur Solidarität, zur Mit-Leidenschaft nie verloren. Das ist ihre Tradition, und das macht sie stark.

Die geistig-politischen Grundlagen unserer internationalen Zusammenarbeit werden wir immer wieder an der Realität zu messen haben. Vieles wird davon abhängen, wie wir unser Verhältnis gestalten werden zu verwandten Parteien und Bewegungen in solchen Regionen, in denen andere als unsere traditionellen Voraussetzungen gegeben sind: in beiden Teilen Amerikas, in Afrika, in Asien. Es gilt, Gemeinsamkeiten fruchtbar zu machen, um gemeinsamen Zielen näher zu kommen. An der gebotenen Flexibilität der Zusammenarbeit darf es uns nicht fehlen. Dies gehört dazu, wenn man die Internationale nicht nur als Verein, sondern als politischen Organismus versteht.

Der Kompaß bleibt auf Frieden und Freiheit gerichtet, auf Gerechtigkeit und Solidarität. Der Weg dorthin muß frei sein von Diskriminierung, fern jeglicher Diktatur, bar jedes Imperialismus, geschützt vor der Einmischung in innere Angelegenheiten, die Sache der Völker sind und ihrer Souveränität. Es ist gewiß ein Weg der politischen Demokratie, die wir mehr als sichern, nämlich ausbauen und vertiefen wollen. Aber gewiß ist auch, daß es eine universell gültige Lösung für die Probleme der Organisation von Staat und Gesellschaft – zumal eine, die sich einseitig an europäischen Erfahrungen orientiert – nicht geben wird. Internationale Verbundenheit erstreckt sich jedenfalls in meinem Verständnis auf jedes Land und jeden Staat mit ihrem eigenen Weg zur demokratischen Freiheit und zur sozialen Gerechtigkeit.

Welche Grundlagen, so frage ich mich noch einmal, werden unsere Arbeit bestimmen? Ich denke, wir werden uns stark zu orientieren haben an dem, was die Geschichte seit dem Zweiten Weltkrieg an Veränderung gebracht hat. Die Weltkarte ist neu gezeichnet. Die wissenschaftlich-technologische Revolution geht weiter. Die weltwirtschaftlichen Beziehungen befinden sich in einem tiefgreifenden Wandel. Ein weiteres Beispiel für die historischen Veränderungen der zurückliegenden Zeit ist der sich immer deutlicher abzeichnende Polyzentrismus in dem, was ein kommunistisches Weltlager genannt wurde.

Hierzu ein paar Bemerkungen: Es kann nicht darum gehen, Grenzen zu verwischen oder Gefahren zu beschönigen. Im Gegenteil: Man muß die Realitäten des Kommunismus in der Neige des 20. Jahrhunderts begreifen. Wer gegen Phantome kämpft, verliert den wirklichen Gegner aus dem Auge. Wir haben es nicht mehr nur mit Moskau und Peking und mit Varianten eines Nationalkommunismus zu tun. Uns begegnet auch das Phänomen, das – unscharf und mißverständlich – als Eurokommunismus bezeichnet wird.

Ich vermute, es gäbe ihn nicht, wäre er nicht von der Vitalität, von der Konkurrenz der westeuropäischen Sozialdemokratie mit herbeigezwungen. Für mich ist noch nicht entschieden, wo es sich um Taktik im Interesse der Macht handelt und wo um Entwicklung aus Erkenntnis. Die bekannte Ostberliner Konferenz vor einigen Monaten hat hierüber nur bedingt Aufschluß gegeben.[7] Man muß ernst nehmen, daß die Repräsentanten jener Parteien, von denen hier die Rede ist, Kommunisten bleiben wollen; man muß auch zur Kenntnis nehmen, daß einige von ihnen gewillt scheinen, sich dem Wagnis der Demokratie auszusetzen. Nur der politisch Unsensible wird sagen können, dies sei von geringem Interesse.

Was die Arbeit der Sozialistischen Internationale in den zurückliegenden Jahren angeht: Wer wollte bestreiten, daß sie mit erheblichen Mängeln behaftet war? Mit dieser Feststellung verbinde ich keine Vorwürfe, sondern die Aufforderung an uns alle, die erkannten Schwächen zu überwinden.

Wir sind hierher nach Genf gekommen, um einen neuen Anfang zu machen. Dabei empfiehlt es sich, daß wir uns nicht übernehmen. Aber ich denke, wir können von folgenden verbesserten Arbeitsbedingungen ausgehen:

Das Generalsekretariat soll besser ausgestattet und in die Lage versetzt werden, seine koordinierenden Aufgaben wirksamer wahrzunehmen. Die Vizepräsidenten werden von mir dringend gebeten werden, sich wichtiger Aufgabenbereiche anzunehmen.

Das Büro, in dem in Zukunft alle Mitgliedsparteien mitwirken können, wird gewinnen, wenn es manche Routine der letzten Jahre überwindet.[8]

Fachkonferenzen werden eine größere Rolle spielen können; es mag sich empfehlen, daß sie von einer jeweils besonders engagierten Mitgliedspartei einberufen und betreut werden, aber die Planungen sollten gut aufeinander abgestimmt sein.

Gelegentliche Konferenzen der Parteivorsitzenden und Regierungschefs werden in Zukunft ihren Platz in den geordneten Strukturen der Internationale haben; sie können – ob regional oder umfassender – noch wichtiger werden, um dem Meinungsaustausch sowohl zwischen regierenden Parteien als auch zwischen diesen und solchen in der Opposition angemessenen Raum zu geben.

Bei alledem sollten wir beachten, daß es nicht auf die Quantität von Terminen und Texten, sondern auf den qualitativen Gehalt unserer Zusammenarbeit ankommen wird.

Ich habe offenkundige Schwächen der bisherigen Arbeit erwähnt. Aber ich will durch vier Beispiele – die zugleich Hinweise für künftige Aktivitäten geben – auch daran erinnern, daß es gelungen ist, auf einigen Gebieten durchaus beachtliche Teilerfolge zu erzielen.

Beispiel Entspannung: Es unterliegt keinem Zweifel, daß die Sozialdemokraten und die von ihnen beeinflußten Regierungen seit Ende der 60er Jahre wesentlich dazu beigetragen haben, daß im Ost-West-Verhältnis Spannungen abgebaut, Gefahren für den Frieden reduziert und Voraussetzungen für mehr Zusammenarbeit – unbeschadet der gegensätzlichen politischen Ordnungen – geschaffen werden konnten. Alles spricht dafür, uns von diesem Bemühen nicht abbringen zu lassen. Auf einer Konferenz, zu der unsere niederländischen Freunde vor wenigen Wochen eingeladen hatten, gab es weitgehende Zustimmung zu einer unverändert illusionslosen und zugleich beharrlichen Politik.[9] Dort herrschte auch Übereinstimmung, daß wir unsere Positionen für Belgrad – das heißt: für die erste Überprüfung dessen, was 1975 im Zeichen von Sicherheit und Zusammenarbeit in Helsinki zu Papier gebracht worden war – realistisch aufeinander abstimmen sollten.[10]

Beispiel Westeuropa: Im Bund unserer Parteien innerhalb der Europäischen Gemeinschaft und in der Sozialistischen Fraktion des Europaparlaments erweist sich und muß sich zunehmend erweisen, daß wir fähig sind, über die nationalen Grenzen hinweg so zusammenzuarbeiten, daß die soziale und freiheitliche Komponente in Europa gestärkt wird. Die in Aussicht genommene Direktwahl der Abgeordneten des Europäischen Parlaments stellt uns vor die Aufgabe, eine Programm-Plattform zu verabschieden, auf die gestützt möglichst viele Sozialdemokraten das Vertrauen der europäischen Bürger erringen und rechtfertigen können. (Ich habe bewußt „Sozialdemokraten" gesagt, nicht „Sozialdemokraten und Sozialisten". Die unterschiedlichen Namen der Parteien führen nicht selten zur Verwirrung. Nach dem Programm meiner Partei ist die Sozialdemokratie die Partei des demokratischen Sozialismus.)

Wenn von europäischer Einigung die Rede ist, darf natürlich die Zusammenarbeit zwischen den Parteien innerhalb der Gemeinschaft mit denen aus Ländern, die auf unterschiedliche Weise eng mit der

EG verbunden sind, nicht vernachlässigt werden. Dies gilt auch für den Rahmen, den uns der Straßburger Europarat bietet.

Beispiel Portugal: Ich will den Beitrag nicht überschätzen, den wir haben leisten können, damit die neue portugiesische Demokratie eine Chance bekam. Aber es ist eine Tatsache, daß wir zur Freundschaft mit Portugal – und zur Sozialistischen Partei unter Mario Soares – gestanden sind, als die Gefahr drohte, daß der einen Diktatur eine andere folgen würde – und als aus dem konservativen Lager kaum noch mehr als defätistische Redensarten zu vernehmen waren.

In etwas mehr als einer Woche soll nun in Madrid der erste Parteitag stattfinden, den unsere spanischen Freunde seit dem schrecklichen Bürgerkrieg in ihrem Land werden abhalten können. Von der Energie und Geschlossenheit der demokratischen Sozialisten wird es in hohem Maße abhängen, ob Spanien die Verkrustungen der Diktatur rasch genug hinter sich lassen kann. Felipe ‹González›[11] soll wissen, daß er uns an seiner Seite hat.

Ermutigung möchte ich auch unseren Freunden in Griechenland vermitteln. Wir wünschen ihnen nicht nur Erfolg bei der Festigung der demokratischen Institutionen und der Überwindung interner Schwierigkeiten, sondern auch die Kraft zum Ausgleich mit ihren Nachbarn. Ich muß hoffen, die zukunftsorientierten Kräfte in der Türkei werden gleichermaßen ihren Beitrag dazu leisten, daß die Region des östlichen Mittelmeers endlich befriedet werden kann.

Beispiel Caracas: Im Mai dieses Jahres hatten zahlreiche Vertreter der westeuropäischen Sozialdemokratie eine Einladung der venezolanischen Acción Democrática angenommen und sind mit den Repräsentanten demokratischer Bewegungen aus Lateinamerika und der Karibik zusammengetroffen. Die Beratungen, die in der mexikanischen Hauptstadt weitergeführt wurden, waren inhaltsreich und entsprachen der Flexibilität, zu der ich geraten habe.[12]

Wenn ich dieses Beispiel nenne, so nicht, um die unter uns gültigen Verfahrensregeln zu ändern.[13] Aber ich würde es für begrüßenswert halten, wenn ähnliche Begegnungen, die der gegenseitigen Information und der Suche nach Antworten auf aktuelle Probleme dienen, mit interessierten politischen Kräften in anderen

Regionen stattfinden könnten, zunächst vielleicht in Afrika, aber gewiß auch in Asien und in Nordamerika.

Zu einer Reihe von arabischen Ländern ist informatorischer Kontakt durch jene Missionen aufgenommen worden, die unter der Leitung von Bruno Kreisky durchgeführt wurden.[14] Es wäre gut, wenn dadurch der Weg zur Friedenslösung im Nahen Osten und zum konstruktiven Verhältnis zwischen Israel und seinen Nachbarn verkürzt werden könnte.

Zu Nordamerika ein Wort der Erläuterung: Wir dürfen gewiß nicht übersehen, daß dort die politischen Strukturen von geistigen Strömungen bestimmt werden, die uns verwandt und zugleich fremd sind. Wenn wir offene Augen haben, können wir beobachten, daß sozialdemokratische Impulse die politische und intellektuelle Landschaft der Vereinigten Staaten und Kanadas durchaus mitbestimmen; jedenfalls gibt es einen Grundstrom von Liberalität, die sich dort niemals hat besiegen lassen. Daraus folgt: Es gilt, das Gespräch mit amerikanischen Freunden und Partnern zu führen, wo immer und wann immer sich Interesse anzeigt. Organisatorische oder gar ideologische Einengungen sind nicht angebracht.

Im übrigen freuen wir uns darauf, unseren nächsten Kongreß 1978 in Vancouver, Kanada, abhalten zu können.

Ich habe gesagt, unsere Gemeinschaft werde nicht in den Fehler verfallen dürfen, sich Unmögliches vorzunehmen. Aber schon gar nicht werden unsere Parteien sich den großen Aufgaben versagen können, die jeden Staat und jedes Volk in dieser Welt angehen. Ich will drei dieser Aufgaben nennen.

Erstens: Nur eine *Offensive für den gesicherten Frieden* kann der Menschheit die Zukunft garantieren.

Wir leben nicht nur in einer notwendigen Koexistenz unterschiedlicher gesellschaftlicher Ordnungen, wir leben auch in der schrecklichen Koexistenz mit einem Arsenal der Zerstörung, das Tag für Tag größer wird. Die nuklearen Weltmächte haben sich zwar auf erste Grenzen ihrer strategischen Rüstungen geeinigt, und sie verhandeln – hoffentlich mit Erfolg! – über ein zweites Abkommen.[15] Doch dies hält sie nicht davon ab, die atomaren Stapel wachsen zu lassen. Hinzu kommt der Drang bisher nicht-nuklearer Staaten, sich Kernkapazitäten zu schaffen.

Auch wenn es gelingt, die Katastrophe eines Nuklearkrieges von der Menschheit fernzuhalten (und das muß gelingen!): Die Geißel der sogenannten konventionellen Kriege ist schrecklich genug. Wir können uns mit der Vernunft des Unvernünftigen nicht zufrieden geben; der Preis ist zu hoch. Im vorigen Jahre wurden in dieser Welt fast 300 Milliarden Dollar für die Rüstung aufgebracht. Dies ist das Dreißigfache des Nettotransfers finanzieller Mittel von den reichen für die armen Nationen. Ich versuche, mir vorzustellen: Würde auch nur ein nennenswerter Teil der destruktiven Ausgaben konstruktiv zum Wohlergehen der Menschheit investiert, wieviel Not könnte gelindert, wieviel Elend aus der Welt geschafft werden!

Ich habe den Frieden die ultima ratio der Menschheit genannt, den Krieg die ‹ultima irratio›.[16] Ich weiß, daß es für die bestehenden Bündnisse – die es einigen gestatten, außerhalb zu bleiben – noch keinen Ersatz gibt. Aber der Wettlauf der Rüstungen bleibt doch ein Marathon des Irrationalismus. Jeder realistische Vorschlag zur Begrenzung und Kontrolle von Rüstungen ist es wert, aufgenommen, geprüft und verhandelt zu werden.

Meine Freunde und ich haben angeregt – und ich unterstreiche es hier –, daß die Wiener Verhandlungen über eine beiderseitige und ausgewogene Verminderung von Truppen und Rüstungen in Europa aus der Erstarrung der Expertengespräche gelöst und auf hoher politischer Ebene vorangebracht werden sollten.[17] Das Ziel der Entspannungspolitik auf diesem Feld muß es sein, für einen Zustand zu sorgen, in dem ein militärischer Angriff aus dem Stand unmöglich sein wird. Das wird lange Zeit brauchen, und an eine Entlastung unserer Etats ist zunächst leider kaum zu denken. Aber es muß begonnen werden, selbst wenn die ersten Schritte in der Mitte Europas nur sehr bescheiden sein könnten.

Ich lasse andere Vorschläge nicht außer Betracht. Was zumal die Blockfreien auf der Konferenz von Colombo formuliert haben, verdient unsere ernste Beachtung.[18]

Die Menschheit ist jedoch – wie wir hier alle wissen – nicht nur durch Krieg und Zerstörungsmittel bedroht. Solange viele hundert Millionen hungern, kann man nicht guten Gewissens von Frieden reden. 1,2 Milliarden Menschen vegetieren heute mit einem durchschnittlichen Einkommen von weniger als 200 Dollar pro Jahr. Einer der kompetentesten Männer stellte kürzlich einen Vergleich an über die Existenzbedingungen in den entwickelten und in den ärmsten Ländern: Dort ist die Kindersterblichkeit achtmal größer, die Lebenserwartung ein Drittel niedriger, die Zahl der Analphabeten um 60 Prozent höher. Der Ernährungsstandard liegt bei der Hälfte der Bevölkerung unter dem akzeptablen Minimum und er bietet Millionen Kindern nicht einmal soviel Protein, wie für die Entwicklung des Gehirns notwendig ist.

Wir können versuchen, uns die Bilder der Verzweiflung fernzurücken; sie holen uns ein. Sie zwingen uns in die Realität der Weltnachbarschaft, die unsere tägliche Erfahrung wurde. Von uns wird eine neue Solidarität verlangt, die dieser Wirklichkeit entspricht. Wenn die schlichte Menschlichkeit nicht genug ist, dann wenigstens sollte man sich den Gesetzen der Vernunft unterwerfen. Die reichen Nationen werden nicht reich bleiben, wenn die Armenhäuser der Menschheit wachsen. Es gibt auf lange Frist keine Inseln der Privilegierung, keine Oasen des Glücks auf Kosten anderer. Die Offensive für den Frieden muß sich mit dem Kampf gegen die Weltnot verbinden; wir müssen sie mit auf unsere Schultern nehmen.

Es ist wahrlich Zeit für die *zweite Offensive* – eine Offensive für *neue Beziehungen zwischen Nord und Süd.*

Man muß es lernen, radikal umzudenken, ehe es zu spät ist. Oder einfacher: Man muß denken lernen. Im Zeichen der sozialen Demokratie ist in den Gesellschaften der entwickelten Welt einiges, in manchen der durch uns geprägten Staaten viel bewirkt worden. Hieraus läßt sich einiges ableiten für die Beziehungen zwischen den Nationen. Durch einen Zauberschlag wird das nicht bewirkt. Doch der Feldzug gegen den Hunger, gegen die Bevölkerungsexplosion, gegen das Genozid der Not duldet keinen Aufschub. Den Industriestaaten – nicht nur denen im Westen! – verlangt dies Opfer ab.

Ich weiß, dies sagt sich leicht; doch muß man sich klarmachen, daß die Krise der Weltwirtschaft nicht überwunden ist. Wir haben Beschäftigungsprobleme und solche der Währungen. Wir haben Rohstoffprobleme und solche der natürlichen Umwelt. Und doch dürfen wir den Graben zwischen den reichen Nationen der nördlichen Hemisphäre und den armen Völkern des Südens nicht noch tiefer werden lassen: Das heißt auch, geduldig und energisch weiterzuarbeiten an den Elementen, aus denen eine neue weltwirtschaftliche Ordnung werden soll.

Das Recht auf Leben ist das einfachste aller Menschenrechte. Wer diesen banal erscheinenden Satz an der Wirklichkeit mißt, erfährt auf schockierende Weise, wie es auf unserer Erde steht. Die Menschenrechte sind in der Satzung der Vereinten Nationen und in nahezu jeder Verfassung verbal verankert. In Wirklichkeit sind sie nur für eine Minderheit in Kraft. Nicht der Respekt vor ihnen, sondern ihre Verletzung ist die Norm, der die Völker unterworfen sind.

Und dennoch: Gäbe es die Menschenrechte nicht, wenigstens als Ziel, als Hoffnung, dann würde es Nacht. Resignation wäre Kapitulation vor Unrecht und Verzweiflung. Für die Sozialistische Internationale rufe ich deshalb zu einer *dritten Offensive* – der Offensive *für die Menschenrechte.*

Wir haben gelernt, daß es nicht nur individuelle, sondern auch kollektive Menschenrechte gibt. Zugleich wissen wir, daß Kollektive nur eine Summe der Einzelnen sind. Der Begriff der Individualität mag in Ost und West, in Nord und Süd auf verschiedene Weise interpretiert werden: Das einzelne Menschenleben ist hier wie dort ein letzter, ein äußerster Wert.

Die Sicherung der materiellen Existenz ist das Fundament aller anderen Menschenrechte. Angesichts des Hungertodes wird das Recht auf freie Meinungsäußerung zum abstrakten Gut. Der Mensch lebt nicht vom Brot allein, aber er braucht Brot, um zu leben. Der Kampf gegen den Hunger, der Kampf für Arbeit und sozialen Schutz – das ist der Anfang. Aber auch dort, wo dieser Anfang die äußerste Anstrengung verlangt, kann er kein Freibrief sein für Gewalttätigkeit und Willkür.

Die Verletzung der Menschenrechte in einem Teil der Welt ist so schrecklich wie die Brutalität in einem anderen. Unser Blick muß in alle Richtungen ungetrübt bleiben. In Erinnerung an das, was noch in jüngster Vergangenheit in Europa möglich war, ist mir jeder Hochmut fremd. Aber gleichgültig dürfen wir nicht werden.

Deshalb gilt unsere Sympathie jenen Organisationen – ich nenne Amnesty International –, die nachgewiesen haben, daß Menschen aus ihrer Gleichgültigkeit aufgerüttelt und Regime in ihrer Selbstherrlichkeit erschüttert werden können. Kirchen, Gewerkschaften, Zeitungen ... auch für ein Zusammenwirken mit den internationalen Organen liberaler und christlich-demokratischer Parteien sind wir offen: Es kann nicht genug Verbündete geben, denn der Auftrag ist schwer.

Dies war ein Versuch, die Felder der Arbeit zu umreißen. Einige Bereiche der Diskussion sind abgesteckt. Es sind Ziele gesetzt, die unsere ganze Anstrengung erfordern. Wir werden, wie ich hoffe, *eine* Versündigung vermeiden: Es uns zu einfach zu machen. Die Simplifikateure sind allemal Illusionisten. Wir brauchen den Mut, die Welt und ihre Verhältnisse so kompliziert zu sehen, wie sie es sind. Damit werden wir einer guten Tradition gerecht: Die sozialistische Bewegung war von Beginn an ein Appell an das Denkvermögen der Menschheit.

Ich werde mich hüten, einer billigen Vereinfachung Tribut zu zollen und den „dritten Weg" zu proklamieren. Aber ich meine, daß der demokratische Sozialismus, daß Sozialdemokraten den Auftrag haben und sich die Kraft zutrauen müssen, die Alternative und die Alternativen zu gestalten. Beides gilt, der Singular und der Plural.

Wir leben im Übergang, in Spannungen, Kompromissen, Konflikten und ihrem Ausgleich. Kein sogenanntes System ist völlig in sich abgeschlossen. Die großen Hoffnungen der Menschheit haben sich weder in Amerika noch in Rußland erfüllt. Ich sage nicht, daß wir Sozialdemokraten, wir demokratische Sozialisten den uralten und ewig jungen Hoffnungen genügen können. Aber es ist an uns, sie wenigstens wachzuhalten.

Wir setzen unser Prinzip von der Selbstbestimmung der Bürger gegen den kapitalistischen Kollektivismus der Verfremdung und gegen den kommunistischen Kollektivismus der freiheitsfeindlichen Diktatur.

Wir setzen unsere Verteidigung des Friedens gegen den Determinismus der Gewalt.

Wir setzen unseren Kampf um konkrete Menschenrechte gegen die Herrschaftsansprüche, die auf Unrecht und auf Schwäche gegründet sind.

Wir setzen geistige Mobilisierung gegen die Ergebung in eine Ausweglosigkeit, die von der Geschichte noch immer widerlegt worden ist. Tapferkeit – im Widerstand, im Dienst am Mitmenschen, im produktiven Denken – wird der Neigung zur Resignation widerstehen.

Wir setzen Vernunft gegen die Rationalisierung des Unvernünftigen: Das Bündnis zwischen Vernunft und Lebenswille, Moral und Selbstbehauptung, Barmherzigkeit und Eigenbestimmung macht die Menschlichkeit des Menschen aus.

Unsereins hat längst der törichten Utopie entsagt, den „neuen Menschen" formen zu wollen. Wofür wir arbeiten und kämpfen ist, daß der Mensch und die Menschlichkeit überleben.

Nr. 12
Schreiben des Vorsitzenden der SPD, Brandt, an den Präsidenten der Weltbank, McNamara
28. Januar 1977[1]

AdsD, Dep. Bahr, 1/EBAA 001078 (Übersetzung aus dem Englischen: Wolfgang Schmidt).

Sehr geehrter Herr McNamara,
ich danke Ihnen für die Fernschreiben, in denen Sie vorgeschlagen haben, dass ich den Vorsitz einer Kommission übernehme, um die Probleme der Entwicklung der ärmeren Zweidrittel unserer Welt und die Schaffung einer gerechteren Weltordnung zu untersuchen.[2]

Dies ist eine der wichtigsten Fragen, die uns in den verbleibenden Jahren dieses Jahrhunderts konfrontiert, und ich kann gar nicht umhin, alles zu tun, was in meiner begrenzten Macht liegt, um Wege in Richtung einer Lösung dieser Probleme finden zu helfen – eine Lösung zum gemeinsamen Nutzen aller armen und reichen Völker dieser Welt.

Ich begrüße Ihren Vorschlag, dass die Kommission unter allen Umständen jeden Anschein eines Konflikts mit andauernden Nord-Süd-Gesprächen vermeiden sollte.[3] Die Arbeitshypothese einer solchen Kommission kann nur sein, dass die laufenden Verhandlungen erfolgreich sind; andernfalls gäbe es keine Basis für jene längerfristige Politik, welche die Kommission zu finden versuchen wird.[4] Diese Politik muss sowohl von den Industrie- als auch von den Entwicklungsländern akzeptiert und implementiert werden, wenn sich die Weltgemeinschaft endlich von der Geißel der absoluten Armut selbst befreien soll.

Außerdem glaube ich, dass es keinen Konflikt zwischen den laufenden Verhandlungen im Jahr 1977 und dem Kommissionsbericht gibt, der in der zweiten Hälfte des Jahres 1978 erscheinen sollte.

Mein Kollege Egon Bahr wird in drei Wochen nach Washington reisen[5], und ich hoffe, es wird dann möglich sein, die Vorbereitungen voranzutreiben, so dass ich sie mit Ihnen abschließen kann, wenn ich die Vereinigten Staaten Anfang März [1977] besuche.[6]
Ihr
‹Willy Brandt›[7]

Nr. 13
Interview des Vorsitzenden der SPD, Brandt, für die *Westfälische Rundschau*
7. April 1977

Sozialdemokraten Service Presse Funk TV, Nr. 156/77 vom 6. April 1977.[1]

Frage: Herr Brandt, Sie haben Ihre grundsätzliche Bereitschaft erklärt, den Vorsitz einer Internationalen Nord-Süd-Kommission zu übernehmen.[2] Haben Sie schon terminliche Vorstellungen, und wo könnte der Sitz der Kommission sein?
Antwort: Der Zeitplan hängt mit davon ab, wann und mit welchen Ergebnissen die bevorstehende Ministerkonferenz des Nord-Süd-Dialogs in Paris ihre nächste Runde beendet.[3] Die geplante unabhängige Kommission kann nur sinnvoll arbeiten, wenn sie auf den Ergebnissen dieser Regierungskonferenz aufbaut.[4] Sicher ist allerdings: alle Beteiligten können sich nicht mehr viel Zeit lassen. Jeder Zeitverlust macht es schwieriger, zu einem fairen Verhältnis zwischen Industriestaaten im Norden, Rohstofflieferanten im Süden und vor allem den ärmsten Entwicklungsländern zu kommen. Was den Sitz der Kommission angeht: vielleicht Genf, jedenfalls an einem Ort, wo gute Möglichkeiten zu internationalem Meinungsaustausch gegeben sind.[5]
Frage: Der Vorschlag zur Bildung dieser Kommission war vom Präsidenten der Weltbank, McNamara, gekommen, mit dem Sie ja gestern in Bonn zu einem weiteren Gespräch zusammengekommen sind.[6] Gibt es einen organisatorischen Zusammenhang zwischen der Weltbank und der Kommission?
Antwort: Sie haben zu Recht den Namen von Robert McNamara genannt. Er hatte sich natürlich mit mir in Verbindung gesetzt, bevor er Anfang des Jahres eine entsprechende Anregung gab.[7] Aber es besteht kein organisatorischer Zusammenhang. Auch in finanzieller Hinsicht wird die Kommission von der Weltbank unabhängig sein.[8]

Die Weltbank ist eine der Einrichtungen, die im Verhältnis zwischen Nord und Süd stark engagiert sind.[9] Die Kommission wird deren Aktivitäten bei ihren Erörterungen nicht ausklammern können und wollen.

Frage: Haben Sie schon konkrete Vorstellungen über die Aufgabenstellung der Kommission? Sehen Sie sich persönlich hier in einer Art Schlichter-Funktion zwischen Nord und Süd?

Antwort: Selbstverständlich habe ich Vorstellungen, die ich mit den Mitgliedern der Kommission besprechen werde. Dies vorher öffentlich zu diskutieren, wäre der Sache nicht dienlich. Was den zweiten Teil Ihrer Frage angeht: Das Verhältnis zwischen Nord und Süd ist so vielschichtig und kompliziert, daß eine Einzelperson als „Schlichter", wie Sie formulieren, hoffnungslos überfordert wäre. Auch die in Aussicht genommene unabhängige Kommission kann sich nicht die Funktion einer Art Schiedsstelle im Weltmaßstab zulegen wollen. Doch kann sie mit geeigneten Vorschlägen vielleicht zu einem rascheren wirtschaftlichen und sozialen Fortschritt beitragen.

Frage: Wie ist die Absicht, eine solche Kommission ins Leben zu rufen, bisher in den Ländern der Dritten und Vierten Welt aufgenommen worden? Könnte man dort zu dem Eindruck kommen, die Industrieländer bereiteten hier nur ein Instrument zur Sicherung ihrer eigenen Interessen vor?

Antwort: Vereinzelt mag so etwas in einer ersten Reaktion zum Ausdruck gekommen sein. Aber ich bin sicher, daß die von mir geführte Kommission, falls sie es geben wird, das verständliche Mißtrauen ausräumen kann.

Frage: Halten Sie für sich selbst eine so starke Inanspruchnahme für denkbar, daß dadurch Ihre anderweitigen Funktionen, vor allen die des SPD-Vorsitzes, berührt werden könnten?

Antwort: Als mir die Kandidatur als Präsident der Sozialistischen Internationale angetragen wurde, habe ich mich dazu unter der Voraussetzung bereit erklärt, daß diese Funktion meine Aufgabe als Vorsitzender der SPD nicht beeinträchtigen dürfe.[10] Die Leitung dieser Kommission bezieht sich auf eines der Hauptgebiete, auf denen wir uns als Sozialdemokraten zu bewähren haben werden.

Frage: Welche Rolle sollte Ihrer Meinung nach die Bundesrepublik im Nord-Süd-Dialog spielen? Halten Sie die bisherigen Initiativen und Leistungen für ausreichend, gemessen vor allem am Weltmaßstab?
Antwort: Daß die Bundesrepublik Deutschland als eine der größten Handelsnationen der Welt eine besondere Rolle zu spielen und eine besondere Verantwortung zu übernehmen hat, steht für mich außer Frage. Was einen freieren Handel angeht, war die Bundesrepublik schon bisher ein Vorreiter. Aber gemeinsam mit den anderen Industrienationen wird die Bundesrepublik einen größeren Beitrag zur Lösung der Probleme in den Entwicklungsländern zu leisten haben.
Frage: Glauben Sie, daß der Bevölkerung in den Industriestaaten die Problematik des Nord-Süd-Konfliktes ausreichend bewußt ist? Welche Möglichkeiten sehen Sie, das Interesse an diesem Thema zu steigern?
Antwort: Nein, wir wissen hierüber noch viel zu wenig. Aber ich habe doch den Eindruck, daß der Ölpreisschock von 1974 an unseren Bürgern nicht spurlos vorbeigegangen ist.[11] Wir müssen deutlich machen, daß nicht nur Arbeitsplätze bei uns von geregelten Beziehungen zu den Entwicklungsländern abhängen, sondern auf längere Sicht unsere eigene Zukunft in direktem Zusammenhang mit dem Schicksal der Nationen und Menschen im Süden steht.
Frage: Sehen Sie die Gefahr einer Interessenkollision zwischen Ihrem SPD-Vorsitz und dem Vorsitz in der Kommission? Ist hier eine Konfliktsituation zwischen dem SPD-Vorsitzenden und der Bundesregierung denkbar?
Antwort: Nein, diese Gefahr besteht nicht. Die Kommission soll, frei von jeglichen Bindungen an Regierungen und Organisationen, die Möglichkeiten eines Ausgleichs der Interessen ausloten. Dies bringt sie und ihren Vorsitzenden in die Lage, Informationen und Vorstellungen an die Adressen von Regierungen – auch der in Bonn – unvoreingenommen heranzutragen.
Frage: Halten Sie es für denkbar, daß Ost und West ihre Entwicklungspolitik eines Tages koordinieren? Oder bleibt es Ihrer Meinung

nach auf absehbare Zeit bei der jetzigen Konkurrenz, die sich nicht immer zum Vorteil der Entwicklungsländer auswirkt?

Antwort: Eine Einbeziehung der sogenannten Staatshandelsländer in die Arbeit einer solchen Kommission wäre grundsätzlich wünschenswert; denn diese Industriestaatengruppe kann eigentlich nicht außen vor bleiben in einem Dialog, in dem es um die künftigen Beziehungen zwischen arm und reich geht.[12] Doch sollten wir unsere Erwartungen hinsichtlich einer Teilnahme der kommunistisch regierten Länder im Augenblick nicht zu hoch ansetzen. Ich würde es bereits für einen Fortschritt halten, wenn man in einer Reihe von Punkten eine gewisse Abklärung von Tatsachen und Absichten erreichen könnte.

Frage: Rechnen Sie nach dem Präsidentenwechsel in den USA[13] mit einem stärkeren Engagement der Amerikaner im Nord-Süd-Dialog? Und wenn ja, sieht man diesen Komplex dann auch in neuen moralischen Kategorien?

Antwort: Ich habe den Eindruck, daß Präsident Carter mit einem neuen gedanklichen Ansatz an diese Politik herangeht.[14] Ob dies auch einen stärkeren Einfluß moralischer Kategorien auf die amerikanische und westliche Politik mit sich bringt, wird sich zeigen müssen.

Nr. 14
Manuskript der Rede des Präsidenten der SI, Brandt, beim Parteitag der Norwegischen Arbeiterpartei in Oslo 10. Mai 1977[1]

AdsD, WBA, A 3, 723.

I.

Die Bewegung des demokratischen Sozialismus macht sich heute an vielen Fronten geltend. In vielen Ländern und auf vielen Feldern ringen uns Gleichgesinnte um eine Politik, die den Menschen dienen will – ihrem Drang nach Freiheit, ihrer Sehnsucht nach Gerechtigkeit, ihrer Bereitschaft zur Solidarität. Ich empfinde es nicht nur als eine Verpflichtung, sondern auch als eine Bereicherung, an dieser Internationalen Bewegung teilzuhaben.

Wir kennen in unseren Ländern die Schlagworte, daß die Sozialdemokratie „in der Krise" sei oder daß sich die demokratische Linke „auf dem Rückzug" befinde. Da ist nun oft der Wunsch der Vater des Gedankens. Ich weiß, wieviel Rückschläge wir hinter uns haben und wieviel Unzulänglichkeit unserem Bemühen anhängt. Aber dies ändert nichts an der Tatsache, daß der demokratische Sozialismus heute eine starke, eine zugleich vielgestaltige politische Kraft ist – in Europa und über Europa hinaus.

Wir haben dies gesehen, als vor drei Jahren die portugiesischen Sozialisten die Chance erhielten, ihren Einfluß auf die Neugestaltung ihres Landes geltend zu machen. Wir sehen es jetzt, wo die spanischen Sozialisten wieder legal sind und in die ersten Wahlen seit über vierzig Jahren gehen. Wir erkennen das, was ich sagen will, auch am Aufstieg der französischen Sozialisten.

Außerhalb Europas können wir konstatieren, daß es in Teilen Lateinamerikas (aber auch in den Vereinigten Staaten), in Teilen Afrikas (und in der arabischen Welt) ein wachsendes Interesse an dem gibt, was wir Sozialdemokratie und demokratischen Sozialismus nennen. In Indien haben Mitglieder der Sozialistischen Partei Gewicht im neugewählten Parlament, auch in der Regierung; organisatorisch sind sie gerade in einem größeren politischen Zusammenschluß aufgegangen.

Wie man sich anderswo nennt, darf uns übrigens nicht wichtig sein; ideenmäßige und praktisch-politische Bemühungen sind jedenfalls wichtiger als die Namen, mit denen sich Parteien ausstatten – diese sind ja auch in unserem Teil der Welt mehr, als wir es manchmal wahrhaben wollen, durch geschichtliche Eigenheiten geprägt.

Ich möchte durch einige Hinweise deutlich machen, durch welche Art von Aktivitäten gerade jetzt zum Ausdruck kommt, daß sich im Verhältnis zwischen europäischen Sozialdemokraten und nahestehenden Bewegungen in anderen Teilen der Welt eine neue Qualität abzuzeichnen beginnt.

Ein Beispiel wird der Bericht sein, den der österreichische Parteivorsitzende demnächst zur Lage im Nahen Osten unterbreiten wird.[2] Bruno Kreisky stützt sich dabei auf die Erfahrungen, die er als Leiter einer Delegation in die meisten Länder der Region gewonnen hat und die er seitdem ergänzen konnte. Ich hoffe, daß diese Bemühungen einem gerechten und gesicherten Frieden im Nahen Osten zugute kommen und für die weitere Zusammenarbeit von Nutzen sein werden.

Zweitens wird demnächst eine Delegation unserer Internationale – unter Leitung von Olof Palme – in das südliche Afrika reisen und anschließend ihre Empfehlungen unterbreiten.

Drittens werden wir im Herbst – unter dem Vorsitz von Mario Soares – eine entsprechende Delegation nach Lateinamerika entsenden. Inzwischen werden wir uns – nach der Sommerpause auf einer Konferenz in Rotterdam – mit der Zukunft Chiles befassen, und zwar unter Beteiligung solcher politischer Kräfte, die für die Zeit nach der Militärdiktatur zur demokratischen Zusammenarbeit bereitstehen müssen.[3]

Viertens werden wir Ende des Jahres – zum erstenmal – eine Parteikonferenz unserer Internationale in Japan abhalten. Unsere beiden Mitgliederparteien [!] haben uns eingeladen, und dies wird uns die Möglichkeit geben, uns nicht nur über die Probleme in deren Land zu informieren, sondern auch über andere Fragen des Fernen Ostens zu sprechen.

Fünftens ist bereits entschieden, daß der nächste Kongreß unserer Internationale im Herbst nächsten Jahres in Nordamerika, nämlich in Vancouver (Kanada) stattfinden wird.

Ich habe diese Hinweise geben wollen, um klarzumachen, daß wir uns vorgenommen haben, die Eurozentrik in unserer internationalen Zusammenarbeit zu überwinden. Trotzdem sollten wir natürlich in Erinnerung behalten, daß die Sozialdemokratie, im engeren Sinne des Wortes, ein Kind der europäischen Geschichte ist.

Die europäischen Parteien sind immer noch am kontinuierlichsten vertreten, wenn wir uns zu internationalen Beratungen zusammenfinden. Es ist ja auch kein Zufall, daß man in unserer Internationale das „ausgewanderte" Europa so ausgeprägt wiederfindet: die Arbeiterparteien in Australien und Neuseeland, die Neue Demokratische Partei in Kanada, die Arbeiterbewegung Israels. Die USA wiesen ursprünglich, wie wir uns erinnern, eine nicht unbedeutende sozialistische Bewegung auf. Sie hat sich nicht durchsetzen können oder ist – so kann man es auch sehen – durch andere Formationen absorbiert worden; auf neuen Wegen hat sich jedoch etwas angebahnt, was sich dort als wachsender sozialdemokratischer Einfluß deutlich macht.

Japan und Indien verfügen über eigenständige, wenn auch von Europa her beeinflußte sozialdemokratische Traditionen. In anderen Regionen Asiens hat es verwandte politische Gruppen gegeben, in Ansätzen gibt es sie auch heute. Meist sind sie durch Einpartei- oder Militärregime unterdrückt oder gar eliminiert worden. Unsere Freunde in Korea und Malaysia, um zwei Beispiele zu nennen, begegnen ausserordentlichen Schwierigkeiten. Dies gilt auch für große Teile Lateinamerikas.

Im übrigen sollte man nicht übersehen, daß die tiefgreifenden geistesgeschichtlichen, religiösen und kulturellen Unterschiede, die unsere Welt kennzeichnen, vor der Bewegung des demokratischen Sozialismus nicht halt machen. Die mit uns verwandten Parteien in der Dritten Welt haben es weithin mit anderen Problemen zu tun als wir in Europa. Das bleibt – wie könnte es anders sein – nicht ohne Folgen. Und doch gibt es Elemente eines starken, einigenden Bandes: das Interesse am Frieden, die Ablehnung des Interventionismus, die Verpflichtung auf den einzelnen Menschen durch Gerechtigkeit und Solidarität, das Bekenntnis zum Sozialismus in Freiheit, zum demokratischen Sozialismus.

Der spezifische Hintergrund der unterschiedlichen Länder prägt das Profil der Parteien. Dies ist ein zusätzlicher Grund, keiner Uniformität unserer internationalen Bewegung entgegenzueifern und sich nicht mehr vorzunehmen, als durch sachlichen Meinungsaustausch und vernünftige Koordination zu erreichen ist. Die Vielgestaltigkeit des Lagers der sozialen Demokratie gehört zu deren Wesen und bedeutet aus meiner Sicht keine Schwäche, sondern jene Stärke, die der lebendigen Realität innewohnt.

II.

Wenden wir uns unserem Teil der Welt zu, dem westlichen Europa. Dies bleibt nun einmal die Ursprungsregion des modernen Sozialismus, mit Massenparteien, die nun schon über Jahrzehnte hinweg einen mehr oder weniger starken Einfluß auf die Politik ihrer Länder ausgeübt haben.

Wir wissen, daß dies nicht ein ununterbrochener Aufstieg gewesen ist. Es hat stolze Erfolge und böse Rückschläge gegeben, große Hoffnungen und bittere Enttäuschungen. Ich denke dabei nicht nur an den Kräfteverschleiß, zu dem die Spaltungen nach dem ersten Weltkrieg geführt haben. Auch nicht nur an den grausamen Einschnitt durch die faschistischen und nazistischen Gewaltregime. Ich denke auch an die neuen Probleme, denen wir in diesen Jahren vor dem Hintergrund der weltwirtschaftlichen Turbulenz begegnen und an die Fragen, die sich überall dort gestellt haben, wo wir den Wohlfahrtsstaat im wesentlichen verwirklichen konnten. Ich kann diesen uns herausfordernden Themen jetzt nicht nachgehen, sondern will mich auf die Widerlegung der These beschränken, daß die Sozialdemokratie in Europa in eine Phase des Abschwungs eingetreten sei. Davon kann keine Rede sein.

Es trifft nicht zu, daß sich in Europa ein Rechtsruck vollziehe. Man könnte höchstens sagen, daß sich die Konservativen und rechtsliberalen Kräfte mancherorts weiter nach rechts bewegen. Aber die Sozialdemokraten sind die einflußreichste politische Kraft in Europa, und die Frage ist eigentlich, was sie aus und mit diesem Einfluß machen. Ich brauche Euch nicht zu erzählen, wie es um die Parteien in den nordischen Ländern bestellt ist. Wenn ich die Zeichen richtig zu deuten verstehe, haben wir es durchweg mit Entwicklungen zu tun, die über gewisse Rückschläge hinwegführen und weiteren führenden Einfluß vermuten lassen.

Wie ist die Lage in der EG? Wir haben sozialdemokratische Regierungschefs in der Bundesrepublik, in Großbritannien, in Dänemark und den Niederlanden (vermutlich auch nach den nächsten Wahlen); sozialdemokratische Regierungsbeteiligung in Irland und Luxemburg (demnächst auch wieder in Belgien); in Italien, unter den besonderen Bedingungen jenes Landes, Teilhabe an der Gesetzgebungs-Majorität. Neben dem Präsidenten[4] kommt die Mehrheit der Mitglieder der Brüsseler Kommission aus unseren Reihen. Im Parlament der Gemeinschaft, dessen Direktwahl vorgesehen ist, stellen die Sozialisten die stärkste Fraktion.

Im übrigen Westeuropa haben wir – von Norwegen abgesehen – sozialdemokratische Regierungschefs in Österreich und Portugal und sozialdemokratische Regierungsbeteiligung in der Schweiz; der Vollständigkeit halber sollte ich auch den Labour-Premierminister von Malta nicht vergessen.

Die Frage wäre also nicht richtig gestellt, wenn wir uns über zu geringen parlamentarischen Einfluß beklagten. Es geht vielmehr darum, wie wir zu mehr koordiniertem Handeln gelangen und uns gemeinsam der neuen gesellschaftspolitischen Probleme annehmen. In diesem Zusammenhang können Konferenzen wie die, die hier in Oslo vor wenigen Wochen zur Beschäftigungspolitik stattgefunden hat, eine wichtige Rolle spielen.[5] Ähnliche Konferenzen zur Energiepolitik und Jugendarbeitslosigkeit stehen bevor.

Die sozialdemokratischen Parteien in der EG haben ihren eigenen Zusammenschluß; das ist notwendig, aber es ist ebenso notwendig, daß wir Probleme von gemeinsamem Interesse – regelmäßig, also nicht nur gelegentlich oder gar zufällig – im Kreise aller interessierten Parteien behandeln.

Natürlich kann man nicht übersehen, daß die britische Labour Party sehr ernsten Schwierigkeiten ausgesetzt ist.[6] Ich will auch nicht bestreiten, daß die deutsche Sozialdemokratie – als Partei und in ihrer Koalition mit den Liberalen – Zeichen der Schwäche aufweist; allerdings meine ich, daß wir dabei sind, sie zu überwinden. Auf der anderen Seite machen wir erfreuliche Erfahrungen mit dem Gang der Dinge im südlichen Europa. Die Pessimisten sind widerlegt worden. Es gibt Landgewinn für Freiheit und Demokratie. Dies kann niemand von uns gleichgültig lassen. Ich schätze auch nicht das Gerede von der ökonomischen „Bürde", die uns anderen etwa durch die Demokratisierung auf der Iberischen Halbinsel aufgelastet werde. In Wirklichkeit könnte es so sein – wenn man es richtig anfaßte –, daß sich aus einer rascheren ökonomischen Entwicklung Südeuropas vorteilhafte Wirkungen für uns alle ergeben.

Denken wir an Portugal: Jahrzehntelang hat dieses Land unter der Diktatur gelitten. Heute wird es von einem sozialistischen Regierungschef geführt, der sich mit viel Energie darum bemüht, daß sein Land den Anschluß an die entwickelten Staaten Westeuropas findet. Dabei hätte es auch anders kommen können. Es war keineswegs sicher, daß die reaktionäre Diktatur nicht von einer andersfarbigen abgelöst würde. Manche in Europa (und in den Vereinigten Staaten) schienen bereit, dies tatenlos geschehen zu lassen. Die aktive Haltung europäischer Sozialdemokraten hat dazu beizutragen vermocht, daß unsere Freunde sich durchsetzen konnten gegen autoritäre Strömungen von rechtsaußen und von linksaußen; aber die nächsten Jahre sind noch voller Unsicherheiten.

Denken wir an Spanien: Dort, wo es aller Anstrengungen bedarf, die Wunden der Vergangenheit zu heilen und den Weg in eine moderne, freiheitliche Gesellschaft zu finden, sind die demokratischen Sozialisten mit Felipe González[7] an der Spitze schon jetzt in eine hohe Verantwortung hineingewachsen. Bald wird es Wahlen geben. Die Sozialisten werden, wie ich vermute, noch nicht in die Führung gerufen werden. Aber ohne sie wird es eine funktionsfähige Demokratie nicht geben. Gerade die Älteren unter uns können nicht ohne Bewegung an den Weg denken, der in Spanien und im Zusammenhang mit diesem geplagten Land während der letzten vierzig Jahre durchlaufen werden mußte.

Ich will Griechenland erwähnen: Auch dort haben Sozialdemokraten im Widerstand gegen die Diktatur bewundernswerten Opfermut bewiesen. Als die Zeit der Junta abgelaufen war, hofften die hellenischen Freunde, sie könnten ihre Kräfte mit denen der traditionsreichen Zentrumsunion verbinden. Die Verschmelzung scheint mißlungen zu sein, es kommt dieser Tage zur Bildung einer eigenen Partei; hoffentlich wird sie zur Festigung der neuen Demokratie einen wesentlichen Beitrag leisten können.

In der Türkei – die ja mit Europa verbunden ist, auch wenn sie ihren Schwerpunkt in Kleinasien hat – stellt die Republikanische Volkspartei von Bülent Ecevit eine starke Kraft dar. Sie hat freundschaftliche Beziehungen mit Parteien der europäischen Sozialdemokratie aufgenommen und wird vermutlich auch an unserer internationalen Zusammenarbeit[8] teilnehmen. Wenn sie Erfolg in den bevorstehenden Wahlen hat, wird dies hoffentlich auch der Lösung offener Probleme im östlichen Mittelmeer zugute kommen.[9]

In Italien ist die Situation seit langem kompliziert, aber nicht hoffnungslos. Sicher: Die beiden Parteien, die dort den demokratischen Sozialismus repräsentieren, haben in den vergangenen Jahren Mühe gehabt, sich ihrer Öffentlichkeit als glaubwürdige Alternative zu den seit drei Jahrzehnten regierenden Christdemokraten einerseits und zu den stark gebliebenen oder noch stärker gewordenen Kommunisten andererseits darzustellen. Ich sehe Anzeichen dafür, daß es gelingen könnte, dem demokratischen Sozialismus auch in Italien wieder größeres Gewicht zu verleihen.

Wieder anders ist die Situation in Frankreich, das ich erst jetzt nenne, um seine Bedeutung hervorzuheben: Was unsere dortigen Freunde in den zurückliegenden Jahren geleistet haben, ist für viele eine Überraschung gewesen: François Mitterrand und der neubegründeten Sozialistischen Partei gelang es, aus sehr reduzierten Gruppen eine sehr einflußreiche politische Kraft zu entwickeln. Sie hat den Hauptpartner ihrer Wahlbündnisse, die Kommunisten, überflügelt und ist in den Augen vieler französischer Bürger zu jener demokratischen Opposition geworden, die bereit und in der Lage ist, nationale Verantwortung zu tragen.

Ich will nicht die Probleme verkleinern, die sich aufgrund der französischen und italienischen Entwicklung noch stellen können: europapolitisch, auch bündnispolitisch. Stimmungen eines bevorstehenden Weltuntergangs halte ich nicht für gerechtfertigt. Zu dem, was man mit einem wenig aufhellenden Schlagwort Euro-Kommunismus nennt, will ich mich jetzt nicht äußern. Aber von Interesse ist es ganz gewiss, wie kommunistische Massenparteien dabei sind, sich ihrer demokratischen Umwelt anzupassen und sich vom Dogma der Parteidiktatur wie von einer sklavischen Orientierung am sowjetischen Vorbild freizuschwimmen. Es wäre gut, wenn die europäische Demokratie dauerhaften Zuzug erhielte, aber eine gute Portion Skepsis erscheint mir weiterhin geboten.

Dabei darf dann auch nicht beiseite gelassen werden, was es an gedanklichen Zusammenhängen mit Entwicklungen in osteuropäischen Ländern gibt. Es hat nichts mit Einmischung zu tun, wie man uns zuweilen vorwirft, wenn wir den Ideen, die 1968 in der Tschechoslowakei zutage traten, weiterhin Bedeutung beimessen.

Wenn wir die Lage überblicken, dann ist jedenfalls festzustellen: In unserem Teil Europas sind demokratische Sozialisten unentbehrlich, wenn es darum geht, Frieden und Freiheit sichern und ausbauen zu helfen. Rückschläge und Unzulänglichkeiten sollen nicht übersehen werden, aber die Sozialdemokratie hat – wie die Erfahrung zeigt – immer wieder die Kraft zu Erneuerung gefunden.

III.

Seit über elf Jahrzehnten sind sozialistische Parteien – wenn auch mit Unterbrechungen – in einer Internationale miteinander verbunden.

Dieses Zusammenwirken wurde wenige Jahre nach dem zweiten Weltkrieg neu begründet. Die geschichtsbedingte Bezeichnung mag mit dazu beigetragen haben, daß die Sozialistische Internationale nicht selten als ein überholtes Relikt aus der Vergangenheit angesehen wurde. Manchen erschien sie bedrohlich, viele hatten sie schon vergessen.

Mir scheint, wir sind jetzt dabei, der Internationale zu neuem Leben zu verhelfen. Es dürfte wieder deutlicher werden, wie wertvoll es für unsere tägliche Arbeit sein kann, Mitglied einer lebendigen Gemeinschaft unabhängiger Parteien zu sein. Dies ist wichtig: Unsere Zusammenarbeit hat nichts mit zentralistischen Weisungen oder lebensfremden Mehrheitsbeschlüssen zu tun. Wir suchen nach Lösungen, die aus gemeinsamen Grundüberzeugungen stammen. Unsere Internationale soll sein – und wird es hoffentlich zunehmend – ein Element der Anregung, des Ausgleichs und der Ermutigung in einer Welt, die auf ihre existentiellen Fragen neue, grenzüberschreitende Antworten braucht.

Der Kongreß der Internationale, der Ende letzten Jahres in Genf getagt hat, wird vielleicht als ein wichtiges Datum in die Geschichte unserer Bewegung eingehen. Dort haben wir jedenfalls einige der Voraussetzungen dafür geschaffen, daß nützliche Arbeit geleistet werden kann.[10]

Seitdem ist das – freilich sehr bescheidene – Sekretariat in London reorganisiert worden. Und das „Büro", an dem jetzt alle Mitgliederparteien beteiligt sind, hat begonnen, einen neuen Arbeitsstil zu entwickeln und sich den relevanten politischen Inhalten zuzuwenden. – Ich muß in aller Offenheit hinzufügen, daß wir die Mitgliedsparteien um etwas mehr materielles Engagement bitten müssen; sonst wird der Generalsekretär den an ihn gerichteten Erwartungen nicht gerecht werden können.

Auf dem Kongreß in Genf hatten wir unsere Entschlossenheit zum Ausdruck gebracht, die traditionelle Neigung zu einer eurozentrischen Sicht der Probleme aufzugeben und uns gegenüber all jenen Kräften aufgeschlossen zu zeigen, die in anderen Teilen der Welt, unter häufig ganz andersgearteten äußeren Bedingungen für gleiche oder ähnliche Ziele kämpfen – mit ihren eigenen Mitteln und auf ihren eigenen Wegen. Ein mehr als protokolarisches Faktum: Zum erstenmal haben wir an der Spitze unserer Internationale – als Vizepräsidenten – nicht nur europäische Sozialdemokraten, sondern auch die Parteivorsitzenden aus Chile und Israel, aus Kanada und Australien[11], dazu je einen Staatspräsidenten aus Afrika und Mittelamerika.[12]

Ich habe diese neue Orientierung seit vielen Jahren empfohlen. Für manche von uns war es eine wichtige Erfahrung, als im Frühjahr vorigen Jahres Repräsentanten der europäischen Sozialdemokratie in Caracas mit Parteiführern – regierenden und oppositionellen – aus mehr als einem Dutzend lateinamerikanischer und karibischer Nationen zusammentrafen.[13] Hier sollten keine Mitglieder für die Internationale geworben werden; man hob auch keine neue Organisation aus der Taufe, sondern man begann, eine flexible Zusammenarbeit zu erproben, die durch die Substanz von Ideen und praktischen Erfahrungen bestimmt ist. Dies gilt für die Grundwerte Freiheit, Gerechtigkeit und Solidarität; dies gilt ebenso für die Ablehnung von Diktatur, Hegemonie und Interventionismus. – Demnächst wird eine Viererguppe, der je zwei lateinamerikanische und europäische Repräsentanten angehören, in Rom über Vorschläge für die weitere Zusammenarbeit beraten.

Ähnliche Treffen mit uns nahestehenden Kräften aus anderen Teilen der Dritten Welt sind geplant. Die in nächster Zeit vorgesehenen Missionen nach Afrika und Lateinamerika und die Konferenz in Japan habe ich schon erwähnt. Ich will an dieser Stelle zusätzlich darauf hinweisen, daß regelmäßige Kontakte zwischen europäischen Sozialdemokraten und verwandten Gruppen in den Vereinigten Staaten nach meiner Einschätzung jetzt nicht mehr nur wünschenswert, sondern auch möglich sind. Unsere Anregungen fanden eine ermutigende Reaktion; davon habe ich mich vor zwei Monaten selbst überzeugen können. Man kann damit rechnen, daß sich ein Meinungsaustausch anbahnen wird, der über die Gruppen hinausreicht, die schon seit geraumer Zeit Verbindung zur europäischen Sozialdemokratie unterhalten haben, so daß die darüber hinaus interessierten Kreise der Demokratischen Partei und der Gewerkschaftsbewegung einbezogen werden können.

Die Sozialistische Internationale wird sich davor zu hüten wissen, eine Art UNO der demokratischen Linken werden zu wollen. Sie wird freilich ihr Gewicht zu nutzen haben, um jede vernünftige Anstrengung für das Überleben der Menschheit und deren würdige Zukunft zu stärken.

Dies gilt zuerst für die Mitwirkung an allen ernsthaften Initiativen, die der Sicherung des Friedens dienen. Wir leben nicht nur in einer notwendigen Koexistenz unterschiedlicher gesellschaftlicher Ordnungen, wir leben auch in der schrecklichen Koexistenz mit einem Arsenal der Zerstörung, das immer weiter wächst. Deshalb ist es jeder realistische Vorschlag zur Begrenzung und Kontrolle von Rüstungen wert, aufgenommen, geprüft und verhandelt zu werden. Wir werden unsere Vorschläge in die Debatte über Abrüstung einbringen. Das ergibt nur einen Sinn, wenn alle Beteiligten an der Politik der Entspannung festhalten. Zu ihr gibt es keine Alternative, wenn eine Katastrophe verhindert werden soll.

Vor drei Wochen versammelten sich in Amsterdam die sozialdemokratischen Parteivorsitzenden und Regierungschefs, um über die Entwicklung der Beziehungen zwischen Ost und West – nach Helsinki und vor Belgrad[14] – zu sprechen.[15] Es war bemerkenswert, feststellen zu können, wie nahtlos die Übereinstimmung im Hinblick auf weitere Schritte zur Fortsetzung der Entspannungspolitik war; dies ist kein schlechter Ausgangspunkt für die weiteren Bemühungen.

Wenn ich eben „alle Beteiligten" sagte, dann schließt dies die blockfreien Staaten, weit über Europa hinaus, selbstverständlich mit ein: Die nicht-gebundenen Staaten tragen, nach meinem Verständnis, eine hohe, unverwechselbare Verantwortung bei dem Bemühen, die bestehenden Gegensätze nicht zum Ausgangspunkt zerstörerischer Konflikte werden zu lassen.

Dies gilt zum anderen, in ganz besonderem Maße für die Mitarbeit an einer Neugestaltung der Beziehungen zwischen Nord und Süd. Die Menschheit ist nicht nur durch Krieg und Zerstörungsmittel bedroht, sondern in gleichem Maße durch die Folgen von Hunger und Elend.

Der Graben zwischen den reichen Nationen der nördlichen Hemisphäre und den armen Völkern des Südens darf nicht noch tiefer werden, wir müssen ihn überbrücken. Das heißt, geduldig, energisch und realistisch an den Elementen arbeiten, aus denen eine neue Ordnung der weltwirtschaftlichen Beziehungen wachsen kann. Die sozialdemokratischen Parteien und ihre Internationale werden sich intensiv darum zu bemühen haben, neue Wege zu finden, um mitzuwirken an der Lösung der drängenden Probleme der Unterernährung, der Überbevölkerung und der Fehlentwicklung. Die Aufgabe, zu besserer sozialer und ökonomischer Entwicklung beizutragen, verlangt unser vitales Engagement; für die, die nach uns kommen, wird auch noch einiges zu tun bleiben.

Drittens gehört es zu unseren Verpflichtungen, den Menschenrechten mehr Respekt zu verschaffen. Sie sind zwar in der Satzung der Vereinten Nationen und nahezu jeder Verfassung verbal verankert. In Wirklichkeit aber gelten sie nur für eine Minderheit der Menschen dieser Welt. Nicht die Achtung vor den Grundrechten, sondern ihre Verletzung ist noch immer die Norm, der die Völker unterworfen sind. Wir wissen sehr wohl, daß die Gesellschaften unterschiedlichen Entwicklungen unterliegen. Und doch kann es für gewalttätige Willkür keine Rechtfertigung geben, unter welchen ideologischen Vorzeichen auch immer. Ich meine, wir sehen unsere Bundesgenossen in allen Organisationen, die es sich zum Ziel gesetzt haben, die Menschen aus ihrer Gleichgültigkeit für das Schicksal von Verfolgten und Unterdrückten aufzurütteln.[16]

Ich will aber hinzufügen: Wir können nicht akzeptieren, daß Illusionisten und Falschmünzer Menschenrechte gegen Entspannung ausspielen. Zwischen dem Eintreten für die universelle Verwirklichung der Menschenrechte und der Politik der Entspannung gibt es keinen Widerspruch; sie gehören zusammen. Dies sieht der Präsident der Vereinigten Staaten [Jimmy Carter] nicht anders. Wer die Entspannung gefährdet, der gefährdet auch menschliche Erleichterungen. Wenn es nicht gelingt, die Entspannung fortzuführen, wird das

Ringen um die Menschenrechte noch sehr viel schwieriger. Und wenn der Frieden nicht zu retten wäre, brauchten wir über Menschenrechte nicht mehr zu reden.

IV.

Für demokratische Sozialisten war und ist die Sehnsucht der Menschen nach Freiheit und Frieden, ihr Drang nach Gerechtigkeit, ihre Fähigkeit zur Solidarität, zur Mit-Leidenschaft seit jeher Antrieb des politischen Handelns. Für sie hat der Zweck niemals die Mittel geheiligt: dies unterscheidet sie von jeder totalitären Strömung, und dies macht sie gegen autoritäre Anfechtungen immun. Die sozialistische Idee erstrebt nicht nur eine bessere Gesellschaftsordnung. Sie sucht den menschlichen und freiheitlichen Weg zu diesem Ziel. Daran ändert die Notwendigkeit nichts, daß die konkrete Bestimmung von Ziel und Weg unter gesellschaftlichen Bedingungen, die sich unaufhörlich verändern, stets aufs neue gefunden werden muß.

Die Entscheidung für den demokratischen Sozialismus kann unterschiedlich begründet werden. Er ist weder Religionsersatz, noch verlangt er eine uniforme philosophische oder wissenschaftliche „Weltanschauung". Die Entscheidung für ihn ergibt sich aus gemeinsamen politischen Zielen, die auf sittlichen Grundwerten beruhen: Freiheit, Gerechtigkeit, Solidarität.

Freiheit bedeutet das Freisein von entwürdigenden Abhängigkeiten und die freie Entfaltung der eigenen Persönlichkeit in jenen Grenzen, die durch die Forderung der Gerechtigkeit und der Solidarität gezogen werden.

Gerechtigkeit verwirklicht die Freiheit der vielen Einzelnen, indem sie ihnen gleiche Rechte und gleichwertige Lebenschancen in der Gesellschaft öffnet.

Solidarität ist die gebotene moralische Konsequenz aus der Notwendigkeit gesellschaftlicher Arbeitsteilung und Zusammenarbeit.

Sozialdemokraten, demokratische Sozialisten nehmen für sich in Anspruch, den Zusammenhang dieser drei Grundwerte und ihren gleichen Rang erkannt zu haben. Wir wenden uns mit derselben Leidenschaft gegen die Bevormundung der Bürger durch unkontrollierte Zusammenballung privater Interessen wie gegen die Einschnürung der Freiheit durch einen menschenfeindlichen Zentralismus mit seinen übermächtigen Bürokratien im Namen einer angeblichen Gerechtigkeit. Anspruch und Auftrag der Sozialdemokratie ist es, den Blick für alle Entwicklungen wachzuhalten, aus denen neue Abhängigkeiten erwachsen, und die Aufmerksamkeit für neue Bedrohungen der Freiheit zu schärfen.

Vor einer Woche haben wir in Trier – der Geburtsstadt von Karl Marx – in einem Diskussionskreis mit einer Reihe amerikanischer und anderer außereuropäischer Partner – einen fruchtbaren Meinungsaustausch über Freiheit und Sozialismus geführt.[17] Ich halte es für möglich und erwünscht, daß sich hieraus eine weitere Zusammenarbeit bei der Beantwortung prinzipieller Fragen ergibt.

Unsere Freunde in Asien haben andere Bezugspunkte als solche, die sich aus dem christlichen Erbe und dem der europäischen Philosophie ergeben. Die mohammedanische Welt setzt ihre eigenen Maßstäbe. Amerika bringt seine eigenen Erfahrungen ein und sein eigenes Lebensgefühl. In Osteuropa setzen sich demokratische Sozialisten mit einer verzerrten Deutung des Marxismus auseinander. Aber alles zusammengenommen – und noch einiges dazu – ergibt den demokratischen Sozialismus als internationales Phänomen.

Unsere Geschichte ist eine Geschichte der Herausforderung, der Verfolgung, der Niederlagen gegenüber totalitärer Unmenschlichkeit – und der geduldig erkämpften Siege. Wir sind nie einen leichten Weg gegangen. Daraus stammt unsere Kraft zur stetigen geistigen Erneuerung. Wir wollen weiterhin das unsere tun, damit die Welt gewissenhafter wird und damit menschlicher.

Nr. 15
Schreiben des Vorsitzenden der SPD, Brandt, an den Präsidenten der Weltbank, McNamara
15. Juli 1977[1]

AdsD, Nord-Süd-Kommission, 33 (Übersetzung aus dem Englischen: Wolfgang Schmidt).

Sehr geehrter Herr McNamara,
zu Beginn der Parlamentsferien möchte ich Ihnen noch einmal danken für Ihre freundlichen Bemühungen, die Gründung der unabhängigen Kommission für Internationale Zusammenarbeit, die Sie in Ihrer Rede in Boston am 14. Januar 1977[2] vorgeschlagen haben, voranzutreiben. Wie Sie wissen, habe ich seinerzeit klargemacht, dass eine solche Kommission die laufenden Gespräche in Paris nicht beeinträchtigen dürfe und dass sie deshalb ihre Arbeit nur nach dem Ende dieser Nord-Süd-Konferenz aufnehmen könne.[3]

Nachdem die KIWZ geendet hat[4], habe ich die Vorbereitungen für die mögliche Einrichtung dieses privaten Gremiums verstärkt.[5] Ich hatte gehofft, einige klare Meinungsäußerungen aus Industrie- und Entwicklungsländern zu erhalten, wie eine solche Kommission dazu beitragen könnte, anwendbare, realistische Lösungen für einige der Hauptprobleme zu finden.[6] Auch wenn es in den letzten Wochen manche Unterstützung gegeben hat[7], habe ich auch den Eindruck gewonnen, dass viele politische Führer – in diesem Stadium unmittelbar nach dem Ende der KIWZ – sich noch immer im Prozess des Nachdenkens darüber befinden, wie dieser Dialog in der Zukunft am besten fortgesetzt werden kann.

Ich meine, dass die nächste UN-Generalversammlung im September eine gute Gelegenheit bietet, dieses Problem weiter zu diskutieren. Daher hoffe ich, dass es dann tatsächlich möglich sein wird, zusätzliche Unterstützung für die Kommission zu bekom-

men, damit sie eine ausreichende politische Basis für ihre Gründung hat.[8]
Mit den besten Wünschen und
mit freundlichen Grüßen
‹gez. Willy Brandt›[9]

Nr. 16
Aus dem Manuskript der Rede des Präsidenten der SI, Brandt, bei der Chile-Konferenz in Rotterdam
29. August 1977[1]

AdsD, WBA, A 3, 731.

[...][2]
Das Generalthema unserer Zusammenkunft ist die politische Zukunft Chiles.[3] Zunächst aber möchte ich meinen Gruss richten an das chilenische Volk. Vor allem liegt mir daran, von dieser Stelle aus meine Solidarität mit all jenen zum Ausdruck zu bringen, die unter der unmenschlichen Diktatur zu leiden hatten oder noch leiden müssen. Sie sollen wissen, dass sie wie bisher mit unserer Verbundenheit und Unterstützung rechnen können, wo immer dies möglich ist. Wir werden uns mit jenen wortbrüchigen Machthabern, die ein schlimmes neues Kapitel im leidvollen Buch der Verfolgung Andersdenkender geschrieben haben, nicht auf Kosten der Unterdrückten arrangieren. Folter und Menschenquälerei dürfen nicht zur abstumpfenden Gewohnheit werden, in der die Abscheulichkeiten eines Regimes langsam in Vergessenheit geraten.

Als ich im Herbst 1973, wenige Wochen nach dem Militärputsch in Chile, vor der Generalversammlung der Vereinten Nationen zu sprechen hatte, sagte ich, bezogen auf die dramatischen Vorgänge: „So geht es nicht, oder, wenn man so will: so geht es leider auch ... aber dann (so fuhr ich fort) wird eines Tages zu sagen sein, dass Reform erst aus der Revolution werden konnte, nachdem Veränderung durch Reform manchen als nicht akzeptabel erschien."[4] Seither sind vier Jahre vergangen. Ich bleibe dabei: So geht es nicht! Auch jene, die schwankten, müssen heute erkennen: Die Putschisten führen ihr Land in den Ruin. Wieder einmal zeigt sich: Die Gewaltherrschaft ehrgeiziger Militärs kann niemals eine angemessene Antwort auf die schwierigen Probleme der Länder dieser Region sein.

Die Machtübernahme durch eine reaktionäre Militärführung war für Chile eine Tragödie. Davon bleibe ich überzeugt. Sie war darüber hinaus ein schlimmes Signal für alle Kräfte, die in Lateinamerika die Demokratie nicht für lebensfähig halten, ihre Prinzipien verachten, ihre Grundregeln verhöhnen. Deshalb meine ich: Wenn wir uns hier darauf konzentrieren, darüber nachzudenken, wie Chile in eine bessere Zukunft geführt werden kann, dann nicht, weil uns das traurige Schicksal der anderen Länder, die unter einer Militärdiktatur zu leiden haben, unberührt liesse; sondern weil wir davon überzeugt sind, dass eine grundlegende Veränderung der Lage dort ein Signal geben könnte für den ganzen Kontinent, ein Signal der Freiheit und der Demokratie.

Wir haben in den vergangenen Jahren in drei Ländern Europas erlebt, dass auch gegen vermeintlich fest verankerte Diktaturen der Wille zur Demokratie schliesslich die Oberhand behält. Portugal, Spanien und Griechenland waren für uns Beispiele der Ermutigung. Ich verkenne nicht, dass dem ein jahrzehntelanges Ringen vorausging, das den demokratisch orientierten Kräften unendlich viel Geduld und Selbstvertrauen abverlangte. So lange darf, so lange wird es in Chile nicht dauern. Unsere Freunde dort können Kraft und Ermutigung schöpfen, weil sie – wie wir – wissen: Die Geschichte wiederholt sich im Grunde nicht, jedenfalls nicht automatisch. Wir lassen uns von der Hoffnung und Überzeugung leiten: Freiheit und Demokratie werden nicht noch einmal über Jahrzehnte mit Füssen getreten werden können.

Aber auch folgende Lehre sollten wir uns zu Herzen nehmen: Keines der Länder, von denen ich sprach, hat wieder dort anfangen können, wo es vor Beginn der Diktatur einmal gestanden hatte. Es ergaben sich neue Konstellationen, die zum Schrittmacher der Demokratie wurden. Alte Wunden mussten vernarben.

Chile wird – so vermute ich – von diesem geschichtlichen Gesetz keine Ausnahme machen. Auch hier wird es – bei allem, was unwegsam bleibt – nicht darum gehen können, dort fortzufahren, wohin die Entwicklung, bis sie gewaltsam unterbrochen wurde, geführt hatte. Ich will mir nicht anmassen, die Ergebnisse des Gedankenaustausches der folgenden Tage vorwegzunehmen, ich könnte es auch gar nicht, und doch meine ich, sollten wir von folgendem ausgehen: Es wird darauf ankommen, dass sich alle ernsthaft demokratischen Kräfte Chiles, ob sie nun innerhalb oder ausserhalb des Landes wirken, darauf konzentrieren, die herrschende Diktatur zu überwinden. Nur so wird es möglich sein, die Kraft aufzubringen, die es braucht, die Grundlagen für eine funktionsfähige Demokratie wieder herzustellen, nicht zuletzt auch im wirtschaftlichen Bereich. Ohne ein tragfähiges Mass an Konsens zwischen den unterschiedlichen demokratischen Strömungen Chiles würde das Warten auf die Demokratie, so fürchte ich, noch lange währen.

Viel wäre gewonnen, wenn diese Konferenz im übrigen dazu beitragen würde, dass die politisch Verantwortlichen in allen Teilen der Welt sich ihrer Verantwortung im Hinblick auf die Zukunft Chiles noch stärker bewusst würden. Die Hauptlast bei dem Ringen um eine Rückkehr zur Demokratie wird das chilenische Volk, werden unsere chilenischen Freunde, selbst zu tragen haben. Aber wir anderen sollten helfen und da, wo wir es können, nach der Erkenntnis handeln, dass die Militärherrschaft in einem Land wie Chile eine Belastung für die Demokratie in ganz Lateinamerika, aber auch für eine gedeihliche internationale Entwicklung darstellt.

Viele Länder, auch wir in der Bundesrepublik Deutschland, haben Menschen aufgenommen, die in Chile verfolgt worden sind. Wir haben, ohne viel darüber zu reden, mitgeholfen, dass mancher aus den Gefängnissen und Lagern herauskommen konnte.[5] Zu solcher humanitären Hilfe bleiben wir selbstverständlich bereit. Aber sie muss ergänzt werden dadurch, dass nichts unversucht bleibt, damit

Chile auch durch Anstrengungen seiner Freunde in anderen Ländern den Weg zur Demokratie findet.

Ich bin der festen Überzeugung, dass die Demokratie überhaupt eine sichere Zukunft erst haben wird, wenn den Diktaturen der Boden entzogen wird. Diese Überzeugung macht vor keiner Grenze Halt. Und sie spart kein Regime aus, das mit Gewalt über die Menschen und ihren Willen zur Freiheit herrscht. Das gilt für alle Teile der Welt, ohne ihnen unsere westeuropäischen Modelle schematisch vermitteln zu wollen.

Ich wünsche den Beratungen dieser Konferenz einen guten Verlauf und hoffe, dass die Parole „Solidarität mit Chile" nicht nur bestätigt, sondern inhaltlich angereichert werden wird.

Nr. 17
Schreiben des Vorsitzenden der SPD, Brandt, an den Präsidenten der Arabischen Republik Ägypten, Sadat
5. September 1977[1]

AdsD, Nord-Süd-Kommission, 41 (Übersetzung aus dem Englischen: Wolfgang Schmidt).

Herr Präsident,
als Herr McNamara zu Beginn dieses Jahres öffentlich vorschlug, dass eine unabhängige Kommission für Internationale Zusammenarbeit unter meinem Vorsitz gegründet werden sollte, habe ich meine Bereitschaft erklärt, ein solches Gremium zu leiten, unter der Voraussetzung, dass seine Gründung genügend politische Unterstützung finden würde.[2]

Ich meine, ich sollte mich, bevor ich mich endgültig für den Start der Kommission entscheide, mit einigen der wichtigsten Staatsmännern im Nord-Süd-Dialog beraten, und ich muss nicht betonen, dass Ihr Wort für mich von besonderer Bedeutung sein würde.

Zu Ihrer Information füge ich einen Prospekt über dieses Gremium bei.[3]

Da ich möglicherweise in Kürze während der UN-Generalversammlung nach New York reisen werde, hoffe ich – für diesen Fall –, den Vertreter Ihres Landes dort zu treffen und die Angelegenheit zu besprechen, um von den Ansichten der ägyptischen Regierung in dieser Sache zu profitieren.[4]

Für Ihre freundliche Unterstützung[5] dankend verbleibe ich mit den besten Wünschen und
mit freundlichen Grüßen
‹Willy Brandt›[6]

Nr. 18
Interview des Vorsitzenden der SPD, Brandt, für die *Süddeutsche Zeitung*
29. September 1977[1]

Süddeutsche Zeitung vom 29. September 1977.

Den Nord-Süd-Konflikt nicht ins Chaos treiben lassen

Die Gegensätze zwischen Industriestaaten und Entwicklungsländern gefährden den Frieden

SZ: *Herr Brandt, angesichts Ihres bekannten Engagements für internationale Solidarität und globale Friedenspolitik hätte man schon im Januar [1977] erwarten können, daß Sie spontan ja sagen. Warum haben Sie so lange gezögert?*

Brandt: Man muß hier zwei Dinge auseinanderhalten: zum einen meine persönliche Bereitschaft, mich für eine solche Aufgabe grundsätzlich zur Verfügung zu halten; dazu habe ich seinerzeit im Zusammenhang mit der Rede McNamaras im Januar entsprechende Erklärungen abgegeben.[2] Der zweite Punkt betrifft hingegen die Frage, ob die Voraussetzungen gegeben erscheinen, um nun von mir aus eine solche Kommission tatsächlich ins Leben zu rufen. Es leuchtet wohl ein, daß einer solchen Entscheidung sorgfältige Vorbereitungen und eingehende Sondierungen mit Vertretern aus Entwicklungs- und Industrieländern vorausgehen mußten, bevor man ein Unternehmen in Gang setzte, das ohnehin noch genügend Risiken in sich trägt.

SZ: *Könnten Sie präzisieren: Mit wem haben Sie gesprochen?*

Brandt: Es hat Gespräche gegeben mit führenden Politikern aus allen Regionen, um nur ein paar Beispiele zu nennen, mit Indien und Indonesien, mit Mexiko und Venezuela, aber auch etwa mit Ländern wie Tansania und Sambia.[3] Interessant war, daß allgemein die sogenannten Schwellenmächte – also die Länder, die an der Schwelle vom Entwicklungs- zum Industrieland sind[4] – der Idee der Kommission sehr positiv gegenüberstanden[5], während die ärmsten Länder eher gezögert haben, verständlicherweise, wie ich sagen muß. Übrigens sind aber auch hier manche Vorbehalte, die im Januar noch da waren[6], inzwischen ausgeräumt. Zunächst einmal war ja – und auch das habe ich damals deutlich gemacht – der seinerzeit laufende Nord/Süd-Dialog in Paris abzuschließen, der bekanntlich im Juni [1977] zu Ende ging und dessen Ergebnisse von allen Beteiligten nicht als überaus erfolgreich gewürdigt wurden.[7]

SZ: *Bei vielen Entwicklungsländern besteht ein nach deren Erfahrungen nicht völlig unbegründetes Mißtrauen gegenüber allen gewissermaßen freischaffenden Gremien. Werden die Repräsentanten der Dritten Welt nicht die Behandlung derart wichtiger Fragen lieber innerhalb der UN-Strukturen betreiben wollen, wo sie eine sichere Mehrheit haben?*

Brandt: Ich stimme ja völlig mit der Haltung der meisten Beteiligten überein, daß die eigentlichen Verhandlungen im Rahmen des geltenden UN-Systems weiterzuführen sind.[8] Auch wenn es – und das will ich gar nicht verschweigen – bei einigen Partnern Zweifel und sogar ernste Bedenken gegeben hat[9], so haben mich die Gespräche bei einer kritischen Gesamtwürdigung davon überzeugt, daß eine solche unabhängige Kommission in sachlicher, aber auch in atmosphärischer Beziehung einen Beitrag leisten kann, den Charakter der Konflikte zu verändern und Lösungsmöglichkeiten aufzuzeigen;

denn noch scheinen sich mir die Entwicklungsländer und die Industriestaaten nicht so weit angenähert zu haben, daß eine emotionsentspannte und etwas ideologiefreiere Sachdiskussion möglich ist. Dabei ist zu bedenken, daß für diesen Prozeß, in dem schließlich die entscheidende soziale Frage für den Rest unseres Jahrhunderts in weltweitem Maßstab zu lösen sein wird, insbesondere die Regierungen unserer Länder auf mehr Verständnis in der Öffentlichkeit angewiesen sind für tiefgreifende Entscheidungen, die ihnen von den Entwicklungsländern mit zunehmender Ungeduld abverlangt werden. Aber ich will offen hinzufügen, daß sich auch unsere Partner in den zunehmend voneinander abweichenden Entwicklungsländern neuen Fragen gegenübergestellt sehen werden.

SZ: *Im Jahre 1969 hatte der angesehene frühere Premierminister von Kanada, der Friedensnobelpreisträger Lester B. Pearson, den Bericht einer nach ihm benannten Kommission vorgelegt, die zwei Jahrzehnte Entwicklungshilfe analysierte und Empfehlungen für den Ausgleich zwischen industrialisierten und in Entwicklung begriffenen Ländern ausarbeitete.*[10] *Doch trotz aller internationalen Anerkennung hat die wertvolle Arbeit Pearsons wenig Einfluß auf die realen politischen Entscheidungen und Entwicklungen der zurückliegenden Jahre nehmen können. Droht dieses Schicksal nicht auch einer „Brandt-Kommission"?*

Brandt: Zunächst einmal: Ich denke, wir sollten die Wirkungen, die vom Pearson-Bericht ausgegangen sind, nicht unterschätzen. Ich weiß wohl, daß die Entwicklungspolitik und die Bereitschaft der Industriestaaten, neue Wege im Nord/Süd-Dialog zu beschreiten, auch weiterhin alles andere als ausreichend sind. Andererseits läßt sich doch auch feststellen, daß wir heute in vielen Ländern einer größeren Aufgeschlossenheit diesem Problem gegenüber begegnen, als dies noch vor wenigen Jahren der Fall war. Ich habe im übrigen auch nicht die Absicht, eine Neuauflage des Pearson-Berichts erstellen zu lassen, zumal dieser seinerzeit wichtige Grundlagenarbeiten zu erfüllen hatte, was jetzt nicht mehr nötig ist.

SZ: *Worum geht es bei Ihrer Arbeit dann?*

Brandt: Was, wie ich finde, fehlt, ist ein konzentriertes Bündel realistischer Hinweise an die Beteiligten, wie man unter Berücksichtigung der gegebenen Verhältnisse möglichst rasch und wirksam einige Hauptprobleme in Angriff nehmen kann, die sich aus dem Gegensatz zwischen Nord und Süd, arm und reich ergeben und die der gegenüber der Zeit des Pearson-Berichts weithin veränderten Lage Rechnung tragen. Ich denke, die Autorität der in dieser Kommission Mitwirkenden wird dazu beitragen, daß unsere Ratschläge auch Gehör finden und unser Bericht nicht in den Bibliotheken von Parlamenten und Universitäten verstaubt.

SZ: *Können Sie schon Namen nennen oder wenigstens Kriterien, die Sie bei der Zusammensetzung der Kommission für ausschlaggebend halten?*

Brandt: Namen zu nennen wäre noch zu früh und würde den ohnehin sehr komplizierten Prozeß der Gewinnung gewichtiger Leute eher behindern. Entscheidend wird sein, daß es sich um eine wirklich unabhängige Kommission handelt, zusammengesetzt aus Personen mit großer internationaler Erfahrung und Autorität. Personen, die nicht weisungsgebunden sind seitens einer Regierung oder Institution, und die in einem ausgewogenen Verhältnis die wichtigsten politischen Strömungen in den beteiligten Ländern repräsentieren.

SZ: *Bei allem internationalen Ansehen, das Sie genießen – für die Länder der Dritten Welt sind Sie ja nun mal in erster Linie ein Vertreter aus einem der wichtigsten Industrieländer und ein – wenn auch auf Ausgleich bedachter – Mann des Westens. Gibt es angesichts solcher Bedenken bei Entwicklungsländern Anzeichen, daß eine „Brandt-Kommission" seitens der Dritten Welt wirklich akzeptiert wird?*

Brandt: Ja. Es gibt nicht nur Anzeichen dafür. Mir ist dies von hochrangigen Vertretern der sogenannten Dritten Welt schriftlich und mündlich versichert worden. Daß die Kommission von einem Europäer geleitet werden soll, das wird zu Recht auch von vielen Repräsentanten der Dritten Welt eher als ein Vorteil angesehen. Denn dies wird es den Industriestaaten schwerer machen, die Ergebnisse unserer Arbeit als einseitige Forderungen der „Gegenseite" zu qualifizieren und sie unter diesem Hinweis unberücksichtigt zu lassen.

SZ: *Wird es nicht, unabhängig von der Akzeptierung Ihrer Person als Vorsitzender, Befürchtungen der Entwicklungsländer geben, sie könnten in der Kommission majorisiert werden?*

Brandt: Die Zusammensetzung und die Zahl der Kommissionsmitglieder ist, wie Sie wissen, noch nicht endgültig entschieden. Sicher ist jedenfalls, daß es keine Unterrepräsentation der Entwicklungsländer geben wird. Eher ist ein kleines Übergewicht denkbar.[11] Ich möchte der Vollständigkeit halber aber auch nicht verschweigen, daß einige prononcierte Vertreter der Dritten Welt lieber eine Kommission hätten, die mehr oder weniger ausschließlich ihre Vorstellungen verstärkt. Das aber kann nicht die Aufgabe eines solchen Gremiums sein. Es muß sich mit den Feldern beschäftigen, in denen – auf der Grundlage gemeinsamen Interesses – realisierbare Lösungen zu erreichen sind.

SZ: *Nun gibt es ja auch große politische Blöcke der kommunistischen Länder – Warschauer Pakt, China – die eine sehr bedeutende Rolle in der Nord-Süd-Problematik spielen, sich aber bisher nie haben einbeziehen lassen in die Versuche, diese Probleme gemeinsam zu lösen.[12] Wollen Sie diese Länder einfach aussparen?*

Brandt: Nein, das werden wir nicht. Man ist leider noch nicht so weit, daß man jemand aus diesen Ländern einfach auffordern kann, in diese Kommission zu gehen. Aber wir werden versuchen – und dazu wurden auch schon Anläufe unternommen –, das Gespräch der Experten auch mit diesen Ländern zu führen und deren Vorstellungen in die Diskussion miteinzubeziehen.[13]

SZ: *Anstehende Konfliktthemen wie neue Weltwirtschaftsordnung, Rohstoffpolitik und weltweite Arbeitslosigkeit werden notwendigerweise Gegenstand der Kommissionsarbeit sein. Wie groß ist die Gefahr, daß Sie sich angesichts dieser handfesten Gegensätze zwischen alle Stühle setzen?*

Brandt: Wie die Kommission die Thematik abgrenzt, werden wir nach ihrer Konstituierung sehen.[14] Aber natürlich sehe ich die Gefahr, daß sie sich, wie Sie sagen, zwischen alle Stühle setzen könnte. Aber ich sehe gerade eine der Hauptaufgaben einer solchen Kommission darin, der Öffentlichkeit in unseren Ländern deutlich zu machen, daß wir besser fahren, wenn wir uns jetzt zu diesen oder jenen Anstrengungen entschließen, als wenn wir die Dinge treiben lassen und damit unsere Kinder der Gefahr eines schrecklichen Chaos aussetzen.

SZ: *Also der Versuch, die Interessen auszubalancieren?*

Brandt: Ausgehend von den begrenzt verfügbaren Ressourcen müssen wir die Entwicklung in den letzten Jahrzehnten objektiv und nicht nur auf eine Seite beschränkt untersuchen. Es gibt ja nicht nur auf seiten der Industrieländer Anlaß zu einer Reihe kritischer Feststellungen; auch bei den Entwicklungsländern dürften in der Zukunft zusätzliche Anstrengungen angezeigt sein.

SZ: *Ihr Entschluß, den Vorsitz der Kommission zu übernehmen, wird voraussichtlich auch in der Bundesrepublik nicht nur auf positive Resonanzen stoßen. Wird – zum Beispiel – die Bundesregierung nicht vermuten, der SPD-Vorsitzende wolle an ihr vorbei Entwicklungspolitik machen? Oder doch zumindest unter seinem Namen Maßstäbe aufstellen, an denen vorbei eine Bundesregierung später kaum mehr in internationalen Verhandlungen deutsche Interessen vertreten kann?*

Brandt: Ich spreche natürlich nicht für die Bundesregierung, darf aber darauf hinweisen, daß diese – wie man nachlesen kann – den Vorschlag von Weltbankpräsident McNamara begrüßt hat, mich als Vorsitzenden einer solchen unabhängigen Kommission vorzusehen.[15] Es wäre verwunderlich, wenn mit dem Bundeskanzler, dem Außenminister und anderen Mitgliedern der Bundesregierung nicht auch informelle Gespräche stattgefunden hätten.[16]

Im übrigen: selbstverständlich muß ich Maßstäbe, wenn ich sie mitdefiniert habe, auch auf die Regierung des eigenen Landes anwenden. Aber ihre verfassungsmäßige Verantwortung wird dadurch in keiner Weise berührt. Wenn Herr McNamara, Präsident der Weltbank, einen Vorschlag macht, bindet doch dies nicht die amerikanische Regierung. Pearson hat mit seinem Bericht auch nicht die kanadische Regierung binden können.

SZ: *Kommt ein deutscher Parteivorsitzender nicht selbst auch in schwere Loyalitätskonflikte, wenn er einerseits glaubwürdig nationale Interessen zu vertreten hat – auch dem deutschen Wähler gegenüber –, dann aber als Vorsitzender einer solchen Kommission auch die Interessen der Dritten Welt bei uns vertreten muß?*

Brandt: Nein, diesen Konflikt sehe ich wirklich nicht. Denn langfristig gibt es, davon bin ich zutiefst überzeugt, keinen Gegensatz zwischen unseren nationalen Interessen und dem Bemühen, den Gegensatz zwischen Nord und Süd zu überwinden oder doch zumindest zu reduzieren. Wir leben in *einer* Welt, und jeder Konflikt von der gefährlichen Dynamik des Nord-Süd-Gefälles steht einer dauerhaften Friedensordnung im Wege, die das oberste Ziel unserer Politik bleiben muß.

SZ: *Sehen Sie nicht die Gefahr, daß manches von dem, was Sie in der Kommission zu vertreten haben werden, in der Bundesrepublik gegen Sie verwandt werden könnte? Dies um so mehr, als die Bekenntnisse zur freien Marktwirtschaft, wie sie bei uns fast mit Weltanschauungscharakter verlangt werden und wie sie im Kern wohl hierzulande auch angemessen sind, im Verhältnis zwischen Industrie- und Entwicklungsländern auf die Dauer nicht weiterhelfen werden?*

Brandt: Ich möchte hierbei zunächst unterstreichen, daß mir als Vorsitzendem eine ausgleichende Aufgabe zukommt. Auch wenn ich die Effizienz unserer Wirtschaftsordnung zu würdigen habe, so werde ich doch nicht die Augen davor verschließen können, daß man in weiten Teilen der Welt von anderen Voraussetzungen ausgeht. Geben wir doch offen zu, daß die bisherige wirtschaftliche Ordnung uns große Vorteile gebracht hat, ohne zugleich aber die Entwicklungsländer gleichberechtigt an dem Wohlstandszuwachs teilhaben zu lassen. Ich finde es verständlich, daß die Entwicklungsländer das ändern wollen. Man wird dann am Ende sehen, wie etwas vereinbart werden kann, was beiden Seiten gerecht wird.

Nur: der Lauf der Welt wird sich auch in dieser Hinsicht nicht nach deutschen Dogmatikern richten, und ich kann mein politisches Wirken nicht davon abhängig machen, ob gewisse Leute bereit sind, ihre parteipolitische Brille bei der Betrachtung der hier auf uns zukommenden Schwierigkeiten abzulegen oder nicht.[17] Ich wäre allerdings sehr froh, wenn nach den scharfen Auseinandersetzungen bei uns um die Gestaltung der Beziehungen zwischen Ost und West nicht auch noch die Zukunft des Verhältnisses zwischen Nord und Süd Gegenstand harter Kontroversen werden müßte.

SZ: *Wird der Vorsitzende der Nord/Süd-Kommission, der gleichzeitig auch Präsident der Sozialistischen Internationale ist, noch Zeit haben für* *seine eigene Partei? Oder setzt sich Willy Brandt langsam ab – in die internationale Politik?*

Brandt: Was den letzten Teil Ihrer Frage angeht, so ist meine Antwort ein glattes Nein. Ich weiß wohl, daß einige meinen, ich kümmere mich zuviel um europäische und internationale Dinge. Tatsache ist, daß ich mich stets auf die deutsche Politik konzentriert habe, und dabei wird es auch bleiben. Die Arbeit in der internationalen Gemeinschaft der sozialdemokratischen Parteien und während der kommenden anderthalb Jahre auch in der neuen Kommission entspricht im übrigen in ihrer Zielsetzung dem, wofür sich die SPD stets eingesetzt hat.

Um es noch einmal ganz deutlich zu sagen: Der Vorsitz der Sozialdemokratischen Partei Deutschlands bleibt für mich die Hauptaufgabe, wenn er mir auf dem bevorstehenden Parteitag in Hamburg erneut übertragen wird.[18] Aber nationale Interessen können eben schon lange nicht mehr allein hinter den eigenen Grenzen wahrgenommen werden.

Nr. 19
Rede des Vorsitzenden der Nord-Süd-Kommission, Brandt, zur Eröffnung der Konstituierenden Sitzung auf Schloss Gymnich 9. Dezember 1977

Bulletin des Presse- und Informationsamts der Bundesregierung, Nr. 127 vom 14. Dezember 1977, S. 1171 f.[1]

‹Herr Bundespräsident,
Ladies and Gentlemen,›[2]

Ich möchte Sie zunächst alle herzlich willkommen heißen – eingeschlossen diejenigen Mitglieder unserer neuen Kommission, die heute noch nicht mit uns zusammentreffen konnten.[3]

Wir sind sehr dankbar dafür, daß der Herr Bundespräsident sich bereit erklärt hat, an dieser Eröffnungssitzung teilzunehmen und einige Worte an uns zu richten.⁴

Wir werden später noch Gelegenheit haben, mit Herrn Bundespräsidenten Scheel zusammenzutreffen sowie einen Gedankenaustausch mit dem Herrn Bundeskanzler zu führen.⁵ Herr Bundesaußenminister Genscher, der uns diese Räumlichkeiten zur Verfügung gestellt hat, wäre auch gern hierhergekommen – er läßt uns seine herzlichen Grüße übermitteln.⁶

Wir freuen uns natürlich auch über die Anwesenheit der Pressevertreter. Obwohl die meisten unserer Besprechungen hinter verschlossenen Türen geführt werden – wegen des besonderen Charakters dieser Kommission –, sind wir auf die Presse- und Medienvertreter angewiesen, um unsere Botschaft an diejenigen zu übermitteln, die wir in den reichen und ärmeren Ländern ansprechen wollen.

Es ist dabei von entscheidender Bedeutung, daß die Weltpresse die Vorstellung versteht und der Weltöffentlichkeit vermittelt, daß das Thema unserer Gespräche – Zusammenarbeit mit Nord und Süd – ausschlaggebend ist für die Zukunft des Weltfriedens und für die Struktur der Welt, in der unsere Kinder leben müssen.

Ich möchte Sie allerdings warnen: Schrauben Sie Ihre Erwartungen nicht zu hoch.

Wir dürfen nicht davon ausgehen, daß eine solche von Regierungen unabhängige Kommission alle diejenigen Probleme lösen kann, die internationale Konferenzen der letzten Jahre oft in Verlegenheit gestürzt haben.

Unsere Kommission will bei den fortlaufenden Verhandlungen die Regierungen nicht etwa ersetzen. Aber wir haben vielleicht einige Vorteile auf unserer Seite: Wir sind nicht durch Weisungen eingeengt. Wir sind nicht von den Prestigeerwägungen einer nationalen Regierung belastet. Und wir stehen nicht unter dem Zwang, unseren Meinungen zum „Sieg" verhelfen zu müssen. Wir können es uns leisten, das gemeinsame Interesse auszuloten und auf diese Weise einen Beitrag zu leisten zur Politik der friedlichen, wenn auch beschleunigten Änderung. Eine solche Änderung oder Umwälzung ist vorstellbar noch in diesem Jahrhundert, wenn sowohl reiche als auch arme Länder davon überzeugt sind, daß jetzt gehandelt werden muß.

Wir müssen unseren eigenen Beitrag leisten zu dieser öffentlichen Überzeugung und zu der Einsicht in die Dringlichkeit dieses Anliegens.

‹Unsere Kommission ist alles andere als einheitlich. Ihre Mitglieder unterscheiden sich nicht nur durch Herkunft und Erfahrungen, sondern sind auch beseelt von divergierenden Überzeugungen.[7] Niemand kann heute sagen, ob wir in der Lage sein werden, voll abgestimmte Empfehlungen auszusprechen.

Es lohnt sich aber, den Versuch zu machen. Ich freue mich auf das intellektuelle Abenteuer, in das wir uns hier einlassen. Und ich hoffe, daß wir einen konstruktiven Beitrag leisten können.›[8] Wenn uns das gelingt, wäre die Kommission vielleicht in der Lage, den Geist der Konfrontation abzubauen, der heute noch zwischen Nord und Süd besteht, und ihn zu ersetzen durch mehr gegenseitiges Interesse, durch stärkere Bemühungen um Zusammenarbeit.

Einer unserer Kollegen aus einem Entwicklungsland hat das in einem Brief an mich so formuliert: ‹Woanders hat man sich lange auf die Mittel konzentriert. Wir müssen uns mehr auf die langfristigen Ziele einstellen, was bedeutet, daß wir zuerst die Grundbedürfnisse der gesamten Dritten Welt befriedigen müssen, und zwar im Rahmen eines geordneten Wachstums, sowohl in den Entwicklungsländern als auch in den Industrieländern.›[9] Ich hege keine weltfremden Erwartungen, aber ich hoffe doch, daß wir den notwendigen Optimismus aufbringen können, um gemeinsam an einem Bericht zu arbeiten, der den Regierungen und internationalen Organisationen ihre schwierigen Aufgaben erleichtern mag.

Dabei möchte ich hinzufügen, daß unser Bericht meines Erachtens im Ausdruck kurz und knapp sein sollte, so daß jeder gewöhnliche und leidlich informierte Bürger der Welt ihn verstehen kann.

Bei Gelegenheiten wie dieser ist es üblich, den Teilnehmern eine kleine Erinnerung an das Zusammentreffen zu überreichen. Zufällig hat gerade einer meiner Landsleute eine neue Landkarte erarbeitet[10] – und zwar eine Projektion des Planeten Erde, auf dem wir alle, ob reich oder arm, leben müssen. Im Gegensatz zu einer herkömmlichen Landkarte, bei der Europa im Zentrum liegt und zwei Drittel des Raumes der nördlichen Halbkugel gewidmet sind[11], zeigt diese neue Landkarte mit Nachdruck die Gebiete, in denen zwei Drittel der Weltbevölkerung angesiedelt sind.

Die Probleme dieser Dritten Welt (oder vielleicht sollte ich sagen zwei Drittel der Welt) sind genau die, mit denen sich unsere Kommission beschäftigen muß, und die zumindest bis zum Jahr 2000 auf alle politischen und wirtschaftlichen Entwicklungen einen dominierenden Einfluß ausüben werden.

Ich bin überzeugt, daß wir in unserem Land und in Europa mehr beizutragen haben als lediglich eine neue Landkarte; viele von uns haben durch schlimme Erfahrungen gelernt, die Welt und unseren kleinen Teil der Welt aus einer neuen Perspektive zu betrachten.

Das Beispiel der sogenannten Ostpolitik hat gezeigt, daß es möglich ist, den Charakter eines Konflikts zu ändern und in einem solchen Konflikt diejenigen Elemente eines gegenseitigen Interesses festzustellen, die beiderseitig vertretbare gemeinsame Lösungen hervorbringen können. ‹Grundsätzliche Unterschiede bleiben bestehen, doch neue Möglichkeiten der Zusammenarbeit, wenn sie nur voll genutzt werden, können sogar die ideologischen Gegebenheiten beeinflussen.›[12]

‹Wie dem auch sei: Ich bin bereit, mich einzusetzen für eine „Südpolitik", die zumindest Teile der wirtschaftlichen Konfrontation zwischen Nord und Süd abbauen oder auf einen Nenner bringen würde.›[13]

Wir haben vielleicht noch andere Erfahrungen, auf die wir zurückgreifen können. Die Entwicklung unserer Industriegesellschaften seit dem 19. Jahrhundert ist im allgemeinen so gelaufen, daß eine größere politische und materielle Beteiligung von stets wachsenden Schichten der Gesellschaft zustande kam – zum Wohle, so glaube ich, der gesamten nationalen Gemeinschaften. Die Lehre, daß eine gerechtere Verteilung des Wachstums und die Beteiligung am

Wirtschaftsprozeß im Interesse aller Bürger lag, mußte von den konservativ gesonnenen Teilen der Gesellschaft erst gelernt oder nachvollzogen werden.

Nun, in einer Reihe von Ländern wird dieses Prinzip allgemein anerkannt, und seine stabilisierende Wirkung auf die Gesellschaft wird überall begrüßt. Vielleicht können wir hier einen möglichen Weg erkennen, der uns weiterbringen würde in Richtung auf eine größere Beteiligung von mehr und mehr ärmeren Ländern an einer Weltgesellschaft mit ständig wachsendem Welt-Verantwortungsbewußtsein.

Selbst auf unserer neuen Weltkarte wird es nicht leicht sein, diesen Weg nach vorne zu finden, es wird ebensowenig leicht sein, die Völker oder Regierungen auf diesen Weg zu bringen.

Bei der gegenwärtigen Wirtschaftslage der Industrieländer – bestimmt durch hohe Arbeitslosigkeit und weitreichende Strukturveränderungen[14] – ist es zweifellos eine große Versuchung, die nationale Volkswirtschaft auf Kosten der ausgewogenen internationalen Wirtschaft schützen zu wollen. Aber diesen Weg haben Europa und Nordamerika bereits vor fast fünfzig Jahren beschritten – Resultat: Die Kolonialwelt ging bankrott, Nordamerika wurde ruiniert, und Europa versank in Flammen.

Diesmal wagen wir es nicht, ähnliche Fehler zu begehen, ‹die in unseren Tagen noch viel gefährlichere Folgen hätten.›[15] Wir müssen unsere gegenseitigen Interessen suchen, und zwar sowohl innerhalb unserer Industriegemeinschaften als auch gegenüber der nichtindustrialisierten Entwicklungswelt. Diese gegenseitigen Interessen mögen schwer zu finden sein, die notwendige Zusammenarbeit wird nicht gerade leicht zu organisieren sein, aber unsere Kommission kann gewissermaßen eine Fackel vor sich her tragen und anderen den Weg weisen.

Mit dieser Hoffnung im Herzen heiße ich Sie hier zu unserer ersten Sitzung willkommen.

Nr. 20
Interview des Vorsitzenden der SPD, Brandt, für die *Frankfurter Rundschau*
10. Januar 1978[1]

Frankfurter Rundschau vom 10. Januar 1978.

Brandt: Gewissenserleichterung reicht nicht

Frage: Die bilaterale und multinationale Entwicklungshilfe hat es nicht vermocht, die Kluft zwischen Industrieländern und Ländern der dritten Welt zu verringern. Im Gegenteil. Die Reichen sind reicher, die Armen ärmer geworden. Bedeutet das Ihrer Ansicht nach, daß das gesamte Konzept der Entwicklungshilfe falsch ist und deshalb neue Konzepte erdacht werden müssen, oder meinen Sie, daß die Probleme bereits richtig erkannt wurden und bisherige Konzepte nur gewisser Modifizierungen bedürfen?

Brandt: Zunächst einmal bezweifle ich die These, daß die Armen absolut ärmer geworden seien. Sie sind es relativ im Verhältnis zu den entwickelten Industrieländern.[2] Aber wenn man das eine oder andere Land in Asien mit dessen Stellung vor einem Jahrzehnt vergleicht, dann gibt es unverkennbare Fortschritte.[3] In Lateinamerika wird es im nächsten Jahrzehnt ein halbes Dutzend Staaten geben, die aus der Gruppe der Entwicklungsländer nicht nur herauswachsen, sondern auch über den Status sogenannter Schwellenländer hinaus in die Gruppe der entwickelten Länder hineinkommen.[4] Dies einmal vorausgeschickt.

Die Antwort auf die Frage lautet: Sowohl als auch. Es gibt Teile dessen, was man Entwicklungshilfe genannt hat, von denen man sagen kann, die haben sich bewährt. Es gibt aber die Notwendigkeit insgesamt, vom Hilfekonzept zur Definition gemeinsamer Interessen zu kommen. Solange man glaubt, man könne die Probleme dadurch lösen, daß die Reichen den Ärmeren ein bißchen abgeben, ein bißchen gehobene Wohltätigkeit betreiben, können diejenigen von uns, die in reicheren Ländern leben, vielleicht ihr Gewissen für eine Weile noch etwas erleichtern, aber wir können die eigentlichen Probleme des Ausgleichs nicht lösen. Da muß man heran an eine gewisse Stabilisierung der Rohstoffpreise.⁵ Da muß man heran an eine Schuldenregelung.⁶ Da muß man heran an neue Leitlinien für die Handelspolitik. Wir müssen in den Industrieländern das Risiko eingehen, den Entwicklungsländern leichtere Möglichkeiten zu verschaffen, in unsere Märkte hineinzukommen. Und nicht zuletzt bedarf es einer rascheren Übertragung technologischer Fähigkeiten und Möglichkeiten.

Der Anteil der Entwicklungshilfe am Bruttosozialprodukt der Bundesrepublik beträgt – nach den neuen Haushaltsangaben – 0,35 Prozent.⁷ Verglichen mit der Entwicklungshilfe, die zum Beispiel skandinavische Länder geben, ist diese Summe für eines der reichsten Länder der Erde nicht ziemlich gering?

Sie haben recht, wenn Sie auf den für uns nicht vorteilhaften Vergleich mit den skandinavischen Ländern hinweisen. Die Schweden zum Beispiel haben schon vor einigen Jahren das Ein-Prozent-Ziel erreicht.⁸ Wenn ich uns verteidigen sollte, würde ich sagen, unser Prozentsatz liegt über dem amerikanischen, liegt wesentlich über dem japanischen.⁹ Übrigens ist unser Entwicklungshilfe-Etat für das nächste Jahr derjenige, der am stärksten anwächst.¹⁰ Das war auch nötig, denn sonst wären wir noch weiter abgesackt. Die Anteile der Bundesrepublik werden steigen müssen.¹¹ Und der Bundesbürger, die Bundesbürgerin müssen verstehen, daß es nicht Hilfe im Sinne von Almosen ist, sondern Hilfe, die auch den eigenen Interessen gerecht wird.

In der Bundesrepublik werden normalerweise private Investitionen zur Entwicklungshilfe gezählt. Halten Sie es als Sozialist überhaupt für gerechtfertigt, Privatinvestitionen als Entwicklungshilfe zu deklarieren?

Ich kann dies nicht ideologisch beantworten. Ich mache diese Frage von der Bewertung abhängig, die das jeweils in Betracht kommende Land zugrunde legt. Ich glaube nicht, daß wir dazu da sind, unsere Modelle zu übertragen. Solche gibt es bei uns zu Hause, die glauben, man müsse die übrige Welt beglücken mit unserer Wirtschaftsordnung. Das halte ich für falsch. Ich halte es für angemessen, daß jedes einzelne Entwicklungsland seinen wirtschaftspolitischen Kurs bestimmt. Wenn also ein Land sagt, es will in seiner Wirtschaft für seine Entwicklung in bestimmten Sektoren auch ausländischen Investoren eine Chance bieten, dann halte ich es für durchaus angemessen, dazu nicht nur ja zu sagen, sondern solche Investitionen dann auch steuerlich zu begünstigen, wie es bei uns geschieht.

Wie beurteilen Sie die Tätigkeit der multinationalen Konzerne[12] *in der dritten Welt? Haben die Multis Ihrer Meinung nach echte Entwicklung gefördert oder haben sie eher entwicklungshemmend gewirkt?*

Es hat eine Tendenz gegeben in den letzten Jahren, in den multinationalen Gesellschaften etwas nur Böses zu sehen. In Wirklichkeit sind sie besonders hoch entwickelte wirtschaftliche Organisationen mit der Möglichkeit, manche organisatorischen und technischen Fähigkeiten zu entwickeln, die sich im engeren nationalen Rahmen so gar nicht darstellen lassen. Deshalb glaube ich, daß bei allem, was man an den Multis auszusetzen hat – ich hätte eine Menge auszusetzen, vor allen Dingen, wo sie sich politisch einmischen[13] –, daß das Konzept von die nationalen Volkswirtschaften übergreifenden Unternehmungen eines sein wird, das uns lange begleitet, das im Grunde die Zukunft für sich hat. Und das sagt noch gar nichts über die Besitzverhältnisse solcher Gesellschaften aus.

Konkret auf die Entwicklungsländer bezogen wird man kritisch anmerken müssen, daß die multinationalen Gesellschaften wohl ihrem ganzen Aufbau nach dazu neigen, in Entwicklungsländern die schon wohlhabenden Schichten in erster Linie zu berücksichtigen, in ihnen ihre Käufer zu sehen, und daß sie dadurch eher dazu beitragen, soziale Gegensätze noch zu verschärfen, statt sie zu überwinden. Ich gehöre nicht zu denen, die einfach nur auf die Multis schimpfen – weil ich sie für besonders leistungsfähig halte. Aber ihr bisheriges Erscheinen kann nicht so gewertet werden, als daß sie sich zum Nutzen der Entwicklungsländer ausgewirkt hätten. Und das muß in Ordnung gebracht werden.

Sie haben in Sambia Führer verschiedener Befreiungsbewegungen getroffen.[14] *Was stand im Mittelpunkt Ihrer Gespräche?*

Der Sinn meiner Gespräche mit den Vertretern der Befreiungsbewegungen war in erster Linie, mir selbst zusätzliche Informationen zu beschaffen. Wir wären von allen guten Geistern verlassen, wenn wir uns nicht einstellen auf die, die – ich hoffe eher morgen als übermorgen –, die Verantwortlichen sein werden als Vertreter der Mehrheit ihres Volkes in Namibia, in Zimbabwe, dem jetzigen Südrhodesien, und in etwas anderer Weise in der weiteren Entwicklung in der Republik Südafrika.

Deshalb habe ich mit Vertretern der Patriotischen Front[15], mit Vertretern der SWAPO und mit Vertretern der afrikanischen Mehrheit Südafrikas [gesprochen]. Die Bundesrepublik hat sich etwas mühsam eingestellt auf den Prozeß der Wandlung.[16] Aber ich denke, es ist noch nicht zu spät. Und um auch der eigenen Regierung dazu vernünftige Ratschläge geben zu können, muß man den Vertretern dieser Bewegungen zuhören. Ergänzend kommt dazu, was die verantwortlichen Männer der unabhängigen Nachbarländer dazu sagen. Deshalb meine Gespräche mit Präsident Nyerere in Tansania und Präsident Kaunda in Sambia.

Die Organisation für Afrikanische Einheit erkennt die Patriotische Front als einzige Befreiungsbewegung für Rhodesien an. Die Patriotische Front wird von ZAPU und ZANU gebildet. Haben Sie auch Vertreter der ZANU getroffen?

Nein, bei diesem Besuch nicht, weil die Vertreter von Herrn Mugabe, der selbst nicht im Land war, wohl erst seine Zustimmung haben mußten, und dann klappte es bei mir auch nicht mehr. Aber ich fühle mich auch unterrichtet, was diesen Teil der Patriotischen Front angeht.

Der Vorschlag des englischen Außenministers Owen für eine Übergangslösung in Rhodesien sieht einen britischen Bevollmächtigten mit einer beinahe diktatorischen Machtfülle vor. Ist es den beiden kämpfenden Befreiungsbewegungen zu verdenken, wenn sie nach ihren bisher immer nur schlechten Erfahrungen mit der britischen Regierung diesen Vorschlag ablehnen?

Ganz abgelehnt haben sie ihn ja nicht. Über einige Punkte sind sie ja wohl bereit, zu reden. Ich habe nun die Bedenken selbst gehört.¹⁷ Sie gehen hin bis zu der Befürchtung, aus einer solchen starken Stellung des residierenden Bevollmächtigten könne im Grund etwas werden, was zur britischen Kolonialherrschaft zurückführe. Meiner Meinung nach ist das objektiv eine Fehleinschätzung. Wer die Dinge so einschätzt, der unterschätzt die Dynamik eines solchen Übergangsvorgangs und die objektive Unfähigkeit Großbritanniens, in der heutigen Welt auf diese Weise das Geschichtsbuch von hinten nach vorne lesen zu wollen. Ich bin nicht dazu da, diesen angloamerikanischen Vorschlag anzupreisen. Aber ich sehe immerhin den einen wichtigen Ansatz, daß die bewaffneten Formationen der Patriotischen Front ja schon nach diesem Vorschlag ausersehen sind, eine wichtige Rolle in der zukünftigen Verteidigungsstruktur Zimbabwes zu spielen. Es müßte möglich sein, eine ähnliche Verankerung der Befreiungsbewegung auch in der politischen Struktur festzulegen in der Übergangszeit, bis dann durch Wahlen der Wille der Bevölkerung ermittelt sein wird. Die Patriotische Front, die gleichbedeutend ist mit denen, die sich zur bewaffneten Auseinandersetzung entschlossen haben, hat ja die Befürchtung, daß sie in der Übergangszeit hereingelegt werden könnte. Deshalb gibt es eine Menge, worüber zu sprechen sein wird. Das wird vielleicht erst aktuell, wenn sich herausgestellt hat, was sich wohl herausstellen wird, daß die sogenannten internen Gespräche in Salisbury¹⁸ nicht weit tragen.¹⁹

Ihre Partei ist bisher nicht bereit, den bewaffneten Kampf gegen die weißen Minderheitenregime im südlichen Afrika zu unterstützen, und auch die humanitäre Hilfe ist bisher sehr gering. Haben Sie bei Ihren Gesprächen mit Vertretern der ZAPU, der SWAPO und des ANC/Südafrika auch über konkrete Hilfe geredet?

Auch wenn man über Politik redet, kann man die praktischen Dinge nicht ganz außen vorlassen. Sicher wird die Bundesregierung auf humanitärem Gebiet mehr leisten können. Aber sie wird weiterhin dabei bleiben – und das hat die ausdrückliche Zustimmung meiner Partei – sich nicht an Waffenhilfe zu beteiligen. Dies ist für uns ein Grundsatz. Den haben wir in allen Spannungsgebieten wegen der eigenen jüngsten deutschen Geschichte durchgehalten.

Aber um so mehr müßten wir uns anstrengen, um auf humanitärem Gebiet mehr zu leisten. Die SPD tut zusätzlich einiges, worüber sie nicht allzu laut redet, was aber auch den nichtmilitärischen Sektor betrifft.

Frage an Sie als Vorsitzender der Partei, die die führende Partei in der Regierung ist. Die Bundesrepublik hat bei verschiedenen Gelegenheiten die Politik der Apartheid scharf verurteilt. Sie gehört aber andererseits zu den wichtigsten Wirtschaftspartnern des Minderheitenregimes in Südafrika. Die Bundesregierung hat zugestimmt, daß die Hermes-Exportgarantien verdreifacht wurden.[20] Die Bundesregierung hat klar zu erkennen gegeben, daß sie in der UNO nicht für einen Wirtschaftsboykott Südafrikas stimmen wird. Heißt das nicht, daß die Bundesregierung letzten Endes ihre wirtschaftlichen Interessen für viel wichtiger hält als das Ende des Rassismus in Südafrika?

Vor zehn Jahren, als ich Außenminister war, habe ich mit den Vertretern fast aller afrikanischen Staaten nördlich von Südafrika gesprochen und ihnen gesagt, wir machen einen Unterschied zwischen Politik und Wirtschaft.[21] Wir fragen nicht, ob in einem Land Diktatur ist, wenn wir mit ihm Handel betreiben. Damals wurde diese Haltung von den meisten afrikanischen Regierungen gebilligt. Heute würde ich diese Formulierung nicht wiederholen, die vor zehn Jahren für mich noch eine Art Doktrin war, als könne man zwischen Handel und Politik überall trennen. Das kann man heute zweifellos nicht mehr.

Das zweite ist, daß ich meine großen Zweifel habe, ob man eine Regierung durch Wirtschaftsboykott zum Verschwinden bringen kann. Solche Versuche, die wir aus der Geschichte kennen, waren immer ein Schlag ins Wasser. Trotzdem wird man nicht an dem vorbeigehen können, was wohl auch die Mehrheit in Südafrika erwartet. Daß man den Wirtschaftsverkehr nicht steigert, daß man nicht noch neue Investitionen tätigt, daß man im Gegenteil bei Firmen, die dort ansässig sind, darauf achtet, daß bestimmte soziale und ökonomische Normen eingehalten werden. Meine eigene Partei hat der Regierung und der deutschen Wirtschaft folgenden Rat gegeben: Wenn man sich die Lage in Südafrika heute anschaut, ist es eigentlich nicht mehr zu verantworten – und zwar im Interesse der Beteiligten selbst –, daß man für neue Investitionen noch Bundesbürgschaften gibt. Damit sind wir bei dem Punkt der Hermes-Bürgschaften, die natürlich nicht verdreifacht worden sind – auf ein bestimmtes Projekt bezogen. Es hat sich während eines bestimmten Zeitraumes eine besonders große Zahl von Lieferungen ergeben und von Vorhaben der Neuansiedlung. Dadurch kam dann dieser Garantiebetrag heraus, der ja nicht ein Zuschuß ist. Was den Punkt der Arbeitsbedingungen angeht, so ist gerade Eugen Loderer nach Johannesburg gefahren, und er wird eine Reihe von Firmen besuchen und untersuchen, ob die Normen, die die EWG aufgestellt hat, in den Firmen eingehalten werden.[22]

Diese Normen sind aber nicht bindend ...

Es sind Empfehlungen, aber für Loderer sind sie bindend. Und er ist nicht irgendwer, er ist der Vorsitzende der größten deutschen Gewerkschaft und ist zugleich der Vorsitzende der Internationalen Metallarbeiter-Gewerkschaft. Für Loderer sind die Empfehlungen bindend, und deshalb geht er hin.

Die Bundesrepublik hat seit vielen Jahren ein Kulturabkommen mit Südafrika. Dieses Abkommen fördert zum Beispiel den Austausch von Studenten, Wissenschaftlern, Künstlern, Lehrern. Es ist die Grundlage für die deutschen Schulen in Südafrika, die entsprechend dem System für schwarze Kinder verboten sind. Die Vergangenheit hat gezeigt, daß fast ausschließlich weiße Südafrikaner von diesem Abkommen profitiert haben. Wie kommt es, daß dieses Abkommen von einer von der SPD geführten Regierung nicht nur nicht gekündigt wird, sondern in den nächsten Monaten sogar verlängert werden soll?[23]

Wenn ich mir den Teil vor Augen halte, der Namibia betrifft, dann ist deutlich gemacht worden, daß die Schule dort nicht mehr gefördert werden kann, weil Kinder der Mehrheit der Bevölkerung keinen Zugang haben.[24] Ich weiß, daß das Auswärtige Amt mit seiner Kulturabteilung dafür gearbeitet hat, dem Kulturabkommen einen neuen Inhalt zu geben, um es sich zunehmend für Angehörige der Mehrheitsbevölkerung auswirken zu lassen.

Wenn ein neues Abkommen abgeschlossen wird, dann wird das also ein ganz anderes sein?

Davon gehe ich aus.

Wie stehen Sie zu der Auffassung von SWAPO-Präsident Sam Nujoma, daß in Namibia so lange keine freien Wahlen möglich sind, als sich noch südafrikanische Truppen im Land befinden?

Das ist so ein Punkt, der noch offen ist im Vorfeld der ja unweigerlich kommenden Unabhängigkeit des Gebiets, aus dem dann ein Staat wird. Es ist ja denkbar, daß man sagt, eine gewisse begrenzte Zahl südafrikanischer Truppen kann entlang der Grenze stationiert sein, so wie Streitkräfte der SWAPO in diesem Zeitraum in einer anderen Region stationiert würden, während die tatsächliche Gewährleistung der Sicherheit im Übergangszustand eben eindeutig bei den UN-Truppen zu liegen hätte. Dies wäre ein mögliches Modell. Man kann entweder sagen, man beharrt auf einem solchen Punkt, und dann zieht sich das alles weiter in die Länge, oder man versucht, einem solchen Punkt einen Inhalt zu geben, den man noch für vertretbar hält. Aber wenn man es auf [sic] entlang der Grenze konzentrierte, wäre das vielleicht eine Kompromißmöglichkeit.

Nr. 21
Ausarbeitung des Vorsitzenden der Nord-Süd-Kommission, Brandt, für die Sitzung in Mont Pèlerin
11. März 1978[1]

AdsD, Nord-Süd-Kommission, 25.

Bemerkungen zur Gemeinsamkeit von Interessen[2]

1. Die Kommission ist zu Beginn ihrer Arbeit davon ausgegangen, daß internationale Entwicklungspolitik nicht mehr vorwiegend als „Hilfe" verstanden werden darf. Wir sind im Gegenteil übereingekommen, den Versuch zu machen, die „Gemeinsamkeit von

Interessen" der entwickelten und sich entwickelnden Länder zu definieren.³

Wenn uns dies hinreichend gelingt, werden wir schon einen wesentlichen Beitrag zur Verdeutlichung dessen geleistet haben, was es heißt, den Charakter des Konfliktes zu verändern.

2. Die Zusammenarbeit auf eine Interpretation gemeinsamer Interessen zu gründen, würde einen bedeutsamen Beitrag zum Konzept der Partnerschaft unter Gleichen bedeuten.

3. Die Kommission würde sich überfordern, wollte sie – über ihren selbstgegebenen Auftrag⁴ hinaus – sich auch im einzelnen dazu äußern, wie der Weltfrieden bewahrt werden kann und wie regionale militärische Konflikte nach Möglichkeit verhindert werden können. Aber es kann als unumstritten gelten, daß eine Politik der Friedenssicherung und der Spannungsminderung eine Vorbedingung für jeglichen realistischen Versuch ist, die Nord-Süd-Beziehungen zu verbessern.

Dies heißt u. a.: Friedliche, selbstbestimmte Entwicklung darf weder direkt noch indirekt durch machtpolitische Interventionen beeinträchtigt werden.

Das heißt weiter: Die einzelnen Staaten müssen über die Interpretation ihrer Sicherheitsinteressen selbst (oder im Rahmen ihrer regionalen Zusammenschlüsse) befinden können, aber die waffenexportierenden Industriestaaten werden sich Beschränkungen aufzuerlegen haben, wenn ernste Fehlentwicklungen vermieden werden sollen.

Vor allem aber: Es bedarf des Verständnisses der internationalen öffentlichen Meinung für – und der Bereitschaft der Staatengemeinschaft zur – Entscheidung über eine Verknüpfung zwischen gleichgewichtig-ausgewogener Reduktion von Rüstungsausgaben und überproportionalem Anstieg der Ausgaben für Entwicklung.

Der außergewöhnlich hohe Einsatz von wissenschaftlichen und technischen Experten, den die Produktion von Rüstungsgütern beansprucht, stellt eine unerträgliche Verschwendung menschlicher Fähigkeiten dar.

4. Schon die hier genannte Problematik macht deutlich, daß die Sowjetunion und die anderen kommunistisch regierten Industriestaaten nicht ausgeklammert werden können[5], wenn ein ernsthafter Versuch gemacht werden soll, den Ausgleich der Interessen zwischen Nord und Süd zu beschreiben.

Die Erwartungen der Entwicklungsländer, zumal der ärmsten unter ihnen, richten sich zunehmend auf die Gesamtheit der Industriestaaten – unabhängig von deren gesellschaftlicher Struktur und politischer Ordnung.

Das objektive Interesse aller Industriestaaten spricht – jedenfalls mittelfristig – nicht dafür, sich zunehmender internationaler Zusammenarbeit zu entziehen.

Das gilt sinngemäß auch für die Volksrepublik China, deren eigene Erfahrungen auf einer Reihe von Entwicklungsgebieten viel Aufmerksamkeit finden.

5. Die Welt kann in ihrem Bestand nicht nur bedroht sein, wenn das Wettrüsten außer Kontrolle gerät und wenn eine nukleare Katastrophe nicht vermieden wird. Die Menschheit kann auch infolge von Hungerkatastrophen oder durch einen „internationalen Klassenkampf" in äußerste Gefahr geraten.

Ein Programm, das darauf abzielt, die menschlichen Grundbedürfnisse zu befriedigen[6], ist daher nicht allein eine humanitäre Pflicht, sondern auch durch das gemeinsame Überlebensinteresse zu begründen. Es versteht sich, daß der Einzelstaat das volle Recht behält, diese Bedürfnisse zu definieren, und daß die Industriestaaten dieses Ziel nicht als Vorwand benutzen, um die Entwicklungsländer daran zu hindern, hochentwickelte Industrien aufzubauen.

Ich sehe es als selbstverständlich an, daß der Kommissionsbericht auf wünschenswerte Entwicklungen in der Nahrungsmittelproduktion und in der Familienplanung eingehen wird.

6. Wir gehen davon aus, daß es ein gemeinsames Interesse an der Sicherung der (natürlichen) Lebensbedingungen für künftige Generationen gibt. Es wird zunehmend unmöglich, in nationaler

oder regionaler Isolierung ökologische Probleme zu lösen oder Fragen nach der Sicherung einer natürlichen Umwelt zu beantworten. Schon heute verursachen Produktionsmethoden und Technologien in den Industriestaaten in starkem Umfang Zerstörungen der natürlichen Lebensbedingungen.

Wenn es nicht bald gelingt, die menschlichen Grundbedürfnisse in vielen Ländern der Südhemisphäre zu befriedigen, muß mit einem rasanten Voranschreiten ökologie-zerstörender Raubbauwirtschaft gerechnet werden, da die Armut ihnen keine andere Möglichkeit läßt, als das zu nehmen, was die Natur noch bietet. Globale Veränderungen mit Folgen auch für die Nordhemisphäre sind zu erwarten.

Das gemeinsame Überlebensinteresse erfordert abgestimmte Maßnahmen gegen die weltweiten Auswirkungen von Versteppungen, Veränderungen der Atmosphäre, Eingriffen in den Wasserhaushalt der Erde u.ä.

7. Im Süden steht eine gewaltige, jedoch nicht kauffähige Nachfrage nach Gütern und Dienstleistungen (in erster Linie, aber nicht ausschließlich zur Befriedigung von Grundbedürfnissen) einer vergleichsweise geringen Kaufkraft und einem begrenzten Angebot gegenüber. So müssen vielfach die Grundbedingungen für eine Ausweitung des Waren- und Dienstleistungsangebotes erst geschaffen werden.

Im Norden scheint die vorhandene und realistisch zu erwartende künftige Nachfrage nicht auszureichen, um die real vorhandenen (bzw. potentiellen) Produktionskapazitäten auszulasten.

Es muß im beiderseitigen Interesse liegen, die potentielle Nachfrage aus den Entwicklungsländern in kauffähige Nachfrage zu verwandeln. Aber effektive Nachfrage kann auf Dauer nur dann erreicht werden, wenn der Käufer in der Lage ist, selbst Güter und Dienstleistungen zu produzieren und mit ihnen zu handeln.

Der Aufbau von differenzierten Produktionskapazitäten einschließlich der zugehörigen Infrastruktur im Süden und Absatzmöglichkeiten für die Produktionskapazitäten des Nordens bedingen sich wechselseitig. Dieser Zusammenhang ist entscheidend für die neue internationale Arbeitsteilung. (Das kann z. B. durch eine umfassende Kooperation verdeutlicht werden, in deren Rahmen Europa weit planmäßiger als bisher dazu beitrüge, das Eisenbahnwesen und die übrige Infrastruktur auf dem afrikanischen Kontinent auszubauen.[7])

8. Rohstoffexportierende Staaten haben ein Interesse an möglichst kontinuierlicher und stabiler Nachfrage, eine Verschlechterung der Handelsbedingungen zu ihren Ungunsten zu verhindern, sie nach Möglichkeit zu verbessern und natürlich auch daran, wenigstens teilweise eigene Waren herzustellen.

   Rohstoffimportierende Länder haben ein Interesse an gesicherter Versorgung, möglichst vorteilhaften Preisen, aber auch an zahlungsfähiger Nachfrage nach ihren Produkten von Seiten der Rohstoffexporteure.

   Gemeinsam ist beiden das Interesse, unstete oder gar turbulente Entwicklungen zu vermeiden. (Methodische Fragen der Handelspolitik und verschiedene mögliche Ausgleichsmechanismen werden später behandelt.)

9. Wir gehen davon aus, daß es ein allgemeines Interesse an einem hohen Beschäftigungsgrad gibt, zumal dies große Bedeutung für die Zukunft der Industriestaaten haben wird. Erweiterte internationale Zusammenarbeit würde es unzweifelhaft erleichtern, das Recht auf Arbeit[8] zur Realität werden zu lassen.

   In den hochindustrialisierten Staaten hat man das Ersetzen der menschlichen Arbeitskraft durch Maschinen und sogar das Ersetzen menschlicher Routine-Intelligenz durch mechanische Informationssysteme schon hinter sich gebracht. Wir stehen nun vor der Möglichkeit – z.T. weil das Phänomen des allgemeinen Mangels entfallen ist –, besonnen einen Weg zu entwerfen, der zu einer Gesellschaft mit einem breiten Dienstleistungs- und Wohlfahrtssektor führt. Die Bereitstellung von Gütern und Dienstleistungen aus dem Süden bleibt auch in diesem Zusammenhang wichtig.

Die Entwicklungsländer werden offensichtlich nicht alle Stadien der Industrialisierung durchmachen müssen, die die heutigen Industriestaaten durchlaufen haben. Sie können von früheren Erfahrungen lernen und entscheiden, ob sie unmittelbar Elemente einer humanen Dienstleistungs-Gesellschaft anstreben wollen. Das heißt natürlich keineswegs, daß sie nicht ihre Industrialisierung und ihre Beschäftigungspolitik intensivieren sollten. Aber die Erfahrungen in den entwickelten Ländern sollten kritischer betrachtet und unnötige Umwege vermieden werden.

10. Eine weitgehende Interpretation gemeinsamer Interessen bietet sich u. a. auf folgenden Gebieten an:

    (a) Handel: Warum es im langfristigen Interesse der Industriestaaten liegt, ihre Märkte zunehmend für Produkte aus Entwicklungsländern zu öffnen.

    (b) Investitionen: Warum Garantien für Investoren auch im Interesse der Entwicklungsländer liegen.[9]

    (c) Nahrung: Warum eine Steigerung der Nahrungsmittelproduktion und stabile internationale Preise und Märkte für Grundnahrungsmittel im Interesse aller Staaten liegen.

    (d) Schulden: Warum einfallsreiche Lösungen für die derzeitige und zukünftig noch wachsende Schuldenproblematik gefunden werden müssen.[10]

    (e) Transfer von Technologien und Fachwissen: Warum es nicht im Interesse einer weitgehend arbeitsteiligen Welt liegt, technologischen Fortschritt zu monopolisieren, und weshalb Fachkräfte nicht aus Entwicklungsländern abgeworben werden sollten.

    (f) Indikatoren: Warum wir zusätzliche Maßstäbe brauchen, um der Entwicklungspolitik die jetzt geforderte Richtung zu geben.[11]

Die Geschichte vieler Industriestaaten zeigt, daß der Aufstieg der Arbeiterklasse aus ihrem unterdrückten Status im vergangenen Jahrhundert im Interesse aller lag – oder fast aller.

Heute ist in vielen Industriestaaten offensichtlich, daß die junge Generation lebhaft Anteil nimmt am Schicksal der ärmeren Völker der Welt. Dabei scheint sich ein neues Feld gemeinsamer Werte zu öffnen.

Wenn man von einer neuen Weltordnung erwartet, daß sie von mehr Gerechtigkeit gekennzeichnet sein soll, so sollte man in naher Zukunft nicht zuviel von Konzeptionen wie „Interdependenz" und „Globalismus" erwarten. Solche Konzepte dürfen die Aufmerksamkeit nicht von der Tatsache ablenken, daß die Souveränität der neuen Staaten[12] vielfach erst mit Inhalt erfüllt werden muß.

Der Bericht der Kommission sollte ganz deutlich werden lassen, daß die Entwicklung der Dritten Welt bisher ganz überwiegend <u>Selbst</u>-Entwicklung bedeutet hat.

Es ist wichtig, daß Gefahren und Chancen gleichermaßen dargestellt werden, und daß durch geeignete Beispiele anschaulich gemacht wird, weshalb es Grund zur Hoffnung gibt.

Nr. 22
Schreiben des Vorsitzenden der SPD, Brandt, an den Botschafter i. R. Peiser
3. April 1978

AdsD, WBA, A 11.1, 80.

Sehr geehrter Herr Genosse Peiser,
haben Sie Dank für Ihren Brief vom 10. März [1978].[1]

Ich verstehe Ihre Verbitterung über die politische Lage in Brasilien.[2] Was meine Begegnung mit Präsident Geisel anbetrifft, bitte ich Sie jedoch zu bedenken: Den Menschenrechten kann es zuweilen mehr nützen, wenn man mit den Verantwortlichen spricht und auf diesbezügliche Sorgen hinweist, als wenn man es bei einem schroffen Boykott belässt. Hinzu kommt die spezifische Bedeutung dieses Landes: Brasilien wird mit grosser Wahrscheinlichkeit schon im nächs-

Willy Brandt trifft den brasilianischen Staatspräsidenten, General Ernesto Geisel, am 7. März 1978 in Bonn.

ten Jahrzehnt zu einer Grossmacht heranwachsen, mit der wir ein bestimmtes Mass an geregelten Beziehungen haben müssen. Das wird im übrigen mich und meine Parteifreunde in Zukunft nicht daran hindern, mich zu Mißständen offen zu äussern.
Mit freundlichen Grüssen
‹gez. Willy Brandt›[3]

Nr. 23
Schreiben des Vorsitzenden der Nord-Süd-Kommission, Brandt, an den Bundeskanzler, Schmidt
3. Juli 1978[1]

AdsD, Nord-Süd-Kommission, 34.

Sehr verehrter Herr Bundeskanzler,
in meiner Eigenschaft als Vorsitzender der „Unabhängigen Kommission für Internationale Entwicklungsfragen" werde ich in den kommenden Wochen Gespräche mit zahlreichen Regierungschefs in Westeuropa führen[2], nachdem ich in den letzten Monaten auch fast alle politischen Führer in den kommunistisch regierten Ländern Osteuropas über die Arbeit der Kommission habe unterrichten können.[3]

Wie ich mit großem Interesse höre, wird auch der bevorstehende Wirtschaftsgipfel in Bonn dem wichtigen Thema der Nord/Südbeziehungen breiten Raum widmen.[4] Ich möchte Sie ermutigen, diesem zunehmend wichtiger werdenden Bereich den größtmöglichen Stellenwert beizumessen.

Aus der Sicht der Kommission erscheint es besonders wichtig, den Entwicklungsländern, die diese Konferenz aufmerksam verfolgen werden, nicht das Gefühl zu vermitteln, als ob erst nach den sicher notwendigen Wirtschaftserfolgen in den Industrieländern an verstärkte Anstrengungen zur Zusammenarbeit mit ihnen gedacht werden kann. Die Unsicherheit über die weltwirtschaftliche Entwicklung bei „uns" sollte – selbst wenn sie anhielte – nicht den Blick für gemeinsame Interessen zwischen Nord und Süd verstellen.

Viele Entwicklungsländer würden ihre ohnehin begrenzten Hoffnungen auf gesicherte Eigenentwicklung weiter schwinden sehen, wenn sich bei ihnen der Eindruck verstärkte, daß die Industrieländer weitgehend mit sich selbst beschäftigt sind und mit protektionistischen Maßnahmen die dringend notwendige Handelsausweitung weiter erschweren.

Zugleich sollte auch der Bevölkerung in den Industrieländern verstärkt bewußt gemacht werden, daß die eigene Wirtschaftsentwicklung in weit höherem Maße als früher mit ökonomischen Fortschritten in der Dritten Welt verknüpft ist und hierfür – auch aus Eigeninteresse – verstärkte Bemühungen gerade in der jetzigen Zeit nötig sind, um die Aussicht auf ein dauerhaftes Wirtschaftswachstum auf beiden Seiten zu eröffnen.

Es würde mich freuen, wenn die Bonner Gipfelkonferenz die Gemeinsamkeit von Interessen in einer immer mehr miteinander verzahnten Welt besonders unterstreichen könnte.

Mit freundlichen Grüßen
Ihr ‹Willy Brandt›[5]

Nr. 24
Gemeinsame Erklärung des Präsidenten der SI, Brandt, und des Vizepräsidenten der SI Kreisky
10. Juli 1978

Sozialdemokraten Service Presse Funk TV, Nr. 331/78 vom 10. Juli 1978.

Wir sind erfreut darüber, dass wir zum Zustandekommen einer Zusammenkunft zwischen dem Präsidenten der Arabischen Republik Ägypten, Anwar el Sadat, und dem Vorsitzenden der israelischen Labour Party, Shimon Peres, beitragen konnten.[1] Unsere Initiative erfolgte im Geiste der Grundsätze der Sozialistischen Internationale, die die Beilegung internationaler Konflikte durch einen friedlichen Dialog im Geiste der menschlichen Solidarität vorsehen.

Wir hoffen, dass die Begegnung zwischen Präsident Sadat und dem Vorsitzenden Peres zu einem besseren Verständnis der gegenseitigen Standpunkte geführt hat.

Wir glauben, den Konsens der sozialdemokratischen Bewegung richtig zu interpretieren, wenn wir folgende Grundsätze für die Lö-

sung des Konflikts im Nahen Osten empfehlen.² In diesem Sinne beabsichtigen wir, der im September 1978 in Paris stattfindenden Bürositzung der Sozialistischen Internationale folgenden Text vorzulegen:
Erstens:
Der Friede zwischen Israel und den arabischen Staaten kann nur durch ernsthafte und beharrliche Verhandlungen erreicht werden. Wir appellieren an Ägypten und Israel, den im Januar 1978 unterbrochenen Verhandlungsprozess wieder aufzunehmen und die Sadat-Initiative³ solange fortzusetzen, bis Friedensverträge abgeschlossen und unterzeichnet sind.
Zweitens:
Grundlage für den Frieden muss die Aufnahme normaler und freundschaftlicher Beziehungen zwischen den Staaten des Nahen Ostens im diplomatischen, wirtschaftlichen, kulturellen und menschlichen Bereich sein. Friede bedeutet weit mehr als die Beendigung eines Kriegszustandes. Er umfasst die Schaffung eines neuen Systems regionaler Beziehungen auf der Grundlage enger Zusammenarbeit.
Drittens:
Ein wichtiger Bestandteil der Friedensregelung ist die Festlegung sicherer Grenzen im Sinne der Sicherheits[rats]resolutionen 242 und 338.⁴ Israel würde sich in jedem Sektor auf die in dieser Weise vereinbarten sicheren Grenzen zurückziehen. Der genaue Verlauf der Friedensgrenzen ist in den Friedensverhandlungen festzulegen. Vorzusehen sind auch eine Demilitarisierung sowie israelische Sicherheitsmaßnahmen in jenen Gebieten, in denen es die Erfordernisse der Sicherheit verlangen.
Viertens:
Für die Erreichung des Friedens ist die Lösung des Palästinenserproblems in allen seinen Aspekten erforderlich. Eine solche Lösung muss die Anerkennung des Rechtes der Palästinenser beinhalten, an der Gestaltung ihrer Zukunft durch Verhandlungen, an denen ihre gewählten Vertreter teilnehmen, selbst mitzuwirken.⁵

Wir und unsere Kollegen in der Sozialistischen Internationale sind bereit, unsere ägyptischen und israelischen Genossen bei der

Aufrechterhaltung weiterer informeller Kontakte von der Art, wie sie in Salzburg und Wien stattgefunden haben, zu unterstützen.[6] Wir appellieren an unsere ägyptischen und israelischen Freunde, so oft wie möglich zu Konsultationen und Diskussionen zusammenzutreffen.

Nr. 25
Schreiben des Vorsitzenden der Nord-Süd-Kommission, Brandt, an den Vorsitzenden des Staatsrates Kubas, Castro
18. Juli 1978[1]

AdsD, Nord-Süd-Kommission, 34 (Übersetzung aus dem Englischen: Wolfgang Schmidt).

Sehr geehrter Herr Vorsitzender,
als Vorsitzender der „Unabhängigen Kommission für Internationale Entwicklungsfragen" würde ich es sehr begrüßen, wenn Sie eine Möglichkeit finden könnten, eines unserer verehrten Mitglieder, Herrn Jan Pronk aus den Niederlanden, zu empfangen[2], der im Zusammenhang mit dem Weltjugendfestival in Ihr Land[3] eingeladen worden ist.

Herr Pronk kann Sie mit Informationen aus erster Hand über unsere Arbeit versorgen. Solch ein Meinungsaustausch über die wichtigsten Probleme zwischen den Entwicklungs- und den Industrieländern würde die vielfältigen Kontakte vervollständigen, die ich selbst zu diesem Zweck in den letzten Monaten aufgebaut habe.[4] Er würde gleichzeitig die Basis für unseren Bericht über die zukünftigen internationalen Beziehungen verbreitern, wo wir hoffen, von der Erfahrung profitieren zu können, die einzelne Länder bei der Förderung ihrer eigenen Entwicklung gemacht haben.

Ich weiß um die zusätzliche Verantwortung, der sich Ihr Land im Namen der großen Gruppierung der blockfreien Staaten stellen wird.[5]

Herr Pronk wird auch bereit sein, jedes andere Problem von gemeinsamem Interesse zu diskutieren, das Sie mit ihm besprechen möchten.⁶
Mit besten Empfehlungen und
mit freundlichen Grüßen
‹Willy Brandt›⁷

Nr. 26
Schreiben des Vorsitzenden der SPD, Brandt, an den nicaraguanischen Politiker Ramírez
11. Oktober 1978

AdsD, Dep. Klaus Lindenberg, 68.

Lieber Dr. Ramírez,
die Reise der beiden deutschen Journalisten Dieter Masuhr und Peter Schultze-Kraft nach Mittelamerika nehme ich zum Anlass, Ihnen meine Grüsse und die der deutschen Sozialdemokraten zu übermitteln.

Mit starker Anteilnahme haben wir in den letzten Wochen die Ereignisse in Nicaragua verfolgt.¹ Ich versichere Ihnen, dass die Sozialdemokratische Partei auf der Seite der Kräfte steht, die mutig für eine demokratische Erneuerung kämpfen und leiden.

Eine Bewegung der Solidarität mit dem nicaraguanischen Volk hat sich in den letzten Wochen hier in der Bundesrepublik entwickelt. Das Wirken Ihres Freundes, Ernesto Cardenal, den ich kürzlich in Lissabon persönlich kennengelernt habe, hat daran einen wichtigen Anteil.² Gemeinsam mit ihm haben sich Freunde aus Lateinamerika und Europa in Lissabon in einer Erklärung der SI gegen die Politik der Repression und für ein demokratisches Nicaragua ausgesprochen.³

Als einer der Führer der Opposition haben Sie in den letzten Wochen die Hoffnungen Ihres Volkes durch Ihre geschlossene Haltung gestärkt und nichts unversucht gelassen, die Diktatur in Ihrem Land zu überwinden.

Ich versichere Sie unserer Hochachtung und der Solidarität der deutschen Sozialdemokratie. Um Hilfe zu schaffen für die am schlimmsten Betroffenen, werden wir alle Möglichkeiten prüfen und uns nach besten Kräften für die Sache des demokratischen Nicaragua einsetzen. Zum gegebenen Zeitpunkt werden sich die deutschen Sozialdemokraten um einen angemessenen Beitrag der Bundesrepublik Deutschland zu Hilfeleistungen für den Wiederaufbau und die Entwicklung Nicaraguas einsetzen.
Mit freundlichen Grüssen
‹Willy Brandt›[4]

Nr. 27
Aus dem Manuskript der Rede des Vorsitzenden der Nord-Süd-Kommission, Brandt, vor der United Nations Association in New York
26. Oktober 1978

AdsD, WBA, A 3, 773 (Übersetzung aus dem Englischen: Wolfgang Schmidt).

„Warum eine neue internationale Ordnung?"[1]
[. . .][2]

Die Zukunft unseres Planeten und die Existenz der Menschheit sind nicht nur bedroht durch ernste politische Spannungen und durch das Wettrüsten, das in einem Nuklearkrieg explodieren könnte. Die Welt kann ebenso gefährdet werden durch eine größer werdende Kluft zwischen Staaten, die unter Hunger leiden, und denen, die mehr essen, als sie sollten.

Frieden und Entwicklung, Abrüstung und Entwicklung sind auf verschiedene Weise miteinander verbunden, und Ost-West-Probleme kreuzen sich mit Nord-Süd-Problemen. Aber selbst wenn wir die Gefahren eines Nuklearkrieges ausblendeten, sind wir konfrontiert mit der Notwendigkeit, die internationalen Beziehungen neu zu ordnen, besonders auf wirtschaftlichem Gebiet.

Für mich gibt es keinen Zweifel daran, dass die Beziehungen zwischen den Industrie- und den Entwicklungsländern entscheidend verbessert werden müssen. Für mich stellt dies das wichtigste soziale Problem für den Rest unseres Jahrhunderts dar. Und ich werde nicht müde werden, das Ausmaß dieser Aufgabe zu erklären.

Natürlich könnten Sie die Frage stellen, warum ich besonders qualifiziert sein sollte, zu diesem Thema zu Ihnen zu sprechen.

Ich bin mir seiner Bedeutung bewusst, seit ich als junger Mann während des Zweiten Weltkrieges einiges über Friedensziele geschrieben habe.[3] Aber ich muss gestehen, dass, als ich die Regierungsverantwortung in meinem Land innehatte, Nord-Süd-Fragen nicht im Mittelpunkt meiner täglichen Aktivitäten standen.[4] Wir hätten mehr tun sollen und können.

Zur gleichen Zeit sollte man sich daran erinnern, dass wir auf einem anderen wichtigen Gebiet einige Arbeit geleistet haben, nämlich die Spannungen in unserem Teil der Welt zu vermindern, die Beziehungen zwischen West- und Osteuropa zu verbessern und damit den Frieden etwas sicherer zu machen, als er es vorher gewesen war.[5]

Als ich im letzten Jahr gefragt wurde, ob ich eine unabhängige Kommission für internationale Entwicklungsfragen zusammenbringen und ihr vorsitzen könnte, mag meine Erfahrung im Umgang mit schwierigen Problemen auf einem anderen Gebiet immer in den Köpfen gewesen sein.[6] Und als ich zustimmte, war es meine Hoffnung, dass auf einem viel größeren Feld als dem der „Ostpolitik" es möglich sein könnte, noch einmal zu demonstrieren, wie der Charakter eines Konflikts verändert werden kann – wie Gebiete gemeinsamen Interesses entdeckt und entwickelt werden können – und wie dies nicht nur für den Weltfrieden, sondern auch für die kommende Generation der Völker überall auf der Welt von Vorteil sein kann.

Eine neue internationale Ordnung vorzubereiten und aufzubauen ist eine zu wichtige Aufgabe, um sie allein den Regierungen und den internationalen Behörden zu überlassen. Die internationale Szenerie in beispielloser Weise neu zu formen erfordert das Verständnis und die Unterstützung von vielen verantwortlichen und weitsichtigen Bürgern auf der ganzen Welt.

[. . .][7]

II.

Ich bin völlig anderer Meinung als diejenigen, die sagen, wir seien nicht in der Lage, die Nord-Süd-Fragen zu lösen. Wir sehen ermutigende Beispiele für das, was Staaten erreichen können, wenn Entscheidungen getroffen werden, die auf die Herausforderungen eingehen, mit denen die Staaten konfrontiert sind.

Die Aufgabe ist daher die Schaffung einer neuen internationalen Ordnung – und ich lasse bewusst das Wort „wirtschaftlich" weg[8], weil ich sicher bin, dass eine neue Ordnung auch politische Elemente enthalten muss und dass kulturelle und soziale Beziehungen nicht unterbewertet werden dürfen. Was wir brauchen, ist eine internationale Ordnung, in der die bislang unterprivilegierte Mehrheit der Weltbevölkerung eine bessere Perspektive für ihr Leben erkennen kann und in der es viel mehr Gleichheit nicht nur der Chancen, sondern auch der Ergebnisse gibt.

[. . .][9]

Heute sind wir uns über die Lage der Entwicklungsländer viel stärker bewusst als in den 1940er oder selbst den 1960er Jahren. Als eine Gruppe gesehen sind ihre Volkswirtschaften in den letzten Jahren schneller gewachsen als unsere. Aber das ist in mancher Hinsicht irreführend.

Die so genannten Schwellenländer,[10] in denen der Lebensstandard relativ hoch ist und rasch ansteigt, sind Teil dieser Gruppe; so auch die ölexportierenden Entwicklungsländer.[11] Wenn man diese abzieht, bleiben die Entwicklungsländer mit niedrigem Einkommen übrig, wo die große Masse der Armen der Welt lebt.[12] Diese Länder haben auch einige Fortschritte gemacht, die aber viel zu klein sind, um ihre Menschen in einem angemessenen Tempo in die Nähe eines bescheidenen Lebens zu führen.

Heute sind sogar die Entwicklungsländer, die besser dran sind, durch die Stagnation der Industrieländer bedroht. Aus vielen Gründen sind die Aussichten für die armen Länder und für die Armen in diesen Ländern alles andere als glänzend.

In den Jahren des Nachkriegsaufschwungs gab es ein zusammenhängendes Set von Regeln und institutionellen Verfahren, die den internationalen Finanzen und dem Handel Stabilität verliehen. In ihrem jetzigen Zustand erregen die internationalen Beziehungen eine ganze Menge Besorgnis.

Der Internationale Währungsfonds[13] und die anderen nach dem Krieg gegründeten Institutionen[14] sind immer noch etabliert, aber einige ihrer wichtigen Funktionen sind praktisch hinfällig: Es gibt ein unsicheres und nicht sehr kooperatives Wechselkurssystem;[15] der internationale Handel ist mit ad-hoc-Vereinbarungen durchsetzt, und der Protektionismus wächst und droht, noch schlimmer zu werden.[16]

Obwohl wir viele internationale Probleme haben, haben wir keine überzeugenden Lösungen. Noch sind wir bisher in der Lage gewesen – mangels klarer Führung, wie sie durch wichtige Staaten nach dem Ende des Zweiten Weltkriegs bereitgestellt wurde –, das neue internationale System zu schaffen, das gebraucht wird.

Wenn wir also von den Nord-Süd-Beziehungen sprechen, müssen wir begreifen, dass das internationale System, mit dem wir zu leben haben, gegenwärtig den Interessen des Nordens nicht gerecht wird. Und für den Süden ist es nie wirklich fair gewesen.

Mit erheblichem Recht beklagen die Entwicklungsländer, dass das internationale Wirtschaftssystem, in dem sie nicht ausreichend repräsentiert sind, zusammen mit der bedeutend größeren Kaufkraft und der hoch entwickelten Organisation der Industrieländer die Benachteiligung der Entwicklungsländer bei Handel, Währung und Finanzen bestehen lässt. Das ist es hauptsächlich, was sie zu beseitigen suchen, wenn sie nach einer neuen internationalen Ordnung rufen.[17]

Es ist meine Überzeugung, dass wir alle einer neuen Ordnung bedürfen. Ich glaube, die Staatsmänner der Welt – und jene, die sie beraten und beeinflussen – sollten diesen Problemen sehr viel mehr Beachtung schenken, so dass alle Länder in einer gesünderen Weltwirtschaft kooperieren können.

Die Probleme der Entwicklungsländer sind nicht zu trennen von unseren eigenen, und eine Lösung unserer Probleme muss einen besseren Anteil für sie beinhalten. Tatsächlich würde eine prosperierende Dritte Welt den entwickelten, industrialisierten Ländern viele positive Vorteile bringen.

Ein gewisser Lernprozess findet in beiden Richtungen statt.

Die Repräsentanten der Entwicklungsländer realisieren mehr und mehr, dass gesunde Volkswirtschaften in der industrialisierten Welt auch in ihrem Interesse liegen.

In den Industrieländern wiederum wird zunehmend erkannt, dass langfristige wirtschaftliche Expansion partiell von wachsendem Handel mit den Ländern der Dritten Welt abhängen muss. Zu einem bestimmten Grad spiegelte sich das vor wenigen Monaten in Bonn beim Weltwirtschaftsgipfel der sieben wichtigsten Industriestaaten auch wider.[18]

[. . .][19]

III.

[. . .][20]

Wir sehen uns auch dieser Frage gegenüber: Hat unsere Weltgemeinschaft die richtige internationale Maschinerie entwickelt, um mit den Problemen fertig zu werden? Die wichtigsten Währungs- und Finanzinstitutionen – die sie alle kennen – wurden in den vierziger Jahren gegründet, vor gut dreißig Jahren[21], deutlich vor der Welle der Dekolonisation.[22] Der Einfluss der Dritten Welt bei der Entscheidungsfindung ist immer noch unbefriedigend;[23] Reformen sind notwendig.

Die Vereinten Nationen – als ein Forum für alle Staaten – sind nicht zu ersetzen trotz der bekannten Mängel. Doch wir müssen erkennen, was es bedeutet, dass die UN-Familie wesentlich größer geworden ist und internationale Konferenzen überall auf der Welt so zahlreich sind, dass man sie kaum im Auge behalten kann.

Die Gefahr besteht, dass internationalen Organisationen die Schuld an fehlenden Fortschritten gegeben wird, obwohl in Wirklichkeit andere Gründe in erster Linie dafür verantwortlich sind. Daher scheint es geboten, auch die Leistungen und Mängel der internationalen Verhandlungsmaschinerie zu untersuchen.

[...][24]

IV.

Ich sagte: Wir verfügen über ermutigende Beispiele dafür, was Staaten erreichen können, wenn Entscheidungen gefällt werden, die den Herausforderungen entsprechen, denen die Staaten gegenüberstehen. Ich denke an die Zeit, gerade sind etwas mehr als dreißig Jahre vergangen, als im Juni 1947 der Außenminister dieses Landes eine Rede in Harvard hielt und das einführte, was schließlich unter dem Namen Marshall-Plan bekannt wurde.[25]

Wir in Europa schauten damals auf die Ruinen der Welt, die wir gekannt hatten. Unsere Länder, unsere Industrien waren durch den Krieg zertrümmert. Der Faschismus war besiegt worden, aber neue politische Bedrohungen zeichneten sich ab. Es war eine schwierige, eine schmerzvolle Zeit. Wir brauchten dringend Hilfe von außen, und wir bekamen sie.

In der Tat ermöglichten es die Vereinigten Staaten, dass die Volkswirtschaften Westeuropas wieder auf die Beine kamen, und legten dadurch das Fundament für eine blühende Zukunft in diesem Teil der Welt. Durch diesen mutigen Schritt der Regierung der Vereinigten Staaten wurde die Basis geschaffen für ein verlässliches und ziemlich fruchtbares Bündnis, das schon seit mehr als drei Jahrzehnten besteht.

[...][26]

Ich bringe vor, dass die Vereinigten Staaten – diesmal mit einem wiederhergestellten Europa und Japan an ihrer Seite – heute mit einer ähnlichen Herausforderung konfrontiert sind.

Nicht, dass ich für einen neuen „Marshall-Plan für die Dritte Welt"[27] eintrete. Die Situation ist nicht vergleichbar, da wir in Europa Fähigkeiten, Know-How und Verwaltung hatten und „nur" Finanzmittel benötigten. In vielen Entwicklungsländern müssen diese Voraussetzungen jedoch erst aufgebaut werden, so dass Geld allein nicht ausreichen würde, wie wichtig zusätzliche finanzielle Quellen in der Zukunft auch sein mögen.

Der Marshall-Plan war also ein Instrument zur Förderung regionaler Kooperation in Europa, weil die Vereinigten Staaten es zur Bedingung machten, dass eine Organisation zu diesem Zweck aufgebaut wurde: die Organisation für Europäische Wirtschaftliche Zusammenarbeit (OEEC).[28] Und diese Erfahrung hat natürlich die Gründung der Europäischen Wirtschaftsgemeinschaft[29] erleichtert.

Was ich befürworte, ist ein substanzieller Beitrag dieses Landes, um eine bessere internationale Ordnung schaffen zu helfen. Innerhalb der industrialisierten Welt müssen die Vereinigten Staaten die Führung übernehmen. Sie müssen einfallsreiche Ideen und Vorschläge auf den Markt bringen und der Gefahr widerstehen, sich nach innen zu richten. Bei diesen Bemühungen spielen die Gemeinsamkeit von Interessen, die Auffassung, dass vermehrte Kooperation der Wirtschaft nützt, eine wichtige Rolle. [. . .][30]

Es ist gewiss nicht meine Aufgabe, irgendwelche Zweifel auszudrücken über ein ertragreiches und ermutigendes Zusammenspiel von Kongress und Administration auf diesem Gebiet. Auch glaube ich wirklich nicht, dass das amerikanische Volk gegenüber dem Schicksal der Armen und der Hungernden in der Dritten Welt gleichgültig ist. Die Idee, dass Individuen und Länder alleine auskommen und dass die Bedingungen, unter denen sie das tun können, geschaffen werden sollten, muss eine große Anziehungskraft auf Amerikaner ausüben.

Daher glaube ich, dass die Regierung der Vereinigten Staaten auf staatsmännische Weise auf die Probleme der Welt reagieren und Amerika dazu bringen wird, eine große Rolle beim Aufbau einer gesunden Weltwirtschaft, einer globalen Gemeinschaft, zu spielen.

Defätismus, so kommt es mir vor, ist nicht Teil des American way of life.

Etwas so wichtiges und einfallsreiches wie der Marshall-Plan wird gebraucht. Aber bei diesem Plan ging es hauptsächlich um Hilfe und – wie ich sagte – ich denke nicht, dass Hilfe – auch wenn sie äußerst wichtig ist – das Hauptmerkmal des gesuchten neuen internationalen Systems ist.

Was die Entwicklungsländer wollen, was sie brauchen, was sie, wie ich meine, verdienen, ist eine Welt, in der sie ihren eigenen Unterhalt verdienen und aus eigener Kraft wachsen können.

Wenn ein internationales System etabliert werden kann, in dem die Entwicklungsländer die Güter, die sie produzieren, frei handeln dürfen und dafür einen gerechten Lohn erhalten und sie ausreichenden Zugang zu den Finanzmärkten haben, würden viele von ihnen Hilfe nicht einmal <u>wollen</u>.

Mehrere dieser Länder haben, wie Sie bestimmt wissen, aus der ‹„self reliance"›[31] eine Tugend gemacht, und mit großer Disziplin und harter Arbeit sind sie auf dem Weg, in die Ränge der Industriestaaten aufzusteigen.

Aber am anderen Ende des Spektrums gibt es eine Reihe von Ländern, deren Aussichten so begrenzt und deren Bedürfnisse so groß sind, dass sie weiterhin Hilfe erhalten werden, wahrscheinlich für eine weitere Generation. Die reichen Länder werden diese Hilfe leisten müssen – Europa, Kanada, Japan und andere zusammen mit den Vereinigten Staaten.

Dennoch bin ich sicher, unser Ziel muss es sein, eine Welt zu schaffen, in der Hilfe schrittweise entbehrlich wird, in der alle Länder wachsen und gedeihen können ohne konzessionäre Hilfen.[32]

Wenn ich mich auf den Marshall-Plan bezogen habe, geschah es zum einen, um einmal mehr diesen bemerkenswerten Abschnitt in Erinnerung zu rufen, einem Meilenstein der internationalen Zusammenarbeit. Zum anderen geschah es, um an die Zeit zu erinnern, als die Vereinigten Staaten die attraktivste Seite ihres Internationalismus zeigten, ihrer Großzügigkeit, ihres praktischen Interesses.

Die Welt brauchte Amerika, und Amerika versagte sich nicht.

Einige Leute mögen jetzt sagen, dass die Vereinigten Staaten von heute ein anderes Land sind, beschäftigt mit den eigenen Problemen, irgendwie nach innen gerichtet, nicht erpicht darauf, an internationalen Maßnahmen teilzunehmen, die den vor uns liegenden Herausforderungen begegnen. Ich denke, diejenigen haben Unrecht.

[...]³³

Ich fühlte mich auch ermutigt, als ich vom Start einer Kommission über Welthunger hörte, die von Mr. Sol Linowitz geleitet wird.³⁴ Und zusammen mit anderen begrüße ich sehr das persönliche Engagement von Präsident Carter in diesen Fragen.

Die Welt braucht einmal mehr entschlossene Vereinigte Staaten von Amerika. Ich möchte meine Überzeugung und meinen Appell wiederholen:

Ich bin mir sicher, dass Amerika – und die Amerikaner – sich den neuen Initiativen für ein Klima der Hoffnung in der Welt erneut anschließen werden und zunehmend anschließen wollen, wie sie es so oft in der Vergangenheit getan haben.

Nr. 28
Schreiben des Vorsitzenden der SPD, Brandt, an den Ersten Sekretär des PSF, Mitterrand
13. November 1978¹

AdsD, WBA, A 11.15, 7.

Lieber Freund,
die Fragen, die Sie am vorigen Sonntag [5. November 1978] in Vancouver aufwarfen² und an die wir am Mittwoch [8. November 1978] in Lille³ anknüpften, betreffen einerseits die Struktur der SI in der Phase ihrer Expansion, andererseits eine angemessene Rolle der PS in der internationalen Zusammenarbeit unserer Parteien.

Ich beginne mit dem zweiten Punkt und darf an die Gespräche erinnern, die wir im Jahre 1976 miteinander führten.[4] Es war für mich logisch, dass die SPD nicht am Vorsitz im Bund der [sozialdemokratischen] Parteien innerhalb der EG festhielt, sodass diese Aufgabe nach dem Tode Wilhelm Dröschers auf den französischen Vizepräsidenten [Robert Pontillon] überging. Innerhalb der SI selbst habe ich mich bemüht, die verantwortliche Beteiligung der PS verstärken zu helfen. Dies ist u. a. durch den Vorsitz im Ausschuss für Finanz- und Verwaltungsfragen zum Ausdruck gekommen, aber auch durch Sonderbeauftragungen, wie die an Daniel Mayer auf dem Gebiet der Menschenrechte (wozu der Bericht noch aussteht).

Nach dem Genfer Kongress [der SI] vor zwei Jahren hatten wir bereits – ohne dass ich dies hätte verhindern können – eine große Zahl von Vizepräsidenten der SI. Ich habe Sie, verehrter Freund, niemals als einen von vielen betrachtet, sondern – mit Palme und Kreisky – als einen der wenigen, mit denen ich mich abzustimmen und auf die ich mich abzustützen hätte. Dies ist vermutlich nur unzulänglich gelungen, in der Öffentlichkeit gleichwohl weithin verstanden worden.

Nun ist – entgegen meinen Intentionen – in Vancouver eine weitere Ausdehnung der Zahl der Vizepräsidenten vorgeschlagen und angenommen worden. Dies ist nicht befriedigend, bedeutet aber keine qualitative Veränderung gegenüber dem bisherigen Zustand. Außerdem wurde festgelegt, dass bis zum nächsten Kongress geklärt werden soll, wie wir die Zahl der Vizepräsidenten nicht nur nach unten, sondern auch nach oben begrenzen.

Anders als Sie es mir gegenüber in Vancouver zum Ausdruck brachten, wird die Struktur innerhalb des Büros der SI hierdurch nicht berührt. Im Büro kommt es auf das sachliche Engagement der Parteien an, und ich gehe davon aus, dass SPD und PS hierbei in enger Tuchfühlung bleiben. Jedenfalls wissen alle Verantwortlichen in der SPD, dass dies für mich unverzichtbar bleibt.

Die eigentlichen Schwierigkeiten, wie sie sich auch in Vancouver zeigten, ergeben sich aus der Expansion der SI und aus der Tatsache, dass sich die Bürositzungen tatsächlich zu internationalen Konferenzen entwickelt haben. Es fehlt ein kleineres Gremium, mit dem der Präsident und der Generalsekretär zusammenwirken können. Ich vermute, dass wir uns hier um eine flexible Regelung bemühen müssen, die nicht im Statut vorgesehen, durch es aber auch nicht untersagt ist.

Fruchtbar erschiene es mir, wenn wir uns an den Hauptaufgaben orientierten, mit denen es die SI in den nächsten Jahren zu tun haben wird.

Für den Abrüstungsbereich haben wir eine Studiengruppe unter Vorsitz unseres finnischen Freundes Kalevi Sorsa gebildet. Es erscheint mir unerlässlich, dass unsere beiden Parteien in dieser Gruppe und darüber hinaus auf dem Gebiet von Entspannung und Friedenssicherung gleichgewichtig mitwirken.

Nicht minder wichtig werden die Initiativen sein, um die wir uns auf dem Gebiet der Nord-Süd-Beziehungen zu bemühen haben werden. Ich möchte zu überlegen bitten, ob Sie und die PS hierbei nicht eine Art Federführung übernehmen könnten. Mir wäre dies auch deshalb lieb, weil sich hieraus ein sachliches Gegengewicht zu dem ergeben könnte, worum ich mich – ausserhalb der SI – mit meiner Unabhängigen Kommission bemühe.

Drittens geht es um die Strukturierung unserer internationalen programmatischen Diskussion.[5] Um die Vorbereitung hatte ich, neben Felipe ‹González›[6], zwei andere der Jüngeren gebeten, nämlich den norwegischen Vorsitzenden Reiulf Steen und den flämischen Vorsitzenden Karel van Miert[7]. Auch dies ist ein Gebiet, auf dem unsere beiden Parteien gefordert sind. Wie die Erfahrung mit unseren ‹bilateralen›[8] Arbeitsgruppen gezeigt hat, werden wir vermutlich mehr Gemeinsames als Trennendes in diese Diskussion einführen können.

Bleiben einige wichtige Teilgebiete – wie Südafrika, Naher Osten, Lateinamerika –, für die man eine gewisse Federführung vereinbaren sollte. Mir erschiene es z. B. sinnvoll, dass ‹Olof›[9] Palme in Bezug auf das südliche Afrika unser Sprecher bleibt, während es im Verhältnis zu Lateinamerika darauf anzukommen scheint, unnötige ‹Reibungsverluste›[10] zwischen unseren spanischen und portugiesischen Freunden zu vermeiden.

Wie ich in Lille sagte, wollte ich diesen Brief schreiben, damit wir uns auf ein ausführliches und vertrauensvolles Gespräch vorbereiten können. Ich werde Hans-Eberhard Dingels beauftragen, mit Robert Pontillon zu klären, wann im Dezember [1978] wir dieses Gespräch führen können¹¹ und verbleibe mit herzlichen Grüssen.
‹Willy Brandt›¹²

Nr. 29
Schreiben des Vorsitzenden der SPD, Brandt, an den Präsidenten der Republik Tunesien, Bourguiba
14. Februar 1979¹

AdsD, WBA, A 11.15, 23.

Sehr geehrter Herr Präsident!
Ich hoffe, daß Ihr Aufenthalt in Bonn dazu beigetragen hat, Ihre Gesundheit wiederherzustellen und darf auf diesem Wege noch einmal für Ihre an mich gerichteten guten Wünsche danken. Mein Aufenthalt im Krankenhaus hat leider eine persönliche Begegnung nicht möglich gemacht.²

Wenn ich Ihnen heute schreibe, so geschieht dies aus meiner Sorge als Freund Ihres Landes und Vorsitzender einer Partei, die sich über Jahrzehnte hinweg immer für eine Vertiefung der freundschaftlichen Beziehungen zwischen dem tunesischen und dem deutschen Volk eingesetzt hat. Ich habe nicht die Absicht, mich in die inneren Angelegenheiten Ihres Landes einzumischen; aber ich fühle mich als Freund Ihres Landes verpflichtet, eine tiefe Sorge zum Ausdruck zu bringen.

Tunesische Sozialisten und deutsche Sozialdemokraten haben auf vielfältige Weise durch gemeinsame Bemühungen auch einen Beitrag für ein besseres Verständnis zwischen Europa und Afrika geleistet. Im Wissen darum und auch in der Erinnerung an Ihre eigene

Leistung, sehr geehrter Herr Präsident, als Staatsmann, mit dem das befreundete Ausland symbolhaft auch die positive Entwicklung Tunesiens verknüpft hat, sehe ich mit Sorge, wie sehr das Bild eines sozial fortschrittlichen und freiheitlichen Tunesiens durch die jüngsten Entwicklungen und Maßnahmen der Behörden Ihres Landes zu dunkeln beginnt. Wie auch immer die innenpolitischen Vorgänge der letzten Zeit in Ihrem Lande zu bewerten sind, so glaube ich doch, daß ich als Freund Ihres Landes und Ihres Volkes nicht schweigen kann, wenn führende Repräsentanten und viele Mitglieder der tunesischen Gewerkschaftsbewegung von den Behörden inhaftiert werden und dann nach der Verurteilung unter unwürdigsten Bedingungen einer Haftverbüßung unterworfen werden. Die deutsche Sozialdemokratie und mit ihr die ganze Arbeiterbewegung meines Landes sind zutiefst erschrocken über die Nachrichten, die uns über das Los der inhaftierten Gewerkschaftler zugehen.[3]

Ich bitte Sie daher, auch mit Rücksicht auf die Zukunft der Beziehungen zwischen den führenden politischen Kräften unserer beiden Länder, dem Gedanken einer Generalamnestie näherzutreten. Es ist meine feste Überzeugung, daß hierdurch der innere Friede ermöglicht wird.[4]

Lange habe ich gezögert, mich an Sie zu wenden, da ich hoffte, daß die Regierung Tunesiens von sich aus die geeigneten Maßnahmen zur Wiederherstellung der gewerkschaftlichen Rechte ergreifen würde. Jetzt aber sind Sie, sehr geehrter Herr Präsident, die einzige Hoffnung.
Mit freundlichen Grüßen
‹Ihr sehr ergebener
Willy Brandt›[5]

Nr. 30
Aus dem Bericht des Vorsitzenden der Nord-Süd-Kommission, Brandt, in der Sitzung in Mont Pèlerin
23. Februar 1979

AdsD, Nord-Süd-Kommission, 64 (Übersetzung aus dem Englischen: Wolfgang Schmidt).[1]

Bericht des Vorsitzenden

1. Es liegt auf der Hand, dass ich in den letzten Monaten keine Möglichkeit hatte, die Kontakte mit führenden Politikern und anderen für unsere Arbeit wichtigen Persönlichkeiten zu ergänzen und auszubauen.[2] [...][3]

3. Zunächst will ich mich [...] mit unserem Bericht befassen und die in Kuala Lumpur gestellte Frage aufgreifen, ob der Zeitpunkt der Veröffentlichung zu Lasten der Qualität des Berichts gehen dürfe. Dies sollte natürlich vermieden werden. Aber ich möchte doch mit einigem Nachdruck sagen, dass der Bericht im Herbst [1979] auf dem Markt sein muß.[4]

Der Hauptgrund ist nicht, obwohl auch dies zählt, dass wir in gewisser Hinsicht gegenüber denen im Wort sind, die unsere Arbeit finanziell fördern.

Der wesentliche Grund, weshalb wir im Sommer fertig zu werden und im Herbst zu veröffentlichen haben, ergibt sich aus dem Kalender der internationalen Verhandlungen. UN-Generalsekretär Waldheim, den ich Anfang April in Genf sehen werde,[5] hat mir im vergangenen Oktober – unmittelbar bevor ich krank wurde – sein lebhaftes Interesse daran bekundet, dass ihm unser Bericht im kommenden Oktober überreicht wird;[6] dann würde der Bericht für die nächstjährige UN-Sondergeneralversammlung im Jahre 1980 von Nutzen sein können.[7]

Wir könnten daraus entweder eine Daueraufgabe oder eine <u>Momentaufnahme</u> machen. Das erste kommt nicht in Frage. Das zweite

Die Nord-Süd-Kommission bei ihrer 6. Sitzung in Mont Pèlerin (Schweiz) vom 22.–26. Februar 1979. V. l. Layachi Yaker, Dragolav Avramović, Fritz Fischer, Willy Brandt, Göran Ohlin, Jan Pronk und Abdlatif Y. Al-Hamad; im Vordergrund Lakshmi Kant Jha (l.) und Amir H. Jamal.

lässt sich darstellen, ohne dass wir unseren Terminplan wesentlich verändern. Ich will darlegen, was sich hieraus ergibt.

4. Meiner Meinung nach sollten wir während dieser Sitzung keine neue Gliederung des Berichts behandeln – was natürlich nicht ausschließt, dass außerhalb der Tagesordnung, in welchen Kreisen auch immer, hierüber gesprochen wird. Die Diskussion, die hierüber in Kuala Lumpur geführt wurde, scheint nützlich gewesen zu sein. Ich glaube im übrigen nicht, dass der dort diskutierte Entwurf so schlecht war, wie er einem Teil der Kollegen erschienen ist.[8] Und wenn es in der Zusammenfassung[9] heißt, der Text des Entwurfs ‹„had been scrapped"›[10], so wird man das Verdammungsurteil wohl nicht so aufzufassen haben, als sei jede Chance auf Einbeziehung in den Recyclingprozess ausgeschlossen.

[...]¹¹ Die Frage, die ich jetzt zu beantworten versuche, ist vielmehr: Wie bringen wir in dem genannten zeitlichen Rahmen einen Bericht zustande, mit dem wir uns sehen lassen können? Meine Vorschläge behandeln zunächst das Prozedurale; einige inhaltliche Erwägungen werden sich anschließen.
[...]¹²

6. Über den Text des Berichts (einschließlich der Einleitung, auf die ich noch zu sprechen komme) müsste auf der Wiener Sitzung Anfang Juli [1979] befunden werden, für die eine ganze Woche in Aussicht genommen ist.¹³
[...]¹⁴
Die Wiener Sitzung Anfang Juli muss insofern als der eigentliche Abschluss unserer Arbeit verstanden werden. Das bedeutet auch, dass es möglich sein sollte, dort etwas über unsere Arbeitsergebnisse bekanntzugeben, ohne der Veröffentlichung im Oktober [1979] wesentlich vorzugreifen.¹⁵

7. Wenn wir im Juli fertig werden wollen, erfordert dies eine Konzentration der vor uns liegenden Aussprachen. Eine Wiederholung längerer und allgemein bekannter Stellungnahmen erscheint überflüssig. Der Vorsitzende bittet um Verständnis, wenn er hieran erinnern muss.¹⁶
[...]¹⁷

12. Ich möchte klarstellen, dass die Einleitung des Vorsitzenden selbstverständlich integraler Bestandteil des Berichts sein muss und demzufolge der Kommission zur Stellungnahme vorgelegt wird. Bei einer solchen Einleitung wird es sich nicht allein darum handeln können, Entstehen, Sinn und Arbeit der Kommission zu erläutern¹⁸ – wobei es sich empfehlen dürfte, technische Angaben, Danksagungen, etc. in einen kurzen Anhang zu verweisen. Als Themen der Einleitung bieten sich an:
– Die Veränderung der internationalen Debatte von den fünfziger bis zum Übergang in die achtziger Jahre und weshalb eine neue

internationale Ordnung im Sinne grundlegender Veränderungen auf der Tagesordnung steht;
- Nord-Süd-Probleme müssen nicht nur als eine Forderung nach Recht und Gerechtigkeit verstanden werden – und als Protest gegen die Schande bitterer Not –, sondern zugleich als neue Dimension einer nach vorn gerichteten Politik zur Sicherung des Weltfriedens und somit als eine Frage, ob die Menschheit gemeinsam überleben will, was die umfassendste Form der Gemeinsamkeit von Interessen ist;
- die Überzeugung, dass eine Lösung für die schwerwiegenden weltweiten Probleme zwischen Nord und Süd die wirtschaftliche und soziale Frage für den Rest unseres Jahrhunderts darstellt;
- dass die Umstrukturierung der internationalen Ordnung nicht als Ergebnis, sondern als Prozess verstanden werden muss;
- ein großer Beitrag, der durch ein verändertes Bewusstsein für internationale Solidarität von der jungen Generation kommen könnte.

[...][19]

13. Zu den deutlich erkennbaren gemeinsamen Nennern der Kommission gehört nach meinem Verständnis, „Nord-Süd" als moralische Herausforderung, als Frage der menschheitlichen Zukunft und deshalb – ohne Verkleisterung von Unterschieden und Gegensätzen – auch als Gebiet ineinander verklammerter Interessen zu begreifen.

Also ist es richtig, wo möglich, dem Gedanken von Umstrukturierung mit dem Ziel einer neuen internationalen Ordnung durch (a) überzeugende Vorschläge und (b) eindringliche Appelle voranzuhelfen.

Allerdings ist nichts gewonnen, wenn abgegriffene Formeln wiederholt werden. Eine Chance unserer Kommission liegt gerade darin, sich nicht als Wiederkäuer alter Ideen zu betätigen, sondern denen zu helfen, die sich etwas Neues einfallen lassen und mit neuen Fragen zurande kommen möchten.

Dies macht es leichter, die notwendigen Veränderungen als Prozess verständlich zu machen und – bewusst im Plural – Wege zur neuen internationalen Ordnung abzustecken. Dabei sollte von der ersten bis zur letzten Zeile deutlich werden, dass wir uns um das Schicksal einzelner Menschen, die unsere Mitmenschen sind, bemühen und dass wir unsere Vorschläge an großen mitmenschlichen Zielen „festmachen". (Das Thema von Entwicklung sollten „Menschen, nicht Dinge" sein.)

14. Zunächst möchte ich noch einmal daran erinnern, wozu Mr. Heath und andere sehr früh geraten hatten: Die Kommission sollte sich nicht übernehmen. Mit anderen Worten, wir sollten uns nicht mehr zumuten, als wir zu leisten vermögen. Wir sollten auch nicht meinen, dass wir Zauberformeln zur Bannung von Inflation und Arbeitslosigkeit anbieten oder verlässliche Vorhersagen für die Welt produzieren könnten, die besser wären als jene, die so viele andere eifrig herausgeben und die sehr oft von den Ereignissen überholt werden. Es wäre schon eine Menge gewonnen, wenn der komplexe Charakter der zunehmenden weltwirtschaftlichen Schwierigkeiten besser erklärt werden könnte, als dies sonst vielfach geschieht.

[...][20]

Die Kommission darf im übrigen nicht verschleiern wollen, dass sie sich aus objektiven und subjektiven Gründen bei dem Versuch übernommen hätte, die anstehenden Fragen durchweg umfassend und einheitlich beantworten zu wollen.

Der Wert der Feststellungen, die wir als Kommission treffen, und der Empfehlungen, die wir in dieser Eigenschaft geben, liegt gerade darin, dass die Kommission unabhängig ist, während ihre Mitglieder vielfältige Erfahrungen und unterschiedliche Überzeugungen einbringen.

Aber es konnte weder die Aufgabe unserer Kommission sein, dem weltgeschichtlichen Ablauf der letzten Jahrhunderte zu einer Art verbindlicher Deutung zu verhelfen, noch konnte sie auch nur genügend Zeit darauf verwenden, den Begriff „Entwicklung" hinreichend abzuklopfen. Jedoch sollte vollkommen deutlich gemacht werden, dass wir nicht mehr Gefangene der Vorstellung sind, alle Welt müsse bestimmten westlichen Modellen der Entwicklung folgen. Oder dass Entwicklung heute nicht nur mehr als ökonomisches Phänomen verstanden werden darf.

Die Kommission tut insgesamt gut daran, sich in Sachen „Philosophie" nicht zu übernehmen, um ihre „Botschaft" umso überzeugender vermitteln zu können.

15. Der Bericht sollte mehr von „Zielen" als von „Mitteln" (z. B. Institutionen) ausgehen. Also muss der Bericht – wie ich bewusst wiederhole – an großen Menschheitsfragen „festgemacht" werden:
– Die Notwendigkeit, den Frieden sicherer zu machen und die Zusammenarbeit auszubauen, und die Bedeutung einer Verknüpfung zwischen Rüstungsbegrenzungen und Entwicklungspolitik;
– Deswegen, aber nicht nur aus diesem Grund, eine Internationalisierung der Nord-Süd-Politik durch Einbeziehung des „Ostens". (Ich benutze diesen Ausdruck, um eine andere, noch abwegigere Terminologie an dieser Stelle zu vermeiden. Ich will allerdings anmelden, dass ich mich dagegen wende, die Bezeichnung „CPE"[21] zu verwenden, weil sie inhaltslos ist und zu völlig falscher Klassifizierung führt.);
– Friedenspolitische Verankerung auch gegen die Gefahren, die aus Massenelend und Chaos entstehen können: (‹„Wo Hunger herrscht, ist auf die Dauer kein Friede. Wer den Krieg ächten will, muß auch den Hunger ächten."›[22]);
– Das Interesse am gemeinsamen Überleben sollte auch auf die großen Fragen der Umwelt und der nicht zu erneuernden Ressourcen (Risiko der Selbstzerstörung) bezogen werden.
[. . .][23]

17. Seit Beginn unserer Arbeit sind wir davon ausgegangen, dass sich unsere Empfehlungen auf die achtziger Jahre beziehen und, wo möglich, das Jahr 2000 ins Auge fassen sollten.[24]

Es sollte zu einer internationalen Verpflichtung gemacht werden, bis zum Jahre 2000 den Massenhunger im wesentlichen zu überwinden. Die Fachwelt hält trotz gewisser Zweifel dies für realisierbar, wenn daran rasch und entschlossen genug gearbeitet wird. [. . .][25]

18. Als ganz unmöglich erschiene es mir, wollte die Kommission sich zum Wachstum der Weltbevölkerung ausschweigen. [...]²⁶

Selbst wenn nicht viel Neues gesagt werden kann, zumal religiös-ethische Überzeugungen nicht zu übergehen sind, wird die Dimension des Problems deutlich zu machen sein. Gestützt auf die Erfahrung wird man die bis vor kurzem weitverbreitete Meinung zu relativieren haben, als gäbe es – unabhängig von den Kulturkreisen und politischen Ordnungen – einen quasi automatischen Zusammenhang zwischen Lebensstandard und Vermehrung.²⁷

[...]²⁸

Nicht nur, aber nicht zuletzt in diesem Zusammenhang ist die Rolle der Frau im Prozess der Entwicklung zu erörtern. Wir waren uns einig, hierauf an mehr als einer Stelle unseres Berichts einzugehen. [...]²⁹

An dieser Stelle will ich auch noch einmal an die Gesundheitspolitik erinnern, die nicht völlig übergangen werden darf. Und es wäre nicht nur höflich, sondern auch richtig, nach den spezifischen Erfahrungen von UNICEF zu fragen. Ein Brief des WHO-Generaldirektors, mit dem ich Anfang nächster Woche zusammentreffen werde, wurde in Kuala Lumpur verlesen.³⁰ Der Vorsitzende des DAC³¹ erklärte in seinem jüngsten Bericht, dass ‹„den Gesundheitsproblemen, speziell der Mangelernährung, und der Sanitärtechnik für die arme Bevölkerung in ländlichen Gebieten sehr wenig Aufmerksamkeit geschenkt werde".›³² Ich fürchte, dass er völlig Recht hat, und ich war betroffen, als ich neulich las, dass von den 40 bis 50 Millionen Blinden in Entwicklungsländern die meisten hätten gerettet werden können durch die richtige Behandlung zur rechten Zeit und dass ca. 500 Millionen Menschen wahrscheinlich erblinden werden, wenn nicht eine bessere medizinische Versorgung bereitgestellt wird.

19. Mein Bemühen, auch nicht streng-ökonomische Erwägungen in unsere Arbeit einzubeziehen, hatte – bis auf die Problematik Entwicklung/Rüstungen³³ – bisher nur begrenzten Erfolg. [...]³⁴

Bislang noch nicht erwähnt habe ich die in der bisherigen Nord-Süd-Politik vernachlässigte Rolle der Erziehung sowohl in den Schulen als auch in der Öffentlichkeitsarbeit. Es genügt nicht, Regierungen zu überzeugen, was schwer genug ist. Dass eine neue internationale Ordnung notwendig ist, muss den einfachen Menschen vermittelt werden, nicht in erster Linie den Experten und Bürokraten. [...][35]

21. Die sehr wichtigen Vorschläge zu den internationalen Finanz- und Währungsfragen einschließlich der Gründung eines Weltentwicklungsfonds, die diesmal auf unserer Tagesordnung stehen, werde ich hier nicht kommentieren.[36]

Wir sollten gewissen institutionellen Fragen nicht ausweichen, auch wenn es sich um solche handelt, die nicht rasch verwirklicht werden können.

Dies gilt z. B. für die Problematik internationaler Steuern und – langfristig – für die Schaffung eines weltweiten Zentralbanksystems (mit der Möglichkeit, den IWF dahin zu entwickeln),

Manchen revolutionär erscheinenden Vorschlägen ist eigen, dass Lord Keynes sie schon vor bald vierzig Jahren einführte.

Es dürfte sich empfehlen, nicht zu viele neue Behörden vorzuschlagen. Dringend geboten aber erscheint [...] die Schaffung einer internationalen Organisation, die bestimmte genau bezeichnete und begrenzte Aufgaben in Verbindung mit den Energieproblemen in der Welt übernimmt.

Gewissenhafte Prüfung verdient auch die Frage, auf welche Weise die Entwicklungsländer – vor allem die schwachen – in die Lage versetzt werden können, sich auf den Sachverstand eines der OECD vergleichbaren Apparats stützen zu können.

22. Offen ist noch die Frage, wie wir auf die Nichterfüllung der offiziellen ODA-Zielsetzungen[37] reagieren wollen. Jedenfalls scheint aufgrund bisheriger Diskussionen die Neigung zu bestehen, dass die ODA im wesentlichen den ärmsten Ländern zufließen sollte.

[...][38]

23. Die Differenzierung, die in den verschiedenen Teilen oder Lagern der Welt stattgefunden hat und noch weiter stattfindet, sollte ob-

jektiv zur Kenntnis genommen werden. [...] Mit dem Mythos von den zwei oder drei Welten ist niemandem gedient. Es darf allerdings keinen Zweifel daran geben, dass die Kommission keinem Versuch nachgeben wird, eine Gruppe von Entwicklungsländern gegen eine andere auszuspielen.

Die Entwicklungswelt sollte vielleicht auch deutlicher erkennen, dass es innerhalb „des Westens" und der OECD ebenfalls zahlreiche Unterschiede gibt und dass sie auch nicht als ökonomisch gleichförmig angesehen werden können.

[...] Die Kommission sollte zudem nicht wirklichkeitsfremden Vorstellungen nachgeben. Sie sollte z. B. nicht so tun, als ob fast alle „alten" oder „neuen" Probleme in den Ländern der Dritten Welt durch die Nord-Süd-Problematik zu erklären wären.

Im Gegenteil gibt es immer mehr ökologische und technologische Probleme, die system-überwölbend sind. Auch glaube ich, dass nicht alle Probleme auf eine Übertragung von Kapital und Technologie reduziert werden dürfen. [...][39]

Gerade jetzt erleben wir an mehr als einem Punkt der Welt, dass es noch andere Einflüsse gibt als die der Kapitalanhäufung und der bewaffneten Macht. Ich denke, wie man verstehen wird, nicht nur an die Ereignisse im Iran, die den allein in ökonomischen Kategorien Befangenen allerdings kaum verständlich sein können.[40] Ich denke etwa auch an die Reise des neuen Papstes nach Lateinamerika.[41]

Ich frage mich selbst, wenngleich ich keineswegs sicher bin, inwieweit uns dies gelingen kann, ob nicht einige der wirklich tragenden Gedanken unseres Berichts auch aus gemeinsamen Überzeugungen der Weltreligionen und des Humanismus abgeleitet werden sollten.

[...][42]

Ich möchte nur hinzufügen: Als ein political animal mit einiger Erfahrung weiß ich, dass man nicht immer davor zurückschrecken darf, dem Denken der Menschen voraus zu sein. Aber wenn jemand zu weit voraus ist, gerät er in Schwierigkeiten. Das trifft mit Sicherheit nicht nur für die nationale, sondern auch für die internationale Ebene zu. Daher denke ich, müssen unsere Vorschläge kühn sein, aber auch realistisch in dem Sinne, dass die Ziele, die wir anpeilen, erreicht werden können, wenn alle beteiligten Parteien die notwendigen Anstrengungen machen.

Entschuldigen Sie, dass sich dies zu einem längeren Bericht ausgewachsen hat. Ich hoffe, es wird hilfreich sein. Jedenfalls vertraue ich darauf, dass jetzt jeder weiß, wie ich über unsere Aufgabe denke.

Ich habe das Sekretariat gebeten, Kopien meiner Ausführungen bereitzuhalten, falls Sie diese nachzulesen wünschen.

Nr. 31
Aus dem Vermerk über Gespräche des PLO-Vertreters Sartawi mit Staatsminister Wischnewski und dem Vorsitzenden der SPD, Brandt
31. März 1979[1]

AdsD, WBA, A 9, 35.

Betr.: Gespräche mit Dr. Sartawi am 31. 3. 1979
(in Ergänzung des beiliegenden Schreibens vom 1. 4. 1979)[2]
1. 17.00 Uhr
   [...][3]
2. 19.00 Uhr
   Willy Brandt bittet Dr. Sartawi, nachdem dieser ihm seine Vorstellungen dargelegt hat[4], die ihm von Arafat übermittelten Grüße zurückzugeben. Wegen seiner Erkrankung sei es ihm nicht möglich gewesen, bereits früher Kontakt aufzunehmen. In den USA herrsche eine gewisse Verwirrung. Ohne die Sowjetunion sei eine Lösung des Nahostkonflikts nicht möglich, das amerikanische Konzept sei insofern falsch.[5] Man müsse sich die Frage stellen, ob die Konstruktion einer solchen halb-offiziellen Gesprächsrunde richtig sei. Er persönlich sei zu dieser Teilnahme bereit, wenn dies für nützlich erachtet werde. Allerdings müsse er auf seine Arbeitsbelastung hinweisen. Die Bundesrepublik wäre

sicher glücklich, wenn sie in der derzeitigen schwierigen Lage behilflich sein könnte. Westeuropa, das unabhängiger geworden sei, sollte eine Rolle bei der Sicherung des Friedens im Nahen Osten spielen, und zwar nicht nur im wirtschaftlichen, sondern auch im politischen Bereich. Die Frage sei, ob man nicht parallel zu einem europäischen Engagement einen Besuch von Arafat in Washington betreiben sollte (Ev[en]t[uel]l könnte hier Nahum Goldmann behilflich sein). Der Text der VN-Res[olution] 242 sollte nicht zu formalistisch betrachtet werden.[6] Bei seiner Abfassung habe man eine andere Sprache gesprochen als heute.

[...][7]

‹Kiewitt›[8]

Nr. 32
Aus dem Interview des Vorsitzenden der Nord-Süd-Kommission, Brandt, für den Deutschlandfunk
9. Juli 1979[1]

Deutschlandfunk Archiv, 5009905 Z00.

[...][2]

Krawitz: Herr Brandt, lassen Sie mich dann auf die Arbeit der Nord-Süd-Kommission zu sprechen kommen. Der Nord-Süd-Konflikt wird verschärft durch die weltweite Energieverteuerung.[3] Wird es Empfehlungen der Nord-Süd-Kommission als Reaktion darauf geben?

Brandt: Ja und nein. Es wird mittelfristige geben.[4] Sehen Sie, wir haben zwar die letzte Sitzung zu den Inhalten gehabt[5], aber jetzt wird drei Monate fleißig weiter geschrieben, und da gibt's eine Redaktionssitzung Anfang Oktober.[6] Und dann dauert es noch eine Weile, bis der Bericht auf dem Markt ist.[7] Das heißt, wir sind nicht eine Zeitung, die von einem Tag zum anderen rauskommt, sondern wir machen [einen] Bericht, der Anfang 1980 vorliegt mit Fragen, die unserer

Meinung nach für den Rest dieses Jahrhunderts Bedeutung haben werden. Da spielt die Energiefrage eine entscheidende Rolle, eine etwas größere als ich geglaubt habe zu dem Zeitpunkt, da wir vor anderthalb Jahren mit der Arbeit begonnen haben. Aber man kann nicht erwarten, dass wir nun Antworten geben, die für diese Wochen, diese Monate, in denen wir drin sind, von Bedeutung sind. Wir wollen ja eh nicht mit den Regierungen uns in eine Konkurrenz begeben.

Krawitz: Ja, seitdem Sie die Arbeit aufgenommen haben in der Kommission, Herr Brandt, hat sich ja die gesamte energiepolitische Lage auf der ganzen Welt verändert. Es ist sogar von vielen immer wieder von Verteilungskämpfen zwischen Nord und Süd gesprochen und gewarnt worden. Wird die Nord-Süd-Kommission daher eine verstärkte Hilfe gerade für die armen Länder fordern, damit diese Verzweiflungstaten nicht kommen?

Brandt: Ja, man wird verstärkte Hilfe für die besonders Armen in Aussicht zu nehmen haben. Das wäre auch ohne Ölpreiserhöhung notwendig gewesen. Und man muss gerechterweise sagen, die ölproduzierenden Länder leisten schon mehr Hilfe als wir in den industrialisierten Ländern für eine Reihe der ganz Armen.[8] Aber da bleibt sicher eine ganze Menge zu tun.

Krawitz: Die amerikanische Administration hat nicht zum ersten Mal von einer Eingreiftruppe gesprochen.[9] Befürchten Sie Aktionen einzelner Staaten mit dem Ziel, an die knapper werdenden Rohstoffquellen heranzukommen?

Brandt: Ich halte dies für abenteuerlich. Ich kann es in Wirklichkeit nicht ernst nehmen, dass Leute mit solchen Gedanken spielen. Denn so ernst bestimmte wirtschaftliche Schwierigkeiten sein mögen, es muss sich doch jeder, bei dem sich der Gehirnapparat vernünftig bewegt, sagen können, dass selbst konservative Länder wie Saudi-Arabien ihre Ölfelder sprengen werden, wenn oder bevor Einsatztruppen dort erscheinen. Bestimmte Leute scheinen immer noch nicht begriffen zu haben, was sie mit ihrem einseitigen Setzen auf militärische Optionen im Iran sich eingehandelt haben.[10] Die Welt besteht aus mehr denn aus höchst modernen Jägern und anderen Waffen. Nein, dieses ist dummes Zeug. Unsere verehrten amerikanischen Freunde müssen aufhören, mit dem Öl so zu aasen, wie sie es tun. Dann werden sie schon einen großen Teil dazu beigetragen haben, ihre Energieprobleme zu mindern.

[. . .]¹¹

Nr. 33
Aus dem Interview des Vorsitzenden der Nord-Süd-Kommission, Brandt, für das Magazin *Bild der Wissenschaft*
August 1979¹

Bild der Wissenschaft 16 (1979) 8, S. 60–64.

„Ich möchte nicht, daß eine neue Generation erlebt, wie aus Hunger Krieg wird."

[. . .]²

bild der wissenschaft: [. . .] Sie, Herr Brandt, haben sich in Ihrer Kommissionsarbeit das Ziel gesteckt, alles zu tun, damit der Hunger auf der Welt in den nächsten 20 Jahren besiegt werden kann.³ Ist das nicht ein zu ehrgeiziges Ziel?

Brandt: Das könnte sein. Aber ich gehöre zu einer Generation, die zweimal erlebt hat, daß und wie aus Krieg Hunger wird. Deshalb möchte ich nicht, daß eine neue Generation erlebt, wie aus Hunger Krieg wird.

Wenn es uns nicht gelingt, den Hunger von Hunderten von Millionen zu überwinden, können sich daraus gewaltsame Auseinandersetzungen ergeben, die in einen dritten Weltkrieg münden.

bild der wissenschaft: 700 bis 800 Millionen Menschen hungern. Nach Ermittlungen der Landwirtschaftsorganisation der UNO⁴ hungern 462 Millionen allein deshalb, weil die Verteilungsprobleme der Nahrungsmittelproduktion nicht bewältigt werden.

Brandt: 700 bis 800 Millionen – so groß war die Menschheit insgesamt zur Zeit unserer Urgroßväter. Deshalb wollen wir ein Programm entwickeln, mit dem bis zum Jahr 2000 der Welthunger besiegt werden kann. Das ist noch möglich.

bild der wissenschaft: Für wie schwerwiegend halten Sie die Verteilungsprobleme?

Brandt: Sie spielen eine gewaltige Rolle. Aber mindestens so groß ist das sehr schwer zu lösende Problem: Wie können die Voraussetzungen geschaffen werden, damit die Menschen überhaupt Lebensmittel kaufen können?

Deshalb muß in den Ländern der Dritten Welt vor allem die gewerbliche Tätigkeit gefördert werden. Das muß nicht immer gleich hochentwickelte Industrie sein.[5]

bild der wissenschaft: Würde eine verstärkte Zusammenarbeit der Entwicklungsländer untereinander die Situation verbessern?

Brandt: Das kommt hinzu. Die Zusammenarbeit zwischen den Ländern in der Entwicklung spielt eine immer größere Rolle. Allerdings müßten dann die Industrieländer mehr Entgegenkommen zeigen.

Ich will ein Beispiel geben: Da produziert Indien Waren, die in Europa oder USA keine guten Absatzchancen haben, während sie in einem afrikanischen Land einen großen Markt haben könnten. Dies müßten die Industrieländer nicht als Eingriff in ihre Domäne betrachten. Sie müßten zurückstecken. Das wäre dann eine neue Dimension, wie man heute so schön sagt: Die Zusammenarbeit zwischen den Ländern in der Entwicklung.

bild der wissenschaft: Die Diskussion um die Grundbedürfnisse – die sogenannten basic needs[6] – der Dritten Welt nimmt viel Raum ein. Gibt es da nicht sehr viel Mißtrauen und Vorbehalte bei denjenigen, denen geholfen werden soll?

Brandt: Das ist eine wichtige Thematik. Tatsächlich sagen viele Verantwortliche in den Entwicklungsländern: Ist dies nicht nur eine neue Masche, die ihr Industrieländer euch ausgedacht habt, um uns weiter auf einem niedrigen Standard zu halten, indem ihr uns bestimmte Entwicklungsschwerpunkte aufdrängt wie etwa Lebensmittel, Gesundheit, Wohnungen, halbwegs akzeptable sanitäre Verhältnisse und Alphabetisierung?

Da muß man sehr aufpassen. Ich akzeptiere basic needs nur dort, wo sie von meinen Freunden und Kollegen in der Entwicklungswelt selbst definiert werden.

Da ist zum Beispiel mein Freund Leopold Senghor, der Präsident von Senegal. Er ist sehr stolz darauf, daß er mehr Mittel für Erziehung ausgibt als für Verteidigung, daß er ein Schulsystem hat, das dem europäischen sehr nahe kommt.[7]

Aber da ist ein anderer Staatsmann in Afrika, der sagt: „Meine Kinder gehen nur vier Jahre in die Schule. Dies muß mein Land ertragen, denn früher sind die Kinder gar nicht zur Schule gegangen."[8]

Wie lange Kinder in die Schule gehen, ist erst in zweiter Linie eine Frage menschlicher Grundbedürfnisse. In erster Linie ist das eine Frage des Selbstverständnisses einer Nation, ihrer Regierung und derer Prioritäten.

In diesem Bereich muß man sehr aufpassen, daß man nicht der Einmischung und schulmeisterlicher Attitüden bezichtigt wird – von Repräsentanten von Völkern, die nicht mehr unter Minderwertigkeitskomplexen leiden.

bild der wissenschaft: Die entwicklungspolitische Diskussion wurde in der Vergangenheit hauptsächlich von ökonomischen Gesichtspunkten bestimmt. Haben Sie nun in Ihrer Kommission versucht, diese Diskussion auf andere Bereiche auszudehnen?

Brandt: Ja. Wir haben das Thema ausgeweitet und soziale, kulturelle, wissenschaftliche, technische und pädagogische Gesichtspunkte mit in unsere Diskussion einbezogen. Vor allem interessierten uns in der Kommission die Zusammenhänge zwischen Rüstung und Weltarmut.[9] Oder anders ausgedrückt: Die künftigen Chancen der Abrüstung und der Entwicklung. Dies führt zwangsläufig dazu, daß der entwicklungspolitische Dialog auf der Welt internationalisiert werden muß.

bild der wissenschaft: Was heißt das?

Brandt: Das heißt, daß wir Institutionen anstreben müssen, an denen auch die kommunistisch regierten Staaten beteiligt sind.

Wir haben bereits das Gespräch mit den sowjetischen Experten begonnen.[10] Ich habe inzwischen selbst mit allen führenden Leuten im Warschauer Pakt gesprochen.[11] Einige Vertreter unserer Kommission gehen noch nach China,[12] bevor wir unseren Bericht abschließen. Nicht weil wir glauben, dort Großes bewegen zu können, sondern weil auch die kommunistisch regierten Industriestaaten gefordert sind.

bild der wissenschaft: Richten nicht gerade in letzter Zeit die Entwicklungsländer ihre Forderungen und Erwartungen auch an Länder wie beispielsweise China?

Brandt: Ja, aber China ist ein besonderer Fall. Dieses Land hat gewaltige Erfahrungen zu vermitteln, denn es ist das größte Entwicklungsland, das den Hunger tatsächlich überwunden hat. Allerdings läßt sich das dortige rigorose Modell[13] nicht ohne weiteres auf andere Länder der Dritten Welt übertragen.

bild der wissenschaft: Es ist immer wieder die Rede von gewaltigen Opfern, die von den Industrieländern verlangt werden.

Brandt: Man erwartet keinesfalls von uns, daß wir unseren Lebensstandard senken, sondern daß wir die Entwicklungshilfe genauso ernst nehmen wie beispielsweise die europäische Zusammenarbeit. Denken Sie nur an die Mittel, die in Europa zur Finanzierung der Butterberge aufgebracht werden müssen oder zur Vernichtung von Lebensmitteln.

In diesen Fällen meinen wir, das sei der Preis, den wir für die europäische Zusammenarbeit zu bezahlen haben. Ich glaube allerdings, Entwicklungshilfe ist mindestens genauso wichtig.

bild der wissenschaft: Das Energiethema wurde auf Wunsch der Entwicklungsländer von der UNCTAD in Manila ausgeklammert.[14] Sehen Sie, Herr Brandt, vielleicht eine Möglichkeit, wie wir mit weniger entwickelten Ländern an der Erschließung neuer Energiequellen arbeiten können?

Brandt: Da habe ich ein paar Dinge erlebt, die für den Eingeweihten – den wissenschaftlich Versierten – vermutlich überhaupt nicht aufregend sind. Für mich waren sie aufregend.

Meine Kommission und ich waren vor einem Jahr in Mali.[15] Mali ist eines der ärmsten Länder in Afrika. Dort habe ich gesehen, was heutzutage Sonnenenergie schon bedeuten kann.

Da hat ein tüchtiger Italiener[16], der die EG-Kommission in Mali vertritt und von Sonnenenergie etwas versteht, eine kleine Sonnenzellen-Vorrichtung gebaut. Damit können die Bauern genügend Sonne auffangen und Energie gewinnen, um den größten Teil des Tages Wasser aus dem Fluß heraufzupumpen und damit die Felder zu bewässern.

Das bedeutet, daß es den Bauern dort plötzlich gut geht, in einem Teil der Sahel-Zone, wo es bekanntlich diese schrecklichen Dürren gibt. [...][17]

bild der wissenschaft: Herr Brandt, Sie verweisen immer wieder auf den engen Zusammenhang zwischen der Entwicklungs- und der Friedenspolitik. Tatsache ist, daß zur Zeit jährlich für Rüstungsgüter weltweit 800 Milliarden Mark ausgegeben werden. Das Erschreckende daran ist, daß gerade die Dritte Welt zum größten und wichtigsten Importeur militärischen Geräts geworden ist.[18]

Gibt es eine reale Chance, die Rüstung zu beschränken? Könnte wenigstens ein Teil dieser Rüstungsgelder freigemacht und der Entwicklung zugeführt werden?

Brandt: Zunächst möchte ich Ihre Zahl wieder aufgreifen. 800 Milliarden Mark werden pro Jahr auf der Welt für die Rüstung ausgegeben. Demgegenüber stehen 800 Millionen Menschen, die nicht genug zu essen haben.

Wir haben die Erfahrung gemacht, daß Entspannung nicht automatisch zur Rüstungsbegrenzung führt. Wir haben den Abbau von Spannungen zwischen Ost und West und gleichzeitig ein weiteres Hochschnellen der Rüstungsspirale. Niemand weiß, wie das in den Griff zu bekommen ist.

Der Anteil der Dritten Welt an den Rüstungsausgaben nimmt ständig zu, vor allem in den reichen, den Ölländern.[19] Dies ist nicht auf das tatsächliche Sicherheitsinteresse dieser Länder zurückzuführen, sondern allein auf ihr Prestigedenken. Zum Teil werden den Entwicklungsländern von den Rüstungsindustrien wichtiger Staaten Waffen geradezu aufgedrängt.

bild der wissenschaft: Können Sie sich vorstellen, daß diese Situation einmal geändert wird – und wie?

Brandt: Es ist denkbar, daß es bei einer weiteren Verbesserung der Beziehungen zwischen den USA und der UdSSR zu einer Absprache über sogenannte Zonen der Rüstungsbegrenzung zwischen den beiden Weltmächten kommt.

Eine Studiengruppe bei den Vereinten Nationen befaßt sich mit der Frage, was sich international für Chancen ergeben können, wenn gegenseitige Abmachungen die Gesamtausgaben für Rüstung beschränken würden.[20]

Da sich bei einer Rüstungsbeschränkung innerhalb der Staaten Arbeitsmarktprobleme ergeben, muß man dort, wo man Rüstung begrenzt, dafür sorgen, daß die Menschen neue Arbeitsplätze bekommen.

Das Bestreben meiner Kommission ist es, ein öffentliches Bewußtsein zu schaffen, damit wenigstens einige Prozent der für unproduktive Rüstungszwecke ausgegebenen Gelder in Vorhaben der internationalen wirtschaftlichen Zusammenarbeit umgelenkt werden können.

bild der wissenschaft: Sie nannten hierzu kürzlich die Möglichkeit einer nationalen Abgabe.

Brandt: Kürzlich habe ich leichtsinnigerweise von einer internationalen Besteuerung gesprochen. Das wurde bei uns gleich mißverstanden, weil das englische Wort „taxation" nicht nur Steuern bedeutet, sondern auch Abgaben.[21]

Hier gibt es eine Brücke. Giscard d'Estaing, der französische Staatspräsident, sagte: „Laßt uns auf die Rüstungsproduktion eine Art Steuer legen."[22] Da habe ich große Bedenken, weil dies fast wie ein Ablaß wirken kann: Man rüstet schön und zahlt dann etwa dafür.[23] Ich bin dafür, daß Teile bisheriger Rüstungsausgaben umgelenkt werden.

Wir befinden uns ohnehin in einer Entwicklung, durch die künftig nicht mehr einige Staaten für andere etwas leisten werden, sondern es wird Töpfe geben – Fonds –, in die alle etwas hineintun ...

bild der wissenschaft: ... wie das beim internationalen Rohstoff-Fonds zur Stabilisierung der Rohstoffpreise bereits praktiziert wird?[24]

Brandt: Ja. Das Interessante ist, daß dort nicht nur die Reichen etwas geben, sondern alle Länder, auch das ärmste – eine Million Dollar geben auch die allerärmsten Länder, die anderen etwas mehr. Dies ist ein Modell, das auch auf anderen Gebieten angewendet werden kann.

bild der wissenschaft: Wie kann man die freiwerdenden Ressourcen tatsächlich in die internationale wirtschaftliche Zusammenarbeit umlenken?

Brandt: Wir werden in den nächsten Jahren millionenfach wertvolle Manganknollen vom Boden der Meere heraufholen. Warum soll nicht ein wesentlicher Teil dessen, was sie wert sind, in einen internationalen Fonds einfließen?[25]

Woran mir liegt, und weshalb ich diese Modelle erwähne, ist folgendes: Wenn die politischen Voraussetzungen für die Rüstungsbegrenzung gegeben sind, müssen neue Fonds erst gar nicht geschaffen werden, weil es dann schon Ansätze für automatischen Ressourcen-Transfer geben wird: die automatische Überführung ökonomischer Mittel von einem Teil der Welt in den anderen.

bild der wissenschaft: Bedarf es nicht neuer Strukturen bei internationalen Organisationen, um in Zukunft mehr, als bisher möglich ist, ganze Entwicklungsprogramme – zum Beispiel im Bereich von Gesundheit und Bildung – zu finanzieren und nicht nur einzelne Projekte, wie Stahlwerke, Kernenergie-Anlagen und ähnliches?

Brandt: Das ist in der Tat ein großes Problem. Wir haben in der Kommission viel Zeit aufgewendet, um eine Antwort auf die Frage zu finden, ob die bestehenden internationalen Organisationen für die Bewältigung der Probleme der Entwicklungsländer ausreichen.[26] Diese Organisationen – Weltbank und Internationaler Währungsfonds – wurden vor über 30 Jahren unter ganz anderen Umständen geschaffen.

Wir dachten darüber nach, ob neben diesen Institutionen möglicherweise Raum für eine zusätzliche sein sollte, und wie man die für Hilfsprogramme benötigten Mittel aufbringen könnte.[27]

[...][28] [I]ch könnte mich grundsätzlich mit der Idee anfreunden, zusätzliche Beträge von 50 bis 60 Milliarden Dollar – verteilt auf mehrere Jahre – verfügbar zu machen, um damit einerseits solche Hilfsprogramme zu finanzieren und andererseits damit bei uns Arbeitsplätze zu sichern.

Ich weiß noch nicht genau, wie diese Fragen innerhalb unserer Kommission beantwortet werden. Sicher ist, daß es schwer sein wird, Mittel zu bekommen und diese dann für die Finanzierung von umfassenden Programmen – nicht nur von Projekten – einzusetzen.

Wir haben auch Überlegungen angestellt, ob man – zur besseren Koordinierung der zahlreichen multilateralen Hilfsorganisationen – einen „Fund of Funds" gründen könnte, eine Clearing-Stelle also, die flexibler ist als die bestehenden Institutionen. Sie würde in der Lage sein, auf Wünsche, Erfordernisse, auch auf die Vorstellungen und Programme einzelner Länder einzugehen.

bild der wissenschaft: Das sind neue Ansätze in der Entwicklungshilfe. Doch wie kann die Brandt-Kommission dies alles umsetzen? Ihr steht doch kein anderes Mittel zur Verfügung als die Argumentation?

Brandt: Das weiß ich nicht. Wir werden in unserem Abschlußbericht verschiedene Empfehlungen geben und versuchen, sie überzeugend genug zu Papier zu bringen. Empfehlungen, aus denen nur dann etwas werden wird, wenn Regierungen und internationale Organisationen sie aufgreifen und zum Gegenstand ernstzunehmender Verhandlungen machen. Und zwar nicht nach bisherigen Methoden.

Man kann nicht in einer Massenversammlung der Vereinten Nationen zu guten Lösungen kommen, wenn Vertreter von 150 Staaten – multipliziert mit einer Reihe von Mitarbeitern – miteinander diskutieren.

Gute Lösungen gibt es nur dann, wenn sich alle Beteiligten auf eine geringere Personenzahl einigen, die alle wesentlichen Gruppen der Welt fair repräsentieren.[29] Das sind methodische Fragen, die eine große Rolle spielen und viel Vertrauen voraussetzen.

Nr. 34
Aus der Aufzeichnung über das Gespräch des Vorsitzenden der Nord-Süd-Kommission, Brandt, mit dem Bundeskanzler, Schmidt
25. September 1979[1]

AdsD, Dep. Helmut Schmidt, 8850.

Willy Brandt berichtet, er strebe an, auf der Kommissionssitzung am 5.–9. Oktober in Brüssel den Bericht abzuschließen.[2] Nach Fertigstellung werde der Bericht an UN-Generalsekretär Waldheim übergeben. Anfang 1980 sollte der Bericht als Buch veröffentlicht werden. Der Bericht stehe unter dem Leitwort ‹„Peace, Justice and Solidarity"›[3]. Nach der Havanna-Konferenz[4] hätten einige E[ntwicklungs]-Länder die Neigung, sich aus der Kommission zu absentieren, weil sie sich offensichtlich Kompromissen entziehen wollten.

Der Bericht versuche einen gewissen Schwerpunkt beim Verhältnis von Entwicklung und Abrüstung zu setzen. Es habe sich jedoch herausgestellt, daß man hierbei nicht sehr weit komme, da die Abrüstungsfachleute sich gegen eine Vermengung von Abrüstung und Entwicklung wehren. Einen französischen Vorschlag, den Waffenhandel mit einer Steuer zu belegen, deren Aufkommen den Entwicklungsländern zugute kommen soll[5], wolle man ablehnen.

Zum Verhältnis von Entwicklungsländern und kommunistischen Staaten werde im Bericht nicht viel gesagt. Man habe sich aber bemüht, auch diese Staaten – einschließlich China – über die Arbeiten zu unterrichten. Intern stimmten die Fachleute des Ostblocks mit vielen Wertungen der Kommission überein.

Egon Bahr fügt hinzu, daß die Sowjetunion auf dem letzten Stand der entwicklungspolitischen Diskussion des Westens sei, daß die Fachleute ihre Führung aber bisher noch nicht haben überzeugen können.[6]

Brandt erklärt, drei Punkte des Berichtes seien aus deutscher Sicht positiv zu werten.

Erstens stimmen alle Kommissionsmitglieder darin überein, daß das Energieproblem ein Hauptthema sein müsse. Zur Kernenergie äußere sich die Kommission unbefangener als die SPD.[7] Man sei übereingekommen, eine neue internationale Energieinstitution (Energy research center) zu schaffen,[8] die insbesondere die Energieexploration in den Entwicklungsländern fördern solle.

Man habe auch über die Möglichkeit gesprochen, den Ölpreis für eine bestimmte Zeit einzufrieren. Die OPEC-Länder wehrten jedoch jeden Versuch ab, auf den Preis Einfluß zu nehmen. Allerdings nehme der Druck der Entwicklungsländer auf die Ölländer zu.

Der zweite Punkt, der im Interesse der Bundesrepublik liege, sei, daß man die ‹Adjustment›[9]-Politik verstärken wolle. D. h., den Ländern solle gestattet werden, in einem bestimmten Zeitraum (5 Jahre) Umstellungsmaßnahmen vorzunehmen. So könne man dem Protektionismus wirkungsvoller entgegenwirken als durch eine Beschränkung auf Ablehnung des Protektionismus.

Ein dritter Punkt sei die reformerische Weiterentwicklung des Bretton-Woods-Währungssystems.[10] Bei einigen Kommissionsmitgliedern gebe es eine starke Präferenz für feste Wechselkurse. Von vielen werde das EWS als ein Vorbild angesehen.[11]

Das 0,7 %-Ziel[12] für die öffentliche Entwicklungshilfe sei eine heilige Kuh. Wenn es nach ihm ginge, sollte man davon wieder abgehen. Er stelle sich vor, daß man dieses ‹Kommitment›[13] auf jeden Fall relativieren sollte. Guth[14] habe ihm jedoch einen Brief geschrieben, in dem er ihm dringend abgeraten habe, über das 0,7 %-Ziel einen Streit zu führen. Er versuche immer in zwei Richtungen zu argumentieren. Zum einen handele es sich bei diesem Ziel um eine sehr willkürliche Meßlatte. Um die Leistungen eines Landes zugunsten der EL zu bewerten, müsse man auf jeden Fall die Handelspolitik einbeziehen. Zum anderen müsse man sehen, daß z. B. bei den Franzosen die Leistungen an ihre überseeischen Gebiete, im Gefolge ihrer Kolonialpolitik, beim 0,7 %-Ziel mitgerechnet werden.[15]

Er frage sich, ob man nicht ein besonderes Ziel für die ärmeren Entwicklungsländer aufstellen solle.

St[aats]M[inister] [Wischnewski] warnt davor, von dem 0,7 %-Ziel abzugehen. Er macht darauf aufmerksam, daß ein Antrag für den Parteitag in Vorbereitung sei, in dem die Bundesregierung aufgefordert werde, innerhalb eines bestimmten Zeitraumes, das 0,7 %-Ziel zu verwirklichen.[16] Er möchte auf dem SPD-Parteitag neben der Kernenergiediskussion und der Abrüstungsdiskussion nicht auch noch eine Kontroverse über das 0,7 %-Ziel haben.

Auch B[undes]M[inister] Offergeld hält ein Abgehen von dem 0,7 %-Ziel nicht für opportun. Im übrigen leiste die Bundesrepublik nicht 0,32 % des BSP, sondern 0,38 % (im Jahr 1979).[17]

B[undes]K[anzler] hält ein Erreichen des 0,7 %-Ziels in demokratischen Staaten auf absehbare Zeit für ganz ausgeschlossen. Er sehe eine Lösung deshalb nur darin, neue Finanzierungswege zu beschreiten, die unabhängig von den nationalen Haushalten seien. Er denke dabei z. B. an eine Steuer auf das internationale Handelsvolumen oder an eine international gleichmäßige Umsatzsteuer. Wichtig sei, daß das besteuerte Volumen sehr groß sei, damit der Steuersatz niedrig gehalten werden könne. Technisch am leichtesten zu verwirklichen sei wohl die Anknüpfung an grenzüberschreitende Vorgänge, wie z. B. beim Außenhandel.

Auch Willy Brandt hält es für vernünftig, die ODA zu „universalisieren". Wenn man jedoch den Außenhandel als Grundlage für eine Steuer nehme, werde das zu sehr ungleichen Belastungen führen, z. B. würden die USA mit ihrem geringen Außenhandelsanteil relativ weniger belastet als z. B. die Bundesrepublik.

Bahr möchte eine besondere Besteuerung für Waffenexporte zugunsten der Entwicklungsländer einführen.

Brandt erwähnt Überlegungen, eine internationale Energiebesteuerung einzuführen.

Die Kommission werde eine Stärkung der Regionalbanken[18] vorschlagen, dies sei auch eine Forderung der Bundesregierung. Die Weltbank sei ein unbewegliches Mammutgebilde, sie beschränke sich zu dem auf ‹project aid›[19]. In den ärmsten EL gebe es aber zunehmenden Bedarf für ‹program aid›[20]. Er sehe zwar die Gefahr, daß daraus eine ‹budget aid›[21] werden könne, meine aber, das durch Kontrollen verhindern zu können.

Einige Kommissionsmitglieder seien auch unzufrieden mit der Tatsache, daß viele internationale Institutionen ihren Sitz in den USA haben. Deswegen habe sich in der Kommission die Meinung gebildet, eine neue internationale Institution zu gründen, einen „world development fund", der einen deutschen Direktor und Sitz in Paris oder London haben solle. Gegen die Gründung einer neuen Institution gebe es aber noch erheblichen Widerstand.[22] Er meine aber, daß es auch Möglichkeiten zur Reduzierung bestehender Institutionen gebe. Z. B. müßten im Laufe der Jahre ‹GATT›[23] und UNCTAD zusammengelegt werden.

Die Kommission werde auch vorschlagen, das restliche IWF-Gold zu verkaufen und mit dem Erlös Kredite an die Entwicklungsländer zu subventionieren.[24]

B[undes]K[anzler] erklärt, daß er nichts gegen die Gründung dieser neuen Institution habe, wenn sichergestellt sei, daß nicht zu viele neue Institutionen gegründet würden. Wenn z. B. UNCTAD und GATT zusammengelegt würden, habe er nichts gegen einen „world development fund".

Brandt: Die Kommission werde einen neuen Typ von Summit-Konferenz vorschlagen. An dieser Konferenz sollten nur sehr wenige Staats- und Regierungschefs aus westlichen Industriestaaten, EL und Ostblockstaaten (ca. 20 Leute) teilnehmen. Das Treffen solle – wie in Jamaica[25] – unter Ausschluß der Öffentlichkeit stattfinden. Es solle von zwei Staats- und Regierungschefs als Geschäftsführer ohne Auftrag vorbereitet werden. Er stelle sich vor, daß entweder Präsident Giscard oder B[undes]K[anzler] einer von beiden sei.[26]

B[undes]K[anzler] betont, daß der Gesichtspunkt „mutuality of interests"[27] für ihn ganz wichtig sei. Jede andere Grundlage für das Verhältnis zu den Entwicklungsländern sei nicht akzeptabel. Ferner sei er der Meinung, daß der Kommissionsbericht die Bevölkerungsexplosion in den Entwicklungsländern zu einem zentralen Thema machen müsse. Wenn dieses Problem – das erhebliche Auswirkungen auf Wirtschaftswachstum und Energieverbrauch habe –

nicht bewältigt werde, sei es nicht möglich, das Nord-Süd-Problem zu lösen.

Brandt erwidert, die Bevölkerungsproblematik sei als Unterkapitel im Bericht enthalten.[28] Von den EL werde dieses Thema jedoch als Einmischung in ihre inneren Angelegenheiten angesehen. Allerdings sei die Haltung der EL in dieser Frage nicht mehr so stur wie früher. Insbesondere die Chinesen seien bei diesem Thema sehr aufgeschlossen.[29]

B[undes]K[anzler]: Das Bevölkerungsthema sollte bereits in der Einleitung angesprochen werden.

[...][30]

In dem Kapitel „Hunger and Food" müsse auch die Schaffung einer eigenen Ernährungsbasis durch die EL erwähnt werden. Den Common Fund[31] halte er für einen Schlag ins Wasser. Wenn der Common Fund überhaupt funktioniere, werde er die reichen Rohstoffländer wie Südafrika, USA, Sowjetunion etc. noch reicher machen. Aus außenpolitischen Gründen habe die Bundesrepublik dem Common Fund jedoch zugestimmt. Eine Ausweitung halte er nicht für ratsam.[32]

Er schlägt vor, auf das deutsche Erlösstabilisierungsmodell[33] einzugehen.

B[undes]K[anzler] macht dann einige grundsätzliche Ausführungen zu dem währungspolitischen Teil des Berichts der Brandt-Kommission. Der Aussage, daß die Sonderziehungsrechte[34] das zentrale Reservemedium sein sollten, stimme er zu. Er stimme auch zu, den „Dollar-Überhang" durch die Schaffung eines „Substitution Account"[35] zu beseitigen. Allerdings dürfe der Substitution Account nicht nur für den Dollar eingerichtet werden, da das auf den Devisenmärkten psychologisch gegen den Dollar wirken könnte.

Der Vorschlag der Kommission, das restliche IWF-Gold zu verkaufen, werde wohl auf Widerstand stoßen.[36] Er selbst messe diesem Punkt jedoch keine große Bedeutung zu. Der Einführung eines „link" – d. h. die Berücksichtigung von entwicklungspolitischen Zielsetzungen bei der Zuteilung von SZR[37] – lehne er entschieden ab. Die Bundesregierung werde ebenso wie die Regierung der USA jeden

Versuch ablehnen, Geldschöpfung zu wohltätigen Zwecken zu betreiben. Auch die Konditionalität von IWF-Krediten dürfe nicht angetastet werden.[38] Nur der IWF als internationale Institution sei in der Lage, einzelnen Staaten ökonomische Auflagen zu machen. Dies sei bei vielen Staaten auch notwendig. Allerdings müsse man zugeben, daß die IWF-Beamten gelegentlich mehr Einfühlungsvermögen für die spezifische politische Situation der Gläubigerländer zeigen könnten. Auch die Stimmenverteilung im IWF sollte nicht geändert werden.[39] Die Länder, die am meisten zur Finanzierung des IWF beitragen, müßten auch ein größeres Gewicht bei Entscheidungen haben.

Brandt wirft ein, als Kompromiß könne man eventuell bei bestimmten organisatorischen Fragen das Prinzip ‹„one country – one vote"›[40] einführen, in den Sachfragen jedoch bei der alten Stimmenverteilung bleiben. Dadurch könne man den Druck mildern.

B[undes]K[anzler] spricht sich dagegen aus, die Entscheidung über die Geschäftspolitik des IWF in die Hände der Länder zu legen, die keine oder nur geringe Beiträge zum IWF leisten.

Auch in der Weltbank sollte an der gegenwärtigen Stimmenverteilung festgehalten werden.[41] Wenn man das Prinzip „one country – one vote" einführen würde, müßte sich zwangsläufig das Kreditstanding der Weltbank verschlechtern und man würde Schwierigkeiten haben, Kredite in dem gewünschten Umfang bei den großen Privatbanken aufzunehmen.

[. . .][42]

B[undes]K[anzler] stimmt dem Vorschlag von Brandt zu, eine Summit-Konferenz einzuberufen, deren Teilnehmerzahl eng begrenzt ist. Er stellt die Frage, ob die Kommission eine Möglichkeit sehe, von sich aus schon Vorschläge zum Teilnehmerkreis zu machen. Andernfalls befürchtet er, daß eine langwierige Diskussion über diese Teilnehmer die Einberufung einer solchen Konferenz um Jahre verzögern könne.

B[undes]M[inister] Offergeld kritisiert, daß der Kommissionsbericht zu sehr den Charakter eines Forderungskataloges der EL habe. Die Kommission solle stärker die notwendigen Eigenanstrengungen der EL hervorheben. Insbesondere zur ungleichen Einkommensverteilung und zur Korruption in den EL solle sie kritische Anmerkungen machen. Die Rolle der Privatwirtschaft komme nach seiner Meinung zu kurz. Insbesondere müsse die Bedeutung des Investitionsklimas für den privaten Ressourcentransfer hervorgehoben werden.

B[undes]K[anzler] wirft ein, daß der Investitionsschutz eine wichtige Voraussetzung für den privaten Ressourcentransfer sei.

B[undes]M[inister] Offergeld spricht sich gegen die Schaffung neuer Institutionen und neuer Fonds aus. Jahr für Jahr würden neue Institutionen gegründet. Für die Bundesrepublik habe das zur Folge, daß unser außenpolitischer Spielraum in der Entwicklungspolitik immer mehr eingeengt werde.

Er äußert erhebliche Bedenken gegen einen Ausbau der program aid, weil dies dazu führe, daß den EL Finanzmittel zur Verfügung gestellt werden, deren sinnvolle Verwendung für Entwicklungsprojekte nicht gesichert sei.

Falls man aber unbedingt program aid ausbauen wolle, könne diese Aufgabe auch die Weltbank übernehmen.

Brandt sieht die Befürchtungen von Offergeld. Er stimmt B[undes]K[anzler] zu, daß Investitionsschutz ein wichtiges Thema sei. Die Einberufung einer Summit-Konferenz halte er für sehr dringend. Er werde Themen für den Summit vorschlagen. Er habe auch schon Vorstellungen darüber, welche Staatschefs die Initiative zur Durchführung der Summit-Konferenz ergreifen könnten.

B[undes]K[anzler] schlägt vor, den australischen Regierungschef, Malcolm Fraser, mit zu berücksichtigen.

B[undes]M[inister] Offergeld spricht sich gegen die Gründung einer internationalen Energieorganisation nach dem UNO-Muster aus.[43] Dabei komme nichts heraus.

Im Handelsteil des Berichts solle hervorgehoben werden, daß abrupte Strukturveränderungen vermieden werden sollen. Er halte außerdem nichts von dem sogenannten Lima-Ziel, wonach im Jahre 2000 25 % der Weltindustrieproduktion in den EL erstellt werden sollen.[44]

Auch B[undes]K[anzler] hält die Festlegung eines solchen Zieles für unsinnig. 200 Jahre Industrialisierung der Industrieländer könnten von den EL nicht in 20 Jahren nachgeholt werden.

B[undes]M[inister] Offergeld kritisiert die dirigistischen Vorstellungen des Berichtes.

Er spricht sich noch einmal dafür aus, am 0,7 %-Ziel festzuhalten, da sonst die Diskussion über dieses Ziel wieder entfacht werde.

Brandt weist darauf hin, daß die USA nach dem 2. Weltkrieg mit dem Marshall-Plan eine große Anstrengung zum Wiederaufbau Europas unternommen hätten. Etwas ähnliches müsse man heute der Bevölkerung der Industrieländer zugunsten der EL zumuten können.

B[undes]K[anzler] erwidert, der Marshall-Plan sei zwar eine sehr großzügige Hilfe der USA für das zerstörte Europa gewesen, aber gleichzeitig hätten die USA den Marshall-Plan auch als ein Instrument im Sinne der Keynes'schen Politik eingesetzt. Mit den den Europäern zur Verfügung gestellten Dollars sei die Nachfrage in den USA angekurbelt worden.

B[undes]K[anzler] hebt noch einmal hervor, daß der Gesichtspunkt der „Mutuality of interests" im Bericht in den Vordergrund gestellt werden sollte.

Brandt wendet ein, daß „Mutuality" schwer zu definieren sei.

B[undes]M[inister] Offergeld weist darauf hin, daß dieser Begriff an der Rohstoffpolitik gut zu verdeutlichen sei, wo als Gegenleistung der EL die Sicherung der Rohstoffversorgung für die Industrieländer genannt werden müsse.

Brandt führt abschließend aus, daß der Bericht der Kommission eine Aneinanderreihung von alternativen Vorschlägen enthalten werde. Zu eindeutigen Aussagen werde man kaum kommen, weil man sich kaum einigen könne. Er bietet B[undes]K[anzler] an, einige kritische Kapitel an die Mitarbeiter von BK zur Durchsicht zu übersenden.

B[undes]K[anzler] bittet ihn, sich damit an St[aats]M[inister] [Wischnewski] oder ‹AL 4›[45] zu wenden.

Nr. 35
Schreiben des Vorsitzenden der Nord-Süd-Kommission, Brandt, an den Exekutivsekretär der Kommission, Ohlin
18. Oktober 1979[1]

AdsD, Nord-Süd-Kommission, 29.

Lieber Göran Ohlin,
leider haben wir uns in Brüssel[2] nicht mehr sehen können. Ich war in keiner sehr guten Verfassung[3] und habe mir sagen lassen, daß Dir auch nicht besonders zumute gewesen sei.

Wie die Dinge sich entwickelt haben, gab es kaum eine andere Wahl, als durch das für London getroffene Arrangement einen neuen ernsten Versuch für einen befriedigenden Abschluß zu machen.[4] Ich möchte wiederholen, was ich am Dienstagnachmittag noch in der Sitzung sagen konnte (und was Ramphal und Heath, wie sie mich wissen ließen, bestätigt haben): Ich hoffe sehr, daß Du Dich mit Vorschlägen, vor allem zu den noch nicht diskutierten Kapiteln bzw. Neuentwürfen, beteiligst und an der Londoner Sitzung[5] teilnimmst. In der Annahme, daß die bisherige Arbeit in Genf ihrem Ende zugeführt wird, habe ich dies auch Drag Avramović geschrieben.

Manches ist etwas anders gelaufen, als wir es uns vor zwei Jahren vorgestellt hatten. Gleichwohl meine ich, daß die Zeit sich gelohnt hat. Ich möchte mich jedenfalls für die damalige Bereitschaft und die in mancher Hinsicht anstrengende Arbeit nochmal bedanken.

Mit freundlichen Grüßen und in der Hoffnung, daß uns „London" wirklich zum Abschluß verhilft,
‹gez.: Brandt›[6]

Nr. 36
**Manuskript der Erklärung des Präsidenten der SI, Brandt, vor dem Büro der SI in Lissabon
30./31. Oktober 1979**[1]

AdsD, WBA, A 9, 35.

SI-Bureau Lisbon 30./31. Oktober 1979
Notes re: Middle East

Über die Gespräche, die Bruno Kreisky und ich mit dem PLO-Vorsitzenden Arafat Anfang Juli in Wien führten, ist noch im gleichen Monat auf der Parteiführerkonferenz in Schweden berichtet und diskutiert worden.[2] Dem SI-Büro sollte hiervon in aller Form Kenntnis gegeben werden. (Bei gleicher Gelegenheit könnte über neuere Entwicklungen, die den Nahen Osten betreffen, gesprochen werden, sofern die übrige Tagesordnung das zuläßt.)

Anzuknüpfen ist an die Pariser Bürositzung vom [28./29.] September 1978. Dort war (durch den Vertreter der PSOE) angeregt worden, die PLO in die Liste derjenigen Organisationen aufzunehmen, die zum Kongreß der SI in Vancouver eingeladen werden sollten. Dieser Vorschlag fand keine mehrheitliche Zustimmung. In der Aussprache wurde mehrfach die Frage aufgeworfen, ob es – weiterhin oder unverändert – Ziel der PLO sei, Israel zu zerstören oder auszulöschen. Es gab keinen Widerspruch gegen die Feststellung des SI-Präsidenten, er werde eine sich bietende Gelegenheit nutzen, um sich selbst einen Eindruck davon zu verschaffen, wie die Haltung der PLO heute zu beurteilen sei.[3]

Die Gelegenheit bot sich, als Bundeskanzler Kreisky – in seiner Eigenschaft als SPÖ-Vorsitzender – den PLO-Vorsitzenden in Wien empfing und ich mich zum gleichen Zeitpunkt (mit der „Nord-Süd-Kommission") in der österreichischen Hauptstadt aufhielt.[4]

Am 9. Juli [1979] habe ich – neben dem Hinweis, daß ich dem SI-Büro berichten würde, was hiermit geschieht – auf einer Presse-

Gemeinsame Pressekonferenz des Chefs der PLO, Jasir Arafat (l.), des österreichischen Bundeskanzlers, Bruno Kreisky, und des Präsidenten der SI, Willy Brandt, nach ihrem Gespräch am 8. Juli 1979 in Wien.

konferenz in Wien vier Feststellungen getroffen, auf die ich hier zurückkommen möchte:[5]

„1. Ein Prozeß, der die Organisierung des Friedens im Nahen Osten voranbringt, liegt im Interesse aller Beteiligten, auch der Europäer. Deshalb ist jeder Versuch legitimiert, der dem organisierten und garantierten Frieden dient.
2. Für mich war es wichtig, den Vorsitzenden (der PLO) kennenzulernen und seine Auffassung darüber zu hören, wie ein ausgehandelter, gerechter und dauerhafter Frieden aussehen soll.
3. Ich hatte es (im vorigen Herbst) übernommen, nach Möglichkeit zu klären, wie die gegenwärtige Haltung der PLO zu Israel ist und ob sie (weiterhin) auf Zerstörung des Staates abziele. Mir ist erklärt worden, man wolle die Selbstbestimmung des palästinensischen Volkes „without elimination or destruction" verwirklichen.[6]

4. Auch im Zusammenhang mit diesen Unterhaltungen hat niemand das Recht, noch könnte jemand ernsthaft den Eindruck gewinnen, an der Loyalität gegenüber[7] unseren Freunden in Israel sei zu zweifeln."

Der PLO-Vorsitzende stellte u. a. dar, wie sich programmatische Vorstellungen innerhalb seiner Organisation während der letzten Jahre entwickelt hätten. Das Interesse an einer auszuhandelnden Friedensregelung wurde stark betont. Dabei war die Formulierung „without elimination or destruction" zweifelsfrei auf das künftige Verhältnis zu Israel bezogen.

Nach Meinung des Gesprächspartners stelle sich die Frage der gegenseitigen „Anerkennung" nicht, wenn man wie er davon ausgehe, daß es zu Verhandlungen über eine umfassende Friedensregelung kommen müsse und die Teilnahme beider Seiten unerläßlich sei: Herrn Arafat war geläufig, daß es, auch in der benachbarten arabischen Welt, unterschiedliche Meinungen darüber gibt, in welcher staatlichen Form das Selbstbestimmungsrecht (die legitimen Rechte) der Palästinenser zu verwirklichen sei. Er wies auf die Bedeutung einer eigenen staatlichen Heimat auch für diejenigen Palästinenser hin, die sich in zahlreichen anderen Ländern niedergelassen haben.

(Vgl. hierzu auch die neuerlichen Äußerungen des Generalsekretärs der Arabischen Liga[8]: „Wir glauben, daß es keinen anderen Ausweg aus dieser verfahrenen Situation gibt als Verhandlungen zwischen Arabern und dem Staate Israel auf der Basis der Anerkennung der Rechte des palästinensischen Volkes.")

J. Arafat erläuterte den Charakter der PLO als Dachorganisation und betonte, daß er selbst „weder Kommunist noch Sozialist" sei, sondern Führer einer nationalen Bewegung; seine beiden Begleiter legten Wert darauf, als Sozialisten gewertet zu werden.[9] Die PLO-Führung ist sich im übrigen ihres beträchtlichen Einflusses – über die Region hinaus – offensichtlich bewußt.

Bei mir hat sich die Überzeugung verstärkt, daß ‹es dauerhaften Frieden im Nahen Osten ohne Beteiligung der PLO nicht geben wird.›[10] Meine Erfahrung besagt, daß es bei der Suche nach Frieden kein Hindernis geben darf, das man vor sich selbst aufbaut oder aufbauen läßt.¹¹

Wie nicht anders zu erwarten, haben sich im Anschluß an die Wiener Gespräche (von unsachlichen Angriffen abgesehen) kritische Hinweise und mancherlei Mißverständnisse ergeben – übrigens in geringerer Zahl als vermutet werden konnte.

Zu bedauern bleiben Versäumnisse bei der Unterrichtung unserer israelischen Freunde und Genossen. Ob damit die Ausfälligkeiten gewisser offizieller Stellen zu vermeiden gewesen wären, bleibt zu bezweifeln.

Zu Unrecht ist hier und da vermutet worden, Kreisky und ich hätten uns unkritisch in ein Gespräch begeben und seien heiklen Themen ausgewichen. In Wirklichkeit haben Überwindung von Gewalt und humanitäre Wünsche eine nicht geringe Rolle gespielt.

Irrig war die Meinung, wir hätten uns gegen „Camp David"¹² und den Teilfrieden zwischen Ägypten und Israel ausgesprochen. Vielmehr ist die Wiener Begegnung durch hohe ägyptische Stellen – wie auch von manch anderer Seite – ausdrücklich begrüßt worden.

Wir in der SI dürfen uns nicht anmaßen, ein abgesichertes Modell für den Frieden im Nahen Osten entwerfen zu können. Aber wir sollten uns weiterhin gut unterrichtet halten (wie dies durch die drei Kreisky-Missionen geschehen ist¹³) und unsere guten Dienste nicht verweigern, wo sie von Nutzen sein könnten. Die Verbundenheit mit unserer israelischen Mitgliedspartei bedarf keiner zusätzlichen Unterstreichung.

Gesprächskontakte mit der PLO sollten ‹auch in Zukunft – durch den Präsidenten oder in Absprache mit ihm –›¹⁴ wahrgenommen werden, wo sie weiterhin gewünscht werden und sich auch im Zusammenhang mit anderen Nahost-Kontakten als sinnvoll erweisen.¹⁵

Nr. 37
Artikel des Präsidenten der SI, Brandt, in *Socialist Affairs* November/Dezember 1979

Socialist Affairs 29 (1979) 6, S. 164 f. (Übersetzung aus dem Englischen: Bernd Rother).[1]

Die Befreiung Nicaraguas von der Diktatur gibt den in Unterdrückung und Armut gehaltenen Völkern Mittel- und Südamerikas neue Hoffnung.[2] Die Zeit der autoritären, menschenvernichtenden Regime scheint auch in dieser Region endlich unterbrochen zu werden oder sogar dem Ende zuzugehen.

Effektive Solidarität

Der Preis für den Sieg der demokratischen Kräfte in Nicaragua war hoch, ungeheuer hoch. In weniger als einem Jahr fielen über 40 000 Menschen – jeder 50. Einwohner des Landes – den Kämpfen oder Massakern der Nationalgarde zum Opfer. Aber auch Mord und Terror konnten Somozas Sturz schließlich nicht mehr aufhalten. Angesichts des enormen Preises, der gezahlt werden musste, bleibt nur die Hoffnung, dass andere daraus beizeiten ihre Lehre ziehen.

Den europäischen, zumal den deutschen Sozialdemokraten ist im Laufe ihrer Geschichte Verfolgung und Unterdrückung nicht erspart geblieben. Wir können nachempfinden, welcher Opferbereitschaft es bedurfte, um die Diktatur zu beseitigen.

Und wir wissen es besonders zu schätzen, dass die neue Regierung in Nicaragua keine Racheakte zulässt, sondern auf die Bestrafung der Schuldigen durch ordentliche Gerichte dringt. Die demokratische Neuordnung des Landes nimmt so einen glaubwürdigen Anfang.

Die Sozialistische Internationale, die SI, hat ihre Solidarität mit der demokratischen Oppositionsbewegung bekundet, lange bevor der Sieg über die Diktatur feststand.[3] Vertreter der demokratischen

Opposition Nicaraguas waren in den letzten Jahren wiederholt willkommene Gäste bei unseren Zusammenkünften, und sie erhielten dort mehr als einmal die Gelegenheit, ihre schwierige politische Aufgabe verständlich zu machen.

Dass Solidarität mehr bedeutet als nur bombastische Worthülsen und artig-mitleidvoller Empfang der „armen Brüder", beweist die Mission, die nach dem Sturz der Diktatur von der SI nach Nicaragua entsandt wurde. Unter Leitung von Mario Soares machte sie sich an Ort und Stelle sachkundig.[4] Seitdem gibt es wachsende Bemühungen, eine wirksame Unterstützung zu organisieren, um wenigstens die ärgste Not im Land zu lindern.

Führende Vertreter des Gobierno de la Reconstrucción Nacional (Regierung des Nationalen Wiederaufbaus) und der FSLN Nicaraguas haben in der Zwischenzeit eine Einladung der SI akzeptiert und an der letzten Büro-Sitzung teilgenommen, die Ende Oktober [1979] in Lissabon stattfand. Bei dieser Gelegenheit hoben sie ihre Dankbarkeit für die Solidarität hervor, die die SI mit den demokratischen und fortschrittlichen Kräften in Nicaragua vor und nach der Revolution gezeigt hat.

Nicaragua hat auf dramatische Weise deutlich gemacht, wo die zentralen politischen und wirtschaftlichen Probleme der meisten lateinamerikanischen Länder liegen. Zwar haben sie beinahe alle ihre Selbstständigkeit als Nationen erreicht, aber bis zum heutigen Tage haben sie sich kaum aus einem starken Netz von Abhängigkeiten und Ausbeutung befreien können. Immer wieder wurden in diesen Ländern Ansätze zu einer sozialen, ökonomischen und kulturellen Emanzipation verhindert.

Die technologische Abhängigkeit von den großen Industrienationen und die zum Teil auch direkten politischen Eingriffe multinationaler Unternehmen haben diese Situation eher noch schlimmer gemacht. In vielen Ländern herrschen, gestützt auf eine unheilige Allianz von Geldadel und Prätorianer-Garden, blutige Militärdiktaturen.

Die westlichen Industrienationen haben sich in der Vergangenheit leider zu oft davon leiten lassen, ihre kurzfristigen ökonomischen Interessen durch die Zusammenarbeit mit einer dünnen Oberschicht zu wahren. Dies hat großen Schaden angerichtet. Wer jahrzehntelang feudalistische Systeme und korrupte Familienclans stützt und damit ein Stück Verantwortung für Not und Elend immer breiterer Schichten übernimmt, braucht sich nicht zu wundern, wenn sich die aufbegehrenden Kräfte in der Dritten Welt andere Vorbilder suchen. Es ist gut, dass in den letzten Jahren die Tendenz, sich auf diesem Feld neu zu orientieren, in unseren Ländern an Kraft gewonnen hat.

Praktische Solidarität mit Lateinamerika, das heißt vor allem: Mitwirken am Aufbau einer neuen internationalen Ordnung, die den wirtschaftlichen Interessen aller Beteiligten – der Entwicklungs- wie der Industrieländer – angemessen ist. Die Wirkungen der traditionellen „Entwicklungshilfe" haben sich als ungenügend erwiesen, um den Unterschied zwischen arm und reich nachhaltig zu reduzieren. Auch die stark ausgeprägten sozialen Disparitäten innerhalb der Länder der Dritten Welt konnten und können auf diese Weise nicht beseitigt werden. So heißt es in der Erklärung von Cocoyoc vom Herbst 1974, die auf einem internationalen Symposium unter der Schirmherrschaft des damaligen mexikanischen Präsidenten Luis Echeverría Alvarez formuliert wurde, zu Recht: „Wir glauben, dass sich durch 30 Jahre Erfahrung die Hoffnung auf ein langsames Durchsickern des einer Minderheit zufließenden Nutzens schnellen ökonomischen Wachstums zur Masse der Bevölkerung als illusorisch erwiesen hat."[5]

Lateinamerika ist in weiten Teilen dem Entwicklungsstand Afrikas und Asiens ein gutes Stück voraus. Trotzdem – oder auch gerade deshalb – wird viel darauf ankommen, ‹eigenständige Entwicklungsprozesse, die auf Gleichheit basieren,›[6] zu fördern, die nicht der Logik einer einseitig geprägten technologischen Entwicklung unterworfen sind. In diesem Sinn haben wir auf dem letzten Kongress der SI im November 1978 in Vancouver festgehalten: „Die Grundbeziehungen in globaler Hinsicht müssen auf einer definierten Wertskala beruhen. Für diese Werte ist von zentraler Bedeutung, dass einerseits akzeptiert wird, dass die Entwicklung sich auf das

Wohlergehen der Menschheit und nicht das Diktat des Kapitals und der Technologie bezieht, und andererseits, dass der Fortschritt sich auch auf die Schaffung einer Harmonie zwischen den Völkern und ihrer Umwelt erstrecken muss."[7]

An der Wende der achtziger Jahre befindet sich Lateinamerika in einem tiefgreifenden politischen Wandlungsprozess. Neben der Regierungsübernahme durch uns Sozialdemokraten nahestehende Parteien in der Dominikanischen Republik und Jamaica lassen sich drei Entwicklungslinien erkennen:
– die Perspektiven der mittelamerikanischen Länder nach dem Sturz der Diktatur Somoza;
– der Prozess einer demokratischen Öffnung in Brasilien;
– und die Redemokratisierungsprozesse in den Andenländern Ecuador, Bolivien, Peru.

Der Freiheitskampf in Nicaragua hat auf die Diktaturen Mittelamerikas wie ein Alptraum gewirkt. In diesen Ländern, vor allem in Guatemala und El Salvador, wurde die Repression noch verstärkt. Wer sich dort für Gruppierungen der demokratischen Opposition einsetzt, riskiert buchstäblich sein Leben. Im Januar und März dieses Jahres sind in Guatemala die beiden sozialdemokratischen Volksführer Alberto Fuentes Mohr und Manuel Colóm Argueta ermordet worden. Ihre Mörder ahnen: Die Befreiung Nicaraguas wird zum Schlüssel der Demokratisierung Mittelamerikas. Es führt kaum ein Weg zurück. Die Tage der Diktaturen sind also gezählt.

Chancen im Kampf gegen die Diktaturen

Die SI wird ihr politisches Interesse an und ihr moralisches Engagement in dieser Region weiter verstärken. Wir möchten der Einsicht zum Durchbruch verhelfen, dass es nicht jedes Mal einen langen Bürgerkrieg geben darf, bevor die Demokratie eine Chance erhält.

Bei der letzten Sitzung des SI-Büros in Lissabon hatten wir einen intensiven Meinungsaustausch mit unseren lateinamerikanischen und karibischen Freunden und Partnern über die Frage, was ihrer

Ansicht nach in der Region in den kommenden Jahren zu tun sei.[8] Wir werden im Rahmen unserer Möglichkeiten – die keinesfalls überschätzt werden sollten – ihre zahlreichen und ernsthaften Vorschläge für weitere SI-Aktivitäten aufgreifen.

Wir werden uns bemühen, dem Engagement der SI in Lateinamerika und der Karibik in naher Zukunft ein neues regionales Profil zu geben. Bei einer Regionalkonferenz, die Ende März 1980 in Santo Domingo stattfinden wird, werden wir mit unseren lateinamerikanischen und karibischen Freunden besprechen, wo und wie unsere Beziehungen mit unseren politischen Freunden in der Region verbessert und besonders entwickelt werden können.

Mit ganz besonderem Interesse verfolgen wir den Prozess der demokratischen Öffnung in Brasilien, dem bei weitem bedeutendsten Land Lateinamerikas. Das vom brasilianischen Kongress kürzlich angenommene Amnestiegesetz ermöglicht vielen bisher im Exil lebenden Politikern die Rückkehr in ihre Heimat und damit eine Neuordnung des Parteien-Gefüges. Leonel Brizola und anderen führenden Persönlichkeiten der demokratischen Opposition, die bestrebt sind, ihrem Land eine neue Perspektive der sozialen Demokratie zu geben, wünschen wir bei ihrem Vorhaben viel Glück. Sie können sich auf unsere Verbundenheit verlassen.

Auf die Unterstützung von ‹Sozialdemokraten›[9] in aller Welt können auch unsere Freunde in Ecuador, Peru und Bolivien zählen, die vor der schwierigen Aufgabe stehen, für die demokratische Erneuerung in ihren Ländern zu arbeiten. In Ecuador hat die Izquierda Democrática (die Demokratische Linke) einen wichtigen Beitrag dazu leisten können, dass ihr Land seit August dieses Jahres wieder über eine verfassungsmäßige und demokratisch gewählte Regierung verfügt, die sich seit August 1979 eine Politik sozialer Reformen vorgenommen hat.

In Peru hat die APRA nach dem Tod ihres langjährigen Führers Victor Raúl Haya de la Torre die schwierige Aufgabe, im Prozess des politischen Wandels eine überzeugende Alternative demokratischer Reformpolitik und sozialer Verbesserungen zu entwickeln, durch die Nominierung von Armando Villanueva als ihren Präsidentschaftskandidaten für die allgemeinen Wahlen – geplant für Mai 1980 – angepackt.[10] In Bolivien hat sich gezeigt, dass für den Wiederaufbau demokratischer Strukturen mehr denn je eine mehrheitsfähige demokratische Kraft notwendig ist. Der Rückschlag vom 1. November 1979 hat zweifelsfrei klar gemacht, dass die Stabilisierung der demokratischen Rahmenbedingungen als Voraussetzung progressiver politischer Betätigung sicher für lange Zeit die wichtigste Aufgabe sein wird.[11]

So bleibt in allen drei Ländern noch ein schwieriger Weg zurückzulegen, bis neue reformorientierte Demokratien herangewachsen sein werden, die allein in der Lage wären, die schwierigen sozialen und wirtschaftlichen Probleme dieser Region zu lösen.

Die nicht zu übersehenden Erfolge in einigen lateinamerikanischen Ländern dürfen uns indes nicht blind machen für die nach wie vor trostlose Situation in anderen Teilen Lateinamerikas. Wir deutschen und europäischen Sozialdemokraten haben Konzentrationslager und Folterkeller in Chile, Argentinien und Uruguay nicht vergessen.

Die Frage nach den Möglichkeiten für eine wirksame Hilfe von außen bleibt weiterhin schwer zu beantworten. Solange keine umfassende internationale Ächtung solcher Regime möglich zu sein scheint, bleibt uns nur, um humanitäre Hilfe bemüht zu sein und uns verstärkt für die demokratisch-fortschrittlichen Kräfte in diesen Ländern einzusetzen – und zwar so lange, bis Demokratie, Menschenrechte und Grundfreiheiten wiederhergestellt sind.

Es wirft im übrigen ein deprimierendes Licht auf die Glaubwürdigkeit führender Unionspolitiker, wenn sie – wie etwa der Kanzlerkandidat der CDU/CSU-Opposition – von der „Gemeinsamkeit aller Demokraten" sprechen und im gleichen Atemzug einen südamerikanischen Folterchef als Garanten der Freiheit hochjubeln.[12] Auch die subtilen Verharmlosungen des Alfred Dregger von der CDU nach dessen kürzlicher Südamerikareise zeugen von einem merkwürdigen Verständnis der elementaren Menschen- und Freiheitsrechte, die nicht Gegenstand wohlfeiler Sonntagsreden werden dürfen.[13]

Lateinamerika und die Karibik sind heute eine Region, in der das Engagement der SI außerhalb Europas ein besonderes Echo findet. Hier zeigt sich bereits deutlich, wie lohnend die auf dem Genfer Kongress im November 1976 beschlossene Politik der *Öffnung* sein kann. Dabei hat uns wesentlich geholfen, dass die SI nicht nur auf jede Bevormundung ihrer Mitgliedsparteien verzichtet hat, sondern auch die Eigenständigkeit und Unabhängigkeit aller internationaler Partner niemals in Frage stellte: Wir sind niemandes Vormund, und wir unterstützen die Lateinamerikaner, die sich für den eigenen Weg entschieden haben.

Die SI versteht sich als Rahmen für die Zusammenarbeit auf dem Boden einer Reihe von gemeinsamen Grundüberzeugungen und nicht als eine Art sozialdemokratischer Weltexekutive. Damit gewinnt sie auch an Anziehungskraft für diejenigen Parteien Lateinamerikas und der Karibik, die sich bisher aus verständlichen historischen und nationalen Gründen gegenüber einer europäisch geprägten Tradition reserviert verhalten haben. Die gemeinsame Zusammenarbeit und der Dialog können und müssen natürlich noch verbessert werden.

Bevor ich Ende 1976 die Aufgabe des Präsidenten der SI annahm, war es unseren Freunden von der Acción Democrática (Demokratische Aktion) in Venezuela gelungen, im Mai desselben Jahres ein Zusammentreffen führender Politiker des europäischen demokratischen Sozialismus mit Vertretern demokratischer Reformpolitik in Lateinamerika zustande zu bringen.[14] Die „Idee von Caracas" wurde im Herbst letzten Jahres in der Konferenz von Lissabon[15] fortgeführt und ist seitdem noch weiterentwickelt worden. Auf dem [SI-]Kongress in Vancouver wurden einstimmig neue Mitgliedsparteien aus Lateinamerika und der Karibik aufgenommen und zusätzlich vier Vize-Präsidenten aus dieser Region gewählt.

Seit März 1977 hat darüber hinaus eine Reihe von Konferenzen, Parteitreffen und Delegationsreisen stattgefunden, die die Bemühungen um eine verbesserte Zusammenarbeit der demokratischen Sozialisten Europas und Lateinamerikas verdeutlichen. Dabei kam den sozialistischen Parteien Spaniens und Portugals auf Grund ihrer traditionellen Bindung zu den lateinamerikanischen Ländern fast naturgemäß eine herausragende Rolle zu. Mário Soares und Felipe González werden es sicher auch in Zukunft an Engagement nicht fehlen lassen.

Ein demokratischer Sozialismus, der den Besonderheiten der einzelnen Länder Lateinamerikas und der Karibik angepasst ist – so lautet die Alternative zu Ausbeutung, Hunger und Unterdrückung in dieser Region der Welt. Die Herausforderung muss zunehmend als Aufgabe erkannt und als Verpflichtung ernstgenommen werden. Sonst drohen für Millionen von Menschen Fortschritt, Freiheit, Chancengleichheit und soziale Gerechtigkeit in weiter Ferne zu bleiben.

Nr. 38
Erklärung des Präsidenten der SI, Brandt, zur Lage im Iran
27. November 1979

Sozialdemokraten Service Presse Funk TV, Nr. 597/79 vom 27. November 1979.

Die Sozialistische Internationale möchte auch auf diesem Wege ihre grosse Besorgnis und Anteilnahme im Zusammenhang mit den Vorgängen um die Besetzung der Botschaft der USA in Teheran zum Ausdruck bringen.[1]

Die Mitgliedsparteien der Sozialistischen Internationale haben während der Zeit des Schah-Regimes den Kampf des iranischen Volkes für Freiheit und Demokratie entschieden unterstützt. Es kann daher der Sozialistischen Internationale nicht gleichgültig sein, wenn der Eindruck aufkommen muss, als ob die Prinzipien der Rechtsstaatlichkeit auch im heutigen Iran keine Gültigkeit hätten.

Der Sicherheitsrat der Vereinten Nationen hat seine Auffassung zur Besetzung der Botschaft der USA in Teheran einstimmig zum

Ausdruck gebracht.² Die Sozialistische Internationale stellt sich hinter den Beschluss des Sicherheitsrates der Vereinten Nationen und fordert die Verantwortlichen im Iran auf, die Unverletzlichkeit der diplomatischen Einrichtungen wieder herzustellen und auf die Geiselnehmer Einfluss zu nehmen, damit die dort Festgehaltenen freigelassen werden.

Der Kampf für die Selbständigkeit eines Volkes und für die Verwirklichung der sozialen Gerechtigkeit sollte nicht durch Aktionen belastet werden, die die Würde des Iran und die Aufrichtigkeit der Persönlichkeiten, die gegen das Regime des Schahs gekämpft haben, in Zweifel ziehen.

Nr. 39
Erklärung des Vorsitzenden der Nord-Süd-Kommission, Brandt, vor der internationalen Presse in London
17. Dezember 1979

*Sozialdemokratischer Pressedienst, Nr. 245 vom 21. Dezember 1979, S. 5–8.*¹

Die „Unabhängige Kommission für Internationale Entwicklungsfragen" hat ihren Bericht auf der Sitzung in Leeds Castle vom 14. bis 16. Dezember 1979 verabschiedet. Nach zweijährigen Beratungen, zehn Sitzungen in neun verschiedenen Ländern und einer großen Zahl von Konsultationen werden wir unsere Ergebnisse und Schlußfolgerungen Anfang Februar 1980 dem Generalsekretär der Vereinten Nationen, Dr. Kurt Waldheim, überreichen.² Danach wird der Bericht den Regierenden und der breiten Öffentlichkeit zugänglich gemacht.

Der Bericht gibt die Empfehlungen wieder von achtzehn Kommissionsmitgliedern aus fünf Kontinenten: aus dem Norden und dem Süden, von den ärmsten bis zu den reichsten Ländern der Erde.

Wir sind übereinstimmend zu der Ansicht gelangt, daß dringende und weitreichende Maßnahmen getroffen werden müssen, um eine drohende Katastrophe abzuwenden. Immer mehr Menschen hungern nach Nahrung und Erziehung. Die bestehenden internationalen Wirtschaftsbeziehungen werden immer unsicherer. Das Waffenarsenal wird immer größer. Nach Hunger droht das Chaos, dem Chaos kann Krieg folgen. Doch sind wir der Überzeugung, daß der Norden und der Süden dieser Welt, daß die Industrie- und die Entwicklungsländer durch wesentlich mehr gemeinsame Interessen, als sie gemeinhin annehmen, verbunden sind, um zusammen eine wirtschaftliche Wiederbelebung zu erreichen.

Während der zwei Jahre, die für die Ausarbeitung des Berichts notwendig waren, ist die Welt gefährlicher geworden. Die Arbeitslosigkeit hat zugenommen, die Inflation breitet sich weiter aus, und viele Länder haben gefährliche Defizite angehäuft. Das Weltwirtschaftssystem der letzten drei Jahrzehnte hat seine Wirksamkeit eingebüßt. Wir alle glauben daher, daß eine größere Reform und Neugestaltung dringend angezeigt sind.

Wir haben uns mit der wachsenden Nahrungsmittelknappheit in der Dritten Welt sowie mit den wirtschaftlichen Auswirkungen des Energieproblems befaßt, das mehr Not und Störungen in den ärmsten Ländern verursacht als sonstwo in der Welt.[3] Wir glauben, daß nur eine langfristige und grundlegende Übereinkunft den Boden für eine stetige Entwicklung und längerfristige Investitionen schaffen kann: Diese gemeinsame Verantwortung muß erheblich stärkere Anstrengungen zur Einsparung dieses nicht erneuerbaren Rohstoffs einschließen und sich auch erstrecken auf die Versorgungssicherheit, eine vorhersehbare Preisentwicklung sowie eine vermehrte Energieexploration in Entwicklungsländern.

Auf dem Übergang zur „Nach-Öl"-Wirtschaft haben die ölexportierenden sowie die anderen Entwicklungsländer ein zunehmendes gemeinsames Interesse mit den Industriestaaten an einem verläßlichen Klima der Weltwirtschaft. Meine Zuversicht in diese Gemeinsamkeit von Interessen ist noch gewachsen nach einem Besuch, den eine Gruppe von Kommissionsmitgliedern und ich vor einer Woche Saudi-Arabien und Kuwait abgestattet haben.[4]

Wir haben uns sowohl mit den langfristigen als auch mit den kurzfristigen Gefahren für die Welt auseinandergesetzt. Auf lange Sicht haben wir die Erkenntnis gewonnen, daß – während die Länder des Nordens sehr besorgt sind über Stagnation, Inflation und Energieversorgung – der Süden sich einer Bedrohung nicht nur seines Wachstums allgemein, sondern seiner Existenzgrundlage gegenübersieht.

Hunderte von Millionen Menschen sind zu einem Überleben in absoluter Armut gezwungen. Für die Hilfe, die den ärmsten Ländern gewährt wird, können diese immer weniger kaufen; denn die Preise für Industriegüter, Rohstoffe und Öl steigen weiter.

Einige Entwicklungsländer haben durch eigene Anstrengungen einen gewissen Industrialisierungsgrad erreicht. Aber ihre Exporte in den Norden treffen auf immer mehr Schranken, und steigende Zinsen sowie höhere Importkosten erschweren ihre Schuldentilgung.

Die ölexportierenden Länder stellen fest, daß der Wert ihrer Überschußeinnahmen durch die Inflation ständig ausgehöhlt wird. Und – während sie sich der internationalen Verantwortung bewußt sind, ihre Produktion nicht plötzlich einzuschränken – nimmt bei ihnen der Wunsch zu, das Öl für die lange Übergangsphase zu einer breiter angelegten Wirtschaftsentwicklung zu konservieren.

Ost und West, Nord und Süd, die Menschen der ganzen Welt sind bedroht durch die wirtschaftliche Instabilität, welche ihrerseits politische Unsicherheit schafft. Unser Ausblick in die Zukunft ist zwangsläufig düster. Aber ich meine, daß es angesichts unserer sehr verschiedenen politischen und wirtschaftlichen Herkunft in der Kommission doch sehr bemerkenswert ist, daß es Wege gibt, in denen man im gemeinsamen Interesse zusammenarbeiten kann, um eine Katastrophe abzuwenden.

Es ist empörend, daß so vielen Menschen in den ärmsten Ländern unnötigerweise die Nahrungsmittel fehlen, die sie so dringend brauchen, daß ihre Entwicklung gehemmt wird, weil sie die Güter nicht erwerben können, welche die Arbeitslosen in den reichen Ländern herstellen könnten. Es ist eine Schande, daß in den Industriestaaten so viele Männer und Frauen arbeitslos sind, weil die Menschen in der Dritten Welt, die ihre Produkte benötigen, kein Geld haben, um sie zu kaufen. Wir möchten Wirtschaftswachstum, aber nicht nur um des Wachstums willen. Wir möchten es auf eine Weise, damit alle Menschen der Erde ein sicheres, erfüllteres und freieres Leben schaffen können.

Viele unserer Vorschläge handeln von der Notwendigkeit langfristiger struktureller Reformen der Weltwirtschaft. Wir plädieren auch für Reformen in den Entwicklungsländern, wo viele notwendige Schritte nur durch eigene Kraft getan werden können. Wir weisen auf die dringende Notwendigkeit hin, die Bodenschätze zu konservieren. Wir empfehlen nicht nur, wie die Preise der rohstoffproduzierenden Entwicklungsländer stabilisiert werden können, sondern auch, wie diese Länder mehr in den Bereich der Verarbeitung und des Verkaufs vorrücken können. Wir diskutieren, wie die Entwicklungsländer ihre Industrialisierung beschleunigen können. Wir bestehen darauf, daß die Märkte für ihre Produkte geöffnet werden müssen. Dabei sind wir uns der Nöte und Schwierigkeiten voll bewußt, die sich aus den Anpassungen in den Industrieländern ergeben, um die Produkte der neu industrialisierten Länder aufzunehmen.

Wir schlagen Reformen vor im finanziellen und währungspolitischen System, in den Beziehungen zwischen transnationalen Gesellschaften und ihren Gastländern, in der Sicherstellung der Nahrungsmittelproduktion und der Ernährungssicherheit sowie in Fragen der Bevölkerungspolitik.

In all diesen Bereichen haben wir versucht, nicht lediglich bestehende Vereinbarungen hier und da etwas zu ergänzen, sondern die Machtstrukturen der Welt verändern zu helfen, um eine besser funktionsfähige und eine leistungsfähigere Weltgemeinschaft zu schaffen.

Wir appellieren an die reichen Staaten des Nordens, ihre Grundeinstellung zu ändern, wonach Hilfe immer noch als eine Art Almosen betrachtet wird, die vom Wohlwollen der Geber abhängt und die in manchen Ländern überdies abnimmt. Die Industriestaaten

Osteuropas haben bislang nur eine bescheidene Rolle gespielt bei den Hilfeleistungen. Und in den westlichen Ländern, mein eigenes eingeschlossen, hat Entwicklungshilfe über die Jahre mit dem Anwachsen des Nationalprodukts nicht Schritt gehalten, obwohl es Anzeichen dafür gibt, daß die Entwicklungshilfe einiger Länder bald ansteigen wird.[5]

Die meisten der reicheren Länder der Welt haben sich schon verpflichtet, 0,7 Prozent ihres Nationalprodukts für Entwicklungshilfe bereitzustellen.[6] Zu wenige haben dieses Versprechen eingelöst, und mehr Länder sollten sich gemäß ihrer Fähigkeiten und nach einer auf das Nationaleinkommen ausgerichteten Gleitskala daran beteiligen. Wir sind der Ansicht, daß neue Methoden nötig sind, um sowohl die Leistungen zu erhöhen, als auch, um sie automatischer zu gestalten. Darüber hinaus könnten solche zusätzlichen Mittel auch bereitgestellt werden durch eine bescheidene Abgabe auf den internationalen Handel, auf Rohstoffe in der Tiefsee und auf Waffen, die objektiv verschwenderischste aller Arten von Geldausgabe. Wenn solche Abgaben den nationalen Regierungen zugerechnet werden, dann würden sie als Beitrag zum allgemeinen Hilfeleistungsziel anerkannt werden.

Wir glauben, daß das gegenwärtige System der Entwicklungsfinanzierung einige dringende Bedürfnisse nicht erfüllt. Die vorhandenen internationalen Institutionen, vor allem die Weltbank, haben eindrucksvolle Leistungen aufzuweisen und sollten in die Lage versetzt werden, noch mehr zu tun. Aber viele Entwicklungsländer benötigen breiter angelegte Mittel für allgemeine Entwicklungsprogramme und Projekte.[7] Und die osteuropäischen Länder bleiben weitgehend außerhalb der Bank und des Internationalen Währungsfonds.

Wir schlagen daher vor, daß Überlegungen angestellt werden sollten über die Bildung einer neuen, universaler angelegten Institution mit breiteren Mitwirkungsrechten, eines Weltentwicklungsfonds.[8]

Hinsichtlich der Einzelheiten und der Begründung für unsere langfristigen Vorschläge muß ich darum bitten, den Kommissionsbericht abzuwarten. Angesichts der drohenden Krise der Weltwirtschaft schlagen wir auch ein Notprogramm vor.

Wir empfehlen ein bald zu verwirklichendes Paket von Maßnahmen, die in ihrer Verknüpfung allen Seiten Vorteile bringen sollen: den Industrieländern, den Energieproduzenten, den Schwellenländern sowie den allerärmsten Ländern. Dieses Paket hat vier Hauptelemente: verstärkte, breit angelegte Mittelübertragungen auf die Dritte Welt, ein Übereinkommen über die Sicherheit der Energieversorgung und Energieeinsparung, ein wirksames Welternährungsprogramm sowie einen Einstieg in grundlegende Reformen in einigen kritischen Bereichen, einschließlich des Währungssystems und der Entwicklungsfinanzierung.[9]

Die gemeinsamen Interessen liegen klar auf der Hand. Der neue, sichergestellte Zufluß von Hilfsmitteln in die Entwicklungsländer würde es ihnen erlauben, ihre Zukunft verläßlicher zu planen. Sie würden zwangsläufig einen Großteil der zusätzlichen Einnahmen für Importe aus den Industriestaaten verwenden, die auf diese Weise von den Mitteln profitieren würden, die sie selbst bereitstellen. Die Ölproduzenten würden sicherstellen, daß die Energiepreise – die sicherlich real ansteigen werden – ohne plötzliche Sprünge in vorhersehbarer Weise steigen würden. Sie würden auch die Versorgungssicherheit garantieren. Die Industrieländer ihrerseits würden es übernehmen, die Erlöse der Produzenten abzusichern und wirksame Energieeinsparung vorzunehmen. Die Ölproduzenten würden als echte Partner bei dem Bemühen anerkannt, die Weltprobleme zu lösen. Das schließt gemeinsame Anstrengungen zur Entwicklung alternativer Energiequellen ein.

Nach unserer Meinung würde jeder als Gewinner aus einer solchen weltweiten Übereinkunft hervorgehen. Aber der Abschluß eines solchen globalen Wirtschaftsgeschäfts erfordert auch einen entsprechenden politischen Willen. Um diesen zu schaffen, werden wir in unserem Bericht die Einberufung einer neuen Art von Gipfeltreffen herausstellen.[10] Daran sollen eine begrenzte Zahl nationaler Regierungschefs aus den wichtigsten Regionen der Welt teilnehmen, und ein solches Treffen sollte in geeigneter Verbindung zu den Vereinten Nationen abgehalten werden.

Die Kommissionsmitglieder waren Regierungen gegenüber nicht verantwortlich; ihre Tagungen hatten Klausurcharakter. Die ursprüngliche Idee zur Gründung dieser Kommission kam von Robert McNamara, dem Präsidenten der Weltbank.[11] Aber wir sind von jedweder Institution vollkommen unabhängig gewesen. Unsere Mitglieder haben auf meine Einladung hin als Einzelpersonen mitgearbeitet.

Ich möchte meinen Kollegen, unseren Experten und Mitarbeitern für die Zusammenarbeit danken. Ich hoffe, wie sie auch, daß unsere Arbeit Früchte tragen wird. Die Kommission als solche hat aufgehört zu bestehen, obwohl alle Kommissionsmitglieder ihr Bestes tun werden, um ihre Arbeitsergebnisse bekannt zu machen. Wir werden auch ein kleines Büro in Den Haag unterhalten, um diese Arbeit zu koordinieren.[12] Es mag sein, daß es nationalen Verantwortlichen schwer fallen wird, unseren Weg der Übereinstimmung nachzuvollziehen. Aber ich hoffe, wir haben mit unserer Kommission ein bescheidenes Präjudiz für ein grundlegendes Verständnis zwischen den politischen Führern der Welt geschaffen.

Ich habe persönlich einige Erfahrung bei dem Versuch, in meinem Teil der Welt Spannungen zwischen Völkern und Nationen abzubauen. Die Spannungen zwischen Nord und Süd sind von einer anderen, noch schwierigeren Art. Aber ihre Lösung kann für alle Beteiligten auch noch größere Vorteile bringen. Ich möchte alle aus vollem Herzen dazu einladen, sich an der Aufgabe zu beteiligen, die zunächst die entsprechende Erkenntnis und sodann die daran anknüpfende Handlungsbereitschaft erfordert. Es geht darum, das gemeinsame Interesse der Menschheit auf die Beseitigung der Ungleichheiten auszurichten, welche die Welt teilen und die Armut vergrößern.

Nr. 40
Aus dem Schreiben des Vorsitzenden der Nord-Süd-Kommission, Brandt, an die Mitglieder der Kommission
29. Januar 1980[1]

AdsD, Nord-Süd-Kommission, 51 (Übersetzung aus dem Englischen: Wolfgang Schmidt).

Sehr geehrtes Kommissionsmitglied,
zu Beginn dieses Jahres möchte ich Ihnen allen meine allerbesten Wünsche für ein erfolgreiches und friedliches 1980 übermitteln.

Als ich dieser Tage auf das Manuskript des „Red Book"[2] schaute, wurde mir einmal mehr bewusst, dass wir eine arbeitsintensive, aber lohnende Zeit miteinander verbracht haben. In der Tat stellten unsere Zusammenarbeit und das Klima der Debatte eine der interessantesten und faszinierendsten Erfahrungen meines Lebens dar. Ich bin denen dankbar, die zum Jahreswechsel ähnliche Gefühle ausgedrückt haben.

Meine Dankesworte an Sie alle – und besonders an unsere Kollegen von der „Londoner Gruppe"[3] – sind daher sehr herzlich, und ich hoffe, dass unser Bericht einen gewissen Einfluss haben und somit unserer Anstrengungen wert sein wird. Viele von uns mögen enttäuscht sein über die jüngsten Ereignisse, die uns alle sehr besorgen – und die natürlich das Interesse der Massenmedien in Anspruch nehmen.[4]

Aber ich bin überzeugt, dass unser Beitrag zur Beschreibung der Weltprobleme, unsere Untersuchungsergebnisse und Empfehlungen ihre Bedeutung haben werden. Die Probleme, mit denen wir uns befasst haben, werden weiter bestehen und unsere Auffassung von „Sicherheit" in einem weiteren Sinne dürfte zunehmend verstanden und unterstützt werden. Alles in allem denke ich, dass unser Bericht vielleicht nicht sofort die Aufmerksamkeit erhalten mag, auf die wir gehofft hatten, aber – mit fortschreitender Zeit – kann er als weiteres Argument für mehr internationale Zusammenarbeit dienen. Ein

Vorteil und Verdienst unserer Bemühungen ist, dass wir über die alltägliche Politik hinaus schauen und Maßnahmen vorschlagen konnten, um potenzielle Bedrohungen und Gefahren zu mindern. [...][5]

Die englische Version, von der ich Ihnen den vorläufigen Bucheinband sende, wird Anfang März auf dem Markt sein, und ich hoffe, die Übersetzungen in andere Sprachen werden bald folgen.[6]

Zum Schluss möchte ich meinen Dank an Sie alle wiederholen und Ihnen meine allerbesten Wünsche übermitteln.
Mit freundlichen Grüßen
‹Willy Brandt›[7]

Nr. 41
Schreiben des Vorsitzenden der SPD und Vorsitzenden der Nord-Süd-Kommission, Brandt, an den Bundeskanzler, Schmidt
3. März 1980[1]

AdsD, Nord-Süd-Kommission, 39.

Lieber Helmut,
vor Antritt Deiner Amerika-Reise[2] liegt mir daran, Dir zu sagen, wie sehr ich als Kommissionsvorsitzender angetan war von einer Kernaussage in Deiner Rede im Bundestag zum Verhältnis des Westens zu den Entwicklungsländern:

„Für die gemeinsame Politik des Westens ist daraus der Schluß zu ziehen, daß wir die Unabhängigkeit und die Eigenständigkeit der Staaten der Dritten Welt nicht nur anerkennen, sondern daß wir wirtschaftlich und politisch in gleichberechtigter Partnerschaft helfen müssen, sie zu stabilisieren."[3]

Es wäre sehr hilfreich, wenn eine ähnliche Aussage in Euer gemeinsames Kommuniqué aufgenommen werden könnte. Dabei auch die Arbeiten der von mir geleiteten Kommission zu erwähnen, wird wohl nicht leicht möglich sein.[4] Aber ich möchte nicht versäumen, Dir die erste Stellungnahme der US-Regierung beizufügen.[5]

Im übrigen ist der Bericht unserer Kommission in New York von den Entwicklungsländern der Gruppe der 77 mit großem Interesse aufgenommen worden, und diese haben am Tag der Berichtsübergabe an Generalsekretär Waldheim die Verteilung als UN-Dokument beantragt (siehe Anlage).[6]

Wichtig wäre es jedenfalls, durch eine gemeinsame Klarstellung zweier bedeutender Industrieländer Befürchtungen mit zerstreuen zu helfen, wonach die Entwicklungsländer – anstatt als selbständige Partner anerkannt und gefördert zu werden – sich wiederum nur als Objekt strategischer Interessen anderer eingestuft sehen können.

Ich weiß nicht, ob sich die Gelegenheit ergibt, in Washington auch über Gipfelbegegnungen als Instrument einer gedeihlicheren Nord-Süd-Zusammenarbeit zu sprechen.[7] Das Unbehagen an den Mammutkonferenzen nimmt zu. Auch Generalsekretär Waldheim – dessen Stellungnahme zum Bericht ich ebenfalls beifüge[8] – ist der Meinung, daß von gelegentlichen, zahlenmäßig begrenzten Gipfelbegegnungen vorteilhafte Wirkungen ausgehen könnten.[9] Ohne eine solche Vorbereitung wäre wohl die in Aussicht genommene neue Sondergeneralversammlung der Vereinten Nationen wieder zum Scheitern verurteilt.[10]

Der französische Staatspräsident, mit dem ich hierüber gesprochen hatte, wird meinem Eindruck [nach] nicht abgeneigt sein, dem Summitry-Gedanken näherzutreten.[11] Ted Heath und der Generalsekretär des Commonwealth[12] werden, jeder auf seine Weise, ein wenig sondieren. Bruno Kreisky, den ich hierum gebeten hatte[13], bevor er nach Indien und Saudi-Arabien reiste, ist nicht sehr optimistisch.[14] Er meint allerdings, daß die Sache eine positive Tendenz bekommen könnte, sobald er die Möglichkeit hätte, das positive Interesse des deutschen Bundeskanzlers zu signalisieren.[15]

Nun wünsche ich Dir – von dem hier erörterten Thema abgesehen – möglichst erfolgreiche Gespräche in Washington und bin mit freundlichen Grüßen
Dein ‹Willy Brandt›[16]

Nr. 42
Aus dem Interview des Präsidenten der SI, Brandt, für die französische Zeitschrift *Le Nouvel Observateur*
30. März 1980[1]

Le Nouvel Observateur vom 30. März 1980 (Übersetzung aus dem Französischen: Dominik Rigoll und Bernd Rother).

Willy Brandt: „Die Juden sollen wissen . . ."

JEAN DANIEL. – Wie haben Sie die Reden von Valéry Giscard d'Estaing in den Emiraten und in Jordanien aufgenommen? Wird die deutsche Regierung der französischen Arabien-Politik folgen?[2]
WILLY BRANDT. – Es musste dringend etwas unternommen werden, um zu verhindern, dass verhandlungsbereite Führer wie Jasir Arafat vom islamischen Radikalismus an den Rand gedrängt werden, so wie er sich in bestimmten Ländern Asiens, des Nahen Ostens und in Palästina selbst, in den von Israel besetzten Gebieten entwickelt.

Dies gesagt, hindert mich die große Wertschätzung, die ich für den Präsidenten der französischen Republik empfinde, nicht zu bemerken, dass er nichts Neues gesagt hat, auch wenn er es sehr gut gesagt hat. Die Selbstbestimmung drängt sich schon lange ganz offensichtlich auf. Sie ist den Israelis gewährt worden; sie muss auch den Palästinensern eingeräumt worden.
J. D. – Und die Anerkennung der PLO?
WILLY BRANDT. – Ich muss Ihnen gestehen, dass wir Deutsche nicht genau wissen, was das französische Verständnis des Begriffs *„Anerkennung"* bedeutet. Im Völkerrecht erkennen wir Staaten, nicht Regierungen oder Organisationen an. Um so weniger Organisationen ohne Staat. Ich weiß natürlich, dass mein Freund Bruno Kreisky die PLO *„anerkannt"* hat. Aber worin drückt sich dies aus, außer dass der PLO-Vertreter in Österreich künftig den Titel Botschafter führen wird? . . .
J. D. – Sie kennen Jasir Arafat: Denken Sie, dass er selbst bereit ist, den Staat Israel anzuerkennen und dass er dafür die Autorität hat?

WILLY BRANDT. – In der Tat habe ich Jasir Arafat bei Bruno Kreisky getroffen.[3] Natürlich habe ich lange Stunden mit ihm verbracht; aber ich habe ihn nicht mehr als einmal gesehen und kann daher nicht behaupten, ihn gut zu kennen. Ich habe soeben eine Rede gelesen, die er in Caracas gehalten hat und die mir diesen Maximalismus widerzuspiegeln scheint, von dem ich vorhin sprach.[4] Diese Rede hat nicht den selben Klang wie unsere Gespräche. Jedenfalls hat mir Jasir Arafat eine sehr passende Sache gesagt, die gerade ich gut verstehen kann: Die Frage der gegenseitigen Anerkennung wird von dem Moment an beantwortet sein, in dem die beiden Gegner akzeptiert haben werden, sich zum Verhandeln an einen Tisch zu setzen. Es wird gar nicht mehr notwendig sein, ausdrücklich die Anerkennung auszusprechen. Die Verhandlung wird die Anerkennung bedeuten.
J. D. – Dies hätte schon im Rahmen der Camp David-Abkommen[5] geschehen können ...
WILLY BRANDT. – Zweifelsohne. Ich gehöre zu denjenigen, die zutiefst bedauern, dass dies nicht geschehen ist. Ich habe die noble Initiative von Präsident Sadat gutgeheißen. Um auf Arafat zurückzukommen, die einzige Bedingung, die er gestellt hat, um sich an einen Tisch mit den Israelis zu setzen, ist, dass die UNO-Resolution 242 verändert wird.[6] Sie wissen, dass diese Resolution von den Palästinensern als *„Flüchtlingen"*, nicht als Volk spricht.
J. D. – Sind Sie bereit, zur Schaffung einer gemeinsamen europäischen Politik beizutragen, die einen palästinensischen Staat im Westjordanland und in Gaza befürwortet, wie es Valéry Giscard d'Estaing zu wünschen scheint?
WILLY BRANDT. – Sicher, aber das ist nicht das ganze Problem. Es gibt das palästinensische Volk, das in alle anderen arabischen Länder geflüchtet ist. Ich komme gerade aus Kuwait. Ich habe dort eine palästinensische Elite gesehen, die in allen Punkten an die israelische Elite erinnert: intelligent, dynamisch, ehrgeizig, stolz. Diese Menschen wollen einen Pass. Selbst diejenigen, die sich in einer angenehmen und komfortablen Lage befinden, haben es satt, Staatenlose und Ausländer zu sein. Das offenkundige Interesse der Israelis ist es, sich mit einem Volk zu verständigen, das beginnt, ihnen so zu ähneln.

J. D. – Die jüdischen Gemeinden sind weit davon entfernt, dieses Interesse als offenkundig zu begreifen.
WILLY BRANDT. – Ich weiß. Ich selbst habe dies in Straßburg wahrgenommen. Ich war von einigen Äußerungen jüdischer Empörung bewegt, die eine große Beunruhigung erkennen lassen. Ich bin dafür natürlich besonders sensibel. Die Juden sollen wissen, dass wir es nicht akzeptieren werden, dass Israel „*sichere, anerkannte und garantierte*" Grenzen verliert. Sollte es eine gemeinsame europäische Politik geben, muss sie diese Verpflichtung beinhalten. Wir Deutschen haben obendrein besondere Verpflichtungen.
[...][7]

Nr. 43
Aus dem Schreiben des Vorsitzenden der SPD, Brandt, an das SPD-Mitglied Bröhl
5. Mai 1980

AdsD, WBA, A 10.1 (Büroleiter: Rosen), 217.

Lieber Günter Bröhl,
[...][1]
Es bleibt dabei, dass gerade uns Deutschen das Schicksal Israels nicht gleichgültig sein kann.
Es ist aus eben dieser Anteilnahme und Sorge um die Zukunft im Nahen Osten, dass einige von uns den Kontakt mit Kräften in der arabischen Welt, so auch mit Vertretern der PLO, aufgenommen haben. Israel wird keinen dauerhaften Frieden finden, wenn nicht auch für das palästinensische Volk eine für dieses und seine Nachbarn akzeptable Lösung gefunden wird. Dazu gehört das Recht auf Selbstbestimmung, ein Recht, für das wir ja auch sonst eintreten. Wenn man dies einräumt, so wird man sich auch damit vertraut zu machen

haben, dass eine grosse Mehrheit der Palästinenser offensichtlich die PLO als ihren Repräsentanten ansieht.

Wichtig erscheint mir aber vor allem, dass man den Charakter der PLO richtig wertet. Es handelt sich hier nicht um eine Organisation mit einer einheitlichen weltanschaulichen Orientierung, sondern um einen Dachverband, der viele, zum Teil sehr unterschiedliche Strömungen beherbergt. Deshalb ist es wichtig, die relativ gemässigten Kräfte zu stärken, die eine friedliche Lösung anstreben. Eine völlige Isolierung der gesamten PLO hingegen würde mit grosser Wahrscheinlichkeit den extremen Kreisen unter den Palästinensern den Rücken stärken.

Insofern dienen sorgfältig wahrgenommene Kontakte auch den israelischen Interessen.
Mit freundlichen Grüssen
‹gez. Willy Brandt›[2]

Nr. 44
Schreiben des Vorsitzenden der SPD und Vorsitzenden der Nord-Süd-Kommission, Brandt, an den Bundeskanzler, Schmidt
27. Mai 1980[1]

AdsD, Nord-Süd-Kommission, 2.

Lieber Helmut,
aus beigefügtem Vermerk[2] über die Gespräche, die ich mit López Portillo und Bruno Kreisky in der vergangenen Woche geführt habe, ist zu ersehen, zu welchen vorläufigen Ergebnissen die Diskussion um die Abhaltung einer Begegnung auf der Ebene von Regierungschefs, gegebenenfalls in Mexiko, geführt hat.[3] Ich glaube, das jetzt ins Auge gefaßte Datum und die ersten Reaktionen der Regierungen, bei denen sondiert worden ist, lassen die Chancen für das Zustandekommen dieses Projekts recht günstig erscheinen.[4]

Vorbereitung des Nord-Süd-Gipfels – Willy Brandt begrüßt den mexikanischen Staatspräsidenten José López Portillo auf Schloss Gymnich bei Bonn am 19. Mai 1980.

Besonders dankbar wäre ich Dir, wenn Du mit dafür sorgen könntest, daß das Thema Nord/Süd bei den beiden bevorstehenden Spitzentreffen in Venedig nicht zu kurz kommt.[5] Gerade beim Treffen der Sieben sollte man sich nicht mit einem Passus in der Schlußerklärung begnügen.[6] Unser Freund Edward Heath hat mich bei dem Zusammentreffen der Mitglieder meiner Kommission vor zehn Tagen in Holland[7] mit großem Nachdruck darauf hingewiesen, wie wichtig es sein könnte, daß den (vernünftigen) OPEC-Regierungen der Appell an ihre Mitverantwortung und den armen Entwicklungsländern die Bereitschaft zum fairen Ausgleich signalisiert wird.
Mit besten Grüßen
Dein ‹Willy Brandt›[8]

Nr. 45
Rede des Vorsitzenden der SPD und Vorsitzenden der Nord-Süd-Kommission, Brandt, bei der Tagung „Weltproblem Flüchtlinge" in Bergneustadt
30. Mai 1980

Beitz, Wolfgang G. (Hrsg.): Praktizierte Humanitas: Weltproblem Flüchtlinge – eine europäische Herausforderung. Dokumentation einer europäischen Arbeitskonferenz der Otto-Benecke-Stiftung und der Friedrich-Ebert-Stiftung vom 30. Mai bis 1. Juni 1980, Baden-Baden 1981, S. 36–38.

In diesem Jahrhundert, so schätzt man, sind etwa 250 Millionen Menschen aus ihrer Heimat geflohen – 250 Millionen, das entspricht der heutigen Einwohnerzahl aller Länder der Europäischen Gemeinschaft.

In diesem Augenblick bevölkern mindestens zehn, wahrscheinlich dreizehn, vielleicht auch fünfzehn Millionen Flüchtlinge unsere Erde; ihre genaue Zahl weiß niemand, und schon das ist bezeichnend – auch hängt die Zahl davon ab, an welche Begriffsbestimmung man sich hält.

Unser eigener Kontinent, Europa, kennt heute – 35 Jahre nach Kriegsende – trotz des Grabens, der die Menschen in Ost und West noch immer voneinander trennt, nicht mehr jenes millionenfache Flüchtlingselend, das wir auch nicht zuletzt auf deutschem Boden erlebten. Es würde nicht schaden, einer nachwachsenden Generation einiges davon zu vermitteln. Auch darüber, daß es damals Hilfe gab und was sie bedeutete.

Es gehört zu den Widersprüchlichkeiten unserer Welt, daß es Länder gibt, aus denen Menschen flüchten möchten, es aber nicht dürfen – und andere Länder, in denen man die Flucht begünstigt (wie zeitweilig in Vietnam), ohne daß die Betroffenen wissen, was aus ihnen wird.[1] Ich fürchte, daß wir mit solchen und anderen Widersprüchlichkeiten weiterhin leben müssen.

Die Millionen Flüchtlinge unserer Zeit stammen aus den zahlreichen Krisengebieten dieser Erde, aus den Regionen der Dritten Welt also, wo Gewalt und Kriege wüten und den Menschen das schwere Los der Flucht auferlegen.

3,5 Millionen allein sollen es in Schwarz-Afrika sein. Vier Millionen in Nordafrika und dem Nahen Osten. Mehr als zwei Millionen aus Südostasien und dem Mittleren Osten. Nur kaum weniger in Lateinamerika.

Ich habe seit langem den Verdacht, daß die großen Zahlen mehr zur Verschleierung als zum Deutlichmachen menschlicher Not beitragen. Millionen Hungernde, Fliehende, Sterbende – das droht zum unverständlichen, weil nicht nachvollziehbaren Abstraktum zu werden. So auch die Milliarden, die tagtäglich weltweit für Rüstung aufgewendet werden.

Der Holocaust in Kambodscha[2] und die furchtbare Not derer, die entkommen konnten, scheinen heute, im Angesicht der Krise im Mittleren (und wie man fürchten muß, auch wieder im Nahen) Osten[3] schon beinahe vergessen. Tatsächlich: Der menschliche Verdrängungsmechanismus funktioniert auf atemberaubende Weise.

Meine Erfahrung: Einzelschicksale bleiben nachhaltiger im Gedächtnis haften. Auch Bilder können wirken. Ich hörte viel über den Film, den kürzlich das Deutsche Fernsehen von einem Lager für -zig Tausende äthiopische Flüchtlinge in Somalia zeigte.[4] Mancher vergißt nicht das Bild von den verhungernden Kindern und ihrer verwitweten, todkranken jungen Mutter, deren Schicksal besiegelt schien.

Flüchtlinge als weltweites Problem – das ist heute vor allem Bestandteil des Weltproblems Nord-Süd. Solange sich die Nord-Süd-Beziehungen in so hohem Maße nach Machtinteressen oder strategischen Erwägungen richten, kann es nicht überraschen, daß die Schauplätze der großen Flüchtlingstrecks in jenen Regionen liegen, in denen Menschen und Völker auf eine für sie verheerende Weise zu Bauern auf dem Schachbrett blutiger internationaler oder regionaler Politik geworden sind: das frühere Indochina, Afghanistan und Pakistan, Äthiopien und Somalia, das Südliche Afrika, der Nahe Osten, auch Zentralamerika.

Uns fremd, oder sogar atavistisch erscheinende Rassen- und Glaubenskämpfe kommen hinzu. Und natürlich auch die Verzweiflung, die aus Katastrophen oder Mißhandlungen der Natur erwächst. Entscheidend bleiben jene Bemühungen, die friedlichen internationalen Beziehungen gelten – und einer neuen gerechteren Ordnung der Weltwirtschaft.

Europa trägt eine besondere Verantwortung. Wir sollten die Chancen guter Partnerschaft rascher erkennen. Und uns weniger als in der Vergangenheit mit Regimen identifizieren, die die Zukunft hinter sich haben.

Die von mir geleitete Unabhängige Kommission für Internationale Entwicklungsfragen hat sich – in ihrem Bericht – mit dem Flüchtlingsproblem nicht eingehend befassen können, ist ihm aber auch nicht ausgewichen. Wir haben uns nicht damit begnügt, Hoffnungen auszudrücken. Sondern wir haben geraten, auf [sic] neue Notfälle gerüstet zu sein. Und dazu ein leider nicht überflüssiger Hinweis: ‹„Die demographischen Perspektiven für die kommenden Jahrzehnte lassen vermuten, daß es nur noch schwerer werden kann, solchen Notlagen abzuhelfen, wenn und solange das Prinzip des internationalen Lastenausgleichs nicht weltweit anerkannt und die Asylgewährung und menschenwürdige Behandlung von Flüchtlingen nicht zu einer echten Sorge der internationalen Gemeinschaft werden."›[5]

Wir haben gemeint, daß vor allem drei Ziele angesteuert werden sollten:

Erstens, die breite Verankerung des Rechts auf Zuflucht, um die Zurückweisung von Flüchtlingen zu vermeiden; wobei nicht an die spezifische Ausformung deutschen Rechts[6] gedacht war, die der offenen Diskussion und kritischen Überprüfung nicht entzogen sein kann, sondern Asyl im Sinne der „Allgemeinen Erklärung der Menschenrechte" der Vereinten Nationen.[7]

Zweitens, die Vereinbarung wirksamer Regelungen zur Versorgung und zum Schutz von Flüchtlingen in ihrem vorübergehenden Aufnahmeland, damit nicht einzelne Länder (wie Thailand, Pakistan, Somalia) mehr oder weniger zufällig in eine Situation völliger Überforderung kommen.

Drittens, die energische Suche nach dauerhaften Lösungen, wie Neuansiedlung in der Region oder auch freiwillige Rückkehr, wo sich die Voraussetzungen hierfür schaffen lassen.

Die Notwendigkeit internationaler Solidarität darf sich nicht allein auf das beziehen, was man von Staaten und internationalen Organisationen erwartet. Sie muß durch viele einzelne Bürger in unseren Ländern geübt werden, denen es vergleichsweise so gut geht und deren Bürger durch kleine Opfer viel beitragen können, um Not zu lindern.

Die Arbeit des Flüchtlingskommissars der Vereinten Nationen (und anderer internationaler Organisationen) bleibt wichtig. Diese Arbeit verdient unsere tatkräftige Unterstützung. Beiträge und Spenden können Leben retten. Dazu muß man nicht allein über Elend aufklären, sondern auch darüber, was Hilfe bewirken kann. Und dies kann ja gerade das Amt von Herrn Hartling[8] überzeugend tun.

Ich sage dies als einer, der viel Flüchtlingselend gesehen hat. Und der in seinen jungen Jahren – ohne selbst bittere materielle Not zu leiden – erfahren hat, was Hilfe bewirken konnte. Was das Abgeschobenwerden über Grenzen auch in unserem Teil der Welt bedeutete. Und welche Rettung etwa ein Nansenpaß war.[9]

Ich hoffe, daß von dieser Tagung eine angemessene Wirkung ausgehen wird. Und ich wäre glücklich, wenn sie ein wenig dazu beitragen würde, viele Menschen bei uns davon zu überzeugen, daß Solidarität mit den Flüchtlingen in der Welt nicht nur eine Herausforderung an unsere Humanität ist, sondern – wie das meiste, was die Nord-Süd-Probleme angeht – auch ein Gebot der Vernunft.

Nr. 46
Schreiben des Ersten Sekretärs des PSF, Mitterrand, an den Präsidenten der SI, Brandt
9. Juni 1980

AdsD, WBA, A 11.15, 7 (Übersetzung aus dem Französischen: Bernd Rother).

Sehr geehrter Präsident, lieber Freund,
ich schreibe Ihnen diesen Brief aus ernster Besorgnis. Eine Reihe von Treffen und Delegationen, die in der letzten Zeit stattgefunden haben, werfen nämlich das Problem des gegenwärtigen Funktionierens der Sozialistischen Internationale und des Platzes, den in ihr die Französische Sozialistische Partei innehat, auf. Wenn aus solchen Vorstößen rein persönliche oder auf die eine oder die andere nationale Partei beschränkte Initiativen hervorgehen würden, hätte ich dagegen nichts einzuwenden. In Wirklichkeit aber nehmen sie sehr häufig, wie die Kommentare der Presse bezeugen, die Internationale und die Gesamtheit der ihr angehörenden Parteien in die Pflicht. Ich möchte gerne hier mehrere Fälle in Erinnerung rufen.

Ich habe bereits Gelegenheit gehabt, unseren Standpunkt zu den Umständen, unter denen Ihr und Bruno Kreiskys Treffen mit Jasir Arafat in Wien abgelaufen ist, zum Ausdruck zu bringen.[1] Später waren wir verwundert, dass am Vortag des [SI-]Büros von Lissabon am 30. und 31. Oktober 1979 eine Versammlung mehrerer lateinamerikanischer und europäischer Parteien unter Anwesenheit mehrerer Führer der Sozialistischen Internationale organisiert worden war.[2] Die Eingeladenen, der Ort und das Datum könnten Anlass geben zu glauben, dass es sich um ein SI-Treffen handelte, zumal die Initiatoren mehr oder weniger direkt mit den Mitgliedsparteien verbunden waren. Wir waren nicht informiert worden.

Näher bei uns, begab sich der Präsident des Bundes der europäischen sozialistischen Parteien[3] nach Paris, um am 2. Mai [1980] an einer Veranstaltung unter Leitung des französischen Ministerpräsidenten, Raymond Barre, organisiert von der Europäischen Bewegung, teilzunehmen. Dieser Besuch war beim Treffen des Büros des Bundes am 18. April [1980] nicht erwähnt worden. Wir haben davon erst durch die Einladungskarten der Europäischen Bewegung erfahren, die die Anwesenheit und den Titel des Genossen den Uyl erwähnten. Die Äußerungen des Präsidenten des Bundes über Probleme der Landwirtschaft entsprachen nicht Beschlüssen des Bundes, auch wenn sie die Position der Mehrheit der Sozialistischen Fraktion im Europaparlament (die von derjenigen der französischen Sozialisten abweicht) widerspiegeln. Wir haben es bei seinem letzten Kongress so verstanden, dass der Bund nicht von den Entscheidungen der europäischen Sozialistischen Fraktion abhängen kann, da sie diese nach ihren eigenen Regeln trifft, die nicht immer erlauben, einen Konsens zu erreichen, der aber im Bund die Regel ist und bleiben wird.

Darüber hinaus haben wir aus der Presse von einem Treffen erfahren, das in Hamburg mehrere Parteiführer der SI mit Helmut Schmidt zusammenbrachte.[4] Es ist nicht das Treffen an sich, das unseren Anstoß erregt, auch nicht dass man dort internationale Themen (Wirtschaftskrise, internationale Spannungen und Abrüstung, Afghanistan, Iran) diskutiert. Aber wir stellen fest, dass im Anschluss an das Treffen mehrere Teilnehmer zu Reisen oder Missionen aufbrachen, die direkt mit den in Hamburg behandelten Themen im Zusammenhang stehen: Olof Palme nach Moskau, um über Abrüstung zu sprechen, Bruno Kreisky, Olof Palme und Felipe González (dieser fehlte bei dem Treffen) in den Iran, um, den Agenturmeldungen zufolge, im Namen der Sozialistischen Internationale eine Vermittlung in der Geiselaffäre zu versuchen. Auch wenn man im Fall Olof Palme dies als persönliche Initiative ansehen kann, wenngleich eine etwas eigentümliche, da die Abrüstungskommission der SI, unter dem Vorsitz von Kalevi Sorsa, weiterhin arbeitet, gilt dies nicht für die Iran-Mission. Zunächst: Wir sind darüber von Ihrer Seite durch das Internationale Sekretariat der SPD informiert worden, von der Partei also, von der keine Persönlichkeit dieser „Initiative von Persönlichkeiten" angehört. Außerdem hat unsere Partei nützliche

Verbindungen mit mehreren Persönlichkeiten der Iranischen Revolution angeknüpft – darunter Bani-Sadr, der in Frankreich gelebt hat – und wir verstehen kaum, dass dies nicht berücksichtigt worden ist, als die Entscheidung zu dieser Reise getroffen wurde.

Die Häufung von Vorstößen außerhalb aller Absprachen und allgemeiner Regeln innerhalb der SI, ohne dass man bei ihnen wissen kann, ob es um die Diplomatie jeder unserer Parteien, jedes unserer Länder oder um Aktionen der SI geht, unterstreicht die Notwendigkeit neuer Prozeduren und ohne Zweifel auch neuer Institutionen innerhalb unserer internationalen Organisation und [der Bestimmung] des Platzes, den einige versucht sind, Frankreich in der Welt der Sozialisten zu belassen.

Ich denke, dass es dringlich ist, die Vorschläge zu den Strukturen und zur Aufgabenverteilung im Büro [der SI] und zu den Zielen – besonders die Ausarbeitung einer sozialistischen Charta der Menschenrechte – unserer Internationale näher zu betrachten, die ich anlässlich meiner letzten Reise nach Bonn mir erlaubt habe Ihnen gegenüber zu skizzieren.[5]

Lionel Jospin wird uns beim Treffen in Oslo vertreten, an dem ich nicht teilnehmen werde.[6] Ich wollte aber Ihnen schon jetzt unsere ernsthaften Besorgnisse mitteilen.
Mit herzlichen Grüßen
‹François Mitterrand›[7]
François Mitterrand

Nr. 47
Erklärung des Präsidenten der SI, Brandt, zur Lage im Iran 13. Juni 1980[1]

AdsD, SPD-PV, ohne Signatur, Ordner: „SI-Bürositzung Oslo, 11.–13. Juni 1980".

STATEMENT WILLY BRANDTS NACH DEN DARLEGUNGEN DES IRANISCHEN AUSSENMINISTERS BEI DER BÜROSITZUNG DER SOZIALISTISCHEN INTERNATIONALE AM 13. JUNI 1980 IN OSLO:

– Wir fühlen uns all jenen in der Welt verbunden und identifizieren uns mit ihnen, die um wahre Unabhängigkeit, Integrität und ihre Würde ringen.
– Unsere Solidarität gehört all denen, die Opfer von Unterdrückung waren und sind. Wir verurteilen deshalb in schärfster Form jede Art von Ungerechtigkeit, Terror und Erniedrigung, die dem iranischen Volk zugefügt worden sind.
– Die Gespräche haben uns zu einem besseren Verständnis verholfen. Wir bleiben offen für einen freimütigen Meinungsaustausch über konstruktive Zusammenarbeit und Partnerschaft, um den Frieden sicherer zu machen, die Kluft zwischen arm und reich zu überwinden und die großen Bewegungen in der islamischen Welt zu begreifen. Wir möchten die Verantwortlichen im Iran in dem Bestreben ermutigen, das Problem der Geiseln „friedlich und ehrenhaft" zu lösen. Dies sage ich in der tiefen Überzeugung, daß damit viel Gutes getan würde: Für die betroffenen Personen und ihre Familien, für die Einstellung vieler in der Welt gegenüber dem Iran, für das iranische Volk und seine Zukunft und für eine konstruktive Zusammenarbeit, in der der Iran eine wichtige Rolle spielen kann.

Nr. 48
Schreiben des Vorsitzenden der SPD und Vorsitzenden der Nord-Süd-Kommission, Brandt, an den Bundeskanzler, Schmidt 24. Juni 1980[1]

AdsD, WBA, A 9, 14.

Lieber Helmut,
ich habe mich darüber gefreut, daß als Ergebnis von Venedig Substantielles zur Entwicklungspolitik festgehalten wurde und daß der Gedanke einer begrenzten Gipfelbegegnung wesentliche Unterstützung gefunden hat.[2] Es wäre gut, wenn López Portillo und/oder Bruno Kreisky hierzu ein Wort von Dir hörten.

Wenn ich richtig informiert bin, ist noch offen, ob im Kabinett eine ins einzelne gehende Stellungnahme zum Bericht meiner Kommission erfolgt.[3] Ich würde es natürlich begrüßen, wenn dies noch möglich wäre. Falls es dazu vor den Wahlen kommt, hielte ich es für hilfreich, wenn 1.) die Absicht einer kontinuierlichen Steigerung bestätigt würde, ohne die Thematik des Ressourcen-Transfers auf diesen Punkt einzuengen, und wenn 2.) dem Gedanken, in der weiteren Entwicklung zu einem System internationaler Abgaben o.ä. zu finden[4], nicht grundsätzlich widersprochen würde, sondern die Bereitschaft zu einer vorurteilsfreien Prüfung anklänge.[5]
Mit freundlichen Grüßen
⟨gez. Willy Brandt⟩[6]

P.S.
Ich kann mir die Schwierigkeiten Hans Matthöfers vorstellen.[7] Wenn Du es für sinnvoll hältst, gib ihm bitte eine Kopie dieser Zeilen.[8]

Nr. 49
Schreiben des Präsidenten der SI, Brandt, an den Ersten Sekretär des PSF, Mitterrand
26. Juni 1980[1]

AdsD, WBA, A 11.15, 7 (Übersetzung aus dem Französischen: Bernd Rother).

Lieber Freund,
ich danke Ihnen für Ihren Brief vom ‹9.›[2] Juni, den ich mit großer Aufmerksamkeit gelesen habe.

Lionel Jospin hat Sie sicherlich über das Gespräch informiert, das wir in Oslo zu den von Ihnen darin behandelten Problemen gehabt haben.[3] Mir ist aber dennoch wichtig, Ihnen direkt einige Schlussfolgerungen zu übermitteln, die ich Ihnen vorschlagen möchte.

Ich verstehe Ihre Sicht einiger Initiativen, die im Verlauf der letzten Monate ergriffen worden sind, sehr gut. Aber ich glaube, dass diese Vorgänge auch die Notwendigkeit einer weiteren Verbesserung der Kommunikation unter uns und unseren Büros beweisen. Um ein Beispiel zu nehmen: Das Treffen in Hamburg fand statt, weil sich Bruno Kreisky und Anker Jörgensen anlässlich offizieller Besuche gemeinsam mit Helmut Schmidt nach Hamburg begeben mussten. Da Olof Palme und Joop den Uyl schon seit längerem einige bilaterale Probleme diskutieren wollten, hatten wir die Idee eines Treffens zu sechst.[4] Olof Palme hat uns dabei darüber informiert, dass er die Absicht hat, eine unabhängige Kommission zu Abrüstungsfragen zu bilden, die in gewisser Weise dem Beispiel der Nord-Süd-Kommission folgt. Daher wollte er sich nach Moskau begeben und sich über die sowjetische Position informieren; so wie David Owen nach Washington gereist ist, um mit den Amerikanern zu sprechen.

Was den Besuch von Bruno Kreisky, Olof Palme und Felipe González im Iran angeht, so ist er nicht in Hamburg beschlossen worden. Die drei Persönlichkeiten waren von iranischen Stellen eingeladen worden und haben ihre Reise aus eigenem Recht und nicht

Der Vorsitzende der französischen Sozialisten, François Mitterrand, und der Präsident der SI, Willy Brandt, besprechen am 11. März 1980 in Bonn die Arbeit der Internationale.

im Namen der Internationale unternommen. Ich habe außerdem angenommen – und übrigens in diesem Sinne auch Felipe González angesprochen –, dass Sie von Madrid aus informiert worden seien.

Aber es bleibt sicherlich die Schlüsselfrage der Arbeitsstrukturen unserer Internationale. Entsprechend unserer kürzlichen Diskussion in Bonn[5] habe ich den Vizepräsidenten beim Treffen am Vorabend der Osloer Bürositzung einige Vorschläge unterbreitet. Die Ergebnisse sind ziemlich bescheiden gewesen, was mich nicht sehr überrascht hat. Die Grundlinien, die später von den Mitgliedern des Büros angenommen wurden, finden Sie in dem beiliegenden Memorandum von Bernt Carlsson.[6]

Für die nächsten Monate bleibt mir also nur, Ihnen eine Intensivierung unserer Kontakte vorzuschlagen – wenn Sie es wünschen, kann dies gerne mit Unterstützung durch Lionel Jospin geschehen – und Ihnen zu versichern, dass ich den Ersten Sekretär der Sozialistischen Partei gerne zu jeder persönlichen Initiative, die innerhalb der Internationale ergriffen werden wird, einlade.

In der Hoffnung, dass Ihnen diese Lösung angemessen und akzeptabel erscheint, verbleibe ich, lieber Freund, mit herzlichen Grüßen

‹gez. Willy Brandt›[7]

Nr. 50
Interview des Vorsitzenden der SPD, Brandt, für den Saarländischen Rundfunk
12. September 1980

Sozialdemokraten Service Presse Funk TV, Nr. 652/80 vom 12. September 1980.

Frage: Herr Brandt, wie beurteilen Sie die Situation, die Lage in der Türkei?[1]
Antwort: Das ist ja auf Anhieb nicht so leicht zu sagen. Es ist nicht das erste Mal, dass das Militär dort Verantwortung übernimmt. Mich hat das nicht gewundert, nachdem in vierzehn Tagen weit über 200 Menschen ermordet worden sind als Ergebnis von Auseinandersetzungen, wenn man das noch so nennen will.[2] Man muss wissen, das türkische Militär hat eine andere Tradition als das Militär in einigen lateinamerikanischen Staaten. Kemal Ata Türk [!] hat nach dem Ersten Weltkrieg mit jungen Offizieren zusammen sich vorgenommen, eine moderne Türkei zu schaffen. Von der Tradition ist noch etwas lebendig. Im letzten Winter haben die Militärs den beiden grossen Parteien[3] gesagt, nun setzt euch zusammen und bildet eine Notstandsregierung – eine grosse Koalition, würden wir sagen. Das ist nicht möglich gewesen. Was mich sehr bekümmert ist allerdings, dass die Militärs es für notwendig gehalten haben, meinen

Freund Bülent Ecevit vorübergehend festzunehmen. Ich hoffe, dass das nicht von langer Dauer sein wird. Ecevit, der frühere Ministerpräsident und seine Freunde von der Republikanischen Volkspartei sind ja solche, die die Durchsetzung demokratischer Verhältnisse erstreben. Und ich glaube, wir als Freunde der Türkei sollen sagen: Man muss hoffen, dass das Militär Maß hält und dann, so rasch es irgend geht, den demokratischen Prozess zum Zuge kommen lässt.[4]

Nr. 51
Telegramm des Vorsitzenden der SPD, Brandt, an den Präsidenten der Republik Korea, Chun
17. September 1980

Sozialdemokraten Service Presse Funk TV, Nr. 664/80 vom 17. September 1980.

Der SPD-Vorsitzende Willy B r a n d t sandte dem Präsidenten der Republik Korea, Chun Doo Hwan, das folgende Telegramm:

„Mit grosser Bestürzung habe ich vernehmen müssen, dass ein Militärgericht heute morgen Herrn Kim Dae Jung zum Tode verurteilt hat.[1] Dieser Beschluss stellt für uns alle eine grosse Herausforderung dar, da es uns unverständlich erscheint, wie das Bemühen eines Patrioten für den sozialen Fortschritt in seinem Land und für die Bewahrung der Menschenrechte mit einem solchen Urteil bedacht werden kann.

Ich richte an Sie die dringende Bitte, alles in Ihrer Macht Stehende zu tun, dass dieses Urteil revidiert wird. Die Stellung Ihres Landes in der internationalen Gemeinschaft der Völker würde durch die Vollstreckung eines solchen Urteilsspruchs ausserordentlich Schaden erleiden."[2]

Zugleich richtete der SPD-Vorsitzende die dringende Bitte an die Regierung der Vereinigten Staaten, die noch immer Truppen in

Südkorea stationiert haben, alles in ihrer Macht Stehende zu tun, um das Leben von Kim Dae Jung zu retten.

Nr. 52
Aus dem Manuskript der Rede des Vorsitzenden der Nord-Süd-Kommission, Brandt, anlässlich der Verleihung des Shango-Preises in Frankfurt/Main
8. Oktober 1980[1]

AdsD, Nord-Süd-Kommission, B 82.

I.

Zunächst möchte ich aufrichtig danken für die mir zugesprochene Auszeichnung[2] und für die nicht nur freundlichen, sondern auch ermutigenden Worte, die hier gesagt worden sind.

Es ist dabei mehrfach auf die Arbeit der von mir geleiteten Unabhängigen Kommission für Internationale Entwicklungsfragen hingewiesen worden. Für mich war dies eine wichtige und ermutigende Erfahrung. Sie hat mir die Einsicht in zentrale politische, zumal politisch-ökonomische Fragen ermöglicht, denen ich mich zuvor nicht mit der nötigen Intensität hatte widmen können.

Wir haben uns in meiner Kommission in erster Linie mit den ökonomischen Aspekten der Beziehungen zwischen Nord und Süd befaßt. Und ich glaube, angesichts der beängstigenden materiellen Situation, die das Leben vieler hundert Millionen Menschen in der Dritten Welt prägt, läßt sich dies auch voll rechtfertigen.

Aber nicht nur, weil zahlreiche hervorragende Vertreter des kulturellen Lebens aus Afrika hier anwesend sind, möchte ich feststellen: Mir ist bewußt, daß die ökonomischen Dinge nicht alles in der Welt sind. Viele müssen gewiß noch lernen, stärker als bisher die kulturellen Faktoren, das historische Erbe, die bewegenden geistigen Kräfte mit einzubeziehen, wenn über neue Wege der Zusammenarbeit nachgedacht wird. Nicht nur der Zusammenarbeit, sondern des Einander-Verstehens, ohne das vieles unfruchtbar bleiben muß.

Mancher von uns mag durch die Entwicklung in Teilen der islamischen Welt während der letzten beiden Jahre[3] angestoßen worden sein, sich intensiver damit auseinanderzusetzen, wie die Folgen aussehen können, wenn die Eigenheiten einer kulturellen Tradition, wenn die geschichtlich geformten Denk- und Verhaltensweisen eines Volkes nicht in Betracht gezogen und berücksichtigt werden. Hier haben wir erlebt, daß es mit Sicherheit ein falscher Weg ist, anderen Kulturkreisen die Rezepte der Industriewelt – in unserem Fall der westlichen – künstlich aufpfropfen zu wollen.

Die kulturelle Dimension ernst zu nehmen, heißt also auch, manche Lösungsansätze von gutwilligen Politikern oder Ökonomen unter diesem Blickwinkel neu zu durchdenken. Dazu gehört, daß wir uns beiderseitig, gegenseitig, möglichst allseitig um genauere Kenntnisse und um besseres Verständnis anderer Regionen und ihrer Gegebenheiten bemühen.

Ich hoffe, daß die diesjährige Buchmesse hierzu einen Beitrag leisten kann.[4]

II.

[. . .][5]

Ich meine: Wir können nicht nur, wir müssen dazu beitragen, daß der breite Graben zwischen arm und reich zwischen den Völkern dieser Welt endlich nachhaltig verringert wird. Dies erfordert nichts Geringeres als die Verpflichtung zur globalen Mitverantwortung.

Nichts wäre verhängnisvoller, als in der gegenwärtigen Phase bedrohlicher Zuspitzungen der internationalen Beziehungen die Nord-Süd-Problematik noch einmal in den Hintergrund zu drängen.[6] Wir können nämlich nicht warten, bis regionale Krisenherde ausgeräumt sind und bis die Beziehungen zwischen den beiden nuklearen Weltmächten wieder ins Lot kommen. Der Ausgleich zwischen Nord und Süd und die Verbesserung der Beziehungen zwischen Ost und West müssen heute als gleichrangige Dimensionen einer umfassenden Friedenspolitik behandelt werden.

Wir brauchen Entspannung, um den Frieden sicherer zu machen und um Kraft zum Ausgleich zwischen Industrie- und Entwicklungsländern zu finden. Wir brauchen eine gerechtere und damit stabilere internationale Ordnung. Nur so können die Menschen im Norden und im Süden ihr Überleben sichern.

[...][7]

Worum es eigentlich gehen muß, ist die Veränderung der Strukturmechanismen der weltwirtschaftlichen Beziehungen insgesamt. Wir sollten nicht vergessen, daß die Weichenstellungen für das in der Geschichte der Menschheit bisher einmalige Wachstum der letzten 30 Jahre zu einer Zeit erfolgte, als die meisten Entwicklungsländer noch nicht einmal ihre politische Souveränität erlangt hatten. Inzwischen mußten die jungen Staaten allzu oft erfahren, daß formale politische Selbständigkeit noch keine reale Entscheidungsfreiheit garantiert, solange überkommene Armutsstrukturen und ökonomische Abhängigkeitsverhältnisse bestehen bleiben.

Es ist nur zu verständlich, daß die Entwicklungsländer seit nunmehr zwei Jahrzehnten grundsätzliche Reformen der Weltwirtschaft verlangen. Aber die Wirtschaftskrise der vergangenen Jahre hat die defensive Haltung der Industriestaaten gegenüber diesen Forderungen weiter verhärtet. Der Raum für internationale Reformen wurde leider noch enger. Entsprechend deprimierend verliefen manche internationale Konferenzen: Unverrückbar standen maximale Forderungen minimaler Konzessionsbereitschaft gegenüber. Mittlerweile ist wohl beiden Seiten – wenn wir es mal etwas künstlich auf nur zwei Seiten herunterdividieren – klar geworden, daß die Nord-Süd-Beziehungen in einer Sackgasse stecken.

[...][8]

Die „Brandt-Kommission" hat auf der Grundlage des Leitgedankens gemeinsamer Interessen und internationaler Solidarität eine Reihe konkreter Empfehlungen vorgelegt. Die Reaktionen waren unterschiedlich: Wir haben wohlwollende Zustimmung erfahren, aber auch herbe Kritik gehört. Einigen gingen unsere Reformvorschläge zu weit, andere fanden sie unzureichend.[9]

Ein Denkanstoß war es wohl jedenfalls, und ich kann nur hoffen, daß die Verantwortlichen das aufnehmen, was in praktische Politik umgesetzt werden muß. Die Zeit drängt, und wir haben aus gutem Grund ein Dringlichkeitsprogramm vorgeschlagen, das in den nächsten fünf Jahren, also bis 1985, verwirklicht werden sollte. [...][10]

Die Verwirklichung solcher wichtigen und dringlichen Zielsetzungen entspräche einem fairen Aufeinanderzugehen. Ohne weiterhin bestehende Konflikte von Interessen oder auch Überzeugungen unter den Teppich zu kehren, könnte so oder ähnlich ein wirklicher Dialog in Gang kommen. Der enttäuschende Verlauf der UN-Sondergeneralversammlung vor wenigen Wochen hat deutlich gezeigt, daß neue Wege beschritten werden müssen.[11] Mich hat vieles von dem, was in New York mehr proklamiert als beraten wurde, nicht überzeugt. Das gilt auch für das Schlußvotum der deutschen Delegation.[12]

[...][13]

III.

Auf die Frage, wie Afrikas Zukunft aussehen werde, sagte Edem Kodjo, der Generalsekretär der OAU, vor kurzem: „Am Ende dieses Jahrhunderts wird Afrika entweder gerettet oder völlig zerstört sein. Es ist klar, wenn wir nicht den Weg unserer Entwicklung und unsere Konzeption von Entwicklung ändern – wenn wir so weitermachen wie bisher –, werden wir zerstört werden."[14]

Ich glaube, er hat recht, und zwar nicht nur für Afrika, sondern für die Menschheit überhaupt. Die nächsten beiden Jahrzehnte handeln nämlich nicht nur von der Lösung der gewaltigen Entwicklungsprobleme in Afrika, Asien und Lateinamerika. Sie handeln vom Überleben der Menschheit. Und nur wenn in allen Staaten – in Nord und Süd, in Ost und West – das ganze Ausmaß der Herausforderung begriffen wird und nur wenn man den Willen zur durchgreifenden Reform der internationalen Beziehungen aufbringt, werden die uns bald nachfolgenden Generationen gemeinsam eine Chance haben.

Die Menschheit ist zum ersten Mal in ihrer Geschichte technisch in der Lage, sich selbst zu vernichten. Aber es bilden sich neue Bedrohungen heraus, nicht zuletzt solche ökologischer Art. Und der Welthunger, von dem heute abend schon die Rede war, birgt zusätzliche Gefahren für ein friedliches Zusammenleben der Völker. Das erschreckende Mißverhältnis zwischen Welthunger und Welttüstung sowie die möglichen künftigen Interdependenzen zwischen beiden können nicht oft genug behandelt und bloßgelegt werden.

Bei einer Gelegenheit wie dieser liegt mir aber sehr daran, auf die große Bedeutung dessen hinzuweisen, was sich aus zunehmender Zusammenarbeit zwischen den Staaten Europas und Afrikas im Sinne eines wohlverstandenen gemeinsamen Interesses ergeben kann. Und wenn ich Staaten sage, gilt dies gleichermaßen für regionale Gruppierungen. Wenn wir eine Zukunft haben, so wird es eine sein, in der Europäer und Afrikaner viel miteinander zu tun haben – als gleichberechtigte Partner und eingedenk der Lehren, die uns die Geschichte erteilt hat.

Ich möchte auch sagen, gerade von dieser Stelle aus, wie wirklichkeitsfremd es wäre, wollten sich geistige Sprecher und die kulturellen Repräsentanten unserer Länder in Elfenbeintürme zurückziehen, wo es um Existenzfragen der Menschheit geht. Diese fordern die Intellektuellen und die Künstler mindestens so sehr heraus wie irgendjemand sonst. Sicherheit ist, nach einem französischen Wort, zu wichtig, um sie allein den Generälen zu überlassen. Entwicklung ist dann erst recht zu wichtig, als daß man sie allein den Ökonomen oder den Diplomaten überlassen könnte.

Nr. 53
Aus dem Schreiben des Vorsitzenden des PLO-Exekutivkomitees, Arafat, an den Vorsitzenden der SPD, Brandt
13. Oktober 1980[1]

AdsD, WBA, A 9, 35 (Übersetzung aus dem Englischen: Bernd Rother).

Sehr geehrter Herr Vorsitzender Brandt,
[...][2] Mit dem komfortablen Vorsprung, den Sie nun im Bundestag haben, bin ich mir sicher, dass die Vision einer führenden Rolle der Deutschen Bundesrepublik [!] bei der Suche nach Frieden im Nahen Osten, die Ihre Exzellenz bei unserem Treffen in Wien[3] entwickelt hat, nun Früchte tragen wird. Deutsche Initiative und Führung, alleine und innerhalb des Kontextes der EWG [!], wird nun mehr denn je gebraucht, um die fortschreitende Verschlechterung im Nahen Osten zu stoppen. Ich bin sehr hoffnungsvoll, dass sich eine derartige konstruktive Rolle in naher Zukunft ergeben wird, zum Wohle des Palästinensischen Volkes und aller anderen Völker im Nahen Osten.
Meine herzlichsten persönlichen Grüße und besten Wünsche
Ihr ergebener
⟨Y[assir] Arafat⟩[4]

Nr. 54
Schreiben des Vorsitzenden der SPD, Brandt, an den Vorsitzenden des PLO-Exekutivkomitees, Arafat
12. Dezember 1980

AdsD, WBA, A 9, 35 (Übersetzung aus dem Englischen: Bernd Rother).

Sehr geehrter Herr Vorsitzender Arafat,
ich möchte Ihnen sehr für Ihren freundlichen Brief vom 13. Oktober 1980 danken.[1] Mit großem Interesse habe ich Ihre ermutigenden Zeilen gelesen.

In der Tat hat das Wahlergebnis[2] uns mit einer stabilen Basis für eine zukunftsorientierte Politik ausgestattet. Andererseits wird es das bedauerliche Anwachsen von Spannungen in den internationalen Beziehungen noch schwieriger machen, praktikable Lösungen für Krisengebiete zu finden. Neben anderen Faktoren und Entwicklungen: Der Krieg zwischen Irak und Iran wie auch die gefährlichen Spannungen zwischen Syrien und Jordanien zeigen meines Erachtens, wie explosiv die Situation besonders in Ihrer Region geworden ist.

Ich denke, dass in diesen Tagen niemand wirklich weiß, wie die Dinge sich entwickeln werden. Viel wird von der Nahost-Politik abhängen, welche die neue amerikanische Administration definieren wird.[3] Außerdem sieht es so aus, als müsse das israelische Volk eine Entscheidung über die künftige Art seiner Regierung treffen, bevor größere Entscheidungen getroffen werden können.[4]

Daher scheint mir, dass es klug wäre, vor der Fortsetzung von Initiativen, die wir in Wien in Erwägung gezogen haben, noch einige Zeit zu warten.[5] In der Zwischenzeit sollten wir in Kontakt bleiben und erörtern, was nun unternommen werden kann, um weiteren Schaden für den Prozess der Friedenssuche im Nahen Osten zu verhindern. Sie wissen, sehr verehrter Herr Vorsitzender, wie tief wir in der Bundesrepublik uns, gemeinsam mit unseren Partnern in der Europäischen Gemeinschaft, verpflichtet fühlen, zu diesem Ziel beizutragen.

Mit allen guten Wünschen für Sie und besten persönlichen Grüßen, verbleibe ich ergebenst
‹gez. Willy Brandt›[6]

Nr. 55
Erklärung des Präsidenten der SI, Brandt, und des Generalsekretärs der SI, Carlsson, zur Lage in El Salvador
23. Januar 1981

Socialist Affairs 31 (1981) 2, S. 85 (Übersetzung aus dem Englischen: Bernd Rother).

Die Sozialistische Internationale nimmt Kenntnis von der wachsenden Stärke der revolutionären Bewegung in El Salvador.[1] Diese Bewegung, deren Präsident Guillermo Ungo ist, strebt den Sturz der vom Militär gestützten Regierung von Präsident Napoleon Duarte an.

Die Kräfte der Frente Democrático Revolucionario (FDR), die den Movimiento Nacional Revolucionario, ein geachtetes Vollmitglied der Sozialistischen Internationale, einschließen, unternehmen gegenwärtig Schritte, um eine wirkliche Demokratie zu errichten, und für eine dringend erforderliche Verbesserung des Lebensstandards der Menschen in El Salvador, welche die Opfer einer unnachgiebigen und repressiven Oligarchie geworden sind.

Die Sozialistische Internationale hat wiederholt ihre Unterstützung für einen revolutionären Wechsel in El Salvador deutlich gemacht.[2] Dies geschieht, nachdem alle Versuche eines friedlichen politischen Wandels durch Gewalt und Betrug gestoppt worden sind.

Die Sozialistische Internationale ruft alle ausländischen Regierungen und auswärtigen Kräfte auf, jegliche direkte oder indirekte Unterstützung des Duarte-Regimes zu stoppen.

Nr. 56
Schreiben des Präsidenten der SI, Brandt, an den Vorsitzenden des „Komitees der SI zur Verteidigung der Revolution in Nicaragua", González
2. Juni 1981

AdsD, WBA, A 11.15, 21.

Lieber Felipe,
mit der in Madrid erfolgten Gründung des Solidaritätskomitees Nicaragua hat sich die Sozialistische Internationale verpflichtet, im Rahmen der Möglichkeiten unserer Gemeinschaft den Entwicklungsprozess in Nicaragua vor Übergriffen und Einflussnahmen von aussen zu verteidigen.[1]

Wir haben unsere Hoffnungen, aber auch einige Bedenken anlässlich des ersten Treffens dieses Komitees, Anfang Dezember 1980 in Washington, deutlich zu machen versucht.[2]

Heute stehen wir vor der Frage, ob manches von dem, was wir in Madrid gewollt und in Washington bekräftigt haben, von unseren Freunden aus Nicaragua in dieser Form noch mitgetragen wird. Du kannst von uns allen die Entwicklung in Nicaragua sicher am besten beurteilen.[3] Ich nehme daher an, Dir wird nicht entgangen sein, dass inzwischen manche unserer Freunde sorgenvolle Gedanken zu der jüngsten Entwicklung dort übermitteln.

Ich habe den Eindruck gewonnen, dass die Sozialistische Internationale durch eine ihrer führenden Persönlichkeiten deutlich machen sollte, wofür sie sich in Nicaragua engagiert und wofür nicht.

Ich denke, dass es nicht angehen kann, dass unsere Freunde aus Nicaragua unsere Gemeinschaft für alles in Anspruch nehmen, was sie ihrerseits in ihrem Land für richtig halten.

Ich denke ebenso, dass die SI ihrerseits keineswegs alles gutheissen kann, was in ihrem Namen in Nicaragua international gerechtfertigt und ausgewiesen wird.

Wenn Du persönlich das Treffen am 25. Juni [1981] in Managua[4] leiten kannst, solltest Du unsere Freunde über diese Sorgen nicht im unklaren lassen: ein Abbau von Pluralismus und Rechtsstaatlichkeit müsste das Engagement der Sozialistischen Internationale ernsthaft gefährden. Oder anders gesagt: Gute Beziehungen zur Sozialistischen Internationale und Unterstützung durch westeuropäische Länder hängen wesentlich davon ab, wie die Führung des FSLN in Nicaragua den weiteren politischen Kurs definiert.

Mit besten Grüssen und allen guten Wünschen

‹gez. Willy Brandt›[5]

Nr. 57

Gemeinsames Schreiben des Vorsitzenden und des Mitglieds der Nord-Süd-Kommission, Brandt und Ramphal, an die Staats- und Regierungschefs der zum Gipfel in Cancún geladenen Länder 11. September 1981[1]

AdsD, Nord-Süd-Kommission, 3.

(Anrede)[2]

Wir schreiben diesen persönlichen Brief, weil wir aufgrund unserer Arbeit in der Unabhängigen Kommission für Internationale Entwicklungsfragen fest davon überzeugt sind, daß zur Bewältigung der Nord-Süd-Probleme ein Programm dringlicher, aufeinander abgestimmter und nachhaltig wirksamer Maßnahmen erforderlich ist. Diese Erfahrung hat uns darin bestätigt, daß die gemeinsamen Interessen von Nord und Süd sich mit unserer moralischen Verpflichtung so deutlich verbinden, daß eine Übereinstimmung hinsichtlich eines solchen Programms erhofft werden kann.

Deshalb glauben wir auch, daß die Gipfelkonferenz von Cancún nicht aussichtslos ist, auch wenn die anstehenden Fragen überaus ernst und schwierig sind. Daß dieses Treffen überhaupt stattfindet, ist allein schon Grund zur Hoffnung. Zum ersten Mal in der Geschichte werden sich die politischen Führer eines so großen Teils der Menschheit gemeinsam mit den Gefahren befassen, die alle Menschen bedrohen. Diese Gefahren sind offenkundig. Zu Beginn der 8oer Jahre zeigen sich beim Zusammentreffen der tiefgreifenden Krise der Weltwirtschaft mit anhaltenden Fehlschlägen im Nord-Süd-Dialog und bei erhöhten Spannungen zwischen Ost und West ernsthafte Mängel in der internationalen Zusammenarbeit, in den bestehenden Institutionen und im Verständnis der Zusammenhänge; es mangelt an neuen Ideen und nicht zuletzt am politischen Willen. Keiner ist schuldlos, doch alle sind in Gefahr. Das Treffen von Cancún bietet eine einzigartige Gelegenheit zu jenem politischen Dialog, der allein zu einem Neubeginn führen kann.

Im Bericht unserer Kommission haben wir uns bemüht, die krisenhafte Entwicklung darzustellen, die uns alle bedroht: die verzweifelte Not, in der mehrere hundert Millionen Menschen in den ärmsten Gebieten leben; die politischen Unruhen als Folge der sich verschlechternden wirtschaftlichen Bedingungen; die Art und Weise, in der das Schicksal der Industrie- und Entwicklungsländer untrennbar miteinander verbunden ist; das Ausmaß, in dem Ost-West-Spannungen und Nord-Süd-Fehlschläge aufeinander einwirken und sich gegenseitig verstärken; der Auflösungsprozeß, der auf vielen Gebieten internationaler Bemühungen eingesetzt hat; und die Gefährdung selbst derjenigen internationalen Institutionen, von denen wir in der Nachkriegszeit besonders viel erhofft hatten. Wir möchten dies hier nicht weiter vertiefen. Es mag genügen, wenn wir daran erinnern, daß nach Ansicht unserer Kommission die Welt zu Beginn der 8oer Jahre vor sehr viel größeren Gefahren steht als je zuvor seit dem Zweiten Weltkrieg.

Seit der Verabschiedung unseres Berichts Ende 1979 sind diese Gefahren noch größer und ernster geworden. Sie bedrohen jetzt alle Länder und damit alle Regierungen. Aber sie werden am deutlichsten spürbar im Leben des Einzelnen in aller Welt: in den ärmsten Ländern, wo die Menschen weithin nichts als Hunger, Krankheit und frühen Tod zu erwarten haben; selbst in den reichsten Ländern, wo für viele Menschen der Wohlstand nicht mehr gesichert erscheint – überall mehren sich die Zweifel der Menschen an der Zukunft ihrer Kinder.

Deshalb möchten wir für das Treffen in Cancún einige mögliche Ziele vorschlagen und Anregungen dazu geben, wie Sie als Teilnehmer diese Ziele gemeinsam erreichen können. Wenn diese Vorschläge bescheiden erscheinen mögen, dann deshalb, weil wir vor allem darauf bauen, daß die Verantwortlichen in Nord und Süd durch den gemeinsamen Ausdruck politischen Willens den ersten Schritt in Richtung auf Übereinstimmung in konkreten Fragen tun werden; und weil wir wissen, daß ohne einen solchen Willen nichts erreicht werden kann.

Wir glauben, daß vor diesem Hintergrund die nachfolgenden Vorschläge zu den Zielen von Cancún gehören sollten, und wir empfehlen sie zu Ihrer Beachtung:

1. Die Aufnahme der Globalverhandlungen

In der Sondergeneralversammlung der Vereinten Nationen im August/September 1980 war eine Übereinkunft über den Rahmen der Globalverhandlungen fast in Sicht, die Anfang 1981 beginnen sollten.[3] Seither sind erhebliche Anstrengungen zur Lösung der verbleibenden ungeklärten Verfahrensfragen gemacht worden. Gewisse Fortschritte wurden erzielt, doch Übereinstimmung wurde noch nicht erreicht.[4] Die Globalverhandlungen im Rahmen der Vereinten Nationen könnten und sollten das Verfahren zur Verhandlung und Lösung der Nord-Süd-Fragen sein, im Sinne der allgemeinen Ziele, auf die sich die internationale Gemeinschaft bereits verständigt hatte. Wenn alle Teilnehmer in Cancún vereinbaren könnten, daß sie alle Anstrengungen unternehmen werden, damit die Globalverhandlungen Anfang 1982 beginnen können, dann wäre dies ein wesentlicher Schritt zur Verbesserung des Klimas für die internationale entwicklungspolitische Zusammenarbeit.

2. Die Notwendigkeit eines Sofortprogramms auf kritischen Gebieten

Die Globalverhandlungen werden sich auf viele Gebiete erstrecken und könnten einige Zeit beanspruchen. In der Zwischenzeit befinden sich die Weltwirtschaft insgesamt und viele einzelne Länder in einer akuten Krise – das betrifft insbesondere, aber nicht ausschließlich, Länder des Südens. Dieser Notstand verlangt nach unmittelbaren und direkten Maßnahmen. Der Bericht der Kommission enthält die Umrisse eines Sofortprogramms für die Jahre 1981–85,[5] das folgende Gebiete einschließen sollte:
(a) ein weltweites Nahrungsmittelprogramm, das die Weltproduktion an Lebensmitteln erhöht und den Hunger in der Welt überwinden hilft;
(b) eine weltweite Energiestrategie, die dem Bedürfnis nach Sicherheit sowohl der Erzeuger als auch der Verbraucher Rechnung trägt;
(c) zusätzliche Finanzströme zur Sicherung der Stabilität der nationalen Volkswirtschaften, die durch die schwierigen Zahlungsbilanzprobleme und die Verschuldung überlastet werden; und
(d) Reformen der internationalen Finanzierungsinstitutionen, um eine breitere Beteiligung zu erreichen, und Bedingungen für einen ausgeglicheneren Welthandel.

Die allgemeine Verschlechterung der Lage auf diesen Gebieten, die seit der Veröffentlichung unseres Berichts eingetreten ist, bestätigt die Notwendigkeit unmittelbarer und wirksamer Maßnahmen und verdeutlicht die Gefahr einer weiteren Verschleppung derartiger Bemühungen. Wir behaupten nicht, daß nicht auch andere Vorschläge denkbar sind, aber wir möchten Ihnen die Dringlichkeit vor Augen führen, mit der die internationale Gemeinschaft unverzüglich die bestehende und sehr ernste Lage in den Griff bekommen muß. Während die formalen Verhandlungen vorangehen, entspräche es dem Geist von Cancún, wenn Sie die Weltöffentlichkeit auf die Notwendigkeit von Sofortmaßnahmen auf den genannten Gebieten hinweisen würden. Wir erwarten, daß Sie selbst den Anstoß zu einer genaueren Prüfung der Formen geben werden, die ein derartiges Programm haben könnte – die genaue Ausarbeitung eines Programms von Sofortmaßnahmen, die nötig sind, um die Weltwirtschaft und mehrere hundert Millionen Menschen vor den drohenden Gefahren zu retten.

3. Größere Übereinstimmung in Nord-Süd-Fragen

Nach acht Jahren eines intensiven, aber im wesentlichen fruchtlosen Nord-Süd-Dialogs und in der gegenwärtigen Wirtschaftskrise samt den mit ihr zusammenhängenden Nöten ist offensichtlich mehr erforderlich als eine Vereinbarung über die Wiederaufnahme von Verhandlungen. Die Beteiligten müssen auch ernsthaft den Willen haben, die Verhandlungen zum Erfolg zu führen. Wir glauben, daß die Erfolgsaussichten für die Verhandlungen erheblich verbessert werden können, wenn die Teilnehmer am Treffen von Cancún die politische und wirtschaftliche Bedeutung, ja die Unabdingbarkeit der Bemühungen um einen Verhandlungserfolg für alle Länder anerkennen. Eine entsprechende Erklärung wäre in der Tat ein bedeutender Schritt voran und entscheidend für alle weiteren Fortschritte.

In diesem Zusammenhang halten wir es für wichtig, daß die in Cancún versammelten Verantwortlichen sich insbesondere dazu verpflichten, daß ihre Beauftragten bei den Verhandlungen sich um praktische und wirksame Maßnahmen auf allen Verhandlungsgebieten bemühen werden – daß sie starre Positionen auf allen Seiten aufgeben und einen wirklichen und erfolgversprechenden Dialog führen werden. Denn auch sehr vielversprechende Fortschritte in Cancún können nur zu weiterem Erfolg führen, wenn der zugrundeliegende politische Wille auch den Verhandlungsprozeß selbst bestimmt.

Wir sind auch überzeugt, daß es von großer praktischer Bedeutung für die Aussichten der Nord-Süd-Verhandlungen wäre, wenn die Teilnehmer in Cancún sich darauf verständigen könnten, alle angemessenen Schritte zu unternehmen, die in ihren jeweiligen Ländern zu einem besseren Verständnis der Nord-Süd-Problematik in der Öffentlichkeit beitragen können; insbesondere, daß sie ins öffentliche Bewußtsein rücken, wie wichtig ein Erfolg bei den Verhandlungen für alle Länder ist, in Nord und Süd. Die Verständigung zwischen Nord und Süd wird einfacher, wenn Menschen jeglicher Herkunft sie unterstützen; ohne solche Unterstützung kann sie nicht gelingen.

4. Das Potential von Cancún

Besonders im Lichte eines erfolgreichen Anfangs in Cancún möchten wir darauf dringen, die sich eröffnenden Möglichkeiten zum weiteren Fortschritt der Welt nicht zu versäumen, zumal nicht in einer Zeit großer Gefahren, in der wir uns befinden. Wir sind überzeugt davon, daß Sie den Prozeß der Nord-Süd-Verhandlungen fördern können und daß dies im Interesse aller Länder und Völker auch geschehen sollte. Zu diesem Zweck, so hoffen wir, werden Sie die Möglichkeit eines weiteren Treffens – in demselben Kreis oder unter Beteiligung anderer, je nach Vereinbarung – nicht von vornherein ausschließen, damit Sie gegebenenfalls die weitere Entwicklung der Nord-Süd-Beziehungen im Lichte Ihrer Verpflichtungen in Cancún erörtern und prüfen können, auf welche Weise Sie zu einer weiteren Verbesserung beitragen können.

Angesichts bedenklicher Fehlschläge im Dialog über Entwicklungszusammenarbeit ist Cancún in gewissem Sinne eine letzte Chance. Jedoch ergibt sich diese Chance nicht allein aus der Not, sondern auch aus der Erkenntnis, daß wir alle in hohem Maße aufeinander angewiesen sind und uns deswegen miteinander über die wesentlichen Elemente eines zumutbaren Daseins für alle Menschen verständigen müssen. In diesem Sinne ist Cancún nicht das Ende, sondern ein Anfang.

    Willy Brandt   Shridath Ramphal

Nr. 58
Erklärung des Präsidenten der SI, Brandt, zur Lage in der Türkei
28. Oktober 1981[1]

Sozialdemokraten Service Presse Funk TV, Nr. 623/81 vom 28. Oktober 1981.

Der Beschluß der verantwortlichen Militärs in der Türkei, die politischen Parteien aufzulösen, hat die Sozialistische Internationale und die in ihr verbundenen Parteien des demokratischen Sozialismus zutiefst bestürzt. Das gilt auch für Nachrichten über eine Anklageerhebung gegen den früheren türkischen Regierungschef, den Sozialdemokraten Bülent Ecevit.[2]

Viele von uns sind davon ausgegangen, daß die Generäle, die in einer für die Türkei außerordentlich angespannten Lage die politische Verantwortung übernommen haben, ihr Versprechen wahrmachen würden, möglichst rasch zur parlamentarischen Demokratie zurückzukehren. Diese Hoffnung, die durch entsprechende Erklärungen aus Ankara gestützt wurde, war Voraussetzung dafür, daß sich eine Reihe sozialdemokratischer Parteien der Fortführung von wirtschaftlicher Hilfe an die Türkei nicht widersetzten.

Die jetzt in Ankara getroffenen Entscheidungen können von uns nicht hingenommen werden. Wir fordern die Verantwortlichen in der Türkei auf, getreu den Prinzipien der Kemalistischen Republik sich zur Tradition der türkischen Demokratie zu bekennen und den Prozeß der Wiedereinführung des Parlamentarismus energisch voranzutreiben.

Nr. 59
**Interview des Vorsitzenden der Nord-Süd-Kommission, Brandt, für die *Frankfurter Rundschau*
2. November 1981**

Frankfurter Rundschau vom 2. November 1981.

Aus millionenfachem Hunger wächst eine Gefahr für den Frieden[1]

Frage: Herr Brandt, der Nord-Süd-Gipfel liegt nun eine Woche zurück.[2] War es „Ihr Gipfel", wie Sie ihn sich bei Ihrem Vorschlag im Bericht der „Unabhängigen Kommission" vor zwei Jahren vorgestellt hatten?

Antwort: Der Form nach, ja, und zur Form gehört dann auch, daß keine bindenden Beschlüsse gefaßt wurden[3]; das hatten wir nicht angeregt, das wäre nicht zweckmäßig, da fühlten sich andere in die Pflicht genommen, ohne beteiligt gewesen zu sein. Was den übrigen Inhalt angeht, war ich zunächst eher enttäuscht. Ich bin aber nachdenklich geworden, nachdem mir mehrere meiner Freunde aus den Entwicklungsländern, die in Cancún dabeigewesen sind, geraten haben, die Enttäuschung nicht zu deutlich zu artikulieren.[4] Sie haben eigentlich Cancún überwiegend positiver beurteilt, als es aus der Berichterstattung hervorgegangen ist. Dies in erster Linie, weil sie deutlicher, konzentrierter, als es sonst im bilateralen Verkehr möglich ist, den Spitzen aus den Industrieländern ihre Probleme haben darlegen können und dies wohl nicht ganz ohne Eindruck geblieben sei.[5]

An welchen Punkten, Herr Brandt, hätten Sie sich denn gewünscht, daß es weiter vorangekommen wäre?

Ja, nehmen wir mal drei Hauptpunkte. Erstens: die berühmten Globalen Verhandlungen.[6] Wenn man bescheiden ist, kann man natürlich sagen: Es ist ein Unterschied, sie sind jetzt in Cancún mit dem großen „G" geschrieben worden[7], und bei dem Ottawa-Gipfel der Sieben im Sommer waren sie noch mit einem kleinen „g" geschrieben.[8]

Damit sind sie zum Begriff geworden . . .

Ja, es sind nicht irgendwelche, sondern „die Globalen Verhandlungen". Mit dem großen „G" sind sie bei den Vereinten Nationen angesiedelt. Das ist noch nicht ganz verpflichtend, was dazu festgehalten worden ist.[9] Aber nach dem, was ich aus New York höre, ist man eifrig am Werk, um dort nun Voraussetzungen zu schaffen. Das bedeutet praktisch, daß man doch wieder zu einigen Arbeitsgruppen findet, um, wenn man Glück hat, im Jahr '82 die umfassenden Verhandlungen über die Gesamtheit der anstehenden Fragen, unter Beteiligung aller, die es angeht, in Gang zu bringen. Sie wissen, der alte Streitpunkt ist: Kann bei solchen Verhandlungen auch über Institutionen wie die Weltbank und den Internationalen Währungsfonds – oder in umgekehrter Reihenfolge – verfügt werden?[10] Das ist aber in Wirklichkeit, wenn man genau hinhört, auch nicht die Absicht der Entwicklungsländer, jedenfalls derer, die für sie gesprochen haben. Frau Gandhi hat das besonders deutlich gemacht. Man kann die Thematik, die dort ansteht, nicht ausklammern. Man kann auch nicht das Thema der Reform bestehender Institutionen ausklammern. Aber man wünscht von verantwortlicher Entwicklungsländerseite nicht etwa das Prinzip: „Ein Land, eine Stimme" auf alle möglichen Fachorganisationen anzuwenden. Das wäre auch nicht möglich, abgesehen davon, daß es auch nicht vernünftig wäre.

Was soll sich also ändern?

Also, wie gesagt, Punkt eins, Globalverhandlungen. Punkt zwei: Ich sehe einen Fortschritt bei der Behandlung der internationalen Nahrungsmittelprobleme, und zwar in doppelter Hinsicht: Es ist deutlicher geworden, daß das Schwergewicht auf die Förderung der Nahrungsmittelproduktion in die Länder gelegt werden muß, in denen die Voraussetzungen hierfür gegeben sind. Die Nahrungsmittelhilfe kommt als zweite Komponente hinzu. Diese Prioritätensetzung halte ich, übrigens auch auf die Europäische Gemeinschaft bezogen, für ganz wichtig. Überdies ist behutsam, aber deutlich genug, der Zweifel daran laut geworden, ob die vier Organisationen unter dem Dach der UN, die sich jetzt mit diesen Fragen befassen, zweckmäßig genug organisiert und aufeinander abgestimmt sind.[11]

Der dritte Punkt sind die Energiefragen. Da sind bescheidene Fortschritte in zweierlei Hinsicht erzielt worden: Zum einen hat man sich auf den verschiedenen Seiten relativ positiv zu den nicht mehr ganz taufrischen Vorstellungen des mexikanischen Präsidenten über eine weltumfassende Energiepolitik geäußert.[12] Im Grunde heißt das: ein geordneter Energie-Dialog über die verschiedenen Aspekte dessen, was energiepolitisch vor den Staaten liegt, sowie zweitens, konkret, die Einrichtung einer besonderen Energiefinanzierungs-Institution, auf die eine oder andere Weise verbunden mit der Weltbank.[13] Das ist im Abschlußkommuniqué der beiden Vorsitzenden positiv beurteilt worden.[14] Ich halte es für besonders wichtig, daß die Saudis, die ja nicht irgendwer sind, was die Mittel angeht, seit Cancún damit einverstanden sind. Der Grundgedanke ist ja, daß man Mittel zusammenbringt, mit denen man Energievorhaben in armen Entwicklungsländern erschließen und entwickeln kann, was diesen Ländern helfen würde, was wiederum die internationale Energielage insgesamt verbessern würde.

Ist mit den Stichworten Nahrung und Energie das umfaßt, was Sie in Ihrem Bericht als vordringliches „Sofortprogramm" bezeichnet haben?

Nicht hinreichend, aber beide Punkte, Lebensmittel und Energie, sind zwei Elemente des von uns anvisierten Dringlichkeitsprogramms. Die beiden anderen Elemente müßten sein: neue Regelungen für die Finanzierung von Energievorhaben oder – noch ein bißchen konkreter gesagt – auch für das Abwenden der staatsbankrottähnlichen Verhältnisse, in die eine ganze Gruppe von Entwicklungsländern hineinsteuert. Und eine vierte Komponente bei uns heißt: „Reform der internationalen Institutionen." Es ist kein Zufall, daß, wenn ich meine Kommission am Anfang des nächsten Jahres noch einmal zusammenhabe[15], uns unsere Freunde aus den Entwicklungsländern, die in Cancún dabei waren, schon jetzt sagen: „Laßt uns neben einer allgemeinen kritischen Prüfung dessen, was in Cancún war, uns besonders konzentrieren auf Finanzen und internationale Institutionen." Dazu werden wir dann mit einem zusätzlichen Votum kommen.[16]

Da dürfte dann aber der „Hauptaktionär" USA wohl ein entscheidendes Wort mitzusprechen haben.[17] *Wie sehen Sie die Rolle der USA nach Cancún?*

Also, nichts wäre jetzt leichter, als zu diesem Punkt – es gäbe übrigens auch andere – kritische Betrachtungen zur Washingtoner Politik vorzutragen. Aber ich ziehe es vor, erstens, mich nicht am Streit über Selbstverständlichkeiten zu beteiligen – das will ich gleich erläutern –, und zweitens darauf zu setzen, daß der Präsident der Vereinigten Staaten nicht unbeeindruckt geblieben ist von dem, was ihm die führenden Persönlichkeiten vorgetragen haben. Und ich setze darauf, daß, so wie schon im Laufe des Jahres, sich in Washington einiges bewegt hat, sich weiteres bewegen wird. Es hat sich etwas bewegt, schon dadurch, daß der Präsident der Vereinigten Staaten nach Cancún gegangen ist, wovon man ihm zunächst abgeraten hatte.[18]

Wenn ich sage, ich streite nicht gern über Selbstverständlichkeiten, dann also auch nicht über die These, daß man sein eigenes Haus in Ordnung bringen sollte oder daß man es in Ordnung halten sollte. Das versteht sich von selbst. Nur, viele können das nicht allein, und wir sehen ja selbst in unserer Art von Staaten, wie stark Außenfaktoren auf einen einwirken. Aber es ist eigentlich kein lohnender Streitgegenstand. Ich sag' dasselbe für die ja auch von Herrn Reagan in Cancún sehr stark vorgetragene Auffassung, man müßte die privaten Investitionen zum Zuge kommen lassen.[19] Ich halte es für unfruchtbar, hierüber einen doktrinären Streit zu führen. Es ist ganz klar, daß private Gesellschaften eine Rolle zu spielen haben in den Ländern, die dies für wünschenswert halten, und unter Beachtung von Regeln, die der Eigenständigkeit dieser Länder gerecht werden. Nur handelt es sich, wie ich gerade am Beispiel der Energie gezeigt habe, ja um viele Tatbestände, auf die die Regeln der Vereinigten Staaten oder der Bundesrepublik oder anderer europäischer Länder nicht anzuwenden sind.

Wenige Tage vor Cancún, Herr Brandt, warnten Sie wiederholt vor der „Schußfahrt in die Katastrophe", bei der der Norden durch den Süden mit hinuntergerissen würde.[20] *Haben Sie den Eindruck, daß Cancún Chancen hätte, da etwas zu verlangsamen oder gar zu stoppen?*

Ich glaube schon, daß in Cancún das Empfinden der gegenseitigen Abhängigkeit gestärkt worden ist, und zwar in beiden Richtungen. Vielleicht aber noch nicht in beiden Richtungen stark genug. Vor allem nicht in der Richtung, zu begreifen, wie sehr unsere eigene Zukunft in der industrialisierten Welt mit davon abhängt, daß die Dichte unserer ökonomischen Beziehungen mit der anderen Teilen der Welt zunimmt. Aber ich weiß, daß das in Cancún von den Spitzensprechern der Entwicklungsländer auch erkannt und gesagt worden ist. Ich wage nicht zu hoffen, daß hierin durch Cancún schon eine richtige, unbefangene neue Sicht der Dinge möglich wird. Die Frage ist, ob sich das umsetzt. Ich sehe zu meinem Erstaunen, daß in England – anders als bei uns – das Unterhaus sich bereits einen Tag nach Rückkehr von Frau Thatcher damit in einer gesonderten Debatte befaßt hat.

Trotzdem: Stand nicht gerade – angesichts der knapperen Kassen in den Industriestaaten – diesmal der Widerspruch der vielen Worte auch in Cancún im großen Kontrast zur tatsächlichen Entwicklung der geringen öffentlichen Entwicklungshilfe?

Ja, das ist natürlich so. Nur war es schon seit Jahr und Tag eine – aus meiner Sicht – bedauerliche Einengung des Problems, zu glauben, daß das, wovon die Rede ist, allein oder überwiegend eine Frage von Entwicklungshilfe ist. Das ist eine Komponente. Aber es gibt sehr viele andere, die nichts zu tun haben damit, wieviel ein Staat in Entwicklungsvorhaben hineinsteckt oder internationale Organisationen bedient, die Entwicklungsvorhaben finanzieren. Da sehe ich natürlich, daß das bei den leeren Kassen nicht einfacher geworden ist. Und trotzdem: Da wir ja hoffen, uns herauszuarbeiten aus der gegenwärtigen depressiven Phase der Weltwirtschaft, muß auf der Tagesordnung bleiben, daß eben auch öffentliche Entwicklungshilfe mehr und mehr den wirklich armen Ländern zugute kommen muß. Und ich sehe es weiterhin als eine Aufgabe, daß auch der deutsche Beitrag, wie der anderer Industriestaaten, steigt und nicht absinkt.

Stichwort deutscher Beitrag: Welche Konsequenzen sollte denn Bonn aus Cancún ziehen?

Also, ich glaube, es steht uns gut an, nicht so viel Wind zu machen, sondern uns tatsächlich auf das zu konzentrieren, was jetzt ansteht. Wir werden, wenn ich das richtig sehe, im Bundeshaushalt keine Kürzung der Entwicklungshilfe haben, sondern eine Steigerung, die etwas über die ja sehr bescheiden gewordene Steigerung des Bundeshaushalts hinausgeht. Das ist auch notwendig. Ich sehe nicht, daß man das fürs Jahr 1982 wird steigern können. Es muß aber ein Ziel bleiben für die folgenden Jahre, sofern und sobald sich die Daten günstiger gestalten. Wir müssen bei der sachlichen Vorbereitung der Globalen Verhandlungen, so gut es geht, an das anknüpfen, was Herr von Wechmar als Vorsitzender der Vollversammlung vorbereitet und was uns sehr viel Kredit eingebracht hat.[21] Wir müssen im Kampf gegen den Welthunger, bei der Energiepolitik auf den eben besprochenen Wegen eher an der Spitze des Geleitzuges sein denn an dessen Ende.

Für Sie sind also jetzt die UN an der Reihe. Dort sitzen aber auch die Sowjetunion und der gesamte Ostblock. Welche Rolle würden Sie denen in dieser Frage zuweisen?

Ich war nicht der Meinung, daß man auch die Sowjetunion besonders drängen sollte vor Cancún.[22] Die kommen zu ihrer Beteiligung dann, wenn sie finden, daß es ihren eigenen Interessen entspricht. Das haben Großmächte so an sich. Mein Eindruck ist, daß in der Sowjetunion der wissenschaftliche Sachverstand weiter ist als die politische Entscheidungsebene. Ich war ja im Sommer in Moskau, und Breschnew hat damals eine Formulierung verwendet, man überlege eine geeignete Form, sich mit dem Vorgang, über den wir hier eben sprechen, zu verbinden.[23] Da ist bisher noch nichts erkennbar geworden, was es eigentlich bedeuten soll. Ich selbst werde übrigens in zwei Wochen an einer Tagung in Budapest mit Sachverständigen aus den verschiedenen Comecon-Staaten teilnehmen und dort meine Sicht der zunehmenden Zahl von systemübergreifenden Fragen vortragen.[24]

Sie verstehen, Herr Brandt, die Dritte-Welt-Politik als Teil der Friedenspolitik. Aber das Thema Abrüstung und das Thema Hunger in der Welt werden nur in Ausnahmefällen als eine Einheit behandelt. Wie kann hier der den beiden Themen gebührende Rang verwirklicht werden?

Für eine direkte Verbindung zwischen dem Verhandeln über Rüstung und dem Verhandeln über Nord-Süd sieht es im Moment noch fast hoffnungslos aus – muß es aber nicht bleiben. Es wird sicher wieder ein Thema, wenn im nächsten Frühsommer eine neue Generalversammlung der Vereinten Nationen zu Abrüstungsfragen stattfindet. Es müßte möglich sein, nicht nur klarer zu machen, als es heute den Menschen ist, daß auch aus millionenfachem Hunger zusätzliche Gefährdung des Friedens erwächst, sondern daß andersherum, wenn, was wir ja alle hoffen müssen, in den vor uns liegenden Jahren sich die Mächte darauf verständigen, bei den Rüstungen nicht immer weiter nach oben, sondern gleichgewichtig nach unten zu gehen, sich dann einzustellen darauf, was man mit freiwerdenden Ressourcen macht.

Es müßte doch möglich sein, ein Teil dessen, was durch Rüstungsbegrenzung und Abrüstungspolitik herausgewirtschaftet würde, national-ökonomisch gesehen, einzusetzen für Vorhaben einer richtig verstandenen Entwicklungspolitik. Aber man steht noch ein bißchen ratlos vor der Frage, wie man das eine mit dem anderen koppelt.

Anlaß für Ihre Kommission, sich nochmal vehement zu Wort zu melden?

Da bin ich nicht sicher. Ich würde mich allerdings sehr wundern, wenn nicht die Palme-Kommission für Abrüstung, die im Anschluß an die unsere gebildet worden ist, im nächsten Frühjahr Empfehlungen vorlegt.[25]

Nr. 60
**Aus dem Manuskript des Vortrags des Vorsitzenden der Nord-Süd-Kommission, Brandt, vor der Konferenz der EADI in Budapest
11. November 1981**[1]

SPD Service Presse Funk TV, Nr. 662/81, 11. November 1981.

I.

[...][2]

Das noch immer spannungsgeladene und vom Wettrüsten unerträglich beschwerte Verhältnis von Ost und West und das extrem unbefriedigende Verhältnis von Nord und Süd, das empörende Ungerechtigkeit gegenüber Millionen unschuldiger Menschen nicht auszuräumen möglich macht: Beide Verhältnisse sind miteinander verschränkt in komplizierter und unheilvoller Weise. Die Gegensätzlichkeiten zwischen den nuklearen Großmächten und das Wettrüsten bedrohen auch ganz unbeteiligte Völker, überziehen die ganze Welt mit Spannungen und militärisch-strategischen Netzen. Und dies verhindert, daß die Entwicklungsländer an jenem Teil des Reichtums dieser Erde teilhaben können, der ihnen gerechterweise zusteht.

Und umgekehrt: die Industriestaaten des Nordens – im Osten wie im Westen – sind nicht ausreichend in der Lage, die Vergeudung der natürlichen Reserven der Erde und die Verwüstung unseres Planeten im Norden und Süden zu stoppen. Und sie sind nicht in der Lage, den Entwicklungsländern ein Aufblühen zu ermöglichen, obwohl es ihr eigenes wirtschaftliches Wohlergehen fördern würde. Diese Situation wird künftigen Geschichtsschreibern – sollte es sie geben – schlechterdings absurd erscheinen; sie werden die Handlungsunfähigkeit unserer heutigen Welt unbegreiflich finden. Und ich füge hinzu: Die vielen Millionen der Bewohner unserer Welt, die aufgrund dieser Handlungsunfähigkeit unverschuldet in Not und Hunger leben, werden ebenfalls zunehmend erkennen, daß ihr Schicksal absurd ist, und dies wird viele von ihnen mit Haß erfüllen.

Um es mit den Worten eines Staatsführers zu sagen, auf dessen Schultern viel Verantwortung liegt:

„Gelingt es uns, die Hauptaufgabe zu lösen, die Aufgabe, einen neuen Weltkrieg abzuwenden und einen dauerhaften Frieden zu sichern, so wird das den Erdbewohnern neue großartige Perspektiven eröffnen. So werden die Voraussetzungen für die Lösung vieler anderer lebenswichtiger Probleme geschaffen, vor die sich heute die ganze Menschheit gestellt sieht.

Was sind das für Probleme? Das ist z. B. die Notwendigkeit, eine Riesenzahl von Menschen mit Nahrungsmitteln, Rohstoffen und Energie zu versorgen. Denn bis Ende des Jahrhunderts wird die Bevölkerung der Erde nach vorliegenden Berechnungen von 4 auf 6 Milliarden anwachsen. Das ist ferner die Überwindung der" – so finden wir es dort formuliert – „vom Kolonialismus verursachten wirtschaftlichen Rückständigkeit der Länder Asiens, Afrikas und Lateinamerikas ... Das ist schließlich der Schutz des Menschen vor zahlreichen Gefahren, die ihm von einer weiteren unkontrollierten technischen Entwicklung drohen, mit anderen Worten: die Erhaltung der Natur für den Menschen."

Diese Worte stammen von Leonid Breschnew.[3] Ich stimme hierin mit ihm weitgehend überein, auch deshalb, weil sie die genannten Aufgaben in <u>Zusammenhang</u> setzen und offensichtlich als <u>Prozeß</u> begreifen. Viel an Einsicht wird heute dadurch verbaut, daß notwendige Entscheidungen und Schritte zu ihrer Verwirklichung mechanistisch voneinander abhängig gemacht werden. Und vor allem dadurch, daß Probleme, die sich ineinander verschränken, so getrennt werden, als hätten sie nichts miteinander zu tun.

Das gilt gerade für das Verhältnis von Ost und West und von Nord und Süd und für die Interdependenzen zwischen den beiden Ebenen. Es gilt für wirtschaftliche, ökologische, militärische Fragen. Wir müssen die Probleme heute im Wissen um ihre gegenseitigen Abhängigkeiten anfassen, und wir müssen es – wo immer dies schon geht – nicht gegeneinander, sondern gemeinsam tun.

II.

Warum ist eine integrierte und eine weithin gemeinsame Problemlösung so dringend geboten? Die Globalität der Probleme und vor allem der Gefahren, dies ist meine Ausgangsthese, nimmt rapide zu; und mit ihr nimmt zu die Interdependenz der Weltregionen.

Ich will damit sagen: Das Ausmaß der Probleme wächst, mit denen die Länder, unabhängig von ihren nationalen Problemen, unabhängig von ihrer politischen bzw. gesellschaftlichen Ordnung, unabhängig auch von ihrer Blockzugehörigkeit, fertig werden müssen: von der Energie bis zur Ökologie, vom Eindämmen der Bevölkerungsexplosion bis zur Überwindung des Welthungers, von der wirksamen Rüstungsbegrenzung bis zur Umsetzung von Arbeitsplätzen, von der Mikroelektronik bis hin zu neuen wissenschaftlichen Optionen, die sich erst in Umrissen andeuten. Ob solche Fragen in Boston oder Moskau, in Rio oder Bombay, in Wien oder Budapest diskutiert werden, überall gibt es Menschen, die erkennen, daß die ganze Menschheit betroffen ist. Oder auch, aktueller und begrenzter: Treffen uns nicht die Folgen der gegenwärtigen weltwirtschaftlichen Rezession (wenn es nicht schon mehr ist!), unabhängig vom Status unserer Länder, schon wesentlich mehr, als es irgendeinem von uns lieb sein kann?

Aus der Globalisierung wichtiger Probleme folgt die steigende Interdependenz der betroffenen Länder und Völker: Nicht nur sind die Probleme ihrem Kern nach allerorts gleich oder verwandt und betreffen somit alle Weltregionen. Sondern auch das Ausmaß, in dem diese Probleme in einer einzelnen Region gelöst bzw. infolge mangelnder Lösungen zu Gefahren anschwellen, bestimmt die Situation in anderen Regionen und ist wiederum durch diese selbst bestimmt. Ein Gefahrenpotential, das sich in einer Region aufbaut – sei es ein militärisches, sei es ein wirtschaftliches durch Inflation und Unterbeschäftigung, durch Umweltverschmutzung oder Ressourcenvergeudung, sei es ein soziales durch Hunger oder exorbitante Bevölkerungszunahme –, läßt auf die Dauer andere Regionen nicht mehr untangiert.

Die objektive Bedrohung durch das Wettrüsten erreicht heute ausnahmslos sämtliche Weltgegenden.

Auch die ökologischen Wechselwirkungen werden zunehmend global. Die Abholzung der Wälder dieser Erde – um ein Beispiel zu nehmen – ist primär durch rücksichtslose ökonomische Interessen, neuerdings auch durch den Ölpreis und den Brennstoffmangel, indirekt auch durch die Energievergeudung in den Industriestaaten bedingt. Sie wird in mannigfacher Form auf den Norden zurückschlagen – spätestens dann, wenn durch den Kahlschlag die Absorption von Kohlendioxyd durch die tropischen Regenwälder so stark zurückgeht, daß eine schlechterdings globale Weltgefährdung eintritt.[4]

Und der Hunger in den Armutsgürteln Afrikas und Asiens, um ein anderes Beispiel zu nennen, wird die „satten" Teile des Planeten nicht dauerhaft unbeeinträchtigt lassen. Wo millionenfacher Hunger herrscht, kann der Frieden schon aus diesem Grund nicht als gesichert gelten. Es ist ja eher unwahrscheinlich, daß die Menschen auf die Dauer schweigend sterben werden.

Globale Probleme erfordern globale Lösungen; und Interdependenz erzeugende Probleme erfordern gemeinsame Lösungen. Damit bestreite ich nicht die „Regionalisierbarkeit" von Aufgabenstellungen – im Gegenteil, dies ist in vielen Fällen der einzig gangbare Weg, zumal so lange es noch so schwer ist, internationale Vereinbarungen zustande zu bringen und gemeinsame Interessen durch transnationale Institutionen wahrnehmen zu lassen. Aber die regionale Aufgabenstellung wird sich nicht durch eine vermeintliche Politik der Stärke wahrnehmen lassen, sondern vorteilhaft nur im Geist der wechselseitigen Rücksichtnahme und des Ausgleichs von Interessen. Rein nationale Lösungen werden auf den erwähnten Gebieten zunehmend weniger tragfähig.

Kaum ein Staat ist ökonomisch so stark, rohstoffmäßig so unabhängig, daß er auf Interessenausgleich verzichten könnte – das haben gerade die letzten Jahre gezeigt. Und auf militärische Stärke zu setzen, erschiene mir der verblendete Versuch, in der gesamten Welt bürgerkriegsähnliche Zustände herbeizuführen.

Was ich von den Nationen sage, trifft auch für die Bündnisblöcke und Gemeinschaften zu, seien es die militärischen, seien es die wirtschaftlichen. Die eigentlich schwierigen Probleme sind immer mehr solche system-überwölbenden Charakters. Gewiss: Die politische Ordnung und die Wirtschafts- und Gesellschaftsform eines Landes beeinflußt erheblich seine Fähigkeit zur Lösung von Problemen. Aber zahlreiche Aufgaben und Gefahren stellen sich unabhängig von den politisch-gesellschaftlichen Ordnungen. Rohstoffabhängigkeit, Umweltgefährdung, die Folgen technologischen Wandels – damit hat man überall zu tun, wo die Industrialisierung fortschreitet. Den Wettkampf der system-immanenten oder auch der anders motivierten Überzeugungen, wie die Probleme am besten zu lösen seien, den wird und soll es geben. Aber den ganz separaten Weg einer Weltregion, der ohne Verständigung mit anderen Teilen der Welt verlaufen könnte, den gibt es kaum noch. Der Hinweis, daß sich eine „Welt-Innenpolitik" als erforderlich erweist – oder daß sie in Teilen unausweichlich wird –, erscheint nicht mehr überall als phantastisch.

Ich weiß wohl, daß die These von der Einen Welt, von der Globalität der Probleme und der Interdependenz der Weltregionen – die ja eine der Grundvoraussetzungen des Berichtes meiner Kommission vom vorigen Jahr ist – seither gelegentlich als „Mythos"[5] kritisiert worden ist – im Westen, auch im Osten und sogar gelegentlich in den Entwicklungsländern. Ich habe die Argumente mit aller Bereitschaft zur Selbstkritik geprüft und kann mich nicht widerlegt finden. Vielmehr scheint mir manche Kritik eher durch die mangelnde Bereitschaft bestimmt zu sein, den Tatsachen ins Auge zu blicken und liebgewordene Vorstellungen, Egoismen und ganz einfach den defensiven Pragmatismus der Tagespolitik zu überwinden.

Globale Herausforderungen erzwingen globale Antworten. Mit der Gemeinsamkeit der Gefahr wächst auch das objektiv gemeinsame Interesse an Lösungen. Eine weitere Ausgangsthese unseres Berichtes ist es nun gewesen, daß auf mittlere und längere Sicht mehr gemeinsame oder parallele Interessen zwischen Nord und Süd bestehen – und ich füge an dieser Stelle hinzu: auch zwischen Ost und West, zumal bei uns in Europa –, als die meisten bisher haben erkennen können. Ein rascheres Tempo der Entwicklung im Süden kommt auch den Menschen im Norden zugute.

An dieser These ist ebenfalls, vor allem im Westen, Kritik geübt worden; u. a. mit der Behauptung, ihr liege ein keynesianisches Weltbild zugrunde. Indessen geht es bei diesem Argument gar nicht um Wirtschaftstheorie, sondern um eine andere Spielart des Versuches, die drängenden Weltprobleme wegzureden bzw. eine Form der internationalen Wirtschaftspolitik zu verteidigen, in der der Schwächere auf der Strecke bleibt und der Stärkere – noch – profitiert. Man muß indessen nicht auf Keynes zurückgreifen, um deutlich zu machen, daß die Weltregionen sich eine überwiegend egoistische, in den Interessen durchweg gegeneinander gerichtete Weltwirtschaftspolitik nicht mehr lange werden leisten können. Die globalen Gefahren wachsen, und ich rate dringend dazu, sie auch in rein ökonomische Kalkulationen mit einzubeziehen. Umgekehrt gibt es eine klare und wirtschaftstheoretisch keineswegs interpretationsbedürftige positive Gemeinsamkeit von Interessen.

[...][6]

In diesem Zusammenhang habe ich keine Sorge, der trockene Hinweis auf eigene Interessen könnte unseren Reformforderungen die moralische Qualität nehmen. Ich meine, daß viel Raum ist für humanitäres Engagement, für mitmenschliche Hilfe. Im übrigen kommt es in unserer Welt leider nicht nur auf den Gestus des uneigennützigen Gebens an. Für die Einsicht in das Gewicht der zu lösenden Fragen ist es gerade nötig zu durchschauen, daß es in jeder nicht ganz kurzsichtigen Perspektive auch den eigenen Interessen schadet, wenn man auf die der anderen nicht eingeht.

[...][7]

IV.

Wenn der KSZE-Prozeß schon bessere Fortschritte gemacht hätte, wäre es nicht unrealistisch, ihn mit der Rolle Europas auf dem Feld der Nord-Süd-Beziehungen zu befassen. Heute konzentriert sich die

Aufmerksamkeit auf die bevorstehenden Verhandlungen der Weltmächte über nukleare Waffen.[8] Wenn diese Ost-West-Verhandlungen zu positiven Ergebnissen führen – Ergebnisse, die durch eine „Konferenz über Abrüstung in Europa" ergänzt und befestigt werden könnten –, wird dies entwicklungspolitisch vorteilhafte Wirkungen haben können.

[. . .][9]

Es wäre ein Versäumnis, wenn wir im Westen nicht in Rechnung stellten, daß sich die Sowjetunion als außerordentlich autarkes Wirtschaftssystem entwickelt hat, das zudem nur sehr begrenzt auf ausländische Rohstoffzufuhren angewiesen war. Dabei wäre hinzuzufügen, daß sie sich auch lange in einer politischen Isolation befand, die ein weites Geflecht von Wirtschaftsbeziehungen nicht zuließ. Dieser Zustand ist historisch überwunden oder jedenfalls überwindbar; und andererseits ist die Wirtschaftsgemeinschaft der mit der Sowjetunion verbundenen Staaten in Zukunft viel mehr auf Rohstoffzufuhr angewiesen und hat zudem auch zunehmend mehr mit jenen Problemen zu tun, die ich als global gekennzeichnet habe.

Ich gehe davon aus, daß die osteuropäischen Staaten – so schwierig für sie unter den gegebenen Umständen ein erheblich verstärkter Kapitaltransfer sein mag – wesentlich mehr zum Transfer von Know-How [in die Entwicklungsländer] beitragen könnten; dies nicht zuletzt im Bereich der Investitionsgüterindustrie.

Der wichtigste Beitrag der Sowjetunion und der mit ihr verbundenen osteuropäischen Staaten könnte aber darin liegen, daß sie langfristig am Welternährungsprogramm[10] und an der Weltenergiestrategie[11] teilnehmen; beide – Programm und Strategie – bedürfen, wie mir wohl bewußt ist, der konkretisierenden Weiterentwicklung im Zusammenwirken aller daran Beteiligten.

Ich weiß wohl, daß viele Mißtrauensbarrieren überwunden werden müssen, daß viele Fortschritte im Ost-West-Verhältnis erst erreicht werden müssen, bis eine solche Vision Wirklichkeit wird. Aber ich plädiere dafür, mit den Plänen für eine bessere Zukunft rasch zu beginnen. Pläne für Krieg gibt es schon zu viele.

[. . .][12]

Wir brauchen dringender denn je wirksame Beschlüsse über Rüstungsbegrenzung und reale Abrüstung. Und wir brauchen dringender denn je die Fortsetzung oder die Wiederaufnahme, jedenfalls die über Europa hinausreichende Ausweitung von Entspannungspolitik.

Unter einer solchen Ausweitung verstehe ich nicht zuletzt: Die abgestimmte Politik der Großmächte muss die Dimension der Nord-Süd-Beziehungen und der beschriebenen Globalprobleme in sich aufnehmen. Bisher überlagern die Hochrüstung und die Rivalität der Weltmächte bzw. der Blöcke eindeutig die entwicklungspolitischen Bedürfnisse und die globalen Zukunftsfragen. Dies wird nicht mehr lange gehen, wenn man nicht auf wirtschaftliche und womöglich ökologische Katastrophen weltweiten Ausmaßes warten will, die irreparable Schäden hervorrufen und zugleich zu internationaler Panik führen und somit die Kriegsgefahr erhöhen können. Mit anderen Worten: Ich plädiere dafür, endlich konkrete Verbindungen zwischen der Ost-West-Frage und der Nord-Süd-Frage herzustellen. Ich plädiere für eine deutlichere Verbindung zwischen Entspannung und Abrüstung einerseits und Entwicklungspolitik und Umweltpolitik andererseits.

In der Welt werden in diesem Jahr deutlich mehr als 500 Milliarden Dollar für Rüstung verwendet, d. h. objektiv verschwendet. Eine ungeheure Menge an Kapital, Arbeit und Intelligenz wird für die Vorbereitung der wechselseitigen Vernichtung eingesetzt.

Die globale Rivalität der Mächte überzieht die Welt. Die globalen Probleme und die sich abzeichnenden Katastrophen bleiben liegen oder werden bestenfalls mit Palliativmitteln angegangen. Und so nahe lägen die Lösungen der Vernunft: Mit nur einem Bruchteil der jährlichen Rüstungsausgaben wäre der Welthunger zu stillen, wären die meisten Entwicklungsländer in die Lage zu versetzen, in absehbarer Zeit die Grundbedürfnisse ihrer Menschen zu befriedigen.

Ich habe keinen Zweifel, dass die Völker der Welt – und auch die meisten Staatsführungen – bereit wären, am Aufbau einer neuen Weltordnung mitzuarbeiten. Von dem Zustand der Erde als einem Ort der friedlichen Entfaltung trennen uns gar nicht so sehr konträre

Willens- und Interessenlagen. Es müsste nur gelingen, das Misstrauen zwischen den Blöcken abzubauen und die Vision des neuen Zieles über kurzfristige und einseitige Interessenkonstellationen hinüberzutragen.

Nr. 61
Erklärung des Präsidenten der SI, Brandt, und des Generalsekretärs der SI, Carlsson, zur Lage in Polen
17. Dezember 1981[1]

AdsD, WBA, A 13, 50 (Übersetzung aus dem Englischen: Bernd Rother).

Die Sozialistische Internationale ist tief besorgt über die neuesten Entwicklungen in Polen.[2]

Die Sozialistische Internationale hofft, dass die Polen in der Lage sein werden, ihre Probleme ohne Einmischung von außen und ohne Blutvergießen zu lösen. Die Sozialistische Internationale erinnert alle betroffenen Staaten, dass sie an den Grundsatz der Nichteinmischung gebunden sind, wie er in der Schlussakte von Helsinki niedergelegt ist.[3]

Die Sozialistische Internationale ist sich bewusst, dass unerbetene Ratschläge oder wortstarke Erklärungen den Menschen in Polen nicht helfen werden: Nur die Zurückhaltung und der Wille zur Zusammenarbeit derer, die den Frieden wünschen, stellen effektive Unterstützung dar.

Die Sozialistische Internationale nimmt die Absicht der polnischen Führung zur Kenntnis, den Prozess der Reformen und der Erneuerung des Landes nicht zu unterbrechen und umzukehren, sondern fortzusetzen. Es muss erwartet werden, dass die festgenommenen Personen freigelassen und dass die Gewerkschaftsrechte wiederhergestellt werden.

Zugleich fordert die Sozialistische Internationale alle ihre Mitgliedsparteien auf, ihren Einfluss geltend zu machen, um sicherzustellen, dass die wirtschaftliche Zusammenarbeit mit und Hilfe für Polen fortgesetzt werden.

Nr. 62
Hs. Vermerk des Präsidenten der SI, Brandt, für den Leiter seines Büros, Mirow
22. Dezember 1981

AdsD, WBA, A 13, 100a.

T[homas] M[irow],
ich habe mit H[ans-]J[ürgen] W[ischnewski] gesprochen:
    Die Sache[1] ist verfahren
- nicht nur wegen romanischer Aufgeregtheiten (+ Gemeinheiten)[2]
- auch wegen der Desavouierung meiner Übervorsichtigkeit durch das Eingehen der Fraktion auf den CDU-Text im Bundestag[3]
- Jospin hat mich übrigens nicht angerufen
- ob der Kreis, der sich am nächsten Dienstag in Paris trifft, befugt ist, für die SI zu sprechen, bleibt abzuwarten[4]
- ich glaube nicht, dass ich unter den gegebenen Umständen nach Caracas fahren werde.[5]

Br[andt] 22/12

Nr. 63
Interview des Vorsitzenden der SPD, Brandt, für das „heute-journal" des ZDF
23. Dezember 1981[1]

Sozialdemokraten Service Presse Funk TV, Nr. 774/81 vom 23. Dezember 1981.

Frage: Es gibt eine Zurückhaltung, Herr Brandt, die manchmal verdammt wie Leisetreterei aussieht. Warum so diplomatisch?[2]
Antwort: Ich weiß nicht, ob das die richtige Kennzeichnung ist. Ich halte es für selbstverständlich, daß man gegen den Ausnahmezustand ist, daß man verlangt, Verhaftungen wieder aufzuheben, gewerkschaftliche Rechte wieder einzuführen; das halte ich alles für selbstverständlich. Ich halte es für erklärlich, daß es Enttäuschung und Sorge und auch Empörung gibt. Aber ich halte es für schwer erträglich, was es an Phrasendrescherei in diesem Zusammenhang gibt und an Ersatzheldentum, als ob man durch starke Worte und möglichst entleerte Formeln bei uns irgendjemandem in Polen helfen könnte.
Frage: Herr Brandt, nun haben Ihre eigenen Freunde, Sozialisten in Frankreich, Sozialisten in Italien, Ihnen gerade das vorgeworfen, kleinmütig zu sein, [und gefordert] deutlicher zu sprechen, Druck auszuüben, um für Polen, für die dort Inhaftierten etwas zu bewirken.[3]
Antwort: Ich möchte mal wissen, wer von denen schon etwas für Polen gegeben hat. Es sind übrigens nicht die Parteien, sondern es sind einzelne, die ernstes Nachdenken darüber, wie man wem helfen kann, ersetzen durch das, was ich die Phrasendrescherei nenne. Ich will damit nichts zu tun haben.
Frage: Wo wäre denn der Weg, irgendetwas in Polen zu bewirken dort für Bürger, die inhaftiert werden, weil sie für Freiheit und Rechte eintreten?
Antwort: Manche tun ja so, als ob Polen jetzt gerade aus der NATO ausgetreten wäre oder aus der freiheitlich demokratischen Grund-

ordnung. So war es ja wohl auch nicht. Es ist ein schwieriger, schmerzvoller Vorgang. Meine Partei hat sich sofort eingesetzt, nicht erst im Bundestag am letzten Freitag[4], für die Freilassung der Gefangenen.[5] Wie ich gesagt habe, für die Wiedereinführung der Gewerkschaftsrechte. Wir haben mit den Russen geredet, immer wieder, um zu sagen, welche riesige Belastung es gäbe, wenn es zur sowjetischen Intervention käme. Wir haben den Aufruf des Deutschen Gewerkschaftsbundes unterstützt. Das ist alles vernünftig.

Unvernünftig ist es, sich nicht mehr zu fragen, ob das, was jetzt im Gange ist, noch eine letzte, wenn auch schwierige „polnische Karte" ist, oder etwas ganz anderes.[6] Unvernünftig ist es nicht, auch jetzt die Frage zu stellen nach den Zusammenhängen zwischen den polnischen Entwicklungen und den Chancen für den Frieden in Europa.

Frage: Befürchten Sie, wenn Sie mehr täten, daß das die Entspannungspolitik gefährden könnte?

Antwort: Was heißt Entspannungspolitik? Ich kann nicht sehen, daß ich mich in meiner Haltung hinter das zurückbewege, was die Amerikaner in dieser Situation sagen und tun. Ich kann nicht erkennen, daß sie vor der Front hermarschierten.[7] Und dann, sage ich noch einmal, komme ich mir ein bißchen komisch vor, vor diesem Hintergrund Wortheldentum zu betreiben.

Frage: Gibt es einen anderen Weg als Worte; sehen Sie für die SPD, für die Sozialistische Internationale einen Weg, Einfluß zu nehmen auf das, was dort in Polen geschieht?

Antwort: Das ist während der ganzen Monate geschehen. Das ist jetzt in den letzten Tagen nur bedingt möglich gewesen. Ich habe von dem Spendenaufruf des Deutschen Gewerkschaftsbundes gesprochen und werde es noch einmal tun.[8] Wir haben natürlich im Bundestag mit anderen zusammen am letzten Freitag unsere Meinung gesagt. Wir werden mit unseren Freunden in Europa gemeinsam unsere Meinung weiter sagen, aber man soll eben auch den Bürgern nicht etwas vorgaukeln, als bewege man wirklich etwas dort, wo man allenfalls eigenes schlechtes Gewissen durch Worte überspielt.

Frage: Eine Frage, die direkt auf Polen zielt: Herr Brandt, glauben Sie, daß der Militärputsch, der dort geschehen ist, aus eigenen polnischen Kreisen kommt, oder daß er doch auf Veranlassung der Sowjets geschehen ist?
Antwort: Das wird man bald genauer wissen. Meine Einschätzung ist die, daß der dortige erste Mann diese – darum sprach ich vorhin davon – aus seiner Sicht letzte „polnische Karte" gespielt hat, bevor andere die Sowjetunion um Unterstützung der, wie es dann heißt, gesunden Kräfte des polnischen Volkes gebeten haben.[9]

Nr. 64
Interview des Präsidenten der SI, Brandt, für das „Morgenmagazin" des Westdeutschen Rundfunks 27. Mai 1982[1]

Sozialdemokraten Service Presse Funk TV, Nr. 239/82 vom 27. Mai 1982.

Frage (Berndt): Der Krieg um die Falkland-Inseln hat unversehens einen Schwerpunkt ausgemacht bei dem Treffen der Sozialistischen Internationale in Helsinki, wo er ursprünglich gar nicht auf der Tagesordnung gestanden hat.[2] Aber wenn Krieg zwischen England und Argentinien geführt wird, wo z. B. lateinamerikanische und europäische Delegierte gemeinsam am Konferenztisch der Sozialistischen Internationale in Helsinki sitzen, ist es natürlich nicht nur kein Wunder, sondern selbstverständlich, daß ein solches Thema auf die Tagesordnung kommt. ... Sind das nur unterschiedliche Meinungen zwischen den lateinamerikanischen und europäischen Delegierten bei diesem Treffen oder schon Spannungen, die zwischen Lateinamerika und Europa in diesen Gesprächen sichtbar und hörbar werden?
Antwort: Es ist schon eine Menge von dem zweiten drin, was Sie eben erwähnen. Nun haben wir die eigentliche Debatte erst heute vor-

mittag... Gestern haben zwei der lateinamerikanischen Freunde, der eine aus Argentinien selbst, ihre Auffassung dargelegt. Es gibt keinen Streit, auch nicht mit den englischen Freunden, über die Verurteilung der Gewaltanwendung auf beiden Seiten. Aber der Eindruck, den man vermittelt bekommt, ist, daß die Enttäuschung bei vielen der Lateinamerikaner sehr groß ist, teils über die Vereinigten Staaten, von denen sie gehofft hatten, daß sie einen solchen Konflikt würden verhindern helfen können, aber auch gegenüber den Europäern, weil sie die Europäische Gemeinschaft eben sehen als einseitig an die britische Politik gebunden durch die Sanktionen.³ Das ist gar nicht leicht, sachlich zu diskutieren.

Frage: Das gibt ja auch den Vorwurf zunehmend von den lateinamerikanischen Staaten, daß sich hier eine neue Form des Kolonialismus im Nord-Süd-Verhältnis – zwischen den Industrieländern, Europa mit dem Schwerpunkt Großbritannien, unterstützt von den europäischen Staaten und Nordamerika gegen den lateinamerikanischen Kontinent, also Länder der Südschiene – darlege?

Antwort: Ja, eine Kleinigkeit anders. Sie sagen nicht, es sei ein neuer Kolonialismus, sondern sie sagen, es sei die Vertretung überholter kolonialistischer Ansprüche und Verhaltensweisen, aber im Ergebnis kommt es aufs selbe raus. Die Worte, die dabei gebraucht werden, gehen zum Teil ziemlich weit, daß, wenn die Westeuropäer sich so einseitig mit der britischen Politik verbänden, dürfte man sich nicht wundern, wenn die Lateinamerikaner für ihre Handelsbeziehungen z. B. daraus Konsequenzen zögen. Nun wird nicht alles so heiß gegessen, wie es gekocht wird, aber man soll das nicht auf die leichte Schulter nehmen.

Frage: Fürchten Sie nicht sehr weitreichende und schwerwiegende Auswirkungen für das Nord-Süd-Verhältnis auf lange Sicht gesehen durch diesen Krieg...?

Antwort: Ja, ich kann dies nicht ausschließen, denn es ist ja erstaunlich, wie die lateinamerikanischen Delegierten, die wir etwa hier haben – unabhängig von den Regierungsformen in ihren Ländern, und da steht's ja mancherorts ganz gewiß nicht zum besten –, aber daß sie sagen, eine Geschichte sind die argentinischen Generäle, ob die an der Macht bleiben als Ergebnis dieses Konfliktes ist ja auch noch [eine] offene Frage, etwas anderes sei die Haltung gegenüber dem Land, dem Volk, und jeder müsse sich darüber im klaren sein, daß die Malvinen, wie sie sagen ..., über kurz oder lang unter argentinische Souveränität kommen würden. Ich habe allerdings den Eindruck, ohne daß mich dies mit Schadenfreude erfüllen kann ..., daß die Hauptleidtragenden die Vereinigten Staaten sein werden, mit denen die Lateinamerikaner in der Organisation der Amerikanischen Staaten verbunden sind, und ich hoffe sehr, daß wir Europäer etwas besser wegkommen. Aber sicher kann man da auch nicht sein.

Frage: Wenn man sich ... unterhält über diesen Krieg, dann gibt es immer diese simple Feststellung, das darf doch eigentlich gar nicht wahr sein, das ist doch ein anachronistischer Krieg. Wie sieht ein Politiker wie Sie [eine] solche Einschätzung?

Antwort: Ja, genau so, denn den Ausdruck, daß es sich um einen Anachronismus handele und um ein Stück Wiederaufleben des 19. Jahrhunderts, habe ich selbst hier benutzt gestern bei meiner Einleitung auf der Konferenz ... Der Jammer ist ja der, daß wir jetzt mit der Nase draufgestoßen werden, wieviele vergleichbare Krisengebiete es auf der Welt gibt und wieviel leichter, als man bisher geglaubt hat, durch das Verhalten einzelner Regierungen etwas in Gang kommen kann, von dem man sieht, wie es anfängt, aber nicht weiß, wo es endet.

Frage: Sehen Sie irgendeine Chance, daß die Gespräche, die bei Ihnen in Helsinki ... geführt werden, irgend etwas beitragen können zur Beendigung dieses Krieges?

Antwort: Das hofft man immer. Ich schließe übrigens noch gar nicht aus, daß wir bei dem, was wir als Ergebnis der Debatte heute früh feststellen, weitgehend zur Übereinstimmung gelangen.[4] Alles andere ist dann das Einwirken auf einzelne Regierungen, auf einzelne internationale Organisationen, nicht zuletzt die UN und ihren Generalsekretär. Also daß man ohne jeden Einfluß bleibt, das glaube ich nicht, aber man darf sich auch nicht zuviel versprechen von dieser Art von Diskussion über doch sehr, sehr kontroverse Standpunkte.

Nr. 65
Schreiben des Präsidenten der SI, Brandt, an den Generalsekretär der Sozialistischen Partei Portugals, Soares 21. Juni 1982[1]

AdsD, WBA, A 13, 116a.

Lieber Mario Soares,
zu Deinen Gesprächen in Israel, die Du für unsere Internationale in einer schwierigen Situation führen wirst, wünsche ich Dir viel Erfolg.[2] Wichtig wäre es, unsere dortigen Freunde auf die großen Sorgen hinzuweisen, die wir in bezug auf das israelische Vorgehen im Libanon hegen.

Dabei gehe ich davon aus, daß sich die Haltung unserer Gemeinschaft wie folgt beschreiben läßt:

1. Die SI verurteilt die Invasion im Libanon; sie hat mit großer Bestürzung und Trauer Kenntnis nehmen müssen von den schrecklichen Opfern und Leiden der libanesischen Zivilbevölkerung.
2. Die SI ist der Auffassung, daß die Aktivitäten der israelischen Armee weit über das hinausgehen, was mit den verständlichen Sicherheitsbedürfnissen des israelischen Staates und der nordisraelischen Bevölkerung gerechtfertigt werden könnte.[3]
3. Es wird im Nahen Osten so lange keinen Frieden geben, bis nicht eindeutig und unmißverständlich auch die Rechte des palästinensischen Volkes anerkannt und seine Mitwirkung durch eine von ihm bestellte nationale politische Führung gegeben ist. Diesem Grundsatz müßte Israel Rechnung tragen, gerade auch bei der jetzt in Beirut entstandenen Situation.[4]
4. Die SI hält einen sofortigen Rückzug aller fremden Truppen aus dem Libanon für unerläßlich.[5] Die integrale nationale Souveränität des Libanon muß wiederhergestellt werden. Die UN-Friedenstruppen sollten gestärkt werden.[6] Sie sind ein entscheidendes Instrument zur Herbeiführung politischer und militärischer Entspannungszonen im Libanon.

Mit freundlichen Grüßen
Willy Brandt

Nr. 66
Aus dem Interview des Vorsitzenden der Nord-Süd-Kommission, Brandt, für die Deutsche Welle
5. Oktober 1982[1]

Deutsche Welle Archiv, 1702401000.

Sie sind seit 18 Jahren Vorsitzender der deutschen Sozialdemokraten, aber auch Präsident der Sozialistischen Internationale sozialdemokratischer Parteien, Herr Brandt, und Vorsitzender der unabhängigen internationalen Nord-Süd-Kommission. Werden Sie jetzt mehr Zeit haben, mehr politische Bewegungsfreiheit für Ihre internationalen Aufgaben, wenn die SPD nicht mehr zugleich in Bonn die Regierungsverantwortung trägt?[2]

Ich glaube leider, dass es nicht möglich ist, mehr Zeit und Kraft für europäische und internationale Aufgaben zu verwenden. Das ist der Grund, warum ich mich entschlossen habe, jetzt – oder gegen Ende dieses Jahres jedenfalls – meine Zugehörigkeit zum Europäischen Parlament einzustellen.[3] Ich will mich konzentrieren auf die Aufgaben als Parteivorsitzender. Ich bin nicht sicher, ob ich den Vorsitz in der Sozialistischen Internationale weiterführe. Die Nord-Süd-Kommission hat ja eigentlich ihre Aufgabe erledigt gehabt, als sie ihren Bericht Anfang 1980 vorlegte. Sie macht allerdings jetzt einen Zusatzbericht [...] Ende dieses Jahres, Anfang nächsten Jahres,[4] und sie bleibt eine Art von unabhängiger Gruppe, Club oder wie man will. Die Mitglieder trennen sich nicht einfach voneinander, sie werden aus gegebenem Anlass sich noch dann und wann mal äußern. Aber ich werde leider nicht die Möglichkeit haben, dies zu einem Hauptfeld meiner Aktivität zu machen. Das ist nicht möglich, so wie die Dinge jetzt liegen.

[...][5]

Es gibt ja die These, Herr Brandt, dass die westliche Entwicklungshilfe nur in Ländern mit marktwirtschaftlichen Prinzipien erfolgreich sei, und die anderen besser der Sowjetunion, den kommunistischen Ländern zur Förderung überlassen würden. Was halten Sie davon?

Ich halt' das für eine nicht nur nicht überzeugende, sondern auch ganz unvernünftige Zuspitzung der Problemstellung. Wenn wir einmal in Europa anfangen – egal, ob man das nun noch als ein Entwicklungsland rechnet oder wie ich als ein Land zwischen den Entwicklungs- und den Industrieländern: Jugoslawien ist ohne Zweifel ein kommunistisch regiertes Land, ohne Zweifel ein Staatshandelsland, wenn auch eigener Prägung. Aber es wär' doch gegen alle, auch schon bisherige westliche Politik, zu sagen, weil es nicht in unserem Sinne Marktwirtschaft habe, solle man es dem sowjetischen Einflussbereich zuschlagen. Noch überzeugender [...]: China hat auf seine Weise [...] die Landwirtschaftsprobleme oder besser gesagt die eigenen Versorgungsprobleme der Bevölkerung ganz gut gelöst und kann insofern als ein großes Land betrachtet werden, von dem andere etwas lernen könnten. Es ist ein kommunistisch regiertes Land. Es ist auf seine Weise ein Staatshandelsland – aber doch eines, das nicht einmal die Vereinigten Staaten der Sowjetunion zum Fraße vorwerfen wollen, was die Chinesen selbst auch mit sich nicht machen lassen würden. Nein, das ist eine zu einfache Fragestellung. Ganz abgesehen davon, wenn wir von Nord-Süd-Zusammenarbeit sprechen, werden wir – von den eben erwähnten Ländern abgesehen – überall darauf stoßen, dass beides erforderlich ist. Dort, wo es geht, müssen die freien wirtschaftlichen Kräfte zum Zuge kommen, freilich unter Bedingungen, die den Gegebenheiten des jeweiligen Landes entsprechen. Aber es müssen auch öffentliche Mittel zur Verfügung stehen. Nur eine Kombination von beiden wird in den meisten Ländern, um die es geht, zu guten Ergebnissen führen können.

Lässt sich überhaupt das Thema Nord-Süd, Herr Brandt, gemeinsam mit Supermächten wie den USA und mit der Sowjetunion anpacken? Die USA zum Beispiel behindern die multilateralen Aktivitäten durch die Kürzung von Beiträgen an Weltbank und an andere Einrichtungen.[6]

Es ist, glaube ich, so, Herr Scholz, dass man sich nicht einfach dem Diktat der einen oder anderen, also auch nicht der befreundeten Supermacht unterwerfen darf, aber doch wissen muss, vieles geht nicht, wenn man nicht auch die gewinnt. Ich will mal ein Beispiel wählen: Bei der Thematik einer Energiebehörde – energy affiliate, wie man im Englischen sagt, verbunden mit der Weltbank oder nicht – sind die Amerikaner sehr zurückhaltend, obwohl die Europäer und die Saudi-Arabier gesagt hatten, lass[t] uns das machen.[7] Das wär' so ein Feld, wo ich sagen würde, dann hätte man es in Gang setzen sollen, nicht in feindlicher Einstellung gegenüber den Amerikaner, sondern indem man sagte: Wir Europäer und wir Ölländer setzen dies mal in Gang. Und wenn Ihr zum Ergebnis kommt, Eure Interessen sprechen dafür, dies mitzumachen, dann schließt Euch an, und wir warten nicht einfach nur. [. . .][8] Bei der Sowjetunion habe ich immer den Standpunkt eingenommen – auch nach meinen Gesprächen mit sowjetischen Experten[9] –, dort wächst bei den Experten langsam die Erkenntnis, dass sie sich nicht ausschließen dürften, wenn sie an ihre eigenen langfristigen Interessen denken. Aber ich war der Meinung, man darf nicht mit Dingen, die vernünftig sind, warten, bis die sich beteiligen können. Man muss vernünftige Dinge tun und dann, wenn die Zeit gekommen ist, sagen, bitte, das ist offen für andere, weil ja – das ist nun wichtig – die beiden Weltmächte, von denen wir eben sprachen [. . .], in den Vereinten Nationen jedenfalls eine wichtige Rolle spielen. Und die vielen Fragen, die weltweit im Rahmen der Vereinten Nationen diskutiert werden, die werden ja nicht an den beiden vorbei diskutiert werden können, sondern bei denen muss man die auf vernünftige Weise mit dabei haben. Man muss nur dafür sorgen, dass sie es auch nicht zu sehr behindern, dass andere das in Gang setzen, wovon sie meinen, dass es schon in Gang gesetzt werden könnte. Und es wird sicher immer stärker gerade aus der Dritten Welt auch der Wunsch laut werden, dass die Gegensätze zwischen den beiden Führungsmächten des östlichen und westlichen Bündnisses, so unterschiedlich auch diese sind, [. . .] nicht über Gebühr durchschlagen dürfen auf Nord-Süd, wo es um die wirtschaftliche Kooperation geht.

Nr. 67
Aus den einführenden Bemerkungen des Vorsitzenden der Nord-Süd-Kommission, Brandt, zur Vorstellung des Berichts „Hilfe in der Weltkrise" vor der Bundespressekonferenz in Bonn 9. Februar 1983[1]

AdsD, Nord-Süd-Kommission, B 81.

1. Mitglieder der Unabhängigen Kommission für Internationale Entwicklungsfragen haben ein gemeinsames Dokument verabschiedet, das wir heute der Öffentlichkeit vorstellen. Die englische Originalfassung unter dem Titel „Common Crisis" erscheint bei Pan Books, wo auch unser Bericht „North-South: A Programme for Survival" im Februar 1980 erschienen war, der inzwischen in 21 Sprachen vorliegt.

Gleichzeitig mit der englischen Originalfassung können wir diesmal auch die deutsche Ausgabe vorstellen, die unter dem Titel „Hilfe in der Weltkrise" [. . .] herauskommt.

2. Die offizielle Übergabe an den Generalsekretär der Vereinten Nationen erfolgt am 15. Februar in Genf, wo ich mich mit ihm treffen werde – er ist derzeit auf einer Reise durch verschiedene afrikanische Länder und macht in Genf auf seiner Rückreise Station.

3. Unser neuer Bericht ist die Reaktion auf die zunehmende Verschlechterung der weltwirtschaftlichen Lage und auf die sich verschärfende weltweite Krise.[2] Wir schlagen eine Reihe von Sofortmaßnahmen vor, eine Art Mindestprogramm, das gemeinsam von den Regierungen und internationalen Institutionen unverzüglich in Angriff genommen werden müßte.

4. Wir haben deshalb unsere Vorschläge an diejenigen Regierungen übermittelt, die auf verschiedenen bevorstehenden internationalen Treffen eine besondere Rolle spielen.[3] Wir haben dazu aufgefordert, diese Vorschläge jeweils auf die Tagesordnung zu setzen, damit nicht nur eine weitere Verelendung von Ländern der Dritten Welt, sondern auch der Zusammenbruch der Weltwirtschaft abgewendet werden kann.

Zusammen mit Edward Heath stellt Willy Brandt am 9. Februar 1983 auf der Bundespressekonferenz in Bonn den zweiten Bericht der Nord-Süd-Kommission „Hilfe in der Weltkrise" vor.

5. Unsere Vorschläge sollen die Bedingungen schaffen helfen, die der Erholung der Weltwirtschaft dienen. Wir möchten die weitere Einschränkung des Welthandels durch zusätzliche protektionistische Maßnahmen verhindern und eine neue Handelsausweitung in Gang bringen; wir möchten den Entwicklungsländern zu einem höheren Grad an Selbstversorgung mit Nahrungsmitteln und Energie verhelfen; und wir möchten das Verfahren bei den Nord-Süd-Verhandlungen verbessern, damit sie endlich zu brauchbaren Ergebnissen führen. Wir beharren darauf, daß längerfristige Reformen für die internationalen Wirtschaftsbeziehungen entscheidend sind und daß wirtschaftliche Erholung und angemessenes Wachstum ohne solche Reformen nicht nachhaltig gesichert werden können.

Die vorgeschlagenen Sofortmaßnahmen stellen ein Mindestprogramm dar, dessen Verwirklichung nach unserer Meinung von allen Staaten gemeinsam und unverzüglich in Angriff genommen werden muß.

6. Unser früherer Bericht behandelte praktisch alle Aspekte der Nord-Süd-Beziehungen. Unser neues Memorandum dagegen befaßt sich mit der unmittelbaren Krise, insbesondere den Zahlungsbilanzproblemen der Entwicklungsländer und deren Auswirkungen auf die Industrieländer.

7. Entwicklungsfinanzierung steht im Mittelpunkt der meisten vorgeschlagenen Maßnahmen. Wir fordern Regierungen, Politiker und Staatsmänner auf, unverzüglich folgende Schritte zu unternehmen:
– die verfügbaren Mittel des Internationalen Währungsfonds unverzüglich zu erhöhen;
– die Erneuerung der Verpflichtung der Industrieländer, die sie auf der Ministerratstagung des GATT eingegangen sind, daß sie weiterem Verlangen nach protektionistischen Maßnahmen widerstehen werden;[4]
– Wir schlagen Maßnahmen zur Verbesserung und Ausweitung der Finanzierung von Landwirtschaftsprojekten vor und insbesondere die Unterstützung nationaler Strategien zur Nahrungsmittelversorgung. Wir empfehlen auch Schritte zur Verbesserung des Systems der internationalen Nahrungsmittelsicherung, zur Bekämpfung ökologischen Raubbaus, zur Unterstützung eines erheblichen Ausbaus der landwirtschaftlichen Forschung, vor allem in Afrika, und zur Erhöhung der Nahrungsmittelhilfe bei gleichzeitiger sorgfältiger Überwachung zur Vermeidung nachteiliger Auswirkungen auf die Erzeugung von Nahrungsmitteln im Empfängerland;
– Wir schlagen die Errichtung einer Energie-Agentur zur Erhöhung der Selbstversorgung der Entwicklungsländer vor;
    und schließlich
– schlagen wir Verbesserungen im Verfahren bei Nord-Süd-Verhandlungen vor, die in ihrer jetzigen Form selbst zu einem Hindernis auf dem Weg zur Lösung der wichtigsten Probleme der Weltwirtschaft geworden sind.

[. . .][5]

9. Das meiste dessen, was wir vor drei Jahren sagten, trifft die Sache heute noch mehr. Die internationale Gemeinschaft ist mit der Lösung der schwierigsten Fragen nur wenig vorangekommen, in manchen Bereichen hat sich die Lage in einer Weise verschlechtert, wie auch wir es nicht erwartet hatten – und wir wurden damals doch von vielen als Schwarzmaler kritisiert.

Seither wurde praktisch keine der vorgeschlagenen Reformen in Angriff genommen, und der größte Teil der empfohlenen Sofortmaßnahmen wurde bisher nicht durchgeführt. Wie von uns befürchtet, ist die Weltwirtschaft in eine Rezession geraten, die der Wirtschaftskrise der dreißiger Jahre immer ähnlicher wird. Wenn sich dieser Prozeß der Kontraktion weiter verstärkt, wird das die Wirtschaftskrise vertiefen und die Aussichten auf eine schrittweise Reform des internationalen Währungssystems zunichte machen.

Deshalb befassen wir uns in unserem neuen Bericht insbesondere mit der unmittelbaren finanziellen Notlage vieler Länder und mit Sofortmaßnahmen, die zu ihrer Abwendung getroffen werden können.

10. Da wir es bereits jetzt mit einer Schrumpfungskrise zu tun haben – mit dem gleichzeitigen Rückgang von Beschäftigung, Handel und Produktion sowie von Krediten und Entwicklungshilfe –, darf der Versuchung zu weiterem „Gesundschrumpfen" nicht nachgegeben werden. Wenn jedes Land sich nach außen abschottet, werden sich die Bedingungen jedes einzelnen Landes und damit aller Länder insgesamt weiter verschlechtern.

Wir brauchen einen Übergang von der Politik der Inflationsbekämpfung zu einer Politik, die eine Depression verhindert.

11. Die Dringlichkeit von Maßnahmen in der gegenwärtigen Situation wird oft damit begründet, daß es gewissermaßen fünf Minuten vor zwölf sei. Ich fürchte dieses Bild ist falsch. Wir bewegen uns nicht gleichmäßig auf die Krise zu, sondern in immer schnelleren Schritten. Im Bilde eines französischen Rätsels für Kinder: Wenn sich in einem Seerosenteich die Zahl der Blätter jeden Tag verdoppelt und der Teich am 30. Tag voll ist, wann – so lautet die Rätselfrage – ist der Teich halb voll? Die Antwort: am 29. Tag.

Nr. 68
Schreiben des Vorsitzenden der SPD, Brandt, an den Generalsekretär der PSOE (Spanien), González
17. Februar 1983

AdsD, WBA, A 11.15, 21.

Lieber Freund,
wie Du weißt, habe ich gezögert, für eine nochmalige Amtszeit als Präsident unserer Gemeinschaft, der Sozialistischen Internationale, zur Verfügung zu stehen.[1]

Ich habe mich dazu bereit erklärt, nachdem ich aus dem Kreise der Parteiführer nachdrücklich darum gebeten wurde und nachdem mir auch Deine Auffassung dazu, an der mir viel liegt, übermittelt worden ist.

Gleichzeitig habe ich jedoch Wert darauf gelegt, daß mir die Führung dieses Amtes in mancher Hinsicht erleichtert wird. Dazu gehört auch, daß ich in Zukunft mit einem Generalsekretär zusammenarbeiten möchte, von dem ich mir eine fruchtbare Zusammenarbeit erhoffe.

Ich möchte Dich deshalb fragen, ob Du Deine Mitarbeiterin Elena Flores dafür gewinnen könntest, uns für diese Aufgabe zur Verfügung zu stehen. Sollte dies möglich sein, würde ich mich dann gern mit ihr besprechen und sie, nach Benehmen mit den Vize-Präsidenten, unserem nächsten Kongreß für das Amt der Generalsekretärin vorschlagen.

In Deiner verantwortungsvollen Aufgabe für Dein Land begleiten Dich meine Wünsche. Ich freue mich darauf, Dich in Lissabon wiederzusehen.[2]
Es grüßt Dich sehr herzlich
Dein
⟨gez. Willy Brandt⟩[3]

Nr. 69
Schreiben des Vorsitzenden der SPD, Brandt, an den Internationalen Sekretär der PvdA (Niederlande), van Traa 18. März 1983[1]

AdsD, WBA, A 13, 58.

Lieber Maarten,
wie Dir Thomas Mirow wohl schon am Telefon gesagt hat, war ich in den vergangenen Tagen krank. Ich komme daher jetzt erst dazu, Dir zu schreiben.

Nach einer Reihe von Gesprächen mit führenden Freunden der SI komme ich zu dem Ergebnis, dass ich Dir unter den gegebenen Umständen nicht raten kann, für das Amt des Generalsekretärs [der SI] zu kandidieren. Ich schreibe Dir persönlich in der Offenheit, die ich Dir gegenüber schuldig bin.

Wie Du weisst, gibt es in unserer Internationale eine lebhafte Diskussion über Fragen der Aussen- und Sicherheitspolitik, bei der die Arbeit von Scandilux eine erhebliche Rolle spielt.[2] Du wirst von manchen unserer Freunde stark mit einer Position identifiziert, die bei unseren französischen Genossen, aber auch bei einigen anderen, mit Skepsis gesehen wird.

Insofern würde eine Kandidatur von Dir nicht so unumstritten sein, wie es für einen Neuanfang wünschenswert und für Dich persönlich notwendig sein müsste. Deine Position wäre von vorneherein belastet und auch meine Möglichkeiten, in der Sache Einfluss zu nehmen, würden dadurch über Gebühr eingeschränkt.

Du weisst von mir, dass ich sehr gern mit Dir zusammengearbeitet hätte. Es tut mir leid, dass sich dies offensichtlich nicht realisieren lässt. Aber ich habe Dich so verstanden, dass Du für Deine eigene Zukunft Wert darauf legen musst, eine solche Sache nur zu machen, wenn Dir befriedigende Umstände garantiert werden könnten, und das kann ich nicht.

Ich gebe den in diesem Brief enthaltenen Rat auch deshalb nicht leicht, weil ich im Augenblick noch nicht weiss, welchen Vorschlag ich machen bzw. Karel van Miert zur offiziellen Unterbreitung empfehlen werde.³ Aber ich hoffe, es ergibt sich noch eine Lösung, die von Deiner Partei und Dir selbst mitgetragen werden kann.⁴

Mit allen guten Wünschen für Dich und in der Hoffnung, dass wir unsere vertrauensvolle Zusammenarbeit in der bisherigen Weise fortführen können

‹Dein›⁵

‹gez. Willy Brandt›⁶

Nr. 70
Gemeinsames Schreiben von Brandt, González, Oduber und Pérez an die Führung der FSLN (Nicaragua)
8. Juli 1983¹

AdsD, WBA, A 11.15, 15 (Übersetzung aus dem Spanischen: Bernd Rother).

Werte Freunde,
am 19. Juli wird der vierte Jahrestag des Sturzes der Somoza-Diktatur und des Sieges der nicaraguensischen Revolution begangen.

Dieser Tag wurde von allen Männern und Frauen des demokratischen Sozialismus gefeiert als Ende eines Alptraums von Leiden, Menschenrechtsverletzungen und Kriegen, die das kleine, große Land Nicaragua erleiden musste. Dieses Blatt der Geschichte wird man immer als ein positives Ereignis mit tiefer Bedeutung für Lateinamerika in Erinnerung behalten.

Zugleich wurde dieser Tag von allen als der Beginn einer Hoffnung und eines neuen historischen Projekts begrüßt, das zwar zu Recht dem Volk von Nicaragua gehört, aber zugleich als Besitz aller Lateinamerikaner angesehen wird, die Freiheit, Frieden und Unabhängigkeit ihrer Völker von jeder Form von Diktatur, Unterdrückung und interner wie externer Abhängigkeit lieben.

Dies war, was man das ursprüngliche Projekt der Revolution nannte und weiter nennt, das hauptsächlich auf dem demokratischen Pluralismus, einer gemischten Wirtschaft und der Blockfreiheit in der internationalen Politik beruht.

Wir haben uns uneingeschränkt mit diesem Projekt solidarisiert, uns in alle Richtungen dafür eingesetzt und sind weiter der festen Überzeugung, dass es das beste für Nicaragua, für Lateinamerika und für die Welt ist.

Vier Jahre später erneuern wir unsere Unterstützung für die nicaraguensische Revolution. Wir wollen nicht selbst der von uns kritisierten Versuchung erliegen, uns in die inneren Angelegenheiten Eures Landes einzumischen. Wir halten dies für illegitim, woher es auch komme. Dieser Brief soll einzig unserer Besorgnis über die Verschlechterung der Lage in Mittelamerika und in Nicaragua Ausdruck geben und unserer tiefen Überzeugung, dass die Verwirklichung des ursprünglichen Projektes entscheidend zum Frieden – der erneut in Nicaragua abwesend ist und in der Region so bedroht ist wie nie zuvor – und zum Wohlergehen eures Volkes beitragen würde.

Wir betrachten uns als Freunde der nicaraguensischen Revolution. Vielleicht weniger geschätzte Freunde, weil wir keinem anderen Ziel verbunden sind als unserer eigenen Überzeugung als Menschen, die an den Demokratischen Sozialismus glauben, an die Selbstbestimmung der Völker, an die Freiheit und an den Frieden. Da wir uns selbst so einschätzen und deswegen niemandes Spiel spielen wollen, schreiben wir Euch privat. Wir halten es für unsere Pflicht, in diesem schwierigen Moment es zu wagen, Euch zu bitten, dass Ihr in Erfüllung des ursprünglichen Projektes und aus Anlass des 4. Jahrestages der Revolution das Parteiengesetz, das Wahlgesetz, das Dekret zur Garantie der Meinungsfreiheit und die Ausschreibung von freien Wahlen im Jahre 1984 verkündet.[2]

Angesichts der bereits unerträglich gewordenen Spannungen und der zunehmenden Verwirrungen würde ein wagemutiger Schritt nach vorn, um den wir Euch brüderlich bitten, die internationale öffentliche Meinung wiedergewinnen, die Aktivitäten liberaler Kräfte in den Vereinigten Staaten und insbesondere die Entscheidungen des Kongresses dieses Landes fördern, jegliche direkten oder indirekten Militäraktionen gegen Nicaragua zu stoppen.³ Zudem ist er notwendig, damit die nicaraguensische Revolution erneut die internationale Solidarität und Unterstützung erhält. Wie wir bereits hervorgehoben haben, geht es um nichts anderes, als das Projekt zu fördern, das die siegreiche Revolution des nicaraguanischen Volkes dem Volk und der Welt angeboten hat.

In einem solchen Klima könnten durch die Aktivitäten der Contadora-Gruppe die entscheidenden Wegweisungen hin zu den Lösungen, auf die Lateinamerika wartet, gelingen.⁴

Was auch immer geschieht, wir werden immer den Einsatz von Gewalt verurteilen und uns ihr in den Weg stellen. In der Konsequenz werden wir das Recht des nicaraguanischen Volkes wie das aller Völker auf ein Leben in Frieden verteidigen.

‹Br[andt]›⁵

Willy Brandt   Felipe González

Nr. 71
Interview des Vorsitzenden der SPD, Brandt, für *Verdens Gang*/VG (Oslo)
5. August 1983

*VG, 5. August 1983, und AdsD, WBA, A 3, 928*¹ *(Übersetzung aus dem Englischen: Bernd Rother).*

Frage: Einem Bericht der International Herald Tribune zufolge haben die Führer der Sozialistischen Internationale dem sandinistischen Regime in Nicaragua einen Brief gesandt, in dem gedroht werde, ihre Unterstützung aufzukündigen, wenn sich das sandinistische Regime nicht unverzüglich auf den Weg zu einer pluralistischen Demokratie bewege.[2]

Antwort: Der Bericht in International Harald Tribune vom 18. Juli 1983 war unzutreffend. Der Brief, den ich zusammen mit Felipe González, Carlos Andrés Pérez und Daniel Oduber an die sandinistischen Kommandanten gesandt habe, ist ein privates Schreiben, also kein Dokument der Sozialistischen Internationale. Der Brief enthält natürlich keine Drohungen, wohl aber eine Bitte: daß die FSLN, die Sandinistische Befreiungsfront, angesichts der immer bedrohlicher sich zuspitzenden Krise in Mittelamerika von sich aus alles tue, um die Zukunft ihrer Revolution zu sichern.

Frage: Dem Bericht zufolge forderte der Brief von der Führung der Sandinisten vier Schritte:
– die Ankündigung, allgemeine Wahlen 1984 abzuhalten;
– die Ernennung einer Verfassungskommission mit dem Auftrag, eine Verfassung zu entwerfen, die ein politisches System auf der Grundlage freier Wahlen garantiere;
– Verkündung eines Wahlgesetzes, das die Existenz eines breiten Spektrums politischer Parteien garantiere;
– sofortige Wiederherstellung der Pressefreiheit.

Antwort: Wir haben von den sandinistischen Kommandanten im Geist der Verbundenheit Schritte erbeten, um der Öffentlichkeit deutlich zu machen, daß die Führung in Nicaragua an dem originären Revolutionsprojekt festhält. Die baldige Verabschiedung des in Arbeit befindlichen Parteiengesetzes, des Wahlgesetzes und des Dekrets zur Garantie der Meinungsfreiheit wären solche Schritte. Sollte es sich darüber hinaus als möglich erweisen, schon im nächsten Jahr freie Wahlen in Nicaragua abzuhalten, würde dies mit Sicherheit weltweit zu einem Sympathiegewinn für die sandinistische Revolution führen. Andererseits wird man redlicherweise anerkennen müssen, daß in einem Land, das von mehreren Seiten bedroht und angegriffen wird, nur schlecht allgemeine Wahlen organisiert werden können.

Frage: Haben Sie eine Antwort oder eine Reaktion von der Führung der Sandinisten erhalten?

Antwort: Die Führung der FSLN hat auf den freundschaftlichen Brief, den wir an sie richteten, ebenso freundschaftlich und sehr ausführlich geantwortet.³ Allein an der Serie von öffentlichen Äußerungen der Kommandanten seit dem 19. Juli [1983] läßt sich ablesen, daß wir mit unseren ermutigenden Ratschlägen nicht auf taube Ohren gestoßen sind. Der gute Wille der sandinistischen Kommandanten ist für mich nicht zweifelhaft. Dagegen zweifele ich sehr daran, daß den politischen und militärischen Gegenspielern der nicaraguanischen Führung an der Verwirklichung der originären demokratischen Revolutionsziele gelegen ist. Man mußte vielmehr den Eindruck gewinnen, als würde eine militärische Strangulierung vorbereitet, was außerdem noch für die ganze Region unabsehbare Konsequenzen nach sich ziehen könnte. Unser Brief an die Kommandanten war von der Absicht getragen, durch Klärung der demokratischen Perspektiven einer solchen Entwicklung nach Kräften entgegenzusteuern. Sie wäre weder im Interesse des nicaraguanischen Volkes noch im Interesse des Friedens in der Region.

Nr. 72
Erklärung des Präsidenten der SI und Vorsitzenden der SPD, Brandt, zur Besetzung Grenadas
26. Oktober 1983[1]

Sozialdemokraten Service Presse Funk TV, Nr. 642/83 vom 26. Oktober 1983.

Die Sozialistische Internationale verurteilt aufs schärfste Invasion und Besetzung des unabhängigen Staates Grenada durch die Streitkräfte der Vereinigten Staaten.[2] Dieses Vorgehen ist mit den Prinzipien des Völkerrechts völlig unvereinbar.

Die Sozialistische Internationale hat vor wenigen Tagen die Ermordung des sozialistischen Premierministers Maurice Bishop und seiner Freunde mit allem Nachdruck gebrandmarkt.³ Sie sieht jedoch in diesem barbarischen Akt und in der darauf folgenden politischen Krise auf Grenada keinerlei Rechtfertigung für eine ausländische Intervention.

Der Protest der Vereinigten Staaten gegen die Intervention der Sowjetunion in Afghanistan kann angesichts ihres eigenen Vorgehens nur an Glaubwürdigkeit verlieren.

Für eine politische Lösung der allgemeinen Krise in Mittelamerika ist nach diesen Ereignissen das Schlimmste zu befürchten.

Nr. 73
Aus dem Manuskript der Rede des Vorsitzenden der SPD, Brandt, vor dem Nord-Süd-Forum der SPD
16. Februar 1984[1]

Sozialdemokraten Service Presse Funk TV vom 16. Februar 1984.

[. . .][2]

Bei dieser Gelegenheit werde ich [. . .] auch einige grundsätzliche Bemerkungen machen zu der Entwicklung seit dem letzten Forum im September 1977.[3] Denn wie man weiß, habe ich ja den Hut des Vorsitzenden der Nord-Süd-Kommission nicht abgelegt. Im Gegenteil: Erst Ende Januar [1984] trafen sich Mitglieder meiner Kommission mit denen der Palme-Kommission in Rom, wo wir gerade auch von Papst Johannes Paul II. und vom italienischen Ministerpräsidenten Bettino Craxi ermutigt wurden, unsere Bemühungen fortzusetzen.[4]

Denn viel bleibt noch zu tun in der Sache, weit und breit herrscht immer noch viel Unverständnis über die einfachsten Zusammenhänge zwischen Nord und Süd, ja selbst bei sogenannten führenden Politikern, Journalisten und Wissenschaftlern verfangen manchmal die dümmsten Ideen. Oder wie anders soll man es nennen, wenn neuerdings in der Bundesrepublik immer wieder besonders lautstark verkündet wird, daß – wie es heißt – „Entwicklungshilfe auch bei uns im eigenen Land beschäftigungswirksam sein sollte".[5]

Das klingt gut und ist dennoch Unsinn. Bisher haben wir nämlich nicht nur von der eigenen Entwicklungshilfe bei uns hier Wirkungen auf die Beschäftigung gehabt, sondern wegen unserer Konkurrenzfähigkeit – wegen pünktlicher Lieferung, guter Qualität und wettbewerbsfähiger Preise – haben wir häufig auch da Aufträge erhalten, wo Projekte in Entwicklungsländern von anderen finanziert wurden. Das wird aufhören, wenn alle anderen es der Bundesregierung gleich tun und zu dem Grundsatz der sogenannten Lieferbindung zurückkehren.[6]

Meist allerdings neigt die Bundesregierung wenig dazu, den Vorreiter zu spielen. Und man muß auch hinsichtlich der Entwicklungspolitik fragen: Muß denn die Bundesrepublik wirklich in allem Wesentlichen der US-Politik folgen?

Es ist überhaupt erschreckend, welch ein Nebel von Sprüchen und angeblichen Neuerungen für viele die traurige Wirklichkeit der Entwicklungspolitik der Industrieländer verdeckt. Ich sage das durchaus auch an die eigene Adresse, man soll mich da nicht falsch verstehen. Auch die SPD hat sich bisher nicht übernommen, auch wir haben die Größe und Bedeutung des Nord-Süd-Problems noch immer nicht ganz erkannt – oder zumindest nicht ausreichend in unser Denken und Handeln aufgenommen.

[. . .][7]

Manches, was wir jetzt hierzulande wieder besonders häufig hören, erinnert mich an den Brief des amerikanischen Präsidenten, der mir nach dem Nord-Süd-Gipfel von Cancún schrieb.[8] Er dankte für den Beitrag der Nord-Süd-Kommission und unterstrich die Bedeutung der Entwicklungshilfe für viele Länder, wobei jedoch private Investitionen eine noch wichtigere Rolle spielten, wie er sich ausdrückte. Und beim Internationalen Währungsfonds und der Weltbank seien Bemühungen im Gange, die verfügbaren Mittel noch effizienter zu nutzen . . .

Mit einer Rede zur Entwicklungspolitik eröffnet der Vorsitzende der SPD, Willy Brandt, das Nord-Süd-Forum seiner Partei am 16. Februar 1984 in Bonn.

Auch das klang zunächst ganz gut und ging dennoch an der Kernfrage vorbei. Denn bei genauerem Hinsehen stellt man fest, daß es eben für die ärmsten Länder die Alternative der privaten Investitionen fast überhaupt nicht gibt. Und es ist unter Fachleuten auch bekannt [...], daß die Weltbank durchaus effizienter ist als die international tätigen Geschäftsbanken. [...][9]

Aber damit wird man zum Beispiel keineswegs ausgleichen können, was man als den neuesten Skandal in der Entwicklungshilfe bezeichnen muß – nämlich, daß bei der Bewilligung neuer Mittel für die Internationale Entwicklungsorganisation – abgekürzt IDA, für International Development Association[10] – die amerikanische Regierung dafür gesorgt hat, daß die verfügbaren Mittel für die nächsten drei Jahre real – also unter Berücksichtigung der Inflation – niedriger sein werden als in der Vergangenheit – und das zu einer Zeit, da die ärmsten Länder, denen diese Mittel ausschließlich zugute kommen, unter den Folgen der weltweiten Wirtschaftskrise am stärksten leiden.

[...][11]

Vorläufig haben die anderen Geberländer dem amerikanischen Druck nachgegeben. Sie wären bereit gewesen, entsprechende Beiträge zur Auffüllung der IDA-Mittel auf insgesamt ca. 12 Mrd. Dollar zu leisten, wenn die USA ihren Anteil beisteuern. Die USA erklärten jedoch, sie könnten nur einen Beitrag leisten, der mit einem Gesamtbetrag von 9 statt 12 Mrd. Dollar vereinbar ist.[12] Dabei muß man sich vorstellen, daß der Unterschied für sie ganze 250 Mio. Dollar pro Jahr beträgt. Anders gesagt: Weil das Land, das seinen Militärhaushalt von 264 auf 305 Mrd. Dollar erhöhen will[13] – also um 40 Milliarden, soviel wie die gesamte derzeitige öffentliche Entwicklungshilfe aller Länder – sich die infrage stehenden 250 Millionen angeblich nicht leisten kann, die gerade 0,6 % des Anstiegs der Militärausgaben ausmachen würden –, deshalb sollen die ärmsten Entwicklungsländer jährlich eine ganze Milliarde weniger bekommen.

Weil dieser Skandal, diese Haltung der Regierungen einfach nicht so hingenommen werden kann, haben Mitglieder der Nord-Süd-Kommission jetzt in Rom einhellig beschlossen, sich für eine

Überprüfung jenes Beschlusses einzusetzen.[14] Wir werden uns persönlich bemühen, die Regierungen umzustimmen.[15] Falls das in Washington nicht gelingt[16], wollen wir die anderen Geberländer dazu bewegen, sich nicht hinter der amerikanischen Haltung zu verstecken, sondern ihren ursprünglich zugesagten Beitrag zu leisten, gegebenenfalls unter besonderen Bedingungen oder in einen besonderen Topf.[17] Jedenfalls sollten nach unserer Meinung die ärmsten Länder nicht auch von uns und den übrigen Geberländern weniger Unterstützung erhalten, nur weil die amerikanische Regierung mangelndes Verständnis zeigt. Mit dem Bundeskanzler habe ich in dieser Sache bereits ein Gespräch gehabt, das mich in unserem Vorhaben durchaus bestärkt hat. Ich denke, hier ist das letzte Wort noch nicht gesprochen.[18]

Weil die amerikanische Regierung sich nichts sagen läßt – müssen sich deswegen immer mehr andere Regierungen alles sagen lassen? Das kann nicht gutgehen, zumal wir und die anderen am Ende für die amerikanischen Fehler mitzahlen werden. Am schlimmsten aber zahlen die armen Länder. Zumal die ärmsten Länder, von denen die meisten in Afrika liegen, können mit ihrer katastrophalen Lage nicht allein fertigwerden. Und in Afrika droht aufgrund einer neuen Dürre noch zusätzliches Elend.[19] [. . .][20]

Dennoch: ich gebe die Hoffnung nicht auf. Die Generation derjenigen, die in paranoider Furcht leben, das Böse nur im vermeintlichen Gegner sehen und sogenannte Sicherheit im Irrsinn des Rüstungswettlaufs suchen; denen Mut oder Phantasie oder beides fehlt; die nur in Leistung und Gegenleistung denken und nicht an gemeinsamen Gewinn; die nicht begreifen, daß Krieg in den Köpfen beginnt und daß Friede mehr ist als die Abwesenheit von Krieg; die nicht verstehen, daß Entwicklung Friede bedeutet und daß dieser Friede gleichfalls in den Köpfen der Menschen beginnt – diese Generation wird schließlich einem neuen Denken Platz machen, wenn wir nicht gemeinsam zugrunde gehen.

Meine Generation hat das Inferno erlebt und viele hat die Hoffnung verlassen. Aber andere sehen wie ich einen Hoffnungsschimmer. Wir geben nicht auf.

Daß unsere Hoffnung zur Wirklichkeit wird, dazu kann jeder einzelne seine Anstrengungen beisteuern, allein oder in Gruppen mit anderen. Aber das ist nicht genug. Ich sprach von den IDA-Mitteln: Kein Dritte-Welt-Laden und keine Spenden-Aktion kann ausgleichen, was die zuständigen Regierungen unterlassen. Und kein Kaufstreik oder Konsumverzicht kann wettmachen, was die Regierungen durch Handelsbeschränkungen bewirken.

[...]²¹ Allein mit milden Gaben und dem Einsatz einer Minderheit werden wir unser Ziel nicht erreichen. Die Mehrheit muß zur Besinnung kommen, muß umkehren. Nur dann kann unsere Hoffnung sich erfüllen, ‹„eine Welt zu schaffen, in der möglichst alle teilhaben an der allgemeinen Wohlfahrt und in der mehr Gerechtigkeit, Freiheit und Friede herrschen"›.²²

Dafür will ich arbeiten bis ans Ende meiner Tage.

Nr. 74
**Gemeinsame Erklärung der Präsidenten der Christlich-Demokratischen Internationale, der Liberalen Internationale und der Sozialistischen Internationale zu Lateinamerika
10. April 1984**

Sozialdemokraten Service Presse Funk TV, Nr. 163/84 vom 11. April 1984.

1. Am 10. April 1984 trafen sich zum ersten Mal die Präsidenten der Christlich-Demokratischen Internationale, Andres Zaldivar, der Liberalen Internationale, Giovanni Malagodi, und der Sozialistischen Internationale, Willy Brandt, in Rom. Bei diesem Zusammentreffen hatten die Präsidenten einen umfassenden Meinungsaustausch, vor allem über Lateinamerika.
2. Ungeachtet allgemein bekannter unterschiedlicher Auffassungen, einigten sich die drei Präsidenten in demokratischer

Solidarität auf gemeinsame Standpunkte im Streben nach Frieden, Freiheit, Demokratie und sozialer Reform in Lateinamerika.
3. Im Anschluß an ihre Gespräche in Rom richteten die Präsidenten der drei Internationalen folgenden „Gemeinsamen Appell über Lateinamerika" an die Öffentlichkeit:
4. Die heutigen politischen Probleme in Lateinamerika sind weitgehend die Folge von lang andauernden wirtschaftlichen und sozialen Ungerechtigkeiten. Deshalb sollte die Frage der Menschenrechte im Zusammenhang gesehen werden mit der Perspektive der wirtschaftlichen und sozialen Rechte und der kulturellen Entwicklung.
5. Aus diesem Grunde bedauern die drei Präsidenten die Tendenz, die sozialen und wirtschaftlichen Streitigkeiten in Lateinamerika mit der Ost-West-Konfrontation zu identifizieren, und sie äußern ihre ernste Sorge über die zunehmende Verwicklung ausländischer Mächte in diesem Gebiet.
6. Infolgedessen betonen die drei Präsidenten ihre entschlossene Unterstützung für die Initiativen, die von der Contadora-Gruppe[1] unternommen werden und fordern die Regierung der Vereinigten Staaten, die lateinamerikanischen Regierungen und die Regierungen Europas auf, ihnen zuzustimmen.
7. Die drei Präsidenten stimmen darin überein, daß der Frieden in Mittelamerika unsicher bleiben wird, wenn es den Bürgern nicht möglich ist, ihre Regierungen in regelmäßigen Abständen in freien und allgemeinen Wahlen zu wählen.
8. In diesem Zusammenhang erklären die drei Präsidenten ihr Engagement für den Frieden, die Demokratie und die soziale Gerechtigkeit in El Salvador und sprechen ihre Unterstützung aus für einen offenen und konstruktiven Dialog zwischen allen demokratischen Kräften, um dieses Ziel nach Abschluß der Wahlen zu erreichen. Die drei Präsidenten nehmen Kenntnis von der Erklärung der Regierung Nicaraguas, in diesem Jahr freie und allgemeine Wahlen abzuhalten, und begrüßen diese Entscheidung als wichtigen Schritt zur Abschaffung des Ausnahmezustandes und zur Gewährleistung der Chancengleichheit für alle politi-

schen Parteien, um ein freies und korrektes Wahlverfahren als Verwirklichung des politischen Pluralismus für eine demokratische Zukunft zu garantieren.

9. Sie nehmen zur Kenntnis, daß die Vereinigten Staaten in Lateinamerika eine Schlüsselrolle einnehmen und fordern die USA deshalb auf, als mächtigste Demokratie der Welt zur Schaffung eines politischen und wirtschaftlichen Klimas beizutragen, das dem Frieden, der Demokratie und dem Wohlstand förderlich ist.

10. Die Präsidenten der drei Internationalen beglückwünschen die Bevölkerung Argentiniens zu ihrer Rückkehr in das Lager der Demokratien.[2] Sie sichern der demokratischen Regierung ihre volle Unterstützung zu und fordern die weltumspannende Gemeinschaft der Demokratien auf, die wirtschaftliche und politische Zusammenarbeit mit Argentinien zu verstärken. Insbesondere fordern sie die Regierungen von Argentinien und Großbritannien auf, zu einer schnellen und friedlichen Lösung des Falkland-Malvinen-Konfliktes beizutragen.[3]

11. Die drei Präsidenten verurteilen nachdrücklich die in allen Lebensbereichen anhaltenden schwerwiegenden Verletzungen grundlegender Menschenrechte in Chile und unterstützen die Demokratische Allianz in Chile ohne Vorbehalt. Sie betrachten die Zusammenarbeit demokratischer Kräfte als entscheidendes Instrument, um die längst überfällige Rückkehr Chiles zu einer demokratisch gewählten Zivilregierung herbeizuführen.

12. Im Hinblick auf die Tatsache, daß in vielen anderen lateinamerikanischen Ländern politische Unterdrückung und wirtschaftliche Ausbeutung noch immer an der Tagesordnung sind, betonen die drei Präsidenten die besondere Rolle, die den internationalen Wirtschafts- und Finanzinstitutionen zukommt, um positive wirtschaftliche Anreiz zur Stärkung der Demokratie im gesamten Gebiet zu schaffen.

13. Die Präsidenten der drei Internationalen drücken ihre Abscheu gegenüber den häufigen Fällen von Folterung, Entführung und willkürlicher Verhaftung durch diktatorische Regime aus. Sie fordern eine sofortige Beendigung dieser unrechtmäßigen Prak-

tiken. Die drei Präsidenten erwarten von ihren jeweiligen Organisationen, daß sie sich bemühen, solche Übergriffe ans Licht zu bringen, öffentliche Unterstützung für die Opfer zu mobilisieren und alle die zu verurteilen, die solche Untaten begehen.

14. In einer Weltlage, in der die Unabhängigkeit und Selbstbestimmung der Völker und die Werte, die auf der Menschenwürde und den Menschenrechten beruhen, in einem Maße bedroht sind, das in der neueren Geschichte der Menschheit keine Parallele hat, beendeten die drei Präsidenten ihre Zusammenkunft mit einem Aufruf an die demokratischen Kräfte in Lateinamerika, sich mit den drei Internationalen in dem gemeinsamen Streben für die Entwicklung ihrer Länder zu vereinen, für einen dauerhaften Frieden in diesem Gebiet und für Freiheit, Gerechtigkeit und Wohlstand in einer besseren Welt.

Nr. 75
Botschaft des Präsidenten der SI, Brandt, und der Vizepräsidenten der SI González, Pérez und Peña Gomez an den Präsidenten El Salvadors, Duarte
16. Mai 1984

AdsD, WBA, A 3, 963.[1]

Ihr Wahlsieg, zu dem wir Sie beglückwünschen, eröffnet die hoffnungsvolle Möglichkeit, daß die neue Regierung unter Ihrer Führung die historische und patriotische Verantwortung auf sich nimmt, einen Weg einzuschlagen, der zu einer Lösung des Konflikts über den Weg von Verhandlungen führt.[2]

Die allgemeinen Bedingungen, die in der salvadorianischen Nation vorherrschen, ändern sich durch Ihren Wahlsieg allein nicht. Sie bleiben Gegenstand internationaler Sorge und bewegen Lateinamerika angesichts der Perspektive, daß der militärische Weg weiterhin die vernünftige Alternative unmöglich macht, politische Initiativen zu ergreifen, die zur Erreichung des Friedens führen.

Für den Bürgerkrieg in Ihrem Land, der durch eine jahrzehntelange einseitige und hegemoniale Politik in einem Land entstanden ist, das unter großer sozialer Ungerechtigkeit leidet, zeigt sich nicht die Möglichkeit eines leichten und kurzfristigen militärischen Sieges, weder für die eine noch für die andere am Konflikt beteiligte Seite, und auch die Wahlen werden nicht die Lösung des bewaffneten Konflikts sein, es sei denn, daß als eine ihrer Konsequenzen der militärische Weg und die ausländische Intervention verstärkt werden.

Ihr Wahlerfolg ist ein Sieg demokratischer Positionen und des Wunsches des salvadorianischen Volkes, in Frieden und in einem Rechtsstaat zu leben. Wenn dies auch in den Wahlen stark zum Ausdruck gekommen ist, so stellt dies doch nicht die Mehrheit dar, wie die vielen Gegenstimmen zeigen und erst recht, wenn man berücksichtigt, daß wichtige Bereiche der Linken an den Wahlen nicht teilgenommen haben.

Um den Weg zu den höchsten Zielen der Eintracht, des Friedens und der Demokratie zu öffnen, ist es notwendig, daß die am Konflikt beteiligten Parteien in einer in zwei Hälften geteilten Nation ihre eigenen Interessen zu Gunsten des nationalen Interesses zurückstellen. Dies erfordert eine offene und flexible Haltung, ohne die fundamentalen Prinzipien der Freiheit und der Demokratie zu beeinträchtigen.

Unter den gegenwärtigen Umständen des salvadorianischen Bürgerkrieges ist es illusorisch und sehr gewagt, darauf zu hoffen, daß der Friede dadurch erreicht werden könne, wenn man von einer der Seiten fordert, die Waffen niederzulegen. Wir sind im Gegenteil fest davon überzeugt, daß ein breiter Dialog ein Klima des Vertrauens schaffen und zu demokratischen Bedingungen für die Verständigung zwischen allen salvadorianischen politischen Kräften führen kann.

Die Führung der katholischen Kirche, die in Ihrem Land eine unumstrittene moralische Kraft ist, nimmt den Friedenswillen dieses gequälten Volkes und der internationalen Gemeinschaft auf. Ihr wiederholter Aufruf zu einem „aufrichtigen Dialog" und ihr Angebot, bei dessen Zustandekommen hilfreich zu sein, verdienen unserer Ansicht nach Unterstützung und sollten genutzt werden.

Die demokratischen Organisationen, mit denen Sie sich und wir [uns] identifizieren, wünschen oder fördern keine gewaltsamen, militärischen, totalitären oder autoritären Lösungen rechts oder links. Unser Interesse beruht darin, dazu beizutragen, daß die Werte der Demokratie und des politischen Pluralismus in Ihrem Land tatsächlich Gültigkeit haben und einen starken Anstoß für den Demokratisierungsprozeß Lateinamerikas geben.

Ihre Wahl hat Erwartungen des Friedens und der Demokratie geweckt, die nicht enttäuscht werden können. Sie werden als demokratischer und fortschrittlicher Politiker geschätzt und sind als solcher gegen gewaltsame Lösungen. Im Vertrauen darauf und in der Hoffnung auf Ihren Wahlsieg und Ihre tatkräftige Suche nach friedlichen Lösungen ermuntern wir Sie, sobald wie möglich, einen Dialog mit offener Tagesordnung zu beginnen, der es erlaubt, zu einer Übereinkunft zu kommen, die zum Frieden, zur salvadorianischen Eintracht und zur Demokratie führt.

Wir bieten unsere Mithilfe an und betrachten für diese internationale Zusammenarbeit die kürzliche Erklärung, die in Rom von den Repräsentanten der drei demokratischen Internationalen, der Sozialistischen Internationale, der Christdemokratischen Internationale, der Sie und Ihre Partei angehören, sowie der Liberalen Internationale, als ein gutes Vorzeichen, da sie alle für die Suche nach einem demokratischen Frieden in Mittelamerika eintreten.[3]

Wir sind überzeugt, daß Sie mit dieser breiten internationalen Unterstützung und der Unterstützung, die Sie von den demokratischen Kräften Ihres Landes haben werden, in der Lage sein werden, eine Lösung mit breiter nationaler und internationaler Zustimmung zu erreichen, die den Frieden erreicht und Ihrer Wahl das Mandat des Volkes bestätigt, das Sie bekommen haben.
Willy Brandt
Felipe González
Carlos Andrés Pérez
J. F. Peña Gomez

Nr. 76
Aus dem Vermerk über das Gespräch des Vorsitzenden der SPD und Präsidenten der SI, Brandt, mit dem Präsidenten Costa Ricas, Monge
9. Juni 1984[1]

AdsD, WBA, A 11.4, 136.

[...][2]
Willy Brandt:
[...][3]
— Ein paar Anmerkungen zur unglücklichen Ausdehnung des Ost-West-Konfliktes auf Ihre Region:
  1) Als ich vor wenigen Jahren ein Gespräch mit der sowjetischen Führung hatte, gewann ich <u>nicht</u> den Eindruck, als wolle sich Moskau sehr in Mittelamerika engagieren.[4]
  2) Das hat sich jetzt geändert – als Ergebnis auch der extrem schlechten Beziehungen zwischen den Supermächten.
  3) Als die USA die UdSSR aus Ägypten hinausdrängten (dagegen hatte ich gar nichts!), suchte Moskau nach Gelegenheiten, die USA zu ärgern (dies geschah mit Äthiopien und Angola).[5] Wahrscheinlich hat Moskau auch Fidel Castro in eine gewisse Richtung beeinflussen können; dieser war ja bereit, sich früher in El Salvador für einen Abbau der Konfrontationen zu engagieren.
  4) Ein großer Teil der öffentlichen Meinung in Europa hält das Engagement für Mittelamerika durch die USA für fragwürdig und ist sehr kritisch gegen jede regionale Einmischung militärischer Art.
  5) An unserer Lage läßt sich einiges exemplifizieren: Die einseitigen militärischen Maßnahmen (,deployment') haben nolens volens Osteuropa zusammengeschweißt, während es doch zu unser aller Vorteil gewesen wäre, das Gegenteil anzustreben.[6]

Allerdings gibt es auch ungerechte Beurteilungen der USA-Politik, und bei allen unseren Bedenken gegenüber Washington haben wir der Neigung zum Antiamerikanismus widerstanden.

Im vergangenen Sommer haben wir in Madrid einen Brief an die Kommandanten[7] geschrieben, wir, d. h. Carlos Andrés Pérez, Daniel Oduber, Felipe González und ich, in dem wir rasche Wahlen, noch vor dem damals feststehenden Termin 1985, forderten, denn wir hatten das Gefühl, es werde nicht genug getan, um die Kommandanten beim Wort zu nehmen.[8]

Selbst wenn die Wahlen in Nikaragua nicht ganz fair (wie in Europa) verliefen und die Opposition nur 30 % der Stimmen bekäme, wäre das eine von der heutigen verschiedene Situation, denn ein Pluralismus würde eine neue Realität bedeuten, aber das können Sie besser beurteilen.

Für uns ist die Contadora-Initiative ein richtiger Ansatz, und ich halte es für gut, daß es, gestützt darauf, den Versuch der Grenzkommission mit den Nachbarn gibt.[9]

– Wenn ich noch eine Bemerkung zur SI machen darf:
Es gab eine Tendenz in der SI, wo die Sandinisten den Eindruck erweckt haben, als seien sie ein „ständiger Begleiter" der SI. Das war falsch. Die Sandinisten sind nicht ständige Gäste der SI.
Die nächste Bürositzung der SI ist in Rio im Oktober [1984]. Es wäre sehr zu bedauern, wenn unsere Freunde aus Costa Rica nicht vertreten wären. Die Sandinisten werden in Rio nicht ständig anwesend sein, sondern nur bei den Punkten, die sie betreffen.[10]

[...][11]

Luis Alberto Monge:

[...][12]

Es ist nicht unsere Absicht, den Parteien der SI vorzuschreiben, daß sie keine Solidarität mit Nicaragua üben sollten.

Was wir deutlich wollen ist, daß die SI solidarisch mit Costa Rica ist.

Willy Brandt:

Zum Verständnis der Solidarität mit Nikaragua läßt sich sagen: diese Solidarität hat sich nie gegen Costa Rica gerichtet, sondern für ein

Volk, das gegen Somoza gekämpft hatte. Gegenüber den Sandinisten gab es <u>nie</u> eine <u>unkritische</u> Solidarität.

Auf der Grundlage unserer heutigen Aussprache und im Zusammenwirken mit Euch werden wir einen neuen Einstieg in die Zusammenarbeit finden.

[. . .][13]

Luis Alberto Monge:
– Ich möchte sagen, daß die BRD gut daran tut, Einfluß auf die Kommandanten auszuüben.
– Ich möchte sagen, daß die BRD und die SPD gut beraten sind, daß die F[riedrich-]E[bert-]St[iftung] in Managua ist und sich <u>nicht</u> zurückzieht, solange ihr die Arbeit möglich ist: Erziehung, Genossenschaften.
– Die SPD soll sich <u>nicht</u> an den Rand stellen, sondern weitermachen. Die SPD soll ihre politischen Projekte dort weiterführen; das ist meine Einschätzung.

[. . .][14]

Willy Brandt:

Vor 2 Monaten haben die drei Präsidenten der drei Internationalen über El Salvador eine Erklärung in Rom herausgegeben.[15] Im Kontakt mit der italienischen DC haben González, Pérez, [Peña] Gomez und ich an Duarte einen Brief geschrieben, wir wollen ihn zum Dialog bewegen.[16]

Ungeschützt sage ich Euch:

Duarte wird <u>nicht</u> alle in seinen Reihen auf ein Dialog-Konzept bringen können,

Ungo wird <u>nicht</u> alle Guerillos hinter sich bringen.

Wenn beide aber das Meiste ihres Anhanges einbringen können, dann ist das optimal!

[. . .][17]

Nr. 77
Schreiben des Vorsitzenden der Nord-Süd-Kommission, Brandt, an die Mitglieder der Kommission
12. Juni 1984

AdsD, WBA, A 14, 6 (Übersetzung aus dem Englischen: Wolfgang Schmidt).[1]

Sehr geehrte Kollegen und Freunde,
ich dachte, dass ich Sie informieren sollte über die Ergebnisse und Eindrücke meiner jüngsten Reise nach Indien und China[2], insoweit es Implikationen für die Nord-Süd-Beziehungen gibt. Ich werde diese Gelegenheit auch nutzen, um die Ergebnisse des Londoner Gipfels, wo sie den Nord-Süd-Dialog betreffen, zu erörtern.[3]

In meinen Gesprächen mit der indischen Premierministerin [Gandhi] spielten neue Initiativen für eine Wiederaufnahme eines ergiebigeren Nord-Süd-Dialogs eine wichtige Rolle. Es scheint, dass Indien sogar gewillt sein könnte, die Führung zu übernehmen beim Ruf nach einem neuen Gipfel nach dem Modell von Cancún, nicht notwendigerweise mit denselben Teilnehmern, aber sicherlich mit besserer Vorbereitung im Vorfeld. Ich meine, das ist ein gutes Zeichen, und ich ermunterte die Premierministerin, dies weiterzuverfolgen.[4] Es ist zu hoffen, dass diese Initiative aktive Unterstützung von der Seite der Industrieländer finden wird.[5] Ich glaube, dass Europa in diesem Zusammenhang eine wichtige Funktion hat.

Die Frage der IDA-Wiederauffüllung[6] ist natürlich von großem Interesse für Indien und China, und die Hoffnung wurde ausgedrückt, dass eine Lösung rasch gefunden werden könnte für die zusätzliche IDA-Finanzierung. Ein weiteres Anliegen in beiden Ländern war die Entwicklung einer stärkeren Süd-Süd-Kooperation, nicht nur weil sie als solche und in Bezug auf Gewinne für die Länder des Südens Nutzen bringen könnte, sondern auch als Vorbedingung für effizientere Nord-Süd-Zusammenarbeit.

Leider muss auch gesagt werden, dass es in Indien und sogar noch mehr in China den ziemlich verbreiteten Eindruck gibt, die Nord-Süd-Beziehungen und die Weltwirtschaft müssten möglicherweise durch eine weitere noch ernstere Krise gehen, bevor eine neue Phase einer erfolgreicheren Zusammenarbeit und eines ergiebigeren Dialogs beginnen kann. Bedenken wurden geäußert, ob bei dem neuen Versuch multilateraler Kooperation die Aufnahme derjenigen Länder realisierbar ist, die bislang nicht ernsthaft beteiligt, wenn nicht ausgeschlossen sind.

Ich war überrascht, einen höheren Grad an Interesse an unserem Bericht und an unserer Arbeit festzustellen, als ich erwartet hatte. Besonders freute mich, zu erfahren, dass unser zweiter Bericht soeben in chinesischer Sprache veröffentlicht worden war. Auch kam ich zurück mit dem Eindruck, dass von uns immer noch erwartet wird, eine aktivere Rolle dabei zu spielen, auf Menschen und Regierungen einzuwirken, ihre Auffassungen und Verhaltensweisen entlang der in unseren Berichten vorgeschlagenen Linie zu ändern. Das ist besonders deutlich auf dem Gebiet von Abrüstung und Entwicklung, woran in beiden Ländern und auf allen Ebenen, von den politischen Führern und von den Experten, großes Interesse ausgedrückt wurde.

Deshalb fühle ich mich bestärkt, weiter zu untersuchen, welchen Beitrag wir in diesem Feld vielleicht leisten könnten, und ich möchte Sie dazu ermuntern, mir zuzusenden, was auch immer Sie an Vorschlägen oder Anregungen haben mögen.

Unser dringlichstes Anliegen ist aber die Frage der IDA-Wiederauffüllung. Obwohl wir einige ermutigende Antworten auf unseren Brief erhalten hatten[7], wurden unsere Erwartungen beim Londoner Weltwirtschaftsgipfel nicht erfüllt.[8] Ich denke, es ist nun notwendig, eine Notsitzung sowohl zu IDA als auch zur internationalen Schuldenkrise zu fordern. Die Initiative dazu sollte durch die fortschrittlicheren Länder ergriffen werden, die bereit waren, einer zusätzlichen Finanzierung der IDA zuzustimmen, um gravierende kurzfristige Probleme zu vermeiden, besonders da der langfristige Ausblick für IDA wirklich nicht so düster aussieht. Wie ich es sehe, wird sich die Szene innerhalb eines Jahres gewandelt haben, und daher wäre es besonders dumm, wenn wir nicht jede mögliche Anstrengung unternähmen, diese Lücke von einem Jahr zu überbrücken.[9]

Die Schuldenkrise[10] ist eine etwas andere Sache. Auch kann ich keine schnelle Lösung sehen. Ich bin jedoch überzeugt, dass ernsthafte Arbeit und Diskussionen sobald wie möglich beginnen müssen, wenn wir wollen, dass die Lage unter Kontrolle kommt. Und weil alle Länder betroffen sind, muss dieses Problem unter Beteiligung aller besprochen werden.[11] Ich meine, die Folgerungen sind einleuchtend.

Aber lassen Sie mich auch sagen, dass ich mich trotz all der schwierigen und ernsten Probleme um uns herum ermutigt fühle durch das, was ich während meiner Reise sah. Fortschritt ist zweifellos möglich, sowohl Indien als auch China mit all ihren Unterschieden sind Beweis dafür. Und ich selbst vertraue darauf, dass wir zusammen eine Zukunft haben können. In diesem Geist müssen wir weiterhin alle zur Verfügung stehenden Optionen verfolgen, um die Botschaft unserer Berichte weiterzuverbreiten und, wo immer möglich, bei der Implementierung unserer Vorschläge zu helfen.

Nach weiterer Konsultation mit Freunden und Kollegen werde ich Sie wissen lassen, welche zusätzlichen Schritte und Initiativen wir in Betracht ziehen sollten. Ich freue mich darauf, von Ihnen zu hören.
Mit besten Grüßen
Ihr ‹Willy Brandt›[12]

Nr. 78
Schreiben des Vorsitzenden der SPD und Vorsitzenden der Nord-Süd-Kommission, Brandt, an den Bundeskanzler, Kohl
2. Juli 1984[1]

AdsD, WBA, A 14, 6.

Sehr geehrter Herr Bundeskanzler,
ich möchte noch einmal zurückkommen auf die Frage der Wiederauffüllung der Mittel der Internationalen Entwicklungsorganisation (IDA)[2], die in der Regierungserklärung vom 28. 6. [1984] bedauerlicherweise nicht direkt erwähnt wurde[3] und über die beim Londoner Gipfeltreffen offenbar nur am Rande gesprochen worden ist.[4]

Nach dem jetzigen Stand der Dinge scheint eine Änderung der amerikanischen Haltung vorerst nicht in Betracht zu kommen.[5] Damit liegt die Verantwortung für eine angemessene Aufrechterhaltung der IDA-Operationen bei den übrigen Geberländern, die nun die Schaffung einer „supplementary facility"[6] unterstützen sollten. Dabei kommt der Bundesrepublik und Japan eine Schlüsselrolle zu.

Ich hoffe sehr, daß die Bundesregierung durch eine positive Entscheidung dazu beiträgt, die zögerliche Haltung der japanischen Regierung zu überwinden. Wegen der Bedeutung dieser Entscheidung würde ich es begrüßen, wenn es sich einrichten ließe, daß Herr Edward Heath und Herr Shridath Ramphal, Generalsekretär des Commonwealth – beide prominente Mitglieder meiner Ex-Kommission – Ihnen unseren Standpunkt in der Sache darlegen könnten,[7] da ich selbst für die kommenden Wochen nicht in Bonn sein werde. Der Termin könnte, wenn Sie einverstanden sind, über mein Büro abgestimmt werden.[8]
Mit freundlichen Grüßen
⟨gez. Willy Brandt⟩[9]

Nr. 79
Aus dem Manuskript der Rede des Vorsitzenden der SPD und Präsidenten der SI, Brandt, vor dem Colegio de México in Mexiko-Stadt
18. Oktober 1984

AdsD, WBA, A 11.8, 43 (Übersetzung aus dem Englischen: Wolfgang Schmidt).[1]

Es ist eine Ehre für mich, heute hier bei Ihnen zu sein und über „Zusammenarbeit in einer Welt der Spannungen" zu sprechen. Ich bin besonders dankbar für diese Gelegenheit, da ich nun am Ende einer dreiwöchigen Tour durch Lateinamerika stehe[2] und diesen Anlass gerne für eine erste Zusammenfassung nutzen möchte. Natürlich sind meine Schlussfolgerungen in mancher Hinsicht noch vorläufig, aber in einer Reihe von Fragen sind sie schon ganz klar.

[. . .][3]

Wenn ich in dieser Nacht ins Flugzeug steige, werde ich sehr gute Erinnerungen an einen Besuch mitnehmen, zu dem es wohl kaum eine Parallele geben dürfte. Ich werde abreisen mit den allerbesten Wünschen für die Zukunft dieses Kontinents.

Aber ich muss zugeben, dass ich auch sehr besorgt bin. Weil die Gefahren in gewisser Hinsicht mindestens so groß sind, wie ich es zu Beginn meiner Reise erwartet hatte. Dennoch gibt es Hoffnung.

Frieden liegt in der Luft, wie ich in Managua sagte, wo ich in bescheidenem Maße auch daran beteiligt war, die erste Runde politischer Gespräche zwischen den Salvadorianern zustande zu bringen.[4] Es ist meine aufrichtigste Hoffnung, dass diese Aussicht auf Frieden nicht verschwindet wegen ungerechter und nicht gerechtfertigter Aktionen, wie z. B. eine Intervention von außen.

[. . .][5]

I

Ich war überrascht über die Fortschritte der Demokratisierung oder die Wiedergeburt der Demokratie in Südamerika. Auch wenn sie noch immer zerbrechlich ist und dringend Unterstützung braucht, ist die Demokratie in eine Reihe von Ländern zurückgekehrt.[6] Und wo Diktatoren noch immer regieren, sind ihre Tage endgültig gezählt.[7] Es ist ermutigend, diesen Wandel mit den eigenen Augen zu sehen. Auch das alte chinesische Sprichwort wurde wieder bestätigt: Es ist besser, etwas ein einziges Mal zu sehen, als hundertmal davon zu hören.

Ich bin froh, dass die Demokratie zurückkehrt und sich verbreitet. Aber sie braucht unsere Hilfe, nach moralischen wie auch nach wirtschaftlichen Begriffen. Sonst könnte es passieren, dass Raúl Alfonsíns[8] Befürchtung wahr wird. Er sagte: Wir freuen uns, dass Sie heute mit Blumen für die Demokratie kommen; ich hoffe, Sie kommen das nächste Mal nicht mit Kränzen für die Gräber unserer Demokratien.

Daher ist es notwendig, jede mögliche Anstrengung zu machen, um den Prozess der Demokratisierung zu unterstützen. Und es sollte klar sein, dass angesichts des vielfachen Drucks auf die Regierungen wirtschaftliche und soziale Probleme und ihre Lösung eine wichtige, eine entscheidende Rolle spielen. Aus diesem Grund müssen wir über Schulden und Demokratie reden.

Und weil die Schuldenfrage nicht isoliert gelöst werden kann, müssen wir auch über Handel und Protektionismus reden, über Wirtschaftshilfe und Kooperation, über Rohstoffpreise, über Investitionen. Aber vor allem müssen wir zwei Dinge begreifen – und der stärkste Fürsprecher dabei war, auch wenn dies für manche eine Überraschung sein könnte, Fidel Castro, den ich in Havanna traf:[9] Erstens – Geld ist nicht genug, in einigen Fällen sogar nicht nötig. [Zweitens:] Es sind die Menschen und der Geist und die Verhaltensweisen der Menschen, die von fundamentaler Bedeutung sind. [...][10]

II

Heute ist unsere Lage so beängstigend, weil viele Menschen noch immer unfähig scheinen, die Zeichen der Zeit in der Entwicklungswelt zu erkennen, obwohl wir neuartigen Problemen gegenüberstehen, die noch vor einem Jahrzehnt unbekannt waren.

Regionale Krisen zum Beispiel, die nicht Teil des Ost-West-Gegensatzes sind, aber sich sehr wohl zu einem größeren internationalen Konflikt entwickeln könnten. Der Golfkrieg[11] – um nur ein Beispiel zu nennen – ist erschreckend, da er mit Waffen der beiden Supermächte geführt wird, aber keine Supermacht in der Lage zu sein scheint, den Prozess zu kontrollieren. Und das gilt auch für andere Gebiete.

[...][12]

Die Fakten sind:
- Es gibt eine globale Schuldenkrise, die die Zukunft der Länder und Kontinente und das gesamte internationale Finanzsystem bedroht.[13]

Ich weiß, diese Schuldenkrise ist besonders gravierend in Lateinamerika[14], aber sie bedroht uns wirklich alle. Deswegen ist es nach meiner Meinung ganz unglücklich und unverantwortlich, dass es eine so stumme Reaktion auf die Vorschläge gegeben hat, die durch elf lateinamerikanische Staaten bei ihrem jüngsten Treffen in Mar del Plata vorgelegt wurden.[15] Ich hoffe sehr, dass dies nur der erste Schritt war ‹und sie ihre gemeinsame Politik weiterverfolgen werden.›[16]

Die Schuldenkrise ist nicht begrenzt auf eine spezifische Gruppe von Ländern; sie existiert sowohl in als auch zwischen den Staaten; und sie ist kein isoliertes Phänomen. Auch ist sie sicherlich kein isoliertes lateinamerikanisches Problem.

Tatsächlich ist die ganze Welt in den letzten Jahren Zeuge einer Explosion der öffentlichen Verschuldung geworden. Kleine und große, Industrie- und Entwicklungsländer, in Nord und Süd, in Ost und West – überall hat es einen starken Anstieg der öffentlichen Verschuldung gegeben, meist Inlandsschulden in den Industrieländern oder meist Auslandsschulden in den Entwicklungsländern und den Ländern des Ostens.

[...][17]

Ich glaube, dass rasche Maßnahmen an vier Fronten ergriffen werden müssen:[18]
– ein Abkommen über Zinsen; zuerst müssen sie gesenkt werden und dann muss eine sinnvolle Begrenzung eingeführt werden.[19]
– ein Schuldenmoratorium für die schwächsten Länder;
– eine Wiedereinführung traditionell akzeptierter Quoten des Schuldendienstes (maximaler Prozentanteil der Exporterlöse, der für die Bedienung der Auslandsschulden verwendet wird);[20] und
– Einführung einer Art Sozialklausel, die es Anpassungsprogrammen nicht erlauben würde, die Wirtschaft zu strangulieren und den Lebensstandard maßlos zu senken.

[...][21]

IV

Europäische Optionen und Möglichkeiten hängen natürlich von Europas Gewicht und Einfluss ab. Abgesehen von den objektiven Tatsachen wie Importabhängigkeit oder die Größe unserer Märkte ist es unsere subjektive Wahrnehmung der gegenwärtigen Bedingungen und unserer Rolle, die unseren Einfluss und die Wahl unserer Politik bestimmt.

Lange weigerte sich Europa, eine neue Rolle zu akzeptieren, die seinem gegenwärtigen Gewicht in der Weltwirtschaft und in der multipolaren Welt von heute mehr entsprechen würde. Ich glaube, es ist Zeit, unsere Haltung zu ändern. Es ist Zeit, dass wir anfangen, mit einer Stimme zu sprechen. Ich bin fest davon überzeugt, dass Europa bereit sein sollte, mit jenen in anderen Regionen der Welt zu handeln, die in bestimmten Fragen vorankommen wollen. [...]

Warum sollte nicht Europa – bis auf weiteres Westeuropa – versuchen, mit anderen voranzugehen bei der Implementierung der Vorschläge, die schon seit langem auf dem Tisch liegen? Die vorgeschlagene Energiebehörde[22], um ein Beispiel zu nennen. Oder die zusätzliche Finanzierung der IDA[23], um den ärmsten Ländern zu helfen, auch wenn die Vereinigten Staaten noch nicht bereit sind, sich zu bewegen.

[...][24]

Zusätzlich zu einer großen Zahl von kleineren Sofortmaßnahmen, die die Nord-Süd-Beziehungen verbessern helfen würden und wo Europa und Lateinamerika die Führung übernehmen könnten, gibt es enorme langfristige Aufgaben, die so oft vorbuchstabiert worden sind. Ein Hauptvorschlag fällt unter das Stichwort „die Notwendigkeit eines neuen Bretton Woods". Wir brauchen ein neues Bretton Woods[25], ich bin davon überzeugt. Sogar der amerikanische Finanzminister scheint sich nun in diese Richtung zu bewegen.[26]

Konstruktive internationale Zusammenarbeit ist eine Vorbedingung, damit ein solcher Vorschlag irgendeine Chance hat. In unserem ersten Bericht empfahlen wir einen Nord-Süd-Gipfel. Vor drei Jahren fand ein solcher Gipfel in Cancún, Mexiko, statt.[27] Sie alle kennen das Ergebnis. Es könnte wert sein, es noch einmal zu versuchen.[28]

Aber all die wohldurchdachten Vorschläge werden zu nichts führen, wenn wir nicht die Art der ernsthaften, realistischen Kooperation und Verständigung zwischen Nord und Süd herstellen können, von der Raúl Prebisch vor zwanzig Jahren sprach[29] – und vor allem zwischen denen im Norden und im Süden, die in ihrem Denken zumindest etwas fortschrittlicher erscheinen als jene erschreckend abgestandenen – oder soll ich sagen: reaktionären – Konservativen in allen Teilen der Welt, die glauben, dass die Heilmethoden von gestern uns helfen gegen die Krankheiten von heute.

[...][30]

Ich erwarte keine Lösung durch irgendeine Art von Weltregierung. Auch fürchte ich, dass es beträchtliche Zeit dauern dürfte, bevor wir eine Internationale Zentralbank haben werden (oder einen IWF, der stark genug ist, diese Rolle zu spielen). Eher werden wir mehr regionale Verantwortlichkeiten entwickeln müssen – abgesehen von der Dezentralisierung innerhalb der Regionen – und ein besseres Verständnis der globalen Interdependenz.

Lassen Sie mich wiederholen, was ich öffentlich in Buenos Aires[31] sagte: Ich schlage vor, dass in der heutigen Welt Europa eine bedeutende Entwicklungsanstrengung zur Unterstützung Lateinamerikas finanzieren könnte. ‹Ich denke, jetzt ist die Zeit, dass Europa seinen Beitrag entrichten sollte, dass es anerkennen sollte, was es der Demokratie schuldet, statt zuzulassen, dass Schulden sich zum erneuten Todesstoß für die lateinamerikanische Demokratie verwandeln.›[32]

[...][33]

Lasst uns die Last der Schulden und der Anpassung teilen und lasst uns das Blatt wenden. Lasst uns aufhören, Lippenbekenntnisse für die Ideale von Demokratie und freien Märkten abzulegen. Lasst uns den Weg ebnen in eine Zukunft der Entwicklung und Demokratie. Denn das wird Frieden bedeuten.

Wir haben die Mittel, die Talente sind da. Es ist machbar, wenn wir nur der Herausforderung die Stirn bieten. Eine politische Entscheidung, politischer Wille, ist nötig. Die technischen Fragen sind leicht zu beantworten. Wir haben sogar die notwendigen Institutionen, zumindest in embryonaler Form. In Lateinamerika könnte SELA[34] das werden, wozu die OECD[35] in Europa geschaffen wurde.

Wir brauchen rasche Maßnahmen statt lange Verhandlungen. Wir sollten in Milliarden Dollar sprechen, nicht in Millionen. Wir müssen uns mit allumfassenden wirtschaftlichen, politischen und sozialen Problemen auseinandersetzen statt über unbedeutende Handelsziele oder kleine nationale Vorteile zu debattieren.

Europa ist reich genug. Es muss mehr von seinem Wohlstand einsetzen im Interesse des Friedens, der nicht von immer mehr Waffenproduktion kommen wird. Wir müssen Entwicklung mit sehr viel mehr Großzügigkeit unterstützen. Denn Entwicklung ist ein anderes Wort für Frieden, wie Paul VI. mit Recht sagte, als ich ihn vor einigen Jahren traf.[36]

[...][37]

Wir haben die Mittel, die gegenwärtige Krise zu überwinden, den Hunger zu beenden und die heilbaren Krankheiten auszurotten.

Wir sind imstande, Konflikte durch Verhandlungen zu lösen und eine bessere Welt für alle Menschen aufzubauen.

Ich glaube, wir haben eine Pflicht, dies zu tun.

Nr. 80
Interview des Vorsitzenden der SPD, Brandt, für die *tageszeitung* 3. November 1984

tageszeitung vom 3. November 1984.[1]

Auf einer Pressekonferenz in Managua Mitte Oktober [1984] hatte der Vorsitzende der Sozialistischen Internationale (SI), Willy Brandt, erklärt, die SI werde ihre bisherige Unterstützung des nicaraguanischen Wahlprozesses fortsetzen.[2] Zu dem Zeitpunkt hatte sich die kleine Rechtskoalition „Coordinadora Democrática" bereits von den Wahlen zurückgezogen. Am 21.10. [1984] folgten ihr hierin die bedeutenderen „Unabhängigen Liberalen" (PLI). Die verbleibenden fünf Parteien rechts und links von der herrschenden FSLN, die noch an den Wahlen am 4. November [1984] teilnehmen wollen, sind relativ klein und stellen keine Bedrohung für die Sandinisten dar. Der SPD-Vorsitzende hat während seiner Reise die Sandinisten davon zu überzeugen versucht, daß eine weitere Öffnung erforderlich sei, um die Rechtskoalition doch noch für eine Teilnahme zu gewinnen.
BRANDT: Ich war der Meinung, daß das ein Vorteil gewesen wäre, wobei die Sandinisten kein Risiko eingegangen wären. Eine spanische Meinungsumfrage mit gesicherten Daten hatte das für den Fall ergeben, daß sich Arturo Cruz mit seiner „Coordinadora" an den Wahlen beteiligt. Ich hätte das für den stärksten Schutz Nicaraguas für die nächste Zeit gehalten. Ich habe es aber akzeptieren müssen, als die Sandinisten mir sagten, der Zug sei abgefahren, nachdem Cruz in Rio de Janeiro[3] das Wahlabkommen nicht unterzeichnen wollte.[4]

BRANDT: Arce hat gesagt: Ich will das hier unterschreiben, und Cruz meinte: Ich kann nur ad referendum (zur Berichterstattung, die Red[aktion]) unterschreiben. Er verlangte 48 Stunden Zeit. Er hätte zu seiner Gruppe zu Hause nicht denselben technischen Kontakt wie Arce, war sein Argument.

Was da an jenem 2. Oktober [1984] geschehen ist, wird man vielleicht nie erfahren. Ich kann jedenfalls nicht ausschließen, daß die Amerikaner direkt durch Regierung oder durch CIA, die andere Leute an der Strippe hatten, erkennen ließen: So haben wir nicht gewettet. Wir haben doch nicht aus der Erwartung heraus immer auf den Wahlprozeß eingewirkt, den Prozeß erweitern zu können, sondern um ihn nicht stattfinden zu lassen.

Ich hätte denen die zwei Tage gegeben, aber die Sandinisten sagten, auch sie hätten ein Gesicht zu verlieren. Sergio Ramirez von der Junta sagte, viermal seien sie auf Ratschläge von außen eingegangen, darunter einmal auch auf einen von Felipe González und mir, nämlich die Wahlen von 1985 auf 1984 vorzuziehen.[5] „Wir können das nicht noch ein fünftes Mal tun. Was hätten dann die eigenen Leute von uns gedacht?"

Unabhängig von der Weigerung der Gruppe um Cruz und der sogenannten Unabhängigen Liberalen ist es meiner Ansicht nach schon ein dolles Ding, wenn man sich Wahlen zumutet und zugleich einen Krieg an zwei Grenzen am Hals hat.[6]

TAZ: Warum unterstützt die SPD Wahlen in einem Land, in dem sich die Mehrheit der Bevölkerung nicht dafür interessiert? Nicht einmal unter Mitgliedern des Unternehmerverbandes Cosep hatte die taz im Herbst [1984] jemanden ausfindig machen können, der in seinem Leben schon einmal gewählt hätte. Wie gering das Interesse an Parteien ist, zeigen die wochenendlichen Wahlveranstaltungen jetzt schon seit drei Monaten: Nur die Sandinisten haben Mobilisierungskapazität; zu den anderen kommen zumeist nur Dutzende Schaulustiger und bei der PLI bisweilen einige hundert. Was können solche von westlichen Beratern miterarbeiteten und auf ein Dritte-Welt-Land übertragenen Wahlprozesse überhaupt aussagen?

BRANDT: Die Sandinisten haben sich damals auf ihre drei Prinzipien festgelegt, wovon das eine, die gemischte Wirtschaft, andere nichts angeht. Die sollen machen, was für sie praktisch ist. Die beiden anderen Prinzipien sind die Nichtgebundenheit[7] und der Pluralismus. Dieser muß in der einen oder anderen Weise entweder in Form von Vertrauen durch die Bevölkerung oder in der Möglichkeit von Kritik zum Ausdruck kommen. Es muß ja nicht wie in Schweden oder in der Schweiz sein. Aber es war die Konsequenz teils aus dem, was sie sich selbst vorgenommen hatten, teils aus ihrer geographischen Lage.

Natürlich ist die Frage berechtigt, was wohl die Leute dazu sagen. Aber alles hat seinen Preis: Wenn ich mich zum einen aus Überzeugung, zum anderen aus taktischen Gründen entscheide, so etwas zu machen, dann muß ich es auch tun.

Ich finde das ja fabelhafte Leute; nur fördert dieser Druck, unter dem die leben und etwa nichts mehr von der Weltbank kriegen, das, was man in meiner Jugend „revolutionären Subjektivismus" nannte: die Außenfaktoren erheblich zu unterschätzen. Die Hoffnung, die Lage würde leichter, wenn sich die Russen und Amerikaner vielleicht in der zweiten Hälfte des nächsten Jahres wieder an einen Tisch setzen, ist eine Illusion. Im Gegenteil: Regionale Krisen können durchaus im Zusammenhang mit Interessenssphären benutzt werden.

TAZ: Bayardo Arce hatte im Mai [1984] bei Bündnisverhandlungen mit einer kleinen Partei, der PSN, die Abhaltung der Wahlen gerade mit einem dieser äußeren Faktoren begründet: Dadurch erhielte die zukünftige verfassungsgebende Versammlung die nötige internationale Legitimation, um einen Schutz gegen Angriffe auf die Verfassung darzustellen, in der der Weg zum Sozialismus festgelegt werden solle. Stimmen Sie also Arce zu, in den Wahlen eine Veranstaltung für das Ausland zu sehen?

BRANDT: Das hat er wohl ein wenig zu einfach gesagt. Ich meine ja auch, daß die Wahlen eine Bedeutung für das Akzeptiertwerden haben. Aber zugleich mit der Relativierung, daß Nicaragua mit Staaten in der Region zu tun hat, die es selbst nicht so genau mit Wahlen nehmen und keineswegs europäische Wahlmodelle zugrundelegen.

Es war hochinteressant, als es um die Entsendung von Wahlbeobachtern durch die Contadora-Staaten ging.[8] Die wollen nämlich aus grundsätzlichen Erwägungen heraus zum Wahltag und damit auch zu den Wahllokalen niemanden entsenden. Denn es sind Staaten darunter, die auch nicht mögen, daß man zu ihnen welche schickt.

TAZ: Nicaragua bekommt nicht nur von der Weltbank keine Kredite mehr. Schon 1981, unter der Schmidt-Regierung, hat Minister Offergeld zum Teil sogar bereits zugesagte Kredite blockiert. Trägt nicht neben der jetzigen auch die damalige SPD-Regierung Schuld daran, daß sich die Sandinisten an sozialistische Staaten um Hilfe wenden mußten – was man dann wiederum für bedenklich hält?

BRANDT: Egal, ob das schon vorher entschieden worden ist oder erst unter Warnke: Für mich rangiert das unter dem Rubrum „Diskriminierung". Mir will auch nicht einleuchten, warum die EG bei einem so kleinen Land nicht ein bißchen mehr macht. Was Pisani, der Entwicklungskommissar der EG, mit zur Außenministerkonferenz nach San José gebracht hat, war sehr mager.[9] Aber man hat dort eine gemischte Kommission eingerichtet, der auch Nicaragua angehört. Ich würde das nicht abschreiben. Dort gibt es für die EG etwas zu tun.

TAZ: Man kann doch zugespitzt sagen, daß ohne europäische Hilfe Nicaragua kaum eine Chance hat.

BRANDT: Ja, kann man so sagen. Bis zu dem Zeitpunkt, an dem die USA ihre Haltung ändern. Das sehe ich aber nicht.

TAZ: Frage ist, ob sie sie ändern, bevor sie intervenieren, oder danach.

BRANDT: Ich fürchte, daß Sie recht haben. Aber es gibt Leute in der Region, die das anders sehen. Für kritisch halte ich die Monate November und Dezember [1984]. Wenn sie was machen, sagte man mir, wird das eine Kombination von Luftoperationen und der „Contra" von beiden Grenzen her sein.[10] Das muß man befürchten.

Ich wähle als Arbeitshypothese, mich darauf einzustellen, daß sich das noch in die Länge zieht, daß man noch Gegengewichte schaffen kann. Sonst könnte ich die Hände in den Schoß legen.

TAZ: Haben Sie den Nicaraguanern für den Fall geraten, sich zu verteidigen?

BRANDT: Das ist ganz schwierig zu beantworten. Ich sage nicht, was ich ihnen geraten habe. Aber ich weiß, daß sie wieder in die Berge gehen werden, wenn sie es müssen. Hoffentlich wissen das die Leute in Washington auch. Sie sind das Problem damit nicht los und werden dann in Mittelamerika noch mehr Schwierigkeiten haben.

TAZ: Präsident Duarte [El Salvador] hat sich am 15. Oktober [1984] erstmals offiziell mit der Opposition getroffen. Welchen Spielraum gegenüber dem Militär messen Sie ihm zu?

BRANDT: Das beinahe Wichtigste an La Palma (dem Ort der Zusammenkunft, die Red[aktion]) war, daß sich der Verteidigungsminister und der zweitwichtigste comandante[11] separat zu einer Besprechung getroffen haben. Dahinter steckt: Ein Teil der Leute vom Heer hat die Schnauze voll. Duarte seinerseits hat vor etwa sechs Wochen erklärt, er habe über das, was die Amerikaner dort machen, nichts zu bestimmen. So nimmt er eine ambivalente Haltung ein. Er wird einerseits von Washington gegen die D'Aubuisson-Leute gestützt und möchte andererseits ganz gern aus dieser Art der Umklammerung heraus, wenn er könnte.[12] Trotzdem schließe ich nicht aus, daß seine Rede vor den Vereinten Nationen (die den Dialogaufruf enthielt, die Red[aktion]) taktisch bestimmt war.[13] Es hatte in der letzten Zeit schon zwei oder drei Kontakte zwischen ihm und der Opposition gegeben, aber immer mit seinem Hinweis, zu einem Treffen sei es noch zu früh.

In der Opposition ist das immer voll besprochen worden; deshalb hat das auch so fabelhaft geklappt. Duarte wollte den politischen Teil abspalten und sich nur mit dem militärischen treffen. Vielleicht hat er nicht damit gerechnet, daß die Opposition so schnell reagieren würde.

TAZ: Die FMLN-FDR hat zwar eine negative Auffassung von Duarte, ist aber der Meinung, dasselbe bei den mit ihr befreundeten Parteien und Regierungen nicht voraussetzen zu können. So rechnet sie mit einem halben Jahr vom Beginn der Präsidentschaft Duartes am 1. Juni [1984], von dem an ihre Verbündeten begreifen werden, daß der neue Präsident nicht der „Demokrat der Mitte" ist, als der er sich ausgibt und als den ihn seine politischen Unterstützer präsentieren.

Formell ist Duarte Oberbefehlshaber der Streitkräfte und damit verantwortlich für die Bombardierungen der Zivilbevölkerung, die in den letz-

ten Tagen wieder sehr intensiv gewesen sein sollen. Wann ist die Frist für Duarte auch bei der SPD abgelaufen?
BRANDT: Ich will gar nicht bestreiten, daß man da weiterhin aufpassen und dies auch sagen muß. Ich habe den Dialog als ein kleines Zeichen der Hoffnung bezeichnet. Das steht überhaupt nicht im Gegensatz dazu, daß man weiter anprangern muß, was anzuprangern ist.
TAZ: Als Außenminister Genscher von der Außenministerkonferenz der EG mit den Staaten Mittelamerikas und denen der Contadora in Costa Rica zurückkehrte, verkündete er, die Bundesregierung unterstütze wie bisher die Contadora-Initiative. Nicaragua hatte jedoch inzwischen die Bereitschaft zur Unterzeichnung der Friedensakte erklärt, worauf die USA ihren Verbündeten in der Region von einer Unterschrift abgeraten haben. Ist es nicht Quatsch, von einer Unterstützung von Contadora zu reden, so als wäre nichts geschehen, und dabei kein Wort über denjenigen zu verlieren, der als gefährlicher Störfaktor auftritt?
BRANDT: Ich bin nicht die Bundesregierung. Wäre ich sie, würde ich mich darum herumdrücken, etwa: Wieso erwartet ihr eigentlich von uns Westeuropäern, daß wir uns mehr die Beine ausreißen als die vier Contadora-Regierungen, die aus ihren Gründen auch daran interessiert sind, ihr Konto gegenüber der USA nicht zu überziehen.

Aber ich gebe natürlich zu, daß eine vernünftige Behandlung von Contadora und eine wirkliche Absicht, den Prozeß fördern zu wollen, ohne kritische Behandlung der US-Politik nicht möglich ist.
TAZ: Nachdem die US-Regierung den CIA in der letzten Zeit immer dann veranlaßt hat, Ziele in Nicaragua zu zerstören, wenn eine wichtige Contadora-Sitzung bevorstand, ist offensichtlich, daß derjenige, der Contadora unterstützt, gegen die US-Politik auftreten muß. Warum hat die SPD noch nicht von der Bundesregierung die Unterzeichnung der Contadora-Akte verlangt, sobald diese fertig ist, wie Spanien es etwa schon angekündigt hat?
BRANDT: Contadora ist eine ungeheuer schwierige und widersprüchliche Sache. Die SPD und die SI sehen in dieser Initiative den in der letzten Zeit einzigen Rahmen für friedliche Lösungen von Problemen der Region.

„Widersprüchlich" meint, daß die vier Contadora-Staaten beschlossen haben, den Prozeß vor die Vereinten Nationen zu bringen und den Generalsekretär aufzufordern, laufend über die Entwicklung zu berichten. Das ist die eine, formale Seite.

Die andere, reale Seite zeigt, daß vier der betroffenen Länder – anfangs war es nur eines, dann wurden es vier – ihre Gespräche über entweder die Weiterentwicklung oder eine Änderung des Contadora-Textes, der mühsam ausgehandelt worden war, nicht in der Hauptstadt eines der Contadora-Staaten führen, sondern in Washington.

Trotzdem hielte ich es für grundfalsch, Contadora abzuschreiben, weil die USA nach der Bereitschaft Nicaraguas plötzlich nicht mehr „ja" sagen, sondern allenfalls „ja, aber" oder genauer: „nein, wenn nicht". Jeder Tag mehr für Contadora kann einen Tag weniger für den Versuch einer militärischen Lösung bedeuten.

Nr. 81
Aus dem Interview des Vorsitzenden der SPD, Brandt, für den Pressedienst IPS
17. Dezember 1984[1]

AdsD, WBA, A 13, 189.

[IPS:]
Herr Brandt, in Uruguay wurde zum ersten Mal seit 12 Jahren gewählt, in Argentinien fand – mit der Volksbefragung über den Friedensvertrag mit Chile[2] – bereits die zweite demokratische Entscheidung seit dem Ende des Militärregimes statt. Dagegen herrscht in Chile der Belagerungszustand, und die Repression verschärft sich zunehmend. Die Situation ähnelt der nach dem Militärputsch 1973.

Wo liegen ihrer Meinung nach die Gründe für diese so unterschiedlichen Entwicklungen? Wird Chile für längere Zeit die Aus-

nahme bleiben oder denken Sie, daß das Beispiel der Nachbarländer die Lage doch entscheidend beeinflussen wird?
WB
Es wäre falsch und leichtfertig, einer umgekehrten Domino-Theorie das Wort zu reden. Die demokratische Erneuerung der Länder des südlichen Südamerika hat erfolgreich begonnen. Die großen Hoffnungen auf Argentinien sind nach einem Jahr der Regierung Alfonsín nicht enttäuscht worden. Präsident Sanguinetti in Uruguay steht gewaltigen Aufgaben gegenüber, wenn er im Frühjahr des kommenden Jahres sein Amt antreten wird. Als ich vor zwei Monaten in Brasilien war[3], habe ich den Eindruck gewonnen: Nach zwanzig Jahren der Militärherrschaft könnte es in diesem größten Land des Kontinents zu schaffen sein: In Brasilien stehen die Zeichen auf ein freiheitliches Durchatmen; in Brasilien ist das Tor für einen demokratischen und freiheitlichen Weg inzwischen weiter offen, als man anderswo denkt.

Aber jedes dieser Länder hat einen eigenen Weg demokratischer Erneuerung gefunden und zur Geltung gebracht. Dieser eigene Weg ist in Chile noch nicht erkennbar. Die Ausstrahlungskraft von Demokratisierungsprozessen im südlichen Südamerika unterschätze ich nicht, aber sie reicht wohl nicht, um verstockte Rückwärtsgewandtheit, wie sie die Pinochet-Diktatur jeden Tag erneut unter Beweis stellt, zum Nachdenken oder gar zum Nachgeben zu bringen.

[IPS:]
Vieles deutet auf eine zunehmende Verschärfung der Lage in Chile hin. Beobachter und Politiker sprechen von der Gefahr des Bürgerkrieges, der „Zentralamerikanisierung". Teile der Opposition befürworten eine Strategie der Gewalt gegenüber den verschärften Terrormaßnahmen der Regierung.

Wie bewerten Sie diese Entwicklung nach den Gesprächen, die Sie mit Vertretern der Alianza Democrática[4] geführt haben? Glauben Sie, daß es mit der Hilfe von westlichen Regierungen und politischen Organisationen gelingen kann, eine solche Verschärfung der Lage zu verhindern?

WB

Die führenden Vertreter der „Alianza Democrática", die ich Anfang Oktober bei einem ‹stopover›⁵ auf dem Flughafen von Santiago de Chile getroffen habe, darunter ‹Enrique Silva Cimma›⁶, der Vorsitzende der Radikalen Partei, und mein alter Außenministerkollege Gabriel Valdés, haben mir den unter ihnen vereinbarten „Minimal-Konsens" der demokratischen Kräfte Chiles erläutert. Es ist nicht meine Aufgabe, dies zu bewerten oder gar zu zensieren. Mein allgemeiner Eindruck ist: Die demokratischen Kräfte Chiles werden die demokratische Erneuerung ihres Landes sicher nicht dort beginnen wollen, wo sie vor mehr als zehn Jahren ihren schweren Rückschlag erlitten haben. Sie werden diese bitteren Erfahrungen sicher zu verarbeiten wissen.

Vor allem werden sie gelernt haben, daß es eines gemeinsamen neuen demokratischen Anfangs bedarf. Für Chile hat das anderswo häufig hohl klingende Wort von der „Gemeinsamkeit der Demokraten" einen konkreten Sinn.

[IPS:]

Denken Sie, daß nach den Wahlen in den USA die Reagan-Administration eine entschlossene Haltung der Ablehnung gegenüber Pinochet zeigen wird? In diesem Zusammenhang hat vor kurzem die New York Times von der Regierung in Washington verlangt, Druck auszuüben, damit neue Kredite an Chile gesperrt werden. Wäre es Ihrer Meinung nach möglich, eine derartige Forderung auch an die Regierung der Bundesrepublik und an andere westeuropäische Regierungen zu richten?

WB

Ich weiß nicht, was die zweite Reagan-Regierung im Hinblick auf Chile denkt; ich wünschte, sie wüßte es selbst. In jedem Fall würde ich mir wünschen, daß Washington die strengen Demokratie-Maßstäbe, die es anderswo vertritt, auf Chile anwenden würde. Wenn das so wäre, brauchte man über Kreditsperren eigentlich nicht mehr so viel reden.

[. . .]⁷

[IPS:]

Die Lage um Nicaragua hat sich deutlich zugespitzt. Glauben Sie, daß jetzt, nach den Wahlen in den USA und den angekündigten Gesprächen zwischen den Supermächten, auch in Zentralamerika eine Entspannung der Situation zu erwarten ist? Oder könnte sich die Lage in der Region und in ganz Lateinamerika sogar noch verschlimmern, weil sich die USA nun freier fühlen, Ihren Einfluß auf dem Kontinent zu vergrößern?

W.B.

Daß Washington inzwischen gegenüber der übrigen Welt deutlich macht, daß es gegenwärtig und bis auf weiteres keine direkte militärische Invasion in Nicaragua plant, sehe ich – offensichtlich im Gegensatz zu manchen anderen – noch keineswegs als ein ausdrückliches Verdienst an. Das wäre ja noch schöner, wollte man akzeptieren, was einem da gesagt wird: Es gebe keine Invasion, und all das, was sonst geschehe – von der Verminung von Häfen über die aktive Unterstützung der militärischen Contras bis zur wirtschaftlichen Strangulierung – sei ein geringeres Übel und gehöre mithin in den Bereich des Selbstverständlichen.

Auf eine solche Wette können wir uns nicht einlassen. Nein, wir werden aufpassen, daß die originären mittelamerikanischen Friedensanstrengungen – ich meine Contadora[8] – von außen weder verfälscht noch verwässert werden. Und wenn es so sein sollte, werden wir das anprangern.

Aber in dem zweiten Punkt Ihrer Frage könnten Sie vielleicht recht behalten: wenn es im nächsten Jahr dazu kommen sollte, daß die beiden Weltmächte in den großen Fragen aufeinander zugehen – was aus unserer Interessenlage heraus nur wünschenswert sein könnte –, dann muß das nicht bedeuten, daß dies zum Vorteil von politischen Kräften in den jeweiligen „Einflußzonen" geschieht. Bei meinem Besuch in Managua habe ich versucht, dies aus meiner Sicht darzustellen.

[...][9]

Nr. 82
Schreiben des Vorsitzenden der SPD und Präsidenten der SI, Brandt, an den früheren Präsidenten Venezuelas Pérez
17. Dezember 1984[1]

AdsD, WBA, A 19, 160.

Lieber Carlos Andrés,
noch kurz vor dem Jahreswechsel möchte ich mich bei Dir besonders und ausdrücklich für Deine guten Dienste bedanken, die Du übernommen hattest, um mir meine Lateinamerika-Reise im vergangenen Oktober [1984] in jeder Hinsicht zu erleichtern.[2]

Ohne Deine tatkräftige Hilfe wäre diese Reise wohl nicht so erfolgreich verlaufen, wie sie es – insgesamt gesehen – schließlich wurde. Ich bin Dir zu großem Dank verpflichtet und möchte das auch auf diesem Wege noch einmal zum Ausdruck bringen.

Wie Du weißt, habe ich in 21 Tagen insgesamt elf lateinamerikanische Länder besucht.[3] Das war einerseits eine gewisse Anstrengung; andererseits war es gleichzeitig aber auch eine große Herausforderung und Verpflichtung, der ich mich, wie ich in Rio de Janeiro[4] sagte, dennoch gerne gestellt habe.

Mein Gesamteindruck ist: Wenn man alles zusammen nimmt, die Probleme der Demokratisierung in Südamerika, die alles überragende Schuldenkrise, die Suche nach einer Friedenslösung in Mittelamerika und schließlich – auch dies wurde während meiner Reise zu einem wichtigen Thema – die Rolle Europas und neue Wege europäisch-lateinamerikanischer Zusammenarbeit – dann glaube ich, daß sich die Reise gelohnt hat.

Wie Du weißt, sind mir im Verlaufe der Reise Rollen zugeschrieben worden, die ich weder übernehmen wollte, noch erfüllen konnte. Ich meine damit Nicaragua. Wir haben nicht erreichen können, was wir als richtig erachtet hatten.[5] Von Deinen zusätzlichen Bemühungen in Panamá habe ich gehört.[6] Gleichwohl denke ich, daß wir nicht aufgeben sollten. Wo bliebe wohl

Nicaragua, wenn wir in unseren Anstrengungen nachlassen würden?

Eine besondere Erfahrung habe ich in Kuba gemacht. Die intensiven Gespräche mit der kubanischen Führung haben mich beeindruckt.[7] Es würde mich freuen, wenn sich in absehbarer Zeit eine Gelegenheit finden könnte, Dich über diese Erfahrungen im einzelnen zu unterrichten.

Ich würde Wert darauf legen, den guten Gedankenaustausch, den wir inzwischen pflegen, bei nächster Gelegenheit mit Dir fortzusetzen.

Den bevorstehenden Jahreswechsel nehme ich zum Anlaß, um Dir meine guten Wünsche für Dein persönliches Wohlergehen und Deine weitere, verantwortungsvolle politische Arbeit zu übermitteln. Es grüßt Dich, sehr herzlich
‹Dein
Willy Brandt›[8]

Nr. 83
Schreiben des Vorsitzenden der SPD und Präsidenten der SI, Brandt, an den Vorsitzenden des Staatsrates Kubas, Castro 17. Dezember 1984[1]

AdsD, WBA, A 19, 160.

Lieber Fidel Castro,
auch auf diesem Wege möchte ich Ihnen noch einmal sehr herzlichen Dank für die außergewöhnliche Gastfreundschaft und die sehr freundliche Aufnahme zum Ausdruck bringen, die ich bei meinem Aufenthalt in Havanna gefunden habe.

Diese Tage in Havanna haben mir bleibende und unvergeßliche Eindrücke vermittelt.

Der kubanische Staatspräsident, Fidel Castro, empfängt Willy Brandt bei dessen Besuch in Kuba am 15. Oktober 1984.

Gerne erinnere ich mich der Stunden, die wir miteinander gesprochen haben. Ich denke, daß sie nicht nur für mich als eine wichtige Begegnung in Erinnerung bleiben.²

Es würde mich freuen, wenn sich ein Weg finden ließe, diesen Gedankenaustausch bei Gelegenheit fortzusetzen.³ Mein Eindruck ist, daß jenseits der Dinge, die uns trennen, die Pflicht zum Frieden und die gemeinsame Herausforderung der Nord-Süd-Fragen vernünftige Gemeinsamkeiten erkennen lassen. Ich denke, daß wir unsere Beziehung⁴ in Ihrem Land auch dazu nutzen sollten, in diesen Perspektiven weiterzudenken.

Lieber Fidel Castro, ich nehme die Gelegenheit wahr, Ihnen, Carlos Rafael⁵ Rodríguez und den anderen, die ich in Havanna kennenlernen konnte, meine besten Wünsche zum Jahreswechsel zu übermitteln. Meine Frau, die sich für Ihre Aufmerksamkeiten bedankt, schließt sich diesen Wünschen an.
Es grüßt Sie, sehr herzlich
‹Ihr
Willy Brandt›⁶

Nr. 84
Aus dem Interview des Vorsitzenden der Nord-Süd-Kommission, Brandt, für den Deutschlandfunk anlässlich des „Tags für Afrika" 23. Januar 1985¹

Deutschlandfunk Archiv, 5015485 Z00.

‹Dieser von den Hilfsorganisationen proklamierte „Tag für Afrika"² hat bei einigen Beobachtern während der Vorbereitungen gemischte Gefühle ausgelöst. Es gibt durchaus die Sorge, dass diese massive Wohltätigkeitskampagne die Ursachen der Katastrophen im Dunkeln lässt.³ Ich hatte Gelegenheit zu einem Gespräch mit Willy

Brandt zum Thema: „Hunger in Afrika". Ich fragte ihn, ob denn ihm bei dieser Angelegenheit uneingeschränkt wohl sei.>[4]

<u>Brandt</u>: Wissen Sie, ich halte es mit Karlheinz Böhm. Der hat uns an eine fernöstliche Weisheit erinnert. Nämlich, dass es besser ist, eine Kerze anzuzünden, als über die Finsternis zu klagen. Das heißt auf gut Deutsch: Wenn eine ganz akute Notsituation da ist, dann bin ich der Meinung, man muss alles tun, um Menschenleben zu retten, und dann darf man trotzdem nicht vergessen, mit welchen schrecklichen Unzulänglichkeiten man es zu tun hat, die in diese Katastrophe hineingeführt haben; und dann muss man wissen, dass eine akute Hilfssituation den Hunger nicht auf Dauer besiegt, sondern dass eine ganze Menge in Zukunft notwendig ist, um Strukturen zu ändern, Reformen durchzuführen, die Menschen in die Lage zu versetzen, dass sie sich selbst ernähren können, was eben in den meisten afrikanischen Ländern wirklich möglich ist.

<u>Limberg</u>: Herr Brandt, das Auffällige ist ja, auf der einen Seite hat der Hungertod in Afrika eine Welle von Spenden ausgelöst, viel Betroffenheit in der Bevölkerung. Gleichzeitig aber stagniert die offizielle westliche Entwicklungshilfe, auch die der Bundesrepublik; für Äthiopien ist sie sogar reduziert worden, ohne dass dieser Tatbestand besondere Empörung ausgelöst hätte.[5] Welche Erklärung haben Sie dafür?

<u>Brandt</u>: Sie haben Recht mit der Annahme, dass wir es mit einem sehr widersprüchlichen Handeln zu tun haben. Im letzten Jahr sind viele Vorschläge der Weltbank z. B. nicht zum Zuge gekommen, weil die beteiligten Regierungen nicht mitgemacht haben, Vorschläge für die Finanzierung von Reformvorhaben in Afrika – auch für Äthiopien übrigens. Aber ich kann das ja nicht ändern. Ich kann ja nicht jetzt nur klagen über Versäumnisse der zurückliegenden Zeit, sondern ich muss sagen: Lasst uns jetzt alles tun, was wir tun können, um zu helfen, um dann anschließend ernster zu reden darüber, was eigentlich sein müsste, [um] übrigens auch auf den eigentlich großen Widerspruch hinzuweisen. Der liegt darin, dass wir in diesem Jahr '85 auf der Welt eintausend Milliarden Dollar für Rüstungen ausgeben werden und dass die Weltbank immer noch große Schwie-

rigkeiten hat, die eine Milliarde Dollar zusammenzubekommen, wie es in diesem Jahr für Afrika erforderlich wäre[6], also 0,1 % der weltweiten Rüstungsausgaben.

<u>Limberg</u>: Liegt ein weiterer Widerspruch nicht auch darin, dass die Entwicklungsländer für die Tilgung und die Zinsen ihrer Schulden mehr an die Industrieländer zahlen als sie selbst als Entwicklungshilfe erhalten?

<u>Brandt</u>: Das ist so. Das ist besonders stark natürlich in Lateinamerika. Dort hat man es, wie es jemand etwas zugespitzt formuliert hat, mit einer Art Bluttransfusion vom Patienten zum Arzt zu tun [...]. Das ist in Afrika auch ein Problem, aber [...] das ist nicht das dominierende Problem wie in Lateinamerika, die Zinslast. Aber drückend genug ist sie auch, so dass ein Moratorium für die ärmsten Länder dringend geboten wäre, das heißt ein Aufschub der Bedienung von Anleihen und Krediten.

<u>Limberg</u>: Sie haben vorhin von erforderlichen Strukturveränderungen gesprochen. Was ist erforderlich in den Ländern der Dritten Welt, und was ist erforderlich davon bei uns?

<u>Brandt</u>: Also, in den Ländern der Dritten Welt – und jetzt ganz konkret in Afrika, vor allem in Afrika – hat es eine schreckliche Unterbewertung des Faktors Landwirtschaft gegeben. Und daran sind übrigens die falschen Modelle mitschuld, die wir vermittelt haben, wir aus dem Norden, wir aus dem Westen. Landwirtschaft ist nicht so fein wie das mit den industriellen Aktivitäten. Landwirtschaftliche Produktion ist als solche vernachlässigt worden, aber auch ganz primitiv dadurch, dass man den Menschen, die auf dem Lande leben, zu wenig bezahlt hat für ihre Produkte [...]. Das ist das eine. Das zweite: Das viel zu zögerliche Herangehen an neue Produktionsformen und genossenschaftliche Zusammenschlüsse, ohne die es überwiegend nicht geht. Das ist der Punkt auf die Länder selbst bezogen. Auf uns [...] in den Industrieländern bezogen, müsste es darauf hinauslaufen, dass wir unsere Hilfe ganz stark konzentrieren darauf, der Landwirtschaft zu helfen durch geeignetes Saatgut, durch geeignete landwirtschaftliche Geräte, durch Experten, die sich wirklich hineinleben in die Erfordernisse eines bestimmten Landes. Aber über beiden steht

als Überschrift: Landwirtschaft wichtiger nehmen und es zu einem Hauptziel machen, dass die Länder, die es können, sich selbst ernähren.

Limberg: Geht es nicht aber auch darum, die Stellung der Dritten Welt im Rahmen der Weltwirtschaftsordnung zu verändern, dass ihnen gerechtere Bedingungen, gerechtere Preise für ihre Produkte eingeräumt werden? Ein Problem, das ja also dann führt zum Problem des Nord-Süd-Dialogs, der praktisch zum Erliegen gekommen ist.

Brandt: Ganz sicher! Rohstoffe sind über lange Zeiten teils unterbewertet worden, was die Preise angeht, teils sind sie den Zufälligkeiten des Marktes überlassen worden, mit all den Erschwernissen, die dies für die Länder bedeutet hat. Nein, die Notwendigkeit, sich über neue Grundregeln für die internationale Wirtschaftsordnung zu verständigen, diese Notwendigkeit bleibt bestehen. Hinzu kommt auch vom Organisatorischen, dass das Gewicht, das Mitwirkungsrecht der Entwicklungsländer in den internationalen Körperschaften, in den Institutionen, dass das angehoben werden muss. Also, wenn man ein Programm macht für Afrika, dann muss die Mitentscheidung – die qualifizierte Mitbestimmung, hätte ich fast gesagt – der Leute vor Ort, die muss stärker zur Geltung kommen. Das kann nicht vom [sic] „grünen Tisch" in Washington oder in Bonn und anderswo primär entschieden werden.

Limberg: [. . .] In Äthiopien und nicht nur dort verschärfen kriegerische Auseinandersetzungen die Katastrophe. In Äthiopien hat es Vorwürfe gegeben, dass die Zentralregierung ganze Landstriche aushungern lasse, um den Widerstand der Befreiungsbewegungen in Eritrea und in Tigray zu brechen. Die Rebellen ihrerseits sollen ebenfalls Hilfskonvois überfallen haben. Ende vorigen Jahres haben Sie sich der britischen Organisation „War-on-Want" gegenüber bereit erklärt, den Vorsitz einer unabhängigen Kommission zu übernehmen, die die Sicherheit der Hilfstransporte in Äthiopien überwachen soll[t]e.[7] Ist daraus etwas geworden?

Brandt: Wenig ist daraus geworden. Wir haben – einige Kollegen aus anderen Ländern mit mir gemeinsam[8] – im Stillen, ohne Publizität versucht, das, wovon Sie jetzt sprechen, in den Griff zu bekommen, an die Beteiligten zu appellieren, auch darauf aufmerksam zu machen, dass die Hilfsbereitschaft nicht gefördert, sondern dass sie gelähmt werden kann dann, wenn man nicht weiß, dass die Hilfsgüter wirklich diejenigen erreichen, die sie brauchen, unabhängig von den Streitigkeiten, die es in einem bestimmten Land gibt. Man muss, wo immer man es kann, darauf hinwirken, dass humanitäre Aktivitäten nicht behindert werden durch die Konflikte, die es einer Region gibt. Man hat hier gesprochen von einem Lebensmittelwaffenstillstand, einem Waffenstillstand in einer Situation, in der es darauf ankommt, dass Hilfsgüter die Bedürftigen erreichen. Leicht ist das nicht, und ich sehe im Moment keine Möglichkeit, anders zu wirken als im Stillen hier einen Rat zu geben, dort einen Rat zu geben, dort jemanden hinzuschicken, um etwas zu besprechen. Etwas Spektakuläres würde jetzt nichts bringen.

<u>Limberg</u>: Kommt der Widerstand gegen eine solche Kommission von seiten der Regierung in Addis Abeba, die darin vielleicht Einmischung in innere Angelegenheiten sieht?

<u>Brandt</u>: Das ist in der Tat eines der schwierigen Probleme.[9] Man kann hier einen mäßigenden Einfluss nur ausüben, wenn man die Empfindlichkeiten einer auf Souveränität bedachten Regierung mit in Rechnung stellt.

<u>Limberg</u>: Eine letzte Frage: Afrika ist seit je der notleidende Kontinent. Vor zehn Jahren war die große Hungersnot, und eigentlich hat niemand geglaubt, dass es noch schlimmer kommen könnte. Nun ist es noch schlimmer geworden, und es kann immer schlimmer werden. Ist das Anlass zum Verzagen, oder sehen Sie noch eine Perspektive, die etwas positiver ist?

<u>Brandt</u>: Sie haben Recht in der Annahme, dass wir vorbereitet sein müssen auf noch schwierigere Situationen als die, die jetzt in Äthiopien entstanden ist. Und trotzdem weigere ich mich zu verzweifeln und gehe dagegen an, dass andere vielleicht verzweifeln möchten. Nein, ich glaube, die Welt ist reich genug, um mit den afrikanischen Schwierigkeiten fertig zu werden. Und wenn man einmal über die schwierigsten Dinge hinweg ist, dann können wir auch

den Anschluss finden an eine Situation, in der genügend produktive Aktivitäten geweckt werden in den Ländern. Wir haben gesehen, in anderen Teilen der Welt ist es möglich gewesen, ähnlich schwierige Situationen zu überwinden.

Nr. 85
Aus der Rede des Präsidenten der SI, Brandt, vor dem Büro der SI in Wien
15. Oktober 1985

SI-Rundschreiben B 16/85, Annex 2 (Übersetzung aus dem Englischen: Bernd Rother).[1]

[...][2]

Der neueste Bericht von amnesty international[3] – ich hoffe, dass Sie alle ihn kennen – hat erneut darauf hingewiesen, dass in vielen Ländern der Welt elementare Menschenrechte verletzt werden und dass dies eine bedauernswerte Situation ist. Die sozialdemokratischen Parteien müssen also ihre Anstrengungen fortsetzen, diese Verstöße zu beenden. Unsere Tradition basiert auf dem Kampf für Menschenrechte und Würde des Menschen. Dieser Aufgabe müssen wir in unserem täglichen Kampf nachgehen. Ich sage all dies, weil es in meinem Land, wie auch in anderen, viele beklagenswerte Versuche von Konservativen und Christdemokraten gibt, Menschenrechtsthemen für ihren politischen Kampf zu Hause zu nutzen. Einige Leute nutzen die Menschenrechtsthematik für ihre eigene Propaganda; sie versuchen so, unser Generationen währendes Engagement für Menschenrechte herabzusetzen. Wir müssen dies zurückweisen und gegen solche Versuche angehen. Ich möchte hinzufügen, dass ich es für eine Schande halte, wenn Parteipolitik zu Lasten von Menschen geschieht, die bereits leiden, die im Gefängnis sind, die gefoltert werden.

[. . .]⁴ Ich möchte betonen, dass der Kampf für die elementaren Menschenrechte unteilbar ist. Wir müssen für sie überall auf unserem Planeten kämpfen. Deswegen haben wir uns in den letzten Jahren für Chile und Afghanistan, Mittelamerika ebenso wie osteuropäische Länder, den Nahen Osten und Südafrika engagiert. Bei unserem Kongress in Genf 1976 erklärten wir, dass die Verteidigung der Menschenrechte einer der zentralen Punkte unserer Aktivitäten sein werde.⁵ Unsere Herangehensweise wurde bei unserem Treffen in Rom 1977 von François Mitterrand definiert.⁶ [. . .]⁷ 1977 einigten sich die Generalsekretäre der drei Internationalen – der SI, der Christlich-Demokratischen Internationale und der Liberalen Internationale – auf eine gemeinsame Stellungnahme zu Menschenrechten.⁸ Es wäre von Vorteil, wenn die konservativen Politiker von heute sich dieser Erklärung erinnerten.

Wir haben immer für Menschenrechte gekämpft; uns muss niemand erklären, was getan werden sollte. Wir sollten nicht versuchen, dort lautstark zu sein, wo stille Intervention effektiver ist. Wir müssen Menschen helfen. Das ist unsere größte Sorge. Aber wir müssen natürlich anerkennen, dass viele Probleme nicht gelöst werden können, trotz all unserer Anstrengungen. Ich weiß, wovon ich spreche: Tragödien und Traurigkeit sind Dinge, mit denen wir fertig werden müssen, wenn wir für Menschenrechte kämpfen. Aber es gibt auch die Scheinheiligkeit derer, die sich nur langsam der Sache der Menschenrechte zugewandt haben und versucht haben, mit unseren Anstrengungen gleichzuziehen; nun haben sie das Thema für ihre eigenen Propagandazwecke aufgegriffen. Wir sind uns dieser Scheinheiligkeit bewusst, aber dennoch müssen wir mit unerschütterlichem Mut für Menschenrechte kämpfen. Wir sind besonders da engagiert, wo unsere konservativen Gegenspieler nur Lippenbekenntnisse abgeben, sonst aber nichts tun. Ich beziehe mich auf Südafrika. Wer war und ist in den vergangenen Jahren konsequent gewesen? Wer lehnt eine klare Position weiter ab? Wer ist bereit, die Apartheid abzulehnen und zur Zusammenarbeit auf der Basis von Gleichheit aufzurufen, einem möglichen Bürgerkrieg durch Zusammenarbeit zuvorzukommen?

[…]⁹

Ich glaube, unser Engagement für die Sache eines neuen Südafrika wird die Konservativen auf den Prüfstand stellen. Wir werden sehen und zeigen können, dass für uns die Menschenrechte nicht einfach eine Phrase sind, sondern ein geschichtlicher Auftrag. In diesem Geiste bitte ich, an diesem ersten Tag unserer Konferenz, an alle zu denken, die verfolgt werden. Besonders denke ich an unsere Freunde in Südafrika. Für unsere Gemeinschaft sind Menschenrechte auf der ganzen Welt keine taktische Angelegenheit, sondern ein historisches Ziel und eine menschliche Verpflichtung.
Vielen Dank.

Nr. 86
Aus dem Streitgespräch zwischen dem Vorsitzenden der Nord-Süd-Kommission, Brandt, und der ehemaligen SPD-Bundestagsabgeordneten Erler
8. November 1985[1]

Die Zeit, Nr. 46 vom 8. November 1985, S. 33–36.

ZEIT: Frau Erler, Sie haben sich zehn Jahre in der Entwicklungspolitik engagiert. Nun fordern Sie öffentlich – in einem Buch –, die Regierungen der Industrieländer sollen die Entwicklungshilfe sofort einstellen.[2] Warum?

Erler: Wir verhandeln, wenn es um staatliche Hilfe geht, als Regierung mit anderen Regierungen. Und in fast allen Ländern der Dritten Welt sind Politiker an der Macht, die mit dem Wohl ihrer eigenen Bevölkerung relativ wenig im Sinn haben. Das heißt: Wir geben Geld an Eliten, die für die ausbeuterischen Verhältnisse in ihrem Lande verantwortlich sind und die ein Interesse daran haben, genau diese Verhältnisse weiter zu erhalten. Das ist der erste Kritikpunkt. Der zweite ist, daß wir ziemlich unkritisch eine Technologie in die

Entwicklungsländer exportieren, mit deren Folgen wir in den Industrieländern selber nicht mehr fertigwerden. Wir haben bereits Schaden angerichtet, und wir sollten diesen Schaden nicht noch weiter vergrößern.

ZEIT: Kann man denn da noch, wie Sie, Herr Brandt, eine Erhöhung der Entwicklungshilfe fordern?

Brandt: Ich kann natürlich nicht der Kritik widersprechen, die Brigitte Erler aus ihren praktischen Erfahrungen ableitet. Ich war in diesem Sinne nicht an der konkreten Entwicklungsarbeit im Empfängerland beteiligt. Aber ich habe Bedenken, wenn aus der These, „die bisherige Entwicklungspolitik ist weithin verfehlt", die Zusatzthese abgeleitet wird: „Dann hören wir am besten mit der Entwicklungspolitik auf." Ich bin auch über die Absolutheit der Kritik überrascht. Ich bin im Laufe der Jahre in vielen Ländern Entwicklungshelfern begegnet. Bei manchem, was diese Leute gemacht oder berichtet haben, würde mir die Kritik von Brigitte Erler einleuchten; bei vielem hatte ich aber auch den Eindruck, die Projekte sind nützlich.

Nehmen wir im übrigen eine akute Hungersituation wie in Äthiopien oder im Sudan.[3] Da kann ich doch nicht dagegen sein, daß man sammelt und Hilfsmittel hinschickt. Zwar sind die europäischen Produkte schrecklich teuer im Vergleich zu dem, was man in den Ländern selbst produzieren könnte. Sehr oft gewöhnen sich die Menschen auch an Lebensmittel, die man später nicht im eigenen Land anbauen kann und die importiert werden müssen – eine Gefahr. Trotzdem kann man doch auf Katastrophenhilfe nicht verzichten...

Erler: Da sind wir uns völlig einig. Bei akuten Notfällen muß Katastrophenhilfe genauso in Entwicklungsländern geleistet werden wie etwa bei einem Erdbeben in Jugoslawien oder Sizilien. Nur, ich meine, sobald der erste Grashalm wächst, müssen wir wieder raus, sonst schaffen wir neuen Hunger.

Brandt: Diese These gilt aber nicht, wenn man die Nahrungsmittelhilfe mit der Förderung von eigenen Anstrengungen bei den Bauern kombiniert.

ZEIT: Man kann die Menschen doch nicht ohne Übergangshilfe in die Not zurückstoßen.

Erler: Überall dort, wo Nahrungsmittelhilfe eingesetzt wurde, hat sie dazu geführt, daß die Eigenproduktion in den Entwicklungsländern zurückging. Die Erklärung ist einfach: Wenn jemand mit seiner Hirse auf einen Markt kommt, wo europäisches Getreide billiger verkauft wird als sein Produkt, dann wird er seine Hirse nicht los. Er kann es sich für die nächste Ernte nicht leisten, wieder viel Hirse anzubauen, weil er dann Verluste hätte. Er wird also höchstens noch für seinen eigenen Familienbedarf und nicht mehr für den heimischen Markt anbauen. Dieser Mechanismus ist seit über zehn Jahren bekannt. Und trotzdem wird die Praxis fortgesetzt. [...][4]

In der Sahelzone kann man den verderblichen Einfluß der Entwicklungshilfe besonders gut beobachten. Was dort durch Modernisierungsstrategien kaputtgemacht wurde, ist enorm. Am deutlichsten sieht man es vielleicht bei den Brunnen. Da haben wir in unserem eindimensionalen Denken gesagt: Hier fehlt Wasser, da wachsen bloß ein paar Sträucher; aber Grundwasser ist da, also bohren wir Brunnen. Mit dem Erfolg, daß sich rund um die Brunnen bis zu hundert Kilometern weit die Wüste ausbreitete. Die Nomaden hatten wegen des dauernd verfügbaren Wassers ihre Herden vergrößert und auf dem Weg zum Brunnen wurde die empfindliche Grasnarbe völlig abgegrast. So weit hatten wir nicht gedacht.

Brandt: Im Agrarsektor kann aber auch Entscheidendes geleistet werden – zum Beispiel, wenn man Saatgut und neue Techniken entwickelt. Wir können doch nicht zusehen, wie die Entwicklungsländer trotz ihrer stark wachsenden Bevölkerung die Nahrungsmittelproduktion mit unzulänglichen Instrumenten bewältigen müssen, weil früher Fehler gemacht wurden. Neben vielen Mißerfolgen gibt es schließlich auch zwei bemerkenswerte Tatsachen. Die eine: In China hungern die Menschen nicht mehr...

Erler: ... Ohne unsere Hilfe! China ist das typische Beispiel für eine Abkoppelung.[5]

Brandt: Aber sie produzieren nicht ohne das, was man Technik nennt, westliche und sowjetische Technik. Das zweite Beispiel ist Indien. Vor zehn Jahren hat dieses Land noch erhebliche Mengen an Nahrungsmitteln importieren müssen. Jetzt ist man davon unabhängig, auch wenn noch unglaublich viel Elend herrscht.

Erler: Es gibt Zahlen – bei aller Skepsis gegenüber Zahlen –, die besagen: Vor der grünen Revolution[6] lebten in Indien 37 Prozent der Bevölkerung unter dem Existenzminimum, jetzt sind es 50 Prozent.

[. . .][7]

Was mit den Leuten, die keine Macht haben, geschieht, das ist für mich der Punkt. Ich rege mich nicht darüber auf, daß Steuergelder verschwendet werden, das geschieht überall. Ich habe auch nichts dagegen, daß die Reichen reicher werden – bitte sehr. Aber ich habe etwas dagegen – und deshalb bin ich ausgestiegen –, daß es den Armen schlechter geht als vorher. Wir gebrauchen in der Entwicklungspolitik immer so schöne Ausdrücke wie: Das Geld ist versickert, das Projekt ist gescheitert oder so ähnlich. Aber es geht um Millionen, die irgendwo geblieben sind, und sie finden sich nur im besten Fall auf Schweizer Konten. Meistens aber werden sie wie in Bangladesh dazu benutzt, die Armen noch ärmer zu machen, und Landlosigkeit heißt in Bangladesh Hunger und häufig verhungern.

Brandt: Das Problem der Machtballung und des Machtmißbrauchs entsteht aber doch nicht auf der Welt, weil es Entwicklungshilfe gibt. Wir müssen uns damit doch auf anderer Ebene – ich sage: nicht notwendigerweise auf einer höheren – auseinandersetzen. Und um nochmals auf die Brunnen zu kommen: Was Sie dazu gesagt haben, stimmt sicherlich. Aber mir sagen jetzt einige der bedeutendsten Wissenschaftler auf diesem Gebiet: Es ist möglich, die Sahelzone wieder grün werden zu lassen. Man muß nur die Brunnen so tief bohren, wie man es in Teilen Pakistans gemacht hat. Und man muß andere Methoden, die zum Beispiel in Kuwait und Israel benutzt wurden, verwenden. Sollen wir denn nun sagen: Laßt die Finger davon, nur, weil die Traditionen der Nomaden zerstört werden? Oder sollen wir sagen: Die Amerikaner und die Russen könnten endlich ein Beispiel geben und zusammen eine große Aufgabe anpacken – *the greening of Africa*. Sie könnte zeigen, daß man das Wasser an Orten zutage fördern kann, wo es nie möglich schien. Ich wäre für diese

Lösung und nicht dafür, einfach zu sagen: Laßt die mal sehen, wie sie allein zu Rande kommen.

Erler: Pakistan ist nun gerade ein schlimmes Beispiel dafür, wie durch falsche Bewässerung riesige Gebiete versalzen. Ich weiß nicht, wie wir dazu kommen, nachdem wir gerade in der Sahelzone soviel Unheil angerichtet haben, zu sagen: Jetzt haben wir die richtige Idee! Die Entwicklungsstrategien sind doch andauernd gescheitert. In den sechziger Jahren haben wir die Industrialisierung propagiert: Wie das Beispiel Brasilien zeigt, hat sie der breiten Bevölkerung mehr Armut gebracht. Dann haben wir uns die nächste Ideologie ausgedacht, die Grundbedürfnisstrategie.[8]

ZEIT: Das hieß primär, Hilfe für die Landwirtschaft.

Erler: Auch dieses Konzept ist gescheitert, obwohl es uns zunächst allen eingeleuchtet hatte.

ZEIT: Solange die Regierungen in der Dritten Welt die Nahrungsmittelpreise niedrig halten, haben die Bauern kein Interesse an Mehrproduktion. Das wurde wohl oft übersehen.

Erler: Ja, und nun kommen wir mit dem nächsten. Jetzt sind wir alle ein bißchen grün und setzen auf diese Richtung. Dabei schaffen wir es nicht, Tempo 100 in der Bundesrepublik gegen alle Partikularinteressen durchzusetzen.[9] Aber wir erdreisten uns zu propagieren, daß wir die Sahelzone ergrünen lassen und den Himalaja aufforsten könnten, als ob es dort keine Menschen und nationale wie internationale Interessengruppen gäbe.

ZEIT: Aber ist es denn besser – nachdem man, wie Sie behaupten –, alles kaputtgemacht hat, die Entwicklungsländer mit dem Scherbenhaufen zurückzulassen?

Erler: Wir sollten lernen, innezuhalten und nachzudenken. Ist es zum Beispiel richtig, die Natur als zu besiegenden Gegner anstatt den Menschen als Teil der Natur zu verstehen?

Brandt: Sicher ist vielen von uns die ökologische Dimension der Entwicklungspolitik relativ spät klargeworden. Nur, steckt jetzt nicht auch ein Stück Bevormundung darin zu sagen: Ihr habt in Eurer traditionellen Weise gut gelebt, auch wenn Ihr bettelarm wart, also macht das mal schön weiter? Ist das nicht eine Anmaßung?

Erler: Das würden wir ja auch nicht sagen. Wir würden ihnen nur nicht unsere Technologien als Hilfe aufschwätzen oder aufzwingen. Wenn die Entwicklungsländer sie haben wollen, sollen sie sich gut überlegen, was sie kaufen wollen. Es gibt keine armen Länder, nur Länder mit vielen Armen. Was gibt es zum Beispiel in Indien für reiche Leute! Die müßten halt – überhaupt oder mehr – Steuern zahlen. Aber das haben sie nicht nötig, wenn sie Entwicklungshilfe bekommen.

Brandt: [...][10] Ich glaube, mit dem Hinweis auf die Reichen, das funktioniert nicht so ganz. Es kommt noch folgendes hinzu: Was ist unser Interesse? Gibt es nicht auch eine Interessenverbundenheit zwischen uns und den Entwicklungsländern? Für mich ist immer klarer geworden, daß die Entwicklungspolitik eine neue Dimension der Friedenspolitik ist: Massenelend führt schnell zu chaotischen Verhältnissen und Konflikten. Diese werden teils auch noch von westlichen und östlichen Staaten benutzt, um die Rüstungsexporte zu steigern. Dem sollte man vorbauen.

Erler: Bezüglich der Entwicklungspolitik sind wir uns einig.

Brandt: Gut. Wir haben aber auch noch ein zweites Interesse: Wie andere auch wollen wir mit möglichst vielen Ländern ökonomische Beziehungen haben. Nicht in altmodischer Weise, indem wir ausbeuterische Abhängigkeiten schaffen, sondern im Sinne einer möglichst weitreichenden und gleichberechtigten wirtschaftlichen, technischen und kulturellen Kooperation. Dazu müssen unsere Partner möglichst leistungsstark sein, damit sie ihre Rolle im Nehmen und Geben – von der Kultur bis zur Wirtschaft – spielen können. Da kann man nicht sagen: Laßt die mal in ihrem eigenen Saft schmoren. Ich frage lieber: Auf welche Weise läßt sich diese Kooperation besser organisieren?

Erler: Wenn Sie Friedenspolitik mit Entwicklungshilfe betreiben wollen, unterstellen Sie immer noch, daß die Gelder wirklich gegen Armut eingesetzt werden. Meine Erfahrung ist, daß die Regierungen nur die Ausbeutung der Ärmsten vorantreiben. [...][11] Und so geht es quer über die Welt. Mit wem wollen Sie denn eigentlich für die Entwicklung dieser Länder zusammenarbeiten?

Brandt: Soll man warten, bis die Welt möglichst sehr viel hübscher ist als jetzt? Ich schließe nicht aus, daß es ein Land und eine Situation geben kann [...], wo man sagt, hier wollen wir uns jetzt nicht engagieren. Aber daraus eine generelle Abschottungspolitik zu machen, hielte ich für falsch. Denn wo kommen wir hin in dieser sicher unvollkommenen Welt, wenn wir in der Erwartung sitzenbleiben: Erst sollen mal alle so hübsch sein wie wir. Ich kenne das aus der Ost-West-Debatte. Da wird auch gesagt: Eigentlich dürften wir nichts mit Regierungen zu tun haben, die kein solches Grundgesetz haben, wie es uns bekanntlich auch erst 1949 beschert wurde.

Erler: Wir sind ja gar nicht so hübsch. Wir müßten unsere Vorbildfunktion wahrnehmen und zum Beispiel unsere Böden, unser Wasser, unsere Wälder in Ordnung bringen. Aber Entwicklungshilfe wird auch dazu benutzt, der westlichen Industrie die Märkte für ihre Produkte zu öffnen. [...][12]

Brandt: Die Formel „Uns Märkte öffnen" stellt sich intelligenten Unternehmensleitungen auch nicht mehr so simpel dar. Aber dazu beitragen, daß andere Länder in der Lage sind, ökonomisch zu kommunizieren, das liegt doch in aller Interesse. In den meisten Ländern hilft es meiner Auffassung nach den Menschen, wenn sie am Warenaustausch teilhaben.

ZEIT: Sollte es auch unser Ziel sein, diesen Ländern bei der Industrialisierung zu helfen?

Brandt: Das kommt sehr darauf an. Ich würde mich auf alle Fälle nicht hinstellen und sagen: Ich verbiete euch, dies oder das zu tun, auch wenn ich den Bau so manchen Stahlwerkes in der Dritten Welt für Quatsch gehalten habe. Aber das wäre eine neue Form von Kolonialismus, wenn wir sagten: Wir sind für die Industrieprodukte da, und ihr betreibt bitte das, womit ihr euch landwirtschaftlich versorgen könnt. Vielleicht noch ein bißchen Handwerk dazu, aber das reicht dann!

Nun will ich aber mal zwei ganz unkonventionelle Fragen an Brigitte Erler zu ihren Erfahrungen mit der Entwicklungshilfe stellen. Erstens ist das, was Sie in Bangladesh erfahren haben ...

Erler: ... und in Pakistan, Botswana und Sambia ...

Brandt: ... ist das schon die Antwort quer über die ganze Welt? Und ist es zweitens nicht auch so, daß es neben den Helfern, über die die Frustration kommt, auch Tausende gibt, die andere Erfahrungen gemacht haben? Ist Entwicklungshilfe nicht auch lehrreich für die Helfer und damit für die Industrieländer? Auch die Katastrophenhilfe ist nicht nur eine Hilfe für arme Teufel, die sonst hätten sterben müssen, sondern auch eine Hilfe für die Gebenden, die damit ihr Gewissen ein wenig entlasten konnten.

Erler: Aber das ist doch Zynismus!

Brandt: Ich gebe zu, das allein ist kein Argument für Entwicklungshilfe. Nur, ich akzeptiere nicht die generelle Ablehnung. Es gibt doch auch anderswo gute Beispiele für Hilfe, etwa aus Schweden.

Erler: [...] Also hinsichtlich dieses Hochlobens der schwedischen Entwicklungshilfe bin ich sehr skeptisch; die haben genauso ihre Interessen wie wir. Die Entwicklungshilfe basiert doch immer auf Eigeninteressen. Jeder will überall die Finger drin haben, politisch und wirtschaftlich. Das wird von der einen Regierung ein bißchen mehr betont, von der anderen ein bißchen weniger, aber im Prinzip stimmt es immer.

[...][13]

Brandt: Erstens ist nicht alles unnütz, was wir machen, und zweitens machen auch eine Menge unserer Leute Erfahrungen, die sie nachher bei sich zu Hause verwerten können. Im übrigen, ob man den Effekt nun ein bißchen höher oder ein bißchen niedriger ansetzt, in einem sind wir uns doch wohl einig: Die schweren Benachteiligungen, die die Entwicklungsländer aus historischen Gründen – auf unterschiedliche Weise – erfahren haben, müssen schrittweise aufgefangen werden, wenn es geht. Dazu gehört nicht nur Direkthilfe, sondern auch eine neue Wirtschaftspolitik im Verhältnis zur Dritten Welt. Das gilt einmal für die Preisrelationen zwischen Industrieprodukten einerseits, die diese Länder teuer importieren müssen, und Rohstoffen andererseits, für die sie beim Export nur wenig Geld bekommen. Ferner gehört dazu auch eine neue Landwirtschaftspolitik der Europäischen Gemeinschaft.

Erler: Hundertprozentig einig!

Brandt: Die EG darf nicht schon mit dem Blick darauf produzieren, daß man die Überschüsse in der Dritten Welt los wird, nachdem sie hier subventioniert worden sind. Eine wesentliche Komponente ihrer Politik muß vielmehr sein, dort die Landwirtschaft entwickeln zu helfen.

Außerdem muß die Schuldenkrise gelöst werden. Mittlerweile sagt selbst ein Mann wie Henry Kissinger, der nicht gerade des radikalen Sozialismus verdächtig ist, man müßte die heutigen Zinsen stark herunterfahren. Ich meine, man sollte außerdem dahin kommen, daß nur ein bestimmter Anteil von Exporterlösen für den Schuldendienst der Entwicklungsländer verwendet werden darf. Ihre kurzfristigen Verpflichtungen müssen in längerfristige umgewandelt werden. Und das ebenfalls Wichtige: Der durchschnittliche Lebensstandard der breiten Schichten – Mexiko mag dafür ein Schlüsselfall sein – sollte zu einem der Indikatoren beim Aushandeln von Schuldenregelungen gemacht werden.[14] Nur damit kann man verhindern, daß die Schuldenregelungen jeweils die nächste innenpolitische Krise produzieren. Das sind alles Dinge, die klargestellt werden müßten, damit die Entwicklungshilfe nicht so interpretiert wird, wie wenn wir die Entwicklungsländer nun allein ihrem Schicksal überlassen wollten.

[...][15]

Erler: Ich habe lange Entwicklungshilfe gemacht, weil ich immer dachte, Entwicklungshilfe sei eine Art von Kompensation für die sonstige Ausbeutung der Dritten Welt. Die Erkenntnis, die mich hat aussteigen lassen, ist, daß Entwicklungshilfe ein Bestandteil dieser Ausbeutung ist.

Das beste Beispiel sind für mich die Entwicklungsbanken.[16] Es gab seinerzeit eine politische Konstellation, wie sie im Sinne der Bevölkerung der Entwicklungsländer eigentlich nicht besser hätte sein können: Willy Brandt war Kanzler, Erhard Eppler war Entwicklungsminister, Hans Matthöfer war Staatssekretär.[17] Da haben wir im Ministerium[18] gedacht, mit Entwicklungsbanken schaffen wir endlich ein Kreditwesen für Kleinbauern, Handwerker und kleine Unternehmer. Bis zum heutigen Tag geben wir ungefähr zehn Prozent der Mittel für die finanzielle Zusammenarbeit an Entwicklungsbanken.

Später haben wir dann diese Entwicklungsbanken querschnittartig überprüfen lassen. Das Ergebnis: Die Banken haben genau den Zielgruppen, für die sie gedacht waren, nicht geholfen, sondern im Gegenteil geschadet. Das Geld floß großen Unternehmen zu, zum Teil sogar Multis, und die kleinen und mittleren Firmen wurden verdrängt. Für die Kleinbauern fiel nichts ab.

ZEIT: Kann die Entwicklungshilfe denn überhaupt Strukturen verändern? Ist da das Ziel nicht zu hoch gesetzt?

Brandt: Sie kennen vielleicht das zynische Wort über den Asiaten, der fragt: Was ist noch schlimmer als kapitalistische Ausbeutung? Antwort: Nicht einmal ausgebeutet zu werden. Das heißt, noch schlimmer ist es, überhaupt nicht in ökonomische Kooperation einbezogen zu sein.

[...]¹⁹ Aber ich wollte gern auf die Situation von 1972 zurückkommen. Ich glaube, Erhard Eppler wäre der erste, der sagt: Ich habe seitdem eine Menge dazugelernt – und ich hoffe, er ist nicht der einzige.

Erler: Aber auf wessen Kosten lernen wir denn?

Brandt: Was heißt „Auf wessen Kosten lernen wir"? Wenn wir damals nichts gemacht hätten, wäre es den Armen in der Dritten Welt doch auch nicht besser gegangen.

Erler: Doch!

Brandt: Das bestreite ich. Ich verrate im übrigen kein Geheimnis, wenn ich daran erinnere, daß ich in meiner Regierungszeit schon einiges auf der Tagesordnung hatte. Nun kümmere ich mich auf meine Weise um Entwicklungspolitik, von der ich – stärker und anders als vor zehn Jahren – sage: Das ist die zweite große Dimension von Friedenspolitik. Und sie funktioniert nur, wenn man die Entwicklungsländer eben nicht alleine läßt.

Erler: Ich weiß nicht, ob ich mich klar genug ausdrücken kann. Diese Sache mit den Entwicklungsbanken ist doch ein gutes Beispiel: Da war der beste Wille vorhanden, und trotzdem wurde es ein Mißerfolg auf Kosten der Armen. Ich würde Sie gerne von Ihrer Forderung „Entwicklungshilfe statt Rüstung" abbringen. Ich bin völlig dafür, Rüstung abzubauen. Aber ich bin dagegen, daß wir eine negative Erscheinung der Politik, die Hochrüstung, durch eine andere ersetzen, nämlich die Entwicklungshilfe.

Brandt: Wenn man unterstellt, daß von den tausend Milliarden Dollar, die in diesem Jahr für Rüstung ausgegeben werden, nur fünf Prozent, also fünfzig Milliarden Dollar, in einen Weltentwicklungsfonds umgelenkt werden könnten, würde das den Leuten in den Entwicklungsländern schon helfen, aus einem Teil ihrer Not herauszukommen. Wenn das ginge, sollte durch einen großen internationalen Plan auch der Hunger in Afrika überwunden werden können.

ZEIT: Ist das nicht sehr idealistisch?

Brandt: Wenn ich vor jungen Leuten spreche, dann spüre ich, die empfinden mit mir, daß die heutige Situation unerträglich ist: In einer Welt, in der es möglich wäre, die Menschen jedenfalls nicht mehr hungern zu lassen, werden die Ressourcen statt dessen für Überrüstung verschwendet. Ich bin aber sofort bereit zu konzedieren, daß man Entwicklungshilfeleistungen nur denen geben sollte, die sie haben wollen. Man soll sie niemandem aufzwingen und . . .

Erler: . . . Geld wollen sie alle. Das ist das einzige, wodurch Entwicklungsländer definiert sind – daß sie alle Entwicklungshilfe haben wollen.

Brandt: Ich bin gegen Verabsolutierung. Ich halte es für sinnvoll, wenn Sie uns provozieren. Ich halte Ihr Buch für einen interessanten Beitrag, damit die Leute erneut über Dritte-Welt-Politik nachdenken. Auch ich bin für kritische Überprüfung alter Thesen, aber ich glaube nicht, daß man einfach mit Hilfe Schluß machen sollte.

ZEIT: In Ihrem Buch[20] sprechen Sie sogar von einer Steigerung der Ausgaben.

Brandt: Aber nur, wenn zusätzlich zur Entwicklungshilfe Mittel mobilisiert werden für die Neuordnungen der weltwirtschaftlichen Beziehungen, für die Beendigung des Welthungers, für die Stabilisierung von Rohstoffpreisen, für Überwindung der Schuldenkrise, für Reformen der internationalen Organisationen. Das ist Entwicklungspolitik, Nord-Süd-Politik. Ich betrachte die Entwicklungshilfe nur als einen Teil dieser Politik. Und wenn Brigitte Erler sagt, die Hilfe dient überwiegend den falschen Leuten, halte ich das für übertrieben. Aber ich bin bereit, dem nachzugehen und andere aufzufordern: Prüft die These; und prüft wo man das, was nicht in Ordnung ist, durch etwas Vernünftigeres ersetzen kann.

Nr. 87
Erklärung des Präsidenten der SI, Brandt, und des Generalsekretärs der SI, Väänänen, zum Angriff der USA auf Libyen 15. April 1986

Socialist International Press Release No. 9/86 (Übersetzung aus dem Englischen: Bernd Rother).[1]

Die Sozialistische Internationale verurteilt nachdrücklich den Angriff bewaffneter US-Einheiten gegen Ziele in Libyen in der letzten Nacht, der zivile Tote und Verletzte forderte.[2]

Die Sozialistische Internationale hat wiederholt jegliche Art von Terrorismus verurteilt, zuletzt beim Begräbnis von [SI-]Vizepräsident Olof Palme in Stockholm.[3]

Die Sozialistische Internationale unterstützt Maßnahmen der Vorbeugung und Bekämpfung des Terrorismus. Sie müssen aber in Übereinstimmung mit dem Völkerrecht stehen. Dass unschuldige Zivilisten eines Landes getötet wurden, kann niemals das Töten unschuldiger Zivilisten eines anderen Landes rechtfertigen.

Die Sozialistische Internationale fordert die US-Regierung dringend auf, die Beweise für den behaupteten Terrorismus der libyschen Regierung vorzulegen, über die zu verfügen sie erklärt.

Die Sozialistische Internationale ruft alle Regierungen und Völker auf, dabei zu helfen, die Ursachen des Terrorismus zu überwinden, die auch zum Nahost-Konflikt beitragen.

Die Sozialistische Internationale betont erneut, dass jede Bekämpfung von Terrorismus mit dem Völkerrecht in Einklang stehen muss.

Willy Brandt Pentti Väänänen
Präsident Generalsekretär

Nr. 88
Manuskript der Rede des Präsidenten der SI, Brandt, bei der Südafrika-Konferenz der SI in Gaborone
18. April 1986[1]

AdsD, WBA, A 13, 94 (Übersetzung aus dem Englischen: Bernd Rother).

Für dieses Treffen sind Mitglieder der Sozialistischen Internationale in diesen Teil Afrikas gekommen, um ein Zeichen zu setzen.

Unsere Solidarität gilt den Frontstaaten[2], die sich erheblichem Druck ausgesetzt sehen und sich gegen aggressive Hegemonieansprüche derer, die ihren großen südlichen Nachbarstaat regieren, verteidigen müssen.

Zugleich sollte die Welt wissen und besonders die Machthaber im benachbarten Südafrika sollten verstehen, dass wir Demokratische Sozialisten auf der Seite der unterdrückten und ausgebeuteten Menschen stehen, der Menschen, die unter Verfolgung und Ungerechtigkeit leiden.

Erlauben Sie mir in Anwesenheit unseres Freundes Kenneth Kaunda zu sagen, dass wir eine starke Sympathie und Solidarität mit den Frontstaaten empfinden. Sie haben es geschafft, den Kolonialismus zu überwinden, und wir sind überzeugt, dass auch die Apartheid nicht überleben wird. Beim Treffen von Arusha im Herbst 1984 hat unsere Internationale klar gemacht, dass wir unserer moralischen und politischen Verantwortung, soweit das Südliche Afrika betroffen ist, bewusst sind.[3] Blockfreiheit, Selbstbestimmung und produktive

Entwicklung sind die Grundlinien, denen unsere stärkste Unterstützung zu geben wir für erforderlich halten.

Aus guten Gründen sind wir nach Botswana gekommen, dem Land das gegenwärtig unter besonders starkem Druck steht. Nach der Bevölkerungszahl ist Botswana ein kleines Land. Aber für viele Menschen ist es ein Symbol großer Hoffnung – der Hoffnung, eines Tages frei zu sein, frei von Unterdrückung wegen der Hautfarbe, zusammen und gemeinsam leben zu können mit Menschen anderer Rasse, in Frieden und ohne Furcht.

Wenn wir auf die Regionen mit schweren internationalen Krisen schauen – den Nahen Osten und die Golf-Region, Mittelamerika, Südostasien, das südliche Afrika –, stellen wir fest, dass jede Region ihre eigenen Probleme und ihre eigene ungewisse Zukunft hat.

In einer Hinsicht jedoch unterscheidet sich die Krisenregion des südlichen Afrika von allen anderen: Hier ist die Ursache von Gewalt und Armut die verblendete Arroganz einer Minderheit.

In den letzten Tagen hatte ich in Südafrika eine lange Reihe von Gesprächen, hauptsächlich mit Vertretern der Mehrheit, aber auch mit Menschen aus dem Wirtschaftsbereich. Am Montag hat mich Präsident Botha zu einem Gespräch gebeten und ich habe gebeten, die Möglichkeit zu einem Treffen mit Nelson Mandela zu erhalten.[4]

Nach meinen Gesprächen mit Gewerkschaftern, Menschen von Bürgerrechtsorganisationen und Kirchenvertretern – und nach einem Besuch in der unglücklichen Township[5] Alexandra – ist mein hauptsächlicher Eindruck, dass das schwarze Südafrika und das weiße Südafrika sich noch weiter voneinander entfernen und dass noch mehr Gewalt zu erwarten ist.

Die Mehrheit verlangt, dass die Apartheid beendet wird. Viele erwarten Druck von außen und sie sind bereit, den zeitweiligen Preis dafür zu bezahlen.

In unserer Welt, so wie sie ist, haben wir uns an eine große Zahl von Rechtfertigungen für die Unterdrückung von Minderheiten gewöhnt, aber es ist einzigartig, dass eine überwältigende Mehrheit all ihrer Rechte beraubt ist, dass Millionen Menschen als Bürger zweiter oder gar dritter Klasse eingestuft werden, nur wegen einer anderen Färbung ihrer Haut als die der Angehörigen der herrschenden Klasse. Verletzungen der Menschenrechte, Missachtung der Menschenwürde, Zerstörung der Persönlichkeit – all dies ist in unserer Welt eher die Regel als die Ausnahme. Menschenrechtsverletzungen sind schrecklich, wo auch immer sie geschehen; nirgendwo dürfen sie toleriert werden, nicht einmal durch Schweigen. Was Südafrika über die traurige Normalität der Verfolgung von Menschen durch Menschen erhebt, ist die Tatsache, dass ein ganzer Staat ohne Verschleierung auf Grundsätzen aufgebaut wurde, die den Rassismus zur tatsächlichen Verfassung der Gesellschaft machen.

Ich möchte hier einen Augenblick verweilen und uns an Folgendes erinnern: Rassismus gibt es nicht nur in Südafrika. Es ist noch nicht einmal so, dass dessen schlimmste Exzesse in diesem Teil der Welt geschahen, sondern in Mitteleuropa – vor nicht mehr als einer Generation. Und auch heute erleben wir wieder oder immer noch in vielen Ländern Formen der Fremdenfeindlichkeit, die zeigen, dass der Rassismus nicht mit dem Faschismus untergegangen ist.

Wer also das rassistische System der Apartheid bekämpft, muss auch gegen den latenten oder offenen Rassismus zu Hause kämpfen.

Viele Menschen außerhalb sind kaum berechtigt, mit dem Finger auf weiße Südafrikaner zu zeigen. Denn was haben sie, was haben wir in all diesen Jahren unternommen, als in Südafrika das Unterdrückungssystem immer perfekter und immer brutaler wurde?

Waren nicht für viele die südafrikanischen Märkte wichtiger als Millionen seiner Bürger? Wir sollten uns nicht der Selbstgerechtigkeit hingeben. Aber in voller Anerkennung unseres eigenen Versagens sollten wir eines völlig klarstellen: Wir weigern uns, in unseren eigenen Ländern eine Politik zu unterstützen oder umzusetzen, die auch nur im geringsten Maße helfen würde, das Apartheidsystem aufrecht zu erhalten. Die herrschenden Kreise in Südafrika dürfen sich nicht auf uns beziehen, wenn sie von ihren Freunden auf der ganzen Welt reden, die sie nicht im Stich lassen würden.

Keiner von uns will der persönliche Feind von irgend jemandem in Südafrika sein. Aber wir werden nicht aufhören, das System der

Apartheid anzugreifen und zu schwächen, bis es vollständig und für immer verschwindet.

Wir folgen nicht der aktuellen Mode, dem Werbeslogan von der „Reform" der Apartheid.[6] Apartheid kann nicht[7] reformiert werden. Sie muss abgeschafft werden – gänzlich und sofort.

Nachdem dies geschehen sein wird, wird Raum für den Dialog zwischen den Gruppen sein. Und dann wird das Thema Reform – nicht nur im politischen, sondern auch im sozialen und im wirtschaftlichen Bereich – auf der Tagesordnung stehen. Die neue Struktur wird demokratisch sein müssen; sie wird auf Gerechtigkeit und Menschenrechten beruhen müssen, was Sicherheit für Minderheiten einschließt. Aber zu allererst wird sie nach vorne gewandt sein müssen.

Wir wünschen den Menschen in Südafrika nichts dringlicher als einen vereinbarten Prozess des Wandels zu einer Gesellschaft, in der gleiche Rechte für alle nicht nur im politischen Bereich gelten, sondern auch in sozialer, wirtschaftlicher und kultureller Hinsicht.

Aber wir sehen, dass Gewalt an der Tagesordnung ist. In Südafrika gehört Gewalt zum täglichen Leben. Nur durch Gewalt kann ein System wie die Apartheid aufrecht erhalten werden, ein System, das aus sich heraus aggressiv ist.

Immer wieder muss man wiederholen: Die Ursache der Gewalt sind nicht die, welche sich wehren, sondern die, welche ihre Herrschaft auf Ungerechtigkeit und Unterdrückung aufbauen.

Mit großem Respekt schauen wir auf die fast 75jährige Geschichte des African National Congress, die älteste Befreiungsbewegung dieses Kontinents. Für uns, die Parteien der Sozialistischen Internationale, ist der ANC die wichtigste Befreiungsbewegung, die ganz Südafrika repräsentiert. Wir werden unsere Zusammenarbeit weiter verbessern und unsere Kontakte intensivieren. Dies wird auch mit den Gewerkschaften und anderen wichtigen Organisationen geschehen.

Mit wem, wenn nicht mit dem ANC, soll man den Übergang zu einem Südafrika mit gleichen Rechten, wo Menschen jeglicher Hautfarbe in Frieden zusammen leben können, diskutieren? Das

Symbol des Widerstandes ist Nelson Mandela. Mehr als zwei Jahrzehnte im Gefängnis haben es nicht vermocht, seine Botschaft zum Verstummen zu bringen. Ein Körper kann ins Gefängnis gesperrt werden – eine Idee nicht.

Wir fordern die Regierung Südafrikas dringend auf, Nelson Mandela und alle politischen Gefangenen freizulassen und alle verbotenen politischen Organisationen der Mehrheit der Bevölkerung wieder zuzulassen.

Der Kampf zahlreicher Gruppen und Bürgerrechtsbewegungen und der mutige Kampf vieler Menschen jeder Hautfarbe in Südafrika selbst verdient einen ebenso großen Respekt wie die Befreiungsbewegungen. Ich denke an die United Democratic Front[8], die unter mannigfaltiger Verfolgung und Ausspähung leidet; ich denke an schwarze Gewerkschaften, die ich erwähnte, die Kirchen, Männer und Frauen wie Bischof Tutu, Winnie Mandela, Reverend Boesak, Reverend Beyers-Naude. Ich denke an die jungen weißen Kriegsdienstverweigerer, die nicht auf ihre schwarzen Brüder schießen wollen. Ich denke an liberale Streiter gegen Apartheid, wie Helen Suzman und Frederik van Zyl Slabbert; ich denke an Schriftsteller wie Breyten Breytenbach und André Brink.

Noch gibt es Zeichen der Hoffnung in diesem Land. Dazu gehört solch ein ungewöhnliches wie die Tatsache, dass wichtige Sprecher der Industrie weitsichtiger und maßvoller sind als die politische Führung.[9]

Aber ich teile mit vielen Menschen die Besorgnis, dass aller guter Wille und alle Anstrengungen vergeblich sein könnten, weil die Chance für einen friedlichen Wandel womöglich schon verpasst ist. Ich bin [mir] der Radikalisierung junger Schwarzer in ihren städtischen oder ländlichen Siedlungen bewusst. Vor allem sehe ich den selbstzerstörerischen Starrsinn der Machthaber.

Das Wesen der Apartheid ist der Versuch, uns Sozialisten wohl bekannt, die Gesellschaft zu spalten in die Wenigen, die oben sind und alles besitzen, und die Vielen, die unten sind und nichts haben. Im Kern ist der Rassismus eine soziale Frage. Der Kampf gegen Rassismus ist ein Kampf für soziale Gerechtigkeit.

Diesen Kampf dürfen wir nicht nur mit Worten führen. Wie kein anderer Staatsmann unserer Zeit stand Olof Palme für die Einheit von Wort und Tat innerhalb der internationalen Bewegung gegen Apartheid.

Wir wollen die Bürger Südafrikas nicht durch Boykottmaßnahmen bestrafen. Aber ebenso wenig wollen wir, dass unsere Wirtschaftsbeziehungen zu Südafrika die ökonomische Basis des Apartheidregimes stabilisieren. Daher sind wir gegen neue Kredite und Investitionen, neue Exportgarantien; und deswegen unterstützen wir ausgewählte und effektive Import- und Exportbeschränkungen und die Fortsetzung von Embargos gegen Kultur- und Sportbeziehungen.

Frühere Beschlüsse zu Sanktionen waren nicht viel wert, weil die drei wichtigsten Handelspartner Südafrikas – die Vereinigten Staaten, Großbritannien und die Bundesrepublik Deutschland – bisher jede effektive Maßnahme verhindert haben. Den Regierungen dieser Länder sollte gesagt werden, dass es ihre Aufgabe ist, ihre großen Möglichkeiten zu nutzen, um Druck auf die Regierung Südafrikas auszuüben. Die Gegenargumente dieser Regierungen können nur schwer ernst genommen werden. Die Abhängigkeit des Westens von südafrikanischen Waren ist eine beliebte und absichtlich kultivierte Legende. Tatsächlich hängt Südafrika vom Westen ab.

Südafrikas große strategische Bedeutung wird als weiteres Argument benutzt. Dem widerspreche ich nachdrücklich. Südafrika sollte in die Ost-West-Auseinandersetzung nicht stärker als andere Teile Afrikas hineingezogen werden. Der Kontinent hat genügend Probleme mit sich selbst. Ein blockfreies Südafrika wäre die beste Garantie für strategische Stabilität in diesem Teil der Welt.

Ein drittes Argument ist, dass der Westen Südafrika als Bollwerk gegen den Kommunismus braucht. Vorausgesetzt, solch eine Verteidigung wäre tatsächlich notwendig, gäbe es nur in einem Fall die Gefahr, dass Südafrika kommunistisch wird: nämlich wenn die weiße Minderheitenherrschaft bestehen bliebe.

Möglicherweise verstehen wir Demokratische Sozialisten etwas besser, wie mit dem Kommunismus umzugehen ist. Soziale Demokratie, individuelle Freiheiten, Gerechtigkeit – dies sind die richtigen

Mittel. Die in Südafrika angewandten Methoden sind zweifelsohne die falschen. Und das weiße Regime sollte es nicht als selbstverständlich betrachten, dass sein starker Antikommunismus brutale Menschenrechtsverletzungen rechtfertigt.

Oft ist gesagt worden, Handel sollte nicht zu einem Instrument der Politik werden. Was wirklich gemeint ist, ist, dass politische Überzeugungen oder gar politische Moral sich nicht ins Geschäft einmischen sollen. Internationaler Handel ist immer politisch. Vielleicht ist Südafrika das beste Beispiel, welche Auswirkungen er haben kann.

Südafrikas Bemühungen, die schwarzafrikanischen Nachbarn zu schwächen, um sie jedem Druck aus Pretoria gefügig zu machen, sind ziemlich offenkundig. Was Südafrika für sich selbst ausschließt, wendet es bei seinen Nachbarn an: ökonomischen Druck. Südafrika ist verantwortlich für die Destabilisierung von Angola und Mosambik durch Rebellenbewegungen;[10] Südafrika hält Namibia weiterhin entgegen dem Völkerrecht besetzt; es führt Krieg gegen die, die dort Unabhängigkeit erreichen wollen. Wir haben allen Grund zu glauben, dass Südafrika am Sturz der Regierung von Lesotho beteiligt war.[11] Wir fordern von Südafrika, dass es die Unabhängigkeit und territoriale Integrität seiner Nachbarn respektiert, dass es aufhört, sich einzumischen, und dass es nicht länger Operationen finanziert und ermuntert, die auf einen Bürgerkrieg hinauslaufen. Wir müssen von unserer Seite versuchen, die Volkswirtschaften der Frontstaaten ausreichend zu stabilisieren, um ihre Abhängigkeit zu verringern.

In diesem Zusammenhang bin ich sehr über die Haltung der Vereinigten Staaten besorgt. Was seit vielen Jahren ein Hindernis für die Unabhängigkeit Namibias war, nämlich die unzulässige Verknüpfung – in Washington D.C. erfunden – zwischen der Unabhängigkeit von Namibia und dem Rückzug der kubanischen Truppen aus Angola, breitet sich nun aus.

Die Diskussion über die Unterstützung der UNITA erinnert stark an die Unterstützung der CONTRAS[12] in Nicaragua. Hinter all dem steckt die Idee eines „roll-back". Tatsächlich scheint es nicht um das Schicksal afrikanischer Völker zu gehen, sondern eher um die Beseitigung möglichen sowjetischen Einflusses im südlichen Afrika. Dies mag aus einem engen Blickwinkel des Wettbewerbes der Supermächte verständlich sein. Aber das wirkliche Problem ist, wie die Supermächte daran gehindert werden können, ihre Auseinandersetzungen in immer mehr Regionen der Welt zu exportieren.

Unser Konzept für das südliche Afrika sieht anders aus. Wir wollen zur Schaffung wirtschaftlicher und politischer Bedingungen für wirkliche Blockfreiheit beitragen. Jedes Land der Region muss das Recht haben, über seinen eigenen politischen Weg in eigener Verantwortung zu entscheiden.

Ich möchte ein Wort zu Namibia hinzufügen: Die Anstrengungen der Kontaktgruppe[13], Südafrika zur Einhaltung der UN-Resolution 435 zu bringen, müssen als gescheitert angesehen werden.[14] Dennoch gibt es für uns keine Alternative.

Namibia muss die Unabhängigkeit durch freie Wahlen erlangen, in der die SWAPO ohne Beschränkungen teilnehmen kann. Bis dahin darf nichts erlaubt sein, was Südafrikas Bemühungen unterstützt, eine Schein-Unabhängigkeit für Namibia unter Ausschluss der stärksten politischen Kraft des Landes, der SWAPO, durchzusetzen.

Die Lage im südlichen Afrika und besonders in Südafrika selbst hat sich in letzter Zeit nicht verbessert.

Die Regierung Botha hat jedoch angefangen, ihre Politik in einer etwas ansprechenderen Form zu präsentieren.[15]

Wir sind tief überzeugt, dass Kosmetik nicht ausreicht, sondern dass die Zeit für die Apartheid abgelaufen ist. Es gibt keine Rückkehr zum früheren Status.

Die Opposition wird weiter wachsen, im Inneren wie draußen. Niemand wünscht ein großes Blutvergießen, vor dem vor allem Kenneth Kaunda seit vielen Jahren warnt. Wenn es noch möglich sein sollte, eine Eskalation zu verhindern, dann nur durch eine schnelle und radikale Neuorientierung der Politik in Südafrika.

Wir sind fest entschlossen, jede Anstrengung zu unternehmen, den Menschen in Südafrika in ihrem Kampf für eine bessere Zukunft zu helfen. Und wir sind ebenso entschlossen, unsere Verbindungen mit den Frontstaaten zu stärken, nicht zuletzt mit Botswana.

Nr. 89
Aus der Rede des Präsidenten der SI, Brandt, zur Eröffnung des Kongresses der SI in Lima
20. Juni 1986

Service der SPD für Presse, Funk, TV, Nr. 340/86 vom 20. Juni 1986.[1]

[...][2]

Dieser Kongreß in Lateinamerika bedeutet Markstein und Demonstration zugleich in der Entwicklung unserer internationalen Gemeinschaft. Eine Zusammenkunft in Peru bedeutet zugleich, daß sich die Sozialistische Internationale auf der Erde des großen Raul Haya de la Torre und an der Quelle des „Indoamerikanismus" trifft.[3] Dies war nicht selbstverständlich, es ist schon gar nicht gleichgültig.

Ich erinnere mich, was uns Haya de la Torre auf der Caracas-Konferenz vor zehn Jahren sagte.[4] Er zitierte Goethe, den großen Dichter der deutschen Sprache, der Mephisto sagen läßt: „Grau, teurer Freund, ist alle Theorie, und grün des Lebens goldener Baum." Was anders sollte dieser Hinweis bedeuten, als uns daran zu erinnern, daß die Wahrheiten des Lebens konkret sind. Also sollte uns auch bewußt sein, aus welchen Wurzeln der demokratische Sozialismus in Europa und – nicht nur dort – gewachsen ist. Wo die Berührungspunkte liegen mit den eigenständigen Kräften in diesem Teil der Welt, also im Süden Amerikas einschließlich der Karibik. Und was Sie in Amerika und uns in Europa wiederum verbindet mit verwandten Bewegungen, geistig-politischen Strömungen in Afrika und im Nahen Osten, im gewaltigen Asien, im Pazifik.

Die Sozialistische Internationale hat – in unterschiedlichen organisatorischen Formen – eine hundertzwanzigjährige Geschichte hinter sich. Und doch stehen wir erst am Beginn dessen, was unsere Vorgänger sich vorgenommen hatten. Als Ideenbewegung und als Möglichkeit einer prinzipiell verankerten Koordinierung hat die Sozialistische Internationale die Zeit ihrer Entfaltung erst noch vor sich – vorausgesetzt, daß es ein Überleben der Menschheit gibt. Aber im

Vordergrund dessen, worum wir uns mit Hingabe bemühen, steht ja gerade, wie aus der Arbeitshypothese Wirklichkeit werden kann.

Die SI ist weder eine Supermacht, noch ist sie eine Superpartei. Aber immerhin sind in ihr mehr als fünf Dutzend Parteien verbunden, zwei Dutzend davon in der Regierung, andere in der Rolle einer starken Opposition. Zu uns gehören zwölf befreundete und assoziierte internationale Organisationen. Gute Arbeitskontakte verbinden uns mit zahlreichen Parteigruppierungen zumal in Ländern der Dritten Welt.

Der Kampf für ein würdiges Leben der arbeitenden Menschen gehörte schon 1864 zu den Zwecken jenes kleinen europäischen[5] Clubs, der sich in London als „Internationale Arbeiter-Assoziation" zusammenfand. Der Kampf für den Frieden – gegen Kolonialismus, Kriegstreiberei, Wettrüsten – erfüllte die erneuerte Internationale von 1889 mit Leben. Die Färbung, die wir beidem in unserem sehr viel größeren, im eigentlichen Sinn des Wortes international gewordenen Club geben, ist anders, weil die Welt sich verändert hat. Aber im Kern geht es auch heute um die Wohlfahrt der arbeitenden (oder sogar von Arbeit ausgeschlossenen) Massen, um ihre Befreiung aus Erniedrigung und Ausbeutung. Im Kern geht es nach wie vor um das Recht der Nationen auf Selbstbestimmung, um den Widerstand gegen imperialistische Arroganz, in der die Völker wie Bauern beim Schach sind: Nicht Herren des eigenen Schicksals, sondern Objekte von Paternalismus und fremder Gewalt.

Die Tradition der Internationale als einer weltweiten Freiheitsbewegung kann uns beflügeln, sie braucht uns jedenfalls nicht zu genieren. Die Erinnerung an eine starke Tradition, aber auch an unbestreitbare Erfolge, kann mithelfen, in einer komplizierter gewordenen Welt nicht den Leitfaden zu verlieren.

Ich habe den Eindruck, daß es vermutlich bis zum nächsten Kongreß in drei Jahren gelingen könnte, die Verständigung über eine neue programmatische Erklärung der Sozialistischen Internationale zu erreichen.[6] Seit der Frankfurter Prinzipienerklärung zu den Zielen und Aufgaben des demokratischen Sozialismus sind 35 Jahre vergangen.[7] Die Vorarbeiten für das, was ihr folgen soll, sind in kleinen

Gremien weit gediehen. Es fragt sich, ob wir nicht eine Diskussion im größeren Kreis brauchen. Wenn das Programm der SI Geltung erlangen soll, wird es Gegenstand des reellen Interesses der in ihr versammelten Parteien werden müssen. Die Erklärung von Lima, zu deren Annahme der Kongreß aufgefordert wird, ist ein wichtiger Schritt in diese Richtung.[8]

[...][9]

In der Internationale brauchen wir die Verbindung von Einsichten demokratischer Sozialisten in den entwickelten Industriegesellschaften mit den Einsichten demokratischer Sozialisten in jenen Ländern, denen die Entwicklung weiterhin – oft nicht nur von außen – schwer gemacht wird. Diese Verbindung wird zusätzliche Begründungen dafür ergeben, warum das, was einige von uns die „Internationalisierung der Internationale" genannt haben, nicht nur möglich, sondern auch weiterhin nötig ist – und welche Kraft, welche Verheißung in ihr stecken kann.

Die Sozialistische Internationale als eine globale politische Kraft des Friedens und des sozialen Fortschritts, der Erhaltung der natürlichen wie der gesellschaftlichen Lebensgrundlagen – das ist die Fortführung einer Tradition, die nicht die Asche, sondern das Feuer bewahrt.[10] Davon sollten wir uns in der weiteren Arbeit leiten lassen.

Der Weg seit unserem Genfer Kongreß 1976, der uns jetzt nach Lima führte, hat beeindruckende Stationen gehabt. Ich nenne unsere Kongresse in Vancouver, Madrid und Albufeira.[11] Ich nenne auch unsere Treffen in Dakar, Tokio, Arusha und Gaborone.[12] Und an dieser Stelle nenne ich zugleich einige Stationen, die Lateinamerika eine so wichtige Säule unserer Arbeit haben werden lassen: Caracas und Mexico 1976[13], Lissabon 1978[14], Santo Domingo 1980[15], Rio de Janeiro 1984[16].

Wenn ich gelegentlich gesagt habe, daß wir erst am Anfang dessen stehen, was wir uns vorgenommen haben, so meine ich damit auch, daß es unsere internationale Gemeinschaft als Organisation an neue Gegebenheiten anzupassen gilt. Als Idee waren soziale Demokratie und demokratischer Sozialismus – jedenfalls international –

schon immer besser und weiter denn als Organisation. Das sollte uns indes nicht abhalten, einige Verbesserungen zu versuchen.

[...]¹⁷

Programmatischer Handlungsbedarf und die Notwendigkeit politisch-organisatorischer Anstrengung lassen sich auch ableiten aus der neo-konservativen Offensive, mit der wir in einer beträchtlichen Zahl von Ländern seit einigen Jahren zu tun haben. Sie zielt nach Auskunft ihrer Betreiber zentral auf den Wohlfahrtsstaat und die ureigensten Ideen der internationalen Sozialdemokratie.¹⁸ Wir werden der ideologischen Offensive der heute tonangebenden Rechten nur dann standhalten, wenn wir uns die Vision und die historische Errungenschaft der Sozialstaatlichkeit nicht entwinden lassen, uns aber auch nicht in der Verteidigung von Erreichtem erschöpfen.

Das Verlogene an der neo-konservativen Offensive ist die Maßlosigkeit, mit der man einer Mehrheit vorgaukelt, zu ihrem Nutzen sei, was für eine Minderheit eingelöst werden kann. Es ist zugleich die Schwäche der Offensive und der Punkt, an dem wir den Hebel anzusetzen haben:

Jawohl, wir aus dem Lager der sozialen Demokratie und des demokratischen Sozialismus, wir sind in der Tat für die Ausweitung des individuellen Spielraums und der Freiheit des Einzelnen, von der andere so gerne reden. Wir erkennen in der Tat das Recht an auf ein anständiges Leben und den Anspruch auf persönliches Glück – wovon anders handelt die Geschichte der Arbeiterbewegung, der Befreiungsbewegungen, des demokratischen Sozialismus? Aber diese Geschichte erinnert auch daran, daß sozialer Abstieg und Erniedrigung der Mehrheit ein zu hoher Preis war für das Wohlergehen elitärer Minderheiten.

Die Geschichte erinnert uns an die schöpferischen Fähigkeiten der breiten Schichten und daran, daß diese freigesetzt werden müssen, wenn der Fortschritt seine Chance haben soll. Sie erinnert daran, daß die Erweiterung der persönlichen Freiheit eine Phrase bleibt, solange nur eine Minderheit davon profitiert, weil das sogenannte freie Spiel der Kräfte die Lebenschancen extrem zugunsten dieser Minderheit verteilt.

Ganz im Gegenteil zu dem, was die neo-konservative Rechte glauben will, ist demokratische Sozialstaatlichkeit kein Klotz am Bein des Fortschritts, sondern ein Rad, auf dem der Fortschritt rollt.

Laßt mich es so sagen: Wir müssen es dahin bringen, daß eine Mehrheit uns vertraut, wenn wir sagen: Wir wollen unsere Zukunft nicht auf Konkurrenzkult, sondern auf Zusammenarbeit gründen. Wir versprechen uns nichts von Konkurrenzneid als Staatsphilosophie. Ohne Solidarität kein Frieden – im Innern und nach außen.

Wir standen und stehen dafür, daß Friede im Innern und nach außen in Freiheit und durch Gerechtigkeit gesichert werde.

[...][19]

Wir haben uns sehr darüber gefreut, daß die Demokratisierung in Lateinamerika in den letzten Jahren so bedeutende Fortschritte gemacht hat. Ein wenig haben wir dazu beitragen können, und wir werden gewiß keine Ruhe geben, bis nicht auch Chile und Paraguay die Fesseln der Diktatur abgestreift haben. Und bis Mittelamerika, frei von militärischen Interventionen, seinen eigenen Weg gehen kann.

Es verdient Anerkennung, daß die Vereinigten Staaten die Demokratisierung einer Reihe lateinamerikanischer Staaten – wie auch zum Beispiel die Ablösung des Marcos-Regimes auf den Philippinen – gefordert haben. Man müßte dann aber auch den Zusammenhang zwischen Schulden und Demokratie, zwischen Entwicklung und Frieden[20], erkennen und daraus Schlüsse ziehen.

In den vergangenen Jahren haben wir uns mehrfach auf die Krise in Mittelamerika konzentrieren müssen. Wir haben uns das nicht ausgesucht. Unsere Partner in Mittelamerika, aber auch solche in Washington, haben uns ihre Sicht über dieses Thema vermittelt. Wobei ich mir wohl bewußt bin, daß Nord-Süd aus ‹Sicht der Dritten Welt›[21] eine andere Dimension hat als für die meisten Europäer. Gleichwohl denke ich, wir sind uns einig, wenn ich sage: Revanchismus hat sich immer als verhängnisvoll erwiesen. Und das Völkerrecht bindet nicht nur die kleinen Staaten, sondern auch die großen, es ist kein Zwei-Klassen-Recht.

Unsere Welt braucht jedenfalls keine Intervention à la Nicaragua, ebenso wenig wie sie Okkupationen à la Afghanistan hinnehmen kann.

Jetzt scheint es mir darauf anzukommen, daß wir dem Mut geben, was aus der Region als Friedensinitiative selbst entstanden ist: Ich meine den Contadora-Prozeß, einschließlich seiner südamerikanischen Unterstützungsgruppe.[22] Was hier versucht worden ist, verdient von uns in der Sozialistischen Internationale ‹und nicht zuletzt von ihren europäischen Mitgliedsparteien›[23] ermutigt und gefördert zu werden.

Im übrigen denke ich, die Schwerpunkte unserer Arbeit in den nächsten Jahren seien uns vorgegeben. Sie ergeben sich aus der Tagesordnung dieses Kongresses. Zum Teil ergeben sie sich auch aus dem, was durch alte und neue Krisenregionen an Problemen aufgeworfen wird. Wir haben wiederholt versucht, bei Bemühungen, den Nahost-Konflikt zu überwinden, behilflich zu sein, ‹wenn auch ohne wirklichen Erfolg›[24]. Ohne uns zu übernehmen, soll – dort und anderswo – weiterhin nicht daran gezweifelt werden können, daß unsere guten Dienste zur Verfügung stehen, so man ihrer bedarf.

Dies gilt nicht zuletzt für[25] Afrika. Ich glaube, unsere afrikanischen Freunde, die zu diesem Kongreß nach Lima gekommen sind, spüren es: Unsere Internationale hat in den vergangenen Jahren große, aber für uns selbstverständliche Anstrengungen unternommen, ihre[26] berechtigten Ziele zu unterstützen. Mit unserer Zusammenarbeit in Arusha und Gaborone[27] haben wir signalisiert: Wir unterstützen den[28] Kampf zur Überwindung der Apartheid. Und ich meine, daß dem in diesen Tagen veröffentlichten Bericht der hierzu von den Ländern des Commonwealth eingesetzten Gruppe hochrangiger Persönlichkeiten eine erhebliche Bedeutung zukommen kann.[29]

Ich selber bin im April in Südafrika gewesen, und ich bin sehr bedrückt zurückgekehrt.[30] Das Bild ist noch düsterer ausgefallen, als es mir zuvor geschildert worden war. Was in Südafrika auf dem Spiel steht – und die Ereignisse der letzten Tage haben es bewiesen –, ist mehr als die verbale Reaktion auf eine prärevolutionäre Lage. Es ist das Schicksal einer großen Zahl von Menschen, die zermalmt zu werden drohen. Dazu können wir nicht schweigen. Wir werden unsere Solidarität durch unser Verhalten beweisen müssen.

Wir standen und bleiben in der vordersten Reihe, wenn es darum geht, gegen Terrorismus und für die Menschenrechte überall auf unserer Erde – und nicht nur da, wo es den Konservativen besser paßt – einzutreten. Für uns gilt das für Chile *und* Kambodscha[31], für den Nahen Osten und Südafrika‹, für illegale Intervention und für Untaten im Namen der Sicherheit des Staates.›[32]

Der Kampf um die Würde und die Rechte des Menschen‹, gegen Hunger und Armut,›[33] ist ein Auftrag, der auch weiterhin unsere tägliche Arbeit zu bestimmen hat. Nichts kann hierbei wichtiger sein, als das Schicksal der jeweils betroffenen Menschen.

So hat es Olof Palme gehalten, den wir so schmerzlich vermissen:
– Immer wieder hat er uns und anderen gesagt, die Apartheid lasse sich nicht reformieren, sie lasse sich nur beseitigen;
– er sorgte sich um die Nahost-Krise und bemühte sich im Auftrag der UN um eine Beilegung des Golf-Konflikts[34];
– wer aufrechten Herzens sei, sagte er vor zwei Jahren auf unserer Tagung in Dänemark[35], könne nicht zulassen, daß das antisomozistische Nicaragua untergeht;
– [36]seine eigene Kommission setzte neue Maßstäbe im ‹ebenso moralisch ausgerichteten wie›[37] realistischen Ringen um Rüstungsabbau[38];
– seine letzte Unterschrift galt einem neuen Schritt der „Fünf-Kontinente-Initiative".[39]

Und alles wurde – zusätzlich zu den großen Leistungen in seinem eigenen Land – mitgeprägt durch die starke Tradition der skandinavischen Sozialdemokratie.

Ich kann keine vernünftige Alternative erkennen: Frieden und Entwicklung und Solidarität und Menschenrechte sind das, woraus allein wir Hoffnung zu schöpfen vermögen, und geschenkt wird uns nichts. Wir werden uns noch mehr anzustrengen haben.

Nr. 90
Schreiben des Präsidenten der SI, Brandt, an den Geschäftsführenden Direktor des IWF, de Larosière
27. Juni 1986[1]

AdsD, WBA, A 11.2, 181 (Übersetzung aus dem Englischen: Wolfgang Schmidt).

Sehr geehrter Herr de Larosière,
anlässlich meines kürzlichen Aufenthalts in Peru[2] wurde u. a. über die aktuelle Verschuldungssituation des Landes gesprochen. Der Präsident der Republik bestätigte in einer Unterredung, an der auch Carlos Andrés Pérez teilnahm, dass es für die Regierung sehr schwer sei, alle in diesem Jahr fälligen Schuldendienstzahlungen zu leisten. Aber er bekräftigte auch den Standpunkt seiner Regierung, dass sie

Der peruanische Staatspräsident, Alan García, und Willy Brandt während des Kongresses der Sozialistischen Internationale in Lima am 20. Juni 1986.

beabsichtige, der vollständigen Zahlung näher zu kommen, sobald dies dem peruanischen Volk nicht eine unzumutbare Last auferlege.³

In Anbetracht der ganz besonderen Lage in Peru, einschließlich des Drogenproblems und des Sendero-[Luminoso-]Terrorismus⁴, glaube ich, dass jede Anstrengung unternommen werden muss, auf jede mögliche Weise zu helfen. Ich vertraue darauf, dass der IWF weiterhin nicht zögern wird, seinen eigenen Beitrag zu leisten. Die jüngste Haltung des Fonds gegenüber Peru gibt Anlass zum Optimismus und wurde außerordentlich begrüßt.⁵

Mit freundlichen Grüßen
‹gez. Willy Brandt›⁶

Nr. 91
Aus dem Interview des Präsidenten der SI, Brandt, für die Zeitschrift *Quehacer* (Lima)
Februar/März 1987[1]

Quehacer (Lima), 9 (1987) 45, S. 50–53 (Übersetzung aus dem Spanischen: Bernd Rother).[2]

Der XVII. Kongress der Sozialistischen Internationale fand vom 20. bis zum 23. Juni in Lima statt, unter sehr ungünstigen Umständen. Wie beurteilen Sie heute, nach fünf Monaten, die Ereignisse dieser Tage sowie den Verlauf und das Ergebnis des Kongresses?

– Der Kongress bleibt ein wichtiges Ereignis trotz der tief bedauerlichen Begleitumstände.³ Wir haben eine Menge Arbeit geleistet, nicht zuletzt dadurch, dass ein Programm über weltwirtschaftliche Fragen, das gut vorbereitet war, dort zur Diskussion gestellt worden ist und seitdem eine Rolle spielt in der internationalen Debatte.⁴ Und es sind viele andere Fragen behandelt und verhandelt worden. Man sollte darauf hinweisen, dass dies der erste Kongress der Internationale in Lateinamerika war, es hat andere Tagungen gegeben, aber nicht einen regelrechten Kongress. Der ist auf lateinamerikanischen Vorschlag im Herbst[5] 1985 für Lima anberaumt worden und man ist dann bei dieser Planung geblieben, obwohl die innenpolitischen Verhältnisse in Peru sich eher verschlechtert als verbessert hatten.[6] Trotzdem sage ich noch einmal: Der Kongress selbst bleibt ein wichtiges Datum und seine Arbeitsergebnisse werden eine Rolle spielen in der weiteren Arbeit der Sozialistischen Internationale.

– **Es war für uns Peruaner eine Ehre, Sie als Gast dort zu haben. Ich muss Sie trotzdem fragen, ob es Ihrer Meinung nach richtig war, einen Kongress ‹in einem Land zu veranstalten, in dem internationalen Organisationen zufolge die Menschenrechte verletzt werden, und in einer Stadt, in der der Ausnahmezustand und eine Ausgangssperre gilt. Warum wurde nicht z. B. Caracas ausgewählt, wo im Moment Jaime Lusinchi von der Unión[7] Democrática regiert, die Mitglied der Sozialistischen Internationale ist? ›[8]**

– Das passte wohl nicht zeitlich in den Rahmen, den wir uns gesetzt hatten, und deshalb kam der Vorschlag, im Frühsommer 1986 nach Lima zu gehen, von Carlos Andrés Pérez, dem venezolanischen Vize-Präsidenten der Internationale. Und dann ist der Generalsekretär der Internationale in einem angemessenen zeitlichen Abstand vor Mitte Juni in Lima gewesen. Er hat uns berichtet, er glaube, dass man den Kongress in gehöriger Form abhalten könnte. Davon haben wir uns dann leiten lassen.

– **Für die nächsten, zukünftigen Kongresse der Sozialistischen Internationale: Würden Sie so eine Situation vermeiden, oder ist die Solidarität mit sozialistisch geführten Regierungen wichtiger?**

– Das kann man nicht so abstrakt behandeln. Wissen Sie, ein solcher Kongress ist mit sehr vielen organisatorischen Vorbereitungen verbunden; eine kleinere Sitzung kann man rasch von einem Monat zum anderen noch von einem Ort in den anderen verlegen. Das ist bei einem Kongress sehr viel schwieriger möglich. Die

Dramatik dessen, was sich abspielte, als wir dort waren, ist uns ja auch erst bewusst geworden, als wir dort waren und nicht zuvor. Es hat zwar dann das aktuelle Geschehen bewirkt, dass einige, die hatten teilnehmen wollen, nicht mehr teilgenommen haben[9], aber mir selbst ist das Ausmaß der innenpolitischen Schwierigkeiten, mit denen man es zu tun hatte, erst bewusst geworden, als ich am 18. Juni in Lima angekommen bin und mit dem Präsidenten, Alan García, gesprochen habe. Sicher kann man aber sagen, da Sie nach zukünftigen Dispositionen fragen: Man wird sicher, gestützt auf die Lehren von Lima, noch genauer prüfen, wohin kann man in einer bestimmten Situation gehen und wo schiebt man seinen Besuch vielleicht besser auf.
- **Heißt das, wenn Sie es vorher gewusst hätten, dass Sie dann nicht nach Lima gefahren wären?**
- ‹Das›[10], was sich in den Tagen selbst abspielte, hat wohl keiner vorher wissen können. Damit bin ich konfrontiert worden[11] aus Caracas kommend mit Carlos Andrés Pérez. Da hat uns der Präsident berichtet, dass er seine Zustimmung gegeben habe zu einer Aktion gegenüber dem, was sich ihm darstellte und was er uns vermittelte als eine Meuterei in Gefängnissen. Das war also ein Vorgang, über den man vorher nicht unterrichtet sein konnte, sondern man stand dann vor der Frage: Sagt man nun allen, die anreisen, bitte kehrt wieder in Eure Heimatländer zurück, oder bleibt man dann doch an Ort und Stelle trotz der in hohem Maße belastenden Begleitumstände. Wir haben uns für das zweite entschieden, haben natürlich das Ausmaß dessen, was geschehen war, auch als Außenstehende nicht gleich erfassen können, haben unserer Besorgnis Ausdruck gegeben und der Erwartung, dass das nicht nur geprüft wird, sondern dass ‹sicherlich erfolgte›[12] Übergriffe geahndet werden. Ich selbst bin in den Tagen mit dem Präsidenten mehrfach zusammengetroffen und mit solchen, die mit ihm zusammenarbeiten, und habe dabei den Eindruck gewonnen, dass eben die tatsächliche Verfügung über das, was geschah, nicht beim Präsidenten lag, sondern bei den Militärs, die diese Operation übernommen hatten.

– **Ja, es war für den Präsidenten überraschend, aber wie hat es auf Sie gewirkt? Das muss für Sie eine ganze neue Situation gewesen sein: die Gewalt, Lateinamerika ...**
– Lateinamerika kannte ich ein bisschen und lese natürlich laufend über die Entwicklungen, zum Teil widersprüchlichen, zum Teil ermutigenden Entwicklungen, dort wo Diktaturen abgelöst sind, wo ein Prozess der Demokratisierung und des größeren Respekts vor Menschenrechten Platz gegriffen hat. Auch als weit von dort entfernt lebender, aber international engagierter Mensch, versucht man diese Entwicklung, zumal auch die widersprüchlichen Entwicklungen, so gut wie möglich zu verfolgen. Trotzdem, wenn wir mal einen Augenblick noch bei dem Juni 1986 bleiben, ist es ja so: Wenn sie sich entschieden haben, dort zu bleiben und eine solche Veranstaltung durchzuführen, dann sind sie ja in hohem Maße damit beschäftigt; sie haben auch nur eine geringe Möglichkeit, anderes an Ort und Stelle genau genug zu beobachten und zu verfolgen.

Sie sind in gewisser Hinsicht auch isoliert – das sind sie übrigens auch unter normalen Umständen heutzutage. Wenn man zu einem Kongress fährt, sieht man von der Stadt, in der man sich befindet, relativ wenig. Man ist an dem Tagungsort und in diesem Fall zugleich dem Ort, an dem man wohnt. Was man darüber hinaus an Informationen bekommt, an Eindrücken bekommen kann, das muss davor oder danach geschehen. Man hat aber nun trotzdem versucht, sich ein Bild zu machen, von dem was geschah, hat Erwartungen ausgesprochen, nicht nur als Person, sondern auch zusammen mit Kollegen, erfahrenen Kollegen und Kolleginnen, die aus anderen Ländern angereist waren.[13]

Wir haben, um das gleich hinzuzufügen, Wert darauf gelegt, uns über das, was da passiert war, während wir uns dort aufhielten, ein möglichst genaues und objektives Bild zu machen. Wir haben ein solches Bild denen vermittelt, die im Oktober zum Council, zum Rat der SI, in Bonn versammelt waren. Wir haben uns mit Menschen unterhalten von Amnesty International und anderen, die inzwischen an Ort und Stelle gewesen sind, aber dies bleibt natürlich höchst unbefriedigend, weil es sich nicht mehr um Beeinflussung handelt, sondern um die nachträgliche Wertung, möglichst objektive Wertung dessen, was auf so bedrückende Weise geschehen ist.

– **Wie haben Sie Ihre Rolle verstanden in Lima, in diesen Tagen? Man sagt, es war Ihre Anwesenheit zusammen mit den zahlreichen internationalen Journalisten, die Präsident García gezwungen hat, die von Armee und Polizei ‹begangenen Übergriffe›[14] zuzugeben und zu versprechen, die Verantwortlichen zur Rechenschaft zu ziehen.**

– Also, zunächst einmal hat es ja einige gegeben, die, was mich sehr geschmerzt hat, unterstellt haben, wir hätten uns hergegeben als eine Art von Staffage für diese Form des Geschehens. Davon kann natürlich überhaupt keine Rede sein, sondern, wie ich schon bemerkte, wurde ich am frühen Nachmittag des Tages, an dem ich ankam, informiert darüber, dass etwas dieser Art in Gange sei. Dass es die Formen annehmen würde, konnte ich auch nicht ahnen. Selbst die, die am Ort der Geschehnisse waren, haben das Ausmaß dessen, was geschah, erst im **Nachhinein** erfahren, und all das, was noch ungeklärt geblieben ist, auf diese Gefängnisse bezogen und auf die Menschen, die in diesen Gefängnissen gewesen sind. So, und wenn man dann da ist, dann ist man zu einem sehr hohen Prozentsatz der verfügbaren Zeit beschäftigt damit, Sitzungen zu leiten, Vorbesprechungen anzuberaumen, Texte durchzugehen ... Aber in diesem Fall natürlich daneben, so gut man es konnte, versuchen, sich unterrichtet zu halten. Das lief sehr bruchstückhaft, eher unzulänglich. Ich hatte eine Gruppe meiner Kollegen Vizepräsidenten beauftragt, unsere Erwartungen und Wünsche zu formulieren und sie der peruanischen Staatsführung nahezubringen. Aber es ist erstens so, dass man hinterher immer mehr weiß als vorher, und zweitens, wenn man sich schon entschieden hat, da zu bleiben, ich sagte es eben schon, dann ist man sehr stark eingespannt für eben das, wofür man eigentlich gekommen ist, nämlich einen Kongress abzuhalten.

– **Sie haben dabei nicht an Ihre Rolle gedacht? Sie hatten keine Zeit dazu?**

– Nein, ich hätte nicht gewusst, wie ich meine Rolle anders hätte ausüben können, als gegenüber dem Präsidenten und einigen anderen, aber gegenüber dem Präsidenten zumal, der tiefen Besorgnis Ausdruck zu geben, doch zunächst mal darum zu bitten, möglichst zu erfahren – nicht nur gerüchtweise, sondern tatsächlich zu erfahren –, was sich eigentlich abspielte. Und als sich dann zeigte, wenn auch bei weitem nicht so klar, wie es sich hinterher herausstellte, dass offensichtlich schlimmste Übergriffe stattgefunden haben, zu sagen: Das muss doch auf den Tisch und dem gegenüber muss durchgegriffen werden. Das darf man dann sagen und muss man dann sagen, auch wenn man ein Außenstehender ist, ohne sich einzumischen in die Verhältnisse eines anderen Landes. Eine darüber hinausgehende Rolle, glaube ich, konnte ich mir nicht zumuten.
[...][15]
– **Präsident García hat Sie am Ende des Kongresses mit dem Sonnenorden mit Großem Kreuz ausgezeichnet. Viele haben sich darüber gewundert, dass der ordensscheue Willy Brandt das akzeptiert hat. Wie haben Sie das damals verstanden und wie sehen Sie es heute?**
– Ich habe es so verstanden, dass die Position des gewählten zivilen Präsidenten angefochten war und dass in einer solchen labilen Situation es den gewählten zivilen Präsidenten nicht nur hätte traurig stimmen, sondern hätte schwächen können, wenn ich ihm einen Korb gegeben hätte. Dass ich sonst sehr vorsichtig geworden bin, Orden anzunehmen, stimmt.
[...][16]
– **Was halten Sie von seiner[17] Außenpolitik, genauer von seiner Wirtschaftspolitik[18]? Mexiko ist vor kurzem zu einem neuen Schuldenabkommen mit dem IWF und mit den Gläubigerbanken gekommen. In Peru ist die Situation ganz anders. Seit August dieses Jahres gilt unser Land dem IWF als kreditunwürdig und kann keine weiteren Kredite erhoffen. Hat vielleicht Mexiko besser gehandelt als Peru?**
– Das ist eine Frage der Taktik oder sogar der Strategie, die man einschlägt. Das ist für jemand, der weit von dort entfernt ist,

schwer zu beurteilen. Ich will es mal so sagen: Auch die Länder, die wie Mexiko ihre Umschuldungsaktionen durchgeführt haben, sind ja bei weitem noch nicht aus der Gefahrenzone heraus. In einigen dieser Länder ist immer noch ein Kollaps zu befürchten. Also, was mich am stärksten überzeugt hat in der Art, in der Alan García an das Thema herangegangen ist, sind zwei Punkte: Der erste Punkt ist, dass man über die nächsten paar Jahre hinweg nur zu einer Lösung kommt, wenn man sich international mit dem IWF, der Weltbank und den Gläubigerbanken darauf verständigt, dass nur ein bestimmter Prozentsatz der Exporterlöse für den Schuldendienst in Anspruch genommen werden darf. Sie wissen, dass der Prozentsatz heute in manchen Ländern sehr hoch liegt. Ob sein Zehn-Prozent-Satz dabei die richtige Wegmarke ist, ob nicht ein zwanzigprozentiger Anteil realistischer ist, lasse ich einmal offen. Aber das Prinzip, dies zu einer Orientierungsmarke zu machen, dieses Prinzip halte ich für richtig.

Zweitens habe ich es so verstanden, dass Alan García darauf aus war, sich um ein möglichst geschlossenes Handeln der Südamerikaner zu bemühen. Mexiko ist noch wieder in einer etwas anderen Lage. Aber García hat ja im Kontakt mit den Argentiniern und anderen große Anstrengungen gemacht, um zu einer gemeinsamen Haltung zu kommen. Ich kann mir denken, dass er dabei ein bisschen weiter gegangen ist und dass sich daraus etwas ergeben hat, was heute wie eine Isolierung Perus wirken kann; aber ich glaube, es ist eine Zwischensituation, die vorübergehend ist. Ich bin davon überzeugt, er ist darauf aus, zu einer gemeinsamen Position der Südamerikaner gegenüber den internationalen Finanzinstitutionen und den Gläubigerbanken zu kommen.

[. . .][19]

Nr. 92
Interview des Präsidenten der SI und Vorsitzenden der Nord-Süd-Kommission, Brandt, für das Berliner Stadtmagazin *zitty*
5. Oktober 1988[1]

zitty 12 (1988) 21, S. 12–14.

„Aufpassen, dass man nicht auf die falschen Ziele schiesst!"

zitty: IWF und Weltbank tagten in Berlin.[2] Die Kontroverse um diese beiden Institutionen wird seit Wochen mit großer Heftigkeit geführt.[3] Sie selber haben sich, spätestens seit Sie den Vorsitz der Nord-Süd-Kommission übernahmen, nachhaltig für die unterentwickelten Länder eingesetzt. In Ihrer Rede vor dem Wirtschaftsausschuß der *Sozialistischen Internationale (SI)* im September forderten Sie eine Versachlichung der Diskussion um IWF und Weltbank.[4] Zentraler Punkt ist, wie kann die Lage der Schuldnerländer nachhaltig zum Wohle der dort lebenden Menschen verbessert werden? Sie selbst sagen, IWF und Weltbank müssen reformiert und möglicherweise durch neu zu schaffende Institutionen ergänzt werden.[5] Bedeutet eine Reform nicht ein Weiterwursteln, weitere Armut und eine Fortschreitung [sic] der Abhängigkeit der meisten Schuldnerländer von den Industrie-Nationen bis weit ins nächste Jahrtausend?
Willy Brandt: Diese Gefahr ist natürlich da. Nur muß man aufpassen, daß man nicht auf die falschen Ziele schießt. Es gab und gibt eine Menge richtiger Kritik an IWF und Weltbank, nur: Das Sagen haben dort die wichtigsten Industrieländer, die USA, die Bundesrepublik mit einigen EG-Staaten und Japan, welches immer bedeutender wird. Die Bürokratien von IWF und Weltbank machen im Grunde, was die Hauptgesellschafter wollen.[6] Die Kritik muß sich also mehr an deren Adresse, bei uns auch an die eigene Regierung, richten, damit sie im Sinne einer zukunftsorientierten Politik vor allem zwei Dinge angehen: Punkt eins, bei den ärmsten Entwicklungsländern rascher voranzugehen mit dem Abschreiben der

Willy Brandt im Gespräch mit Luis Ayala und Michael Manley (r.) bei der Tagung des Wirtschaftspolitischen Ausschusses der Sozialistischen Internationale in Berlin am 8. September 1988.

Schulden. Es hat keinen Sinn, daß man für diese Länder die Belastungen weiterlaufen läßt. Jeder weiß, es ist nicht zu machen. Da gibt es schon bilaterale Ansätze, die aber noch nicht weit genug entwickelt sind. Ich habe auf dem Kongreß, wo es ging, darauf hingewirkt, daß bei den ärmsten Ländern auch von IWF und Weltbank die Schulden erlassen werden sollten. Dazu müssen allerdings zunächst die Statuten von Weltbank und IWF geändert werden. Da sind wieder die Hauptgesellschafter gefordert. Der zweite Punkt bezieht sich auf die sogenannten Schwellenländer, Länder mit mittleren Einkommen. Da ist es von großer Bedeutung, daß ein stärkerer Druck auf die Privatbanken ausgeübt wird, die zum großen Teil Schuldenforderungen abschreiben können[7], aber diese bilanzmäßigen Wertberichtigungen nicht an die Schuldnerländer weitergegeben haben.

zitty: Bislang haben die USA beim IWF einen Stimmanteil von rund 20 Prozent, damit besitzen sie ein Vetorecht, können also alle Entscheidungen blockieren.[8] Heißt eine Reform auch: ein Land, eine Stimme?

Brandt: Ein Land, eine Stimme ist unrealistisch. Wenn man sich das in aller Konsequenz vorstellt, dann hieße das, ein Land wie Malta oder Mali hat dieselbe Stimme wie die Bundesrepublik, aber auch wie die Vereinigten Staaten. Irgendwo muß man einen mittleren Weg finden, zwischen der Beteiligung aller – vor allem einer stärkeren Beteiligung der Entwicklungsländer als heute – und eben doch auch einem zusätzlichen Gewicht für die, die viel Mittel einbringen. Manchmal zum weniger Guten, aber in der weiteren Entwicklung doch hoffentlich auch zum Positiven. Das Prinzip Ein-Land-eine-Stimme klappt selbst nicht in Zusammenhängen, in denen es nicht um Geld geht, wie wir bei der UN gesehen haben. Bei Geld klappt es mit Sicherheit nicht. Aber wir müssen dahin kommen, daß größeres Gewicht auf regionale Gruppierungen gelegt wird, so daß wir es nicht mit 151 Ländern[9], sondern in Zukunft mit einem Dutzend oder 15 regionalen Gruppierungen zu tun haben. In diese Richtung müßte es gehen.

zitty: Es gibt ja auch immer wieder Versuche, besonders von Fidel Castro[10], die Schuldnerländer in einem Schuldner-Club ähnlich dem Gläubiger-Club of Paris[11] zusammen zu bringen. Bislang funktionierte das nicht, sollte aber doch eine Möglichkeit der Solidarität sein. Müßten diese Länder dann quasi regionale Schuldner-Clubs bilden?

Brandt: Ich möchte noch mal betonen, daß die Schuldenprobleme der afrikanischen Länder nicht identisch sind mit denen der lateinamerikanischen Länder. Aber es gibt, und insofern ist es richtig, gerade Fidel Castro zu erwähnen, seit langem die Frage, ob die Schuldner sich nicht enger zusammentun können. Bisher führten alle diesbezüglichen Versuche bei der Mehrzahl der Konferenzen dazu, daß dann doch Interessenunterschiede aufgebrochen sind. Aber ich bin sehr dafür, alle vernünftigen Tendenzen hin zu regionalen Gruppierungen zu unterstützen, auch wenn es uns dann zwischendurch mal weh tun kann, in Bezug auf die Forderungen, die die dann stellen.

Es ist aber eben schwierig, wenn z. B. bei den lateinamerikanischen Ländern, denen in großer Zahl das Wasser bis zum Hals steht, ein gemeinsamer Schuldner-Club realisiert werden soll. Man kann ein Land wie Brasilien, das fast so groß ist wie ein halber Kontinent, nicht mit Costa Rica vergleichen. Da sind wir wieder bei derselben Situation wie der Ein-Land-eine-Stimme-Problematik. Ein Riese wie Brasilien erhält einfach Sonderkonditionen.

zitty: Sie haben zwei konkrete Vorschläge gemacht, wie von seiten der bundesdeutschen Regierung und der Banken gehandelt werden könnte. Zum einen, indem die steuerlich abschreibbaren Wertberichtigungen der Banken den Schuldnerländern und nicht den Banken zugute kommen sollten. Weiterhin schlagen Sie eine Heranziehung der Handelsbilanzüberschüsse der Bundesrepublik zur Lösung von Schuldenfragen vor.[12] Wie könnte das konkret aussehen?

Brandt: Es besteht kein automatischer Zusammenhang zwischen den Wertberichtigungen und den Exportüberschüssen. Das ist ein allgemein wirtschaftlicher Zusammenhang, nicht allein auf die Schuldenfrage bezogen. Die Bundesrepublik wäre in einer Reihe von Verhandlungen, die jetzt anstehen, sicher in der Lage, von anderen Industrieländern etwas zu fordern, wenn sie nicht als allzu egoistisch in der Exportpolitik gälte. Das ist der Zusammenhang, der eine Rolle spielen wird nicht nur in der Europäischen Gemeinschaft, sondern auch bei GATT und in größeren Zusammenhängen.

Für die Schuldenfrage ist es wichtig, neben den beiden Wegen, die ich angedeutet habe, dafür Zustimmung zu finden, daß in Zukunft nur ein bestimmter Prozentsatz der Exporterlöse eines Landes für den Schuldendienst verwendet werden darf. Wenn Schuldnerländer zu 50 Prozent und mehr, wie es heute der Fall ist, Exporterlöse für den Schuldendienst verwenden müssen, ist das unheilvoll. Überdies sollten wir durchsetzen, daß zumindest ein minimaler Lebensstandard der breiten Schichten einer der Indikatoren wird, wenn Schuldendienst-Regelungen ausgehandelt werden.[13] Konditionalität zugunsten des Lebensstandards der breiten Schichten wird heute häufig übersehen.[14] Wie soll sich eine Wirtschaft entfalten, wenn

beispielsweise in Mexiko der Lebensstandard im Laufe weniger Jahre stark zurückgeht, wie das geschehen ist?![15]
zitty: Inzwischen reden selbst die Chefs amerikanischer Geschäftsbanken über einen teilweisen Schuldenerlaß. Was halten Sie, neben dem eben gemachten Vorschlag, von einer völligen Schuldenstreichung?
Brandt: Einer völligen Schuldenstreichung würde ich nur bei den ganz armen Ländern zustimmen. Bei den anderen Ländern befürworte ich eine wesentliche Ermäßigung der Schulden. Viele der nicht mehr ärmsten Länder sind gar nicht an einer völligen Schuldenstreichung interessiert, weil sie befürchten, bei der nächsten Kreditrunde keinen Zugang mehr zu den Kapitalmärkten zu haben. Ich würde Schuldenstreichungen also abhängig machen von der Stufe der Entwicklung und Leistungsfähigkeit der Länder. Bei den ärmsten Ländern ...
zitty: Was ja inzwischen schon 41 sind ...
Brandt: ... würde ich, wozu Industrieländer wie die Bundesrepublik und Kanada bereit sind, die Schulden streichen.[16] Aber das muß systematischer gemacht werden und sich auch auf die internationalen Finanzinstitutionen mit erstrecken.[17]
zitty: Ein anderer Vorschlag lautet, zumindest bei den Ländern, die den Betrag, den sie ausgeliehen haben, heute schon an Zinsen zurückgezahlt haben, die Forderungen zu streichen.
Brandt: Das ist sicherlich ein zusätzlicher Punkt für eine abgestimmte Regelung. Aber auch hier sind manche Länder stärker betroffen als andere. Die Hochzinspolitik der zurückliegenden Jahre hat vielen Entwicklungsländern viel mehr aufgebrummt, als sie zunächst haben ahnen können.
zitty: Dann stellt sich ja auch die Frage, wie kann man einer solchen Hochzinspolitik entgegenwirken. Gerade in den letzten acht Jahren entstand diese Hochzinspolitik auch deshalb, weil die Amerikaner eine extensive Hochrüstung betrieben.
Brandt: In Ihrer Frage werden zwei Probleme angesprochen. Und zwar zum einen, daß man bei den einzelnen Ländern völlig andere Maßstäbe anlegt. Objektiv sind heute die USA das höchstverschul-

dete Land der Erde. Aber dies wird übersehen und nicht einbezogen in Erwartungen, Auflagen und Forderungen, die entwickelt werden. Eben weil die USA zu mächtig sind und den von Ihnen schon erwähnten dominierenden Einfluß haben. Also ich bin dafür, gleiche Maßstäbe für [alle] Länder anzulegen, auch wenn man sich keine raschen Erfolge davon versprechen darf.

Das andere ist, daß die Hochrüstung nicht nur die USA, die Sowjetunion und andere Industrieländer belastet, sondern daß natürlich auch die Lage vieler Entwicklungsländer durch unsinnige Rüstungsausgaben verschlechtert wurde. Wenn man beispielsweise nach Argentinien kommt, sagt Präsident Alfonsín: „Warum muß ich eigentlich für die Lasten, die sich aus den Rüstungsimporten der Generäle ergeben haben, geradestehen?"[18] Es geht natürlich noch ein Stück weiter. Nicht nur die Generäle waren geil auf Waffen, sondern einige der europäischen – neben der amerikanischen – Regierungen waren auch sehr eifrig, denen Waffen aufzureden.[19] Zum Teil geschah dies durch eine Kopplung von Waffenexporten gegen Kredite. Das ist eine weite Geschichte, aber ich bin sehr dafür, daß man die Zusammenhänge zwischen Rüstung und Schuldenlast, Rüstung und Unterentwicklung sehr viel ernster nimmt und ein öffentliches Bewußtsein dafür schafft. Wenn wir das nicht erreichen, dann beeinflussen wir auch nicht die Institutionen und Regierungen, auf die Druck ausgeübt werden sollte.

zitty: Glauben Sie nicht, daß weitere Initiativen, auch und gerade im Hinblick auf den EG-Markt ab 1992[20], EG-weit getroffen werden sollten?

Brandt: Allerdings, aber nicht nur deshalb. In den USA wird im November ein neuer Präsident gewählt[21], das heißt, von dieser Seite ist zur Zeit keine dezidierte Politikänderung zu IWF und Weltbank zu erwarten. Deshalb sind die Europäer noch mehr herausgefordert, die Initiative zu ergreifen. Darauf sollten wir uns konzentrieren, in der Bundesrepublik und Berlin, und der eigenen Regierung sagen: Nun rührt euch etwas mehr mit den Franzosen und den anderen zusammen und verschanzt euch nicht hinter der erneuten, periodisch wiederkehrenden Lähmung der amerikanischen Politik.

zitty: Die Sozialistische Internationale erinnert in ihrer Erklärung[22] auch daran, daß die meisten OECD-Länder das selbstgesteckte Ziel, 0,7 Prozent ihres Bruttosozialproduktes für Entwicklungshilfe zu verwenden, nicht erreichen.[23] Das gelang Ihnen während Ihrer Regierungszeit auch nicht. Wo liegt da das Problem?
Brandt: Schreckliche Widerstände. Nun ist es so, daß zu der Zeit, in der ich Regierungsverantwortung hatte, der Anteil nach oben gegangen ist. Wir fingen an bei 0,3 Prozent und sind dann bis 0,5 Prozent hochgekommen.
zitty: Das stimmt nicht, es war unter 0,5 Prozent.[24]
Brandt: Naja, wenn Sie es sagen. Man kann diese Meßlatte nicht alleine sehen. Ein Land, das 0,7 Prozent an öffentlicher Entwicklungshilfe gibt, aber eine restriktive Handelspolitik fährt, kann unter dem Strich eine schlechtere Bilanz aufweisen als ein Land, das weniger gibt, aber eine offenere Handelspolitik gegenüber der Dritten Welt praktiziert. Aber der Hinweis ist völlig richtig, wir haben unser Ziel damals nicht erreicht, weil es soviel Widerstände gab. Man kann in einer bestimmten Phase nicht zwei wichtige Dinge zugleich der Öffentlichkeit gegenüber durchsetzen. Damals wurde sehr viel Kraft dazu verwendet, die Ostpolitik mehrheitlich durchzusetzen. Ich sage das nicht, um mich zu entschuldigen, sondern um es zu erklären. Jeder Finanzminister sitzt auf seinem Geld und versucht, so billig wie möglich davon zu kommen. Es besteht nach wie vor, im konservativen Lager mehr als sonst, die Meinung, man solle Geld nicht „verschenken".
zitty: Das geschieht ja auch nicht. Die Dritte Welt hat seit ihrer Kolonisierung immer nur geblutet. Auch heutzutage ist es so, daß ein Netto-Kapital-Abfluß vom Süden in den Norden stattfindet. In diesem Zusammenhang ist es sehr interessant, daß in dem Papier der Sozialistischen Internationale[25] das Reizwort „Neue Weltwirtschaftsordnung"[26] nicht mehr zu finden ist. Warum nicht?
Brandt: Ich glaube einfach, weil der Begriff zeitweise verbraucht war durch völlig ins Leere gelaufene Verhandlungen bei den Vereinten Nationen. Das ist ein bißchen abgegriffen. Ich kann mich sehr gut an die Diskussionen erinnern, die natürlich mit viel Hoffnungen ver-

bunden waren. Die Ideen wurden zum Teil eben ganz illusionär vorgebracht. Ich würde – nach dem heutigen Bewußtseinsstand der Leute – eher sprechen von den dringenden Reformen der weltwirtschaftlichen Beziehungen. Wohlwissend, daß das nur auf dem Kompromißwege zu erreichen ist. Wir stehen ja nun der Tatsache gegenüber, daß mittlerweile jeder Mitglied von IWF und Weltbank ist, daß inzwischen auch aus dem sogenannten Ostblock Ungarn, Polen, Rumänien dabei sind, daß die Mitgliedschaft der Sowjetunion in der Luft liegt.[27] Das kann einen neuen Einstieg bedeuten, aber nicht allein. Der entscheidende Punkt ist ja, wie bringt man die Entwicklungsländer neu zusammen. Da sind wir übrigens wieder bei Ein-Land-eine-Stimme. Die Gespräche, die sogenannten Globalverhandlungen in den späten 70ern und ganz frühen 80er Jahren bei der UN sind zum Teil deswegen gescheitert, weil man von diesem allgemeinen Prinzip ausgegangen ist.[28] Brasilien ist ein Entwicklungsland, Sambia ist es, und Thailand ist es auch. Dieses Herangehen an die regionalen Gliederungen, mit ihren zum Teil unterschiedlichen Problemen auf Rohstoffe, auf andere Faktoren, bezogen, das glaube ich wird eine neue Runde der Verhandlungen bedeuten müssen: das Aufgliedern, das Regionalisieren und dann doch wieder zusammenfassen. Dann kommen wir nämlich mit einer neuen weltwirtschaftlichen Ordnung heraus. Aber erst als Ergebnis eines Prozesses, und nicht so, als ob man das von einem fertigen Schema aus durchsetzen könnte.

zitty: Es ist sicherlich einfach, den großen Buhmann in einer relativ anonymen Institution wie IWF und Weltbank zu sehen. Da läßt sich leicht der Schwarze Peter zuschieben. Wenn man aber weiß, daß sich die Weltbank beispielsweise ihre Mittel auch auf dem freien Kapitalmarkt besorgt, also auch bei Geschäftsbanken, wird einem auch die Verantwortung deutlich, die man selber hat. Wie haben Sie Ihr Geld angelegt?

Brandt: Ha, so schrecklich wie das ist, aber ich kann nicht wissen, ob nicht meine Bank auch da irgendwo bei internationalen Institutionen was angelegt hat. Würde mich aber auch nicht beschweren.

zitty: Direkt-Anleihen haben Sie nicht erworben?

Brandt: Nein, jedenfalls nicht, daß ich wüßte.

Nr. 93
Aus dem Vortrag des Ehrenvorsitzenden der SPD und Präsidenten der SI, Brandt, an der Ruhr-Universität Bochum 25. November 1988[1]

Brandt, Willy: Der Nord-Süd-Gegensatz als globale Herausforderung, in: Grebing, Helga/Brandt, Peter/Schulze-Marmeling, Ulrich (Hrsg.): Sozialismus in Europa – Bilanz und Perspektiven. Festschrift für Willy Brandt, Essen 1989, S. 250–254.

Der Nord-Süd-Gegensatz als globale Herausforderung

[…][2]

Zweifellos gehört die Nord-Süd-Problematik zu den großen globalen Herausforderungen. Es liegt im wohlverstandenen langfristigen Interesse der Industriestaaten, zum Nord-Süd-Ausgleich beizutragen. Bekanntlich versuchte die von mir geleitete Nord-Süd-Kommission, hierzu Anstöße zu geben. Doch wir erlebten zu Beginn der 80er Jahre einen Rückfall in engstirnige Interessenpolitik – ohne Rücksicht auf die Länder der sogenannten Dritten Welt. Sicherlich war die erneute Ost-West-Konfrontation und der damit einhergehende forcierte Rüstungswettlauf zwischen den Weltmächten ein Grund dafür, daß der Nord-Süd-Dialog zum Stillstand kam[3], da alle Beteiligten – auch die jeweiligen Bündnispartner – dadurch in ihren außenpolitischen Handlungsspielräumen eingeengt wurden. Manchen der Verantwortlichen im Norden waren auch der „Maximalismus" der Dritt-Welt-Vertreter und die Verhandlungsmarathons der 70er Jahre zuwider. Sie haben dann mit Genugtuung den Differenzierungsprozeß zwischen den Entwicklungsländern registriert. Aber es gibt gewiß auch aus fortschrittlicher Sicht gute Gründe, von den Prozessen sehr unterschiedlicher Entwicklung Kenntnis zu nehmen: Daß die Interessen neureicher Erdölländer und bettelarmer afrikanischer Staaten auseinanderklafften, wurde offenkundig wie das zunehmende Entwicklungsgefälle zwischen einzelnen Ländern in Asien oder Lateinamerika. Weitere wesentliche Gründe für die Vernachlässigung der Nord-Süd-Beziehungen waren die nicht geringen wirtschaftlichen Schwierigkeiten in den OECD-Staaten und die Probleme der allseits spürbaren technologischen Revolution, die von der Mikroelektronik ausging. Überdies setzte Japans rasanter Aufstieg die anderen OECD-Staaten unter beträchtlichen Leistungsdruck. Verschiedene Spielarten der sogenannten „Angebotspolitik"[4] lösten zwischen den Industrienationen einen rücksichtslosen Konkurrenzkampf um regionale und internationale Wettbewerbsvorteile aus. Die Kosten im EG-Rahmen bestehen in hoher Arbeitslosigkeit als Dauererscheinung; das soziale Netz wurde weitmaschiger, Gewerkschaften und sozialdemokratische Parteien gerieten in eine defensive Position. Verhängnisvoller aber war, daß das Nord-Süd-Verhältnis nun von einem atavistischen „Sozialdarwinismus" gekennzeichnet war. Während die Finanzwelt den reichen USA ein absurdes Wirtschaftsexperiment gestattete[5], wurde den armen und strukturschwachen Entwicklungsländern Konsumverzicht zugemutet, indem man ihnen bedeutete, umgehend „ihr Haus in Ordnung zu bringen". Daß dies unter ungünstigen weltwirtschaftlichen Rahmenbedingungen und angesichts horrender Schuldendienstleistungen nicht gelingen konnte, ist mittlerweile selbst für Bankiers offensichtlich.[6] Gleichwohl wird weiterhin das schier Unmögliche eingefordert. Die den Entwicklungsländern von außen auferlegten Anpassungsleistungen gehen vor allem zu Lasten der ohnehin benachteiligten breiten Bevölkerung. Die Kräfte, die hier auf eine Reform ungerechter und unsozialer gesellschaftlicher Strukturen drängen, sind zu schwach, um daran etwas ändern zu können. [...][7]

Wir forderten in unserem Report umfängliche und weitsichtige Entwicklungszusammenarbeit, setzten auf Kooperationsbereitschaft der Staaten, Regionen und internationalen Organisationen, natürlich auch der betroffenen wirtschaftlichen Formationen. Rückblickend war es vielleicht ein Fehler, ökonomische Argumente zu sehr in den Mittelpunkt zu stellen. Wir haben den rapiden technologischen Wandel nicht vorausgesehen, der die ökonomische Bedeutung der Dritten Welt für die Industriestaaten deutlich verringert. [...] Aus engem ökonomischen Blickwinkel sind gegenwärtig für die OECD-

Staaten lediglich die „Exportwunderländer" in Asien[8] und die großen Entwicklungsländer von besonderem Interesse. Nur diese wenigen Länder verfügen über eine gewisse Verhandlungsmacht, um bilateral ein Entgegenkommen zu erreichen. Doch ist vor der zynischen Option zu warnen, die Süd-Beziehungen auf wenige wirtschaftlich interessante und politisch wichtige Entwicklungsländer zu konzentrieren, dem „Rest" der Dritten Welt dagegen allenfalls bescheidene staatliche Entwicklungshilfe anzubieten und auf private Hilfsbereitschaft zu setzen. Das wäre Thatcherismus[9] im Weltmaßstab. Ich warne davor aus Gründen der Moral, der wirtschaftlichen und politischen Fernwirkungen, aber auch – ebenso wie viele Wissenschaftler – mit dem Argument globaler Umweltgefahren. Denn allmählich wird nicht mehr bestritten, daß die globale Umweltzerstörung durch Unterentwicklung beschleunigt wird. Darauf hat vor allem die „Brundtland-Kommission" hingewiesen.[10] Fehlentwicklungen in einem Teil der Welt beschwören weltweite Umweltkatastrophen herauf, das Ozonloch und die befürchtete Erwärmung der Erdatmosphäre verdeutlichen die globale Herausforderung. Es ist nicht damit getan, auf Konferenzen das Fortschreiten der Wüsten zu beklagen und Sorge über den klimagefährdenden Verlust des tropischen Regenwaldes zu bekunden, vielmehr bedarf es der Erarbeitung von Entwicklungsstrategien im Weltmaßstab. Helfen kann dabei, daß die allgegenwärtigen Umweltgefahren einen explosiven Bewußtseinswandel bewirkt haben. Sehr viel Zeit zum Handeln bleibt uns nicht mehr. Sicherlich wäre schon viel erreicht, wenn „global gedacht und lokal vernünftig gehandelt" würde. Die Industriegesellschaften haben die finanziellen Mittel und technischen Möglichkeiten zu ihrer ökologischen Modernisierung. Ich bin sogar recht zuversichtlich, daß es gelingt, genügend politischen Willen zu mobilisieren, um kurzfristige Wirtschaftsinteressen in Zaum zu halten – hoffentlich nicht erst nach weiteren Schocks. Die globalen Umweltprobleme lassen sich jedoch nicht allein dadurch lösen, daß die Industriestaaten in West und Ost ihre hausgemachten Risiken abbauen. Es bedarf wirklich „globalen Handelns". Da alltägliche Armut Millionen Menschen zum Raubbau an der Natur geradezu zwingt, muß darauf hingewirkt werden, daß in den südlichen Regionen der Erde menschenwürdige und ökologisch verträgliche Entwicklung möglich gemacht wird.

Ich erkenne allerdings positive Anzeichen zu Verhaltensänderungen, da durch die Entkrampfung im Ost-West-Verhältnis endlich auch wieder Chancen für den Nord-Süd-Dialog bestehen. So signalisiert die östliche Führungsmacht Interesse und Bereitschaft, an der Bewältigung globaler Probleme mitzuwirken[11], und es ist zu hoffen, daß die Vereinigten Staaten sich nach den Präsidentschaftswahlen grundlegenderen Problemen zuwenden als den „Peanut-Themen" des Wahlkampfes.[12] Die beiden Weltmächte sind zwar zunehmend weniger in der Lage, die Welt „im Alleingang" zu gestalten, aber sie können – was wichtig genug ist – den Rüstungswettlauf eindämmen und hoffentlich sogar beenden, außerdem ihre direkten und indirekten militärischen Engagements im Süden beenden – und haben damit zumindest ansatzweise begonnen.[13] Wenn die militärische Rüstung gegeneinander an Bedeutung verliert und die hierfür erforderliche Verschwendung von Ressourcen abgebaut wird, dann können mit einem Male Dinge, die in den internationalen Beziehungen bislang eher eine Rolle am Rande gespielt haben, nun in den Mittelpunkt treten, wie Fragen internationaler Wirtschaftsbeziehungen, Fragen der Energieversorgung, der wissenschaftlichen und technischen Kooperation. West und Ost erhalten auf diese Weise neue Handlungsmöglichkeiten und Handlungsspielräume, die sie in die Lage versetzen, sich Entwicklungsaufgaben zuzuwenden und maßgeblich zu deren Lösung beizutragen.

Vorbei sind jedoch die Zeiten, da zwei Hegemonialmächte die internationalen „Spielregeln" bestimmen konnten. Selbstbewußt beanspruchen EG-Staaten, Japan und die VR China, aber auch Länder wie Indien oder Brasilien und Mexiko Mitspracherechte. Und mitreden wollen auch andere, die in der Tat gehört werden müßten, wenn gemeinsames Handeln Erfolg bringen soll. Ich denke dabei an die Regierungen kleinerer Länder. Aber auch die mächtigen multinationalen Unternehmen gilt es in die Verantwortung zu nehmen, sie pauschal zu verurteilen führt zu nichts.

Vortrag in Bochum, 25. Nov. 1988

Bei der Suche nach Lösungsmodellen und Auswegen müssen wir darauf achten, daß wir nicht ungewollt in einen neuen Paternalismus hineingeraten. Wir mögen wichtige gedankliche Beiträge leisten können, aber wir können nicht die Modelle bestimmen für wie auch immer zu definierende Wege wirtschaftlicher und sozialer Entwicklung. An der Diskussion darüber, wohin die Dritte Welt sich entwickeln soll, können wir uns nur mit erheblicher Bescheidenheit beteiligen. Es kann ohne Zweifel nicht das Ziel sein, daß überall so viele Autos fahren und mit Energie so verschwenderisch umgegangen wird wie in den USA und in den meisten Staaten der EG. Aber bei denen, um die es hier geht, also beim größten Teil der Menschheit, darf auch nicht der Verdacht entstehen, daß sich für sie nichts ändern wird und daß wir uns nur eine Sonderposition sichern wollen. Nein, auch wir müssen für unseren Teil der Welt Konsumverzicht und eine Umstellung der Art, wie wir mit Ressourcen umgehen, in unsere Überlegungen miteinbeziehen.

[...][14]

Damit die absehbaren multilateralen Verhandlungen der 90er Jahre Erfolge aufweisen können, sollte in Politik und Wissenschaft intensiver darüber nachgedacht werden, welche Aufgaben noch national, welche regional gelöst werden können, welche Probleme dagegen international angegangen werden müssen.

Der Trend zu mehr „Weltinnenpolitik" verlangt gewiß auch von sozialdemokratischen bzw. sozialistischen Parteien ein neues Verständnis von „Internationalismus". Für die Vorväter blieb dies weithin eurozentrisch, erst nach dem Zweiten Weltkrieg kam „der Rest der Welt" deutlicher ins Blickfeld. Jetzt wurden Entkolonialisierung und politische Unabhängigkeit Ziele einer von Solidarität getragenen Politik, denn in der nachkolonialen Phase galt die Solidarität Befreiungsbewegungen und ihren Auseinandersetzungen mit den Mächten, die überständige Gewaltherrschaft in unserem Teil der Welt meinten stützen zu müssen. Wir waren und sind gegen Fremdbestimmung, für Eigenverantwortung und Mitbestimmung – gerade auch in der internationalen Zusammenarbeit. Für die Sozialistische Internationale war dabei stets die Eigenständigkeit der Mitgliedsparteien oberstes Prinzip. Das soll auch so bleiben. Gleichwohl sind wir darum bemüht, die Zusammenarbeit zu intensivieren, da zunehmend gemeinsame Problemstellungen nach abgestimmtem politischen Vorgehen verlangen. Konsensbildung ist nicht einfach, nicht einmal in der Sozialistischen Fraktion des Europaparlaments. Dennoch können wir dort und international nur vorankommen, wenn Sonderinteressen zugunsten eines Interessenausgleichs – zumindest partiell – zurückgestellt werden. Ich glaube, das ist geboten, zumal längst andere – insbesondere die Wirtschaft – mittlerweile das Tempo der „Internationalisierung" bestimmen. Wir können uns also ein Schneckentempo nicht leisten. Angesichts der sich verändernden Handlungsspielräume ist konkrete und intensive internationale Zusammenarbeit für Sozialdemokraten zu einer gebieterischen Notwendigkeit geworden.

Nr. 94
Schreiben des Ehrenvorsitzenden der SPD und Präsidenten der SI, Brandt, an den Präsidenten der Volksrepublik Angola, dos Santos
9. Dezember 1988[1]

AdsD, WBA, A 10.1 (Büroleiter Lindenberg), 10.

Sehr verehrter Herr Präsident,
ich komme heute zurück auf Ihr freundliches Schreiben, das mir Herr de Oliveira Chagas am 24. August [1988] übergeben hat. Seinerzeit hatte ich Ihnen geantwortet, daß ich selber im Augenblick nicht in der Lage bin, Ihre Einladung anzunehmen, daß ich aber einen Experten der SPD bitten würde, noch in diesem Jahr zu Gesprächen nach Angola zu reisen.[2]

Mein Freund Günter Verheugen, der Ihnen dieses Schreiben überbringt, wird die Gelegenheit benutzen, die Positionen der Sozialistischen Internationale und der SPD im Hinblick auf das südliche Afrika an Ort und Stelle zu erläutern. Erlauben Sie mir dennoch ein paar persönliche Bemerkungen:

Ich habe es begrüßt, daß ein Friedensprozeß im südlichen Afrika in Gang gekommen ist und anerkenne Ihre eigene konstruktive Rolle bei diesen Bemühungen. Der Abzug der südafrikanischen Truppen aus Ihrem Land war ein wichtiger Schritt zur Garantie der Souveränität und territorialen Integrität der Volksrepublik Angola. Es ist bedauerlich, daß der nächste Schritt, Abzug der kubanischen Truppen[3] und Implementierung der Sicherheitsrats-Resolution 435[4], im Augenblick zu scheitern droht.

Wenn ich richtig unterrichtet bin, ist Ursache der Schwierigkeiten die fortdauernde Unterstützung der UNITA durch die USA und die Republik Südafrika. Ich bin der Meinung, daß diese Unterstützung eine unzulässige Einmischung in die inneren Angelegenheiten Angolas darstellt. Es ist seit langer Zeit die Position der SI (und der SPD), daß diese Unterstützung bedingungslos beendet werden muß.

Ich habe es für richtig gehalten, daß interne Probleme Angolas nicht in die vierseitigen Verhandlungen einbezogen wurden.[5] Die endgültige Lösung des UNITA-Problems im Sinne einer Re-Integration ihrer Kämpfer in die angolanische Gesellschaft ist eine Frage, die in Afrika von Afrikanern gelöst werden sollte. Soviel ich weiß, sind mehrere afrikanische Staaten bereit, dabei behilflich zu sein.

Ich möchte Sie bitten, sehr verehrter Herr Präsident, mich über meinen Freund Günter Verheugen wissen zu lassen, wie Sie die künftige Entwicklung einschätzen, in welcher Weise die Kontakte zwischen der MPLA und der SI und ihren Mitgliedsparteien verbessert werden können und in welcher Weise die SI, falls Sie es wünschen, in der Zukunft hilfreich sein kann.

Eine Möglichkeit zur Vertiefung der Kontakte bietet eine Konferenz der SI über Fragen des südlichen Afrika, die Mitte Februar [1989] in Harare stattfinden wird.[6]
Mit guten Wünschen‹,
Willy Brandt›[7]

Nr. 95
Schreiben des Präsidenten der SI, Brandt, an die der SI angehörenden Regierungsparteien in Europa und Ozeanien 26. Januar 1989[1]

AdsD, WBA, A 13, 161d (Übersetzung aus dem Englischen: Bernd Rother).

Lieber Freund,
ich schreibe auf eine Bitte von Michael Manley hin, der gegenwärtig intensiv Wahlkampf für die Parlamentswahlen in Jamaika führt, die am 9. Februar abgehalten werden sollen.[2]

Die neueste und allgemein anerkannte Umfrage gibt Michael Manley und der People's National Party einen klaren Vorsprung und eine gute Chance, die nächste Regierung zu bilden.

Die finanzielle Lage, die aber die PNP erben würde, ist entsetzlich. Die Regierung Seaga hat Jamaikas Schulden von weniger als 2 auf mehr als 4 Milliarden US-Dollar gesteigert. Die Hinweise, die ich von unseren Freunden in der PNP erhalte, besagen, dass Ministerpräsident Seaga mehrere Beträge, die für langfristige Entwicklungsprogramme vorgesehen waren, zur Finanzierung kurzfristiger Wiederaufbaumaßnahmen nach dem Hurrikan des vergangenen September genutzt hat und dass die Reserveposition[3] des jamaikanischen Dollars bedenklich niedrig ist.

Es ist wichtig, dass alle Anpassungen, die von der kommenden Regierung durchgeführt werden müssen, geordnet und geplant erfolgen. Dies würde der Demokratie in einem Land helfen, wo sinkende Realeinkommen und steigende Arbeitslosigkeit, zusammen mit den Schäden durch den Hurrikan, den Zusammenhalt der Gesellschaft selbst bedrohen. Und es ist wichtig für die Aussichten und das Ansehen einer Regierung, an deren Spitze der Vorsitzende unseres Komitees für Wirtschaftspolitik steht.

Michael Manley hat um Unterstützung für einen Bereitschaftskredit[4] gebeten, der für eine neue PNP-Regierung am 9. Februar zur Verfügung stehen sollte. Dies würde es der PNP ermöglichen, Vorschläge für gezielte Entwicklungshilfe zu machen. Ob sie den Bereitschaftskredit nutzen müssen oder nicht, wird von den Umständen abhängen. Je größer der Bereitschaftskredit, desto geringer ist die Wahrscheinlichkeit eines Drucks auf die Währung und dementsprechend geringer wird er in Anspruch genommen werden müssen.[5]

Im Vertrauen darauf, dass Sie die Bitte unserer jamaikanischen Freunde positiv aufnehmen
übermittele ich Ihnen meine besten Grüße
‹Willy Brandt›[6]
Willy Brandt

Nr. 96
**Telegramm des Ehrenvorsitzenden der SPD, Brandt, an den Generalsekretär der Vereinten Nationen, Pérez de Cuéllar
17. Februar 1989**

AdsD, WBA, A 10.1 (Büroleiter Lindenberg), 17.

Sehr geehrter Herr Generalsekretär,
viele Menschen in der Bundesrepublik Deutschland sind zutiefst beunruhigt über die öffentliche Aufforderung des geistlichen Führers der Islamischen Republik Iran, Ruhollah Khomeini, den britischen Staatsbürger Salman Rushdie umzubringen. Dem Mörder ist, wie Sie wissen, für die erfolgreiche Tat eine Prämie versprochen worden.[1]

Ich habe mich heute dem Appell von Schriftstellern an die Regierung der Bundesrepublik Deutschland angeschlossen, bei der Regierung der Islamischen Republik Iran die Rücknahme dieses Mordaufrufs zu erzwingen.[2]

An Sie, sehr geehrter Herr Generalsekretär, richte ich die dringende Bitte, den Einfluß der Vereinten Nationen geltend zu machen, damit diese für das Zusammenleben der Völker unerträgliche Todesdrohung zurückgenommen wird.[3] Zugleich bitte ich zu erwägen, daß

Sie sich für die Bemühungen der Politiker der Unterstützung durch die Friedensnobelpreisträger versichern.
Mit freundlichen Grüßen
Willy Brandt

Nr. 97
Gemeinsames Schreiben des Vorsitzenden und des Mitglieds der Nord-Süd-Kommission, Brandt und Ramphal, an den Präsidenten der Vereinigten Staaten von Amerika, Bush
1. März 1989[1]

AdsD, WBA, A 10.1 (Büroleiter Lindenberg), 197 (Übersetzung aus dem Englischen: Wolfgang Schmidt).

Sehr geehrter Herr Präsident,
Sie haben Ihr Amt zum Ende eines Jahrzehnts übernommen, an dem die internationale Agenda noch vielfältiger und komplexer geworden ist, aber auch hoffnungsvoller. Der Ausblick auf „eine freundlichere Welt", den Sie in Ihrer Rede zur Amtseinführung geboten haben, und das Versprechen, die Welt freundlicher zu machen sei Amerikas Ziel aus „hochmoralischem Prinzip", haben die Herzen der Menschen in der ganzen Welt erreicht.[2] Als Personen, die auf die ein oder andere Weise mit den Unabhängigen Internationalen Kommissionen verbunden waren, die während der 1980er Jahre über Entwicklung, Sicherheit, Umwelt und humanitäre Fragen gearbeitet haben, teilen wir mit Ihnen diese Vision und den Glauben, dass dies ein Moment voller Verheißung ist.

Einige Fortschritte sind bereits auf verschiedenen Gebieten im Gange. Sie beinhalten vor allem die Minderung der Spannungen zwischen Ost und West, die Erfolge nach sich zog bei der Lösung regionaler Konflikte und für den Frieden und die Sicherheit im Allgemeinen.[3] Wirtschaftliche Erholung in der industrialisierten Welt ist erleichtert worden durch eine verbesserte Koordination zwischen den wichtigsten OECD-Staaten; und in Entwicklungsländern, einschließlich Chinas, werden verbreitet wirtschaftspolitische Reformen durchgeführt im Rahmen einer notwendigen Anpassung. Wirklicher Fortschritt ist auch auf dem Gebiet des Umweltschutzes gemacht worden, was sowohl die Steigerung des Bewußtseins um die Gefährdung unserer Erde als auch die Reaktion auf besondere Herausforderungen angeht, wie das Montrealer Protokoll über die Ozonschicht zeigt.[4]

Wir wissen jedoch alle nur zu genau, dass die Bestandsaufnahme sehr ungleichmäßig ausfällt; dass die Erfolge keine Selbstzufriedenheit rechtfertigen.

Für viele Länder und viele Millionen Menschen sind die 1980er Jahre in puncto Entwicklung ein „verlorenes Jahrzehnt" gewesen. Auch wenn einige sich gut entwickelten, hat es weit verbreitet wirtschaftliche Rückentwicklung gegeben. Im Subsahara-Afrika verringerte sich der Lebensstandard seit 1980 um ein Fünftel, und es gibt dort keine Aussicht auf eine Wende. Verschuldung und entgegengesetzte Finanzströme, niedrige Rohstoffpreise und erhöhter Protektionismus haben zusammen ein sehr ungünstiges internationales Klima für die Anpassung der Volkswirtschaften geschaffen. Schneller technologischer Wandel hat diese Probleme für einige Länder verstärkt. Während die Entwicklungsprobleme sich verschlimmert haben, hat jedoch der Dialog über diese Fragen zwischen entwickelten und sich entwickelnden Ländern praktisch aufgehört.

Inzwischen ist der Zusammenhang zwischen Umwelt und Entwicklung nur zu offensichtlich geworden. Armut ist ein großer Schadstoff für unseren Planeten: Sie schädigt die physikalische Umwelt, wie sie Menschenleben erniedrigt. Demzufolge sind die wirtschaftlichen – und politischen – Aussichten für viele Länder nicht nur düster, sondern katastrophal. In einigen Fällen, und das trifft für Länder in Afrika, Asien und Lateinamerika zu, ist die Situation so ernst, dass nicht bloß politische Instabilität, sondern auch ein Zusammenbruch der Regierungsstrukturen droht.

Wir sind überzeugt, dass ein klares Bedürfnis nach Führung besteht, um diese freundlichere Welt zu schaffen, von der Sie gesprochen haben. Die Linderung der Armut weltweit sollte keine Fürsprache brauchen; sie ist eine Grundvoraussetzung für unsere Hoffnung auf eine bessere Welt. Probleme des Bevölkerungswachstums, durch Krankheit, illegale Drogen und Umweltzerstörung haben nicht weniger als die Probleme der Sicherheit Auswirkungen auf uns alle. Es gibt keine Schongebiete auf unserem Planeten. Wenn das nächste Jahrzehnt wirklich ein Jahrzehnt der Antwort auf die ernsten Probleme sein soll, die sich einer Mehrheit unserer Mitbürger in der Welt entgegenstellen, muss die Frage der nachhaltigen globalen Entwicklung besondere und besonders dringende Aufmerksamkeit erhalten.

Wir glauben, dass es bei der Formulierung dieser Antwort eine Grundbedingung ist, die Zusammenhänge zu begreifen, die sich zwischen einzelnen Punkten auf der globalen Tagesordnung entwickelt haben. Themen wie die Schuldenkrise, Handelsfragen, Ressourcen für die internationalen Finanzinstitutionen, die Anwendung von Technologie zum globalen Nutzen, die Stärkung des Systems der Vereinten Nationen, spezifische Bedrohungen der Umwelt – z. B. die Verringerung der Ozonschicht und die globale Erwärmung – sind zunehmend verschränkt. Diese Interdependenz der Themen verstärkt die Interdependenz der Menschen weltweit: Daher ist die Botschaft Ihrer Rede zur Amtseinführung für uns alle bedeutsam. Wie in der Zeit nach dem Zweiten Weltkrieg, als der Marshall-Plan anerkannte, dass Wohlstand geteilt werden musste, wenn man ihn genießen wollte, so müssen wir jetzt auf die gegenwärtigen Herausforderungen mit Vernunft und globaler Vision reagieren – beides gepaart mit Taten.

Wir legen Ihnen nicht irgendeine einmalige, allumfassende Lösung für die Probleme vor, sei es als Inhalt oder als Verfahren. Das könnte nur eine Illusion sein. Wir sehen, dass der Weg nach vorne eine Stärkung unserer multilateralen Prozesse des Dialogs und die Entdeckung von neuen Formen erfordern wird, wie man mit Problemen in kooperativer, nicht feindlicher Weise umgeht. Das wird durch Fortschritte bei der Abrüstung unterstützt werden, so sie technische und finanzielle Ressourcen freisetzt, um die Sicherung eines nachhaltigen globalen Fortschritts zu fördern.

Wir finden allerdings, dass ein Element, um einen Impuls für die Inangriffnahme dieser Probleme zu geben, die Einberufung eines Gipfels nach dem Vorbild von Cancún sein könnte[5] – eines, das mit breiterer Repräsentanz (einschließlich der UdSSR) und einem günstigeren Klima für globale Kooperation zu positiveren Resultaten als das Treffen von Cancún 1981 führen könnte, an dem 22 Staats- und Regierungschefs teilnahmen.[6] Wir glauben, dass solch eine Initiative sich breiter Unterstützung erfreuen würde.[7]

Wir wissen, dass einige politische Führer unter den Mittelmächten der Welt (aus Nord und Süd) bereit wären, diesen Prozess zu initiieren und zu unterstützen[8], Ihre Unterstützung und die weiterer wichtiger Akteure vorausgesetzt.[9] Wir würden uns freuen, sie mit Ihnen in Verbindung zu setzen. Ebenso würde die Einbeziehung des UN-Generalsekretärs hilfreich sein für die Vorbereitung eines solchen Gipfels und um eine ordentliche Nachbereitung zu gewährleisten. Ihre umfassende Unterstützung ist jedoch entscheidend; aus diesem Grund schreiben wir Ihnen.[10]

Wir schreiben ebenso Präsident Gorbatschow an[11], weil wir meinen, dass die Sowjetunion und Osteuropa generell zur Lösung dieser Probleme in höherem Maße, als sie es zuvor getan haben, beitragen müssen. Und wir sind ermutigt durch die Anzeichen, zumindest aus dem Kreml, dass es dort eine größere Bereitschaft gibt, dies zu tun. Wir glauben auch, dass die Entwicklungsländer selbst bereit sind, ihren Teil zu tun – mit politischen Reformen und in konstruktiven Verhandlungen; viele haben schon große Not ertragen bei der Anpassung an die harten externen Realitäten. Sie schauen erwartungsvoll auf eine freundlichere Welt.

Die Anstrengung, nach der wir rufen, ist eine wirklich globale. Auf dem Spiel steht, wie wir glauben, die Qualität des menschlichen Überlebens auf einem Planeten, den unser Genie klein gemacht hat und unsere Weisheit bewohnbar machen muss.

Mit freundlichen Grüßen
‹Shridath Ramphal   Willy Brandt›[12]

Nr. 98
Aus dem Bericht über das Gespräch des Präsidenten der SI, Brandt, mit der *Frankfurter Rundschau*
11. März 1989[1]

Frankfurter Rundschau vom 11. März 1989.

„Politische Landschaft ist bunter geworden"

[...][2]

Zum Thema Sozialdemokratie in Osteuropa und Sozialistische Internationale sprach unser Korrespondent Harry Schleicher mit SI-Präsident Willy Brandt.

„Es ist von historischer Bedeutung, daß sich nach den bitteren Auseinandersetzungen der Vergangenheit im kommunistischen Osteuropa die Erkenntnis durchsetzt, daß Sozialismus ohne Demokratie nicht funktionsfähig ist", meinte Brandt. Die Sozialdemokratie verfolge die Entwicklung in Osteuropa zu Pluralismus und Demokratisierung mit größter Aufmerksamkeit, „um so mehr, als sie sowohl in den einzelnen Ländern selbst als auch zwischen den kommunistischen Staaten recht unterschiedlich bis widersprüchlich verlaufen", sagt er. Die politische Landschaft Osteuropas sei durch die Gründung neuer politischer Parteien und Bewegungen, darunter auch sozialdemokratischer, aber auch infolge der in den etablierten kommunistischen Parteien einsetzenden Prozesse bunter geworden.

In Hinblick auf die zu erwartenden Anträge sozialdemokratischer Parteien aus kommunistischen Staaten auf Mitgliedschaft in der SI – bislang liegt noch keiner vor – räumt Brandt ein, daß die SI über keinen verbindlichen Kriterienkatalog verfüge, mit dessen Hilfe entschieden werden könnte. Der SI-Vorsitzende erwartet zwar nicht, daß bereits dem im Juni in Stockholm tagenden SI-Kongreß ein formaler Aufnahmeantrag vorliegen werde. „Sollte dies aber der Fall sein, ist die SI flexibel." Was die USDP[3] angehe, meint Brandt, könnte sich durch sie die Frage nach dem Verhältnis zu der bereits der SI zugehörenden ungarischen Exilpartei neu stellen.[4] „Ein umfassendes

Konzept hat die SI zu der neu entstandenen Problematik nicht. Haltung und Möglichkeiten der Kontakte zu den wiederbelebten Kräften der Sozialdemokratie werden sich nach den jeweiligen Gegebenheiten der betreffenden Länder richten müssen."

Beim Thema „Sozialdemokratischer Bund Sloweniens", das demnächst durch die Gründung eines Sozialdemokratischen Bundes Kroatiens erweitert werden dürfte, kommen auch die sich darin widerspiegelnden auseinanderstrebenden Tendenzen zur Sprache. „Befürchtungen sind gerechtfertigt", sagt der SI-Präsident, „daß die Lage in Europa nicht verbessert würde, sollte Jugoslawien auseinanderfallen." Im jugoslawischen Fall gelte es, alle politischen Faktoren abzuwägen, sowohl die der Staatsräson als auch die des notwendigen Demokratisierungsprozesses, der sich in der pluralistischen Ausformung des Systems Bahn breche.

Willy Brandt spricht immer wieder als Parteiführer und Staatsmann zugleich. „Diejenigen in der Sozialdemokratie, die unmittelbare politische Verantwortung tragen, müssen darauf achten, daß die zwischenstaatlichen Beziehungen durch die in Gang gekommenen Veränderungen nicht gestört werden. Die Weiterentwicklung der Zusammenarbeit aller europäischen Staaten bleibt unabhängig von deren politischen Strukturen aus Gründen gemeinsamer Sicherheit und gemeinsamer Interessen dringend geboten." Ganz besonders müsse der „militärische Faktor" unabhängig von den jeweiligen inneren Vorgängen in Osteuropa betrachtet und behandelt werden, meint Brandt. Was ihn anbelangt, ist kein Zweifel erlaubt, daß die großen Fragen der internationalen Sicherheit Vorrang vor engeren parteipolitischen Überlegungen haben.

Nr. 99
Schreiben des Präsidenten der SI, Brandt, an den Generalsekretär der KPTsch, Jakeš
19. April 1989

AdsD, WBA, A 13, 82.

Sehr geehrter Herr Generalsekretär,
nach der Parteiführerkonferenz der Sozialistischen Internationale[1] hat der stellvertretende Vorsitzende der Sozialistischen Partei Österreichs, Dr. Heinz Fischer, in meinem Auftrag ein Gespräch mit dem Sekretär des ZK Ihrer Partei, Herrn ‹Lenárt›[2], geführt. Dr. Fischer hat bei diesem Gespräch auf die Tatsache aufmerksam gemacht, dass die Verhängung relativ hoher Freiheitsstrafen gegen Václav Havel und andere Intellektuelle in der ČSSR die Parteiführerkonferenz der Sozialistischen Internationale in Wien stark beschäftigte.[3] Die Sozialistische Internationale hat dazu bis auf weiteres keine eigene Resolution gefasst, weil sie hofft, dass auch andere Wege gefunden werden können, auf eine Revision dieser Urteile oder auf eine Begnadigung der Betroffenen hinzuarbeiten.

Dr. Fischer hat mir den Eindruck vermittelt, dass es von Ihnen richtig verstanden wird und nicht als eine Einmischung in die inneren Angelegenheiten der ČSSR betrachtet würde, wenn ich an Sie in meiner Eigenschaft als Präsident der Sozialistischen Internationale das dringende Ersuchen richte, einen Weg zu suchen, der Ihr Land von der Hypothek dieser Urteile so weit wie möglich befreit.[4]

Ich erweise Ihnen meinen Respekt und übermittle freundliche Grüsse
‹gez. Willy Brandt›[5]

Nr. 100
Erklärung des Ehrenvorsitzenden der SPD und Präsidenten der SI, Brandt, zur Lage in Südafrika
27. April 1989[1]

AdsD, WBA, 10.1 (Büroleiter Lindenberg), 17.

<ins>Einige aktuelle Bemerkungen zu Südafrika</ins>

In der öffentlichen Meinung der Welt profitiert Südafrika zur Zeit von einigen Entwicklungen, die weniger informierten Beobachtern den Eindruck nahelegen könnten, es hätte sich einiges zum Besseren verändert.

Da werden als Beispiele genannt die Begnadigung der Sharpeville Six[2], die Urteile im Hochverratsprozeß gegen die UDF-Führung[3], die unter dem Druck des Hungerstreiks erfolgte Freilassung von politischen Gefangenen[4], die verbesserten Haftbedingungen für Nelson Mandela[5] und die anhaltende internationale Diskussion über seine mögliche Freilassung sowie schließlich auch die Tatsache, daß der führende Repräsentant der Uneinsichtigkeit und Konzeptionslosigkeit in Südafrika, Präsident Botha, das Ende seines politischen Weges erreicht hat.[6]

Aber hat sich an der Lage wirklich prinzipiell etwas verändert? Gibt es heute mehr Hoffnung auf eine friedliche Lösung des südafrikanischen Konfliktes als vor einem Jahr? Ich habe meine Zweifel.

Ich sehe, daß in Südafrika der Ausnahmezustand fortbesteht und daß der Polizeistaatscharakter des Landes sich in Wahrheit noch verstärkt hat. Ich sehe weiter, daß die Unterdrückung der Bevölkerungsmehrheit, ihre Einschüchterung und ihre permanente Bedrohung eher noch weitergehen. Die scharfen Zensurbestimmungen in Südafrika tun ihre Wirkung. Wenn das Land scheinbar ruhiger geworden ist, so nicht, weil die Lage sich verändert hätte, sondern weil es eine freie und ungehinderte Berichterstattung in und aus Südafrika nicht mehr gibt.

Die Urteile in dem Prozeß gegen die Sharpeville Six bleiben Terrorurteile, und man sollte nicht vergessen, daß vergleichbare Prozesse z. Zt. in Südafrika laufen. Der sogenannte Delmas-Trial, also der Hochverratsprozeß gegen die Führer der UDF in Transvaal, hat nicht zum Todesurteil geführt, aber zu langen Freiheitsstrafen.[7] Das ist kein Grund zur Befriedigung, denn diese Oppositionspolitiker sind verurteilt worden für Aktionen, die in jedem Rechtsstaat als normale demokratische Opposition betrachtet werden. Mit anderen Worten: Dieser Prozeß schaffte einen Präzedenzfall, der es möglich macht, Opposition gegen das System der Apartheid als Hochverrat zu bestrafen.

Was den bevorstehenden Regierungswechsel in Südafrika angeht[8], so ist bisher nicht erkennbar, daß die regierende Nationale Partei bereit sein könnte, die Säulen des Apartheidsystems abzubrechen. Es bleibt also bei getrennten Wohngebieten, bei getrennter Erziehung, es bleibt beim Homeland-Konzept einschließlich der Zwangsumsiedlungen, und es bleibt bei den Sicherheitsgesetzen, die auch ohne Ausnahmezustand jede demokratische Regung ersticken.

Wenn wir alles in allem betrachten, wird als Muster der südafrikanischen Politik deutlich: Man möchte möglichst die abscheulichen, blutigen Bilder direkter Unterdrückung vermeiden und stattdessen jeden politischen Widerstand schon im Keim ersticken. <u>Unsere politische Hauptforderung</u> im Augenblick muß daher die Freiheit der politischen Betätigung für alle Menschen in Südafrika sein. Dazu gehört die Freilassung aller politischen Gefangenen, dazu gehört die bedingungslose Freilassung von Nelson Mandela, dazu gehört die Aufhebung aller Verbote und Bannverfügungen.

Die Verantwortung der internationalen Staatengemeinschaft für die Entwicklung in Südafrika ist nicht geringer geworden.

Ich weiß wohl, daß die Sanktionsdebatte auf der Stelle tritt. Aber es kann keinen ernsthaften Zweifel daran geben, daß die bisher sehr bescheidenen Sanktionen durchaus Wirkung gezeigt haben. Die wirtschaftliche Isolierung Südafrikas ist vorangeschritten, das Land steuert auf einen wirtschaftlichen Zusammenbruch zu. Wir wollen diesen Zusammenbruch nicht, und die weiße Regierung kann ihn vermeiden, wenn sie die politischen Voraussetzungen dafür schafft, daß die anderen Staaten wieder Vertrauen in die wirtschaftliche Zukunft des Landes setzen können.

Die politische und moralische These lautet, Apartheid darf sich nicht auch noch lohnen. Südafrika ist verwundbar im Hinblick auf seine Abhängigkeit von den internationalen Rohstoffmärkten, im Hinblick auf seinen Bedarf nach technisch anspruchsvollen Gütern und im Hinblick auf seinen Finanzbedarf.

Dieser letzte Punkt verdient unsere besondere Aufmerksamkeit. Im nächsten Jahr schon wird Südafrika nicht in der Lage sein, seine kurzfristigen Auslandsschulden zu bedienen. Eine neue Umschuldungsrunde unter Beteiligung bedeutender deutscher Kreditinstitute steht bevor. Die Frage muß erlaubt sein, warum anderen zahlungsunfähigen[9] afrikanischen Staaten Erleichterungen nur unter weitreichenden politischen Auflagen gewährt werden, während dies im Falle Südafrika bisher nicht geschehen ist. Ich verstehe das kurzfristige Interesse der Banken, aber sollten sie nicht auch ein langfristiges Interesse daran haben, daß dieses Land endlich Frieden findet?

Wo immer die Lage Sanktionen unabweisbar macht, ist auch die Warnung zu hören, sie würden nicht lückenlos wirksam sein und könnten umgangen werden. Solche Warnungen hat die Völkergemeinschaft nicht davon abgehalten, die Resolution 418 des Sicherheitsrates der Vereinten Nationen zu unterstützen, mit der 1977 über Südafrika ein Waffen- und Rüstungsembargo verhängt wurde. Dieser ‹mandatorische›[10] Beschluß hat völkerrechtliche Qualität. Wo er verletzt wird oder wo auch nur versucht wird, ihn zu umgehen, stehen in gleicher Weise die Autorität der Vereinten Nationen und die des Staates auf dem Spiel – von der Hilfe für das Apartheidsystem einmal ganz abgesehen. Das gilt auch für die Bundesrepublik Deutschland, die als Mitglied des Sicherheitsrates 1977 an der Vorbereitung und Beschlußfassung über die Resolution 418 beteiligt war.

Es hat in der Vergangenheit immer wieder Auseinandersetzungen darüber gegeben, ob sich die Bundesrepublik strikt an den

Embargobeschluß gehalten hat. Davon wird bei diesem Hearing die Rede sein.

Gelegentlich ist auch eine Bundesregierung ins Gerede gekommen, weil sie bei genehmigungspflichtigen Exporten, die in Südafrika militärischer Verwendung zugeführt werden können, sich zu großzügig gezeigt habe. Rückblickend wird man sagen können, daß wir schon aus Gründen des guten Rufes der Bundesrepublik Deutschland besser gefahren wären, wenn unter die Resolution 418 fallende Exporte verboten worden wären, statt sie nur einer Genehmigungspflicht durch die Bundesregierung zu unterwerfen. Denn in Anbetracht der völkerrechtlichen Bindungswirkung der Resolution 418 dürften solche Exporte ja ohnehin nicht genehmigt werden.

Daß es eine militärische Zusammenarbeit zwischen Firmen aus der Bundesrepublik und der südafrikanischen Rüstungsbehörde für den Bau von U-Booten gegeben hat, ist unbestreitbar – so schwierig es immer noch zu sein scheint, durch die Untersuchungsausschüsse des Bundestages Licht in diese trübe Affäre zu bringen. Ob die erwähnte Zusammenarbeit fortgeführt wurde und wer dafür die politische und rechtliche Verantwortung trägt, ist bislang offen geblieben. Die mühseligen, verschlungenen und risikoreichen Umwege zur Umgehung des Embargos machen die Aufklärung von Verstößen schwer. Diese Funktion bedarf aber auch unbestechlicher staatlicher Kontrolle und Überwachung sowie gesellschaftlicher Unterstützung und Wachsamkeit.

Die „World Campaign against military and nuclear collaboration with South Africa" leistet dazu einen Beitrag, der nicht unterschätzt werden kann. – Die Erfahrungen mit Sanktionsbeschlüssen sind also auch vor diesem Hintergrund so hoffnungslos nicht.

Es gibt auch Zeichen der Hoffnung. Mehr und mehr junge Weiße in Südafrika verweigern den Kriegsdienst, weiße Studenten demonstrieren gemeinsam mit schwarzen Kommilitonen gegen die Apartheid und selbst bis in die Reihen der Nationalen Partei hinein wächst die Bereitschaft, mit der schwarzen Opposition über die Zukunft des Landes wenigstens zu sprechen. Wir sollten alle Bemühungen unterstützen, die den Dialog zwischen den verfeindeten Gruppen fördern.

Ich glaube aber, daß Dialog nicht an die Stelle von Sanktionen gesetzt werden sollte, sondern daß die Kombination von beiden der richtige Weg ist. Ohne den wirtschaftlichen Druck von außen und zunehmend auch von innen gibt es keine Dialogbereitschaft. Sie würde erlahmen, wenn der äußere Druck nachläßt. Die Klügeren unter den Weißen in Südafrika wissen, daß sie sich neu orientieren müssen, weil die südafrikanischen Lebenslügen zusammengebrochen sind. Die weißen Südafrikaner können sich nicht mehr in den Glauben flüchten, daß der Westen sie als Bollwerk gegen den Kommunismus braucht und deshalb am Ende nicht ernsthaft vorgehen wird.

Ich halte es im übrigen für nicht unwahrscheinlich, daß die beiden Großmächte darüber nachdenken könnten, was sie gemeinsam zur Entschärfung des regionalen Konfliktherdes südliches Afrika tun können. Eine Initiative mit dem Ziel, das Gespräch zwischen Schwarz und Weiß[11], und zwar unter Einbeziehung sowohl der Regierung als auch des African National Congress, liegt jedenfalls dann nahe, wenn sich das Angola-Namibia-Abkommen[12] als tragfähig erweisen sollte. Deshalb haben wir auch unter dem Aspekt der Südafrika-Politik ein außerordentlich starkes Interesse am Erfolg des Unabhängigkeitsprozesses in Namibia.

Gleichwohl: Es bleibt viel zu tun. Die „World Campaign against military and nuclear collaboration with South Africa" leistet dazu einen wichtigen Beitrag. Den heutigen Beratungen wünsche ich ein gutes Gelingen.

Nr. 101
Schreiben des Präsidenten der SI, Brandt, an die Führung der PRD Panama
12. Mai 1989

AdsD, WBA, A 13, 114a (Übersetzung aus dem Spanischen: Bernd Rother).

Sehr geehrte Herren,
mit Erstaunen und Bestürzung hat die Sozialistische Internationale die ernsten Vorfälle verfolgt, die die Wahlen vom 7. Mai [1989] in Ihrem Land begleitet haben, insbesondere die gewaltsame Unterbrechung der Auszählung, die Aggressionen gegen Führer und Anhänger der Opposition und die anschließende Annullierung der Wahlen durch das Wahlgericht.

Wir glauben, dass es unter diesen Umständen unabdingbar ist, dass Ihre Partei eine klare öffentliche Haltung einnimmt, diese Ereignisse verurteilt und die demokratischen Prinzipien verteidigt, die diese Internationale nachdrücklich vertritt und die alle ihre Mitglieder moralisch und politisch verpflichten.[1]
Hochachtungsvoll
‹Willy Brandt›[2]

Nr. 102
Vermerk über das Gespräch des Präsidenten der SI, Brandt, mit dem Vorsitzenden der israelischen Arbeitspartei, Peres
15. Mai 1989[1]

AdsD, WBA, A 13, 124c.

Im Anschluß an das Mittagessen, das Bettino Craxi zu Ehren W[illy] B[randt]s gab, kam es zu einer kurzen Unterredung zwischen W[illy] B[randt] und Shimon Peres.[2]

Shimon Peres bekräftigte zunächst die Haltung, die Israel Gat bereits in der vergangenen Woche in Bonn bekundet hatte. Als Hauptargument wurde angeführt, daß die gegenwärtige Stimmung in Israel es der israelischen Labour Party nicht erlaube, gleichzeitig mit der PLO an dem SI-Kongreß in Stockholm teilzunehmen.

W[illy] B[randt] erläuterte den Unterschied zwischen „guests" und „observers" und wies darauf hin, daß die PLO – wie beispielsweise auch einige kommunistische Parteien – als „observer" eingeladen [sei] und mithin kein Rederecht auf dem Kongreß habe. Im übrigen könne man möglicherweise auch die öffentliche Kenntlichmachung der PLO-Vertreter etwas reduzieren.

Nachdem Shimon Peres im wesentlichen bei seiner Haltung blieb, hat W[illy] B[randt] darauf hingewiesen, daß ein eventuelles Fernbleiben der israelischen Labour Party ein trauriger Tag für ihn persönlich und für die SI sein würde, wenn man bedenke, was in der Vergangenheit an Gemeinsamkeiten aufgebaut worden sei.

W[illy] B[randt] hat dann vorgeschlagen, daß Shimon Peres – wenn die Haltung der Partei im Hinblick auf den Kongreß nicht zu ändern sei – doch zumindest an dem Council und dem Präsidium der SI unmittelbar vor dem Kongreß am 19. Juni [1989] teilnehmen möchte. Council und Präsidium seien geschlossene Veranstaltung nur für SI-Mitglieder. Bei dieser Gelegenheit könne die israelische Labour Party auch ihre Haltung darlegen.

Shimon Peres stellte in Aussicht, diese Möglichkeit überlegen zu wollen. Man werde deswegen in Kontakt bleiben.[3]

Nr. 103
Aus dem Schreiben des Präsidenten der SI und Vorsitzenden der Nord-Süd-Kommission, Brandt, an den Generalsekretär der Vereinten Nationen, Pérez de Cuéllar
25. September 1989[1]

AdsD, WBA, A 10.1 (Büroleiter Lindenberg), 17 (Übersetzung aus dem Englischen: Wolfgang Schmidt).

Betr.: Ihr Schreiben vom 30. Juni [1989][2]

Sehr geehrter Herr Generalsekretär,
ich bedauere, dass aufgrund der Ferienzeit meine Kommentare Sie eher spät, aber hoffentlich doch rechtzeitig erreichen, um zu dem Bericht beizutragen, den Sie für die Sondertagung der Generalversammlung der Vereinten Nationen vorbereiten, die der internationalen wirtschaftlichen Zusammenarbeit gewidmet ist.[3] Ich teile Ihre Ansicht, dass die Sondertagung dazu dienen sollte, „die Weltgemeinschaft auf das politische Ziel stabilen, nicht-inflationären wirtschaftlichen Wachstums zu verpflichten, überall in einer Weise die soziale Probleme berücksichtigt und die Umwelt schützt." [. . .][4]

In der Tat sollten wir nicht ignorieren, dass die Disparitäten zwischen Ländern gewachsen sind – nicht nur auf der Nord-Süd-Achse, sondern innerhalb aller Regionen unseres Globus. Während einige Entwicklungsländer relativ gesundes wirtschaftliches Wachstum erzielen und ihre Sozialeinrichtungen verbessern konnten, sind viele andere Länder in eine tiefe und langwierige sozio-ökonomische Krise geraten, die häufig zu einer Erosion der politischen Stabilität geführt hat. Besonders Menschen in Afrika und Lateinamerika sind einem kontinuierlichen Rückgang ihres Einkommens und der öffentlichen Wohlfahrt ausgesetzt. Die Zahl der Menschen, die in absoluter Armut leben, ist gestiegen[5] – auch in Teilen Asiens trotz beeindruckenden wirtschaftlichen Wachstums. Schuldenprobleme, sich verschlechternde Handelsbedingungen, hohe Zinsen und Protektionismus werden zurecht als Hauptursachen für die Rückschritte in der Entwicklung angesehen. Man sollte nicht zögern, Missmanagement, Korruption und Kapitalflucht hinzuzufügen, die als negative Faktoren die Krise in einer Reihe von Fällen verschärft haben.

[…] Schneller technologischer Wandel im Industrie- und Dienstleistungssektor haben den Wettbewerb auf allen internationalen Märkten angetrieben. Gezwungen durch die Mobilität der Finanzmärkte haben die Regierungen Zuflucht zu Sparmaßnahmen und angebotsorientierter Politik genommen[6] – fast ohne Rücksicht auf die Auswirkungen auf andere Länder. Es wurde offensichtlich, dass nur gut ausgestattete Länder die Leistungsfähigkeit besitzen, auf diese Herausforderungen zu reagieren. Strukturschwachen Ländern fehlen die Flexibilität und die Ressourcen für eine rasche Anpassung. Da die externe finanzielle und technische Hilfe für den – ohne Zweifel notwendigen – Wandel unzureichend ist, verlieren viele Entwicklungsländer die Fähigkeit, an der Weltwirtschaft in einer für sie einträglichen Weise teilzunehmen. Der schlechte Zustand der internationalen Zusammenarbeit in den 1980er Jahren führte zweifellos zu einer ungleichen Verteilung der sozialen Kosten der globalen Interdependenz.

Nach vorne blickend wiederholt Ihr Entwurf die seit langem erhobenen Forderungen nach Reduzierung der Schulden, verstärkten Finanzzuflüssen, einer die sozialen und politischen Realitäten berücksichtigenden Strukturanpassung in den Entwicklungsländern, nach internationaler Wechselkursstabilität, der Öffnung von Märkten, einem Sicherheitsnetz für rohstoffabhängige Länder, erhöhtem Bewußtsein für Umweltzerstörungen und nicht zuletzt nach besonderer Aufmerksamkeit für die Besserung der Lage in Afrika. Diese Liste herausragender Aufgaben für die multinationale Kooperation stimmt völlig überein mit Empfehlungen meiner früheren Kommission oder jenen des Brundtland-Reports.[7] Jedoch erfordert die Erhaltung unseres Ökosystems harte Korrekturen bei der Art des wirtschaftlichen Wachstums. Die Gefahren eines ungezügelten wirtschaftlichen Wachstums für die Umwelt – und für das Soziale – sind so real wie jene Gefahren, die aus dem hohen Bevölkerungswachstum entstehen. Die Risiken sollten sorgfältig abgeschätzt werden. Auch fehlt ein kräftiger Hinweis auf die kulturelle Dimension von Entwicklung. Obwohl die Unterschiedlichkeit der Werte in Gesellschaften anerkannt werden muss, sind der Respekt für die Menschenrechte, sind mehr Gerechtigkeit und Solidarität unverzichtbare Voraussetzungen für fruchtbare Zusammenarbeit. Die Rolle der Frauen für die Entwicklung muss hervorgehoben und die Bedeutung von Bildung und Ausbildung, Technologie und moderner Kommunikation sollte betont werden.

Der vorläufige Entwurf kann glücklicherweise auf Verbesserungen im internationalen politischen Umfeld verweisen, die größtenteils der Entspannung zwischen den führenden Militärmächten und erfolgreichen Schritten bei der Lösung regionaler Konflikte zu verdanken sind.[8] Diese positiven Entwicklungen bei der Friedenssicherung bieten neue Gelegenheiten für Kooperation auf wirtschaftlichem und auf anderen Gebieten. Und es gibt ein wachsendes Bewusstsein, dass gemeinsame Aktionen erforderlich sind, um die komplexen Probleme in Angriff zu nehmen, die über die nationalen Grenzen ausstrahlen oder hinausreichen, z. B. bei der Schadstoffkontrolle oder der Migration, beim illegalen Drogenhandel oder der Kapitalflucht. Einige Fortschritte sind bereits erzielt worden in der Koordinierung der Politik auf bilateraler und regionaler Ebene. Aber die multilaterale Zusammenarbeit wird immer noch behindert durch divergierende Interessen, das Fehlen von politischer Führung und – ich fürchte, falsch interpretiert zu werden – durch altmodische Konzepte von Souveränität und abgestandene Vetorechte.[9] Multilaterale Einrichtungen sollten gestärkt werden, was eine erweiterte ‹Überwachung›[10] des Verhaltens nationaler Regierungen einschließen muss – ungeachtet ihres Machtstatus. Dies im Sinn, ist eine ernsthafte Überprüfung des Systems der Vereinten Nationen gewiss überfällig.

Was wir anstreben sollten, ist eine universale Mitgliedschaft in allen multilateralen Institutionen, aber – um rechtzeitig Entscheidungen zu treffen – eine selektive, gleichwohl (regional und themenbezogen) ausgewogene Repräsentation in funktionierenden Organen. Vermutlich brauchen wir so etwas wie einen Sicherheitsrat für globale Umwelt- und Entwicklungsangelegenheiten und zweifelsohne eine erweiterte Rolle für den Internationalen Gerichtshof.[11] Ich spreche mich nicht für Zentralisierung und große Bürokratien aus, ich favorisiere eher eine angemessenere Arbeitsteilung zwischen nationalen, regionalen und internationalen Akteuren – wobei Regierungen und Parlamente die Regeln bestimmen, während der private Sektor und Nichtregierungsorganisationen in vielen Fällen die leistungsfähigeren Implementoren sein werden.

Ich befürchte, dass ohne größere Anstrengungen bei der institutionellen Reform der UN die herausragenden Aufgaben der multilateralen Kooperation, die Ihr Berichtsentwurf benennt, in der Sondertagung „nur" begrüßt werden dürften.[12] Ein dürftiges Folgeprogramm könnte aber weitere Frustrationen erzeugen.

In der Hoffnung, dass die Sondertagung ein großer Schritt nach vorne sein wird zur Beseitigung der Armut und zur weiteren Entwicklung der menschlichen Ressourcen, verbleibe ich mit den besten Empfehlungen und
mit freundlichen Grüßen
‹Willy Brandt›[13]

Nr. 104
**Aus der Rede des Vorsitzenden der Nord-Süd-Kommission,
Brandt, bei einer internationalen Konferenz in Königswinter
16. Januar 1990**

*Friedrich-Ebert-Stiftung (Hrsg.): Zehn Jahre nach dem Brandt-Bericht: Neue
Chancen für den Nord-Süd-Dialog. Bericht über die internationale
Konferenz am 16. und 17. Januar 1990 in Königswinter, „Nord-Süd:
Herausforderungen für die neunziger Jahre", Bonn 1990, S. 28–30.*[1]

Meine einleitenden Bemerkungen möchte ich dazu nutzen, einige
Fragen aufzuwerfen, die Sie zu Antworten herausfordern mögen
[...].[2]

Meine erste Frage: Kann man davon ausgehen, daß die achtziger
Jahre für die Nord-Süd-Beziehungen ein verlorenes Jahrzehnt waren,
und ist die Annahme berechtigt, daß die neunziger Jahre ein Jahrzehnt der Verhandlungen werden können – vorausgesetzt, die verbesserten Ost-West-Beziehungen führen nicht erneut zu einer Vernachlässigung der Notlagen, denen die Mehrheit der Menschheit
ausgesetzt ist?

[...][3]

In diesem Zusammenhang lautet meine zweite Frage: Was
können wir tun, damit die vernünftigen Konzepte zur Verknüpfung
von Abrüstungsschritten mit Entwicklungspolitik nicht in Vergessenheit geraten, daß zumindest ein Teil der finanziellen Mittel,
die durch Kürzungen bei den Rüstungsausgaben frei werden, zum
Kampf gegen Hunger und Elend und zur Durchführung vernünftiger
Entwicklungsaufgaben umgeleitet werden?

Für mich steht außer Zweifel, daß die Sicherung des Weltfriedens, der Kampf gegen Hunger und unmenschliche Lebensbedingungen, Umweltschutz und Schritte zu dauerhafter Entwicklung, daß all diese Nord-Süd-Themen die zentralen Aufgaben
der kommenden Jahre sind. Gemeinsame Anstrengungen sind
sicherlich in vielerlei Bereichen notwendig, so im Bereich Handel

und Finanzen, aber auch auf dem Feld der Technologie- und Umweltpolitik. Solange jedoch die Verschuldungsfrage ungelöst bleibt, wird wirtschaftliche und soziale Entwicklung verunmöglicht. Und wie sollte Demokratie gelingen, wenn soziale Gerechtigkeit aufgrund langanhaltender Krisen nicht verwirklicht werden kann. [...]⁴

Aber, so meine dritte Frage, sind wir nicht Zeugen einer raschen Differenzierung in vielen Teilen der Welt, die herkömmliche Klischees von dem Norden und dem Süden überholt haben, da sie der Wirklichkeit, mit der wir uns auseinandersetzen müssen, nicht mehr gerecht werden?

[...]⁵

Wir sollten auch nicht übersehen, daß sich die „Gewichte" regional und international enorm verschoben haben, sei dies aufgrund wirtschaftlicher und politischer Entwicklung oder aufgrund des Bevölkerungswachstums (eines gravierenden Problems, das meines Erachtens mit aller Deutlichkeit und ohne die noch übliche diplomatische Rücksichtnahme angesprochen werden sollte). Keine Frage, wir haben eine rasche Differenzierung erlebt, und dies nicht allein, aber insbesondere in der sogenannten Dritten Welt.

Meine vierte Frage: Wenn es wahr ist, daß die mittlerweile gängigen Begriffe Osten und Westen, Norden und Süden einiges an Aussagekraft verloren haben, dann kann es nicht darum gehen, neue Etiketten zu finden, sondern dann brauchen wir vielmehr funktionstüchtige regionale und internationale Einrichtungen, die multilateralen Austausch und Kooperation regeln und überwachen? [...]

Lassen Sie mich aus einem Brief von Jan Tinbergen zitieren, den ich vor kurzem erhielt und in dem er mir beipflichtet, daß angesichts der dreifachen Herausforderung durch Abrüstung, die Entwicklungsproblematik und den Umweltschutz eine ernsthafte Überprüfung des Systems der Vereinten Nationen überfällig ist. Unser Treffen, so schreibt Tinbergen, „möge Vorschläge unterbreiten, wie durch neue oder bestehende, aber sicherlich zu stärkende Weltorganisationen unsere globalen Herausforderungen auf integrierte Weise angegangen werden können".

Daher lautet meine letzte Frage: Sollten wir nicht als Ergebnis unseres Meinungsaustausches in der Lage sein, Vorschläge zur Reform des institutionellen Gefüges zu unterbreiten?[6]

Nr. 105
Aus der Tischrede des Ehrenvorsitzenden der SPD, Brandt, bei einer Regionalkonferenz der Friedrich-Ebert-Stiftung in Manila 31. Mai 1990[1]

Brandt, Willy: Redefining North-South-Relations [Three Speeches Delivered in Asia], edited by Friedrich Ebert Stiftung, Bonn 1990, S. 14–19. (Übersetzung aus dem Englischen: Wolfgang Schmidt).

[. . .][2]

In der internationalen Entwicklungsdebatte hat das gemeinsame Interesse eine gewisse Rolle gespielt, und ich hatte zu Hause oder in anderen europäischen Ländern oft geltend machen müssen, dass auch unsere Interessen involviert sind. Es ist nicht nur eine humanitäre Auffassung, die wir vertreten müssen. Denn wirtschaftliche und soziale Entwicklung in anderen Teilen der Welt – abgesehen davon, dass dies den Frieden sicherer macht – gestaltet auch die wirtschaftlichen Beziehungen für beide Seiten günstiger. Daher: Es gibt ein gemeinsames Interesse, was den Frieden betrifft und ebenso was Märkte betrifft.

Aber manchmal [. . .] frage ich mich: „Diskutieren wir – [. . .] sowohl im so genannten Norden als auch im so genannten Süden – die Probleme mit ausreichender Offenheit und Freimütigkeit? Achten wir genügend darauf, bei der Diskussion über gemeinsame Interessen Heuchelei zu vermeiden?" Lassen Sie mich einige Beispiele

Willy Brandt wird von der Präsidentin der Philippinen, Corazón Aquino, am 31. Mai 1990 in Manila empfangen.

nennen: Als ich heute nachmittag in der Universität war[3], als ich gestern abend mit einer großen Gruppe von Senatoren diskutierte[4] [...], als ich Ihre Präsidentin traf[5], Mitglieder der Regierung, erläuterte ich, dass es nun bessere Chancen gibt als jemals zuvor, erhebliche Reduzierungen der Rüstung in unserem Teil der Welt zu erreichen und dass deshalb zum ersten Mal die Chance bestehen könnte, einen Teil der Ausgaben umzulenken, die sonst in die weitere Aufrüstung fließen würden. Aber wenn ich versuche, dieses Argument zu Hause und anderswo in Europa zu vermitteln, werde ich mit der Frage konfrontiert: „Sind sich die Verantwortlichen in den Entwicklungsländern der Tatsache bewusst, dass ihre Rüstungsausgaben nicht gefallen, sondern gestiegen sind?" Wenn Sie die Rüstungsausgaben in der Welt insgesamt betrachten, ist der Anteil der Entwicklungsländer nach oben und nicht nach unten gegangen. [...] Es würde Leuten wie mir ungeheuer helfen, wenn wir Hilfe von unseren Freunden in den Entwicklungsländern bekommen könnten in dem Sinne, dass, wenn wir abrüsten, Sie die Friedensdividenden[6] in einer Weise nutzen, das sie auch Entwicklungszielen dienen. Und wir werden versuchen – nicht falls, sondern wo möglich –, jedweden Beitrag zu leisten, indem wir unnötige oder übermäßige Rüstung reduzieren.

Meine zweite Bemerkung ist diese: Die kleinen Dinge, die wir auf dem Gebiet der Entwicklungshilfe tun – Aktivitäten, wie die der [Friedrich-Ebert-]Stiftung –, kommen nicht vom reichsten Teil unserer Gesellschaft. Sie kommen von Steuerzahlern. Woher kommen die Steuern in unserem Teil der Welt? Natürlich zum Teil von Unternehmen, aber ein sehr großer Teil kommt von den Arbeitern, von Durchschnittsbürgern in unserem Land. Diese bitte ich, mehr Verantwortung zu übernehmen, bereiter zu sein, internationale Verantwortlichkeiten erledigen zu helfen. (Ich muss sagen, es sind nicht nur Steuerzahler, es gibt natürlich auch Kirchen, Nichtregierungsorganisationen verschiedenster Art. Ich meine, dass deren Arbeit von außerordentlicher Bedeutung ist und nicht nur begrüßt, sondern auch unterstützt werden sollte.) Aber bitte verstehen Sie: Wenn ich nach Hause fahre und über die Notwendigkeit spreche, weiter zusammenzuarbeiten und dem, was bislang getan wurde, etwas Bedeutendes hinzuzufügen, muss ich annehmen, dass eine Frage an die Wohlhabenden in den Partnerländern gerichtet wird: „Erkennen sie ihren Teil der Verantwortung bei der Verbesserung der Bedingungen in bestimmten Ländern und der Beziehungen zwischen den Ländern?" Ich nehme ein Beispiel aus einem anderen Teil der Welt – Lateinamerika – [...]: Ich fragte meinen Freund Pérez, den Präsidenten Venezuelas[7], vor einiger Zeit (das Land hat eine höhere Auslandsverschuldung als die Philippinen): „Bist Du Dir der Tatsache bewusst, dass die Höhe der Auslandsschulden in Deinem Land fast Eurem Kapitalexport entspricht? War es nötig, dass Kapitalexport eine solche Rolle in den letzten Jahren spielte? Hätten nicht bestimmte Vorkehrungen getroffen werden können, den Kapitalexport zu begrenzen und dadurch die Schuldenlast zu einer geringeren Belastung zu machen?"

Meine dritte Bemerkung hat mit Bevölkerung zu tun: Als ich zur Schule ging, lernte ich damals, dass wir zusammen mit 1,8 Mrd. Menschen auf der Welt lebten. Heute sind wir 5,3 Mrd., was bedeutet, dass sich während der Lebensspanne eines Menschen wie ich die Menschheit verdreifacht hat. Ich frage mich, ob die Menschheit wirklich überleben kann, wenn sie sich nochmals verdreifachte. Ich zweifle nicht daran, dass wir – oder unsere Nachkommen – fähig sein werden, mit der Anwendung moderner Technologien ausreichend Nahrung zu produzieren. Aber wenn wir all die damit verbundenen Umweltelemente betrachten, ist es nicht unrealistisch, gewisse Grenzen zu sehen. Wenn das so ist, meine Damen und Herren und Freunde, muss dringend gefordert werden, sich mehr um Familienplanung zu kümmern und das nicht als etwas anzusehen, was Leute aus dem Norden Menschen aus dem Süden aufzwingen wollen; auch dass die Verantwortlichen in Regierung, Parlament, Medien, Parteien, Kirchen – ich hätte eigentlich die Kirchen zuerst nennen sollen[8] – vor diesem entscheidenden Problem für die Zukunft der Menschheit nicht weglaufen. Und uns natürlich an die weitere Tatsache erinnern, dass alle Erfahrung zeigt, eine wirkliche Verbesserung der Lebensbedingungen der Menschen ist ein entscheidender Faktor, übermäßiges Bevölkerungswachstum in den Griff zu bekommen.

Ein letzter Punkt, auf den ich hinweisen möchte, sind die Menschenrechte. Als ich am Sonntag in Islamabad ankam[9], herrschte dort wie schon in Indien[10] große Aufregung über den Konflikt in Kaschmir.[11] Ich hörte mir das Problem an, ich schaute in einige Zeitungen, und als ein Ergebnis davon sagte ich meinen Freunden, dass, selbst wenn man mit einer sehr schwierigen Lage konfrontiert ist und meint, es sei unmöglich, diese Lage ohne die Anwendung von Gewalt unter Kontrolle zu bekommen, die Menschenrechte im vollsten Umfang beachtet werden müssen, auch unter Bedingungen die ethnische Konflikte einschließen, wie es in diesem Teil Südasiens der Fall ist.[12]

Es muss jemandem aus Europa auch gestattet sein, hinzuzufügen, dass gemäß einer moderaten Interpretation der Dinge die Menschenrechte auch das Recht beinhalten, unter würdigen Bedingungen zu leben. Menschenrechte haben nicht nur damit zu tun, Menschen vor der Macht der Behörden und anderer Gewalten zu schützen, sie haben auch zu tun mit Grundbedürfnissen. Das ist auch ein Teil der Menschenrechte. Ich weiß, wir haben einen langen Weg vor uns.

Bitte missverstehen Sie nicht, was ich zu sagen versuche. Ich bin kein Missionar. Ich exportiere nicht einmal, was ich soziale Demokratie nenne, in andere Teile der Welt, auch wenn ich zufällig ein ehrenamtlicher Vorsitzender von Sozialdemokraten einer internationalen Parteienfamilie bin, die der Idee der sozialen Demokratie anhängt. In diesem Zusammenhang habe ich heute und während meiner vorhergehenden Gespräche große Achtung vor jenen, mit denen ich in diesem Land zusammengetroffen bin. Ich spreche einfach als ein Mensch zu anderen Mitmenschen.

Vielen Dank Ihnen allen und alle meine guten Wünsche für dieses Volk auf diesem ein wenig schwierigen Weg. Lassen Sie uns solange wie möglich zusammenhalten.

Nr. 106
Manuskript der Rede des Ehrenvorsitzenden der SPD, Brandt, zur Begrüßung des Vizepräsidenten des ANC, Mandela, in Bonn 11. Juni 1990

Presseservice der SPD, Nr. 247/90 vom 11. Juni 1990.

Dies ist für uns alle ein besonderer Tag. Nelson Mandela in Bonn begegnen zu können – wer von uns hätte das vor einem Jahr auch nur zu denken gewagt.[1]

Ich erinnere mich gut daran, dass der damalige Südafrikanische Präsident Botha es mir vor vier Jahren in Kapstadt verweigert hat, Nelson Mandela im Gefängnis zu besuchen. Von einem Terroristen war die Rede, einem Kommunisten, einem Umstürzler.[2] Und das sagte derjenige, der selber ein Terror-Regime errichtet hatte, wie die Welt nicht viele gesehen hat.

Heute wissen wir, dass jener Präsident, der die Zeichen der Zeit nicht sehen wollte, damals schon mit dem Rücken an der Wand stand. Er war schon nicht mehr der starke Mann. Der scheinbar macht- und einflusslose Gefangene erwies sich als der Stärkere.

Heute zielen[3] die Hoffnungen der Schwarzen und der Weissen in Südafrika – und weit darüber hinaus – auf Nelson Mandela, den Mann, den das Apartheid-Regime lebendig begraben wollte und mit ihm den Anspruch vieler Millionen auf Freiheit und Gerechtigkeit.

Im Namen unserer sozialdemokratischen Gemeinschaft – und sogar eines guten Stückes über sie hinaus – begrüsse ich Nelson Mandela, Winnie Mandela und ihre Begleitung als unsere Gäste in der Bundesrepublik. Lieber Nelson Mandela, Sie sind hier unter Freunden. Alle, die heute Abend hierher gekommen sind, haben auf ihre – gewiss unzulängliche – Weise versucht, Ihnen und dem Freiheitskampf in Südafrika nützlich zu sein.

Schon der gefangengehaltene Nelson Mandela war uns ein Symbol der Unerschrockenheit, der Überzeugungstreue und dadurch vor allem der Hoffnung, dass es für Südafrika eine bessere Zukunft geben

Vier Monate nach dessen Freilassung aus dem Gefängnis heißt Willy Brandt den Vizepräsidenten des südafrikanischen ANC, Nelson Mandela, am 11. Juni 1990 in der SPD-Parteizentrale in Bonn willkommen.

könnte. Der freigelassene Nelson Mandela ist noch mehr: Er ist ein Symbol der Versöhnungsbereitschaft und des Friedens zugleich.

Wer 27 Jahre lang nicht frei über sein Leben verfügt, und dann aus dem Gefängnis kommt, hätte ein Recht darauf, verbittert zu sein oder wenigstens müde und des Kampfes überdrüssig. Aber hier ist einer gekommen ohne Hass, ohne Feindschaft, ohne das Bedürfnis nach Rache, sondern mit dem Wunsch, den Teufelskreis von Unterdrückung und Gewalt zu durchbrechen und ein vom Rassenwahn zerrissenes, blutendes Land zusammenzuführen und heilen zu helfen. Was Nelson Mandela zu einem Idol für uns und die Jugend überall in der Welt werden liess.

Ich begrüsse Nelson Mandela hier bei uns als den wirklich legitimen Sprecher der Bevölkerungsmehrheit in Südafrika. Dies deutet auch auf einen bemerkenswerten Wandel in Südafrika selber hin. Wohl ist die Apartheid noch da. Ihre Gesetze sind noch in Kraft, und vor allen Dingen bestehen die Lebensbedingungen fort, die ein jahrzehntelanges Unrecht geschaffen hat. Strukturen, die sich so tief eingefressen haben, dass sie auch nach der Abschaffung des formalen Apartheid-Systems nur langsam und mühevoll überwunden werden können. Das ist die eine Seite.

Die andere Seite ist der vollständige moralische Zusammenbruch des alten Systems. Und wir wissen, dass dann auch der politische Zusammenbruch nicht fern ist. Die Apartheid war immer unmoralisch, von Anfang an. Aber die Verteidiger dieses Systems waren merkwürdigerweise von seiner Begründung überzeugt.

Die Einsichten wuchsen nicht von selber, und diejenigen, die sie hatten, verdienen nur mässigen Kredit dafür, denn es war schon reichlich spät. Massgeblich waren zwei Faktoren. Ich meine den Widerstand im Innern und den Druck von aussen. Der ANC übrigens, das verdient hier angemerkt zu werden, war an beidem beteiligt, massgeblich beteiligt; er war die Klammer, die einzelne Aktionen zu einer wirkungsvollen Strategie verbunden hat.

Diese Strategie sollte die Weissen an den Punkt bringen, wo sie einsehen mussten, dass das System der Apartheid nicht nur seine Vorteile für sie verlieren, sondern zur tödlichen Gefahr für sie selber werden würde. Die Strategie erweist sich heute als erfolgreich, und ich meine, dass damit auch die Debatte über den Sinn oder Unsinn von Sanktionen ein Ende haben kann. Sie haben ihren Anteil geleistet, und warum sollte man einen erfolgreichen Weg jetzt verlassen?[4]

Alle Lebenserfahrung spricht dafür, den Druck erst wegzunehmen, wenn grundlegender Wandel nicht nur in Aussicht gestellt, sondern tatsächlich herbeigeführt ist. Nelson Mandela, in dem viele von uns den kommenden Präsidenten Südafrikas sehen, hat in seinem eigenen Land immer noch kein Wahlrecht. Er kann seine Wohnung nicht frei wählen. Ihm stehen nicht alle öffentlichen Einrichtungen zur Verfügung. Wenn er dieselben Rechte hat wie Präsident de Klerk, dann ist der Zeitpunkt gekommen, eine neue Ära auch der wirtschaftlichen Zusammenarbeit einzuleiten. Ich glaube sogar, dass es im wohlverstandenen Interesse des Präsidenten de Klerk liegt, den ökonomischen Zwang zur Abschaffung der Apartheid jetzt noch nicht aufzuheben.

Dennoch müssen wir uns schon heute Gedanken darüber machen, wie wir den Verhandlungsprozess in Südafrika ermutigen und fördern können. Ich denke an die sogenannten positiven Massnahmen, die Teil der westlichen Südafrika-Politik waren und sind. Allzuweit her war es damit bisher nicht, was auch für die europäischen Sanktionen gilt. Jetzt sind sehr konkrete Aufgaben zu bewältigen. Demokratische Organisationen müssen aufgebaut werden, Flüchtlinge müssen integriert werden, schwarzes Führungspersonal muss ausgebildet werden. Es geht jetzt um praktische Solidarität.

Man wäre weltfremd, wenn man nicht einräumen würde, dass in der Bundesrepublik Deutschland und in Europa die Prioritäten derzeit etwas anders gesetzt werden. Mir wird niemand vorhalten wollen, dass ich unsere nationale Verpflichtung und unsere gesamteuropäische Aufgabe nicht klar genug sehen würde. Aber es gibt noch mehr. Historische Veränderungen spielen sich nicht nur bei uns oder in unserer Nachbarschaft ab. Dadurch, dass auch bei uns wichtiges geschieht, werden wir gewiss noch nicht zum Nabel der Welt. Deutsche Einheit und europäisches Zusammenwachsen lösen noch nicht die grossen globalen Probleme und Konflikte, wenn auch die Chancen konstruktiven Einwirkens sich verbessern mögen. Das gilt weithin für unsere Möglichkeiten, Verantwortung auch jenseits unseres Teils der Welt wahrzunehmen. Aber das ist Zukunft. Heute macht es mir Sorgen, wenn ich sehe, wie viele hierzulande zur Nabelschau geneigt sind. Und zu welchen Leistungen für die Völker auf der südlichen Erdhalbkugel mag eine Gesellschaft eigentlich noch bereit sein, der man nicht einmal Opferbereitschaft gegenüber den eigenen Landsleuten zuzumuten wagt?[5]

Der Besuch von Nelson Mandela hier in Bonn ist deshalb auch eine Chance für uns, wieder einmal über den europäischen Tellerrand hinausblicken zu können. Dann finden wir, dass die Ereignisse auf eine ganz eigenartige Weise miteinander verwoben sind.

Auch in Südafrika haben die weltpolitischen Veränderungen eine Rolle gespielt. Die Reformen in der Sowjetunion, die radikalen Entwicklungen in Ost- und Mitteleuropa, die Ost-West-Entspannung – das alles hat vielen Weissen in Südafrika den Feind geraubt, an den sie selber so gerne geglaubt haben und von dessen Existenz sie andere überzeugen wollten. Inzwischen ist klar: Die Sowjetunion ist ebenso an einer friedlichen Lösung der Konflikte im Südlichen Afrika interessiert, wie wir es sind.

Optimisten glauben, dass die Verhandlungen in Südafrika schon nach wenigen Jahren erfolgreich sein können. Ich möchte mich dem gerne anschliessen. Denn wenn ich es richtig sehe, steht Zeit nicht im Übermass zur Verfügung. Die sozialen Konflikte haben sich in den letzten Jahren weiter verschärft. Sie stehen wohl auch hinter der Radikalisierung eines Teils der Weissen. Südafrika braucht also eine starke wirtschaftliche Aufwärtsentwicklung, wenn die enormen Erwartungen der bisher Unterprivilegierten auch nur annähernd erfüllt werden sollen. Die Wirtschaftsordnung Südafrikas muss also möglichst sozial und möglichst effizient zugleich sein. Die in Europa reihenweise in Konkurs gegangenen Systeme mit zentralbürokratischer Lenkung bieten dafür kein gutes Modell. Und wer sagt, die Systeme seien schon in Ordnung gewesen, nur die Menschen, die sie bedient hätten, nicht – der macht es sich vielleicht doch etwas zu leicht.

Südafrika muss seinen künftigen Weg alleine finden. Wir müssen – und ich hoffe: werden – helfen, wo wir können und wo unser Beistand gefragt ist.

Nr. 107
Aus der Rede des Ehrenvorsitzenden der SPD, Brandt, vor dem Kongress „Europa und die Welt im Umbruch" in Wolfsburg 14. September 1990

Brandt, Willy: Die Erwiderung des „Nordens", in: International Partnership Initiative Wolfsburg: Europa und die Welt im Umbruch. Beiträge zum ersten IPI-Kongreß, 12.–14. September 1990 in Wolfsburg, Wolfsburg 1991, S. 118–125.[1]

[...][2] Ich finde, daß die noch junge International Partnership Initiative[3] von Seiten der Wirtschaft und Politik hochkarätige Unterstützung findet, mag ein ermutigendes Zeichen sein für weltoffenen Weitblick, und auf den kommt es heute wohl sehr an. Ermutigend sage ich, zumal mir natürlich bewußt ist, daß es in diesen Monaten der unmittelbar spürbaren Anforderung der deutschen Vereinigung nicht gerade einfach ist, die Aufmerksamkeit der Öffentlichkeit in diesem Lande auf Problemfelder zu lenken, die viele Menschen in anderen Teilen der Welt bedrücken. Und es ist ja nicht nur unser Land, sondern die Fragen, mit denen uns der widerspruchsvolle Wandel in Mittel- und Osteuropa im ganzen konfrontiert, diese Fragen kommen hinzu.

Dennoch dürfte spätestens seit der gefährlichen Zuspitzung der Lage in der Golfregion[4] auch hierzulande den meisten bewußt geworden sein, daß wir uns deutsche Nabelschau ebensowenig leisten können wie selbstgenügsamen Eurozentrismus. Das hätte ich auch gesagt, wenn mir nicht mein Freund General Obasanjo dazu noch einmal das Stichwort, in seiner Rede hier heute vormittag, gegeben hätte.[5] Angesichts der offensichtlichen Interdependenzen und der fürwahr fast grenzenlosen Kommunikation – insbesondere der Medienkommunikation – liegt es im wohlverstandenen eigenen Interesse, über den nationalen und kontinentalen Tellerrand hinauszuschauen. Für niemanden und nirgendwo mehr sind Abschotten und Einigeln Optionen für die Zukunft, erfolgversprechende schon gar nicht. Insofern wäre es auch naiv zu glauben, es gäbe für Europa so etwas wie den Rest der Welt, der sich womöglich auch noch vernachlässigen lasse.

Nein, lautet daher also meine Antwort auf die Hauptfrage dieser Vormittagsrunde.[6] Nein, der sogenannte „Rest", die weit überwiegende Mehrheit der Menschheit, läßt sich nicht übersehen. Wenn wir ihn doch in Vergessenheit geraten ließen, würde sich das bitter rächen! Darin besteht bei uns übrigens auch weitreichendes Einvernehmen zwischen den wichtigen politischen Gruppierungen in diesem Lande Bundesrepublik Deutschland – die sich ein bißchen erweitert demnächst, wie wir wissen. [...] Das zukünftige Deutschland hat nicht geringere, sondern größere Mitverantwortung zu übernehmen für die Bewältigung von Aufgaben, die die Menschheit im ganzen angehen.

[...] [L]assen Sie mich vor allem betonen und – so deutlich ich es kann – sagen, daß die Sicherung des Weltfriedens nach wie vor ganz oben auf die internationale Tagesordnung gehört. Wer da meinte, das Thema Friede habe sich durch die Überwindung der Ost-West-Konfrontation erledigt, hatte sich natürlich geirrt. Leider spricht sogar vieles dafür, daß in mehr als einem Teil der Welt seit langem latente und neue Konfliktpotentiale freigesetzt werden, z.T. freigesetzt werden, weil die bisherige Ost-West-Konfrontation aufhört.

[...][7]

Wer zur Konfliktvermeidung im Süden der Erde beitragen will, darf natürlich das Thema Waffenexporte nicht tabuisieren. Vor dem Hintergrund der Golfkrise wäre eine Vernachlässigung dieser Thematik geradezu absurd. Wir können uns doch nicht herummogeln um die Fragen, wer die Panzer, wer die Flugzeuge, wer die chemischen Ausrüstungen, wer Technologien geliefert hat. Die Karten sollten offen auf den Tisch gelegt werden.[8] Das heißt zum einen, daß endlich bei den Vereinten Nationen ein für alle einsehbares Register der Waffentransfers angelegt wird. Zum anderen sollten restriktive Reglements über den Export von Hard- und Software, sprich Gerät und Blaupausen, vereinbart werden. Die veränderte Lage in Osteuropa mag hierbei helfen. [...][9]

In den laufenden Verhandlungen über den Abbau von Rüstungen verbinden sich nicht zuletzt materielle Hoffnungen auf die vielzitierte Peace-Dividend, die Friedensdividende.¹⁰ Ich lasse mich, ohne Illusionen nachzujagen, nicht von der Erwartung abbringen, daß ein Teil aus freiwerdenden Rüstungsausgaben im Laufe der kommenden Jahre den Ländern des Südens zugute kommen kann; wobei diese Länder, freilich auch die Schwellenländer, auf eigene einschlägige Einsparmöglichkeiten in aller Offenheit hinzuweisen sind.

[...]¹¹

Mein von Fall zu Fall modifizierbarer Vorschlag, ein Drittel der durch Rüstungsbegrenzung freiwerdenden Nettomittel über bewährte Institutionen den Entwicklungsländern zugute kommen zu lassen, hat hierzulande, auch beim Gewerkschaftsbund, nicht zuletzt durch den Bundespräsidenten¹², eine positive Unterstützung erfahren. [...]¹³

Mit Bedacht habe ich im Mai auf dem DGB-Kongress in Hamburg von „bewährten" Institutionen gesprochen.¹⁴ [...] [E]s gehört meines Erachtens zur notwendigen Redlichkeit konstruktiver Nord-Süd-Beziehungen, sich einzugestehen, daß die traditionellen Mechanismen der bilateralen Entwicklungszusammenarbeit nur bedingt tauglich sind. Da wird zu viel nebeneinanderher und übereinanderhinweg gemurkst, die Überlagerung des Hilfegedankens durch ‹demonstrativen›¹⁵ Ost-West-Ballast war bis dato ebenso unübersehbar, wie kurzsichtige Lieferinteressen es waren. [...] Kein Zweifel darüber, daß die Mittelverteilung bei regionalen und multilateralen Entwicklungsinstitutionen dem wesentlichen Kriterium näher kommt: Das ist die Bedürftigkeit der Empfängerländer.

Ich meine, es sei an der Zeit, eine wirkliche Europäisierung der entwicklungspolitischen Zusammenarbeit der EG-Staaten in Angriff zu nehmen. [...] Nicht nur in Brüssel sind zu dem, was ich andeutete, vernünftige Vorschläge ausgearbeitet worden. Und ich denke, meine Freunde und Kollegen – aus Afrika zumal – werden bei aller Unzulänglichkeit dessen, was wir hinter uns haben, auch akzeptieren, daß die Lomé-Abkommen¹⁶ der Gemeinschaft schon ein Einstieg sind in die Europäisierung der Entwicklungspolitik. Unzulänglich, aber doch nicht völlig zu unterschätzen. Warum sollten an dieser europäischen Aufgabe nicht auch die bisherigen EFTA-Staaten[17] teilnehmen? [...][18] Und was ist mit der Beteiligung – Schritt für Schritt – der neuen Demokratien in Mittel- und Osteuropa? Dies ist doch eine der Aufgaben, bei deren Bewältigung man nicht warten muß, bis die EG sich stark erweitert hat – wenn sie sich denn stark erweitert.

Die Vermutung spricht ja eher für eine gewisse Phase angehobener Assoziierungen. Aber Entwicklungszusammenarbeit ist eine Aufgabe, bei der man die Kräfte zusammenführen kann. Selbst wenn die Staaten Mittel- und Osteuropas gegenwärtig finanziell wenig beisteuern können, sollte ihr technisches Knowhow bitte nicht unterschätzt werden.

Meine Damen und Herren, da mir Beispiele bekannt sind, wo aus den für Entwicklungsländer bestimmten Haushaltstiteln in den letzten Monaten Mittel für Maßnahmen in Mittel- und Osteuropa abgezweigt worden sind, plädiere ich sehr nachdrücklich für eine saubere Budgettrennung. Schon aus dem Grunde, weil es darauf ankommen müßte, überzogene Befürchtungen von Seiten der Entwicklungsländer mildern zu können. Ich plädiere zweitens für klar abgestufte Konditionen der Zinshöhen und Laufzeiten. Apropos Konditionen: Ich weiß, daß Konditionalität im Süden ein Reizwort ist. Keine Frage, daß über Konditionalität im weiteren Sinne[19] ein gleichberechtigter Dialog dringend geboten ist. Es hilft doch nicht, so zu tun, als könne man den Begriff streichen. Als ob es in der Welt auf lange Sicht Leute gäbe, die Geld geben, ohne zu wissen, was damit geschieht. So wird es ja nicht auf die Dauer passieren.

Ich meine und sage es in aller Offenheit nicht zum erstenmal gegenüber Kollegen aus dem sogenannten Süden der Welt: Es ist legitim, Mindesterwartungen in bezug auf die Wahrung der Menschenrechte geltend zu machen, wohlwissend, daß man sich dabei – zumal als Deutscher – immer noch nicht zu sehr hervortun darf, wenn man selbst erfahren hat, was auch in diesem Teil der Welt an Barbarei möglich war.

Dringend geboten erscheint mir – auch unter dem Brief Konditionalität – auf eine Bevölkerungspolitik hinzuwirken, die ein zu befürchtendes internationales Chaos vermeiden hilft. Aber so einseitig, wie Konditionalität in den achtziger Jahren gehandhabt wurde, verschärfen sie freilich die sozialen Spannungen in Entwicklungsländern und gefährden junge Demokratien. Das habe ich sehr wohl gesehen. Und wer von anderen sicherlich durchaus notwendige Marktöffnung und Subventionsabbau verlangt, muß fairerweise Gleiches für sich selbst gelten lassen; mehr noch, er sollte strukturschwachen Ländern wirkliches Entgegenkommen zeigen.

[...][20]

Nun werde ich gefragt, wird angesichts der Anforderungen aus dem europäischen Osten der weltweite Süden erneut vertröstet? Wo man hinkommt in diesen Monaten, ob nach Pakistan[21], ob nach Indien[22], ob nach Lateinamerika[23], überall steht diese Frage im Raum. [...] Ein ganzes Bündel von Fragen, die mir in diesem Zusammenhang gestellt werden, zielt in die Richtung, ob die sich verstärkende gesamteuropäische Zusammenarbeit – und das ist ja schrecklich wichtig für uns – nicht sogar zusätzliche Lasten für die Entwicklungsländer erwarten läßt. Ich sage ganz offen, es schiene mir vermessen, auf diese besorgten und zugleich gewichtigen Fragen in selbstsicherem Brustton einfach mit nein oder ja zu antworten.

[...][24]

Im übrigen rate ich sehr zu einer differenzierten Betrachtungsweise; und zwar zusätzlich zu dem, was Dr. [Karan] Singh heute morgen gesagt hat, der auf diesen Unsinn mit der Einteilung in eins, zwei, drei Welten hingewiesen hat. Ich will hinzufügen: Den Westeuropäern muß zunehmend bewußt werden, daß der Osten, der sogenannte Osten, niemals ein monolithischer Block gewesen ist – denn sonst würde die europäische Landschaft mit ihren Höhen und Tälern so rasch ja nicht wieder uns bewußt werden –, sondern daß jedes Land, ja mancherorts sogar jede Teilregion, höchst unterschiedliche Voraussetzungen für den schwierigen Strukturwandel zur Marktwirtschaft einbringt, zur hoffentlich sozial und umweltbewußt ausgerichteten Marktwirtschaft. So sehr diese Unterschiedlichkeit schon bei uns in Europa offensichtlich ist, gilt dies in noch stärkerem Maße in dem sogenannten Süden, der natürlich auch alles andere als uniform ist.

Während zum Beispiel Südkorea und andere industriell weit fortgeschrittene Entwicklungsländer bereits die mittelfristig absehbaren Entwicklungschancen in Mittel- und Osteuropa ausloten – man verfolgt das ja ein wenig, wenn man unterwegs ist[25] – erahnen auf der anderen Seite Länder wie Kuba und Vietnam den Verlust eben dieser Märkte und in gewisser Hinsicht auch der bescheidenen Finanzquellen. Hinsichtlich der Kapital- und Investitionsströme erwarte ich keine einseitige Ausrichtung gen Osten. Zum einen wegen der begrenzten Verschuldungsspielräume der Länder Mittel- und Osteuropas, und ich vermute, die Erfahrungen mit China, das Hin und Her und Stop and Go kann sich bei der Kreditaufnahme Rußlands bzw. der Sowjetunion mehr oder weniger wiederholen.

Wer wagt zum anderen längerfristige Vorhersagen über die Rahmenbedingungen für Direkt-Investitionen zum Beispiel in Brasilien oder Polen, sofern zwischen beiden ein Lohnkosten-Wettbewerb besteht, und wer wird behaupten, die Wachstumspotentiale in Südostasien oder in Mexiko seien schlechter als in Osteuropa?

Das Erkennen von Differenzierungen [...] darf allerdings nicht in Hilflosigkeit enden. [...] Vieles muß gemeinsam und kann gleichwohl arbeitsteilig in Angriff genommen werden. Überall ist Zeit ein knapper Faktor, zumal angesichts der globalen Umweltgefahren und der rasch zunehmenden Wanderungsbewegungen, um nicht das dramatisierende Wort „Neue Völkerwanderung" zu benutzen, [...] aus mehr als einer Himmelsrichtung; nicht nur aus Nordafrika, wie manche in Europa bis vor kurzem noch geglaubt haben.

Lassen Sie mich abschließend [...] hinzufügen: Zusammenarbeit auf der Nord-Süd-Schiene und der Ost-West-Achse sollte sich vielleicht nicht ausschließlich am marktwirtschaftlichen Wettbewerb orientieren – so unendlich wichtig dieser ist –, weil aus der einseitigen Orientierung kaum eine Welt entsteht, sondern lediglich wenige Schnellstraßen mit viel unwirtlichem Niemandsland. [...] Partnerschaft meint gegenseitiges Geben und Nehmen, und Partnerschaft hat neben der wirtschaftlichen ganz sicherlich auch eine von Fall zu Fall gesondert zu betrachtende politische und kulturelle Dimension. [...][26]

Nr. 108
Aus dem Manuskript der Rede des Ehrenvorsitzenden der SPD, Brandt, zum 40jährigen Bestehen des Gustav-Stresemann-Instituts in Bonn
15. Februar 1991[1]

AdsD, WBA, A 3, 1121.

[...][2]

Viertens ist es nunmehr noch wichtiger geworden, Vorschläge für die Zeit nach Beendigung des Krieges zu entwickeln – klare Vorstellungen zur Schaffung einer Friedensordnung für den Nahen und Mittleren Osten.

II.

Niemand wird so vermessen sein zu behaupten, er besitze den „Blueprint"[3] für eine allseits akzeptable und tragfähige Friedens- und Sicherheitsordnung für die große und bedeutende Region, um die es sich handelt. Und es ist gut zu wissen, daß zum Thema an verschiedenen Orten gearbeitet wird – auch hierzulande. Die folgenden Bemerkungen sind lediglich Ordnungspunkte einer Grobgliederung, die von allen interessierten Seiten, vor allem den Staaten der Region, präziser ausgefüllt werden sollte.

PUNKT 1 zum Procedere: Die häufig geäußerte Vorstellung, auf einer Konferenz könnten die vielfältigen Probleme der Region endgültig entschieden werden, erscheint mir reichlich naiv. Vielmehr sollten wir von Konferenzen mit zahlreichen Vorverhandlungen ausgehen, also einer Konferenzserie, wie wir es vom KSZE-Prozeß kennen.[4]

[...]

PUNKT 2: Wir sollten keine falschen zeitlichen Vorstellungen haben, zumal noch keinesfalls alle Staaten der Region von der Wünschbarkeit einer KSZMO[5] überzeugt sind (selbst wenn der Arbeitstitel anders lauten sollte).

Allein die Frage der regionalen und extraregionalen Teilnehmerstaaten wirft vielerlei Probleme auf, zumal sicherlich vorstaatliche wie auch multilaterale Organisationen zu berücksichtigen wären. Ich denke einerseits an Vertreter des palästinensischen Volkes und warum nicht auch der Kurden, andererseits an die Vereinten Nationen und warum nicht auch die EG.

Zum Inhaltlichen zuerst PUNKT 3: Die Idee der „Verhandlungskörbe" mag auf den Nahen und Mittleren Osten übertragbar sein, aber es werden nicht notwendigerweise die gleichen sein wie in Europa, zumindest wird die Gewichtung der „Körbe" anders ausfallen.[6]

PUNKT 4: Sicherheitsfragen sind im Nahen und Mittleren Osten unmittelbar verknüpft mit territorialen Streitfragen – nicht nur auf die Nachbarschaft Israels bezogen. Und es sollte keinem Zweifel unterliegen, daß vernünftige deutsche Politik nicht an Israel vorbeigedacht werden kann.

Willkürliche Grenzziehungen aus der Kolonialepoche liegen im übrigen meist erst wenige Jahrzehnte zurück; auf das Selbstbestimmungsrecht der Völker wurde dabei wenig Rücksicht genommen. Militärisches Destruktionspotential richtet sich in zahlreichen Fällen nicht nur nach außen, sondern auch nach innen. Wie wir wissen, wurden gegen „innere Feinde" sogar Massenvernichtungswaffen eingesetzt. Abrüstung bzw. Rüstungskontrolle ist daher wesentlich für das Zusammenleben der Völker in der Region.

PUNKT 5: Verbindend zwischen den arabischen Staaten sind die kulturellen Gemeinsamkeiten von Sprache und Religion; sie erscheinen größer als im lange mehrfach gespaltenen Europa. Allerdings kann auf die Gesamtregion bezogen nicht übersehen werden, daß angesichts der fundamentalistischen Strömungen das Trennende – zwischen Sunniten und Schiiten, erst recht hinsichtlich moslemischer Fremdheit gegenüber den Juden – politischen Sprengstoff birgt, der einen gemeinsamen Nenner in Grundsatzfragen von Demokratie und Menschenrechten nur schwer erkennen läßt.[7]

Unterentwickelt ist zudem die wirtschaftliche Zusammenarbeit. Die höchst unterschiedliche Ressourcenausstattung ist ein Dollpunkt – und war es nicht erst am 2. August 1990.[8] Daß bevölkerungsmäßig kleine Erdölländer in „Saus und Braus" leben können, derweil erdölarme Länder bzw. solche ohne Energie- und Wasserpotentiale in jeder Hinsicht benachteiligt sind, mag geradezu zu gefährlichem Abenteurertum verleiten.

[...]⁹

Dennoch, vielmehr gerade deshalb mein PUNKT 6: Die Region des Nahen und Mittleren Osten braucht faire und rechtlich abgesicherte Ausgleichsfonds, ob nun in Anlehnung an interne EG-Mechanismen oder durch eine Regionalbank mit multilateraler Beteiligung, wie von James Baker kürzlich vorgeschlagen wurde.[10]

Daß er in diesem Zusammenhang amerikanische Finanztransfers in die Region kleingeschrieben hat, kann man angesichts der Budgetprobleme der USA leicht nachvollziehen. Allerdings erlaube ich mir, frühzeitig vor unrealistischen Erwartungen an die europäische Adresse zu warnen. Wenn von Wiederaufbau und Entwicklung die Rede ist, dann gibt es für uns mit Blick nach Osten und Süden reichlich zu tun. Und ich füge hinzu, die Erdölregion des Mittleren Osten gehört bei einer solchen Gesamtschau ganz sicherlich nicht zu den bedürftigsten Gegenden dieser Welt. Folglich sollten auch nicht voreilig Marshall-Pläne in Aussicht gestellt werden, vielmehr sollte die EG vorrangig technisches und organisatorisches Wissen für die regionale Wirtschaftskooperation anbieten.

Schließlich PUNKT 7: Für Handel und Wandel in der Gesamtregion könnte eine enge Zusammenarbeit der arabischen Staaten (und des Iran) mit Israel beiderseitig ungeahnte Vorteile eröffnen.

Keine Frage, wirtschaftliche Zusammenarbeit und damit ein höheres Maß von regionaler Interdependenz – im Sinne gegenseitigen Aufeinanderangewiesenseins – dürfte die politische und sicherheitspolitische Zusammenarbeit auf ein tragfähiges Fundament setzen, zumal gemeinsame Sicherheit ohne vertrauensbildende Maßnahmen und Verifikation nicht zu haben ist.

Allein diese wenigen Gliederungselemente – andere kämen hinzu – lassen erahnen, daß wir uns auf einen längerfristigen

Friedensprozeß im Nahen und Mittleren Osten einstellen müssen, selbst wenn es nicht Jahrzehnte dauern muß, um – wie im Ost-West-Verhältnis – substantiell von Helsinki nach Paris zu gelangen.[11]

Alle KSZE-Partner, nicht nur die Europäer, sondern auch die Nordamerikaner und natürlich auch Japan, sind gut beraten, wenn sie gute Dienste zur Verwirklichung eines Friedensordnung im Mittleren Osten anbieten. Das „Pulverfaß" muß entschärft werden, um weitere Kriege zu vereiteln. Ohne Selbstbeschränkung, insbesondere beim Waffenexport und rüstungssensiblen Technologietransfer ist das nicht zu erreichen. Allein das gemeinsame Interesse an Krisenvermeidung und sicherer Erdölversorgung sollte zu abgestimmter und streng überwachter Politik veranlassen.

[...][12]

Nr. 109
Aus dem Schreiben des Präsidenten der SI, Brandt, an den sowjetischen Politiker Schewardnadse
26. August 1991

AdsD, WBA, A 10.1 (Büroleiter Lindenberg), 26 (Übersetzung aus dem Englischen: Bernd Rother).

‹Sehr geehrter Herr Schewardnadse,›[1]
[...][2]

Sie haben (und sind wahrscheinlich noch dabei) aufregende Tage erlebt, die für ihr Land (und ihre Nationen) so viel bedeutet haben, aber auch von immenser Bedeutung für Europa und für die künftige internationale Zusammenarbeit sind.[3] Gemeinsam mit meinen Freunden bin ich zutiefst beeindruckt, wie ihr Volk, geführt von den demokratischen Kräften, den reaktionären Staatsstreich niedergeschlagen hat. Bitte übermitteln Sie Präsident Boris Jelzin, wenn es Ihnen möglich ist, meine ergebensten Grüße.

Wie Ihnen in der letzten Woche mitgeteilt wurde, beabsichtigte ich, das Präsidium dessen, was wir traditionell die Sozialistische Internationale nennen (wo europäische Sozialdemokraten mit gleichgesinnten Kräften aus anderen Teilen der Welt zusammenkommen), einzuberufen, um über die Vorgänge in Russland und in der Union[4] zu beraten.[5] Aufgrund Ihres Rates habe ich auch mit Herrn Jakowlew gesprochen, der grundsätzlich zur Teilnahme bereit war.

Aufgrund der Entwicklungen hielten wir es für sinnvoll, das Treffen zu verschieben. Es ist nun für Freitag, 20. September [1991], in Berlin geplant. Wir hoffen, einige Hintergrundinformationen wie auch Empfehlungen zu erhalten über die Hilfe, die Sie von Ihren demokratischen Partnern im Ausland – jenseits der Ebene der Regierungen – erwarten.

Ich hoffe sehr, dass entweder Herr Jakowlew oder Sie uns in Berlin treffen oder, falls Sie beide verhindert sein sollten, einen Vertreter entsenden können.[6]

Eine formelle Einladung wird von unserem Generalsekretär, Herrn Luis Ayala (London), kommen. Er wird Sie auch auf dem Laufenden halten über einen möglichen Moskau-Besuch einer kleinen Gruppe unserer Vizepräsidenten vor unserem Treffen in Berlin.[7]

Mit freundlichen Grüßen, auch an Herrn Jakowlew

⟨Willy Brandt⟩[8]

Nr. 110
Schreiben des Präsidenten der SI, Brandt, an den früheren Präsidenten der Republik Senegal, Senghor
11. September 1991

AdsD, WBA, A 13, 157c (Übersetzung aus dem Englischen: Bernd Rother).

⟨Sehr geehrter Herr Präsident,⟩[1]
Ihr Brief, in dem Sie die Kandidatur unseres Freundes Dr. Boutros Boutros Ghali für das Amt des Generalsekretärs der Vereinten Nationen unterstützen, ist gut aufgenommen worden.[2]

Sie sollten wissen, dass alle Vizepräsidenten der Sozialistischen Internationale bereits Anfang Juli von der Kandidatur von Dr. Boutros Boutros Ghali in Kenntnis gesetzt worden sind.[3] Und Sie können versichert sein, dass unsere Parteienfamilie ihr Äußerstes tun wird, die einzigartige Chance zu ergreifen, dass ein Mitglied unseres Präsidiums an der Spitze der Vereinten Nationen steht, die von wachsender Bedeutung für die Gestaltung der Welt an der Wende zu einem hoffentlich friedvolleren Jahrhundert sind.

Bei der bevorstehenden Sitzung unseres Präsidiums in Berlin am 19./20. September werde ich mit Dr. Boutros Boutros Ghali darüber sprechen, wie die Sozialistische Internationale ihn weiter unterstützen kann.
Mit besten Grüßen
Ihr ergebener
⟨Willy Brandt⟩[4]

Nr. 111
Schreiben des Präsidenten der SI, Brandt, an den Ministerpräsidenten Jamaikas, Manley
2. Oktober 1991

AdsD, WBA, A 13, 157c (Übersetzung aus dem Englischen: Bernd Rother).

⟨Lieber Michael Manley,⟩[1]
nur wenige Tage, nachdem ich Ihren Brief[2] erhalten hatte, besuchte mich General Obasanjo in meinem Büro, um über seine Kandidatur als Generalsekretär der Vereinten Nationen zu sprechen. Er berichtete mir über ihr Treffen in Kingston; ich war erfreut zu hören, dass Sie in guter Verfassung sind.

Da ich annehme, dass mein Brief Sie erst erreichen wird, wenn der Sicherheitsrat (oder besser: die „großen Fünf"[3]), seine Wahl, die er der [UNO-]Generalversammlung präsentieren will, getroffen haben wird, sollten Sie wissen, dass mindestens zwei Mitglieder des Präsidiums der Sozialistischen Internationale aussichtsreiche Kandidaten waren bzw. sind.[4] Daher hatten ich und das Präsidium keine andere Wahl; General Obasanjo verstand unser positives Dilemma gut. Was wir gemeinsam wünschen, ist ein starker Generalsekretär für gestärkte Vereinte Nationen – und ich bete, dass wir einen guten „General" bekommen.

In der Hoffnung, Sie bei unserer Ratstagung in Santiago de Chile zu sehen[5], verbleibe ich mit besten Wünschen
Ihr ergebener
⟨Willy Brandt⟩[6]

Nr. 112
Schreiben des Ehrenvorsitzenden der SPD und Präsidenten der SI, Brandt, an den Generalsekretär der Vereinten Nationen, Pérez de Cuéllar
4. Dezember 1991[1]

AdsD, WBA, A 3, 1098 (Übersetzung aus dem Englischen: Wolfgang Schmidt).

Sehr geehrter Herr Generalsekretär,
darum wissend, dass der andauernde Krieg in Jugoslawien[2] und die Nachkriegssituation im Mittleren Osten[3] Ihre Aufmerksamkeit erfordern, bin ich äußerst dankbar, dass Sie die Kraft gefunden haben, auch die Probleme in anderen Teilen der Welt anzugehen, die von regionaler und globaler Bedeutung sind.

Mit Blick auf die hoffnungsvollen Schritte in Richtung Aussöhnung in Indochina[4] nehme ich an, Sie stimmen mir zu, dass der Respekt für die Menschenrechte von größter Wichtigkeit für Frieden wie auch für politischen und wirtschaftlichen Wandel ist. Jedoch ist die Lage der Menschenrechte in vielen asiatischen Ländern nach wie vor sehr kritisch, nicht zuletzt in Birma/Myanmar. Deshalb möchte ich Sie ermutigen, Ihre Bemühungen um die Freiheit der diesjährigen Nobelpreisträgerin, Frau Aung San Suu Kyi, und ihrer Landsleute fortzusetzen, die aufgrund von politischen und religiösen Anschuldigungen interniert sind.[5]

Hinsichtlich jüngster Entwicklungen in der Westsahara bin ich besorgt, dass die Implementierung des UN-Friedensplans durch die Behörden in den besetzten Gebieten noch immer behindert wird.[6] Ich möchte Sie meine Unterstützung wissen lassen für alle Anstrengungen, eine weitere Verzögerung des Referendums in der Westsahara zu verhindern.[7]

Erlauben Sie mir, diese Gelegenheit zu nutzen, Ihnen meine Weihnachtsgrüße zu übermitteln und Ihnen ein friedliches und persönlich entspannteres 1992 zu wünschen. Ich hoffe, Sie in nicht

allzu ferner Zukunft wieder zu treffen, vielleicht in der wichtigen
Beratergruppe für die geplante internationale Kommission für Global
Governance.⁸

Mit herzlichen Grüßen,

Ihr ‹Willy Brandt›⁹

Nr. 113
**Schreiben des Präsidenten der SI, Brandt, an den
Generalsekretär der Vereinten Nationen, Boutros Ghali
12. Dezember 1991**[1]

*AdsD, WBA, A 13, 225 (Übersetzung aus dem Englischen: Wolfgang
Schmidt).*

‹Herr Generalsekretär,
lieber Freund,›[2]
zuallererst möchte ich gerne meine Glückwünsche wiederholen,
nachdem die Vollversammlung Ihre Wahl zum Generalsekretär der
Vereinten Nationen so überwältigend bestätigt hat.[3] Sie sollen wissen, dass unsere Kollegen und die gesamte Familie der SI-Parteien
stolz darauf sind, mit Ihnen eng verbunden zu sein.[4]

Ich erinnere mich an Ihre bemerkenswerte Rede beim Treffen
unseres SI-Rats in Kairo, in der Sie die Sorge vorbrachten, dass sich
der Eiserne Vorhang nach Süden verlagern könnte.[5] Da dies nicht
passieren sollte, möchte ich Sie ermutigen, den Nord-Süd-Dialog
wiederzubeleben. Wann immer Sie den Eindruck haben, dass Sie
Unterstützung brauchen, um ein nach innen gerichtetes Europa und
mein Land im besonderen aufzurütteln, zögern Sie bitte nicht, mich
und andere Freunde in Anspruch zu nehmen.

In der Annahme Ihrer Zustimmung, dass die Rio-Konferenz[6] im
nächsten Jahr eine einzigartige Gelegenheit bietet, die Sorge um die
Umwelt in angemessene Maßnahmen umzusetzen, kann ich Ihnen

versichern, dass unsere Internationale Druck auf die Regierungen ausüben wird, die hohen Erwartungen der Menschen in allen Teilen der Welt zu erfüllen.

Menschenrechte sind und bleiben ein besonderes Anliegen unserer Mitgliedsparteien und darüber hinaus. Hoffentlich hat die Resolution 688 des Sicherheitsrats den Weg geebnet, um den Generalsekretär in die Lage zu versetzen, eine aktivere Rolle beim Schutz von Menschen vor Verfolgung zu spielen.[7] Auch auf diesem Gebiet können Sie auf unsere Internationale zählen, die weiterhin Missionen entsenden wird, um Menschenrechtsverletzungen zu beobachten und, wo immer möglich, zu stoppen. Erst kürzlich hat unser Freund Mário Soares eine Mission initiiert, die bald Ost-Timor besuchen wird.[8] Luis Ayala ist sicherlich gerne bereit, Sie über diese Aktivitäten regelmäßig zu informieren.

Schließlich möchte ich Ihnen auch mitteilen, dass unser Freund Ingvar Carlsson zusammen mit dem früheren Generalsekretär des Commonwealth, Sir Shridath Ramphal, derzeit die Bildung einer unabhängigen internationalen Kommission für multilaterale Zusammenarbeit und Global Governance vorbereitet.[9] (Sie erinnern sich vielleicht, dass mein Mitarbeiter Michael Hofmann Sie beim SIMEC-Treffen in Kairo[10] über die Empfehlungen und die Folgeaktivitäten der Stockholmer Initiative informiert hatte, an der ich von Beginn an beteiligt war.) Wenn möglich, möchten Ingvar und Sonny Ramphal Anfang nächsten Jahres mit Ihnen den Auftrag und die Verfahrensfragen dieses wichtigen Projekts besprechen, das darauf abzielt, die Vereinten Nationen zu stärken und deren Generalsekretär zu unterstützen.

Ich hoffe, dass Sie über Weihnachten wenigstens einige Tage Zeit für Entspannung und Inspiration finden, und wünsche Ihnen natürlich alles Gute und viel Glück für 1992 und die kommenden Jahre.
Ich verbleibe mit herzlichen Grüßen
Ihr ‹Willy Brandt›[11]

Nr. 114
Schreiben des Präsidenten der SI, Brandt, an den Präsidenten der Regierung des Königreiches Spanien, González
8. Januar 1992

AdsD, WBA, A 13, 167.

⟨Lieber Felipe,⟩[1]
ich komme zurück auf unser Gespräch im November vergangenen Jahres in Bonn.

Bis zum Treffen des Präsidiums unserer Internationale, zu dem Du uns freundlicherweise am 13. – 14. März [1992] nach Madrid eingeladen hast, wäre es gut, wenn wir Klarheit darüber gewinnen könnten, wer nach dem nächsten Kongreß Ende Juni dieses Jahres die Präsidentschaft unserer Gemeinschaft übernehmen wird.

Ich möchte gerne, daß Du weißt: Wenn Du diese Aufgabe übernehmen willst, dann kannst Du sicher sein, daß Du mit großer Zustimmung rechnen kannst. Über etwaige Alternativen würden, in meinem Auftrag, Hans Koschnick und Klaus Lindenberg gern mit Dir sprechen.[2]

Bitte, laß mich wissen, wie Du darüber denkst.
Es grüßt Dich, sehr herzlich,
⟨Dein
Willy Brandt⟩[3]

Nr. 115
Aus dem Vermerk über das Gespräch des Ehrenvorsitzenden der SPD und Präsidenten der SI, Brandt, mit dem früheren Präsidenten der Sowjetunion, Gorbatschow
5. März 1992[1]

AdsD, WBA, A 13, 185.

[...][2]

W[illy] B[randt]	[...][3]
	Er verweist auf den XIX. Kongreß der Sozialistischen Internationale. Dies könne eine Gelegenheit für G[orbatschow] sein, seine Vorstellungen vor der Internationalen Gemeinschaft Sozialdemokratischer Parteien darzulegen. Der SI-Kongreß findet vom 15.–17. September [1992] in Berlin statt; wenn G[orbatschow] es einrichten könne, sei er am 16. 9. 92 herzlich willkommen, zumal er es mit seiner Anwesenheit in Wolfsburg am darauffolgenden Tag verbinden könne.[4]
G[orbatschow]	Das sei ein „hochinteressanter Gedanke", den er sich gerne „genau durch den Kopf gehen lassen" wolle. Er freue sich auf Gelegenheiten dieser Art.
[...][5]	
W[illy] B[randt]	Erläutert G[orbatschow] die gegenwärtigen Überlegungen im Rahmen der SI-Führung zur Gestaltung der Beziehungen zu nahestehenden politischen Kräften in mittel- und osteuropäischen Ländern – von der traditionellen Sozialdemokratie über linksliberale Kräfte bis zu ex-/post-/reform-kommunistischen Parteien.
	W[illy] B[randt] erläutert, daß eines Tages sowohl Occhetto (PDS/Italien) als auch Gyula

Willy Brandt trifft den sowjetischen Staats- und Parteichef Michail Gorbatschow bei dessen Besuch in Deutschland am 10. November 1990.

	Horn (Ungarische Sozialistische Partei) und vielleicht auch Jiří Dienstbier (CSFR) ihren Platz finden könnten.[6] Dazu brauche es Zeit; aber man werde nach Wegen suchen, um diesen Dialog auf den Weg zu bringen. Man denke an eine Art „Forum soziale Demokratie in Europa", um diese sehr unterschiedlichen politischen Kräfte zusammenzuführen und einen Weg des Austauschs mit der Sozialistischen Internationale zu finden.[7]
G[orbatschow]	Er danke für die Mitteilung dieser Überlegungen, die er sehr interessant fände. Er werde auch darüber nachdenken im Hinblick auf den XIX. Kongreß der Sozialistischen Internationale in Berlin.

W[illy] B[randt]   Weist ausdrücklich darauf hin, daß niemand daran denke, ihn für diesen SI-Kongreß vereinnahmen zu wollen. Wenn G[orbatschow] es jedoch für sinnvoll erachte, sei er herzlich willkommen.⁸

Nr. 116
**Grußwort des Präsidenten der SI, Brandt, an den Kongress der SI in Berlin
14. September 1992**¹

Jahrbuch der Sozialdemokratischen Partei Deutschlands, 91/92, Bonn 1993, S. 110.

Liebe Freunde,
muß ich sagen, wie gern ich gerade dieser Tage unter Euch gewesen wäre?

Es sollte nicht sein. Und so grüße ich Euch auf diesem Wege.

Muß ich sagen, mit wieviel Freude und Stolz es mich erfüllt, Euch in Berlin zu wissen?

Zahlreiche Stätten der neuen Demokratien im Osten wären würdige Tagungsorte gewesen. Doch warum nicht einräumen: Es hat mir viel bedeutet, als Felipe González Berlin vorschlug.

Und warum nicht hinzufügen: Ich fand, daß – wenn schon Berlin – wir im Reichstag zusammenkommen sollten. Jenem Ort in Deutschland, an dem es so oft um Krieg und Frieden in Europa ging. Jenem Ort², an dem so viel von Freiheit und Knechtschaft die Rede war.

Ich hatte vor geraumer Zeit gebeten, die Führung unserer Internationale in jüngere Hände zu legen. Denn sechzehn Jahre an ihrer Spitze zu stehen, hielt ich für eine lange Zeit.

Doch was sind in der Jahrhunderttradition, in der wir stehen, ‹sechzehn Jahre›?[3]

Immerhin, in dieser kurzen Spanne haben sich diese Stadt, dieses Land, dieser Kontinent verändert. Mehr noch – die Welt ist nicht mehr die, die sie 1976 war, als ich in Genf dieses Amt übernahm.

Den Frieden sichern, das war nicht unser einziges, aber doch unser erstes Anliegen. Jenen Frieden zwischen zwei Blöcken, die atomar gerüstet waren und die wir für festgefügt hielten. Jenen Frieden, der unverzichtbar war, um Freiheit möglich zu machen.

Heute, nur anderthalb Jahrzehnte später, sorgen wir uns nicht mehr, den einen Frieden zu bewahren. Wir sorgen uns, an vielen Orten dieser weithin befreiten und doch so unruhigen Welt Frieden überhaupt erst wiederherzustellen.

Die Parteien, die sich in unserer Gemeinschaft zusammengefunden haben, sind ihrem Land und sie sind der Welt verpflichtet – dem Teil und dem Ganzen. Daß wir über Europa hinausgegriffen haben und eine wahrhaft weltweite, damit auch vielfältige Gemeinschaft geworden sind, ist meine – unsere – besondere Genugtuung. Aber die Zahl unserer Mitglieder und die Zahl derer, die es werden möchten, sind nicht Wert an sich, sondern Verpflichtung.

Wo immer schweres Leid über die Menschen gebracht wird, geht es uns alle an. Vergeßt[4] nicht: Wer Unrecht lange geschehen läßt, bahnt dem nächsten den Weg.

Die Vereinten Nationen zu stärken, ist uns ein altes und vertrautes Bestreben. Jetzt, da sich Fortschritt abzeichnet und den UN wenn nicht Macht, so doch Einfluß zuwächst, lohnt es, eine große Anstrengung zu machen. Helfen wir, den Vereinten Nationen die Mittel zu geben, derer sie bedürfen, um Einfluß auch ausüben zu können.

Auch nach der Epochenwende 1989 und 1990 konnte die Welt nicht nur „gut" werden. Unsere Zeit allerdings steckt, wie kaum eine andere zuvor, voller Möglichkeiten – zum Guten und zum Bösen. Nichts kommt von selbst. Und nur wenig ist von Dauer. Darum – besinnt Euch auf Eure Kraft und darauf, daß jede Zeit eigene Antworten will und man auf ihrer Höhe zu sein hat, wenn Gutes bewirkt werden soll.

Ich danke allen, die geholfen ‹haben›⁵.

Mögen Eure Beratungen fruchtbar werden.

Meinem Nachfolger wünsche ich eine starke und, so möglich, glückliche Hand.⁶

Unkel, den 14. September 1992

Anmerkungen

Einleitung

1 Vgl. *Brandt, Willy*: Zwei Vaterländer. Deutsch-Norweger im schwedischen Exil – Rückkehr nach Deutschland 1940–1947, bearb. von *Einhart Lorenz*, Bonn 2000 (Berliner Ausgabe, Bd. 2).
2 Ebd., Nr. 11.
3 *Brandt, Willy*: Berlin bleibt frei. Politik in und für Berlin 1947–1966, bearb. von *Siegfried Heimann*, Bonn 2004 (Berliner Ausgabe, Bd. 3), Nr. 25.
4 Zwar geht dieser Begriff ursprünglich auf Lenin zurück, doch Brandt verband damit eine andere Bedeutung: „Friedliche Koexistenz" hieß für ihn nicht eine zeitweilige Atempause im Kampf der antagonistischen Systeme, sondern meinte, durch friedlichen Wettbewerb und Austausch die Entschärfung und allmähliche Überwindung des Ost-West-Gegensatzes zu ermöglichen. Vgl. *Schmidt, Wolfgang*: Die Wurzeln der Entspannung. Der konzeptionelle Ursprung der Ost- und Deutschlandpolitik Willy Brandts in den fünfziger Jahren, in: VfZ 51 (2003) 4, S. 521–563.
5 Vgl. *Nohlen, Dieter/Nuscheler, Franz*: „Ende der Dritten Welt"?, in: *Nohlen, Dieter/Nuscheler, Franz* (Hrsg.): Handbuch der Dritten Welt, Bd. 1: Grundprobleme, Theorien, Strategien, 1., durchgesehener Nachdruck der 3. Auflage, Bonn 1993, S. 17 f.
6 Vgl. *Brandt, Willy*: Erinnerungen. Mit den Notizen zum „Fall G.", Berlin und Frankfurt/Main 1994, S. 418.
7 *Brandt, Willy*: Begegnungen und Einsichten. Die Jahre 1960–1975, Hamburg 1978 (Taschenbuchausgabe), S. 212.
8 *Brandt, Willy*: Koexistenz – Zwang zum Wagnis, Stuttgart 1963, S. 78.
9 Vgl. *Brandt* 1978, S. 214–216, und *Bahr, Egon*: Zu meiner Zeit, München 1996, S. 167. Kenyatta hatte Brandt bereits 25 Jahre zuvor bei einer Sitzung der linkssozialistischen Internationalen Arbeitsgemeinschaft in Paris kennengelernt. Vgl. *Brandt, Willy*: Links und frei. Mein Weg 1930–1950, Hamburg 1982, S. 167.
10 Vgl. *Brandt* 1978, S. 216–218, und *Brandt* 1994, S. 184.
11 So Brandt am 26. Juni 1969 in einer Rede auf einem Forum der Friedrich-Ebert-Stiftung zum Thema „Die zweite Entwicklungsdekade – Chance und Verpflichtung für Deutschland". Der Text ist dokumentiert in: *SPD Pressemitteilungen und Informationen*, Nr. 195/69 vom 26. Juni 1969.
12 Vgl. *Eppler, Erhard*: Wenig Zeit für die Dritte Welt, 2. Aufl., Stuttgart–Berlin–Köln–Mainz 1971, S. 36. Der Begriff war 1963 von Carl Friedrich von Weizsäcker geprägt worden. Vgl. *Weizsäcker, Carl Friedrich von*: Bedingungen des Friedens. Rede anlässlich der Verleihung des Friedenspreises des Deutschen Buchhandels, Göttingen 1963, S. 13–18.
13 Vgl. *Braun, Gerald*: Nord-Süd-Konflikt und Entwicklungspolitik – Eine Einführung, Opladen 1985, S. 218 f.
14 Angaben des BMZ aus dem Jahre 2004.
15 Nr. 27.
16 Die Gruppe der 77, der Entwicklungsländer aus Afrika, Asien und Lateinamerika, aber auch Jugoslawien angehörten, wurde offiziell 1967 in Algier gegründet. Die Gruppe bestand zunächst aus 77 Mitgliedern. Vgl. *Nohlen, Dieter* (Hrsg.): Lexikon Dritte Welt. Länder, Organisationen, Theorien, Begriffe, Personen, vollständig überarbeitete Neuausgabe, Reinbek bei Hamburg 2000, S. 320.
17 Vgl. ebd., S. 553–555.
18 Vgl. *Brandt, Willy*: Ein Volk der guten Nachbarn. Außen- und Deutschlandpolitik 1966–1974, bearb. von *Frank Fischer*, Bonn 2005 (Berliner Ausgabe, Bd. 6), Einleitung.

19 Vgl. *Brandt, Willy:* Mehr Demokratie wagen. Innen- und Gesellschaftspolitik 1966–1974, bearb. von *Wolther v. Kieseritzky*, Bonn 2001 (Berliner Ausgabe, Bd. 7), Einleitung und Nr. 94.
20 Akten zur Auswärtigen Politik der Bundesrepublik Deutschland 1974, Bd. I: 1. Januar bis 30. Juni 1974, bearb. von *Daniela Taschler, Fabian Hilfrich* und *Michael Ploetz*, München 2005, S. 517–521.
21 Vgl. *Brandt* 1978, S. 610–616.
22 Aus der Erklärung des SPD-Vorsitzenden Brandt anlässlich des 25-jährigen Bestehens des Bundesministeriums für Wirtschaftliche Zusammenarbeit (BMZ) auf einer Pressekonferenz in Bonn, in: *Service der SPD für Presse, Funk, TV* vom 13. November 1986.
23 Vgl. *Eppler, Erhard:* Komplettes Stückwerk. Erfahrungen aus fünfzig Jahren Politik, Frankfurt/Main und Leipzig 1996, S. 91.
24 Das Treffen fand am 3. Mai 1974 statt. Vgl. *Brandt* 1978, S. 629.
25 Zu Kissingers Szenario vgl. *Brandt* 1994, S. 348.
26 Ebd. Siehe auch AdsD, WBA, A 9, 33 (hier die deutsche Gesprächsaufzeichnung) und Gerald R. Ford Library, National Security Adviser, Memoranda of Conversations, Box 10 (der weniger detaillierte amerikanische Vermerk). In diesem Gespräch trug Kissinger seine skeptische Sicht von Soares' Chancen nicht vor.
27 Nr. 3. Im undatierten Entwurf eines Schreibens von Brandt an Soares heißt es, die Verantwortlichen in Moskau behaupteten, keinen Einfluss auf die portugiesischen Kommunisten zu haben. AdsD, SPD-PV, 10901. Ein Jahr später jedoch vermutete Brandt, dass die sowjetische Parteispitze doch auf die portugiesischen Genossen eingewirkt habe. Vgl. *Brandt* 1978, S. 633.

28 Vgl. *Brandt* 1978, S. 633 f.
29 Siehe die undatierte „Aufzeichnung" in: AdsD, SPD-PV, 11821. Hinsichtlich des militärischen Aspekts übereinstimmend: *Morgan, Kenneth O.:* Callaghan. A life, Oxford 1997, S. 433, *Mateus, Rui:* Contos Proibidos. Memórias de um PS desconhecido, Lisboa 1996, S. 88. Mateus war in dieser Zeit Mitarbeiter des Internationalen Sekretariats der portugiesischen Sozialisten. Vgl. auch *Callaghan, James:* Time and chance, London 1987, S. 361.
30 AdsD, WBA, A 11.14, 10.
31 So Brandt in der Rückschau. Vgl. *SPD Pressemitteilungen und Informationen*, Nr. 217/76 vom 28. April 1976.
32 Nr. 4.
33 *SPD Pressemitteilungen und Informationen*, Nr. 676/76 vom 5. Dezember 1976. Das Redemanuskript befindet sich in: AdsD, WBA, A 3, 674. Zu Brandts Aufenthalt in Barcelona vgl. *Brandt, Willy:* Hitler ist nicht Deutschland. Jugend in Lübeck – Exil in Norwegen 1928–1940, bearb. von *Einhart Lorenz*, Bonn 2002 (Berliner Ausgabe, Bd. 1).
34 AdsD, WBA, A 11.1., 52A.
35 Zu den Hintergründen des Rücktritts vgl. *Eppler* 1996, S. 206–211.
36 Vgl. *Nohlen* 2000, S. 553–555.
37 Nr. 1.
38 Zum Treffen in Caracas 1975 siehe AdsD, WBA, A 19, 20A und 271.
39 Wenn hier von Lateinamerika die Rede ist, sind die englischsprachigen Länder der Region südlich des Rio Grande stets mit gemeint.
40 *Collado Herrera, María del Carmen:* La política exterior de Venezuela hacia Nicaragua y El Salvador (1974–1984), in: *Secuencia. Revista Americana de Ciencias Sociales* 1 (1985) 2, S. 83–103, hier: S. 97.
41 Nr. 2.

42 *Brandt, Willy/Kreisky, Bruno/Palme, Olof:* Briefe und Gespräche 1972 bis 1975, Frankfurt/Main–Köln 1975.

43 In den meisten zeitgenössischen Publikationen wird von Vertretern aus 38 Staaten berichtet; die Anwesenheitsliste des Parteitagsprotokolls ergibt aber die niedrigere Zahl.

44 Parteitag der Sozialdemokratischen Partei Deutschlands vom 11. bis 15. November 1975 in Mannheim, Protokoll der Verhandlungen, Bonn o.J., S. 1221–1227.

45 Die Sandinisten Nicaraguas gehörten nicht dazu.

46 Der anwesende Felipe González gehörte 1976 noch nicht zu den bekannten Politikern.

47 Nr. 6.

48 Wortlaut in: AdsD, WBA, A 19, 21B.

49 So Rolf Zundel in: *Die Zeit* vom 30. Juli 1976.

50 Zum Versuch der Ausdehnung vgl. Nr. 7 und 8.

51 Nr. 5.

52 AdsD, SPD-PV, 10902.

53 Nr. 9.

54 Nr. 10.

55 Nr. 11. Gegenüber Helmut Schmidt hatte Brandt am 10. Oktober 1976 geäußert, er müsse – sollte er SI-Präsident werden – „von Anfang an aufpassen, dass uns nicht über Gebühr angelastet wird, was sich aus der Lage anderer Parteien in anderen Ländern ergibt." AdsD, WBA, A 9, 12.

56 Die sicherheitspolitischen Aktivitäten Brandts im Berichtszeitraum werden in den Bänden 9 und 10 der Berliner Ausgabe dokumentiert.

57 *Münchner Merkur* vom 29. November 1976.

58 AdsD, SPD-PV, Ordner: SPD-PV, Internationale Abteilung, SI, und: *Socialist Affairs* 31 (1981) 2, S. 56.

59 Vgl. Brandts Reden zur Eröffnung des SI-Kongresses in Madrid am 13. November 1980, in: *Socialist Affairs* 31 (1981) 1, S. 6–10, sowie zur Eröffnung des SI-Rates in Dakar am 15. Oktober 1987, in: AdsD, WBA, A 13, 105.

60 Siehe ein Papier von Brandts Mitarbeiter Klaus Lindenberg vom 25. Juni 1981, in: AdsD, WBA, A 13, 49B.

61 Er wies bereits Anfang 1980 in einem Brief an Horst Ehmke darauf hin, dass das NJM Wahlen auf absehbare Zeit ablehne, enge Beziehungen zu Kuba pflege und in der UNO gegen die Verurteilung der sowjetischen Invasion Afghanistans gestimmt hatte. AdsD, Dep. K. Lindenberg, 63.

62 Zur internen Kritik siehe: Minutes of the Socialist International Bureau meeting in Basel, November 3–4, 1982, in: AdsD, SPD-PV, 12108; zur öffentlichen Verteidigung u.a. *Socialist Affairs* 32 (1982) 6, S. 243.

63 Vgl. *Socialist Affairs* 34 (1984) 1, S. 11.

64 Nr. 72.

65 Nr. 101.

66 So aus der Rückschau Bernt Carlsson an Brandt, 21. August 1980, in: IISG, SI, 974.

67 *Devin, Guillaume:* L'Internationale Socialiste, Paris 1993, S. 180–182.

68 Nr. 28.

69 Vgl. Nr. 46 und 49, dort auch Anm. 4.

70 Siehe die Unterlagen in: AdsD, A 13, 51B und 57, sowie IISG, SI, 977, und ebd., NL B. Carlsson, 13.

71 Nr. 68 und die dortigen Anmerkungen.

72 Nr. 69.

73 *Service der SPD für Presse, Funk, TV,* Nr. 340/86 vom 20. Juni 1986.

74 AdsD, SPD-PV, 3.95, Vorstandssekretariat, M. 65, und SPD-PV, 11704. Als Motiv Mitterrands wurden nur allgemein innenpolitische Überlegungen genannt.

75 *Brandt, Willy:* Menschenrechte – mißhandelt und mißbraucht, Reinbek 1987, S. 8.
76 Vgl. Nr. 22 und Nr. 85.
77 *Brandt* 1987, S. 61.
78 Ebd., S. 97 f.
79 Nr. 29.
80 Nr. 99.
81 Schreiben Brandts an Abba Eban vom 28. Oktober 1981, in: AdsD, WBA, A 11.15, 9.
82 Nr. 51.
83 Nr. 50.
84 Nr. 58.
85 Nr. 61.
86 So auch die Interpretation des Internationalen Sekretärs der SPD, Dingels, in einem Vermerk für Brandt vom 22. Dezember 1981, in: AdsD, WBA, A 13, 100a.
87 Nr. 62.
88 Nr. 63.
89 Rede vor der Vereinigung der Britischen Freunde des Diaspora Museums (Tel Aviv) in London, 26. Januar 1982, auszugsweise abgedruckt in: *Sozialdemokratischer Pressedienst*, Nr. 18 vom 27. Januar 1982, S. 6–8, hier: S. 6.
90 Wortlaut der Erklärung in: *Sozialdemokraten Service Presse Funk TV*, Nr. 78 I/81 vom 30. Dezember 1981. Vgl. auch *Der Spiegel*, Nr. 1 vom 4. Januar 1982, S. 21 f. Intern bescheinigte SI-Generalsekretär Carlsson dem Bericht, weitgehend zutreffend zu sein. Siehe AdsD, WBA, A 13, 68b.
91 Siehe dazu Bd. 10 der Berliner Ausgabe.
92 Vgl. dazu Berliner Ausgabe, Bd. 6, Nr. 88.
93 Nr. 16.
94 Nr. 26.
95 Vgl. den Artikel Brandts in: *Socialist Affairs* 29 (1979) 6, S. 164 f.
96 Nr. 56.
97 Nr. 80.

98 Vgl. z. B. den Bericht in der *FAZ* vom 17. Juli 1981 über die Tagung des SI-Präsidiums am 15./16. Juli 1981.
99 Nr. 70.
100 Vgl. ebd., Anm. 1.
101 Vgl. *Sozialdemokraten Service Presse Funk TV*, Nr. 82/84 vom 22. Februar 1984. Siehe auch AdsD, SPD-PV, 12092a.
102 Nr. 80.
103 Vgl. die Formulierungen in ebd.
104 Nr. 55.
105 So auch die Einschätzung im Weißen Haus. Siehe Ronald Reagan Library, NSC # 8100882. John Powers danken wir für den Hinweis auf diese Dokumente.
106 Siehe AdsD, WBA, A 13, 54, und A 10.2, 29.
107 Nr. 74.
108 Nr. 75.
109 Nr. 64.
110 AdsD, SPD-PV, 3.95, Vorstandssekretariat, M. 193.
111 AdsD, SPD-PV, Ordner „SI-Bürositzung Helsinki 26./27. 5. 82". Die Resolution des SI-Büros in: AdsD, WBA, A 13, 68b.
112 Vgl. Nr. 25.
113 Schreiben Pronks an Brandt vom 4. August 1978, in: AdsD, Nord-Süd-Kommission, 31.
114 Vgl. *Schöllgen, Gregor:* Geschichte der Weltpolitik von Hitler bis Gorbatschow 1941–1991, München 1996, S. 346–348.
115 So Brandt in dem Film: „... Erkämpft das Menschenrecht! Macht und Mythos der Sozialistischen Internationale", 1986, Textbuch von *Werner A. Perger* zum Film, in: AdsD, SPD-PV, Ordner: „SI-Ratssitzung Bonn 15.– 17. 10. 1986: Organisatorisches".
116 Nr. 82 und 83.
117 *Sozialdemokraten Service Presse Funk TV*, Nr. 450/84 vom 20. Oktober 1984.
118 Leider ist in den Unterlagen des WBA und der übrigen von den Bearbeitern konsultierten Archive keine umfassende Auf-

zeichnung über das Gespräch Brandt-Castro überliefert. Eine Kurzfassung befindet sich im Bericht Klaus Lindenbergs über die Lateinamerikareise in: AdsD, WBA, A 11.8, 43. Brandt trug dem kubanischen Staatschef auch mehrere Fälle von politischen Häftlingen vor. Die Daten hatte er von Amnesty International und von der US-Botschaft in Bonn erhalten. Die amerikanischen Angaben erwiesen sich vor Ort als zumindest teilweise fehlerhaft, was zu Vermutungen Anlass gab, dem SI-Präsidenten habe eine Falle gestellt werden sollen. Die Zusagen Castros gegenüber Brandt auf Freilassung politischer Gefangener wurden nicht in vollem Umfang in die Tat umgesetzt. Siehe die Unterlagen in AdsD, WBA, A 13, 190, und vgl. *Brandt* 1987, S. 89.

119 Vgl. Nr. 91 mit den dortigen Anmerkungen.

120 *SZ* vom 25. Juni 1986 und Nr. 91.

121 In der Reihenfolge des Beitritts zur SI: PNP 1952, PR 1971, PLN und PRD 1976, AD 1983.

122 So z. B. in seiner Rede vor der Israelitischen Cultusgemeinde Zürich, 8. Juni 1977, in: AdsD, SPD-PV, Vorstandssekretariat, 3.95, Mappe 150.

123 Nr. 24.

124 Tonbandabschrift der Diskussion in: AdsD, WBA, A 13, 71.

125 *Sozialdemokraten Service Presse Funk TV*, Nr. 527/77 vom 3. November 1977.

126 Nr. 31.

127 Brandts Aufzeichnung über das Gespräch gibt nur Arafats Ausführungen wieder. Andere Aufzeichnungen waren nicht zu ermitteln; insbesondere fehlt eine Aufzeichnung von österreichischer Seite. Siehe AdsD, WBA, A 9, 35.

128 Nr. 36.

129 Siehe den Bericht von Lindenberg in: AdsD, SPD-PV, Mappe: „SI-Bürositzung, Lissabon, 30.–31. 10. 1979".

130 Nr. 43.

131 Nr. 42.

132 Nr. 42 und 43.

133 Vgl. Nr. 38 und 47 sowie die hs. Notizen Brandts vom 11. Juni 1980 in WBA, A 9, 35. Ergänzend auch: „Die Sozialistische Internationale als Iran-Forum", in: *NZZ* vom 15. Juni 1980.

134 Nr. 54.

135 Rede vor der Vereinigung der Britischen Freunde des Diaspora Museums (Tel Aviv) in London, 26. Januar 1982, auszugsweise abgedruckt in: *Sozialdemokratischer Pressedienst*, Nr. 18 vom 27. Januar 1982, S. 6–8, Zitat: S. 7.

136 Siehe die Unterlagen in: AdsD, SPD-PV, Ordner „SI-Bürositzung Basel (3./4. 11. 1982)", und in: ebd., 3.95, Vorstandssekretariat, M. 196: „Präsidiumssitzung 30. 8. 1982".

137 Nr. 102.

138 Nr. 108.

139 Vgl. *Brandt, Willy*: Die Entspannung unzerstörbar machen. Internationale Beziehungen und deutsche Frage 1974–1982, bearb. von *Frank Fischer*, Bonn 2003 (Berliner Ausgabe, Bd. 9).

140 Ein frühes Beispiel: Beim SPD-Parteitag in Mannheim im November 1975 wurden Israelis und Palästinenser gemeinsam in einem Hotel untergebracht. Die Israelis und die offiziell gar nicht anwesenden PLO-Vertreter trafen sich dort nach Schilderung eines Mitarbeiters von Brandt in der Sauna.

141 Darauf spielte Brandt an, als er sagte, Boykottaufrufe hätten noch nie eine Regierung gestürzt. Nr. 20.

142 Siehe die „Aufzeichnung über das Gespräch zwischen Willy Brandt, Egon Bahr und Vertretern des ANC of Zimbabwe, des ANC of South Africa und der SWAPO aus Namibia am 29. 10. 1976 im Erich-Ollenhauer-Haus", in: AdsD, SPD-PV, 12063.

143 Vgl. Nr. 20.
144 Nr. 88.
145 Vgl. *Brandt* 1994, S. 443–445.
146 „Ein betroffener Brandt erzählt von Südafrika", in: *Stuttgarter Zeitung* vom 23. April 1986.
147 Vgl. Nr. 88 und 94.
148 Nr. 100.
149 Nr. 106.
150 Im vorliegenden Band werden die Veränderungen in Osteuropa nur hinsichtlich ihrer direkten Auswirkungen auf die SI behandelt. Im Übrigen ist dieses Thema Bd. 10 der Berliner Ausgabe vorbehalten.
151 Nr. 98.
152 Vgl. dazu insbesondere Nr. 61–63.
153 Rede des Präsidenten der SI, Brandt, vor dem Kongress der SI in Stockholm, 22. Juni 1989, in: *Socialist Affairs* 39 (1989) 1–2, S. 6–9.
154 Parlamentarisch-Politischer Pressedienst vom 7. Juni 1989.
155 1986 wurde das bisherige SI-Büro in SI-Rat umbenannt.
156 Minutes of the Meeting of the Council of the Socialist International, Geneva, Switzerland, 23–24 November 1989, u.a. in: AdsD, WBA, A 13, 141b.
157 *Socialist Affairs* 40 (1990) 2, S. 6.
158 Ebd., 4, S. 33.
159 Nr. 115.
160 Nr. 114.
161 *Le Monde* vom 17. März 1992.
162 Nr. 116.
163 Wortlaut in: http://www.bwbs.de/Beitraege/139.html.
164 Vgl. *Brandt* 1994, S. 350.
165 Siehe das Schreiben McNamaras an Brandt vom 27. Dezember 1976, in: AdsD, Dep. Bahr, 1/EBAA 001078.
166 Vgl. *Bahr* 1996, S. 471f.
167 Längere Auszüge der Rede McNamaras vor dem World Affairs Council in Boston am 14. Januar 1977 sind abgedruckt in: EA 33 (1978) 21, S. D 601f.
168 Zur KIWZ vgl. EA 31 (1976) 24, S. Z 224, EA 32 (1977) 1, S. Z 10, und 2, Z 46.
169 Die Erklärung Pérez-Guerreros wurde Brandt in einem Schreiben des venezolanischen Botschafters in Bonn, José Francisco Sucre, am 20. Januar 1977 übermittelt. Siehe AdsD, Dep. Bahr 1/EBAA001078. Mit dem Botschafter traf Brandt am 26. Januar 1977 zu einer Unterredung zusammen. Siehe AdsD, WBA, A 1, 36.
170 Vgl. Nr. 12.
171 FS Brandts an McNamara vom 16. Februar 1977, in: AdsD, Dep. Bahr, 1/EBAA 001078.
172 Vgl. *Sozialdemokraten Service Presse Funk TV*, Nr. 112/77 vom 14. März 1977.
173 Vgl. Nr. 13.
174 Die von der Weltbank beauftragte Expertengruppe hatte unter der Leitung des ehemaligen kanadischen Außenministers Lester Pearson 1969 in ihrem Bericht eine Bestandsaufnahme der Entwicklungshilfe und eine Entwicklungsstrategie für die siebziger Jahre vorgelegt. Vgl. *Nohlen* 2000, S. 610.
175 Siehe die Aufzeichnung Egon Bahrs über die Kommission für Internationale Zusammenarbeit (sog. „Brandt Kommission") vom 23. August 1977, in: AdsD, Nord-Süd-Kommission, 23.
176 Wenngleich in einigen Punkten Einigkeit zwischen Industrie- und Entwicklungsländern erzielt worden war, blieben die Differenzen doch so groß, dass nicht einmal ein Abschlusskommunique zustande kam. Vgl. EA 32 (1977) 13, S. Z 129f., sowie *Wellenstein, Edmond P.*: Der Pariser „Nord-Süd-Dialog". Die Konferenz über internationale wirtschaftliche Zusammenarbeit (KIWZ), in: EA 32 (1977) 17, S. 561–570.

177 Siehe den Ergebnisvermerk Fritz Fischers, Betr.: Brandt-Kommission, hier: heutige Unterhaltung mit W[illy]B[randt] sowie dessen Telefonat mit McNamara, 7. Juni 1977, in: AdsD, Nord-Süd-Kommission, 23.
178 Vgl. Nr. 15.
179 Vgl. Nr. 17.
180 Siehe den Ergebnisvermerk Fritz Fischers, Betr.: Gespräche von W[illy]B[randt] in Washington (25./26.9.) und New York (26.–28. 9. 1977), 12. Oktober 1977, in: AdsD, Nord-Süd-Kommission, 24.
181 Siehe Announcement of the creation of an Independent Commission on International Development Issues, in: AdsD, WBA, A 19, 95.
182 Willy Brandt ringt mit sich und der Welt – Geburtswehen in der Nacht zum Mittwoch im Waldorf-Astoria-Hotel / Von Jürgen Kramer, zur Zeit New York, in: *Stuttgarter Zeitung* vom 29. September 1977.
183 Nr. 18 und 30.
184 Vgl. *Heck, Heinz:* Der zweifelnde Botschafter, in: *Die Welt* vom 30. Dezember 1977.
185 Vgl. Nr. 18.
186 Siehe die Anlage zum Schreiben des Leiters des Kanzlerbüros, Klaus Dieter Leister, an Brandt, Wehner, Bahr, Ehmke, Apel, Ehrenberg, Schlei und Eppler vom 21. Dezember 1976, in: AdsD, Dep. Helmut Schmidt, 10080.
187 Siehe die Gesprächsaufzeichnung über ein Gespräch des Bundeskanzlers, Schmidt, mit der Bundesministerin für Wirtschaftliche Zusammenarbeit, Schlei, am 24. März 1977, 24. März 1977, in: AdsD, Dep. Helmut Schmidt, 8695.
188 Siehe den Vermerk über ein Gespräch zwischen Präsident Nyerere und dem SPD-Vorsitzenden Willy Brandt am 27. Dezember 1977 in Butiama/Tansania, 27. Dezember 1977, in: AdsD, WBA, A 19, 39. Siehe auch das Schreiben Rüdiger v. Wechmars an Brandt vom 2. November 1978, in: AdsD, Nord-Süd-Kommission, 34.
189 Nr. 18.
190 Siehe AdsD, Nord-Süd-Kommission, 24.
191 Nr. 19.
192 Die übrigen Mitglieder waren: Abdlatif Y. Al-Hamad, Rodrigo Botero Montoya, Antoine Kipsa Dakouré, Lakshmi Kant Jha, Khatijah Ahmad, Adam Malik, Haruki Mori sowie Pierre Mendès-France, der 1978 aufgrund seiner Erkrankung durch Edgard Pisani ersetzt wurde.
193 So Fritz Fischer im Gespräch mit dem Bearbeiter Wolfgang Schmidt am 14. November 2005.
194 Vgl. Das Überleben sichern: Gemeinsame Interessen der Industrie- und Entwicklungsländer – Bericht der Nord-Süd-Kommission. Mit einer Einleitung des Vorsitzenden *Willy Brandt*, Köln 1980 (im Folgenden: Brandt-Report 1980), S. 379.
195 Nr. 19.
196 Interview Willy Brandts für die ZDF-Sendung „Bonner Perspektiven" am 11. Dezember 1977, in: AdsD, WBA, A 3, 743.
197 Nr. 19.
198 Nr. 18.
199 Vgl. Nr. 13, 18 und 21.
200 Die Rede ist dokumentiert in: EA 33 (1978) 21, S. D 604–D 606.
201 Nr. 21.
202 Siehe den Ergebnisvermerk Fritz Fischers, Betr. Meine Gespräche mit Genfer Sekretariat am 11./12. 09. 78, 20. September 1978, in: AdsD, Nord-Süd-Kommission, 26.
203 Siehe das Schreiben Heaths an Brandt vom 5. Mai 1978, in: AdsD, Nord-Süd-Kommission, 49; siehe auch den Vermerk Fritz Fischers für Willy Brandt, Betr.: Ihr Gespräch mit Göran Ohlin, 14. November 1978, in: AdsD, Nord-Süd-Kommission, 27.

204 Hs. Vermerk Willy Brandts für Fritz Fischer vom 3. Mai 1978, in: AdsD, Nord-Süd-Kommission, 59.
205 Siehe Summary Record, Second Meeting: Geneva / Mt. Pèlerin, 10–12 March 1978, sowie Summary Record, Third Meeting: Bamako, 15–17 May 1978, in: AdsD, Nord-Süd-Kommission, 54.
206 Siehe Vermerk Fritz Fischers, Re: Report about Mr. Brandt's visit to New York and my talks in Washington and New York from 25 October to 1 November 1978, 7. November 1978, in: AdsD, Nord-Süd-Kommission, 27.
207 Vgl. Nr. 23.
208 Vgl. Nr. 20, 27, 32 und 33.
209 Nr. 27.
210 Siehe z. B. das Schreiben Grahams an Brandt vom 8. Dezember 1978, in: AdsD, Nord-Süd-Kommission, 49.
211 Siehe den Vermerk Fritz Fischers für Willy Brandt, Betr.: Ergebnis und Verlauf der 5. Kommissionssitzung in Kuala Lumpur vom 24.–27. November 1978, 28. November 1978, in: AdsD, Nord-Süd-Kommission, 54.
212 Siehe den Ergebnisvermerk Fritz Fischers, Betr.: Gespräch mit W[illy]B[randt] am 9. 12. 1978, 12. Dezember 1978, in: AdsD, Nord-Süd-Kommission, 27.
213 Siehe den Ergebnisvermerk Fritz Fischers, Betr.: Gespräche mit W[illy]B[randt] in Hyères am 16./17. 1. 1979, 22. Januar 1979, in: AdsD, Nord-Süd-Kommission, 28.
214 Nr. 30.
215 Siehe AdsD, Nord-Süd-Kommission, 29, sowie B74–B78.
216 Siehe Summary Record, Sixth Meeting: Mt. Pèlerin, 22–26 February 1979, in: AdsD, Nord-Süd-Kommission, 73.
217 Siehe die Schreiben Karl-Otto Pöhls und Manfred Lahnsteins an Fritz Fischer vom 3. bzw. 30. April 1979, in: AdsD, Nord-Süd-Kommission, 12.
218 Vgl. Nr. 33 und 34.
219 Vgl. Nr. 33.
220 Vgl. Nr. 34.
221 Nr. 33.
222 Siehe z. B. Summary Record, Fifth Meeting: Kuala Lumpur, 24–27 November 1978, in: AdsD, Nord-Süd-Kommission, 73.
223 Nr. 33.
224 Siehe Summary Record, Eighth Meeting: Vienna, 4–9 July 1979, in: AdsD, Nord-Süd-Kommission, 73.
225 Nr. 32.
226 Vgl. Nr. 33.
227 Vgl. EA 33 (1978) 21, S. D 604–D 606.
228 Nr. 34.
229 So Michael Hofmann im Gespräch mit dem Bearbeiter Wolfgang Schmidt am 5. November 2003.
230 Vgl. Nr. 35.
231 Siehe Fritz Fischer, Note, Re: Talks between Chairman Willy Brandt and Anthony Sampson in Bonn on 24 April 1979, 30. April 1979, in: AdsD, Nord-Süd-Kommission, 28.
232 Vgl. Nr. 39.
233 Siehe das gemeinsame Schreiben des Vorsitzenden der Gewerkschaft Textil und Bekleidung, Berthold Keller, und des Vorsitzenden der Gewerkschaft Nahrung-Genuss-Gaststätten, Günter Döding, an Brandt vom 26. September 1979, in: AdsD, Nord-Süd-Kommission, 13.
234 Vgl. *Hofmann, Michael:* Rückblick auf Lob und Tadel am Brandt-Bericht, in: *Nuscheler, Franz* (Hrsg.): Entwicklung und Frieden im 21. Jahrhundert. Zur Wirkungsgeschichte des Brandt-Berichts, Bonn 2000, S. 78.
235 Vgl. Brandt-Report 1980, S. 19 und 29.
236 Nr. 40.
237 Siehe den Kurzvermerk Fritz Fischers über Gespräche von Willy Brandt in Washington und New York (11.–15. Februar

1980), 19. Februar 1980, in: AdsD, Nord-Süd-Kommission, 30.

238 Schreiben Schmidts an Brandt vom 4. Juli 1980, in: AdsD, WBA, A 9, 14.

239 EA 35 (1980) 14, S. D 391–397.

240 Vgl. Nr. 48.

241 Siehe den Vermerk Otto von der Gablentz' für Bundeskanzler Schmidt, Betr.: Ihr Gespräch mit BM Offergeld am Donnerstag, dem 19. Juni 1980 um 12.30 Uhr, 19. Juni 1980, in: AdsD, Dep. Helmut Schmidt, 8911.

242 „Ungleichheit ist nötig", in: *Wirtschaftswoche* vom 6. März 1981, S. 38.

243 Vgl. z. B. „What's wrong with the Brandt Report?", in: *Encounter* 55 (1980) 6, S. 12–30.

244 Vgl. z. B. *Hayter, Teresa:* The creation of world poverty: An alternative view to the Brandt Report, London 1982.

245 Vgl. *Friedrich-Ebert-Stiftung* (Hrsg.): Unfähig zum Überleben. Reaktionen auf den Brandt-Report, Redaktion: *Michael Dauderstädt* und *Alfred Pfaller*, Frankfurt/Main u. a. 1983, S. 204–210. Darin ist das gesamte Meinungsspektrum zum Brandt-Report abgebildet.

246 Vgl. *Hofmann*, in: *Nuscheler* 2000, S. 84.

247 Vgl. Nr. 67.

248 Vgl. z. B. Nr. 45, 52 und 60.

249 Die Sendung „Rich World, Poor World" wurde im Oktober 1981 im britischen Fernsehen ausgestrahlt. Siehe AdsD, Nord-Süd-Kommission, 76.

250 *Hofmann*, in: *Nuscheler* 2000, S. 85.

251 *Matzke, Otto:* Der zweite Brandt-Report. Hartnäckige Tabuisierung der Grundprobleme, in: *Schweizer Monatshefte* 63 (1983) 5, S. 407–417.

252 Siehe den Wortlaut der Rede vom 29. Mai 1981 in: AdsD, Nord-Süd-Kommission, 53.

253 Vgl. „Demonstration in London für Nord-Süd-Dialog", in: *SZ* vom 7. Mai 1981, sowie „Where North Meets South", in: *The Times* vom 5. Mai 1981.

254 Vgl. Nr. 52.

255 Siehe AdsD, Dep. Helmut Schmidt, 6305.

256 Siehe AdsD, Dep. Helmut Schmidt, 10091.

257 Siehe das Schreiben Brandts an Wischnewski vom 30. März 1981, in: AdsD, WBA, A 11.3, 48.

258 So beschreibt es Gerhard Thiebach, der den Auftritt erlebte, im Gespräch mit dem Bearbeiter Wolfgang Schmidt am 15. Juni 2005.

259 Vgl. „Ärger nach einer Kanzler-Rede", in: *SZ* vom 1. Juni 1981, sowie „Ein verdrießlicher Kanzler und das Weltuntergangsszenario", in: *FAZ* vom 1. Juni 1981.

260 Pressekonferenz in Berlin am 31. Mai 1981, in: AdsD, Nord-Süd-Kommission, 53.

261 Siehe das Schreiben Brandts an Waldheim vom 15. Mai 1979, in: AdsD, Nord-Süd-Kommission, 37.

262 Vgl. Nr. 34.

263 Siehe das Schreiben Brandts an Giscard d'Estaing vom 6. November 1979, in: AdsD, Nord-Süd-Kommission, 29.

264 Vgl. *Rathkolb Oliver:* The Cancún Charade 1981: Lessons of history. A Pioneering Attempt at Global Management that Failed, in: *Hoppenstedt, Wolfram/Pruessen, Ron/Rathkolb, Oliver* (Hrsg.): Global Management, Wien 2005, S. 62.

265 Siehe Vermerk Fritz Fischers für Willy Brandt, Betr.: Nord-Süd-Gipfel, hier: Treffen der Persönlichen Beauftragten der (westlichen) Regierungschefs in Washington am 25./26. September 1980, 2. Oktober 1980, in: AdsD, Nord-Süd-Kommission, 2.

266 Vgl. Nr. 41 und siehe das Schreiben Schmidts an Brandt vom 23. April 1980, in: AdsD, Dep. Helmut Schmidt, 9417.

267 Vgl. Nr. 44.

268 Es waren dies Algerien, Bundesrepublik Deutschland, Frankreich, Indien, Jugoslawien, Kanada, Mexiko, Nigeria, Österreich, Schweden und Tansania. Vgl. EA 35 (1980) 23, S. Z 236, sowie EA 36 (1981) 7, S. Z 72.
269 Vgl. Nr. 57.
270 Siehe das Schreiben Brandts an die Mitglieder der Nord-Süd-Kommission vom 15. Dezember 1980, in: AdsD, Nord-Süd-Kommission, 31.
271 Siehe das Schreiben v. Wechmars an Brandt vom 22. September 1981, in: AdsD, WBA, A 11.2, 125.
272 Vgl. *Der Spiegel*, Nr. 42 vom 12. Oktober 1981, S. 14.
273 Siehe den Vermerk Gerhard Thiebachs für Willy Brandt, Betr.: Anmerkungen zu Cancún, 26. Oktober 1981, in: AdsD, Nord-Süd-Kommission, 32.
274 Vgl. Nr. 59.
275 Vgl. Nr. 60.
276 Vgl. Nr. 67.
277 Zu den Reaktionen von Politik, Presse und Wissenschaft zum zweiten Brandt-Report siehe AdsD, Nord-Süd-Kommission, 5.
278 Vgl. Nr. 66.
279 Siehe den Text der gemeinsamen Erklärung vom 22. Januar 1984, in: AdsD, WBA, A 3, 948.
280 Vgl. Nr. 73 und 78.
281 Nr. 79.
282 Vgl. *Nohlen* 2000, S. 516 und 792–797.
283 Vgl. *Tetzlaff, Rainer:* Weltbank und Währungsfonds – Gestalter der Bretton-Woods-Ära, Kooperations- und Integrations-Regime in einer sich dynamisch entwickelnden Weltgesellschaft, Opladen 1996, S. 72–74 und 123–140.
284 Nr. 79.
285 Vgl. ebd.
286 Vgl. Nr. 92.
287 Vgl. Nr. 90.
288 Nr. 84.
289 Vgl. Nr. 86.
290 Vgl. Nr. 93.
291 So zitiert von Michael Hofmann im Gespräch mit dem Bearbeiter Wolfgang Schmidt am 5. November 2003.
292 Für die deutsche Ausgabe des Berichts vgl. *Hauff, Volker* (Hrsg.): Unsere gemeinsame Zukunft. Der Brundtland-Bericht der Weltkommission für Umwelt und Entwicklung, Greven 1987.
293 Vgl. Nr. 92.
294 Nr. 93.
295 Vgl. Nr. 97.
296 Vgl. Nr. 77 und 79.
297 Vgl. Nr. 77.
298 Vgl. Parteitag der Sozialdemokratischen Partei Deutschlands vom 30. 8. bis 2. 9. 1988 in Münster, Bonn 1988, S. 308–325.
299 So Michael Hofmann im Gespräch mit dem Bearbeiter Wolfgang Schmidt am 5. November 2003.
300 Schreiben Scowcrofts an Brandt vom 2. August 1989, in: AdsD, WBA, A 10.1 (Büroleiter Lindenberg), 197.
301 Vgl. Nr. 107.
302 Vgl. Nr. 105.
303 Nr. 107.
304 So Brandt in einer Rede vor dem Exekutivrat der UNESCO in Paris am 10. Oktober 1989. Vgl. *UNESCO-Dienst* 36 (1989) 11/12, S. 12–15.
305 Vgl. Nr. 96.
306 Nr. 103.
307 Vgl. Nr. 104.
308 Die Vorschläge der Stockholmer Initiative sind abgedruckt in: *Stiftung Entwicklung und Frieden (SEF)* (Hrsg.): Gemeinsame Verantwortung in den 90er Jahren – Die Stockholmer Initiative zu globaler Sicherheit und Weltordnung – Die Charta der Vereinten Nationen, Bonn 1991.
309 Vgl. Berliner Ausgabe, Bd. 10.

310 Vgl. Nr. 112 und 113.
311 Vgl. *Commission on Global Governance:* Nachbarn in Einer Welt, Bonn 1995.
312 Ursprünglich war dies ein Urteil Carlo Schmids über Erich Ollenhauer.
313 *Brandt* 1994, S. 440.
314 Vgl. 60 Jahre Vereinte Nationen – Millenniumsziele und Reformpläne, in: *FAZ* vom 14. September 2005.
315 Vgl. *Nuscheler* 2000.
316 Brandt-Report 1980, S. 35 f.

Nr. 1

1 Die als Vorlage dienende Zusammenfassung der Gespräche ist datiert auf den 26. April 1975 und wurde von Dieter Koniecki, dem Vertreter der Friedrich-Ebert-Stiftung in Mexiko-Stadt, verfasst. Brandt besuchte Mexiko vom 21.–24. März 1975. Anschließend reiste er in die USA. Zum Abschluss machte der SPD-Vorsitzende einen Abstecher nach Caracas. Siehe den von Hans-Eberhard Dingels für die Sitzung des SPD-Präsidiums am 8. April 1975 erstellten „Bericht über die Amerika-Reise (21. 3.–1. 4. 1975) des Parteivorsitzenden (Mexiko, USA und Venezuela)" in: AdsD, WBA, A 19, 271.
2 Der erste Abschnitt gibt die Zusammenfassung des ca. 25-minütigen Kurzgesprächs zwischen Echeverría und Brandt wieder. Es fand in Anwesenheit des venezolanischen Präsidenten Carlos Andres Pérez am Abend des 21. März 1975 statt. Dabei wurden die Möglichkeiten von gemeinsamen Entwicklungsvorhaben zwischen Industrieländern, rohstoffreichen und rohstoffarmen Ländern der Dritten Welt („Dreiecksverhältnis") diskutiert und die jüngste politische Entwicklung in Portugal erörtert.
3 Am 12. Dezember 1974 hatte die 29. Generalversammlung der Vereinten Nationen mit 120 gegen 6 Stimmen bei 10 Enthaltungen die „Charta der wirtschaftlichen Rechte und Pflichten der Staaten" angenommen. Der Wortlaut ist dokumentiert in: EA 30 (1975) 14, S. D 364–D 373.
4 Es muss heißen: „Artikels 2, Absatz 2 c)".
5 Nach besagtem Artikel der Charta sollte der Staat eine „angemessene Entschädigung" für Verstaatlichung, Enteignung oder Übertragung von Eigentum „unter Berücksichtigung seiner einschlägigen Rechts- und sonstigen Vorschriften und aller von ihm für wesentlich erachteten Umstände" zahlen. Vgl. Anm. 3.
6 Im Folgenden versucht Echeverría geltend zu machen, dass die Charta auch die Anrufung von Schiedsinstitutionen, wie des Internationalen Gerichtshofs in Den Haag, erlaube, falls sich zwei Länder in Entschädigungsfragen nicht einigen könnten.
7 Gemeint ist der mexikanische Bundesstaat.
8 Im Sinne von: „infolgedessen".
9 Korrigiert aus: „sinkt".
10 Initiiert von den Staatspräsidenten Echeverría und Pérez, kam es am 17. Oktober 1975 in Panama-Stadt zur Gründung des „Lateinamerikanischen Wirtschaftssystems" (SELA), dem sich über 20 lateinamerikanische und karibische Staaten, darunter Kuba, anschlossen. Sie setzten sich die regionale Kooperation, Konsultation und Koordinierung in wirtschaftlichen und sozialen Fragen zum Ziel und bekannten sich zum ideologischen Pluralismus. Vgl. *Nohlen* 2000, S. 665–667.
11 Vgl. Anm. 3.
12 Die Volksrepublik China, seit Oktober 1971 Mitglied der UN, bezeichnete sich selbst als sozialistisches Entwicklungsland und beanspruchte in den siebziger Jahren mit seiner gegen die beiden Supermächte gerichteten „revolutionären Linie" in der

Außenpolitik eine Führungsrolle in der „Dritten Welt". Vgl. *Heberer, Thomas:* Volksrepublik China, in: *Nohlen, Dieter/Nuscheler, Franz (Hrsg.):* Handbuch der Dritten Welt, Band 8: Ostasien und Ozeanien, 3., völlig neu bearbeitete Auflage, Bonn 1994, S. 133 f.

13   Neben den Vereinigten Staaten, Großbritannien, Belgien, Dänemark und Luxemburg hatte die Bundesrepublik Deutschland am 12. Dezember 1974 in der UN-Generalversammlung gegen die Annahme der Charta gestimmt. Vgl. Einleitung.

14   Am 10. Dezember 1948 nahm die UN-Generalversammlung die Allgemeine Erklärung der Menschenrechte an.

15   Das Modell der so genannten „Dreieckskooperation", mit der Geld aus Ölstaaten zusammen mit Technologie aus Industrieländern für gemeinsame Projekte in Entwicklungsländern eingesetzt werden sollte, war in der Bundesrepublik unter dem Bundesminister für wirtschaftliche Zusammenarbeit, Egon Bahr, entwickelt worden. Vgl. *Bahr* 1996, S. 470.

16   Es müsste heißen: „Vorvortage". Gemeint ist der 21. März 1975. Vgl. Anm. 2.

17   Der französische Staatspräsident Giscard d'Estaing hatte am 24. Oktober 1974 eine internationale Konferenz über Energiefragen vorgeschlagen. Auf Einladung Frankreichs fand dazu im April 1975 in Paris ein erstes Vorbereitungstreffen von Industrie- und Entwicklungsländern statt. Bei weiteren Vorgesprächen im Oktober 1975 konnte schließlich eine Einigung über die Einberufung einer Konferenz über internationale wirtschaftliche Zusammenarbeit (KIWZ) erzielt werden. Am 16. Dezember 1975 nahmen 8 Industrie- und 19 Entwicklungsländer in Paris ihre Beratungen über Energie-, Rohstoff-, Entwicklungs- und Finanzfragen auf. Vgl. EA 30 (1975) 21, S. Z 192, und EA 31 (1976) 2, S. Z 21 f.

18   Gemeint ist das Abkommen zwischen der EG und 46 Staaten in Afrika, im karibischen Raum und im Pazifik (AKP), das am 25. Februar 1975 in der Hauptstadt Togos unterzeichnet wurde. Das erste Abkommen (Lomé I) enthielt u. a. Regelungen für die industrielle Zusammenarbeit und Investitionsgarantien, Vereinbarungen zur Exportstabilisierung und Erleichterungen für die AKP-Länder im Handel mit der EG sowie die Aufstockung des europäischen Entwicklungsfonds. Eine Zusammenfassung ist dokumentiert in: EA 30 (1975) 6, S. D 164–D 170.

19   In diesem Abschnitt geht Brandt auf den Ölpreisschock von 1973/74 ein und stimmt Echeverría zu, dass solche Schocks „durch internationale Regeln wirtschaftlichen Wohlverhaltens" vermieden werden könnten.

20   Im Schlussabsatz wird das kurze persönliche Gespräch zwischen Brandt und Echeverría zusammengefasst, das sie am Abend des 23. März 1975 im Garten der Präsidentenresidenz miteinander führten und das keine wesentlichen neuen Gesichtspunkte erbrachte.

Nr. 2

1   Das Gespräch fand auf Einladung von Kreisky in Wien statt.

2   Im Buch wird nur ein Teil des Gesprächs wiedergegeben. Ursachen der gegenwärtigen Wirtschaftskrise und Alternativen zum Kapitalismus, schließlich auch die Entwicklungshilfepolitik waren Themen des hier nicht edierten Abschnitts.

3   Kreisky ist optimistisch, dass eine Kooperation mit „arabischen Freunden" möglich sein wird. Palme plädiert für die Unterstützung von Befreiungsbewegungen; man müsse akzeptieren, dass sie „die öko-

nomische Macht in ihren eigenen Ländern übernehmen [...] wollen." (S. 133).
4 Brandt meint den Bund der sozialdemokratischen Parteien der EG.

Nr. 3
1 Der Verfasser des Vermerks ist nicht bekannt.
2 Die hier nicht abgedruckten Passagen des Vermerks sind dokumentiert in: Berliner Ausgabe, Bd. 9, Nr. 14.
3 Am 25. April 1974 hatten antikolonialistisch und demokratisch gesinnte Militärs der Diktatur ein Ende gesetzt.
4 In den Wahlen zur Verfassunggebenden Versammlung am 25. April 1975 hatten die Sozialisten 37,9 % der Stimmen, die Kommunisten 12,5 % erhalten.
5 Die Volksfront-Regierung in Chile wurde am 11. September 1973 durch einen rechtsgerichteten Militärputsch gestürzt.
6 Korrigiert aus „antifaschistischen".
7 Der abschließende Teil des Gesprächs drehte sich um den Nahen Osten und die wirtschaftliche Lage der Bundesrepublik Deutschland.

Nr. 4
1 Der abgedruckte Text wurde den Mitgliedern des SPD-PV nach der Pressekonferenz zugesandt. Mit nur geringen stilistischen Abweichungen wurde die Erklärung veröffentlicht in: *SPD Pressemitteilungen und Informationen*, Nr. 596/75 vom 19. Dezember 1975.
2 Korrigiert aus: Gonzales.
3 Am 25. November 1975 war mit der Niederschlagung eines linksextremen Putschversuchs der Einfluss radikaler politischer Kräfte gebrochen worden.
4 Sozialisten und die als „Sozialdemokraten" firmierenden Liberalen hatten bei den Wahlen eine große Mehrheit erhalten.

Nr. 5
1 Vorlage ist die Fotokopie des Schreibens. Das Original befindet sich in: Stiftung Bruno Kreisky Archiv, NL Kreisky, Box „Sozialistische Internationale", I. Siehe den hs. Entwurf des Schreibens in: AdsD, WBA, A 13, 1.
2 Brandt verbrachte vom 14.–24. April 1976 seinen Urlaub auf der Mittelmeerinsel.
3 Am 14. März 1976 hatte sich dort das Portugal-Solidaritätskomitee getroffen.
4 1974 war der DGB-Vorsitzende Heinz-Oskar Vetter zum Vorsitzenden des Europäischen Gewerkschaftsbundes gewählt worden und hatte Wilhelm Dröscher den Vorsitz des Bundes der sozialdemokratischen Parteien der EG übernommen.
5 Der SPD-Parteitag mit Gästen aus 38 Ländern fand vom 11.–15. November 1975 statt. Brandt kündigte dort die Schaffung einer (organisatorisch nicht verfestigten) „Allianz für Frieden und soziale Gerechtigkeit" mit „Repräsentanten des sozialen Fortschritts aus Afrika, Asien und den beiden Amerikas" an, die unabhängig von der SI sein sollte. Vgl. Parteitag 1975, S. 69 u. 999. Vgl. auch Einleitung und Nr. 8.
6 Brandt war seit 1966 Vizepräsident der SI.
7 Berichte über den Inhalt des Gesprächs am 26. März 1976 befinden sich auch in AdsD, WBA, A 11.15, 7 (Gedächtnisprotokoll von Karl Kaiser) und in AdsD, SPD-PV, 11319 (Vermerk von Hans-Eberhard Dingels).
8 Im hs. Entwurf folgt hier: „gegenwärtigen".
9 Wilson war am 16. März 1976 überraschend vom Amt des Premierministers zurückgetreten.
10 Am 18./19. Januar 1976 hatten sich in Helsingör bei Kopenhagen sozialdemokratische Partei- und Regierungschefs aus West- und Südeuropa getroffen.

11 Callaghan wurde als Nachfolger von Wilson Premierminister. Seine größte Herausforderung war die anhaltende Wirtschaftskrise in Großbritannien.

12 D. h., Brandt hatte mitgeteilt, nicht als SI-Präsident kandidieren zu wollen.

13 Vom 22.–25. Mai 1976 trafen sich – außerhalb des organisatorischen Rahmens der SI – Vorsitzende sozialdemokratischer und anderer gemäßigt linker Parteien aus Europa und Lateinamerika in der Hauptstadt Venezuelas. Einladende war die dortige Regierungspartei AD. Vgl. Nr. 6 und 8 sowie Einleitung.

14 Zur „Allianz" vgl. Anm. 5.

15 „Büro" war der Name des meist zweimal pro Jahr tagenden SI-Gremiums aus Vertretern der Mitgliedsparteien.

16 Hs.

Nr. 6

1 Das ist die der SI nahe stehende venezolanische Partei, die damals die Regierung stellte.

2 Vertreten waren 13 europäische SI-Mitgliedsparteien, u. a. durch Bruno Kreisky (Österreich), Mário Soares (Portugal), Felipe González (Spanien), Anker Jørgensen (Dänemark), Michel Rocard (Frankreich).

3 Aus Lateinamerika und der Karibik nahmen 15 Parteien am Treffen teil.

4 Brandt hatte Venezuela vom 30. März–1. April 1975 besucht. Im Gespräch mit Staatspräsident Carlos Andrés Pérez wurde über Möglichkeiten engerer Zusammenarbeit europäischer Sozialdemokraten mit lateinamerikanischen Kräften diskutiert. Siehe die Vermerke über das Gespräch in AdsD, WBA, A 19, 20A und 271. Die Konferenz von Caracas im Mai 1976 war Ergebnis dieser Beratungen.

5 Die Rede vom 31. März 1975 ist (auf Spanisch) abgedruckt in: Discurso de Willy Brandt en Venezuela, in: *Nueva Sociedad* 4 (1975), Mai/Juni, S. 74–76.

6 Ebd., S. 75.

7 Vgl. Nr. 5, Anm. 5.

8 Dem Treffen von Caracas sollten entsprechende Konferenzen mit der SI nahe stehenden afrikanischen, arabischen, asiatischen und nordamerikanischen Parteien folgen.

9 Die nicht abgedruckte Passage steht unter dem Titel „Weltweite Friedenspolitik als Voraussetzung sozialer Demokratie".

10 Parteitag 1975, S. 1221 f.

11 So hatte die Bundesrepublik Deutschland zusammen mit fünf anderen Industrieländern am 12. Dezember 1974 in der UN-Generalversammlung gegen die Annahme der „Charta der wirtschaftlichen Rechte und Pflichten der Staaten" gestimmt. Die Charta war ein wichtiges Dokument der so genannten „Neuen Weltwirtschaftsordnung", die viele Länder der Dritten Welt forderten. Vgl. Einleitung und Nr. 1, Anm. 3.

12 Vgl. Anm. 8.

13 Brandt bezieht sich auf Kreiskys Erkundungsmissionen in den Nahen Osten, die dieser zwischen 1974 und 1976 für die SI unternommen hatte. Vgl. Bericht der SI-Kommission über die Entwicklung im Nahen Osten, in: *Die Neue Gesellschaft* 25 (1978) 2, S. 145–157.

14 Zum Plan einer internationalen Zeitschrift vgl. *Brandt/Kreisky/Palme* 1975, S. 44. Siehe auch das Schreiben Brandts an Hermann Bortfeldt vom 26. August 1976, in: AdsD, WBA, A 11.1, 39. Das Projekt wurde nicht realisiert.

15 Zu den Beratungen siehe die Zusammenfassungen in AdsD, WBA, A 19, 20B, 21B und 25.

Nr. 7

1   Hs.
2   Südafrikas Ministerpräsident hatte die Bundesrepublik Deutschland vom 21.–25. Juni 1976 besucht.
3   Nicht der SPD-Parteitag, sondern der Parteivorstand hatte – am Vorabend des Parteitages – Stellung zum Besuch Vorsters bezogen. In dem Beschluss wurde die Apartheid abgelehnt. Vgl. Jahrbuch der Sozialdemokratischen Partei Deutschlands, 1975–1977, Bonn 1977, S. 570 f.
4   Brandt dürfte die Proteste in Südafrika gegen die Apartheid und ihre Folgen meinen, die kurz vor Vorsters Besuch blutig niedergeschlagen worden waren.
5   Von Südafrika wurde verlangt, das von ihm regierte Namibia (damals: Südwestafrika) in die Unabhängigkeit zu entlassen.
6   Vgl. Nr. 6 und 8. Die „Deklaration von Caracas" ist abgedruckt in: *Die Neue Gesellschaft* 23 (1976) 7, S. 600–602.
7   Hier bezieht sich Brandt auf den SPD-Parteitag in Mannheim vom 11.–15. November 1975, zu dem eine außergewöhnlich hohe Zahl ausländischer Gäste eingeladen worden war. Vgl. Jahrbuch der SPD, 1975–1977, S. 268.
8   Am 27./28. Juni 1976 hatten sich die Staats- und Regierungschefs der sieben führenden westlichen Industrieländer in Puerto Rico getroffen, u. a. um über die wirtschaftspolitischen Forderungen der Entwicklungsländer zu diskutieren. „Nairobi" meint die „Konferenz der Vereinten Nationen für Handel und Entwicklung" (UNCTAD) vom 5.–31. Mai 1976 in der Hauptstadt Kenias. Die Tagung beschloss die Einberufung einer Konferenz über die Einrichtung von gemeinsamen Fonds der Industrie- und der Entwicklungsländer zur Stabilisierung der Erlöse aus Rohstoffexporten.
9   Hs.

Nr. 8

1   Das Interview führte Günter Scholz.
2   Der Parteitag fand vom 11.–15. November 1975 statt.
3   Vgl. Nr. 6.
4   Vgl. ebd., Anm. 14.
5   Vgl. Parteitag 1975, S. 1221–1227.
6   Vgl. Nr. 7, Anm. 6.
7   Gemeint ist die 1864 ins Leben gerufene Internationale Arbeiterassoziation.
8   Abgedruckt in: *Dowe, Dieter/Klotzbach, Kurt* (Hrsg.): Programmatische Dokumente der deutschen Sozialdemokratie. Mit den aktuellen Programmentwürfen im Anhang, 4., überarb. und aktual. Aufl., Bonn 2004, S. 138–146.
9   Die Internationale Arbeiterassoziation löste sich 1876 auf.
10   Brandt bezieht sich vermutlich insbesondere auf das Aufkommen des „Eurokommunismus", dessen wichtigste Vertreter damals die kommunistischen Parteien Italiens, Frankreichs und Spaniens waren. Sie schienen bereit zu sein, die parlamentarische Demokratie dauerhaft zu akzeptieren. Auch andere kommunistische Parteien strebten nach mehr Unabhängigkeit von Moskau.
11   Zu „Nairobi" vgl. Nr. 7, Anm. 8. Im Anschluss an die Beratungen in Caracas hatte Brandt auf Einladung der Regierungspartei PRI in Mexiko-Stadt Gespräche über die weitere Gestaltung der Kontakte zwischen den lateinamerikanischen und den westeuropäischen Parteien, die in Venezuela anwesend gewesen waren, geführt. Siehe dazu AdsD, WBA, A 19, 20B.

Nr. 9

1   Der Vermerk wurde vom Leiter der Internationalen Abteilung des SPD-PV, Hans-Eberhard Dingels, am 8. November 1976 verfasst.

2   Parteitag der Sozialistischen Partei.
3   Nach Angaben des SPD-PV nahmen neben Brandt, Cools und Claes González, Kreisky, Mitterrand, Palme, Soares sowie ein namentlich nicht benannter Parteiführer aus Italien (vermutlich Craxi) teil. Siehe *Sozialdemokraten Service Presse Funk TV*, Nr. 622/76 vom 2. November 1976.
4   Von Brandt hs. unterstrichen; am Rande hs. Bemerkung Brandts: Schwed[en] Span[ier] Österr[eicher]. Die Bedeutung der Marginalie ist unklar. Es könnte sich um Erwägungen für eine personelle Alternative zur eigenen Kandidatur, aber auch um eine Aufzählung besonders in die künftige SI-Arbeit einzubindender Parteien handeln.
5   Von Brandt hs. unterstrichen.

Nr. 10
1   „Sozialistische Internationale" hieß der dritte Punkt der Tagesordnung. Einleitend berichtete Hans-Jürgen Wischnewski über die Vorbereitungen für den SI-Kongress vom 26.–28. November 1976.
2   Vgl. Nr. 9.
3   Die Sitzung fand am 9. November 1976 statt. Helmut Schmidt unterstützte dort ausdrücklich Brandts Kandidatur. Siehe AdsD, PV, 3.95, Vorstandssekretariat, 53.
4   Sitz des SI-Sekretariates.
5   Zu Caracas vgl. Nr. 6 und 8.
6   Noch unter dem Tagesordnungspunkt „Sozialistische Internationale" berichtete Hans-Jürgen Wischnewski über ein Papier zur Afrika-Politik der SPD.

Nr. 11
1   Der Text wurde mit dem Manuskript der Rede – siehe dazu AdsD, WBA, A 19, 26 – verglichen. Die einzige Abweichung ist kenntlich gemacht.
2   Gemeint ist der Gründungskongress der SI 1951 in Frankfurt/Main.

3   Im Manuskript stand: sollen.
4   Abgedruckt in: *Dowe/Klotzbach* 2004, S. 267–275.
5   Programmatisches Dokument der Internationalen Arbeiterassoziation, in: *Dowe/Klotzbach* 2004, S. 138–146.
6   Gemeint ist die „Internationale Gruppe demokratischer Sozialisten" in Stockholm, deren Sekretär Brandt war. Vgl. Berliner Ausgabe, Bd. 2, Nr. 5.
7   Am 29./30. Juni 1976 kamen in der Hauptstadt der DDR 29 kommunistische Parteien Europas zusammen. Die auf ideologische Unabhängigkeit von Moskau orientierten Kräfte konnten sich durchsetzen.
8   „Büro" nannte sich das wichtigste Beschlussorgan der SI zwischen den Kongressen.
9   Die Tagung von 15 SI-Parteien fand am 6./7. November 1976 in Amsterdam statt. Themen waren Entspannungspolitik, Frieden und Sicherheit. Vgl. AdG 46 (1976), S. 20579.
10 Das KSZE-Folgetreffen in Belgrad fand vom 4. Oktober 1977 bis zum 9. März 1978 statt. In Helsinki war 1975 die KSZE-Schlussakte unterzeichnet worden.
11 Korrigiert aus: Gonzales.
12 Vgl. Nr. 6 und 8.
13 Das Treffen in Caracas wurde außerhalb des organisatorischen Rahmens der SI durchgeführt.
14 Vgl. Nr. 6, Anm. 13.
15 Im Mai 1972 hatten die USA und die Sowjetunion das SALT-I-Abkommen unterzeichnet. Beim sowjetisch-amerikanischen Gipfel in Wladiwostok am 23./24. November 1974 bekräftigten Präsident Ford und Generalsekretär Breschnew ihren Willen, ein zweites SALT-Abkommen über die umfassende Begrenzung strategischer Offensivwaffen anzustreben.
16 Lateinisch für „die letzte Unvernunft".

17 Seit Anfang 1973 berieten in Wien die NATO und der Warschauer Pakt über Truppenreduzierungen in Mitteleuropa. Die so genannten MBFR-Verhandlungen blieben über rund anderthalb Jahrzehnte erfolglos und wurden im Februar 1989 beendet.

18 Die Konferenz fand vom 16.–19. August 1976 statt. Zu den Beratungen und zur Abschlusserklärung vgl. AdG 46 (1976), S. 20411.

Nr. 12

1 Vorlage ist eine Kopie des Schreibens in englischer Sprache. Es war dem Vizepräsidenten der Weltbank, William Clark, mitgegeben worden, den Brandt am 28. Januar 1977 in Bonn empfangen hatte. Siehe das Schreiben McNamaras an Brandt vom 2. Februar 1977, in: AdsD, Dep. Bahr, 1/EBAA 001078.

2 Zum Vorschlag McNamaras vgl. Einleitung. Brandt bezieht sich hier zum einen auf Fernschreiben des Weltbankpräsidenten vom 11. und 13. Januar 1977. Siehe AdsD, Dep. Bahr, 1/EBAA001078 und Nord-Süd-Kommission, 89. Zum anderen hatte McNamara den SPD-Vorsitzenden in einem Fernschreiben am 19. Januar 1977 darüber unterrichtet, dass die Reaktionen auf die fünf Tage zuvor erfolgte öffentliche Bekanntmachung seines Vorschlages generell positiv seien, und Anregungen zum weiteren Vorgehen gemacht. Siehe AdsD, Dep. Bahr, 1/EBAA001078.

3 Gemeint sind vor allem die Nord-Süd-Gespräche von 8 Industrie- und 19 Entwicklungsländern bei der Konferenz über internationale wirtschaftliche Zusammenarbeit (KIWZ) in Paris, die seit Dezember 1975 andauerten. Vgl. Nr. 1, Anm. 17. Außerdem liefen seit der 4. UNCTAD-Konferenz in Nairobi (5. Mai–30. Mai 1976) Verhandlungen über ein integriertes Rohstoffprogramm und einen gemeinsamen Fonds zur Stabilisierung der Rohstoffpreise („Common Fund"). Vgl. EA 31 (1976) 16, S. D 401–D 421, und EA 32 (1977) 9, S. Z 87 f.

4 Diese Forderung bezieht sich auf die Verhandlungen der KIWZ in Paris. Die ursprünglich für Mitte Dezember 1976 geplante abschließende Ministerkonferenz war wegen anhaltender Meinungsverschiedenheiten kurzfristig verschoben worden. Die bei der KIWZ vertretenen Entwicklungsländer verlangten daraufhin, dass die Schlusskonferenz spätestens bis Ende Mai 1977 abgehalten werden müsse. Vgl. EA 31 (1976) 24, S. Z 224, EA 32 (1977) 1, S. Z 10 und 2, Z 46. Zur Kritik der Entwicklungsländer am Vorschlag McNamaras vgl. Einleitung.

5 Egon Bahr hielt sich vom 20. bis 22. Februar 1977 in Washington auf. Er sprach auch mit Weltbankpräsident McNamara über die Gründung der vorgeschlagenen Kommission. Siehe AdsD, WBA, A 11.4, 189.

6 Brandt reiste in Begleitung von Horst Ehmke vom 7.–12. März 1977 in die USA. Vgl. Einleitung und siehe AdsD, WBA, A 3, 718, und A 19, 21.

7 Hs. unterzeichnet.

Nr. 13

1 Vorlage ist der vorab veröffentlichte Text des Interviews, das am 7. April 1977 in der *Westfälischen Rundschau* erschien.

2 Vgl. Einleitung.

3 Die nächste Verhandlungsrunde der KIWZ fand Ende April 1977 statt und legte fest, die Konferenz bis zum 1. Juni 1977 abzuschließen. Vgl. EA 32 (1977) 10, S. Z 100. Vgl. auch Nr. 1, Anm. 17, sowie Nr. 12, Anm. 4.

4 Vgl. Nr. 12.

5 Das Kommissionssekretariat nahm seine Arbeit im Januar 1978 in Genf auf, wo viele UN-Organisationen ansässig sind. Intern war lange Zeit auch Wien im Gespräch

gewesen. Siehe AdsD, Nord-Süd-Kommission, 57.
6   Brandt und McNamara hatten erneut am 6. April 1977 in Bonn über die mögliche Gründung der Kommission gesprochen.
7   Vgl. Einleitung.
8   Zu den Geldgebern der Kommission vgl. Einleitung.
9   Als „Weltbank" bezeichnet man die International Bank for Reconstruction and Development (IBRD), die 1944 bei der Konferenz der Vereinten Nationen über Währung und Finanzen in Bretton Woods (USA) ins Leben gerufen worden war, und die 1960 gegründete International Development Association (IDA). Darüber hinaus gehören inzwischen weitere drei Tochterorganisationen zur Weltbankgruppe. Vgl. *Tetzlaff* 1996, S. 41–75.
10   Vgl. Nr. 11.
11   Zu den Folgen des Ölpreisschocks 1973/74 in der Bundesrepublik vgl. Berliner Ausgabe, Bd. 7, Nr. 94 und 95.
12   Die Sowjetunion und die Ostblockstaaten betrachteten die Probleme der Entwicklungsländer streng ideologisch als direkte Folgen des westlichen „Imperialismus und Kolonialismus", für den sie nicht verantwortlich seien. Vgl. dazu Berliner Ausgabe, Bd. 9, Nr. 36, 65 und 66. Die nur sehr geringen öffentlichen Entwicklungshilfeausgaben der Sowjetunion und ihrer Verbündeten flossen fast ausschließlich in die fest im sozialistischen Lager stehenden RGW-Mitgliedsstaaten Vietnam (ab 1978), Kuba und Mongolische Volksrepublik. Ziel war es, die Entwicklungsländer in die von Moskau dominierte „internationale sozialistische Arbeitsteilung" einzubinden. Vgl. *Nohlen* 2000, S. 648–650.
13   Der im November 1976 zum neuen amerikanischen Präsidenten gewählte Jimmy Carter war am 20. Januar 1977 in das Amt eingeführt worden.

14   Carter hatte Brandt am 8. März 1977 empfangen. Danach erklärte der SPD-Vorsitzende, nach seinem Eindruck zeichne sich eine teilweise Veränderung der amerikanischen Beziehungen zur „Dritten Welt" ab: „Es wird ein intensiveres und lebendigeres Verhältnis geben und vermutlich auch ein Bestreben, die Vereinigten Staaten nicht ohne Not identifiziert zu sehen mit Regimen, die sich der Vergangenheit mehr als der Zukunft verpflichtet fühlen." *Sozialdemokraten Service Presse Funk TV*, Nr. 111/77 vom 13. März 1977.

Nr. 14

1   Auszüge aus dem Manuskript wurden als Pressemitteilung veröffentlicht: *Sozialdemokraten Service Presse Funk TV*, Nr. 210/77 vom 10. Mai 1977.
2   Bericht der SI-Kommission über die Entwicklung im Nahen Osten, in: *Die Neue Gesellschaft* 25 (1978) 2, S. 145–157.
3   Vgl. Nr. 16.
4   Roy Jenkins.
5   Am 2./3. April 1977 fand in Oslo eine Konferenz von sozialdemokratischen Parteien und Gewerkschaften aus 18 westeuropäischen Ländern über Strategien zur Wiederherstellung von Vollbeschäftigung statt.
6   Die wirtschaftliche Lage Großbritanniens blieb 1977 problematisch, die Labour Party verlor durch Nachwahl-Niederlagen ihre Parlamentsmehrheit.
7   Korrigiert aus: Gonzales.
8   Gemeint ist die SI.
9   Brandt spielt auf die türkische Besetzung des Nordteils von Zypern und die daraus resultierende Teilung des Landes an.
10   Vgl. Nr. 11.
11   Es waren dies Anselmo Sule, Yitzhak Rabin, Ed Broadbent, Gough Whitlam.
12   Gemeint sind Senghor und Oduber.

13 Vgl. Nr. 6.

14 In Helsinki war 1975 die KSZE-Schlussakte unterzeichnet worden. Das KSZE-Folgetreffen in Belgrad begann am 4. Oktober 1977 und endete am 9. März 1978.

15 Die Parteiführerkonferenz fand am 16./17. April 1977 statt.

16 Dieser Absatz ist weitgehend identisch mit Ausführungen Brandts am 26. November 1976 nach seiner Wahl zum Präsidenten der SI. Vgl. Nr. 11.

17 Vgl. *Brandt, Willy:* Die Partei der Freiheit. Willy Brandt und die SPD 1972–1992, bearb. von *Karsten Rudolph,* Bonn 2002 (Berliner Ausgabe, Bd. 5), Nr. 48.

Nr. 15

1 Vorlage ist die Kopie des Schreibens in englischer Sprache.

2 Vgl. Einleitung und Nr. 12, Anm. 2.

3 Vgl. Nr. 12 und 13.

4 Die Konferenz über internationale wirtschaftliche Zusammenarbeit in Paris war am 2. Juni 1977 ergebnislos zu Ende gegangen. Vgl. Einleitung, Anm. 176.

5 So hatte Brandt am 2. Juni 1977 in einem Fernschreiben den Generalsekretär des Commonwealth, Shridath S. Ramphal, darum gebeten, bei der bevorstehenden Konferenz der Commonwealth-Staaten die Unterstützung der Entwicklungsländer für die Gründung einer Brandt-Kommission einzuholen. Siehe das FS Brandts an Ramphal vom 2. Juni 1977, in: AdsD, Nord-Süd-Kommission, 22.

6 Zu diesem Zweck hatte sich der niederländische Entwicklungshilfeminister Jan Pronk am 27. Mai 1977 mit einem Schreiben an seine Amtskollegen in einer Reihe von Industrie- und Entwicklungsländern gewandt. Vgl. Einleitung.

7 Bis Mitte Juli 1977 hatten sich Indonesien, Iran, Mexiko, die Elfenbeinküste, Indien, Guyana, Norwegen, Dänemark und Japan zustimmend geäußert, während Jugoslawien und Pakistan Vorbehalte ausdrückten. Siehe die Übersicht über Haltungen einiger Regierungen zur „Brandt Kommission", 23. September 1977, in: AdsD, Nord-Süd-Kommission, 23.

8 Vgl. Einleitung sowie Nr. 17 und 18.

9 Stempel.

Nr. 16

1 Die Rede wurde auf Englisch gehalten. Siehe das Manuskript in: AdsD, WBA, A 13, 17. Die Wiedergabe erfolgt nach einer deutschen Übersetzung, die vorab auszugsweise veröffentlicht wurde in: *Sozialdemokraten Service Presse Funk TV,* Nr. 398/77 vom 29. August 1977.

2 Ausgelassen wurde Brandts Dank an die Organisatoren der Tagung. Diese waren neben der SI die niederländische Partij van de Arbeid und das Rotterdamer Institute for the New Chile. Es nahmen außerdem Vertreter anderer SI-Mitgliedsparteien, des Internationalen Gewerkschaftsbundes, der Parteien des gestürzten chilenischen Regierungsbündnisses Unidad Popular und des Gewerkschaftsbundes Central Unica de Trabajadores de Chile teil. Die ebenfalls eingeladene Christlich Demokratische Partei Chiles sagte zwar ab, sandte aber ein inoffizielles Memorandum. Siehe News Release on the Conference on Future Perspectives for Chile, in: AdsD, WBA, A 13, 17.

3 Die Konferenz vom 29.–31. August 1977 stand unter dem Motto „Future Perspectives for Chile".

4 Abgedruckt in: Berliner Ausgabe, Bd. 6, Nr. 80.

5 Vgl. ebd., Nr. 88.

Nr. 17

1 Vorlage ist die Kopie des Schreibens in englischer Sprache. Ähnlich lautende Briefe ergingen an folgende Staats- bzw. Regierungschefs und Repräsentanten: Boumediène (Algerien), Callaghan (Großbritannien), Carter (USA), Desai (Indien), Fukuda (Japan), Giscard d'Estaing (Frankreich), Houphouët-Boigny (Elfenbeinküste), Jenkins (EG-Kommission), López Portillo (Mexiko), Manley (Jamaika), Numeiri (Sudan), Nyerere (Tansania), Oduber (Costa Rica), Pérez (Venezuela), Schah Pahlawi (Iran), Scheel (Bundesrepublik Deutschland), Suharto (Indonesien), Tindemans (Belgien) und Trudeau (Kanada). Siehe AdsD, Nord-Süd-Kommission, 23, 33 und 41.
2 Vgl. Nr. 12, 13 und 15.
3 Der vierseitige Prospectus on the Independent Commission on International Cooperation („Brandt Commission") von September 1977 informierte über die Struktur, die Aufgaben und Ziele der Kommission. Siehe AdsD, Nord-Süd-Kommission, 23.
4 Brandt reiste schließlich vom 25. bis 28. September 1977 in die USA. Vgl. Einleitung.
5 In seinem Antwortschreiben vom 8. Oktober 1977 teilte Sadat mit, dass er Brandts Entscheidung zur Gründung der Kommission, die am 28. September 1977 erfolgte, sehr begrüße und das Gremium voll und uneingeschränkt unterstützen werde. Siehe das Schreiben Sadats an Brandt in: AdsD, Nord-Süd-Kommission, 41.
6 Hs. unterzeichnet.

Nr. 18

1 Die Fragen stellten Hannes Burger und Herbert Riehl-Heyse.
2 Vgl. Einleitung und Nr. 12.

3 Zu Brandts Gesprächen in den USA vom 25. bis 28. September 1977 vgl. Einleitung. Siehe auch den Ergebnisvermerk Fritz Fischers, Betr.: Gespräche von W[illy]B[randt] in Washington (25./26.9.) und New York (26.–28. 9. 1977), 12. Oktober 1977, in: AdsD, Nord-Süd-Kommission, 24.
4 Je nach Abgrenzungskriterien und Erfolgsindikatoren zählte man damals zwischen sieben und mehr als 40 Staaten zu den „Schwellenländern". Vgl. *Nohlen* 2000, S. 662–664.
5 Ausgesprochen positiv hatten sich z. B. Indien und Mexiko geäußert. Vgl. Anm. 3.
6 Vgl. Einleitung.
7 Vgl. Nr. 15, Anm. 4. Am 19. September 1977 waren auch die Beratungen in der UN-Generalversammlung über eine gemeinsame Bewertung der Pariser Verhandlungen gescheitert. Vgl. EA 32 (1977) 20, S. Z 183 f.
8 Die Außenminister der G 77 hatten dies am 29. September 1977 in einer Deklaration bekräftigt. Vgl. EA 32 (1977) 20, S. Z 185.
9 Unter den Staaten der G 77 hatten sich insbesondere Jugoslawien, Jamaika und Pakistan z.T. sehr kritisch geäußert. Vgl. Anm. 3.
10 Die von der Weltbank im August 1968 eingesetzte achtköpfige Pearson-Kommission hatte ihren Bericht „Partners in Development" im Oktober 1969 vorgelegt. In einer großen Bestandsaufnahme der Entwicklungspolitik hatte sie die Auswirkungen der Hilfsleistungen auf die ärmeren Länder in den letzten 20 Jahren bewerten sowie die Methoden der Entwicklungshilfe und ihren Umfang überprüfen sollen. Vgl. *Stahn, Eberhard*: Die Suche nach einer Strategie für die Zweite Entwicklungsdekade, in: EA 25 (1970) 20, S. 757–770.
11 Vgl. Einleitung.
12 Zur generellen Haltung der Sowjetunion und ihrer Verbündeten zum Nord-

Süd-Konflikt vgl. Nr. 13, Anm. 12. Zur Haltung Chinas vgl. Nr. 1, Anm. 12.

13   Bereits am 9. Mai 1977 hatte Brandt in einem Schreiben an den sowjetischen Staats- und Parteichef Breschnew für den Fall der Übernahme des Kommissionsvorsitzes angekündigt, Kontakt mit der Sowjetunion aufnehmen zu wollen, damit sie an der Erörterung entwicklungspolitischer Fragen in stärkerem Maße teilnähme. Dieses Gesprächsangebot auf Expertenebene erneuerte er in einem weiteren Schreiben am 24. Oktober 1977. Vgl. Berliner Ausgabe, Bd. 9, Nr. 34, 36 und 38. Zu den Kontakten der Kommission mit sowjetischen wie auch mit chinesischen Experten vgl. Nr. 21 und 33.

14   Vgl. Nr. 19.

15   Bereits am 2. Februar 1977 hatte die Bundesregierung zum Vorschlag McNamaras erklärt, sie begrüße es, dass Willy Brandt mit dieser „ehrenvollen Aufgabe" betraut werden solle. Siehe dazu die Antwort der Bundesregierung auf eine Große Anfrage der CDU/CSU-Bundestagsfraktion, 7. September 1977, Drucksache 8/879.

16   Bundeskanzler Schmidt hatte Brandt am 23. September 1977 in einem persönlichen Brief versichert: „Ich möchte Dir die volle Unterstützung der Bundesregierung für die Übernahme dieser wichtigen Aufgabe ausdrücklich zusagen, ohne dabei die notwendige Unabhängigkeit der Kommission zu gefährden." Siehe AdsD, Nord-Süd-Kommission, 41. Mit Bundesaußenminister Genscher hatte Brandt am 27. September 1977 in New York gefrühstückt. Tags zuvor war der SPD-Vorsitzende in Washington auch mit Bundesfinanzminister Hans Apel zusammengetroffen. Vgl. Anm. 3.

17   Brandt spielt insbesondere auf die Kritik des entwicklungspolitischen Sprechers der CDU/CSU-Bundestagsfraktion, Jürgen Todenhöfer, an. Der Oppositionspolitiker polemisierte, der SPD-Vorsitzende wäre „als Vermittler im Nord-Süd-Konflikt denkbar ungeeignet", da er auf die von den Entwicklungsländern geforderte neue Weltwirtschaftsordnung festgelegt sei, die nichts anderes darstelle als eine „planwirtschaftliche Weltordnung". Siehe die Sammlung von Presseausschnitten in: AdsD, Nord-Süd-Kommission, 89 und 90.

18   Der Bundesparteitag der SPD fand vom 15.–19. November 1977 in Hamburg statt. Brandt wurde mit großer Mehrheit wieder zum Parteivorsitzenden gewählt.

Nr. 19

1   Für das englische Manuskript siehe AdsD, Nord-Süd-Kommission, 24. Auf Abweichungen zwischen der englischen und der deutschen Fassung wird in den Anmerkungen hingewiesen.

2   Die Anrede fehlt in der deutschen Fassung des Redetextes.

3   Krankheitsbedingt hatte Pierre Mendès France, der schließlich im Sommer 1978 durch seinen Landsmann Edgard Pisani ersetzt wurde, absagen müssen. Edward Heath und Peter G. Peterson trafen erst am 10. Dezember 1977 in Gymnich ein. Siehe die Übersicht über die Teilnehmer am Empfang beim Bundeskanzler sowie am Abendessen beim Bundespräsidenten am 9. Dezember 1977, in: AdsD, Nord-Süd-Kommission, 24. Außerdem sollte noch ein weibliches Kommissionsmitglied aus einem Entwicklungsland nominiert werden. Die Berufung von Frau Khatijah Ahmad (Malaysia) erfolgte im Februar 1978.

4   Die Ansprache von Bundespräsident Scheel ist abgedruckt in: *Bulletin* vom 14. Dezember 1977, S. 1170 f.

5   Bundeskanzler Schmidt empfing die Kommission am Abend des 9. Dezember 1977 zu einem Gespräch im Kanzleramt.

Anschließend lud der Bundespräsident in der Villa Hammerschmidt zu einem Essen. Siehe Summary Record, First Meeting: Bonn/Schloss Gymnich, 9–11 Dec. 1977, in: AdsD, Nord-Süd-Kommission, 35.
6 Das Grußwort von Bundesaußenminister Genscher ist abgedruckt in: *Bulletin* vom 14. Dezember 1977, S. 1172.
7 Vgl. Einleitung.
8 Dieser Textteil ist im englischen Redemanuskript nicht enthalten.
9 Welches Mitglied Brandt hier zitiert, konnte nicht ermittelt werden.
10 Arno Peters von der Universität Bremen entwickelte die nach ihm benannte Projektion.
11 Gemeint ist die eurozentrische Mercator-Projektion.
12 Dieser Satz ist im englischen Redemanuskript nicht enthalten.
13 Im englischen Redemanuskript heißt es: „So we may do, we must do, as much for a ‚Südpolitik' to reconcile the North-South economic confrontation."
14 In der Bundesrepublik Deutschland lag die Zahl der Arbeitslosen Ende 1977 bei einer Million Menschen. In den OECD-Staaten gab es zur selben Zeit insgesamt über 16 Mio. Arbeitslose. Vgl. Der Fischer Weltalmanach 1979, hrsg. und verfaßt von *Gustav Fochler-Hauke*, Frankfurt/Main 1978, S. 127 und 580.
15 Dieser Nebensatz ist im englischen Redemanuskript nicht enthalten.

Nr. 20
1 Die Fragen stellten Almut Hielscher und Rolf-Henning Hintze.
2 Zwischen 1950 und 1975 war das Pro-Kopf-Einkommen der Entwicklungsländer jährlich um 3 % gestiegen. Die Weltbank stellte aber 1978 fest, dass die beträchtlichen Fortschritte der letzten 25 Jahre weder ausreichend hoch noch genügend breit gestreut waren, um die Zahl der absolut Armen zu verringern. Vgl. Der Fischer Weltalmanach 1980, hrsg. von *Gustav Fochler-Hauke*, unter Mitarbeit von *Jan Ulrich Clauss*, *Winfried Magg*, *Günther Michler* und *Reinhard Paesler*, Frankfurt/Main 1979, S. 590–593 und 763 f.
3 Starkes Wirtschaftswachstum und Industrialisierungserfolge verzeichneten in 1970er Jahren vor allem Südkorea, Taiwan, Singapur und Hongkong. Vgl. *Nohlen* 2000, S. 662 f.
4 Den Aufstieg zu den Industrienationen erwarteten Experten insbesondere von Argentinien, Brasilien und Mexiko. Chile, Costa Rica und Venezuela traute man eine fortschreitende Industrialisierung zu. Vgl. ebd. und Nr. 18, Anm. 4.
5 Vgl. Nr. 12, Anm. 3.
6 Zwischen 1970 und 1980 wuchs die Außenverschuldung der Entwicklungsländer von ca. 100 Mrd. auf über 600 Mrd. US-Dollar an. Vgl. *Nohlen* 2000, S. 792 f. Zur Verschuldungsproblematik vgl. auch Einleitung.
7 Gemeint ist der Anteil der öffentlichen Entwicklungshilfe am Bruttosozialprodukt (BSP). Nach einer Definition des Ausschusses für Entwicklung der OECD werden bei der Berechnung der Quote sämtliche nicht nach Marktbedingungen vergebenen Mittelzuflüsse aller staatlichen Stellen eines Landes an Entwicklungsländer bzw. multilaterale Institutionen für die wirtschaftliche Entwicklung und die Verbesserung der Lebensbedingungen in den Entwicklungsländern berücksichtigt. Vgl. *Nohlen* 2000, S. 219–221 und 575 f.
8 1977 gab Schweden 0,99 % seines BSP für öffentliche Entwicklungshilfe aus. Vgl. Der Fischer Weltalmanach 1979, S. 746.

9   Die USA wendeten 1977 0,22 % des BSP für öffentliche Entwicklungshilfeausgaben auf, Japan 0,12 %. Vgl. ebd.
10   Der Etat des BMZ wuchs 1978 im Vergleich zum Vorjahr um 31,3 %. Vgl. ebd., S. 118.
11   Die öffentlichen Entwicklungshilfeausgaben der Bundesrepublik stiegen bis 1980 auf 0,44 % des BSP. Vgl. *Nohlen* 2000, S. 225.
12   Multinationale Unternehmen (auch transnationale Konzerne) sind Konzerne, die in mehreren Geschäftsbereichen außerhalb ihres Heimatlandes tätig sind und sich finanziell auf abhängige Unternehmen in zwei oder mehr Ländern stützen. Vgl. *Nohlen* 2000, S. 739–742.
13   Zur nicht selten pauschalen Schelte gegen die „Multis" gehörte in den 1970er Jahren auch der Vorwurf, sie würden politische Repression akzeptieren und indifferent gegenüber Menschenrechtsverletzungen sein. Vgl. *Nohlen, Dieter* (Hrsg.): Lexikon der Politik, Bd. 4: Die östlichen und südlichen Länder, hrsg. von *Dieter Nohlen, Peter Waldmann* und *Klaus Ziemer*, München 1997, S. 387.
14   In Sambia hielt sich Brandt vom 28. Dezember 1977–6. Januar 1978 auf. Das afrikanische Land war Station auf der ausgedehnten Asien- und Afrikareise des SI-Präsidenten im Dezember 1977 und Januar 1978. Er führte Gespräche mit den Befreiungsbewegungen ZANU und ZAPU aus Südrhodesien/Zimbabwe, SWAPO (Südwestafrika/Namibia) und ANC (Südafrika).
15   Sie war 1976 gegründet worden und bestand aus ZANU und ZAPU.
16   Zwar hatte die Bundesregierung 1977 im UN-Sicherheitsrat einem Waffenembargo gegen Südafrika zugestimmt, Kontakte zu den Befreiungsbewegungen fehlten aber noch weitgehend, da die Bundesregierung sie wegen des Einsatzes von Gewalt kritisierte und wirtschaftliche Sanktionen gegen die Republik Südafrika ablehnte. Vgl. *Wenzel, Claudius:* Südafrika-Politik der Bundesrepublik Deutschland 1982–1992. Politik gegen Apartheid?, Wiesbaden 1994, S. 38 f.
17   Brandt sandte Owen am 9. Januar 1978 einen umfangreichen Bericht über seine Gespräche. Siehe AdsD, WBA, A 11.15, 26.
18   Das heutige Harare.
19   Im März 1978 hatte sich die weiße Minderheitsregierung mit gemäßigten schwarzen Politikern auf eine neue Verfassung geeinigt. Die UNO und die Patriotische Front lehnten die Gespräche ab.
20   Die Exportgarantien oder Bürgschaften sind staatliche Versicherungen für deutsche Exporte.
21   Am 16. Mai 1968 hatte Brandt die Missionschefs der afrikanischen Länder in Bonn getroffen.
22   Die EG hatte 1977 einen Verhaltenskodex für Unternehmen, die Niederlassungen o. ä. in Südafrika besaßen, beschlossen. Er sollte die Arbeits- und Lebensbedingungen der schwarzen Arbeitnehmer verbessern. Vgl. *Wenzel* 1994, S. 86 f.
23   Das Kulturabkommen wurde 1985 gekündigt. Seit 1977 bereits galt das deutsch-südafrikanische Abkommen nicht mehr für Namibia. Vgl. *Verheugen, Günter:* Apartheid. Südafrika und die deutschen Interessen am Kap. Mit einem Vorwort von Bischof Tutu, Köln 1986, S. 193, 198.
24   Die deutsche Schule in Windhoek wurde zum 1. Januar 1978 offiziell für nicht-weiße Schüler geöffnet, nachdem die Bundesregierung gedroht hatte, sonst die Zuschüsse zu streichen. Vgl. *Brenke, Gabriele:* Die Bundesrepublik Deutschland und der Namibia-Konflikt, München 1989, S. 124.

Nr. 21

1   Die englische Originalfassung („Reflections on the Mutuality of Interests") wurde den Kommissionsmitgliedern während des zweiten Treffens ausgehändigt, das vom 10.–12. März 1978 in Mont Pèlerin (Schweiz) stattfand. Siehe Summary Record, Mont Pèlerin Meeting, March 1978, in: AdsD, Nord-Süd-Kommission, 58.
2   Es handelt sich um die deutsche Übersetzung der englischen Fassung.
3   Vgl. Einleitung und Nr. 19.
4   Vgl. Einleitung.
5   Vgl. Einleitung. Zu den Versuchen, diese Länder in die Kommissionsarbeit einzubinden, vgl. Nr. 18, Anm. 13, Nr. 23 und 33.
6   Brandt nimmt Bezug auf die seit Mitte der siebziger Jahre diskutierte Grundbedürfnisstrategie. Sie verfolgte das Ziel, für die größtmögliche Zahl von Menschen eine Mindestausstattung mit Gütern des privaten Verbrauchs (Ernährung, Kleidung, Wohnung) zu gewährleisten und grundlegende öffentliche Dienstleistungen (Trinkwasser, sanitäre Entsorgung, Gesundheit, Bildung, Transport) bereitzustellen. Vgl. *Nohlen* 2000, S. 315–318.
7   Diese Idee geht auf Bruno Kreisky zurück. Bei der Konferenz europäischer und lateinamerikanischer sozialdemokratischer Parteien in Caracas im Mai 1976 hatte der österreichische Bundeskanzler eine Art „Marschall-Plan für die Dritte Welt" vorgeschlagen. Vgl. EA 31 (1976) 12, S. Z 114.
8   Nach Artikel 23 der Allgemeinen Erklärung der Menschenrechte hat jeder Mensch das Recht auf Arbeit, auf freie Berufswahl, auf angemessene und befriedigende Arbeitsbedingungen sowie auf Schutz gegen Arbeitslosigkeit.
9   Zur Diskussion um den Schutz von Privatinvestitionen vgl. Nr. 1.
10   Vgl. Einleitung und Nr. 20, Anm. 6.
11   Der Status der Entwicklungsländer wurde in erster Linie durch den Indikator Pro-Kopf-Einkommen (BSP dividiert durch die Anzahl der Bevölkerung eines Landes) bestimmt. Damit blieben aber die meist sehr ungleiche Einkommensverteilung und vor allem soziale und gesellschaftliche Faktoren von Entwicklung außerhalb der Betrachtung. Zur Indikator-Problematik vgl. *Nohlen, Dieter/Nuscheler, Franz*: Indikatoren von Unterentwicklung und Entwicklung, in: *Nohlen/Nuscheler* 1993, Bd. 1, S. 76–108.
12   Gemeint sind die nach dem Zweiten Weltkrieg in die Unabhängigkeit entlassenen Staaten Asiens und Afrikas.

Nr. 22

1   AdsD, WBA, A 11.1, 80. Peiser hatte sich in dem Schreiben tief enttäuscht gezeigt, dass Brandt beim Staatsbesuch des brasilianischen Präsidenten in der Bundesrepublik (5.–10. März 1978) „die blutbefleckte Hand des Mörderpräsidenten GEISEL gedrückt" habe. Einige der von diesem zu verantwortenden Menschenrechtsverletzungen führte Peiser als Beleg an. Er schloss den Brief aber mit der Formel: „In unverminderter Wertschätzung".
2   Seit dem Militärputsch 1964 war oppositionelle Betätigung nur in sehr engem Rahmen möglich. Zahlreiche Politiker saßen im Gefängnis oder lebten im Exil.
3   Stempel.

Nr. 23

1   Vorlage ist die Kopie des Schreibens.
2   Vom 4.–19. Juli 1978 bereiste Brandt die Hauptstädte der EG-Partner sowie Wien und den Vatikan. Siehe die Aufzeichnung Fritz Fischers vom 24. Juli 1978, in: AdsD, Nord-Süd-Kommission, 60. Vgl. auch Einleitung.

3   Am 22./23. März 1978 hatte Brandt Budapest besucht und mit dem ungarischen Parteichef Kádár gesprochen. Mit dem ersten Mann der Sowjetunion, Breschnew, war er am 5. Mai 1978 in Bonn zusammengekommen. Vgl. Berliner Ausgabe, Bd. 9, Nr. 45. Vom 7.–9. Juni 1978 hatte er zudem Bulgarien und Rumänien einen Besuch abgestattet und in den politischen Gesprächen mit den Staats- und Parteichefs, Schiwkow und Ceauşescu, die mögliche Zusammenarbeit in Nord-Süd-Fragen angeschnitten. Vgl. Berliner Ausgabe, Bd. 9, Nr. 47. Siehe dazu auch den Vermerk Willy Brandts, Betr.: Gespräche mit Todor Shiwkow und N. Ceauçescu, 10. Juni 1978, in: AdsD, Nord-Süd-Kommission, 42. Schriftlich hatte Brandt den jugoslawischen Staatspräsidenten Tito im Januar 1978 und den polnischen Parteichef Gierek im Juni 1978 unterrichtet. Vgl. Berliner Ausgabe, Bd. 9, Nr. 40 und 46.

4   Der 4. Weltwirtschaftsgipfel der sieben Staats- und Regierungschefs der führenden westlichen Industrienationen fand am 16./17. Juli 1978 in Bonn statt. Sie einigten sich dabei nach eigenen Angaben auf „eine umfassende Strategie für Wachstum, Beschäftigung und Inflation, internationale Währungspolitik, Energie, Handel und Fragen von besonderem Interesse für Entwicklungsländer". Das Abschlusskommunique ist veröffentlicht in: EA 33 (1978) 16, S. D 462–D 468.

5   Hs. unterzeichnet.

Nr. 24

1   Peres und Sadat hatten sich am 9. Juli 1978 in Wien getroffen. Sie sprachen sowohl in Anwesenheit von Brandt und Kreisky als auch unter vier Augen miteinander. Siehe Brandts Aufzeichnung in: AdsD, WBA, A 9, 13.

2   Der israelische Politologe Yoram Peri behauptet, dass es sich bei der folgenden Erklärung eigentlich um die gemeinsame Position des ägyptischen Staatspräsidenten und des israelischen Oppositionsführers handelt. Beide hätten sich bei ihrem Treffen in Wien darauf verständigt. Um aber nicht Vorwürfen ausgesetzt zu werden, Außenpolitik an der israelischen Regierung vorbei zu betreiben, hätten sie den Weg gewählt, die Einigung als Statement von Brandt und Kreisky der Öffentlichkeit vorstellen zu lassen. Vgl. *Peri, Yoram:* Fall from Favor. Israel and the Socialist International, in: The Jerusalem quarterly 7 (1982) 24, S. 129–144, hier S. 140.

3   Am 9. November 1977 hatte Sadat völlig überraschend seine Bereitschaft erklärt, nach Jerusalem zu reisen und mit Israel über einen Friedensvertrag zu verhandeln. Der Besuch erfolgte vom 19.–21. November 1977.

4   Die Resolutionen sind abgedruckt in: EA 24 (1969) 24, S. D 578f., sowie EA 29 (1974) 14, S. D 313.

5   Bei der Sitzung des SI-Büros in Paris am 28. September 1978 wurde dieser Text zwar nicht formell beschlossen, aber Brandts und Kreiskys Erklärung begrüßt. Siehe AdsD, SPD-PV, 11384.

6   In beiden Städten waren Peres und Sadat am 11./12. Februar 1978 zusammengekommen.

Nr. 25

1   Vorlage ist die Kopie des Schreibens in englischer Sprache.

2   Willy Brandt war mit dem ehrenamtlichen Schatzmeister der Nord-Süd-Kommission, Jan Pronk, am 17. Juli 1978 in Amsterdam zusammengetroffen. Angeblich auf dessen Empfehlung hin hatte Brandt zugesagt, Pronk für die Reise nach Kuba

eine Botschaft für die dortige politische Führung mitzugeben. Siehe die Aufzeichnung Fischers vom 24. Juli 1978, in: AdsD, Nord-Süd-Kommission, 60. Nach Pronks Angaben ging jedoch die Initiative, mit Castro Kontakt aufzunehmen, von Brandt aus. Siehe das Schreiben Pronks an Brandt vom 4. August 1978, in: AdsD, Nord-Süd-Kommission, 31.

3   Die XI. Weltfestspiele der Jugend und Studenten fanden vom 28. Juli – 5. August 1978 in Havanna und damit erstmals außerhalb des europäischen Kontinents statt. An der kommunistischen Propagandaveranstaltung, die unter dem Motto „Für antiimperialistische Solidarität, Frieden und Freundschaft" stand, nahmen 18.500 junge Leute aus 145 Ländern teil.

4   Vgl. Nr. 23, Anm. 2 und 3, sowie Einleitung.

5   Kuba übernahm 1979 für drei Jahre die Präsidentschaft der Blockfreienbewegung, wogegen sich allerdings 1978 innerhalb der Organisation erheblicher Widerstand wegen der pro-sowjetischen Haltung des Landes regte. Vgl. EA 33 (1978) 16, S. Z 167 f.

6   Am 30. Juli 1978 wurde Pronk von Castro empfangen und übergab das Schreiben Brandts. Der kubanische Präsident sagte der Kommission seine ausdrückliche Unterstützung zu. Zugleich betonte er die Verpflichtung seiner Regierung für eine Anti-Armuts-Politik und die Etablierung einer neuen Weltwirtschaftsordnung. Kuba werde weiterhin anderen Entwicklungsländern Hilfe leisten, wobei in der Zukunft die wirtschaftliche und zivile Unterstützung noch wichtiger sein werde als die militärische. Siehe das Schreiben Pronks an Brandt vom 4. August 1978, in: AdsD, Nord-Süd-Kommission, 31. Vgl. auch Einleitung.

7   Hs. unterzeichnet.

Nr. 26

1   Am 22. August 1978 hatte ein Kommando der sandinistischen Rebellen das Parlament besetzt und führende Repräsentanten der Diktatur als Geiseln genommen. Nachdem die Regierung die Forderung nach einem Lösegeld und nach Freilassung politischer Gefangener erfüllt hatte, wurde die Besetzung beendet.

2   In Estoril bei Lissabon hatte vom 30. September – 2. Oktober 1978 die Konferenz „Demokratisierungsprozesse auf der Iberischen Halbinsel und in Lateinamerika" stattgefunden, ein Nachfolgetreffen der Caracas-Konferenz vom Mai 1976. Vgl. Nr. 6. Formal war dies keine Veranstaltung der SI.

3   Die in Estoril verabschiedete „Erklärung von Lissabon" ist auf Portugiesisch abgedruckt in: *Kopsch, Uwe*: Die Rolle und Aktivität der Sozialistischen Internationale und ihrer Mitgliedsorganisationen in Lateinamerika seit 1976, Hamburg 1982, S. 122. Sie ist kein SI-Dokument. Der Beschluss der SI zur Unterstützung der Opposition in Nicaragua wurde bei der Sitzung des SI-Büros in Paris am 28./29. September 1978 gefasst, unmittelbar vor dem Treffen in Estoril. Vgl. *Sozialdemokraten Service Presse Funk TV*, Nr. 483/78 vom 29. September 1978 mit dem Text des Beschlusses.

4   Hs.

Nr. 27

1   Die Rede mit dem Titel „Why a New International Order?" hielt Brandt in englischer Sprache. Die SPD-Pressestelle kündigte die Rede mit dem Titel „Warum brauchen wir eine Neuordnung der internationalen Beziehungen?" an. Vgl. *Sozialdemokraten Service Presse Funk TV*, Nr. 539/78 vom 25. Oktober 1978.

2   Ausgelassen wurden Dankesworte zu Beginn.

3   Vgl. Berliner Ausgabe, Bd. 2, Nr. 5, 7 und 8.
4   Vgl. Einleitung.
5   Vgl. Berliner Ausgabe, Bd. 6.
6   Vgl. Nr. 12, 13 und 15.
7   Brandt lobt im Folgenden die Arbeit der United Nations Association of America beim Abbau von Spannungen zwischen Nord und Süd und erwähnt eine Rede von Bundesaußenminister Genscher in New York vom 24. Oktober 1978.
8   Zur Forderung der Entwicklungsländer nach einer Neuen Weltwirtschaftsordnung vgl. Einleitung.
9   Ausgelassen wurde ein Abschnitt, in dem Brandt die wirtschaftlichen Schwierigkeiten der Industriestaaten in den siebziger Jahren beschrieb.
10   Vgl. Nr. 18, Anm. 4.
11   Gemessen am Pro-Kopf-Einkommen zählten einige arabische OPEC-Staaten damals zu den reichsten Ländern der Welt. Vgl. *Nohlen* 2000, S. 585–587.
12   In den Ländern mit niedrigen Einkommen, den so genannten „low-income countries", lebten nach Angaben der Weltbank 1975 ca. 2,2 Mrd. Menschen, darunter ca. 770 Mio. absolut Arme. Die Weltbevölkerung betrug 1977 ca. 4,1 Mrd. Menschen. Vgl. Fischer Weltalmanach 1980, S. 466 und 763 f.
13   Der Internationale Währungsfonds war wie die Weltbank das Ergebnis der Währungs- und Finanzkonferenz, die im Juli 1944 in Bretton Woods stattgefunden hatte. Der IWF nahm 1947 in Washington seine Arbeit auf und hatte ursprünglich die Aufgabe, die Ausweitung des Welthandels durch die Schaffung fester Wechselkurse zwischen konvertiblen Währungen zu erleichtern. Vgl. *Tetzlaff* 1996, S. 76–86.
14   Zur Weltbankgruppe vgl. Nr. 13, Anm. 9.

15   Das in Bretton Woods beschlossene Währungssystem hatte dem US-Dollar die Rolle als Leitwährung zugewiesen und ihn an den Goldpreis gekoppelt. Als die USA im August 1971 die Goldeinlösegarantie des Dollars aufhoben, bedeutete dies faktisch das Ende des Bretton-Woods-Systems, das 1973 mit dem Übergang zu flexiblen („floatenden") Wechselkursen endgültig zusammenbrach. Vgl. *Volger, Helmut (Hrsg.): Lexikon der Vereinten Nationen,* München/Wien 2000, S. 295–300.
16   Die Bedeutung von Zöllen im Welthandel nahm zwar ab, dafür wuchs seit den 1970er Jahren die Neigung der Staaten, so genannte nicht-tarifäre Handelshemmnisse einzusetzen. Vgl. *Nohlen* 2000, S. 283 f.
17   Vgl. Einleitung und Nr. 1.
18   Vgl. Nr. 23, Anm. 4.
19   Brandt beklagt in dem ausgelassenen Abschnitt, dass in den internationalen Verhandlungen trotz vieler Resolutionen und guter Ideen die Frustration wegen fehlender Einigungen wachse.
20   In den hier nicht abgedruckten Abschnitten geht Brandt auf die Probleme beim Zustandekommen der Nord-Süd-Kommission ein und legt noch einmal deren Konzepte und Ziele dar.
21   Vgl. Anm. 14 und 15.
22   Nach dem Zweiten Weltkrieg lösten sich die europäischen Kolonialreiche auf und neue Staaten entstanden. Vgl. *Nohlen* 1997, S. 111–118.
23   Sowohl bei der Weltbank als auch beim IWF waren und sind die Stimmrechte abhängig vom eingezahlten Kapital eines jeden Landes, das wiederum deren Wirtschaftskraft widerspiegelt. Die fünf großen westlichen Industriestaaten USA, Japan, Bundesrepublik Deutschland, Großbritannien und Frankreich verfügten dadurch über einen dominierenden Einfluss in beiden Institutionen, der von den sich benach-

teiligt fühlenden Entwicklungsländern kritisiert wurde. Vgl. *Nohlen* 2000, S. 389–391 und S. 812.
24   Brandt weist auf die bevorstehende V. UNCTAD-Konferenz, die vom 7. Mai – 3. Juni 1979 in Manila tagen sollte, sowie auf die 11. Sondertagung der Generalversammlung der Vereinten Nationen über Entwicklungsfragen in New York hin, die vom 25. August – 15. September 1980 zusammentreten sollte. Von beiden Konferenzen erhoffte er sich bedeutende Fortschritte für die internationale Entwicklungszusammenarbeit.
25   Vgl. *Winkler, Heinrich August:* Der lange Weg nach Westen. Bd. 2: Deutsche Geschichte vom „Dritten Reich" bis zur Wiedervereinigung, München 2000, S. 128 f.
26   Brandt erinnert an die Gründung des German Marshall Funds 1972 und dankt für dessen finanzielle Unterstützung der Nord-Süd-Kommission.
27   Vgl. Nr. 21, Anm. 7.
28   Die Organization for European Economic Cooperation (OEEC) wurde 1948 als Behörde für die Verteilung und Verwaltung der Gelder des Marshall-Plans gegründet. 1961 trat die Organisation for Economic Cooperation and Development (OECD) an ihre Stelle.
29   Die EWG wurde 1957 von Frankreich, Italien, der Bundesrepublik Deutschland und den Benelux-Staaten gegründet.
30   Weggelassen wurde ein Hinweis auf das anwesende Kommissionsmitglied Peterson.
31   Das Konzept der „self reliance" (Eigenständigkeit) war in den siebziger Jahren in kritischer Auseinandersetzung mit den älteren Modernisierungs- bzw. Industrialisierungsstrategien entstanden. Im Vertrauen auf ihre eigenen Kräfte und Traditionen sollten die Entwicklungsländer ihren selbstbestimmten Weg zur Entwicklung finden. Vgl. *Nohlen* 2000, S. 522–526 und 669.
32   Unter konzessionären Hilfen sind alle von Industrieländern, internationalen Organisationen und Banken gewährten Finanzhilfen und Erleichterungen für die Entwicklungsländer zu verstehen. Neben der direkten Entwicklungshilfe fallen darunter auch zinsgünstige Kredite, Umschuldungen und Schuldenerlasse.
33   Im Folgenden zitiert Brandt Passagen aus dem im September 1978 vom amerikanischen Kongress verabschiedeten Zusatz zum Foreign Assistance Act von 1961.
34   Der Geschäftsmann und Diplomat Linowitz wurde im September 1978 vom amerikanischen Präsidenten Carter zum Vorsitzenden einer 20-köpfigen Kommission über Welthunger berufen. Das Gremium legte seinen Bericht „Overcoming World Hunger: The Challenge Ahead" im März 1980 vor.

Nr. 28

1   Das vertrauliche Schreiben wurde in französischer Sprache verfasst. Die hier abgedruckte Übersetzung folgt, wenn nicht anders angegeben, der am selben Ort abgelegten handschriftlichen Vorlage Brandts. Korrekturen der Übersetzung sind kenntlich gemacht und stammen von Bernd Rother.
2   Vom 3.–5. November 1978 tagte der Kongress der SI in der kanadischen Stadt. Mitterrand ließ Brandt am letzten Tag eine Mitteilung zukommen, dass die überaus große Zahl von Vizepräsidenten die Strukturen des SI-Büros bedrohe. Siehe IISG, SI, 972. Statt der angestrebten Reduzierung waren beim Kongress 19 Vizepräsidenten (zuvor: 14) gewählt worden. Presseberichten zufolge hatte Mitterrand angesichts

dieser Entwicklung kurzzeitig erwogen, seine Kandidatur zurückzuziehen. Vgl. *Clement, Wolfgang:* Willy Brandt und die SI hoffen jetzt auf Lateinamerika, in: *Westfälische Rundschau* vom 7. November 1978, sowie *Goos, Diethart:* Brandt: „Gewalt ist manchmal notwendig", in: *Die Welt* vom 7. November 1978. Brandt hatte sich aus dem Nominierungsprozess der Vizepräsidentenkandidaten herausgehalten. Siehe das Schreiben von Klaus Lindenberg an Hermann Benzing, 28. November 1978, in: AdsD, Dep. K. Lindenberg, 129.

3   Brandt nahm dort an der Auftaktkundgebung der französischen Sozialisten für den Europawahlkampf teil. Siehe AdsD, WBA, A 3, 775.

4   Brandt und Mitterrand hatten sich am 26. März 1976 und am 23. Juni 1976 getroffen. Siehe AdsD, WBA, A 11.15, 7, bzw. AdsD, SPD-PV, 11936. Dabei ging es u. a. um eine stärkere personelle Vertretung der PSF in den Gremien der SI.

5   Gemeint ist die Erarbeitung einer neuen Grundsatzerklärung der SI.

6   Korrigiert aus: Gonzales.

7   Vorlage: van den Miert.

8   Fehlt in Brandts Vorlage.

9   Der Vorname fehlt in Brandts Vorlage.

10 In der französischen Übersetzung: tensions.

11 Aufgrund von Brandts Erkrankung kam das Gespräch im Dezember 1978 nicht zustande. Erst am 11. März 1980, lange nach der Genesung Brandts, trafen sich beide, um über die Organisationsstrukturen der SI zu sprechen. Vgl. Einleitung sowie Nr. 46 und 49. Siehe auch AdsD, WBA, A 11.8, 34.

12 Hs.

Nr. 29

1   Im April 1979 wurde dieses Schreiben von einer tunesischen Oppositionszeitung veröffentlicht. Wer ihr das Dokument zugespielt hatte, blieb unklar. Siehe das FS der Deutschen Botschaft in Tunis an das AA vom 23. April 1979 in: AdsD, WBA, A 11.15, 23.

2   Bourguiba hielt sich von Ende Oktober 1978 bis zum 10. Januar 1979 in einer Bonner Klinik zwecks Behandlung schwerer Schlafstörungen auf. Brandt musste sich Ende 1978 wegen eines „stillen" Herzinfarktes, den er Ende Oktober 1978 erlitten hatte, in ärztliche Behandlung begeben. Vgl. Einleitung.

3   Als die tunesische Regierung nach einem eintägigen Generalstreik am 27. Januar 1978 Gewerkschafter verhaften ließ, entsandte die SI eine Delegation ins Land. Ihr Bericht wurde beim SI-Büro in Paris am 28./29. September 1978 diskutiert und eine Stellungnahme des Büros zu Tunesien publiziert. Die SI forderte die strikte Einhaltung der Menschenrechte und eine demokratische Öffnung. Dennoch wurden der Generalsekretär der Gewerkschaft UGTT, Habib Achour, und andere Gewerkschafter zu 5 bis 10 Jahren Zwangsarbeit verurteilt. Der SI-Kongress in Vancouver Ende 1978 forderte die Freilassung der politischen Gefangenen und die Unabhängigkeit der Gewerkschaften vom Staat. Vgl. *Krech, Hans:* Die Nahostpolitik der Sozialistischen Internationale, Berlin 1996, S. 61.

4   Habib Achours Strafe wurde 1979 in Zwangsaufenthalt umgewandelt, 1981 wurden er und andere Oppositionelle amnestiert.

5   Hs. Diese Grußformel verwendete Brandt äußerst selten. Sie dokumentiert, wie wichtig ihm sein Anliegen war.

Nr. 30

1   Für die Übersetzung wurde auf den fast vollständig aus der Feder von Willy

Brandt stammenden und mehrfach hs. von ihm bearbeiteten deutschen Entwurf zurückgegriffen, dessen Reinschrift anschließend vom Genfer Sekretariat ins Englische übersetzt wurde. Brandt trug seinen Bericht während der Sitzung am 23. Februar 1979 vor. Die Kommission tagte in Mont Pèlerin vom 22.–26. Februar 1979. Siehe AdsD, Nord-Süd-Kommission, 64.

2   Zu Brandts Erkrankung vgl. Einleitung.

3   Ausgelassen wurden der Dank Brandts für die Vorbereitung und Durchführung der Sitzung in Kuala Lumpur vom 24.–27. November 1978 sowie einige organisatorische Anregungen.

4   Daran waren während der Kommissionssitzung in Kuala Lumpur Zweifel aufgekommen. Vgl. Einleitung.

5   Das Gespräch zwischen Brandt und Waldheim fand am 2. April 1979 in Genf statt. Siehe das Schreiben Brandts an v. Wechmar vom 18. Mai 1979, in: AdsD, Nord-Süd-Kommission, 28.

6   Dieses Treffen zwischen Brandt und Waldheim hatte am 26. Oktober 1978 in New York stattgefunden. Bei dem Gespräch am 2. April 1979 wurde die ursprüngliche Verabredung jedoch auf Wunsch des Kommissionsvorsitzenden geändert. Der UN-Generalsekretär stimmte zu, „daß der Bericht [...] Anfang Januar 1980 an ihn übergeben wird." Schreiben Fritz Fischers an v. Wechmar, 18. Mai 1979, in: AdsD, Nord-Süd-Kommission, 28.

7   Gemeint ist die 11. Sondertagung der Generalversammlung der Vereinten Nationen über Entwicklungsfragen in New York, die vom 25. August–15. September 1980 zusammentrat. Vgl. EA 35 (1980) 19, S. Z 188.

8   Der vom Sekretariat in Kuala Lumpur vorgelegte Entwurf einer Gliederung des Abschlussberichts war vor allem von den Kommissionsmitgliedern Yaker und Ramphal als „unannehmbar" bzw. als „Beleidigung der Intelligenz" kritisiert worden. Siehe den Vermerk Fritz Fischers für Willy Brandt, Betr.: Ergebnis und Verlauf der 5. Kommissionssitzung in Kuala Lumpur vom 24.–27. November 1978, 28. November 1978, in: AdsD, Nord-Süd-Kommission, 54.

9   Siehe Summary Record, Fifth Meeting: Kuala Lumpur, 24–27 November 1978, in: AdsD, Nord-Süd-Kommission, 73.

10   Wörtlich übersetzt: „sei verschrottet worden".

11   Im Folgenden weist Brandt darauf hin, dass bereits seit längerem Entwürfe und Anregungen für eine Gliederung von Kommissionsmitgliedern vorlägen. Er erinnert sodann an das Arbeitsmandat, aus dem sich bereits eine gewisse Struktur des Berichts ergebe.

12   Im hier nicht dokumentierten Abschnitt macht Brandt Anregungen dazu, ob und wie die Kommission sich über mögliche Empfehlungen des Berichts bis zum Ende der laufenden Tagung einigen könnte.

13   Die Sitzung in Wien fand schließlich vom 4.–9. Juli 1979 statt.

14   Ausgelassen wurde eine Bemerkung Brandts zur Endredaktion des Berichts.

15   Entgegen dieser Planung gelang es beim Treffen in Wien nicht, die Kommissionsarbeiten abzuschließen. Vgl. Einleitung.

16   Brandt bezieht sich auf den Verlauf der Sitzung in Kuala Lumpur im November 1978. Vgl. Einleitung.

17   Im Folgenden äußert sich Brandt zur Vorbereitung der nächsten Sitzungen, zur Verbreitung des Abschlussberichts über die Medien und zur Veröffentlichung eines Folgebands mit Sekretariatspapieren.

18   Dieser Vorschlag hatte in Kuala Lumpur Befürchtungen bei einigen Kommissionsmitgliedern hervorgerufen und zur

Forderung geführt, eine Einleitung des Vorsitzenden, die auch substanzielle Dinge anspreche, müsse von allen gebilligt werden. Vgl. Anm. 9. Brandt war allerdings fest entschlossen, „selbst im eigenen Namen eine Einleitung (20 bis 30 Seiten) zum Bericht [zu] schreiben" und diesen Text den übrigen Kommissionsmitgliedern bloß zur Kenntnis zu geben. Vermerk Fritz Fischers, Betr.: Gespräche mit W[illy]B[randt] in Hyères am 16./17. Januar 1979, 22. Januar 1979, in: AdsD, Nord-Süd-Kommission, 28. Vgl. auch Einleitung.

19 Brandt behält sich vor, wie er die genannten und weitere Themen in der Einleitung gewichten wird.

20 In den hier nicht dokumentierten Absätzen zitiert Brandt Äußerungen von Kommissionsmitgliedern zur internationalen Bedeutung des Gremiums.

21 CPE steht für „Centrally Planned Economies" und meint die Zentralverwaltungswirtschaften nach dem sowjetischen Modell.

22 Brandt zitiert hier aus seiner Rede vor den Vereinten Nationen vom 26. September 1973. Sie ist abgedruckt in: Berliner Ausgabe, Bd. 6, Nr. 80. Die beiden Sätze fanden leicht abgewandelt auch Eingang in die Einleitung des Kommissionsberichts: „Wo Hunger herrscht, kann Friede nicht Bestand haben. Wer den Krieg ächten will, muß auch die Massenarmut bannen." Brandt-Report 1980, S. 23.

23 Ausgelassen wurde ein Abschnitt, in dem Brandt noch einmal die Idee der „Gemeinsamkeit von Interessen" unterstreicht.

24 Vgl. Nr. 19.

25 Nicht abgedruckt sind allgemeine Hinweise Brandts auf Vorschläge und Ziele für das Jahr 2000, die der Kommissionsbericht auf Empfehlung von internationalen Experten und Organisationen möglicherweise übernehmen könnte.

26 Ausgelassen wurde ein Zitat aus dem Bericht des Ausschusses für Entwicklungshilfe der OECD (Development Assistance Committee – DAC) aus dem Jahre 1978.

27 Die Theorie des „demographischen Übergangs" postulierte, dass bei steigendem Lebensstandard der Familienplanungsgedanke immer mehr Platz greife und zu einer Geburtenbeschränkung führe. Vgl. *Nohlen* 1997, S. 91–99.

28 Brandt weist auf eine Rede des Weltbankpräsidenten McNamara hin und betont die negativen Auswirkungen ungebremsten Bevölkerungswachstums.

29 Brandt kündigt ein Papier des Sekretariats zur Rolle der Frauen im Entwicklungsprozess an und verweist auf frühere Beratungen der Kommission.

30 Der Generalsekretär der Weltgesundheitsorganisation, Halfdan Mahler, hatte in einem Schreiben an Brandt appelliert, die Kommission solle das Ziel der WHO („Gesundheit für alle bis zum Jahr 2000") übernehmen und zur weltweiten sozialen Zielvorstellung bis zum Ende des 20. Jahrhunderts erklären. Siehe Chairman's Report, Kuala Lumpur, 25. November 1978, in: AdsD, Nord-Süd-Kommission, 54.

31 Gemeint ist der Vorsitzende des Ausschusses für Entwicklungshilfe der OECD, Maurice Williams.

32 Brandt zitiert erneut aus dem DAC-Bericht 1978. Vgl. Anm. 26.

33 Der Komplex Rüstung und Entwicklung wurde bei dieser Sitzung in Mont Pèlerin im Anschluss an einen Vortrag der schwedischen Staatssekretärin Inga Thorsson in der Kommission ausführlich diskutiert. Siehe Summary Record, Sixth Meeting, Mount Pèlerin, 22–26 February 1979, in: AdsD, Nord-Süd-Kommission, 73.

34 Ausgelassenen wurden Bemerkungen über die Einstellung von Ökonomen zu nicht-ökonomischen Faktoren sowie wei-

tere Themenvorschläge für den Abschlussbericht.

35 Im Folgenden berichtet Brandt über Kontakte mit der UNESCO und internationalen Jugendorganisationen sowie über die Gespräche des Sekretariats mit kommunistischen Staaten, insbesondere China.

36 Zu diesen Fragen hatte das Sekretariat mehrere Papiere verfasst, die unter dem Tagesordnungspunkt „Internationale Finanz- und Währungsfragen" besprochen wurden. Zur Kontroverse über den Vorschlag zur Gründung eines Weltentwicklungsfonds vgl. Einleitung und Nr. 34.

37 Gemeint ist das 0,7 %-Ziel für die öffentliche Entwicklungshilfe. Vgl. Einleitung und Nr. 34.

38 Im hier weggelassenen Absatz kündigt Brandt an, dass sich der Kommissionsbericht mit der Arbeit der im Entwicklungsbereich tätigen internationalen Organisationen kritisch auseinandersetzen und Vorschläge für eine bessere Koordinierung machen werde.

39 Nicht abgedruckt sind Passagen, in denen Brandt einen Literaturhinweis gibt, Verwerfungen in der Weltpolitik und der Weltwirtschaft seit Beginn der Kommissionsarbeiten erörtert, sich zum Prozess der Dekolonisierung sowie zur Entwicklung des Nord-Süd-Dialogs äußert und die wichtigsten Grundaussagen wiederholt, die der Kommissionsbericht enthalten soll.

40 Nach schweren Unruhen hatte der Schah am 16. Januar 1979 den Iran verlassen. Am 1. Februar 1979 war Revolutionsführer Ayatollah Khomeini aus dem Exil nach Teheran zurückgekehrt, wo am 1. April 1979 die Islamische Republik Iran ausgerufen wurde.

41 Papst Johannes Paul II. besuchte während seiner ersten Auslandsreise im Januar 1979 Mexiko, die Dominikanische Republik und die Bahamas und wurde dabei von Millionen Gläubigen begeistert gefeiert.

42 Brandt geht noch einmal auf die Aufgaben der Kommission ein und zitiert dabei aus einem Schreiben eines Kommissionsmitglieds: „Wir müssen Avantgarde sein oder wir werden irrelevant sein." Siehe das Schreiben Ramphals an Brandt vom 29. Januar 1979, in: AdsD, Nord-Süd-Kommission, 49.

Nr. 31

1 Der ursprünglich in seiner Gänze geheime Vermerk wurde in fünf Ausfertigungen verteilt.

2 In diesem Schreiben an Wischnewski wiederholte Sartawi die wesentlichen gegenüber Brandt und dem Staatsminister vorgebrachten Argumente und gab seine Schlussfolgerungen wieder.

3 Wischnewski informiert kurz über den Besuch des ägyptischen Staatspräsidenten Sadat. Zum weiteren Inhalt dieses Gesprächsteils vgl. Anm. 4.

4 Diese hatte Sartawi bereits im ersten Teil des Gesprächs erläutert, an dem nur Wischnewski beteiligt war, so dass sie an dieser Stelle nicht erneut protokolliert wurden. Sartawi begann mit der Einschätzung der Lage im Nahen Osten durch die PLO. Insbesondere ginge es der Palästinenserorganisation – in Übereinstimmung mit allen anderen arabischen Staaten – um die Überwindung des Separatfriedens Ägyptens mit Israel. Nur so könnten Terrorakte von PLO-Einheiten in Israel verhindert werden. Anschließend wandte sich Sartawi der gegenseitigen Anerkennung von PLO und Israel zu. Er schlug ein informelles Treffen Arafats mit Kreisky, Brandt, Senghor, Mendès France, Ribicoff und Caradon vor. Dort könne Arafat die Existenz Israels entsprechend der UNO-Resolution 242 garan-

tieren. Im Gegenzug erwarte die PLO von diesem Forum eine Zusicherung, dass auch ihre Existenz anerkannt würde und die Probleme der Region kollektiv gelöst werden sollten. Kreisky, Arafat, Mendès France und Senghor hätten diesem Vorgehen zugestimmt. Auch die US-Regierung habe sich positiv zu diesem Forum geäußert und eine stärkere Rolle Westeuropas im Nahen Osten gewünscht. Sartawi äußerte die Hoffnung, dass auf diesem Wege der Stillstand im Nahost-Friedensprozess überwunden werden könne.

5   Sartawi hatte zuvor berichtet, dass US-Außenminister Vance sich in seiner Regierung nicht mit dem Vorschlag, die Sowjetunion in die Nahostgespräche einzubeziehen, hatte durchsetzen können.

6   Die Resolution 242 ist abgedruckt in: EA 24 (1969) 24, S. D 578 f. Sie garantierte die Existenz Israels und forderte den Rückzug aus den besetzten Gebieten.

7   Sartawi informierte Brandt darüber, dass die USA ein Treffen von Palästinenserchef Arafat mit dem ehemaligen Präsidenten des Jüdischen Weltkongresses, Goldmann, begrüßen und unterstützen würden. Die PLO verlange jedoch weitere Zusicherungen der Amerikaner, bevor ein solches Gespräch stattfinden könne. Sartawi erwähnte, dass für die beiden gemäßigtesten PLO-Politiker, Jiryis Sabri und ihn selbst, weiterhin ein Einreiseverbot für die USA gelte. Brandt sagte zu, dies gegenüber der amerikanischen Regierung thematisieren zu wollen. Die Einbeziehung der Sowjetunion in das von Sartawi angeregte informelle Gespräch Arafats mit führenden Politikern der SI (Anm. 4) hielt er für nicht notwendig, da es um die Anerkennung der PLO ginge, was für Moskau kein Problem sei. Die sowjetische Regierung solle aber vorab über das Ziel des avisierten Treffens informiert werden, so Brandt. Abschließend machte er zwei Terminvorschläge für dieses Gespräch, das nach seiner Meinung in Wien stattfinden sollte.

8   Hs.

Nr. 32

1   Das Interview, das der Journalist Rainer Krawitz telefonisch mit Brandt führte, wurde am 9. Juli 1979 in der Morgensendung des Deutschlandfunks ausgestrahlt. Vorlage ist eine Audiokopie.

2   Brandt beantwortet zunächst Fragen nach seinem Gespräch mit PLO-Chef Arafat, den er gemeinsam mit dem österreichischen Bundeskanzler Kreisky am 7. Juli 1979 in Wien getroffen hatte. Vgl. Einleitung.

3   Nach der islamischen Revolution im Iran im Frühjahr 1979 stieg der Ölpreis stark an, der sich bis 1981 verdreifachen sollte. Damit kam es nach 1973/74 zur zweiten Energiekrise.

4   Zu den energiepolitischen Vorschlägen der Kommission vgl. Nr. 34 und 39.

5   Das Kommissionstreffen in Wien fand vom 4.–9. Juli 1979 statt. Siehe Summary Record, Eighth Meeting: Vienna, 4–9 July 1979, in: AdsD, Nord-Süd-Kommission, 73.

6   Entgegen den ursprünglichen Planungen hatte man sich bei der Sitzung in Wien noch nicht auf einen gemeinsamen Kommissionsbericht einigen können. Für die weiteren Probleme bei der Fertigstellung des Berichts vgl. Einleitung sowie Nr. 35 und 39.

7   Der Bericht, der ursprünglich im Oktober 1979 hatte veröffentlicht werden sollen, erschien erst im Februar 1980. Zu den Gründen für die Verzögerung vgl. Einleitung und Nr. 30, Anm. 4–6.

8   Die OPEC hatte 1976 einen Fonds für Internationale Entwicklung (OFID) eingerichtet. Vgl. *Nohlen* 2000, S. 586 f.

9   Am 5. Juli 1979 hatte US-Verteidigungsminister Harold Brown in einem Fernsehinterview bestätigt, dass das Pentagon an Plänen zur Aufstellung einer 100.000 Mann starken Eingreiftruppe arbeite. Sie sollte in der Lage sein, in Krisengebieten überall auf der Welt außerhalb des NATO-Gebiets zum Schutz der Interessen der USA schnell einzugreifen. Vgl. EA 34 (1979) 14, S. Z 143, und 15, S. Z 152.

10   Brandt spielt auf die jahrelange amerikanische Unterstützung des im Januar 1979 gestürzten Schah-Regimes durch Waffenlieferungen an.

11   Ausgelassen wurde der Schlussteil des Interviews, in dem Brandt noch einmal die Schwerpunkte der Kommissionsarbeit benennt.

Nr. 33

1   Die Fragen stellte Anne-Lydia Edingshaus.

2   Eingangs nimmt Brandt Stellung zu den Erfahrungen mit seiner Ostpolitik und ihrer Anwendbarkeit auf den Nord-Süd-Konflikt. Er äußert sich zudem allgemein zum Stand des Dialogs innerhalb der Nord-Süd-Kommission und beantwortet Fragen zur Skepsis der Entwicklungsländer gegenüber der westlichen Industriegesellschaft sowie zu Erfolgen und Misserfolgen der Entwicklungshilfe.

3   Vgl. Nr. 30.

4   Die UN-Organisation für Ernährung und Landwirtschaft (FAO) veröffentlicht jedes Jahr einen Weltbericht zu Hunger und Unterernährung.

5   Brandt bezieht sich damit auf den entwicklungspolitischen Ansatz der „angepassten Technologie". Demnach sollten die meist von Kapitalmangel und hoher Arbeitslosigkeit geprägten Entwicklungsländer vor allem kapitalsparende und arbeitsintensive Technologien anwenden. Wegen mangelnder Akzeptanz spielte das Konzept in der Praxis aber keine große Rolle. Vgl. *Nohlen* 2000, S. 42 f.

6   Zur Grundbedürfnisstrategie vgl. Einleitung und Nr. 21, Anm. 6.

7   Das senegalesische Bildungssystem, das sich eng an das französische Vorbild anlehnte, genoss seit der Unabhängigkeit hohe Priorität. Doch die Erfolge blieben eher bescheiden. Eine entscheidende Reduzierung der Analphabetenquote gelang nicht. Vgl. *Stetter, Ernst*: Senegal, in: *Nohlen, Dieter/Nuscheler, Franz (Hrsg.)*: Handbuch der Dritten Welt, Bd. 4: Westafrika und Zentralafrika, 3., völlig neu bearb. Aufl., Bonn 1993, S. 378.

8   Wahrscheinlich handelt es sich um ein Zitat von Kenneth Kaunda, des Präsidenten Sambias, wo für Schüler auf dem Lande die Ausbildung meist nach vier Jahren Grundschule zu Ende war. Vgl. *Meyns, Peter*: Zambia, in: *Nohlen, Dieter/Nuscheler, Franz (Hrsg.)*: Handbuch der Dritten Welt, Bd. 5: Ostafrika und Südafrika, 3., völlig neu bearbeitete Auflage, Bonn 1993, S. 490.

9   Vgl. Nr. 30.

10   Vom 2.–5. Juli 1978 war Egon Bahr gemeinsam mit drei Mitgliedern des Kommissionssekretariats, Ohlin, Avramović und Rweyemamu, nach Moskau gereist und hatte dort Gespräche mit Vertretern des Instituts für Weltwirtschaft und internationale Beziehungen sowie anderer Forschungsorganisationen geführt. Siehe AdsD, Nord-Süd-Kommission, 25.

11   Vgl. Nr. 23, Anm. 3.

12   Auf Einladung der Regierung in Peking reiste eine Delegation der Kommission vom 20.–29. August 1979 nach China. Siehe AdsD, Nord-Süd-Kommission, 67.

13 Zum „rigorosen Modell", mit dem China nach Brandts Meinung den Hunger überwand, gehörten allerdings die Exzesse in der Zeit des „Großen Sprungs nach vorn" (1958–1961) mit 75 Millionen Hungertoten und der maoistischen „Kulturrevolution" (1966–1976), die das Land wirtschaftlich zurückwarfen. Die landwirtschaftliche Produktivität erhöhte sich erst nachhaltig mit der unter Deng Xiaoping Ende 1978 eingeleiteten marktwirtschaftlich orientierten Reformpolitik – vor allem durch die schrittweise Auflösung der unter Mao geschaffenen Volkskommunen und die Reprivatisierung der Landwirtschaft. Vgl. *Nohlen* 2000, S. 146–151.

14 Die V. UNCTAD-Konferenz tagte vom 7. Mai–3. Juni 1979 in Manila.

15 Die dritte Sitzung der Kommission hatte vom 15.–17. Mai 1978 in der Hauptstadt Malis stattgefunden. Siehe Summary Record, Third Meeting: Bamako, 15–17 May 1978, in: AdsD, Nord-Süd-Kommission, 54.

16 Gemeint ist der leitende Repräsentant des Europäischen Entwicklungsfonds der EG in Mali, Detalmo Pirzio-Biroli.

17 Als ein weiteres Beispiel für die Stromerzeugung aus Solarzellen berichtet Brandt von einem kleinen Krankenhaus in Mali.

18 Nach Angaben von SIPRI gingen in den 1970er Jahren fast 75 % aller Großwaffentransfers in Länder der „Dritten Welt". Vgl. Rüstungsjahrbuch '80/81, hrsg. vom Stockholm International Peace Research Institute (SIPRI), gekürzte Fassung, Reinbek bei Hamburg 1980, S. 89.

19 Zwischen 1975 und 1979 waren unter den Entwicklungsländern Iran, Libyen, Saudi-Arabien, Jordanien und Irak die wichtigsten Großwaffenimporteure. Vgl. ebd., S. 96.

20 Gemeint ist eine bereits 1977 von der 32. Generalversammlung der UN in Auftrag gegebene Studie über den Zusammenhang zwischen Abrüstung und internationaler Sicherheit. Sie wurde der 34. Generalversammlung im Herbst 1979 vorgelegt und zustimmend zur Kenntnis genommen. Vgl. EA 34 (1979) 11, S. D 273–D 275, und EA 35 (1980), 13, S. D 355.

21 Von der Möglichkeit, eine internationale Steuer oder Abgabe für Entwicklungshilfevorhaben einzuführen, hatte Brandt öffentlich bereits im Juni 1978 gesprochen. Vgl. Berliner Ausgabe, Bd. 9, Nr. 47. Vermutlich tat er dies erneut bei der Pressekonferenz nach der Kommissionssitzung in Wien am 9. Juli 1979.

22 Die Schaffung eines internationalen Fonds aus der Besteuerung übermäßiger Rüstung gehörte zu den Abrüstungsvorschlägen, die die französische Regierung nach einem Bericht des Staatspräsidenten am 25. Januar 1978 in einer Erklärung veröffentlicht hatte. Vgl. EA 33 (1978) 4, S. Z 35.

23 Zur skeptischen Haltung Brandts vgl. Berliner Ausgabe, Bd. 9, Nr. 47.

24 Gemeint ist der so genannte Gemeinsame Fonds (Common Fund) zur Rohstoffpreisstabilisierung, auf dessen Grundelemente sich die Industrie- und Entwicklungsländer im Vorfeld der UNCTAD V im März 1979 geeinigt hatten. Die unterschriftsreife Vereinbarung über den Gemeinsamen Fonds wurde im Juni 1980 in Genf erzielt. Die Frist zur Ratifizierung musste in den 1980er Jahren allerdings mehrfach verlängert werden. Der Vertrag trat schließlich erst 1989 in Kraft und blieb faktisch wirkungslos. Vgl. *Nohlen* 2000, S. 286.

25 Die Brandt-Kommission machte den Vorschlag zur Gründung einer Meeresbergbaubehörde der Vereinten Nationen, um

Manganknollen, aus denen Nickel gewonnen werden kann, aus der Tiefsee zu heben und die daraus erwarteten Gewinne abzuschöpfen. Vgl. Brandt-Report 1980, S. 307. Diese Hoffnungen waren aufgrund der hohen Kosten und der Investitionsrisiken des Meeresbergbaus jedoch von Anfang an illusionär und erfüllten sich nicht. Vgl. *Schinke, Rolf:* Ordnungspolitische Aspekte einiger Vorschläge der Brandt-Kommission zur Entwicklungshilfe, in: *Simonis, Udo Ernst (Hrsg.):* Ordnungspolitische Fragen zum Nord-Süd-Konflikt, Berlin 1983, S. 319–343.
26 Siehe Summary Record, Sixth Meeting, Mount Pèlerin, 22–26 February 1979, und Summary Record, Seventh Meeting: Annecy, 2–6 May 1979, in: AdsD, Nord-Süd-Kommission, 73.
27 Zur Diskussion um den Weltentwicklungsfonds vgl. Einleitung und Nr. 34.
28 Ausgelassen wurden Bemerkungen zum Stichwort „Marshall-Plan" für die Entwicklungsländer.
29 Zum Vorschlag und zur Realisierung eines Nord-Süd-Gipfeltreffens ausgewählter Staats- und Regierungschefs vgl. Einleitung sowie Nr. 34, 39, 41, 44, 57 und 59.

Nr. 34
1 An dem Treffen im Kanzleramt nahmen auch Rainer Offergeld, Hans-Jürgen Wischnewski, Klaus Bölling und Egon Bahr teil. Vorlage ist die von der Regierungsseite angefertigte Aufzeichnung des Gesprächs. Siehe auch den Ergebnisvermerk Fritz Fischers vom 26. September 1979, in: AdsD, Nord-Süd-Kommission, 29.
2 Die Arbeit der Kommission konnte erst im Dezember 1979 in London abgeschlossen werden. Vgl. Einleitung sowie Nr. 35 und 39.
3 „Frieden, Gerechtigkeit und Solidarität".

4 Gemeint ist die 6. Gipfelkonferenz der 95 Staats- und Regierungschefs der Blockfreienbewegung in der kubanischen Hauptstadt Havanna vom 3.–9. September 1979. Vgl. EA 34 (1979) 24, S. D 653–D 664.
5 Vgl. Nr. 33, Anm. 22.
6 Zu Bahrs Gesprächen in Moskau im Juli 1978 vgl. Nr. 33, Anm. 10.
7 Vgl. Brandt-Report 1980, S. 209. Die Zukunft der friedlichen Nutzung der Kernenergie war in der SPD umstritten und sollte zu einem wichtigen Thema des bevorstehenden Bundesparteitags werden. Vgl. Protokoll der Verhandlungen des Parteitages der Sozialdemokratischen Partei Deutschlands vom 3.–7. Dezember 1979 in Berlin, Bonn o.J.
8 Dieses internationale Energieforschungszentrum sollte unter der Schirmherrschaft der Vereinten Nationen stehen. Vgl. Brandt-Report 1980, S. 212.
9 „Anpassung". Bei der Vergabe von Krediten an seine Mitglieder legt der IWF Konditionen fest. Die dabei gemachten Auflagen für die Wirtschafts- und Finanzpolitik des Kreditnehmers, die so genannten Anpassungsprogramme, wurden von den betroffenen Entwicklungsländern häufig als zu rigide und zu kurzfristig angelegt kritisiert. Vgl. Brandt-Report 1980, S. 270–273.
10 Vgl. Nr. 27, Anm. 15.
11 Das Europäische Währungssystem (EWS) war 1979 von den EG-Staaten eingerichtet worden, um eine stabile Währungszone in Europa zu bilden. Die Wechselkurse zwischen den jeweiligen Währungen durften nur in einer engen Bandbreite schwanken.
12 Vgl. Einleitung.
13 Es müsste eigentlich heißen: „commitment", englisch für „Verpflichtung".
14 Gemeint ist der Vorstandssprecher der Deutschen Bank, Wilfried Guth, der Ende

der sechziger Jahre an der Pearson-Kommission der Weltbank teilgenommen hatte. Siehe AdsD, Nord-Süd-Kommission, 13.

15 Die Höhe der öffentlichen Entwicklungshilfeausgaben Frankreichs betrug daher Ende der siebziger Jahre 0,6 % des BSP. Vgl. *Nohlen* 2000, S. 229 f.

16 Der Parteitag der SPD verabschiedete im Dezember 1979 einen Antrag zur Nord-Süd-Politik, worin es hieß: „Erforderlich ist im Bereich der Entwicklungshilfe ein verbindlicher Stufenplan zur Erreichung des 0,7 %-Ziels bis spätestens 1985." Protokoll des SPD-Parteitags 1979, Bd. II: Angenommene und überwiesene Anträge, S. 1268–1273.

17 Tatsächlich lag der Wert 1979 bei 0,44 %, während er 1977 nur 0,33 % betragen hatte. Siehe die Angaben des BMZ 2004.

18 Die drei zwischen 1959 und 1966 gegründeten multilateralen regionalen Entwicklungsbanken in Lateinamerika, Afrika und Asien sollten dort die wirtschaftliche Entwicklung fördern. Vgl. *Nohlen* 2000, S. 642 f.

19 Projekthilfe (oder auch projektgebundene Hilfe) ist der Teil der Kapitalhilfe an Entwicklungsländer, welche die Finanzierung von einzelnen Entwicklungsvorhaben mit zeitlich, technisch und ökonomisch abgrenzbaren Investitionen beinhaltet. Vgl. ebd., S. 638.

20 Programmhilfe ist eine spezielle Form der Projekthilfe im Bereich der finanziellen Hilfe, welche die Förderung sektoral und regional abgrenzbarer Investitionsvorhaben beinhaltet. Sie dient der Finanzierung vollständiger Entwicklungsprogramme und hat den Vorteil, die Fördermittel koordinierter einzusetzen. Vgl. ebd.

21 Hilfe für den Staatshaushalt.

22 Zur Diskussion über den Weltentwicklungsfonds (WDF) vgl. Einleitung.

23 Das Allgemeine Zoll- und Handelsabkommen (General Agreement on Trade and Tariffs) war seit dem 1. Januar 1948 in Kraft. Aus ihm ging 1994 die Welthandelsorganisation (WTO) hervor. Vgl. *Nohlen* 2000, S. 283–285.

24 Im Rahmen einer 1976 beschlossenen Reform wurde bis Ende der siebziger Jahre bereits ein Drittel der Goldbestände des IWF von insgesamt 150 Mio. Unzen (ca. 4700 Tonnen) verkauft bzw. versteigert. Die Gewinne aus den Goldauktionen wurden teils als Vorzugsdarlehen, teils direkt an Entwicklungsländer vergeben. Vgl. *Nohlen* 2000, S. 391. Der Brandt-Report schlug weitere zeitlich gestaffelte Goldverkäufe vor, um den ärmsten Ländern Zinssubventionen zu gewähren. Vgl. Brandt-Report 1980, S. 276.

25 Gemeint ist das informelle Treffen des jamaikanischen Ministerpräsidenten Manley, des nigerianischen Staatschefs Obasanjo, des venezolanischen Staatspräsidenten Pérez, des australischen Premierministers Fraser, des norwegischen Ministerpräsidenten Nordli, des kanadischen Premierministers Trudeau und des deutschen Bundeskanzlers Schmidt Ende Dezember 1978. In offenem Gedankenaustausch wurden dabei Weltwirtschafts- und Entwicklungsfragen erörtert, um das bessere gegenseitige Verstehen zu fördern. Siehe den Vermerk über das informelle Treffen von sieben Staats- und Regierungschefs am 28./29. Dezember 1978 auf Jamaika („Mount Pleasant"), in: AdsD, Nord-Süd-Kommission, 37.

26 Zum Vorschlag und zur Realisierung eines Nord-Süd-Gipfeltreffens ausgewählter Staats- und Regierungschefs vgl. Einleitung sowie Nr. 39, 41, 44, 57 und 59.

27 Zur „Gemeinsamkeit von Interessen" vgl. Nr. 21.
28 Vgl. Brandt-Report 1980, S. 135–139.
29 Um das Bevölkerungswachstum zu bremsen, begann China ab Ende der siebziger Jahre eine rigide Familienplanungspolitik zu betreiben. Vgl. Nohlen 1997, S. 97.
30 Ausgelassen wurden ein Hinweis Brandts auf eine Rede von Weltbankpräsident McNamara und eine Bemerkung Schmidts zu Bevölkerungsproblemen in der Sowjetunion.
31 Gemeint ist der so genannte Gemeinsame Fonds zur Rohstoffpreisstabilisierung. Vgl. Nr. 33, Anm. 24.
32 Entgegen den ursprünglichen Vorstellungen über ein Integriertes Rohstoffprogramm, das die UNCTAD IV in Nairobi im Mai 1976 entworfen hatte, sollte der Gemeinsame Fonds nur höchstens 8 statt der von den Entwicklungsländern geforderten 18 Einzelrohstoffabkommen finanzieren. Vgl. *Nohlen* 2000, S. 366.
33 Gemeint ist das maßgeblich vom BMZ ausgearbeitete System zur Stabilisierung der Exporterlöse (STABEX). Es war Teil des zwischen der EG und den AKP-Staaten abgeschlossenen Lomé-Abkommens. Vgl. Nr. 1, Anm. 18. Im Falle von Einbußen bei den Exporterlösen, die durch Preisrückgänge oder Produktionsausfälle entstanden, konnten die AKP-Staaten bei bestimmten Produkten Leistungen aus dem STABEX-Fonds in Anspruch nehmen. Vgl. *Nohlen* 2000, S. 692 f.
34 Die Sonderziehungsrechte (SZR) wurden 1969 vom IWF aus Sorge um eine weltweite „Dollar-Lücke" eingeführt, um neben Gold und Devisen eine zusätzliche internationale Währungsreserve zu schaffen. Die SZR stellen praktisch Bezugsscheine dar, die jedem IWF-Mitglied im Verhältnis zu der an der jeweiligen Wirtschaftskraft ermittelten Quote zugeteilt werden können und die auf befristete Zeit zum Erwerb konvertibler Währungen berechtigen. D. h., gegen Abgabe von SZR können konvertible Währungen „gezogen" und damit kann zusätzliche internationale Liquidität geschaffen werden. Die SZR stellen zugleich die Rechnungseinheit des IWF dar, die täglich aus einem gewichteten Währungskorb ermittelt wird. Im Rahmen der Reform des IWF 1978 verpflichteten sich dessen Mitglieder, die SZR zum hauptsächlichen Reservemedium zu machen. Dieses Ziel wurde aber nie erreicht. Seit 1981 gab es keine neuen Zuteilungen mehr. Vgl. *Volger* 2000, S. 296 f., und *Nohlen* 2000, S. 682 f.
35 Das Substitutionskonto, dessen Einführung die Brandt-Kommission in ihrem Bericht unterstützte, sollte den Umtausch überschüssiger US-Dollars in SZR ermöglichen, für die die Kommission die Rolle als internationale Hauptreservewährung vorsah. Vgl. Brandt-Report 1980, S. 262–264. Der IWF selbst beschäftigte sich zu diesem Zeitpunkt bereits mit der Frage der Ausgestaltung eines Substitutionskontos. Diese Idee wurde aber auf der Hamburger IWF-Tagung im April 1980 für unbestimmte Zeit auf Eis gelegt. Vgl. EA 35 (1980) 10, S. Z 102 f.
36 Vgl. Anm. 24.
37 Seit Mitte der sechziger Jahre forderten die Entwicklungsländer eine – gemessen an ihren sehr niedrigen IWF-Quoten – überproportionale Zuteilung von Sonderziehungsrechten, um mit zusätzlicher Liquidität Entwicklungsprojekte finanzieren zu können. Vgl. *Nohlen* 2000, S. 391.
38 Vgl. Anm. 9.
39 Die Stimmverteilung im IWF richtete sich nach aus der Wirtschaftskraft eines jeden Landes ermittelten Quote. Vgl. *Volger* 2000, S. 296.
40 „Ein Land – eine Stimme".
41 Das Stimmrecht bei der Weltbank setzt sich aus einer für alle Mitgliedstaaten

gleichen (kleinen) Basisstimmenzahl und den Stimmen zusammen, die der Höhe der Kapitalzeichnung entsprechen, welche wiederum nach der Quote des Landes beim IWF festgelegt wird. Vgl. *Nohlen* 2000, S. 807–814.

42   Im Folgenden nicht abgedruckten Teil des Gesprächs ging Schmidt auf die Energiepolitik ein, wobei er u. a. vorschlug, dass der Kommissionsbericht von den Ölförderländern einen „gespaltenen Ölpreis", d. h. die Gewährung eines Preisnachlasses für die Entwicklungsländer, verlangen sollte. Brandt sagte zu, im Bericht darauf einzugehen.

43   Vgl. Anm. 8.

44   Dieses Ziel war von der Zweiten Generalkonferenz der UNIDO (Organisation der Vereinten Nationen für Industrielle Entwicklung) in der „Erklärung von Lima" am 26. März 1975 postuliert worden. Der Anteil der Entwicklungsländer an der Weltindustrieproduktion betrug damals 9 %. Die Erklärung ist abgedruckt in: EA 30 (1975) 14, S. D 373–380.

45   Gemeint ist der Leiter der Abteilung für Wirtschafts-, Finanz- und Sozialpolitik im Bundeskanzleramt, Horst Schulmann.

Nr. 35

1   Bei der Vorlage handelt es sich um eine Kopie des Schreibens.

2   Vom 5.–9. Oktober 1979 hatte in Brüssel die neunte Sitzung der Nord-Süd-Kommission stattgefunden. Siehe dazu AdsD, Nord-Süd-Kommission, 68.

3   Vgl. Einleitung.

4   Vgl. ebd.

5   Die Abschlusssitzung der Kommission fand vom 14.–16. Dezember 1979 in Leeds Castle südöstlich von London statt. Vgl. Nr. 39.

6   Stempel.

Nr. 36

1   Das Protokoll der Bürositzung gibt Brandts Erklärung nur in einer Zusammenfassung wieder, wie dies in der SI damals üblich war. Siehe SI-Circular B1/80, Minutes of the Meeting of the Bureau of the Socialist International, Lisbon, October 30.–31., 1979, S. 31 f., vorhanden u. a. in AdsD, SPD-PV, ohne Signatur, Mappe „SI-Bürositzung, Lissabon, 30.–31. 10. 1979". Verschiedene Entwürfe für Brandts Bericht vor dem Lissaboner SI-Büro befinden sich in: AdsD, WBA, A 13, 38B. Der erste Entwurf wurde u. a. auch der israelischen Arbeiterpartei zur Stellungnahme vorgelegt.

2   Zu den Gesprächen siehe die weiteren Ausführungen Brandts im vorliegenden Dokument und seine Aufzeichnungen, in denen allerdings seine eigene Position kaum zum Ausdruck kommt, in: AdsD, WBA, A 9, 35. Die Parteiführerkonferenz fand am 20./21. Juli 1979 in Bommersvik (Schweden) statt, den Bericht erstattete Kreisky. Brandt konnte wegen Verpflichtungen im Wahlkampf zum Europäischen Parlament nicht teilnehmen. Siehe AdsD, SPD-PV, Abt. Internationale Beziehungen, ohne Signatur, Mappe: „Parteiführerkonferenz in Bommersvik/Schweden, 20./21. 7. 79". Vgl. auch *SZ* vom 21. Juli 1979.

3   Siehe dazu das Transkript des Tonbandmitschnittes in: AdsD, WBA, A 13, 71, besonders S. 22 und S. 29.

4   Ganz so zufällig, wie Brandt es andeutet, war das Zusammentreffen nicht. Zur Vorgeschichte vgl. Nr. 31. Am 20. Juni 1979 teilte Kreisky Arafat mit, dass Brandt nunmehr für den 8. Juli 1979 zugesagt habe. Eine Kopie dieses Schreibens ging beim SPD-PV ein: AdsD, SPD-PV, 11604.

5   Siehe das Manuskript der Erklärung Brandts (hier auf den 8. Juli 1979 datiert) in: AdsD, SPD-PV, ohne Signatur, Mappe „SI-Bürositzung, Lissabon, 30.–31. 10. 1979".

6 In der Erklärung bei der Pressekonferenz folgt hier: „Im übrigen werde ich dem Büro der Sozialistischen Internationale berichten."
7 Vor der Presse in Wien fügte Brandt hinzu: „meinen bzw.".
8 Chedli Klibi.
9 Nur von einem der beiden Begleiter kennen wir den Namen: Isam Sartawi.
10 Im beiliegenden hs. Entwurf formulierte Brandt noch zurückhaltender: „die Rolle der PLO bzw. das Verhältnis zu ihr für den Friedensprozess im Nahen Osten nicht mehr zu übersehen ist."
11 Im hs. Entwurf folgte: „Nur wenn man alle Wege erkundet hat, kann man zu abgewogenen Urteilen kommen."
12 Am Landsitz des amerikanischen Präsidenten in Camp David hatten die Verhandlungen stattgefunden, die unter Vermittlung der USA zur Unterzeichnung des Friedensvertrages zwischen Ägypten und Israel am 26. März 1979 führten.
13 Vgl. Bericht der SI-Kommission über die Entwicklung im Nahen Osten, in: *Die Neue Gesellschaft* 25 (1978) 2, S. 145–157.
14 Diese Formulierung fehlte im hs. Entwurf.
15 Auffällig ist, dass diese wichtige Passage im Protokoll der Bürositzung (vgl. Anm. 1) nicht erwähnt wird.

Nr. 37
1 Die Übersetzung orientiert sich am Artikel Brandts „Die Alternative zur Ausbeutung" im *Vorwärts* vom 25. September 1979, der in großen Teilen identisch ist mit dem hier dokumentierten Beitrag. Für *Socialist Affairs* wurde er insbesondere aktualisiert.
2 Am 20. Juli 1979 waren die Mitglieder der neuen „Regierungsjunta" in der Hauptstadt Managua eingetroffen, nachdem der Diktator Anastasio Somoza am 17. Juli 1979 das Land verlassen hatte. Stärkste politische Kraft in der Revolutionsregierung war die sandinistische Befreiungsfront FSLN.
3 Vgl. Nr. 26.
4 Die Delegation besuchte Anfang August 1979 das Land. Vgl. den Bericht des Delegationsleiters Mário Soares in: *Socialist Affairs* 29 (1979) 5, S. 147.
5 In der Übersetzung der Bundeszentrale für politische Bildung lautet der Satz: „Wir sind nach 30 Jahren Erfahrung der Meinung, dass die Hoffnung, dass schnelles wirtschaftliches Wachstum zum Nutzen weniger zur Masse des Volkes ‚durchsickern' wird, sich als illusorisch erwiesen hat." Siehe http://www.bpb.de/publikationen/05219379523073606168144982084498,2,0,Entwicklungspolitik_im_Wandel.html
6 „indigenous processes based on equality". Im *Vorwärts*-Artikel heißt es davon abweichend: „eigenständige und gleichberechtigte Entwicklungsprozesse". Vermutlich liegt ein Übersetzungsfehler vor.
7 Die Formulierung stammt aus der Hauptresolution, abgedruckt in: *Socialist Affairs* 29 (1979) 1, S. 25–27, Zitat: S. 26 f. Abweichend von Brandts Wiedergabe heißt es dort: „Wirtschaftliche Beziehungen" statt „Grundbeziehungen".
8 Das SI-Büro tagte am 30./31. Oktober 1979. Am Vorabend gab es ein „Lateinamerika-Gespräch". Siehe AdsD, WBA, A 13, 38B.
9 Im *Vorwärts* vom 25. September 1979 wurde die Formulierung „demokratischen Sozialisten" gewählt.
10 Villanueva verlor die Wahlen.
11 An diesem Tag stürzte das Militär durch einen Putsch die gerade erst demokratisch gewählte Regierung.
12 Brandt meint entsprechende Äußerungen von Franz Josef Strauß bei dessen

Chile-Besuch im November 1977. Vgl. *Der Spiegel* vom 28. November 1977, S. 23.
13 Zeitungsberichten zufolge erklärte Dregger bei einer Südamerika-Reise im Sommer 1979, die Militärs in Argentinien und Chile hätten sich nicht an die Macht gedrängt. Ursache der Machtübernahme sei das Versagen der Politiker gewesen. Vgl. den Nachruf auf Dregger („Verlust für Deutschland") in: *jungle world* vom 10. Juli 2002, in der Version von: http://www.nadir.org/nadir/periodika/jungle_world/_2002/29/09a.htm
14 Vgl. Nr. 6 und 8.
15 Vgl. *Kopsch* 1982, S. 122, und Processos de democratização na Península Ibérica e na América Latina: Conferência de Lisboa. 30 setembro a 2 outubro [1978], Estoril, Lisboa o.J.

Nr. 38

1 Am 4. November 1979 war die amerikanische Botschaft im Verlauf einer Demonstration islamischer Studenten in Teheran besetzt worden. Das gesamte Personal der diplomatischen Vertretung – darunter 65 Amerikaner – wurde als Geiseln genommen. Mit Billigung der iranischen Führung wollten die Studenten damit die Auslieferung des Anfang des Jahres gestürzten Schahs erzwingen, der sich zu diesem Zeitpunkt in den USA aufhielt. Erst im Januar 1981 – nach 444 Tagen – wurden die letzten 52 amerikanischen Geiseln freigelassen.
2 Vgl. AdG 49 (1979), S. 23195.

Nr. 39

1 Bei der Vorlage handelt es sich um die deutsche Übersetzung der Erklärung Brandts in englischer Sprache, die er vor der internationalen Presse in London abgab. Siehe Statement by Chairman Willy Brandt, London, 17 December 1979, in: AdSD, Nord-Süd-Kommission, 73.
2 Brandt überreichte Waldheim den Bericht am 12. Februar 1980.
3 Zur zweiten Ölkrise vgl. Einleitung, Nr. 32 und 34.
4 Vom 8.–12. Dezember 1979 besuchten elf Mitglieder der Brandt-Kommission, darunter ihr Vorsitzender, Saudi-Arabien und Kuwait. Siehe AdSD, Nord-Süd-Kommission, 75.
5 Zur Steigerung der Leistungen der Bundesrepublik vgl. Einleitung.
6 Vgl. Einleitung. Die USA hatten das 0,7 %-Ziel nicht akzeptiert.
7 Vgl. Nr. 34, Anm. 20.
8 Vgl. Einleitung.
9 Zu den Einzelheiten des „Sofortprogramms 1980–85" vgl. Brandt-Report 1980, S. 344–349.
10 Vgl. ebd. S. 350 f.
11 Vgl. Einleitung und Nr. 12.
12 Das Sekretariat in Genf wurde am 30. Mai 1980 endgültig abgewickelt. Das Nachfolgebüro in Den Haag („Independent Bureau for International Development Issues") leitete Gerhard Thiebach.

Nr. 40

1 Vorlage ist die Kopie des Schreibens in englischer Sprache.
2 Gemeint ist das Manuskript des Kommissionsberichts in der Endfassung. Das „Red Book" wurde noch vor der Drucklegung Mitte Januar 1980 an die Kommissionsmitglieder, den UN-Generalsekretär Waldheim sowie einzelne Persönlichkeiten im In- und Ausland übersandt.
3 Zum Londoner Redaktionsteam vgl. Einleitung.
4 An Weihnachten 1979 waren sowjetische Truppen in Afghanistan einmarschiert und hatten eine schwere internationale

Krise ausgelöst. Vgl. Einleitung sowie Berliner Ausgabe, Bd. 9, Nr. 52–54.

5 Ausgelassen wurden die Ankündigung eines Kommissionstreffens in Den Haag Mitte Mai 1980, Planungen für die Übergabe des Kommissionsberichts an UN-Generalsekretär Waldheim am 12. Februar 1980 sowie Überlegungen zur internationalen Verbreitung des Berichts.

6 Bis Ende 1980 war der erste Bericht der Brandt-Kommission in 10 Sprachen erhältlich, 1983 bereits in 21. Siehe AdsD, Nord-Süd-Kommission, 31 und B 81.

7 Hs. unterzeichnet.

Nr. 41

1 Vorlage ist die Kopie des Schreibens.

2 Bundeskanzler Schmidt reiste vom 4.–6. März 1980 zu politischen Gesprächen in die USA.

3 Brandt zitiert aus der Regierungserklärung des Bundeskanzlers zur internationalen Lage vom 28. Februar 1980. Vgl. AdG 50 (1980), S. 23420. Den Bericht der Brandt-Kommission hatte Schmidt dabei nicht erwähnt.

4 In der Gemeinsamen Presseerklärung von US-Präsident Carter und Bundeskanzler Schmidt vom 5. März 1980 betonten beide die Bedeutung der Unabhängigkeit der Staaten der „Dritten Welt" als wesentliches Element des Weltfriedens und der Stabilität. Die Brandt-Kommission fand keine Erwähnung.

5 Die amerikanische Administration hatte zunächst positiv auf den Bericht reagiert. Am 14. und 15. Februar 1980 war Brandt in Washington mit Außenminister Vance und mit Präsident Carter persönlich zusammengetroffen. Vance erklärte dabei die Kommissionsarbeit für „außerordentlich wichtig und hilfreich". Carter hatte den Bericht nach eigenem Bekunden schon zu großen Teilen gelesen und würdigte die Tätigkeit der Kommission in „herzlichen Worten". Siehe den Kurzvermerk Fritz Fischers über Gespräche von Willy Brandt in Washington und New York (11.–15. Februar 1980), 19. Februar 1980, in: AdsD, Nord-Süd-Kommission, 30.

6 Der Brandt-Report wurde als UN-Dokument allen Mitgliedstaaten zugänglich gemacht. Vgl. EA 35 (1980) 8, S. D 199.

7 Schmidt antwortete Brandt in einem Schreiben vom 23. April 1980, dass in Washington keine Gelegenheit bestanden habe, „auf den Vorschlag von informellen Gipfelkonferenzen als Instrument einer besseren Nord-Süd-Zusammenarbeit einzugehen". Siehe AdsD, Dep. Helmut Schmidt, 9417.

8 Siehe Statement by Secretary-General on Brandt Commission Report, 12. Februar 1980, in: AdsD, Nord-Süd-Kommission, B 6.

9 Ebd.

10 Die Sondergeneralversammlung der Vereinten Nationen über Entwicklungsfragen fand vom 25. August–15. September 1980 in New York statt.

11 Vgl. Einleitung, Anm. 263. Brandt hatte sich am 22. Februar 1980 in dieser Frage erneut an den französischen Staatspräsidenten Giscard d'Estaing gewandt. Indes war das Interesse Giscards deutlich weniger stark ausgeprägt als erhofft, wie sich bald zeigte. Siehe dazu das Schreiben Brandts an Schmidt vom 15. September 1980, in: AdsD, WBA, A 9, 14.

12 Shridath Ramphal.

13 Brandt hatte Kreisky Mitte Januar 1980 das Manuskript des Kommissionsberichts zugesandt und dazu geschrieben: „Auf jeden Fall hoffe ich, daß der Bericht und insbesondere sein Schlußkapitel Dir einige Anregungen für Deine Sondierungen geben können, zu denen Du Dich – im Hinblick auf die Möglichkeiten und Zusammensetzung einer Gipfelkonferenz –

freundlicherweise bereit erklärt hast." Schreiben Brandts an Kreisky vom 14. Januar 1980, in: Stiftung Bruno Kreisky Archiv, NL Kreisky, Box „Cancún".

14   Zu politischen Gesprächen war der österreichische Bundeskanzler vom 29. Januar–1. Februar zunächst nach Indien und anschließend vom 2.–4. Februar 1980 nach Saudi-Arabien gereist. Vgl. EA 35 (1980) 5, S. Z 44–46. Danach dankte Brandt seinem Freund für die Sondierungen und bat Kreisky, im Rahmen seiner Möglichkeiten damit fortzufahren. Schreiben Brandt an Kreisky vom 22. Februar 1980, in: AdsD, Nord-Süd-Kommission, 30.

15   Dazu teilte Schmidt Brandt am 23. April 1980 mit: „Ohne Bruno Kreiskys Einschätzung widersprechen zu wollen, bin ich […], was eine Rolle meiner Person bei der Initiative angeht, sehr zurückhaltend – zumal wohl auch damit zu rechnen ist, daß an den Initiator später – ob formell zu Recht oder nicht – besondere materielle Erwartungen geknüpft werden." AdsD, Dep. Helmut Schmidt, 9417.

16   Hs. unterzeichnet.

Nr. 42

1   Das Büro Willy Brandts erfuhr erst mit erheblicher Verspätung vom Erscheinen des Interviews. Nach Rücksprache mit Brandt protestierte Büroleiter Thomas Mirow am 9. Juni 1980 brieflich, dass die Äußerungen Brandts nicht für die Öffentlichkeit gedacht gewesen seien. Er bestätigte aber, dass der SI-Präsident inhaltlich korrekt wiedergegeben worden sei. Jean Daniel konzedierte eine Woche später in seiner scharf formulierten Antwort, dass auch von seiner Seite das Gespräch ursprünglich nicht veröffentlicht werden sollte. Er habe sich jedoch entschlossen, die Passagen zu publizieren, in denen Brandt öffentlich bekannte Positionen wiederholt habe. Siehe den Briefwechsel und die Kopie des Interviews in: AdsD, WBA, A 3, 808.

2   Giscard d'Estaing bereiste den Nahen Osten vom 1.–10. März 1980. Dort trat er u. a. für die „legitimen Rechte der Palästinenser" ein. Der französische Staatspräsident erklärte sich auch bereit, mit PLO-Führer Arafat zusammenzutreffen. Vgl. AdG 50 (1980), S. 23350.

3   Vgl. Nr. 36.

4   Der Zeitung *El Mundo* (Caracas/ Venezuela) vom 11. Februar 1980 zufolge soll Arafat gesagt haben, Frieden bedeute für die PLO die Zerstörung Israels. Man werde nicht ruhen, bis Israel zerstört sei. Siehe http://www.netreach.net/~zoa/newsLinks/shockers/m96.htm

5   Vgl. Nr. 36, Anm. 12.

6   Vgl. Nr. 24, Anm. 3.

7   Abschließend berichtet Daniel über eine Äußerung eines Mitarbeiters von Bundeskanzler Schmidt zur PLO.

Nr. 43

1   Brandt bedankt sich für Bröhls Brief vom 10. April 1980. Siehe AdsD, WBA, 10.1 (Büroleiter: Rosen), 217. Darin hatte sich der Verfasser kritisch zu Brandts Gespräch mit Arafat geäußert. Vgl. Nr. 36. Bröhl zweifelte am Willen der PLO zur Verständigung mit Israel, weil sie den Terror gegen Israel fortsetze. Von Brandt erwartete er ein öffentliches Zeichen der weiterhin bestehenden Solidarität mit Israel. Das Schreiben ließ Bröhl auch Herbert Wehner, Heinz Westphal und Annemarie Renger zukommen.

2   Stempel.

Nr. 44

1   Vorlage ist die Kopie des Schreibens.

2   Beigefügt war ein von Thomas Mirow erstellter Vermerk über die Gespräche

Willy Brandts mit dem mexikanischen Staatspräsidenten, López Portillo, und dem österreichischen Bundeskanzler, Kreisky, am 19. und 21. Mai 1980 auf Schloss Gymnich. Siehe AdsD, Nord-Süd-Kommission, 2.
3   Gemeint ist das von der Nord-Süd-Kommission angeregte Gipfeltreffen über Entwicklungsfragen. Vgl. Einleitung.
4   López Portillo hatte Brandt berichtet, dass die vom mexikanischen Außenminister Jorge Castañeda und zum Teil auch von ihm selbst durchgeführten Sondierungen mit Frankreich, Kanada, Indien und Jugoslawien übereinstimmend positive Reaktionen ausgelöst hätten. Allerdings sei ebenso einhellig der ursprünglich vorgeschlagene Termin im Juli oder August 1980 als verfrüht eingeschätzt worden. Es sei daher wohl besser, das Datum Ende Januar/Anfang Februar 1981 anzusteuern. Vgl. Anm. 2.
5   Gemeint ist der Weltwirtschaftsgipfel der Staats- und Regierungschefs der sieben führenden westlichen Industrienationen, der am 22./23. Juni 1980 in Venedig stattfand.
6   In seinem Antwortschreiben berichtete Helmut Schmidt über den G-7-Gipfel, er habe sich sehr für ein informelles Nord-Süd-Treffen in Mexiko eingesetzt. Obwohl man sich über eine positive Äußerung zu einem Nord-Süd-Gipfel im Schlusskommuniqué nicht habe einigen können, hatte Schmidt den Eindruck gewonnen, dass auch die anderen Staats- und Regierungschefs einer Einladung folgen würden. Siehe das Schreiben Schmidts an Brandt vom 4. Juli 1980, in: AdsD, WBA, A 9, 14. Vgl. auch Einleitung.
7   Auf Einladung der niederländischen Regierung war die Brandt-Kommission vom 15.–18. Mai 1980 zu einem Nachfolgetreffen in Den Haag zusammengekommen.
8   Hs. unterzeichnet.

Nr. 45
1   Aus Furcht vor Repressalien des kommunistischen Regimes flüchteten Ende der siebziger Jahre zehntausende Vietnamesen in primitiven Booten über das südchinesische Meer. Sie versuchten Malaysia oder Indonesien zu erreichen, wo sie nicht selten abgewiesen wurden. Mehr als 10.000 dieser so genannten „Boat People" konnten gerettet werden und fanden Aufnahme in westlichen Staaten, darunter auch die Bundesrepublik.
2   Die Terrorherrschaft des kommunistischen Regimes der Roten Khmer unter Pol Pot zwischen 1975 und 1978 kostete schätzungsweise eine Million Kambodschaner das Leben. Hunderttausende flohen ins benachbarte Thailand. Vgl. *Nohlen* 2000, S. 404.
3   Die Krise im Mittleren Osten meint vor allem den durch den sowjetischen Einmarsch begonnenen Krieg in Afghanistan, in dessen Folge Millionen Menschen nach Pakistan flüchteten.
4   1977/78 hatten Äthiopien und Somalia um die äthiopische Hochebene Ogaden Krieg geführt, den die somalischen Truppen verloren. Hunderttausende bis dato im Ogaden lebende Somalis flüchteten daraufhin nach Somalia, wodurch sich die ohnehin schlechte Wirtschaftslage des Landes noch verschärfte.
5   Zitat aus: Brandt-Report 1980, S. 144.
6   In Artikel 16, Absatz 2 des Grundgesetzes hieß es bis 1993 uneingeschränkt: „Politisch Verfolgte genießen Asylrecht."
7   In der Allgemeinen Erklärung der Menschenrechte vom 10. Dezember 1948 heißt es in Artikel 14, Absatz 1: „Jeder hat das Recht, in anderen Ländern vor Verfolgung Asyl zu suchen und zu genießen."
8   Der UN-Flüchtlingskommissar Poul Hartling nahm an der Veranstaltung in Bergneustadt teil und sprach nach Brandt.

9 Dieses Reisedokument für staatenlose Flüchtlinge ging auf die Initiative Fridtjof Nansens zurück und war 1922 vom Völkerbund anerkannt worden. Zu Brandts Erfahrungen als staatenloser Flüchtling vgl. Berliner Ausgabe, Band 1.

Nr. 46

1 Zum Treffen Brandts mit Arafat vgl. Nr. 36. Beim Parteiführertreffen der SI am 20./21. Juli 1979, auf dem Kreisky über die Gespräche berichtete, gehörte Mitterrand zu den Kritikern der Zusammenkunft mit dem PLO-Führer. Siehe AdsD, SPD-PV, Abt. Internationale Beziehungen, ohne Signatur, Mappe: „Parteiführerkonferenz in Bommersvik/Schweden, 20./21. 7. 79".

2 Mitterrand bezieht sich auf das „Lateinamerika-Gespräch" am 29. Oktober 1979. Siehe AdsD, WBA, A 13, 38B.

3 Gemeint ist der Bund der Sozialdemokratischen Parteien der Europäischen Gemeinschaft. Im offiziellen französischen Namen der Vereinigung heißt es „Socialistes" statt „Sozialdemokratischen"; entsprechend auch im englischen und im spanischen Namen. Präsident des Bundes war seit März 1980 der Niederländer Joop den Uyl.

4 Es fand am 6. Mai 1980 statt. Vgl. „Gespräche mit Billigung Washingtons? Kreisky, Palme und González in Teheran", in: FAZ vom 27. Mai 1980. Vgl. dazu auch Nr. 49, Anm. 4.

5 Mitterrand hatte Brandt am 11. März 1980 getroffen. Er führte dabei aus, dass es außerhalb des SI-Büros ein kleineres Gremium geben sollte, „in dem der Vorsitzende mit den stellvertretenden Vorsitzenden wichtige Fragen besprechen könne." Es dürfe nicht mehr als 10 Personen umfassen und solle sich alle zwei Monate unter Vorsitz des Präsidenten treffen. Außerdem schlug Mitterrand vor, den Sitz der SI nach Brüssel oder Genf zu verlegen. Die Zahl der Vizepräsidenten solle „in begrenztem Umfange" reduziert werden. Siehe Veronika Isenberg, Aufzeichnung, Vertraulich, 13. März 1980, Besuch von François Mitterrand in Bonn am 11. März 1980, in: AdsD, WBA, A 11.8, 34. Vgl. auch Nr. 28.

6 Gemeint ist die Tagung des SI-Büros am 12./13. Juni 1980.

7 Hs.

Nr. 47

1 Der iranische Außenminister Ghotbzadeh hatte in Oslo zuvor bereits mit dem Präsidium der SI (bestehend aus dem Präsidenten und den Vizepräsidenten) und zudem mit Brandt und Wischnewski gesprochen. Zu Letzterem siehe AdsD, WBA, A 9, 35. Diesen Treffen war eine fact-finding Mission von Felipe González, Bruno Kreisky und Olof Palme vorausgegangen, die sich Ende Mai 1980 in Teheran aufhielten. Sie wollten Möglichkeiten zur Lösung der so genannten „Geisel-Affäre" erörtern, also der Besetzung der US-Botschaft in Teheran durch radikale Studenten, die das Personal der Botschaft als Geiseln festhielten. Vgl. dazu Nr. 38 und die Berichterstattung zur Mission in der FAZ vom 27. Mai 1980, der Frankfurter Rundschau vom 28. Mai 1980 und in Der Spiegel vom 9. Juni 1980. Der Einladung Ghotbzadehs zur Bürositzung der SI hatte die amerikanische Regierung zugestimmt. Kreisky erfuhr dies von Außenminister Muskie persönlich, wie Brandt selbst bestätigte. Siehe dazu sein Interview für die Deutsche Welle am 16. Juni 1980, verschriftet vom Bundespresseamt, zu finden u. a. in: AdsD, WBA, A 3, 817.

Nr. 48

1 Vorlage ist ein Durchschlag des Schreibens.

2   Vgl. Nr. 44, Anm. 4.

3   Bereits am 13. Februar 1980 hatte das Bundeskabinett beschlossen, eine Stellungnahme zum Brandt-Report abzugeben. Das BMZ als federführendes Ressort konnte sich jedoch mit den drei weiteren zuständigen Ministerien, Auswärtiges Amt, Wirtschaft und Finanzen, zunächst nicht auf eine Vorlage einigen. Gegenüber den wesentlichen Empfehlungen der Brandt-Kommission wurden deutliche Vorbehalte geltend gemacht. Siehe das Schreiben Offergelds an Schmidt vom 11. Juni 1980 sowie den Vermerk über das Gespräch zwischen Schmidt und Offergeld am 19. Juni 1980, in: AdsD, Dep. Helmut Schmidt, 8911. Vgl. auch Einleitung.

4   Diese beiden Grundsatzfragen bildeten den Kern des Streits in der Bundesregierung um die Kabinettsvorlage. Umstritten war insbesondere die Steigerung der Entwicklungshilfeausgaben bis 1985 auf 0,7 % des BSP. Bundesfinanzminister Matthöfer hielt dieses Ziel, dem sich die Koalitionsfraktionen verpflichtet hatten, wegen der Haushaltsschwierigkeiten für nicht mehr erreichbar. Vgl. „Opposition fordert Aufklärung über Entwicklungspolitik", in: Die Welt vom 19. Juni 1980.

5   Die Befassung im Bundeskabinett fand schließlich am 9. Juli 1980 statt. Dabei wurde die Vorlage „Die zukünftige Entwicklungspolitik der Bundesregierung im Lichte der Empfehlungen der Unabhängigen Kommission für internationale Entwicklungsfragen" verabschiedet. Wirklich Neues enthielt das Papier aber nicht. Vgl. Einleitung. Vgl. auch *Bohnet, Michael:* Brandt-Bericht und deutsche Entwicklungspolitik am Beginn der 80er-Jahre, in: *Nuscheler, Franz (Hrsg.):* Entwicklung und Frieden im 21. Jahrhundert. Zur Wirkungsgeschichte des Brandt-Reports, Bonn 2000, S. 90–97.

6   Stempel.

7   Vgl. Anm. 4.

8   Der Bundeskanzler sandte Kopien an Offergeld und Matthöfer. Siehe das Schreiben Schmidts an Brandt vom 4. Juli 1980, in: AdsD, WBA, A 9, 14. Brandt selbst übermittelte Außenminister Genscher am 9. Juli 1980 eine Kopie seines Schreibens.

Nr. 49

1   Brandt schrieb auf einem Briefbogen mit dem Aufdruck „Vorsitzender der SPD", doch zeigt der Inhalt klar, dass er in seiner Funktion als SI-Präsident antwortete. Zudem war Mitterrands Schreiben vom 9. Juni an den Präsidenten der SI adressiert gewesen. Vgl. Nr. 46.

2   Korrigiert aus: 8.

3   Am 12./13. Juni 1980 tagte in Oslo das SI-Büro.

4   Brandt nahm anders als hier dargestellt erheblichen Einfluss auf das Zustandekommen des Treffens. In einem Brief an Helmut Schmidt vom 20. März 1980 regte er die Begegnung in Hamburg an und machte auch Vorschläge zum Teilnehmerkreis – nur Palme wurde in dem Brief noch nicht erwähnt. Es war eine bewusste Entscheidung Brandts und nicht das Ergebnis zufälliger Terminübereinstimmungen, dass genau dieser Personenkreis zusammentrat, Mitterrand hingegen nicht eingeladen wurde. Das Schreiben Brandts an Schmidt in: AdsD, Dep. Helmut Schmidt, 8902.

5   Am 11. März 1980. Siehe AdsD, WBA, A 11.8, 34.

6   Das Dokument war nicht auffindbar. Das Ergebnis des Treffens von Brandt mit den SI-Vizepräsidenten wird auch zusammengefasst in den Minutes of the Meeting of the Bureau of the Socialist International, Oslo, June 12–13, 1980, SI Bureau Circular B10/80 vom 29. September

1980, in: AdsD, SPD-PV, ohne Signatur (Mappe: SI-Bürositzung Oslo 11.–13. Juni 1980). Dort befindet sich auch der zusammenfassende Bericht von Klaus Lindenberg vom 20. Juni 1980 über die Bürositzung. Lindenberg zufolge war erwogen worden, aus dem Kreis der Vizepräsidenten heraus eine Art Präsidium der SI zu bilden und einigen Vizepräsidenten feste Aufgaben zuzuweisen. Beide Vorschläge wurden vom SI-Büro nicht aufgegriffen.
7 Stempel.

Nr. 50
1 Am 12. September 1980 hatte das Militär die Macht übernommen.
2 Dabei handelte es sich um politische Auseinandersetzungen.
3 Republikanische Volkspartei und Gerechtigkeitspartei.
4 Vgl. Einleitung und Nr. 58.

Nr. 51
1 Kim wurden Umsturzpläne zur Last gelegt.
2 Anfang 1981 wurde Kim begnadigt, das Urteil in lebenslange Haft umgewandelt. 1982 konnte er in die USA ausreisen.

Nr. 52
1 Vorlage ist die deutsche Übersetzung der Rede, die Brandt in englischer Sprache vortrug. Für das englische Manuskript der Rede siehe AdsD, Nord-Süd-Kommission, 31.
2 Der Shango-Preis wurde Brandt am Rande der Frankfurter Buchmesse vom Afrika-Forum verliehen.
3 Brandt spielt auf die islamische Revolution im Iran an. Vgl. Nr. 30, Anm. 40.
4 Schwerpunktthema der Frankfurter Buchmesse 1980 war Schwarzafrika.

5 Ausgelassen wurde ein Absatz, in dem Brandt die große Bedeutung der Nord-Süd-Beziehungen betont.
6 Gemeint sind die verschärften Spannungen zwischen Ost und West wegen des sowjetischen Einmarschs in Afghanistan, der Streikwelle in Polen und den Auseinandersetzungen um den NATO-Doppelbeschluss.
7 In dem nicht abgedruckten Abschnitt geht Brandt auf die hohe Zahl von hungernden und unterernährten Menschen in vielen Entwicklungsländern ein, warnt vor den Folgen des ungebremsten Bevölkerungswachstums für die natürlichen Ressourcen der Erde und weist auf die voranschreitende Differenzierung der Länder des „Südens" hin.
8 Brandt schlägt faire internationale Rohstoffabkommen nach dem Vorbild des Lomé-Abkommens vor.
9 Eine repräsentative Auswahl der Reaktionen ist zusammengestellt in: *Friedrich-Ebert-Stiftung* 1983. Vgl. auch Einleitung.
10 Im Folgenden skizziert Brandt die vier Hauptelemente des von der Kommission vorgeschlagenen Dringlichkeitsprogramms. Vgl. Nr. 39.
11 Die Sondergeneralversammlung der Vereinten Nationen über Entwicklungsfragen tagte vom 25. August – 15. September 1980 in New York. Die Generalversammlung verständigte sich zwar über den Inhalt einer internationalen Entwicklungsstrategie für die achtziger Jahre, einige Staaten kündigten aber zu einzelnen Punkten Vorbehalte und eigene Interpretationen an. Vgl. EA 35 (1980) 19, S. Z 188.
12 Über die so genannten Globalverhandlungen, deren Beginn für Januar 1981 vorgesehen war, hatte man in New York keine Einigung erzielen können. Während die Entwicklungsländer zentralisierte, globale Verhandlungen mit dem

Ziel einer Neuen Weltwirtschaftsordnung zu führen wünschten, sprachen sich die Industrieländer dafür aus, die Sachfragen in den entsprechenden Sonderorganisationen zu behandeln. Hinsichtlich des umstrittenen Verfahrens der Globalverhandlungen hatte die Bundesrepublik Deutschland schließlich gemeinsam mit den USA und Großbritannien auch einen Kompromissvorschlag Jugoslawiens abgelehnt. Die Angelegenheit war daher zur weiteren Behandlung an die 35. Generalversammlung überwiesen worden. Vgl. ebd.

13 Im folgenden Abschnitt äußert sich Brandt zu den geplanten Globalverhandlungen (Anm. 12). Er erläutert den Vorschlag seiner Kommission, ein Gipfeltreffen mit einer begrenzten Anzahl von Staats- und Regierungschefs einzuberufen und schildert die Sondierungen der Regierungen Mexikos und Österreichs, ein solches Treffen in der ersten Hälfte des Jahres 1981 stattfinden zu lassen.

14 Vgl. What kind of Africa by the year twothousand? Final Report of the Monrovia Symposium on the Future Development Prospects of Africa towards the Year Twothousand, 1979. Organisation of African Unity, Addis Abeba 1980.

Nr. 53

1 Der Brief wurde Hans-Eberhard Dingels am 8. November 1980 in Paris übergeben, als er mit dem PLO-Politiker Sartawi zusammentraf. Arafat ließ dabei auch mitteilen, dass er gerne mit Brandt in Bonn zusammentreffen würde. Vermerk Dingels' an Brandt vom 10. November 1980 in: AdsD, WBA, A 9, 35.

2 Einleitend beglückwünschte Arafat den SPD-Vorsitzenden zum Erfolg bei der Bundestagswahl.

3 Vgl. Nr. 36.

4 Hs. Arafat verwendete die englische Transkription seines Namens.

Nr. 54

1 Vgl. Nr. 53.

2 Gemeint ist das der Bundestagswahl vom 5. Oktober 1980, aus der die Regierungskoalition gestärkt hervorging.

3 Am 5. November 1980 hatte Ronald Reagan die Präsidentschaftswahlen gewonnen; sein Amt trat er am 20. Januar 1981 an.

4 Bei den Wahlen vom Juni 1981 konnte die Arbeitspartei zwar erhebliche Gewinne verzeichnen, die rechtsgerichtete Regierung von Menachem Begin blieb aber im Amt.

5 Zu den Gesprächen Kreiskys und Brandts in Wien am 7./8. Juli 1979 vgl. Nr. 36.

6 Stempel.

Nr. 55

1 Im Januar 1981 unternahm die linke Guerilla, mit der das SI-Mitglied MNR verbunden war, eine Offensive, die jedoch scheiterte.

2 Insbesondere die Unterstützung eines „revolutionären Wechsels" (im Original: „support for revolutionary change") führte zu Kritik der costarizensischen Mitgliedspartei der SI an der Erklärung. Ihr fehlte ein klarer Hinweis, dass ein Regimewechsel in El Salvador nur dann und insofern von der SI unterstützt werde, wenn die neue Regierung demokratisch sei. Siehe die Erklärung der PLN Costa Rica in: *Socialist Affairs* 31 (1981) 3, S. 120; dort auch die Erwiderung der MNR El Salvador.

Nr. 56

1 Die Gründung erfolgte beim SI-Kongress in Madrid, der vom 13.–16. November 1980 stattfand. Vorsitzender war González.

2   Brandt erklärte in Washington, die Unterstützung für Nicaragua wäre einfacher, wenn sich die Sandinisten an die ursprünglichen Ziele der Revolution hielten. Siehe Socialdemokraterna [Schweden], Partistyrelsen, Pierre Schori, an die Mitglieder des International Committee for the Defense of the Nicaraguan Revolution, Confidential, 18. Dezember 1980, in: AdsD, WBA, A 13, 53.

3   Am 9. November 1980 war eine Versammlung der bürgerlichen Opposition verboten worden, die daraufhin den Staatsrat verließ. In der Folgezeit mehrten sich die Befürchtungen, die Sandinisten wollten eine an Kuba orientierte Einparteienherrschaft errichten.

4   Dort traf sich das Nicaragua-Solidaritätskomitee der SI.

5   Stempel.

Nr. 57

1   Vorlage ist die deutsche Übersetzung des Schreibens, das sich in englischer Sprache an die 22 Staats- und Regierungschefs der zum Gipfeltreffen in Cancún geladenen Industrie- und Entwicklungsländer richtete. An der „Internationalen Konferenz über Zusammenarbeit und Entwicklung" am 22./23. Oktober 1981 nahmen Präsident Benjedid (Algerien), Präsident Sattar (Bangladesh), Ministerpräsident Zhao (China), Präsident Mitterrand (Frankreich), Premierministerin Thatcher (Großbritannien), Präsident Burnham (Guyana), Premierministerin Gandhi (Indien), Ministerpräsident Suzuki (Japan), Präsident Krajger (Jugoslawien), Premierminister Trudeau (Kanada), Präsident López Portillo (Mexiko), Präsident Shagari (Nigeria), Präsident Marcos (Philippinen), Kronprinz Fahd (Saudi-Arabien), Ministerpräsident Fälldin (Schweden), Präsident Nyerere (Tansania), Präsident Reagan (USA) und Präsident Herrera Campins (Venezuela) teil. Brasilien, die Bundesrepublik Deutschland, die Elfenbeinküste und Österreich wurden durch die Außenminister Guerreiro, Genscher, Aké und Pahr vertreten. Außerdem war UN-Generalsekretär Waldheim anwesend. Vgl. EA 36 (1981) 22, S. Z 231 f.

2   Die Anrede erfolgte hs. im Original.

3   Vgl. Nr. 52, Anm. 11 und 12.

4   Beim Gipfel der sieben führenden westlichen Industrienationen in Ottawa am 20./21. Juli 1981 hatten die Bundesrepublik Deutschland und Großbritannien ihren Widerstand in dieser Frage aufgegeben. Als einziger hatte sich US-Präsident Reagan gegen einen baldigen Beginn der Globalverhandlungen ausgesprochen, sie aber auch nicht mehr grundsätzlich abgelehnt. Für die in der Abschlusserklärung des G-7-Gipfels enthaltene allgemeine Formel zu „globalen Verhandlungen" vgl. EA 36 (1981) 16, S. D 423–D 427.

5   Vgl. Brandt-Report 1980, S. 344–349.

Nr. 58

1   Vgl. Nr. 50.

2   Am 14. Oktober 1981 wurde Ecevit angeklagt, weil er unerlaubt öffentliche Stellungnahmen abgegeben habe. Am 4. November erfolgte die Verurteilung zu vier Monaten Haft, am 25. Dezember 1981 wurde das Urteil im Berufungsverfahren aufgehoben. Vgl. AdG 51 (1981), S. 25906.

Nr. 59

1   Das Gespräch mit Willy Brandt führte der Bonner Korrespondent der *Frankfurter Rundschau*, Rolf-Dietrich Schwartz.

2   Die „Internationale Konferenz über Zusammenarbeit und Entwicklung" in Cancún fand am 22./23. Oktober 1981 statt.

3   Die Ergebnisse der Konferenz wurde am 24. Oktober 1981 von den beiden Kopräsidenten, López Portillo und Trudeau, in einem „Kurzbericht" zusammengefasst, der veröffentlicht ist in: EA 37 (1982) 3, S. D 94–D 98.

4   Als Delegationsteilnehmer ihrer Länder waren in Cancún dabei gewesen die Kommissionsmitglieder Jamal (Tansania) und Jha (Indien) sowie der Exekutivsekretär Ohlin (Schweden).

5   Vgl. Einleitung.

6   Vgl. Nr. 52, Anm. 11 und 12.

7   Vgl. Anm. 3.

8   Gemeint ist das Gipfeltreffen der sieben führenden westlichen Industrienationen in Ottawa am 20./21. Juli 1981. Vgl. Nr. 57, Anm. 4.

9   Wörtlich hieß es dazu im „Kurzbericht" der Kopräsidenten (Anm. 3): „Die Staats- und Regierungschefs bekräftigten, daß es wünschenswert sei, in den Vereinten Nationen [...] einen Konsens für die Aufnahme Globaler Verhandlungen [...] unter Umständen, die Aussicht auf sinnvolle Fortschritte bieten, zu unterstützen."

10   Der amerikanische Präsident Reagan hatte in Cancún u. a. die Bewahrung der Kompetenzen der UN-Sonderorganisationen und die Anerkennung der Verbindlichkeit ihrer Beschlüsse als unabdingbar bezeichnet. Vgl. EA 37 (1982) 3, S. D 94.

11   Gemeint sind die Ernährungs- und Landwirtschaftsorganisation (FAO), der Internationale Agrarentwicklungsfonds (IFAD), der Welternährungsrat (WFC) und das Welternährungsprogramm (WFP).

12   López Portillo hatte bereits im Februar 1979 während eines Treffens mit dem damaligen amerikanischen Präsidenten Carter eine Regelung für Produktion, Verteilung und Verbrauch der weltweiten Energievorkommen vorgeschlagen. Vgl. EA 34 (1979) 6, S. Z 56. Im „Kurzbericht" der Kopräsidenten hieß es, dass an den Vorschlag für einen Weltenergieplan erinnert und Interesse daran bekundet worden sei. Vgl. Anm. 3.

13   Ursprünglich hatte die Brandt-Kommission vorgeschlagen, ein internationales Energieforschungszentrum zu gründen sowie zusätzliche multilaterale Finanzmittel zur verstärkten Rohstoff- und Energieexploration bereitzustellen. Vgl. Nr. 34, Anm. 8. Diese Idee war vom scheidenden Weltbankpräsidenten McNamara aufgegriffen worden, indem er sich dafür einsetzte, eine Weltbanktochter zur Finanzierung von Energieprojekten zu errichten. Die Vereinigten Staaten lehnten dies aber ab.

14   Vgl. Anm. 3. Der amerikanische Präsident lehnte eine solche Energiebehörde aber weiterhin ab, was sich auch darin zeigte, dass er in Cancún diesen Punkt nicht erwähnte, als er von der vorzusehenden Tagesordnung für die Globalverhandlungen sprach. Vgl. EA 37 (1982) 3, S. D 94.

15   Die Brandt-Kommission traf sich zu Beratungen am 7./8. Januar 1982 in Kuwait. Siehe AdsD, Nord-Süd-Kommission, 76.

16   Vgl. Nr. 66 und 67.

17   Die USA verfügten in Weltbank und IWF über den größten Stimmenanteil. Vgl. Nr. 27, Anm. 23.

18   Präsident Reagan hatte er erst im Juni 1981 seine Zusage zur Teilnahme gegeben.

19   Diese Überzeugung wiederholte Reagan in einem Schreiben, mit der er auf den Brief Brandts und Ramphals vom 11. September 1981 antwortete. Siehe das Schreiben Reagans an Brandt vom 4. November 1981, in: AdsD, Nord-Süd-Kommission, 3. Vgl. auch Nr. 73.

20   So in einer Rede vor Teilnehmern der wissenschaftlichen Konferenz „Europa in der Krise der Nord-Süd-Beziehungen" in Florenz am 17. Oktober 1981. Vgl. „Auf die

Tagesordnung muß, was dem gemeinsamen Überleben dient", in: *Frankfurter Rundschau* vom 20. Oktober 1981.

21 Der Ständige Vertreter der Bundesrepublik Deutschland bei den Vereinten Nationen, Rüdiger v. Wechmar, war am 16. September 1980 für ein Jahr zum Präsidenten der 35. UN-Generalversammlung gewählt worden. Er hatte sich sehr für die Globalverhandlungen eingesetzt und in dieser Frage auch immer wieder Kontakt mit Brandt aufgenommen. Siehe z. B. das Fernschreiben v. Wechmars an Brandt vom 18. Dezember 1980 und das Schreiben vom 1. Juli 1981, in: AdsD, WBA, A 11.1, 111, sowie A 9, 15.

22 Gemäß der von den beiden Vorbereitungskonferenzen in Wien festgelegten Teilnehmerliste war auch an die Sowjetunion eine Einladung ergangen, worauf Moskau indes offiziell nicht reagierte. Die Regierungszeitung *Iswestija* bezeichnete das Gipfeltreffen aber als „Falle des Imperialismus". Vgl. EA 37 (1982) 3, S. D 93 f.

23 Brandt besuchte die sowjetische Hauptstadt vom 30. Juni – 2. Juli 1981. Breschnew hatte dabei zum Gipfel von Cancún erklärt: „Wir schliessen nicht aus, dass wir irgendeine Form der Beteiligung finden." Berliner Ausgabe, Bd. 9, Nr. 65 und 66.

24 Nr. 60.

25 Die 1980 unter dem Vorsitz von Olof Palme eingerichtete Unabhängige Kommission für Abrüstung und Sicherheit legte ihren Bericht 1982 vor. Vgl. Der Palme-Bericht. Bericht der unabhängigen Kommission für Abrüstung und Sicherheit, Berlin 1982. Vgl. auch Einleitung.

Nr. 60

1 Vorlage ist das vom SPD-Pressedienst vorab veröffentlichte Manuskript des Vortrags.

2 Weggelassen wurden hier die Eingangsbemerkungen Brandts, der sich erfreut darüber zeigte, dass diese Konferenz der Europäischen Vereinigung von Entwicklungsforschungs- und Ausbildungsinstituten (EADI) erstmals in der Hauptstadt eines RGW-Staates stattfand.

3 Die Herkunft des Zitats konnte nicht ermittelt werden.

4 Brandt beschreibt den Treibhauseffekt, die globale Erwärmung durch den Anstieg des Kohlendioxidgehalts in der Erdatmosphäre.

5 Dies hatte Ralf Dahrendorf getan. Vgl. Einleitung.

6 In dem hier nicht dokumentierten Abschnitt weist Brandt auf die Bedeutung einer erhöhten Produktion der Entwicklungsländer für die Erholung der Weltwirtschaft hin.

7 Brandt kommentiert die Globalen Verhandlungen sowie den Ausgang des Gipfeltreffens von Cancún.

8 Vgl. Berliner Ausgabe, Bd. 9.

9 Brandt äußert sich zu den „wenig beeindruckenden" Entwicklungshilfeleistungen der RGW-Staaten und begrüßt, dass Ungarn die Mitgliedschaft in IWF und Weltbank anstrebe.

10 Die UN-Sonderorganisation World Food Program (WFP) mit Sitz in Rom war 1963 gegründet worden. Vgl. *Nohlen* 2000, S. 822 f.

11 Vgl. Nr. 59, Anm. 12.

12 Weggelassen wurden Passagen, in denen Brandt sich für eine Minderung der Rüstungsausgaben zugunsten der Entwicklungshilfe einsetzt und seine Sorge um die Entspannungspolitik ausdrückt.

Nr. 61

1 Die Erklärung wurde erst am Vormittag des Folgetages veröffentlicht. Siehe

das FS Dingels' an Bernt Carlsson vom 18. Dezember 1981, 9.45 Uhr, in: IISG, SI, 976.

2   Am 13. Dezember 1981 wurde über Polen der Kriegszustand verhängt, die Macht übernahm ein „Militärrat der Nationalen Errettung", an dessen Spitze General Jaruzelski stand. Zuvor war Jaruzelski Ministerpräsident gewesen. Die Aktivitäten der oppositionellen Gewerkschaft Solidarność wurden untersagt, mindestens 6.000 politische Gegner interniert.

3   Die Schlussakte der KSZE war 1975 in Helsinki unterzeichnet worden.

Nr. 62

1   Gemeint ist die Stellungnahme der SI, die Brandt und SI-Generalsekretär Carlsson am 17. Dezember 1981 zur Verhängung des Kriegsrechts in Polen abgegeben hatten. Vgl. Nr. 61.

2   Insbesondere die Mitgliedsparteien aus Frankreich und Italien hatten die SI-Erklärung öffentlich als zu unkritisch gegenüber der Regierung in Warschau bezeichnet. Vgl. Einleitung und Nr. 63. Siehe auch die Unterlagen in: IISG, SI, 976.

3   Der Bundestag beschloss am 18. Dezember 1981 einstimmig den von der CDU/CSU vorbereiteten und von SPD und FDP mitgetragenen Text einer Erklärung zur Verhängung des Kriegsrechts. Im Unterschied zur Stellungnahme der SI vom Vortag wurde darin die Unterbrechung staatlicher Wirtschaftshilfe an Polen gefordert. Jedoch fehlte auch hier ein expliziter Appell, das Kriegsrecht aufzuheben. Wortlaut in: Verhandlungen des Deutschen Bundestages, Stenographische Berichte, 9. Wahlperiode, S. 4308 f.

4   Für den 29. Dezember 1981 war aufgrund der scharfen Proteste mehrerer Mitgliedsparteien gegen die Erklärung vom 17. Dezember 1981 eine außerordentliche Sitzung des SI-Präsidiums (Präsident und Vizepräsidenten) einberufen worden. Brandt weigerte sich, seinen Urlaub hierfür zu unterbrechen, und ließ sich von Hans-Jürgen Wischnewski vertreten. Dort einigten sich die Anwesenden auf ein neues SI-Statement. Es ist veröffentlicht in: *Sozialdemokraten Service Presse Funk TV*, Nr. 781/81 vom 30. Dezember 1981. Zum Verlauf der Sitzung vgl. *Der Spiegel* vom 4. Januar 1982, S. 21 f. („Auch der Papst"). SI-Generalsekretär Carlsson zeigte sich danach intern besorgt darüber, wie zutreffend dieser Bericht des Nachrichtenmagazins war, und vermutete das „Leck" in Bonn. Siehe das Schreiben Carlssons an Dingels vom 25. Januar 1982, in: AdsD, WBA, A 13, 68b.

5   In Caracas sollte im Februar 1982 eine Parteiführerkonferenz der SI stattfinden. Sie wurde jedoch kurzfristig wegen des Streits um die Teilnahme der Sandinisten abgesagt.

Nr. 63

1   Das Interview führte Klaus Bresser.

2   Die Frage bezog sich auf die zurückhaltende Stellungnahme der SI zur Verhängung des Kriegsrechts in Polen, die Brandt selbst als „übervorsichtig" charakterisierte. Vgl. Nr. 61 und 62.

3   Vgl. Nr. 62, Anm. 2.

4   Vgl. Nr. ebd., Anm. 3.

5   Erklärung des SPD-Präsidiums vom 16. Dezember 1981, in: *Sozialdemokraten Service Presse Funk TV*, Nr. 758/81 vom 16. Dezember 1981.

6   Brandt spielt darauf an, dass er und viele andere eine militärische Intervention der Sowjetunion befürchtet hatten, der die polnische Führung durch die Verhängung des Kriegsrechts als interne „Lösung" zuvorgekommen sei. In den neunziger Jahren veröffentlichte Protokolle der Beratungen

in der Führung der KPdSU zeigen jedoch, dass das Politbüro es ablehnte, Soldaten der Roten Armee zur Unterdrückung von „Solidarność" einzusetzen. Vgl. das Protokoll der Sitzung des KPdSU-Politbüros am 10. Dezember 1981, in: http://www.wilsoncenter.org/index.cfm?topic_id=1409&fuseaction=library.document&id=99

7   Erst am Abend des 23. Dezember verkündete US-Präsident Reagan in seiner Weihnachtsansprache – sehr gemäßigte – Sanktionen gegen Polen, am 29. Dezember 1981 auch solche gegen die Sowjetunion.

8   Der DGB rief zu Spenden für die polnische Bevölkerung auf, die von der Wirtschaftskrise betroffen war.

9   Das von Brandt hier skizzierte Szenario entspricht dem Vorgehen der Sowjetunion in der Tschechoslowakei 1968, als ein „Hilferuf" moskautreuer Kommunisten zum Vorwand der Intervention genommen wurde.

Nr. 64

1   Das Gespräch führte Siegfried Berndt.

2   Am 2. April 1982 waren argentinische Truppen auf den zu Großbritannien gehörenden, von Argentinien aber seit dem 19. Jahrhundert beanspruchten Falkland-Inseln (spanisch: Malvinen) im Südatlantik gelandet. Am 1. Mai 1982 begann die Rückeroberung durch britische Truppen mit Luftkämpfen, am 21. Mai bildeten sie einen ersten Brückenkopf. Fünf Tage später rief der UN-Sicherheitsrat zur Einstellung der Kämpfe auf.

3   Auf Antrag Großbritanniens beschloss die EG am 10. April 1982 ein Handelsembargo gegen Argentinien. Am 22. Juni 1982 wurde es wieder aufgehoben.

4   Der Internationale Sekretär der SPD, Dingels, berichtete dem SPD-PV, der Streit zwischen der britischen und der argentinischen Position durchziehe die SI. „Allerdings konnte durch einen Formelkompromiß vermieden werden, daß in dieser Frage auch nach außen hin die Parteien der SI ihre Unterschiede deutlich werden ließen." AdsD, SPD-PV, Ordner „SI-Bürositzung Helsinki 26./27. 5. 82". Drastischer äußerte sich Brandt am 7. Juni 1982 vor dem SPD-Präsidium zur Sitzung der SI: „Erschrocken sei er über die Reaktion der Lateinamerikaner gegenüber allen europäischen Sozialisten wegen des Falkland-Konflikts gewesen. Das Auftreten der Lateinamerikaner sei weit über seine Vorstellungen hinausgegangen, es sei bedrückend gewesen." AdsD, SPD-PV, 3.95, Vorstandssekretariat, 193.

Nr. 65

1   Das Schreiben ging per Fernschreiber an Soares.

2   Am 6. Juni 1982 marschierten israelische Truppen im Libanon ein. Eine Woche später gelang es ihnen, das überwiegend islamische West-Beirut einzuschließen. Soares wurde von der SI mit einer Erkundungsmission in den Nahen Osten beauftragt, die er vom 28. Juni – 8. Juli und am 25./26. August 1982 unternahm. Siehe Brandts Bericht in der SPD-Präsidiumssitzung am 21. Juni 1982 in: AdsD, PV, 3.95, Vorstandssekretariat, 195; *Lindenberg, Klaus:* Die Sozialistische Internationale – Heute. Eine kleine Einführung. First Draft, Bonn Dezember 1982 (Manuskript), S. 152, in: AdsD, Dep. K. Lindenberg, 12; *Socialist Affairs* 32 (1982) 5, S. 188 f.

3   In der Vergangenheit waren nordisraelische Gemeinden immer wieder aus dem Süden des Libanon von PLO-Einheiten beschossen worden.

4   Unter den in West-Beirut eingeschlossenen Zivilisten lebten zahlreiche Palästinenser in Flüchtlingslagern. Auch die PLO-Führung befand sich im Westteil der libanesischen Hauptstadt.
5   Neben den israelischen Truppen befanden sich Verbände Syriens im Lande.
6   7.000 Soldaten der UNO waren im Süden des Libanon stationiert.

Nr. 66
1   Vorlage ist eine Audiokopie des Interviews, das am 5. Oktober 1982 aufgezeichnet und am selben Tag von der Deutschen Welle gesendet wurde. Die Fragen stellte der Bonner Korrespondent Günther Scholz.
2   Am 1. Oktober 1982 war Bundeskanzler Helmut Schmidt mittels eines konstruktiven Misstrauensvotums durch Helmut Kohl abgelöst worden.
3   Brandt gehörte dem ersten direkt gewählten Europaparlament seit 1979 an.
4   Vgl. Einleitung und Nr. 67.
5   Ausgelassen wurden Fragen und Antworten zu den Ergebnissen von Cancún, den voraussichtlichen thematischen Schwerpunkten des zweiten Berichts der Nord-Süd-Kommission sowie zur Rolle und Bedeutung Chinas in der Nord-Süd-Politik.
6   Als Reaktion auf eine gegen den Willen der Amerikaner beschlossene Erhöhung des UN-Haushalts hielt der amerikanische Kongress Geld für UN-Programme zurück, welche die USA politisch nicht unterstützten. Die Reagan-Administration verstärkte in dieser Frage ihren Druck auf die Vereinten Nationen, indem sie die amerikanischen Pflichtbeiträge auf das vierte Quartal im Jahr verschoben, was eine Finanzkrise der UN auslöste. Vgl. *Volger* 2000, S. 124.
7   Vgl. Nr. 59.

8   Brandt nennt als weiteres Beispiel die Finanzierung der Weltbanktochter IDA.
9   Bei seinem Besuch im Juli 1981 hatte Brandt mit sowjetischen Experten des Instituts für Weltwirtschaft und internationale Beziehungen in Moskau diskutiert. Vgl. *Brandt* 1994, S. 387.

Nr. 67
1   Vorlage ist der als Pressemitteilung verbreitete Text der einführenden Bemerkungen Brandts vor der Bundespressekonferenz in Bonn, vor der er gemeinsam mit Edward Heath und Shridath Ramphal die englische und deutsche Ausgabe des zweiten Berichts der Nord-Süd-Kommission am 9. Februar 1983 vorstellte.
2   Vgl. Einleitung.
3   In einem gemeinsamen Schreiben hatten sich Brandt, Heath und Ramphal u. a. an den amerikanischen Präsidenten Reagan, die britische Premierministerin Thatcher und den deutschen Bundeskanzler gewandt. Siehe AdsD, Nord-Süd-Kommission, B 81.
4   Die Jahrestagung des Allgemeinen Zoll- und Handelsabkommens (GATT) hatte vom 21.–23. November 1982 in Genf stattgefunden.
5   Ausgelassen wurde ein technischer Hinweis.

Nr. 68
1   Dem SI-Generalsekretär Carlsson teilte Brandt am 8. November 1982 mit: „Ich war, wie Du weißt, darauf eingestellt, als Präsident abgelöst zu werden." AdsD, WBA, A 13, 57. Maßgeblich dafür war Brandts innenpolitische Belastung nach dem Bruch der sozial-liberalen Koalition. Siehe K. Lindenberg, Vertrauliche Aufzeichnung, 15. Oktober 1982, in: AdsD, WBA, A 13, 68a. Vermutlich hatte sich Brandt Olof Palme als Nachfolger gewünscht. Jedenfalls legt dies

eine hs. Notiz Brandts vom 19. Oktober 1982 nahe. Siehe AdsD, WBA, A 11.14, 17.

2   Nachdem der SI-Kongress 1983 nicht in Sydney stattfinden konnte, wurde er nach Portugal verlegt. Als Brandt diesen Brief schrieb, war Lissabon als Konferenzort vorgesehen. Tatsächlich fand er in Albufeira im Süden Portugals statt.

3   Stempel.

Nr. 69

1   Das Schreiben war als „persönlich" gekennzeichnet.

2   Scandilux war der Name für 1981 begonnene informelle Treffen der skandinavischen SI-Mitglieder aus NATO-Staaten mit denjenigen aus den Benelux-Staaten. Die Teilnehmer einte eine kritische Haltung zu den amerikanischen Nachrüstungsplänen im Besonderen und zur US-Sicherheitspolitik im Allgemeinen. Die SPD war durch Beobachter, meist Egon Bahr, bei den Gesprächen vertreten. Die südeuropäischen Mitgliedsparteien der SI standen den von Scandilux vertretenen Positionen eher ablehnend gegenüber. Vgl. *Devin* 1993, S. 230.

3   Van Miert war beauftragt, Vorschläge für die verschiedenen Wahlen, die beim SI-Kongress anstanden, zu entwickeln. Seit 1976 hatte es sich eingebürgert, dass van Miert diese Aufgabe übernahm, weil Belgien in der SI als Scharnier zwischen Nord- und Südeuropa, zwischen „Sozialdemokraten" und „Sozialisten" galt.

4   Pentti Väänänen aus Finnland wurde schließlich zum Nachfolger von Bernt Carlsson gewählt.

5   In der Kopie, die dem Abdruck zugrunde liegt, hs. eingefügt.

6   Stempel.

Nr. 70

1   Die hier verwendete undatierte Vorlage trägt die Paraphe von Brandt, ms. stehen sein Name und der von González unter dem Schreiben. Als Brandt am 29. Juli 1983 Olof Palme von dem Schreiben offiziell in Kenntnis setzte, legte er eine Kopie dieser Version bei, die zusätzlich am Kopf des Briefes ms. die Namen der vier Unterzeichner trug. Ausdrücklich bezeichnete Brandt sie als die nach Managua versandte Fassung. Für alle vier Unterzeichner sprechend betonte er, dass sie den Brief als Privatpersonen geschrieben hätten. Siehe das Schreiben Brandts an Palme vom 29. Juli 1983, in: Arbetarrörelsens Arkiv och Bibliotek, Stockholm, NL Olof Palme, OP 3.2: 416, 1983. Dem Bericht von Daniel Oduber zufolge fertigten Felipe González und Willy Brandt am 7. Juli 1983 in Madrid einen Entwurf an, der am Folgetag von ihm und Pérez nach nur geringen Veränderungen ebenfalls unterschrieben wurde. Brandt hatte zu diesem Zeitpunkt Madrid bereits verlassen. Schreiben Odubers an Brandt vom 15. August 1983, in: AdsD, WBA, A 13, 60. Die *International Herald Tribune* berichtete bereits am 18. Juli 1983 über den Brief (Juan de Onis: „Socialist International Leaders Push Managua to Liberalize, Sources Say"), der in Managua erst am 20. Juli 1983 eintraf. Für die Übersetzung wurde auch die deutschsprachige Fassung des Schreibens herangezogen, die sich im AdsD, Dep. Ehmke, 1/HEAA000443, befindet.

2   Anfang 1984 wurden für den 4. November 1984 Wahlen ausgeschrieben. Zu den Wahlen vgl. Nr. 80 und das Interview Brandts mit dem *Deutschen Allgemeinen Sonntagsblatt* in: *Sozialdemokraten Service Presse Funk TV*, Nr. 133/84 vom 28. März 1984.

3   1982 hatte der US-Kongress die Verwendung von Mitteln des Geheimdienst-

haushaltes zum Sturz der Regierung Nicaraguas untersagt. Da die Regierung Reagan diese Bestimmung umging, beschloss der Geheimdienstausschuss des Repräsentantenhauses im Mai 1983 eine Verschärfung, mit der die Unterstützung jeglicher paramilitärischer Aktivitäten in Nicaragua verhindert werden sollte. Am 28. Juli 1983 wurde der Entwurf mit geringfügigen Änderungen im Repräsentantenhaus angenommen. Vgl. *LeoGrande, William M.:* Our own Backyard. The United States in Central America, 1977–1992, Chapel Hill/London 1998, S. 301, 312, 321.

4 Vertreter Mexikos, Panamas, Kolumbiens und Venezuelas hatten am 8./9. Januar 1983 bei einem Treffen auf der Insel Contadora (Panama) einen Friedensplan für Mittelamerika ausgearbeitet. In der Folgezeit bemühten sich die Außenminister dieser Länder um eine friedliche Beilegung der Konflikte in der Region. Vgl. EA 38 (1983) 20, S. D 555–557.

5 Hs.

Nr. 71

1 In *VG* wurden Brandts Äußerungen nur ausnahmsweise im Wortlaut, im Übrigen aber in gekürzter und indirekter Wiedergabe innerhalb eines redaktionell gestalteten Textes abgedruckt. Daher folgt die Edition hinsichtlich der Fragen dem englischsprachigen FS von Svein A. Røhne an Brandt vom 1. August 1983, für die Antworten dem deutschsprachigen Antworttelex des Büros Brandt vom 4. August 1983. Dem Archiv von *VG* danken wir für die schnelle Zusendung einer Kopie des Artikels.

2 Es handelt sich um den Artikel „Socialist International Leaders Push Managua to Liberalize, Sources Say", in: *International Herald Tribune* vom 18. Juli 1983. Zum Brief vgl. Nr. 70.

3 Das Antwortschreiben war auf den 26. Juli 1983 datiert. Die Charakterisierung des Inhaltes durch Brandt trifft zu. Siehe AdsD, WBA, A 13, 60.

Nr. 72

1 Die Erklärung wurde auch veröffentlicht in: *Socialist Affairs* 34 (1984) 1, S. 11. Dort wurde sie auf den 25. Oktober 1983 datiert mit der Angabe, sie sei auch von SI-Generalsekretär Väänänen unterzeichnet worden.

2 Am 17. Oktober 1983 war Premierminister Maurice Bishop aus der Partei „New Jewel Movement", die der SI angehörte, ausgeschlossen und unter Hausarrest gestellt worden. Die Macht auf dem Inselstaat übernahm der marxistisch-leninistisch orientierte NJM-Flügel. Am 19. Oktober wurden Bishop sowie vier Minister und Gewerkschaftsführer hingerichtet. Am 25. Oktober landeten Truppen der USA und aus sechs karibischen Staaten auf Grenada. Vgl. *O'Shaughnessy, Hugh:* What next for Grenada?, in: *Socialist Affairs* 34 (1984) 1, S. 39 f.

3 Die Erklärung vom 20. Oktober 1983 in: *Socialist Affairs* 34 (1984) 1, S. 11.

Nr. 73

1 Vorlage ist der vom SPD-Pressedienst vorab veröffentlichte Text der Rede. Brandt hielt das Eingangsstatement des Nord-Süd-Forums der SPD, das am 16./17. Februar 1984 in Bonn stattfand.

2 Ausgelassen wurden einführende Bemerkungen zur prinzipiellen Bedeutung des Nord-Süd-Konflikts und der Notwendigkeit für die SPD, sich diesem Thema stärker zuzuwenden.

3   Das erste Nord-Süd-Forum der SPD hatte am 1. September 1977 in Wiesbaden stattgefunden.
4   Vgl. Einleitung.
5   Mit dem Anspruch, „neue Akzente" setzen zu wollen, betonte die CDU/CSU-FDP-Koalition, dass bei der Vergabe von Entwicklungshilfe auch die wirtschaftlichen Eigeninteressen der Bundesrepublik wieder stärker beachtet werden sollten. Vgl. *Braun* 1985, S. 225 f.
6   Lieferbindung bedeutet, dass Kapitalhilfe für ein Entwicklungsland vertraglich gebunden ist an Lieferungen und Leistungen aus dem Geberland.
7   Im hier nicht abgedruckten Abschnitt der Rede nennt Brandt ein Beispiel für das unzureichende Problembewusstsein in Nord-Süd-Fragen.
8   Siehe das Schreiben Reagans an Brandt vom 4. November 1981, in: AdSD, Nord-Süd-Kommission, 3.
9   Ausgelassen wurde der Verweis auf eine Studie des amerikanischen Kongresses.
10 Die Weltbanktochter International Development Association (IDA) in Washington stellt speziell den ärmsten Entwicklungsländern Kapital zu günstigen Bedingungen zur Verfügung. Vgl. *Tetzlaff* 1996, S. 54–57.
11 Brandt beklagt die aus seiner Sicht unzureichende Berichterstattung der Medien über den IDA-„Skandal".
12 Bei den Verhandlungen um die 7. Wiederauffüllung der IDA (IDA 7) hatte sich die amerikanische Regierung einer Aufstockung auf das Niveau von 12 Milliarden US-Dollar für den Zeitraum von drei Jahren verweigert. Nach einer Standardformel hätte das für die USA einen Beitrag von einer Milliarde Dollar pro Jahr bedeutet. Die Reagan-Administration war nur bereit, 750 Millionen Dollar zur Verfügung zu stellen, so dass Mitte Januar 1984 beschlossen wurde, IDA mit 9 Milliarden US-Dollar wiederaufzufüllen. Statt der jährlich bisher 3,5 Mrd. (IDA 6) standen somit nur noch 3 Mrd. US-Dollar bereit. Vgl. EA 39 (1984) 2, S. D 29–D 42, und 14, S. D 415–D 420. Vgl. auch Einleitung.
13 Das hatte Präsident Reagan am 1. Februar 1984 für das Haushaltsjahr 1984/85 vorgeschlagen. Schließlich bewilligte der amerikanische Kongress 297 Milliarden US-Dollar für das Verteidigungsbudget. Vgl. AdG 54 (1984), S. 27384 und 28134.
14 Vgl. Einleitung.
15 Willy Brandt, Edward Heath und Shridath Ramphal wandten sich im März 1984 in einem gemeinsamen Schreiben an 27 Staats- und Regierungschefs und setzten sich für eine Wiederauffüllung der IDA in Höhe von mindestens 12 Milliarden US-Dollar ein. Siehe AdsD, WBA, A 14, 6.
16 In seinem Antwortschreiben beharrte der amerikanische Präsident Reagan auf der Position, dass die USA nur 750 Mio. US-Dollar zu zahlen bereit waren. Siehe das Schreiben Reagans an Brandt, Heath und Ramphal vom 17. April 1984, in: AdsD, WBA, A 14, 6.
17 Zu diesem Zweck suchten Ramphal und Heath auch das Gespräch mit Regierungen. Siehe den Vermerk Gerhard Thiebachs für W[illy]B[randt], Betr.: Gespräch mit Ramphal, 8. April 1984, in: AdsD, WBA, A 19, 237.
18 Das Gespräch mit Kohl hatte am 7. Februar 1984 stattgefunden. Brandt richtete zudem am 5. April 1984 ein Schreiben an den Bundeskanzler, in dem er Kohl mit Blick auf den im Juni 1984 in London stattfindenden G-7-Gipfel darin zu bestärken suchte, eine Revision des IDA-Beschlusses vom Januar 1984 zu erreichen. Siehe AdsD, WBA, A 14, 6. Vgl. auch Nr. 77 und 78.
19 1984 war Afrika – und hier vor allem die Länder der Sahelzone – von einer ka-

tastrophalen Dürre betroffen. Vgl. AdG 54 (1984), S. 28217. Zu den Folgen vgl. Nr. 84.

20 Im hier nicht abgedruckten Teil der Rede geht Brandt auf die erschreckende Zahl von Hungernden und die Überbevölkerung in der Welt ein. Anschließend versucht er, anhand von Zitaten des SPD-Politikers Fritz Baade aus den fünfziger Jahren die Versäumnisse in der Entwicklungspolitik aufzuzeigen.

21 Ausgelassen wurde ein Abschnitt, in dem der SPD-Vorsitzende inhaltliche und organisatorische Anknüpfungspunkte für die entwicklungspolitische Arbeit seiner Partei darlegt.

22 Zitat aus der Einleitung in: Hilfe in der Weltkrise – Ein Sofortprogramm. Der 2. Bericht der Nord-Süd-Kommission, hrsg. und eingeleitet von *Willy Brandt*, Reinbek bei Hamburg 1983, S. 17 (im Folgenden: Brandt-Report 1983).

Nr. 74

1 Vgl. Nr. 70, Anm. 4.

2 Nach acht Jahren Militärherrschaft hatte am 10. Dezember 1983 Raul Alfonsín als gewählter Staatspräsident sein Amt angetreten.

3 Am 2. April 1982 waren argentinische Truppen auf den zu Großbritannien gehörenden, von Argentinien aber seit dem 19. Jahrhundert beanspruchten Falkland-Inseln (spanisch: Malvinen) im Südatlantik gelandet. Im Mai/Juni 1982 erfolgte die Rückeroberung durch britische Truppen. Vgl. Einleitung und Nr. 64.

Nr. 75

1 In Auszügen abgedruckt in: *Socialist Affairs* 34 (1984) 2, S. 5.

2 Am 6. Mai 1984 hatte der Christdemokrat Duarte die Stichwahl um das Präsidentenamt gewonnen. Die mit der Guerilla verbundenen linken Parteien – darunter das SI-Mitglied MNR – hatten die Wahlen boykottiert.

3 Nr. 74.

Nr. 76

1 Der Vermerk über das Gespräch in Bonn wurde vom Internationalen Sekretär der SPD, Dingels, am 12. Juni 1984 angefertigt. Laut Dingels war er „nahezu wortgetreu". Am Gespräch nahmen auf deutscher Seite außerdem Hans-Jürgen Wischnewski, Klaus Lindenberg und Wolfgang Weege teil. Monge wurde u. a. von Außenminister Gutiérrez begleitet.

2 Das Gespräch begann um 9.55 Uhr, Brandt stieß um 11 Uhr hinzu. Hans-Jürgen Wischnewski unterhielt sich einleitend mit Monge über das Verhältnis zwischen der Regierungspartei PLN und der SI sowie über den Friedensprozess in Mittelamerika.

3 Brandt erhob keine Einwände gegen das Kommunique, das als SPD-Pressemitteilung veröffentlicht wurde. *Sozialdemokraten Service Presse Funk TV*, Nr. 238/84 vom 9. Juni 1984.

4 Brandt dürfte seinen Moskau-Besuch Ende Juni 1981 gemeint haben. Der Vermerk über das Gespräch mit KPdSU-Generalsekretär Breschnew enthält jedoch keinen Hinweis auf Mittelamerika. Vgl. Berliner Ausgabe, Bd. 9, Nr. 65.

5 Im Sommer 1972 hatte die ägyptische Regierung die sowjetischen Militärberater des Landes verwiesen. In der Folgezeit wandte sich das Land den USA zu. In Äthiopien regierte seit 1976 eine linksgerichtete Militärdiktatur, die von der Sowjetunion und Kuba unterstützt wurde. Ebenso gewährten beide Länder der Regierung Angolas nach der Unabhängigkeit 1975 Hilfe im Kampf gegen Gue-

rillabewegungen, die von westlichen Ländern und China Rückendeckung erhielten.

6   Brandt bezieht sich auf die Ende 1983 begonnene Stationierung („deployment") der Pershing-II-Raketen und Cruise-Missile-Marschflugkörper der NATO („Nachrüstung") als Antwort auf die Aufstellung von SS-20-Raketen durch die Sowjetunion. Vgl. Berliner Ausgabe, Bd. 9 und 10.

7   Gemeint ist die sandinistische Führung Nicaraguas.

8   Nr. 70. Die Wahlen wurden Anfang 1984 auf Ende 1984 vorgezogen.

9   Vgl. Nr. 70, Anm. 4. Am 15. Mai 1984 unterzeichneten Costa Rica und Nicaragua ein Abkommen zur Verhinderung künftiger Grenzzwischenfälle; die Contadora-Gruppe sollte an der Überwachung der Vereinbarung beteiligt werden. Zuvor hatten sich beide Länder gegenseitig Grenzverletzungen vorgeworfen.

10   Vgl. Nr. 80. Das SI-Büro tagte am 1./2. Oktober 1984 in Rio de Janeiro.

11   Monge sagt zu, dass seine Partei künftig wieder regelmäßig an den Tagungen der SI teilnehmen werde. Brandt begrüßt dies.

12   Monge erklärt, ihm sei nun klar, dass die SI keine Schuld an den Problemen im beiderseitigen Verhältnis trage.

13   Der Staatspräsident Costa Ricas erläutert, dass seine Partei anfänglich die Sandinisten unterstützt und den Kontakt zur SI hergestellt habe. Sein Ziel sei eine friedliche Lösung der Konflikte. Hans-Jürgen Wischnewski macht deutlich, dass die SI in Costa Rica Freunde habe, während sie in Nicaragua sich einmischen müsse, um die politische Freiheit zu sichern.

14   Auf Brandts Frage „Und El Salvador?" antwortet Monge, dass ein Dialog zwischen dem christdemokratischen Präsidenten Duarte und dem Vorsitzenden der SI-Mitgliedspartei MNR, Ungo, der mit der Guerilla verbunden war, nötig sei.

15   Nr. 74.

16   Nr. 75.

17   Brandt begrüßt Monges Idee eines Treffens von Duarte und Ungo. Der Gast aus Costa Rica berichtet, seine Partei habe die Erklärung der drei Internationalen als Anzeige publiziert.

Nr. 77

1   Vorlage ist eine Kopie des Schreibens in englischer Sprache.

2   Brandt war vom 28. Mai–3. Juni 1984 in China zu Gast gewesen und hatte sowohl mit Hu Yaobang als auch mit Deng Xiaoping gesprochen. Vom 5.–7. Juni 1984 hatte er sich in der indischen Hauptstadt Neu-Delhi aufgehalten. Siehe die Unterlagen in: AdsD, WBA, A 19, 87.

3   Die Gipfelkonferenz der Staats- und Regierungschefs der sieben führenden westlichen Industrienationen hatte vom 7.–9. Juni 1984 in London stattgefunden. Die dabei verabschiedeten Erklärungen sind dokumentiert in: EA 39 (1984) 13, S. D 375–D 380.

4   Siehe den hs. Vermerk Brandts vom 24. Juni 1984 über seine Gespräche mit der indischen Premierministerin Indira Gandhi am 5. Juni 1984, in: AdsD, WBA, A 19, 87.

5   Diese Hoffnung erfüllte sich nicht. Vgl. Einleitung.

6   Vgl. Einleitung sowie Nr. 73 und 78.

7   Vgl. Nr. 73, Anm. 15. Bundeskanzler Kohl z. B. hatte geantwortet, er wolle alle Möglichkeiten ausschöpfen, „gemeinsam mit den USA [...] ein besseres Ergebnis zu erzielen". Verhandlungen über eine Zusatzfinanzierung seien aber verfrüht. Siehe das Schreiben Kohls an Brandt vom 17. Mai 1984. Der japanische Ministerpräsident Nakasone teilte mit, sein Land sei darauf vor-

bereitet, an der Prüfung einer Zusatzfinanzierung teilzunehmen. Siehe das Schreiben Nakasones an Brandt, Heath und Ramphal vom 25. April 1984. Auch die britische Premierministerin Thatcher hatte sich im April 1984 für eine Zusatzfinanzierung aufgeschlossen gezeigt. Siehe AdsD, WBA, A 14, 6.

8 Vgl. Anm. 3. Gegenüber der internationalen Presse hatte Brandt am 10. Juni 1984 in Genf die nur allgemein gehaltenen Londoner Erklärungen als „äußerst enttäuschend" bezeichnet. „Gipfel in dieser Form und mit so wenig konkreten Ergebnissen sind nicht nur nutzlos, sondern tatsächlich schädlich [...]." AdsD, WBA, A 14, 6.

9 Vgl. Nr. 78.

10 Vgl. Einleitung und Nr. 79.

11 Die G-7-Staaten hatten sich hingegen in London auf eine Strategie des fallweisen Vorgehens gegenüber den Schuldnerländern und das Prinzip getrennter Verhandlungen geeinigt. Vgl. *Sangmeister, Hartmut:* Das Verschuldungsproblem, in: *Nohlen/Nuscheler* 1993, Bd. 1, S. 329 f.

12 Hs. unterzeichnet.

Nr. 78

1 Vorlage ist eine Kopie des Schreibens.

2 Vgl. Einleitung sowie Nr. 73 und 77.

3 Bundeskanzler Kohl hatte am 28. Juni 1984 im Deutschen Bundestag eine Regierungserklärung zum Europäischen Rat sowie zum Londoner Weltwirtschaftsgipfel abgegeben.

4 Vgl. Nr. 77, Anm. 3.

5 Vgl. Nr. 73, Anm. 12, 15 und 16. Die 7. Aufstockung der IDA-Mittel in Höhe von 9 Mrd. US-Dollar war vom Exekutivdirektorium der Weltbank am 24. Mai 1984 bewilligt worden. Vgl. AdG 54 (1984), S. 27940.

6 Die Zusatzfinanzierung sollte die entstandene Lücke von 3 Mrd. US-Dollar schließen. Vgl. Nr. 73, Anm. 12.

7 Heath und Ramphal hatten bei Brandt eine an Bonn und Tokio gerichtete Initiative angeregt, da nach ihnen vorliegenden Informationen aus der Weltbank Ende Juli 1984 dort eine endgültige Entscheidung über den „supplementary fund" fallen sollte. Siehe den Vermerk Gerhard Thiebachs für W[illy]B[randt], Betr.: IDA – Anruf vom Büro Ramphal, 29. Juni 1984, in: AdsD, WBA, A 14, 6.

8 Zu der vorgeschlagenen Unterredung kam es nicht. Der Bundeskanzler antwortete über zwei Monate später: Er teile die Auffassung, dass 9 Mrd. Dollar für IDA 7 zu wenig seien. Aber die Bundesregierung habe wiederholt deutlich gemacht, sie könne nicht für Defizite aufkommen, die durch Nichtbeteiligung von dritter Seite entstanden seien. Siehe das Schreiben Kohls an Brandt vom 20. September 1984, in: AdsD, WBA, A 14, 6.

9 Stempel.

Nr. 79

1 Vorlage ist das vorab an die Presse gegebene Manuskript der Rede in englischer Sprache.

2 Brandt bereiste vom 29. September – 18. Oktober 1984 elf lateinamerikanische Staaten. Vgl. Einleitung sowie Nr. 80–83.

3 Ausgelassen wurden Dankesworte Brandts.

4 Zum Aufenthalt Brandts und seinen Gesprächen in Nicaragua vgl. Nr. 80.

5 In diesem Abschnitt skizziert Brandt kurz die Struktur seiner Rede.

6 In den siebziger Jahren war Lateinamerika fast flächendeckend von autoritären Regimen beherrscht worden. Der (Re-)Demokratisierungsprozess setzte

1978/79 zunächst in Ecuador ein. Es folgten Peru (1980), Bolivien (1982) und Argentinien (1983). In Uruguay wurde im August 1984 die Rückkehr zur Demokratie vereinbart. Vgl. auch Nr. 81.

7 Die Militärdiktaturen in Paraguay und Chile fielen erst 1989 bzw. 1990. Ein allmählicher Regimewechsel vollzog sich im Laufe der achtziger Jahre in Brasilien. Vgl. Nr. 81.

8 Mit dem argentinischen Staatspräsidenten war Brandt am 4. Oktober 1984 in Buenos Aires zusammengetroffen.

9 Dort waren die beiden vom 14.–16. Oktober 1984 zu mehreren Gesprächen zusammengekommen. Vgl. Einleitung und Nr. 83.

10 Brandt erklärt zunächst, dass der von Castro geäußerte Gedanke schon im ersten Nord-Süd-Bericht enthalten gewesen sei. Im Weiteren betont er die dringende Notwendigkeit von Reformen sowohl in den Entwicklungsländern als auch der internationalen Finanzbeziehungen.

11 Gemeint ist der Krieg zwischen Iran und Irak, der seit 1980 andauerte.

12 Brandt verweist auf die in beiden Nord-Süd-Berichten enthaltenen Warnungen.

13 Vgl. Einleitung.

14 Über 40 % der Auslandsverschuldung der Entwicklungsländer entfielen damals auf die Staaten Lateinamerikas und der Karibik. Im Durchschnitt mussten diese Länder ca. 40 % ihrer Exporterlöse für den Schuldendienst aufbringen. Vgl. *Nohlen* 2000, S. 793 f.

15 Die Konferenz der Außen- und Finanzminister von elf lateinamerikanischen Staaten über die Schuldenkrise hatte am 13./14. September 1984 im argentinischen Mar del Plata stattgefunden. Die Teilnehmer forderten u. a. Erleichterungen der Kreditkonditionen sowie den Abbau protektionistischer Maßnahmen. Vgl. EA 39 (1984) 14, S. Z 106, und 19, S. Z 142. Siehe den Bericht Klaus Lindenbergs über die Lateinamerika-Reise Willy Brandts, S. 20–23, in: AdsD, WBA, A 19, 160.

16 In der Vorlage hs. ergänzt.

17 Im hier nicht dokumentierten Teil seiner Rede beklagt Brandt Versäumnisse von IWF und Weltbank speziell gegenüber den ärmsten Ländern, prangert die weltweiten Rüstungsausgaben zu Lasten der Entwicklungshilfe an und fordert politische Entscheidungen auf höchster Ebene zu den Fragen Verschuldung, Entwicklung und Abrüstung.

18 Die folgenden vier Punkte hatte Brandt schon bei seinen Gesprächen mit lateinamerikanischen Staats- und Regierungschefs vorgebracht. Siehe den Bericht Klaus Lindenbergs über die Lateinamerika-Reise Willy Brandts, S. 20–23, in: AdsD, WBA, A 19, 160.

19 Gedacht war an einen Höchstsatz für Zinsen („a cap on interest rates"). Siehe ebd.

20 Als Obergrenze des Anteils der Exporterlöse am Schuldendienst nannte Brandt eine Marke von 20 bis 25 % anstelle der geltenden 50 %. Siehe ebd.

21 Im folgenden Abschnitt widmet sich Brandt zunächst den Entwicklungen in Zentralamerika und warnt vor ausländischen Interventionen in der Region. Anschließend kritisiert er die beiden Supermächte für ihr überholtes und von Hochrüstung geprägtes Sicherheitsverständnis, um danach für das von der Palme-Kommission entwickelte Konzept der Gemeinsamen Sicherheit zu werben.

22 Vgl. Nr. 59.

23 Vgl. Einleitung sowie Nr. 73, 77 und 78.

24 Weggelassen wurde eine Passage über die Notwendigkeit, die Entwicklungsländer

und ihre Menschen besser in die Nord-Süd-Zusammenarbeit einzubinden.

25 Zur Bedeutung der Konferenz von Bretton Woods vgl. Nr. 27, Anm. 13 und 15.

26 US-Finanzminister Donald Regan hatte angesichts des anhaltenden Höhenflugs des US-Dollars im September 1984 erklärt, die USA seien bereit, in die Kursentwicklung einzugreifen, „wenn nach unserem Urteil die Märkte besonders starke Ausschläge oder erhebliche Unordnung zeigen". AdG 54 (1984), S. 28077.

27 Vgl. Einleitung und Nr. 59.

28 Vgl. Nr. 77.

29 Der argentinische Wirtschaftswissenschaftler Raúl Prebisch hatte als Generalsekretär die erste UN-Welthandelskonferenz (UNCTAD) von Mai bis Juni 1964 in Genf geleitet, wo er maßgeblich an der Gründung der G 77 beteiligt war.

30 Nicht abgedruckt wurde ein Abschnitt, in dem Brandt sich über die Globalverhandlungen sowie den riesigen Investitionsbedarf in den Entwicklungsländern äußert.

31 Brandt hatte am 4. Oktober 1984 in Buenos Aires eine Rede gehalten. Sie ist vollständig dokumentiert in: *Buenos Aires Herald* vom 5. Oktober 1984, in: AdSD, WBA, A 3, 976.

32 Zu einer besonderen Anstrengung der Europäer für Lateinamerika hatte Brandt bereits in seiner Rede in Buenos Aires am 4. Oktober 1984 (Anm. 31) aufgerufen. Dabei war er vom Redemanuskript abgewichen. Die SPD-Pressestelle veröffentlichte die Abweichung tags darauf im Wortlaut: „Für Europa ist die Zeit gekommen, seinen Beitrag zu entrichten. Europa sollte anerkennen, was es der Demokratie schuldet, und nicht abwarten, bis Schulden der lateinamerikanischen Demokratie den Todesstoß versetzen." *Sozialdemokraten Service Presse Funk TV*, Nr. 423/84 vom 5. Oktober 1984.

33 In dem ausgelassenen Abschnitt hebt Brandt das große Potenzial Lateinamerikas und die Herausforderung für Europa hervor.

34 Vgl. Nr. 1, Anm. 10.

35 Zur OECD vgl. Nr. 27, Anm. 28.

36 Brandt war am 12. Juli 1978 von Papst Paul VI. zu einer Privataudienz im Vatikan empfangen worden. Siehe AdSD, Nord-Süd-Kommission, 60.

37 Brandt betont nochmals die Dringlichkeit von Maßnahmen gegen Hunger und Armut.

Nr. 80

1 Das Gespräch wurde laut redaktioneller Vorbemerkung am 29. Oktober 1984 in Bonn geführt. Die Fragen stellten Peter Grafe und Klaus-Dieter Tangermann.

2 Vom 28. September–19. Oktober 1984 bereiste Brandt zahlreiche Länder Lateinamerikas. In Managua hielt sich Brandt vom 12.–14. Oktober 1984 auf. Siehe dazu den Bericht seines Mitarbeiters Klaus Lindenberg in: AdSD, WBA, A 11.8, 43.

3 Hier tagte am 1./2. Oktober 1984 das SI-Büro.

4 Die *tageszeitung* fügte hier folgende Erläuterung ein: „Der Chef der sandinistischen Partei, Bayardo Arce, hatte in Rio [de Janeiro] den Kompromißvorschlag selbst formuliert, der dann vom venezolanischen Ex-Präsidenten Carlos Andrés Pérez und von SPD-Schatzmeister Hans-Jürgen Wischnewski mitgetragen wurde. Er beinhaltete neben der Verschiebung der Wahlen auf den 13. Januar [1985], sofern die ‚Contra' das Feuer bis zum 10. Oktober [1984] eingestellt und die Waffen bis zum 25. Oktober [1984] abgegeben hätte, auch den kompletten Forderungskatalog der ‚Coordinadora'. Dieser umfaßte die völlige Freiheit in Presse, Rundfunk und Fernsehen

mit Ausnahme der Zensur in militärischen und Sicherheitsfragen, den Anspruch der Opposition auf Raum in den Medien, eine unbehinderte Einfuhr von für die Propaganda notwendigem Material, völlige Versammlungs-, Organisations- und Mobilisierungsfreiheit, Verlegung der Wahlbüros in nicht-staatliche oder -sandinistische Gebäude und die Verpflichtung der Regierungsjunta sowie der Sandinistischen Front, die Ergebnisse der Wahl zu respektieren."

5 Vgl. Nr. 70.

6 Konterrevolutionäre Guerilleros, die von den USA unterstützt wurden, operierten im Norden Nicaraguas vom Nachbarland Honduras aus und im Süden aus dem angrenzenden Costa Rica.

7 Gemeint ist Blockfreiheit im internationalen Maßstab.

8 Vgl. Nr. 70, Anm. 4.

9 Am 28./29. September 1984 trafen sich in der Hauptstadt von Costa Rica die Außenminister der Staaten Mittelamerikas, der Contadora-Staaten (Anm. 8), der EG-Mitglieder, Spaniens und Portugals. Vgl. EA 39 (1984) 20, S. Z 152.

10 Mit „Contra" sind die antisandinistischen nicaraguanischen Guerilleros gemeint. Vgl. Anm. 6.

11 Stellvertretender Militärchef der bewaffneten Opposition El Salvadors.

12 D'Aubuisson repräsentierte die rechtsextremen Kräfte.

13 El Salvadors Staatspräsident Duarte hielt die Rede, in der er der linken Opposition Gespräche anbot, am 8. Oktober 1984 vor der UN-Generalversammlung. Die Guerillagruppen akzeptierten tags darauf das Angebot. Vgl. EA 39 (1984) 21, S. Z 154 und Z 159.

Nr. 81

1 Eine Publikation des schriftlich geführten Interviews konnte trotz Unterstützung durch den Inter Press Service nicht ermittelt werden.

2 In dem Friedensvertrag, der unter Vermittlung des Vatikans zustande gekommen war, legten beide Länder die Grenzstreitigkeiten um den Beagle-Kanal bei.

3 Brandt besuchte das Land als erste Station seiner Lateinamerikareise, die vom 28. September–19. Oktober 1984 dauerte. Siehe dazu den Bericht seines Mitarbeiters Klaus Lindenberg in: AdsD, WBA, A 11.8, 43.

4 Die „Demokratische Allianz" war am 23. August 1983 von Vertretern der Christlichen Demokraten, der Sozialisten, der Radikalen Partei und anderer oppositioneller Kräfte, jedoch ohne die Kommunisten, gegründet worden. Ziel war ein mit der Militärdiktatur auszuhandelnder Übergang zur Demokratie.

5 Zwischenlandung.

6 Korrigiert aus: „Enreque Silva Lima".

7 Brandt plädiert für eine schnelle Lösung der lateinamerikanischen Schuldenkrise, um die dortigen Demokratien zu stabilisieren.

8 Vgl. Nr. 70, Anm. 4.

9 Brandt hält einen dritten Nord-Süd-Bericht momentan für nicht vordringlich. Wichtiger sei es zu prüfen, welche der bisherigen Empfehlungen Bestand hätten.

Nr. 82

1 Ähnliche, jedoch weniger persönlich gehaltene Dankesschreiben versandte Brandt am selben Tag an Castro (Nr. 83), den mexikanischen Staatspräsidenten de la Madrid und dessen kolumbianischen Amtskollegen Betancur.

2 Brandt bereiste Lateinamerika vom 28. September–19. Oktober 1984. Siehe dazu

den Bericht seines Mitarbeiters Klaus Lindenberg in: AdsD, WBA, A 11.8, 43.
3   Dies waren (in der Reihenfolge des Besuches): Brasilien, Argentinien, Chile (nur Aufenthalt auf dem Flughafen), Peru, Venezuela, Kolumbien, Panama (nur Aufenthalt auf dem Flughafen), Costa Rica, Nicaragua, Kuba, Mexiko.
4   Dort tagte am 1./2. Oktober 1984 das SI-Büro.
5   Brandt hatte versucht, am Rande der SI-Bürositzung in Rio de Janeiro am 1./2. Oktober 1984 einen Kompromiss zwischen der Regierung Nicaraguas und der antisandinistischen Opposition zu erzielen, damit Letztere sich an den für November geplanten Wahlen beteilige. Dies scheiterte. Vgl. Nr. 80.
6   Nicht zu ermitteln.
7   Vgl. Nr. 83.
8   Hs.

Nr. 83

1   Brandt hatte Castro auf der vorletzten Station seiner Lateinamerikareise (28. September–19. Oktober 1984) getroffen. Siehe dazu den Bericht seines Mitarbeiters Klaus Lindenberg in: AdsD, WBA, A 11.8, 43. Ähnliche Dankesschreiben wie das an Castro versandte Brandt am selben Tag an Pérez (Nr. 82), den mexikanischen Staatspräsidenten de la Madrid und dessen kolumbianischen Amtskollegen Betancur.
2   Brandt und Castro sprachen neun Stunden miteinander. Ein Jahr später bewertete Brandt die Unterhaltung so: „Für mich [...] waren diese langen, langen Gespräche mit Fidel Castro etwas, was mit zu dem Interessantesten gehört, was ich in den letzten Jahren erlebt habe." Werner A. Perger, Bonn: Text zum Film: „... Erkämpft das Menschenrecht! Macht und Mythos der Sozialistischen Internationale", 1986, in: AdsD, SPD-PV, Ordner: SI-Ratssitzung Bonn 15.–17. 10. 1986: Organisatorisches (Die Filmaufnahmen entstanden 1985).
3   1986 vermerkte Klaus Lindenberg, dass dieses Vorhaben nicht realisiert werden konnte. Notiz für Brandt, 17. September 1986, in: AdsD, WBA, A 11.15, 12.
4   Womöglich war „Begegnung" gemeint.
5   Korrigiert aus: „Raphael".
6   Hs.

Nr. 84

1   Vorlage ist eine Audiokopie des Interviews. Die Fragen stellte Margarete Limberg.
2   Am 23. Januar 1985 organisierten 18 Hilfswerke in der Bundesrepublik gemeinsam die Aktion „Tag für Afrika – Gemeinsam gegen den Hunger" und sammelten Spenden in Höhe von mehr als 120 Mio. DM zur Linderung der Hungersnot in weiten Teilen des Kontinents. Vgl. AdG 55 (1985), S. 28867.
3   Nach der katastrophalen Dürre 1984 waren Millionen Menschen in mehr als 24 Ländern in Afrika von einer Hungersnot bedroht.
4   Die einleitende Moderation Limbergs ist einem vom Bundespresseamt angefertigten und in Auszügen veröffentlichten Transskript des Interviews entnommen. Siehe AdsD, WBA, A 3, 986.
5   Die Kürzung der Hilfen für Äthiopien war eine Reaktion auf die von der dortigen kommunistisch orientierten Militärregierung seit 1975 durchgeführten rigiden Sozialisierungs- und Kollektivierungsprogramme, die mitverantwortlich für die Ernährungsprobleme des Landes und eine der Ursachen des Bürgerkriegs waren. Vgl. *Nohlen* 2000, S. 69–71.

6 Gemeint ist ein gemeinsames Aktionsprogramm für die afrikanischen Länder südlich der Sahara, das die Weltbank vorgeschlagen hatte. Vgl. EA 39 (1984) 20, S. Z 150 f. Auf einer internationalen Konferenz von Geberländern gelang es jedoch im Februar 1985, die so genannte Afrikafazilität einzurichten, für die bis 1988 vor allem zur Verbesserung der Nahrungsmittelversorgung 1,9 Milliarden US-Dollar bereit gestellt wurden. Vgl. *Nohlen* 2000, S. 21.

7 Siehe *Sozialdemokraten Service Presse Funk TV*, Nr. 465/84 vom 26. Oktober 1984.

8 Brandt hatte Ende Oktober 1984 die Initiative für eine internationale Kommission zum Schutz der Hilfstransporte im Bürgerkriegsgebiet des nördlichen Äthiopiens ergriffen, der sich u. a. Olof Palme, Kalevi Sorsa, Joop den Uyl sowie Leopold Senghor anschlossen und die von zahlreichen Nichtregierungsorganisationen unterstützt wurde. Siehe den Vermerk Klaus Lindenbergs, Betr.: Aethiopien, vom 22. Februar 1988, in: AdsD, WBA, A 12, 38.

9 Die Regierung Mengistu reagierte auf Brandts Initiative öffentlich und auf diplomatischem Wege abweisend, da sie jede Verständigung mit den Befreiungsbewegungen verweigerte und Einmischungen in ihre inneren Angelegenheiten zurückwies. Eine für Anfang 1985 vorgesehene Reise Joop den Uyls nach Addis Abeba kam daher nicht zustande. Siehe AdsD, WBA, A 12, 38.

Nr. 85

1 U. a. vorhanden in: AdsD, WBA, A 13, 93.

2 Nach einem knappen Überblick über die wichtigsten politischen Ereignisse der letzten Zeit und organisatorischen Hinweisen zog Brandt eine kurze positive Bilanz der SI-Arbeit. Dies sei aber zugleich Verpflichtung zu überlegen, wie den in die SI gesetzten Hoffnungen vieler Menschen entsprochen werden könne.

3 Die englische Fassung erschien im Oktober 1985; Berichtszeitraum war das Jahr 1984.

4 Brandt kritisiert Versuche, das Ausmaß an Menschenrechtsverletzungen statistisch zu messen.

5 Vgl. Nr. 11.

6 Mitterrand war von Brandt nach seiner Wahl zum SI-Präsidenten gebeten worden, sich besonders um Menschenrechte zu kümmern. Beim SI-Büro in Rom am 2./3. Juni 1977 gab Mitterrand einen Bericht zu diesem Thema; es wurde beschlossen, eine Arbeitsgruppe der SI einzusetzen. Zur Beauftragung Mitterrands siehe AdsD, NL Bruno Friedrich, 1/BFAA000440. Zur Bürositzung siehe den Bericht von Dingels in: ebd., 1/BFAA000441.

7 Brandt erklärt, 1980 habe der SI-Kongress in Madrid den Bericht der SI-Arbeitsgruppe zu Menschenrechten angenommen.

8 Eine publizierte Erklärung konnte nicht ermittelt werden. Vermutlich meint Brandt das Ergebnis des Treffens von Vertretern der SI, der Christlich-Demokratischen Weltunion, der Liberalen Internationale sowie der Demokratischen und der Republikanischen Partei der USA am 3. Februar 1978 in Washington D. C., bei dem die vier anderen Gruppierungen dem Vorschlag der SI zustimmten, dass die Menschenrechte als übergreifender Begriff für vier Teilbereiche zu sehen seien: Bürgerrechte, politische Rechte, wirtschaftliche Rechte und soziale Rechte. Siehe das SI-Rundschreiben B5/78, 27. April 1978, S. 5, in: AdsD, SPD-PV, 11709.

9 Der Kongress der Sozialistischen Frauen-Internationale behandelte die Menschenrechte als zentrales Thema.

Nr. 86

1 Das Gespräch zwischen Willy Brandt und Brigitte Erler, das von den Journalisten Irene Mayer-List und Wolfgang Hoffmann moderiert wurde, fand am 24. Oktober 1985 statt. Siehe AdsD, WBA, A 3, 1005.

2 Vgl. *Erler, Brigitte:* Tödliche Hilfe – Bericht von meiner letzten Dienstreise in Sachen Entwicklungshilfe, Freiburg i. Br. 1985.

3 Beide Länder waren von der großen Dürre in Afrika betroffen und es tobten dort jeweils Bürgerkriege. Vgl. Nr. 84.

4 Erler nennt Fleischlieferungen der EG nach Westafrika als weiteres Beispiel für schädliche Nahrungsmittelhilfe, die auch schlimme ökologische Folgen habe.

5 Hier irrt Erler. Erst mit der wirtschaftlichen Reform- und Öffnungspolitik unter Deng im Jahre 1978 steigerte auch die chinesische Landwirtschaft ihre Erträge erheblich. Vgl. *Nohlen* 2000, S. 150.

6 Mit der „grünen Revolution", die den Anbau hoch ertragreicher Pflanzensorten sowie intensive Bewässerung und Düngung beinhaltete, konnte Indien seit Mitte der sechziger Jahre die Produktivität seiner Landwirtschaft um ein Vielfaches steigern. Zur Kritik an der „grünen Revolution" in den Entwicklungsländern vgl. *Nohlen* 2000, S. 319.

7 Ausgelassen wurde ein von Brandt vorgebrachter Hinweis auf die positiven Effekte der Förderung der Fischproduktion in Ghana und die kritische Replik Erlers darauf.

8 Vgl. Nr. 21, Anm. 6.

9 SPD und Grüne forderten damals erfolglos ein Tempolimit von 100 km/h auf deutschen Autobahnen.

10 Brandt bezieht sich zunächst auf die Hilfe für Deutschland nach dem Zweiten Weltkrieg.

11 Erler schildert beispielhaft die Zustände auf den Philippinen unter Diktator Marcos.

12 Im weggelassenen Abschnitt berichtet Erler darüber, wie die Entwicklungshilfe das Marketing deutscher Chemiefirmen in Entwicklungsländern unterstütze.

13 Im folgenden Wortwechsel streiten Brandt und Erler über die Rolle der sozialen Dienste in der Entwicklungshilfe.

14 Zu Brandts Vorschlägen zur Überwindung der Schuldenkrise vgl. Einleitung und Nr. 79.

15 Ausgelassen wurde eine Passage, in der Erler und Brandt noch einmal die negativen Auswirkungen der EG-Agrarpolitik für die Entwicklungsländer diskutieren.

16 Gemeint sind die regionalen Entwicklungsbanken. Vgl. Nr. 34, Anm. 18.

17 Diese Konstellation bestand zwischen 1972 und 1974.

18 Gemeint ist das Ministerium für Wirtschaftliche Zusammenarbeit, in dem Erler lange Jahre arbeitete.

19 Nicht abgedruckt wurde eine Intervention Erlers zur Lage der philippinischen Kleinbauern und Brandts Reaktion darauf.

20 Vgl. *Brandt* 1985.

Nr. 87

1 U. a. vorhanden in: AdsD, WBA, A 13, 127d.

2 Die Luftangriffe auf Tripolis und Bengasi, die über 100 Tote forderten, erfolgten nach Angaben der USA als Reaktion auf Libyens Verwicklung in den Anschlag auf die West-Berliner Diskothek „La Belle", bei der ein US-Soldat und eine Türkin getötet worden waren.

3 Die Trauerfeier für den am 28. Februar 1986 von einem unbekannten Attentäter

ermordeten schwedischen Ministerpräsidenten fand am 15. März 1986 statt.

Nr. 88

1   Die Konferenz fand in der Hauptstadt Botswanas, Gaborone, statt. Direkt zuvor und danach besuchte Brandt die Republik Südafrika. Siehe den Bericht von Wolfgang Weege, Mitarbeiter im Internationalen Sekretariat der SPD, in: AdsD, WBA, B 25, 173.

2   Gemeint sind die Staaten, die an Südafrika bzw. das von ihm besetzte Südwestafrika (Namibia) angrenzten.

3   Brandt hatte an der Konferenz in Tansania nicht teilgenommen. Organisiert wurde sie vom Ausschuss der Sozialistischen Internationale für das Südliche Afrika, der Sozialistischen Fraktion im Europa-Parlament, den „Frontstaaten", dem ANC und der SWAPO. Vgl. „Suche nach einer neuen Südafrika-Politik", in: *FAZ* vom 29. August 1984, sowie die Berichterstattung in *Socialist Affairs* 34 (1984) 3.

4   Der Besuch bei Mandela wurde Brandt nicht gestattet. Zum Treffen mit Botha am 21. April 1986, das von Seiten des Staatspräsidenten mit „massiven Unfreundlichkeiten" begonnen wurde, vgl. *Brandt* 1994, S. 444.

5   Schwarzen in Südafrika unter der Apartheid zugewiesene Vorortsiedlungen mit sehr schlechten Lebensbedingungen.

6   Es folgt hier der hs. Einschub: „OP:", womit Olof Palme gemeint ist, von dem die folgende Formulierung stammt.

7   Dahinter im Manuskript hs. gestrichen: „and must not" („und darf nicht").

8   Die UDF war 1983 gegründet worden. Ihr gehörten zahlreiche Anti-Apartheid-Gruppen an. Sie galt als legale Vertreterin des verbotenen ANC.

9   Anfang 1985 forderten führende Wirtschaftsverbände die Aufhebung der Apartheid. Im September 1985 trafen sich erstmals weiße Geschäftsleute mit ANC-Vertretern.

10   In Angola unterstützte Südafrika die UNITA, in Mosambik die Renamo.

11   Am 20. Januar 1986 stürzte das Militär die Regierung Lesothos, woraufhin Südafrika die Wirtschaftsblockade gegen das Land aufhob. Die neue Regierung verpflichtete sich, die Büros des in Südafrika verbotenen ANC im Land zu schließen.

12   Spanischer Kurzbegriff für Konterrevolutionäre.

13   Der 1977 gebildeten „Kontaktgruppe" zur Lösung des Namibia-Problems gehörten die Bundesrepublik Deutschland, Frankreich, Großbritannien, Kanada und die USA an.

14   Die Resolution vom 29. September 1978 sah freie Wahlen in Südwestafrika/Namibia unter UNO-Aufsicht als Vorbedingung für die Unabhängigkeit vor.

15   Einige Bestimmungen zur Rassentrennung wurden Mitte der achtziger Jahre gelockert und erstmals Vertreter der Inder und der „Mischlinge" in die Regierung aufgenommen.

Nr. 89

1   In der Pressemitteilung wurde das Redemanuskript wiedergegeben. Der englische Text der gehaltenen Rede wurde veröffentlicht in: Summary of Proceedings of the Congress of the Socialist International, Lima, Peru, June 20–23, 1986, o. O., o. J., S. 6–11. Die Edition folgt zur Vermeidung von Rückübersetzungen ins Deutsche im Grundsatz der SPD-Pressemitteilung, jedoch wurde diese Version mit dem englischen Text verglichen. Abweichungen und Korrekturen sind kenntlich gemacht.

2   Brandt dankt der APRA für die Bereitschaft, den Kongress zu organisieren.

Dies gebe die Gelegenheit, Solidarität mit Präsident García zu zeigen. Im Anschluss formuliert Brandt die Hauptaufgaben der SI: Stopp des Rüstungswettlaufs, Nord-Süd-Dialog, Umweltschutz, Verteidigung der Menschenrechte, Frauenemanzipation.

3 Ziel des Indoamerikanismus war die Integration der Indios in die Gesellschaft und die Schaffung der politischen Einheit Lateinamerikas unter Rückbesinnung auf präkolumbische Werte.

4 Zur Konferenz vgl. Nr. 6 und 8.

5 In der Fassung der Pressemitteilung hieß es: „westeuropäischen".

6 Sie wurde in der Tat beim nächsten SI-Kongress in Stockholm 1989 verabschiedet. Der Text in: *Socialist Affairs* 39 (1989) 1–2, S. 28–35.

7 Abgedruckt in: *Dowe/Klotzbach*, S. 267–275.

8 Das verabschiedete Manifest in: *Socialist Affairs* 36 (1986) 3, S. 35.

9 Brandt berichtet über die Arbeit am neuen SPD-Programm und kritisiert die mangelnde Finanzierung der UNO, deren Budget „etwa dem der New Yorker Feuerwehr" entspreche.

10 Eine Formulierung, die von Jean Jaurès stammt.

11 1978, 1980 und 1983.

12 SI-Bürositzung in Dakar 1978, SI-Parteiführerkonferenz in Tokio 1977, SI-Konferenzen zum südlichen Afrika 1984 in Arusha (Tansania) und 1986 in Gaborone (Botswana) (vgl. Nr. 88).

13 Konferenz in Caracas (Anm. 4) und der nachfolgende Besuch in Mexiko.

14 Koferenz in Estoril: Prozesse der Demokratisierung auf der Iberischen Halbinsel und in Lateinamerika. Dieses war keine Veranstaltung der SI.

15 SI-Regionalkonferenz Lateinamerika und Karibik.

16 SI-Büro.

17 Brandt bedankt sich bei den Vizepräsidenten und den SI-Mitarbeitern für die gute Zusammenarbeit.

18 In der deutschen Fassung folgt hier: „– schon seit dem Ersten, verstärkt nach dem Zweiten Weltkrieg".

19 Brandt wendet sich nun den Gefahren des Rüstungswettlaufs zu.

20 Im Manuskript zusätzlich: „deutlicher".

21 In der deutschen Version: „lateinamerikanischer Sicht".

22 Vgl. Nr. 70, Anm. 4. Die Unterstützungsgruppe wurde im Juli 1985 gegründet. Ihr gehörten Argentinien, Brasilien, Peru und Uruguay an.

23 In der englischen Fassung hinzugefügt.

24 In der englischen Fassung hinzugefügt.

25 Hier folgt in der deutschen Version: „das südliche".

26 Deutsche Fassung: „Eure".

27 Vgl. Anm. 12.

28 In der deutschen Fassung folgt: „kompromißlosen".

29 Diese Kommission besuchte Nelson Mandela im Gefängnis und legte einen Vorschlag für eine Lösung des Apartheid-Problems auf dem Verhandlungsweg vor.

30 Vgl. Nr. 88.

31 In der SPD-Pressemitteilung zusätzlich: „für die rechtswidrige Intervention in Mittelamerika und die Länder mit kommunistischer Geheimpolizei".

32 In der englischen Fassung hinzugefügt.

33 In der englischen Fassung hinzugefügt.

34 Der Krieg zwischen Irak und Iran, der 1980 begonnen hatte.

35 SI-Büro 25./26. April 1984 in Slangerup bei Kopenhagen.

36 In der deutschen Fassung steht hier zusätzlich: „Er war geschätzter Kollege in der unabhängigen Nord-Süd-Kommission."
37 In der englischen Fassung hinzugefügt.
38 Sie legte 1982 ihren Abschlussbericht vor: Palme-Bericht 1982.
39 Gemeint ist die Vier-Kontinente-Initiative, die 1984 von Palme initiiert worden war. An ihr beteiligten sich außerdem die Regierungschefs von Argentinien, Griechenland, Indien, Mexiko und Tansania. Ziel waren Abrüstungsschritte.

Nr. 90
1 Vorlage ist die Kopie des Schreibens in englischer Sprache. Unten ist ms. und hs. vermerkt: „Kopie: Lionel Jospin zur Kenntnis über H[ans-]E[berhard]D[ingels]".
2 Zum SI-Kongress in Lima vom 20.–23. Juni 1986 vgl. Einleitung sowie Nr. 89 und 91.
3 Seit seinem Amtsantritt im Juli 1985 nahm García die Haltung ein, angesichts der Auslandsverschuldung Perus von 13 Mrd. US-Dollar nur 10 % der Exporterlöse für den Schuldendienst aufzuwenden. Gegenüber dem IWF, bei dem Peru mit 750 Mio. US-Dollar verschuldet war, liefen daher seit September 1985 Zahlungsrückstände auf, was eine formale Beschwerde de Larosières nach sich zog. Vgl. Boughton, James M.: Silent Revolution. The International Monetary Fund 1979–1989, IMF, Washington D. C. 2001, S. 783–786.
4 Zur maoistischen Guerillaorganisation „Leuchtender Pfad" vgl. auch Einleitung und Nr. 91.
5 Brandts Wunsch erfüllte sich jedoch nicht. Nach mehreren Fristverlängerungen sprach der IWF Peru am 15. August 1986 die Kreditwürdigkeit ab. Vgl. auch Einleitung und Nr. 91.
6 Stempel.

Nr. 91
1 Das Interview fand am 21. November 1986 in der SPD-Zentrale in Bonn statt, wie auf dem Transkript des in deutscher Sprache geführten Gesprächs vermerkt ist und durch den Terminkalender Brandts bestätigt wird. Das Transkript befindet sich in: AdsD, WBA, A 13, 174. In der publizierten Fassung wird fälschlich behauptet, Brandt habe das Interview in Berlin gegeben.
2 Die Übersetzung orientiert sich am Transkript des Gesprächs. Vgl. Anm. 1.
3 Offenkundig um die Anwesenheit internationaler Medien beim SI-Kongress auszunutzen, startete die maoistische Guerillaorganisation „Leuchtender Pfad" am 18./19. Juni 1986 Aufstände in drei Gefängnissen Perus, die vom Militär niedergeschlagen wurden. Präsident García hatte dazu den Streitkräften freie Hand gegeben. Bei der Aktion wurden über hundert Aufständische getötet, viele davon, nachdem sie sich ergeben hatten. Vgl. amnesty international. Jahresbericht 1987, Frankfurt/Main 1987, S. 272–274.
4 Vgl. Socialist Affairs 36 (1986) 3, S. 14–16.
5 Anmerkung der Redaktion bei dieser und weiteren Angaben zu Jahreszeiten: Dies bezieht sich auf die europäischen Jahreszeiten.
6 Am 9. Februar 1986 war nach Bombenattentaten auf unbestimmte Zeit der Ausnahmezustand über Lima verhängt worden.
7 Korrekt ist: „Acción".
8 Dem Transkript zufolge lautete dieser Teil der Frage nur: „in Lima zu veranstalten und warum nicht in Caracas zum Beispiel. Es wäre eine Möglichkeit gewesen."
9 Gro Harlem Brundtland, Ingvar Carlsson und Bettino Craxi waren nicht erschienen. Vgl. Bild am Sonntag vom 22. Juni 1986.
10 Laut Transkript: „Ja, das".

11 Im Gespräch ergänzte Brandt: „an dem erwähnten Mittwoch [18. Juni 1986]".
12 Tatsächlich sagte Brandt: „zu vermutende".
13 Die Reihenfolge der Sätze innerhalb des Absatzes wurde bei der Übersetzung ins Spanische umgestellt. Die Wiedergabe entspricht der publizierten Fassung. In dieser entfiel folgender Satz: „Aber dieses Phänomen, dass, während man an Ort und Stelle ist, man sich in gewisser Hinsicht in einer Isolierung befindet, das gilt selbst unter relativ normalen Verhältnissen heutzutage."
14 Laut Transkript: „begangene Krise".
15 Willy Brandt wendet sich energisch gegen die Behauptung, er sei in dieser Angelegenheit von Alan García ausgenutzt worden.
16 Brandt spricht hier über seine Beziehung zu Haya de la Torre und zu García.
17 Gemeint ist der peruanische Präsident, García.
18 Tatsächlich wurde im Gespräch nach der „Schuldenpolitik", nicht nach der „Wirtschaftspolitik" gefragt.
19 Brandt zeigt sich erfreut über das günstige Ergebnis der Partei Garcías, der APRA, in den zwei Wochen zurück liegenden Kommunalwahlen.

Nr. 92
1 Datum der Veröffentlichung. Das Interview wurde am 21. September 1988 in Berlin geführt. Die Fragen stellte Franz Michael Rohm.
2 Die 43. Jahresversammlung des IWF und der Weltbank fand vom 27.–29. September 1988 in Berlin statt.
3 Am 23./24. September 1988 veranstalteten rund 3.000 radikale Kritiker einen internationalen Gegenkongress gegen IWF und Weltbank. In der „Westberliner Erklärung" forderten sie die globale, umfassende und sofortige Streichung aller Schulden, eine neue Weltwirtschafts- und Gesellschaftsordnung sowie Reparationszahlungen an die Entwicklungsländer. Daneben fanden in Berlin zahlreiche dezentrale Aktionen und Demonstrationen mit mehreren tausend Teilnehmern statt. Bei einigen Protestaktionen kam es zu gewalttätigen Ausschreitungen zwischen Demonstranten und Polizisten. Vgl. AdG 58 (1988), S. 32579.
4 Brandt hatte die Rede vor dem Wirtschaftspolitischen Ausschuss der SI (SICEP) bei dessen Tagung in Berlin am 8. September 1988 gehalten und dabei erklärt, dass er bei einigen Aktivitäten der Kritiker den Willen zu konstruktiver Auseinandersetzung vermisse. „Es kann natürlich nicht ernsthaft darum gehen, IWF und Weltbank ‚zu zerschlagen'." Siehe das Manuskript in: AdSD, WBA, A 3, 1040.
5 Brandt hatte angeregt, evtl. neue Institutionen zu gründen, z. B. für den globalen Umweltschutz oder für Programmhilfe, wie sie die Nord-Süd-Kommission mit dem Weltentwicklungsfonds bereits vorgeschlagen hatte. Siehe ebd.
6 Abhängig vom eingezahlten Kapital betrug der Anteil der Stimmrechte der USA, Japans, der Bundesrepublik Deutschland, Großbritanniens und Frankreichs in der Weltbank 1986 insgesamt ca. 40 % und im IWF ca. 41 %. Vgl. *Tetzlaff* 1996, S. 60–63.
7 Am Rande der Jahrestagung von IWF und Weltbank im September 1987 hatte Alfred Herrhausen von der Deutschen Bank einen Schuldenerlass für hochverschuldete Entwicklungsländer nicht ausgeschlossen und erklärt, sein Institut habe bereits 70 % des Gesamtengagements in diesen Ländern für Risiken zurückgestellt, d. h. abgeschrieben. Vgl. AdG 57 (1987), S. 31467.

8   Eine Änderung der Quoten im IWF bedurfte und bedarf einer Mehrheit von 85 %. Vgl. *Tetzlaff* 1996, S. 80 f.
9   Die damalige Zahl der Mitglieder von IWF und Weltbank.
10 Der kubanische Staatspräsident Castro versuchte seit Jahren, eine „gemeinsame Aktionseinheit" aller Länder der „Dritten Welt" in der Schuldenfrage zusammenzubringen. Zu diesem Zweck hatte er schon im Juli 1985 zu einer großen Schuldenkonferenz nach Havanna eingeladen. Vgl. AdG 55 (1985), S. 29027.
11 Im 1956 gegründeten Pariser Klub versammeln sich die öffentlichen Gläubiger aus den in der OECD zusammengeschlossenen Industrieländern, um gemeinsam multilaterale Umschuldungsmaßnahmen mit einem Schuldnerland auszuhandeln. Vgl. *Nohlen* 2000, S. 606.
12 Die Frage bezieht sich auf entsprechende Äußerungen Brandts in seiner Rede vor dem Wirtschaftspolitischen Ausschuss der SI am 8. September 1988 in Berlin (Anm. 4).
13 Vgl. Nr. 79.
14 Erst gegen Ende der achtziger Jahre wurden die Strukturanpassungsprogramme von IWF und Weltbank durch kompensatorische Maßnahmen – wie z. B. soziale Notfonds – ergänzt, um die sozialen und politischen Folgekosten für besonders arme Bevölkerungsgruppen abzufedern. Vgl. *Nohlen* 2000, S. 439 f. und S. 795.
15 Zwischen 1982 und 1990 sanken die Reallöhne in Mexiko um 50 %. Vgl. *Nohlen* 2000, S. 516.
16 Die Bundesrepublik Deutschland hatte den 24 ärmsten Ländern bereits mehrere Mrd. DM erlassen. Während des Weltwirtschaftsgipfels in Toronto vom 19.–21. Juni 1988 erklärte die Bundesregierung, sie sei zu weiteren Schuldennachlässen bereit. Mit Ausnahme der USA stimmten alle G-7-Staaten einem teilweisen Schuldenerlass zu. Vgl. AdG 58 (1988), S. 32266.
17 Die öffentlichen Gläubiger des Pariser Klubs verständigten sich Ende 1988 in den so genannten Toronto Terms auf die Möglichkeit eines 30-prozentigen Forderungsverzichts gegenüber armen Schuldnerländern. Vgl. *Nohlen* 1997, S. 620–627.
18 Brandt war im Oktober 1984 mit Alfonsín zusammengetroffen. Vgl. Nr. 79.
19 Hinter den beiden Supermächten rangierten für den Zeitraum 1982–1986 Frankreich sowie – mit deutlichem Abstand – Großbritannien und die Bundesrepublik Deutschland als die größten Waffenexporteure. Die wichtigsten Empfänger unter den Entwicklungsländern waren Irak, Ägypten, Indien, Syrien und Saudi-Arabien, die allein 47 % aller Waffenimporte in die „Dritte Welt" bezogen. Vgl. *Ohlson, Thomas/ Sköns, Elisabeth:* Waffenhandel, in: SIPRI-Jahrbuch 7 – Chancen für Abrüstung. Dossier: Der Krieg am Golf, hrsg. vom Stockholm International Peace Research Institute (SIPRI), Reinbek bei Hamburg 1987, S. 80–122.
20 Gemeint ist die Einführung des EG-Binnenmarkts zum 1. Januar 1992.
21 Am 8. November 1988 wurde der bisherige Vizepräsident George Bush zum Nachfolger Ronald Reagans gewählt.
22 Beim Treffen ihres Wirtschaftspolitischen Ausschusses in Berlin (Anm. 4) hatte die SI eine Erklärung zur Schuldenkrise und zur Reform von IWF und Weltbank verabschiedet. Vgl. *Service der SPD für Presse, Funk, TV,* Nr. 717/88 vom 9. September 1988.
23 Zum 0,7 %-Ziel vgl. Einleitung.
24 In der Tat irrt Brandt. Vgl. Einleitung.
25 Vgl. Anm. 22.
26 Vgl. Einleitung.
27 Rumänien war 1972, Ungarn 1982 und Polen 1986 Mitglied von IWF und Welt-

bank geworden. Der in Aussicht stehende Beitritt der Sowjetunion kam nicht mehr zustande. Russland und andere Nachfolgestaaten traten 1992 bei.

28   Zum Scheitern der Globalverhandlungen vgl. Einleitung sowie Nr. 52, Anm. 12, Nr. 57, 59 und 66.

Nr. 93

1   Anlässlich des bevorstehenden 75. Geburtstags Willy Brandts fand am 25. November 1988 ein Symposium an der Ruhr-Universität Bochum statt, an dem auch der Jubilar zu Wort kam.

2   Weggelassen wurden Hinweise Brandts auf Aussagen von Michail Gorbatschow und Hans Jonas über die Größe der globalen Probleme.

3   Vgl. Einleitung.

4   Zur „Angebotspolitik" der konservativen Regierungen in den USA und Großbritannien sowie – mit Abstrichen – in der Bundesrepublik Deutschland in den achtziger Jahren vgl. Einleitung.

5   Durch ein gigantisches Haushaltsdefizit war die Staatsverschuldung der USA dramatisch angewachsen, was hohe Zinsen zur Folge hatte. Vgl. Nr. 79.

6   Vgl. Nr. 92, Anm. 7.

7   Im weggelassenen Teil seiner Rede warnt Brandt vor einem weiteren Anstieg der Zahl von Menschen, die in absoluter Armut leben, und verweist dann auf den ersten Bericht der Nord-Süd-Kommission.

8   Die auf den Weltmarkt orientierten ostasiatischen Wirtschaften Südkoreas, Taiwans, Hongkongs und Singapurs (die vier fernöstlichen „kleinen Tiger") stiegen in den achtziger Jahren in den Rang von Industrienationen auf.

9   Vgl. Anm. 4.

10   Vgl. Einleitung.

11   Vgl. Einleitung.

12   Die Wahl in den USA fand am 8. November 1988 statt.

13   Am 8. Dezember 1987 hatten die USA und die Sowjetunion ihr erstes Abrüstungsabkommen – den Vertrag über die Verschrottung der atomaren Mittelstreckenwaffen (INF-Vertrag) – unterzeichnet. Das Ende des Ost-West-Konflikts in der „Dritten Welt" deutete sich auf mehreren Schauplätzen an: Am 15. Mai 1988 hatte die Sowjetunion mit dem zuvor bereits angekündigten Rückzug ihrer Truppen aus Afghanistan begonnen, der im Februar 1989 abgeschlossen wurde. Am 22. Dezember 1988 vereinbarten Südafrika, Angola und Kuba den Abzug der kubanischen Truppen aus Angola und die Unabhängigkeit Namibias. Darüber hinaus kamen 1989 auch die Friedensprozesse in Mittelamerika und in Kambodscha entscheidend voran. Vgl. *Schöllgen 1996*, S. 409.

14   In der hier nicht abgedruckten Passage stellt Brandt Überlegungen darüber an, wie die multilaterale Zusammenarbeit organisiert werden könnte.

Nr. 94

1   Der Entwurf des Schreibens stammte von Günter Verheugen. Er liegt dem hier abgedruckten Schreiben bei. Brandt nahm im ersten Absatz stilistische Änderungen vor und strich den von Verheugen vorgesehenen letzten Satz (s. u.).

2   Weder das Schreiben von dos Santos noch Brandts Antwort konnten aufgefunden werden.

3   Sie befanden sich zur Unterstützung der Regierung im Kampf gegen die Rebellenorganisation UNITA in Angola.

4   Die Resolution vom 29. September 1978 sah freie Wahlen in Südwestafrika/Namibia unter UNO-Aufsicht als Vorbedingung für die Unabhängigkeit vor.

5 Seit Mai 1988 verhandelten Angola, Kuba, Südafrika und die USA über die Beendigung des ausländischen Militärengagements in Angola und die Unabhängigkeit Namibias. Im Dezember 1988 wurde eine entsprechende Einigung erzielt.

6 Die Konferenz mit den Regierungsparteien der an Südafrika angrenzenden „Frontstaaten" und den Befreiungsbewegungen fand am 15./16. Februar 1989 statt. Siehe den Bericht von Wolfgang Weege in: AdsD, SPD-PV, Ordner: Internationales Sekretariat 1989: „SI-Sekretariat, -Aktivitäten". Von Brandt gestrichen wurde der von Verheugen im Anschluss vorgesehene Satz: „Ich werde mich ganz sicher mit meinen Möglichkeiten dafür einsetzen, daß der Friedensprozeß im südlichen Afrika voranschreitet und Ihr Land endlich die Chance zu einer friedlichen Entwicklung ungestört von Interventionen von außen erhält."

7 Hs.

Nr. 95

1 Den Regierungschef stellten die in Frage kommenden SI-Mitgliedsparteien damals in Australien, Frankreich, Neuseeland, Norwegen, Österreich, Schweden und Spanien. In sechs weiteren Ländern waren sie an der Regierung beteiligt. Carlos Andrés Pérez, der in diesem Moment bereits zum zweiten Mal zum Staatspräsidenten Venezuelas gewählt worden war, sein Amt aber noch nicht angetreten hatte, und Michael Manley erhielten das Schreiben zur Kenntnis. In allen Fällen wurden die Schreiben per Fax versandt. Siehe das Fax des SI-Mitarbeiters Ayala an den Leiter des Büros Brandt, Lindenberg, vom 28. Januar 1989, in: AdsD, WBA, A 13, 161d.

2 Die PNP Jamaika gewann bei den Wahlen die absolute Mehrheit der Sitze. Manley, der bereits von 1972–1980 Premierminister Jamaikas gewesen war, wurde erneut Regierungschef.

3 „Reserveposition" meint den Betrag, bis zu dem maximal vermittels der heimischen Währung Devisen beim Internationalen Währungsfonds ohne Auflagen erworben werden können, üblicherweise zum Ausgleich von Zahlungsbilanzdefiziten. Jamaika hatte also kaum noch Spielraum, Devisen beim IWF zu kaufen. Kredite des Währungsfonds aber waren an ökonomische Bedingungen gebunden.

4 „Standby Facility". Durch den Kredit werden dem Land vom IWF Devisen zur Verfügung gestellt. Im Gegenzug muss es wirtschaftspolitische Bedingungen erfüllen.

5 Ein großzügiger Bereitschaftskredit des IWF würde der internationalen Finanzwelt Vertrauen in die neue Regierung signalisieren, was Spekulationen gegen die nationale Währung weniger wahrscheinlich macht.

6 Hs.

Nr. 96

1 Mit seinem Buch „Die Satanischen Verse" hatte der britische Schriftsteller Salman Rushdie in der islamischen Welt wütende Proteste ausgelöst. Ihm wurde vorgeworfen, mit seinem Werk den Propheten Mohammed und den Koran zu lästern. Am 14. Februar 1989 verkündete Imam Khomeini in einer vom iranischen Rundfunk verbreiteten Erklärung, dass der Autor sowie alle an seiner Publikation Beteiligten zum Tode verurteilt seien. Alle Muslime wurden aufgerufen, das Todesurteil zu vollstrecken, wobei hohe Belohnungen ausgesetzt wurden. Rushdie tauchte daraufhin unter und bat für sich und seine Familie um polizeilichen Schutz. Vgl. AdG 59 (1989), S. 33075.

2   Deutsche Autoren hatten tags zuvor einen Brief an Bundeskanzler Kohl geschrieben und appelliert, sich energisch für Rushdie einzusetzen. Vgl. „24 Autoren an Kohl: Rücknahme von ‚Mord-Aufruf' erzwingen", dpa-Meldung vom 16. Februar 1989, in: AdSD, WBA, A 3, 1060.
3   UN-Generalsekretär Pérez de Cuéllar forderte Iran am 21. Februar 1989 auf, die Morddrohung zurückzunehmen, und betonte zugleich, dass die Religionen aller Völker respektiert werden sollten. Vgl. AdG 59 (1989), S. 33075.

Nr. 97
1   Vorlage ist die Kopie des in englischer Sprache verfassten Schreibens, das Willy Brandt am 3. März 1989 dem nationalen Sicherheitsberater des amerikanischen Präsidenten, Brent Scowcroft, bei einem Gespräch im Weißen Haus persönlich übergab. Vgl. Einleitung.
2   George Herbert Walker Bush war am 20. Januar 1989 als 41. Präsident der Vereinigten Staaten in sein Amt eingeführt worden. Vgl. AdG 59 (1989), S. 32976.
3   Vgl. Nr. 93, Anm. 13.
4   Auf der internationalen Konferenz zum Schutz der Ozonschicht, die vom 14.–16. September 1987 in Montreal stattgefunden hatte, war erstmalig ein globales Umweltschutzabkommen unterzeichnet worden. Vgl. AdG 57 (1987), S. 31423.
5   Vgl. Einleitung.
6   Vgl. Einleitung sowie Nr. 57 und 59.
7   Die Initiative wurde auch von Gro Harlem Brundtland, Edward Heath und Robert S. McNamara unterstützt, die nach Brandts Angaben an dem Schreiben mitgewirkt hatten. Vgl. „Zweite Cancun-Konferenz angeregt", in: SZ vom 6. März 1989.
8   Gegenüber Sicherheitsberater Scowcroft sagte Brandt am 3. März 1989, dass ihm vorschwebe, auf Seiten der Industriestaaten Frankreich und Kanada sowie für die Entwicklungsländer Indien und Mexiko (anstelle Venezuelas) zu bitten, die Konferenz für das Frühjahr 1990 einzuberufen. Siehe das FS der Deutschen Botschaft in Washington an das Auswärtige Amt in Bonn vom 6. März 1989, Betr.: Besuch von Bundeskanzler a. D. Willy Brandt in Washington vom 1.–4. 3. 1989, in: AdSD, WBA, A 10.1 (Büroleiter Lindenberg), 197.
9   Bereits am 19. Januar 1989 hatte Brandt die Gipfelidee gegenüber Bundeskanzler Kohl vorgebracht und um wohlwollende Unterstützung der Initiative gebeten. Siehe das Schreiben Brandts an Kohl vom 27. Februar 1989, in: AdSD, WBA, A 10.1 (Büroleiter Lindenberg), 197. Auch der französische Staatspräsident Mitterrand war am 27. Februar 1989 vorab schriftlich informiert worden. Weitere Schreiben ergingen am 1. März 1989 an Carlos Andrés Pérez (Venezuela) sowie am 8. März 1989 an die Regierungschefs Li Peng (China) und Takeshita (Japan). Siehe AdSD, WBA, A 12, 42.
10 Zur amerikanischen Antwort vgl. Einleitung.
11 Das Schreiben an Gorbatschow datiert ebenfalls auf den 1. März 1989. Es ist bis auf die Eingangssätze, die an die Rede des sowjetischen Präsidenten vor den UN-Generalversammlung am 7. Dezember 1988 anknüpften, und Formulierungen im vorletzten Absatz identisch mit dem Brief an Bush. Siehe AdSD, WBA, A 10.1 (Büroleiter Lindenberg), 197.
12 Hs. unterzeichnet.

Nr. 98
1   Das Interview fand am Rande der SI-Parteiführerkonferenz am 9./10. März 1989 in Wien statt.

2 Herausragendes Ereignis der Parteiführerkonferenz sei – so einleitend der Autor des Artikels, Harry Schleicher – die Teilnahme eines Vertreters der kurz zuvor in Budapest wieder gegründeten Ungarischen Sozialdemokratischen Partei gewesen.
3 Ungarische Sozialdemokratische Partei.
4 Nachdem die neugegründete Sozialdemokratische Partei Ungarns bei der SI-Parteiführerkonferenz auf ihren Wunsch nach Mitgliedschaft „nur eine zurückhaltende Reaktion erhielt", bildete sie eine „Aktionseinheit" mit der Exil-Sozialdemokratie Ungarns. Damit entfiel die Notwendigkeit einer Entscheidung über Aufnahme und Status. „So konnte die Ratssitzung in Genf im November 1989 in einer Erklärung die ungarische sozialdemokratische Partei als Mitgliedspartei bestätigen." *Seidelmann, Reimund:* Die Sozialistische Internationale und Osteuropa, in: EA 45 (1990) 13–14, S. 428–436, hier: S. 432.

Nr. 99
1 9./10. März 1989 in Wien. Vgl. Nr. 98.
2 Korrigiert aus: Lennart.
3 Havel hatte im Januar 1989 mit anderen eine Veranstaltung zum Gedenken an Jan Palach organisiert, der sich zwanzig Jahre zuvor aus Protest gegen die Besetzung der Tschechoslowakei durch Truppen des Warschauer Paktes in Prag selbst verbrannt hatte. Havel wurde verhaftet und wegen Aufwiegelung zu neun Monaten verschärfter Haft verurteilt. Nach internationalen Protesten wurde die Strafe auf acht Monate Haft reduziert.
4 Am 31. Mai 1989 antwortete Jakeš. Nach einer Rechtfertigung des Urteils teilte der Generalsekretär der KPTsch mit, dass Havel, der um eine bedingte Haftentlassung nachgesucht hatte, nach Verbüßung der Hälfte der Strafe aus dem Gefängnis entlassen worden sei. Siehe AdsD, WBA, A 13, 82.
5 Stempel.

Nr. 100
1 Die Erklärung, die Brandt nicht persönlich vortrug, war sein Beitrag zum gemeinsamen Hearing der „World Campaign against military and nuclear collaboration with South Africa" und des „United Nations Special Committee against Apartheid" am 27. April 1989 in Bonn. Thema waren die Vorwürfe, die Bundesrepublik verstoße gegen das UNO-Rüstungsembargo gegen Südafrika. Angehört wurden Politiker und Wirtschaftsvertreter. Vgl. „Klarer Bruch des Embargos und eine illegale Aktion", in: taz vom 3. Mai 1989.
2 Die sechs schwarzen Südafrikaner waren zum Tode verurteilt worden, weil ihnen der Mord am stellvertretenden Bürgermeister von Sharpeville 1984 zur Last gelegt wurde. Eine konkrete Tatbeteiligung konnte ihnen das Gericht nicht nachweisen. Im November 1988 wurden sie zu langen Haftstrafen begnadigt.
3 Die vier Hauptangeklagten wurden zu Strafen zwischen sechs und zwölf Jahren Zuchthaus verurteilt, die Strafen für sechs weitere Angeklagte unter Auflagen ausgesetzt. Die Urteile wirkten milde, weil in Südafrika zuvor bei Hochverrat auf lebenslange Haft oder den Tod erkannt worden war.
4 Zahlreiche politische Gefangene waren Anfang des Jahres aus Protest gegen ihre rechtlose Stellung in Hungerstreik getreten. Ein Teil von ihnen wurde im März 1989 aus der Haft entlassen.
5 Mandela war in ein nur für ihn reserviertes Haus auf einem Gefängnisgelände

bei Kapstadt verlegt worden, seine Familie bekam unbegrenztes Besuchsrecht.
6   Botha hatte am 18. Januar 1989 einen Schlaganfall erlitten und trat am 2. Februar als Parteivorsitzender zurück. Das Amt des Staatspräsidenten gab er erst am 14. August 1989 auf.
7   Das Urteil erging im November 1988. Im Dezember 1989 wurde es aufgehoben.
8   Vgl. Anm. 6.
9   Korrigiert aus: „zahlungsfähigen".
10 Das heißt: verpflichtende.
11 Der Satz ist unvollständig. Es fehlt etwa an dieser Stelle: „zu fördern".
12 Vgl. Nr. 94, Anm. 5.

Nr. 101
1   Die Parteiführung der PRD antwortete noch am 12. Mai 1989 per Fax. Sie leugnete jede Verantwortung für die Vorkommnisse und machte stattdessen Oppositionskräfte und die USA verantwortlich. AdsD, WBA, A 13, 114a. Der SI-Rat suspendierte daraufhin am 19. Juni 1989 die konsultative Mitgliedschaft der PRD in der SI. Ebd., 135.
2   Hs.

Nr. 102
1   Klaus Lindenberg fertigte den Vermerk am 17. Mai 1989 für Hans-Jürgen Wischnewski an.
2   Das Treffen fand in Mailand statt. Siehe das Schreiben Brandts an Mauroy vom 24. Mai 1989, in: AdsD, WBA, A 10.1 (Büroleiter Lindenberg), 15.
3   In der Tat nahm Peres am 19. Juni 1989 an der Sitzung des SI-Rates teil und hielt sich auch während des Kongresses in Stockholm auf. Beim Kongreß selbst war die israelische Arbeitspartei nicht vertreten, jedoch die kleinere Mapam-Partei, ebenfalls SI-Mitglied. Siehe das Protokoll der SI-Ratssitzung in: AdsD, WBA, A 13, 135. Vgl.
auch den Bericht „Kongreß endet mit neuer Grundsatzerklärung", in: *FAZ* vom 23. Juni 1989.

Nr. 103
1   Vorlage ist die Kopie des undatierten Schreibens, das in englischer Sprache verfaßt wurde.
2   Nicht ermittelt.
3   Pérez de Cuéllar hatte Brandt offenbar um eine Stellungnahme zum Entwurf seines Berichts gebeten, der die Sondertagung der UN-Generalversammlung über internationale Wirtschaftszusammenarbeit vorbereitete, die vom 23. April–1. Mai 1990 in New York stattfand.
4   Brandt lobt den Entwurf des Berichts.
5   Als absolut arm gelten Menschen, die mit weniger als einem Dollar pro Tag auskommen müssen. 1981 lebten weltweit 1,481 Mrd. Menschen in extremer Armut. Diese Zahl ging bis 1987 auf 1,171 Mrd. zurück, stieg bis 1990 aber wieder leicht an auf 1,218 Mrd. Menschen. Vgl. *Chen, Shaohua/Ravallion, Martin:* How have the world's poorest fared since the early 1980s?, Development Research Group, World Bank, Washington D.C. 2004, S. 29.
6   Vgl. Nr. 93, Anm. 4.
7   Vgl. Einleitung.
8   Vgl. Nr. 93, Anm. 13.
9   Brandt meint die Vetorechte der fünf ständigen Mitglieder im Weltsicherheitsrat der Vereinten Nationen.
10 Der im englischen Original verwendete Begriff „surveillance" kann auch mit „Beobachtung" übersetzt werden.
11 Gemeint ist der seit 1946 bestehende unabhängige Internationale Gerichtshof in Den Haag, der das Hauptorgan der Rechtsprechung der Vereinten Nationen ist.
12 In der von der Sondertagung der UN-Generalversammlung am 1. Mai 1990 ver-

abschiedeten „Erklärung über internationale wirtschaftliche Zusammenarbeit, insbesondere die Wiederbelebung des wirtschaftlichen Wachstums und der Entwicklung der Entwicklungsländer" war von einer institutionellen Reform der UN nicht die Rede.

13 Hs. unterzeichnet.

Nr. 104

1 Vorlage ist die veröffentlichte deutsche Übersetzung der Rede, die Brandt in englischer Sprache vortrug.

2 Zu der internationalen Konferenz waren Mitglieder der Brandt-, der Palme-, der Brundtland- und der 1986 von der Blockfreienbewegung eingesetzten Nyerere-Kommission eingeladen worden. Vgl. Einleitung.

3 Ausgelassen wurden Ausführungen Brandts über die historische Bedeutung des Wandels im Ost-West-Verhältnis und notwendige Hilfen des Westens für Osteuropa.

4 Brandt konstatiert eine Verschlechterung der Lage seit dem Bericht der Nord-Süd-Kommission 1980.

5 In dem hier nicht abgedruckten Abschnitt verweist Brandt auf die Brundtland-Kommission und institutionelle Defizite für die multilaterale Zusammenarbeit.

6 Vgl. Einleitung sowie Nr. 112 und 113.

Nr. 105

1 Brandt hielt die Rede am Abend des 31. Mai 1990 bei einem von der FES ausgerichteten Empfang für die Teilnehmer der Fachtagung im Century Park Sheraton Hotel in Manila. Siehe AdsD, WBA, A 3, 1079.

2 Ausgelassen wurde der erste Abschnitt der Rede, die Brandt mit Dankesworten an die Mitarbeiter der Friedrich-Ebert-Stiftung sowie mit einem Witz eröffnet. Anschließend äußert er sich kurz zur Rückkehr der Philippinen zur Demokratie und zu den Möglichkeiten der Entwicklung der materiellen wie der intellektuellen Ressourcen des Landes.

3 Am Nachmittag des 31. Mai 1990 hatte Brandt vor der University of the Philippines einen Vortrag zum Thema „Der Einfluss der sich verändernden Ost-West-Beziehungen auf die Nord-Süd-Zusammenarbeit" gehalten. Siehe AdsD, WBA, A 3, 1079.

4 Das Treffen fand im Rahmen eines Abendessens am 30. Mai 1990 statt. Siehe ebd.

5 Das Gespräch mit Präsidentin Corazón Aquino hatte am Morgen des 31. Mai 1990 im Präsidentenpalast stattgefunden. Siehe ebd.

6 Mit dem Begriff „Friedensdividende" wurde seit Ende der achtziger Jahre die Hoffnung verbunden, dass durch die Abrüstung und das Ende des Ost-West-Konflikts große Einsparungen bei den Militärausgaben erzielt werden könnten. Vgl. *Nohlen* 2000, S. 275 f.

7 Pérez hatte das Amt am 2. Februar 1989 zum zweiten Mal übernommen. Vgl. AdG 59 (1989), S. 33017. Brandt hatte an der Amtseinführung in Caracas teilgenommen.

8 Brandt kritisiert damit vor allem die Katholische Kirche, die künstliche Verhütungsmittel strikt ablehnte.

9 Nach seiner Teilnahme an der SI-Ratstagung in Kairo war Brandt in die pakistanische Hauptstadt weitergereist, wo er sich vom 24.–27. Mai 1990 aufhielt und u. a. eine Reihe politischer Gespräche mit Regierungsvertretern führte. Siehe AdsD, WBA, A 3, 1079 und A 19, 88.

10 Vom 27.–30. Mai 1990 hatte Brandt die indische Hauptstadt Neu-Delhi besucht und war u. a. mit Regierungsmitgliedern zusammengetroffen. Siehe ebd.

11 Im Frühjahr 1990 waren in der indischen Provinz Kaschmir, wo muslimische

Rebellen für den Anschluss an Pakistan kämpften, schwere Unruhen ausgebrochen. Die Spannungen des seit 1947 andauernden Konflikts um Kaschmir wuchsen im Mai 1990 so stark an, dass ein neuerlicher Krieg zwischen beiden Ländern drohte, die zudem nach Atomwaffen strebten. Vgl. AdG 60 (1990), S. 34544.

12 Bei seinen zahlreichen Gesprächen vermied Brandt es, eine eigene Position zum Kaschmir-Konflikt zu erkennen zu geben. Er regte lediglich an, wie einst in der Berlin-Frage menschliche Kontakte in den Mittelpunkt zu rücken, was jedoch wenig Anklang fand. Siehe das FS der Deutschen Botschaft in Islamabad an das AA Bonn, Betr.: Besuch von Willy Brandt in Islamabad vom 24.–27. Mai [1990], in: AdSD, WBA, A 19, 88.

Nr. 106

1 Mandela war am 11. Februar 1990 freigelassen worden.

2 Zum Treffen mit Botha am 21. April 1986, das von Seiten des Staatspräsidenten mit „massiven Unfreundlichkeiten" begonnen wurde, vgl. *Brandt* 1994, S. 444.

3 Korrigiert aus: „ziehen".

4 Nach dem Beginn der Beseitigung der Apartheid und nach der Freilassung Mandelas Anfang 1990 wurde von einigen politischen Kräften gefordert, die Wirtschaftssanktionen gegen Südafrika sofort aufzuheben. Der ANC widersprach dem. Erst Ende 1990 begann der Abbau von Sanktionen.

5 Brandt meint damit die Entscheidung der Bundesregierung, die Kosten der deutschen Einheit vor allem über Kredite und nicht über Steuererhöhungen oder Ausgabekürzungen in anderen Bereichen zu finanzieren.

Nr. 107

1 Abgedruckt wird die Fassung der Rede, die auf der Grundlage einer Tonbandaufzeichnung von Brandt redigiert und für die Veröffentlichung im Tagungsband autorisiert wurde. Siehe dazu AdsD, WBA, A 3, 1081. Für eine kürzere Fassung vgl. *Sozialdemokratischer Pressedienst*, Nr. 183 vom 24. September 1990, S. 4–6.

2 Ausgelassen wurde Brandts Dank für die Einladung.

3 Die I.P.I. International Partnership Initiative e.V. wurde im März 1990 auf Initiative der Volkswagen AG und unabhängiger Forschungsinstitutionen mit dem Ziel gegründet, Wirtschaft, Politik und Wissenschaft zum gemeinsamen Nachdenken über die Zukunft der Welt zusammenzubringen und den partnerschaftlichen Dialog zwischen Ost und West, Nord und Süd zu fördern.

4 Am 1. August 1990 hatten Truppen des Iraks das Nachbarland Kuwait überfallen, besetzt und dessen Annexion verkündet. Vgl. Berliner Ausgabe, Bd. 10.

5 Vgl. *International Partnership Initiative Wolfsburg* 1991, S. 110–117.

6 Das Thema des Vormittags, das zunächst in einer Podiumsdiskussion erörtert worden war, lautete: „Eurozentrische Entwicklung: Gerät der Rest der Welt in Vergessenheit?". Siehe das Programm der Konferenz in: AdsD, WBA, A 3, 1081.

7 Im hier nicht abgedruckten Teil seiner Rede würdigt Brandt die Reaktionen der Vereinten Nationen auf die irakische Besetzung Kuwaits und drückt seine Hoffnung auf eine weitere Stärkung der Weltorganisation aus. Darüber hinaus sieht er auch außerhalb Europas positive Anzeichen für engere Zusammenarbeit und regionale Sicherheitssysteme nach dem Vorbild der KSZE.

8   Der Irak hatte in den siebziger und achtziger Jahren in großem Umfang Waffen aus der Sowjetunion, aber u. a. auch aus Frankreich, Brasilien, Ägypten und Jordanien bezogen. Das Regime Saddam Husseins war der größte Waffenimporteur unter den Entwicklungsländern. Vgl. *Ohlson/Sköns* 1987, S. 110 ff.

9   Ausgelassen wurde ein Hinweis auf SIPRI-Veröffentlichungen über Waffenlieferungen aus Entwicklungs- bzw. Schwellenländern.

10   Vgl. Nr. 105, Anm. 6.

11   In der hier nicht dokumentierten Passage versucht Brandt, seinen „beherrschten Optimismus" in Sachen Friedensdividende zu begründen.

12   Richard v. Weizsäcker.

13   Brandt erläutert hier, dass sich die Höhe der freiwerdenden Nettomittel erst nach Abzug der Konversionskosten ergibt.

14   Brandt hatte am 20. Mai 1990 vor dem 14. ordentlichen Bundeskongress des DGB in Hamburg eine Rede zum Thema „Was zusammengehört: Deutschland zu Europa und zur Einen Welt" gehalten. Siehe das Manuskript der Rede in: AdsD, WBA, A 3, 1079.

15   Es muss wohl „geostrategischen" heißen. Vgl. *Sozialdemokratischer Pressedienst* vom 24. September 1990, S. 5 (Anm. 1).

16   Zum ersten Lomé-Abkommen 1975 vgl. Nr. 1, Anm. 18. Die Folgeabkommen Lomé II–IV traten 1980, 1985 und 1990 in Kraft. Vgl. *Nohlen* 2000, S. 480–483.

17   Zu der 1960 gegründeten europäischen Freihandelszone gehörten damals Norwegen, Österreich, die Schweiz, Schweden, Finnland und Island.

18   Brandt weist auf die Ankündigung Schwedens hin, der EG beitreten zu wollen, und auf Gespräche, die er am 13. September 1990 in Göteborg führte.

19   Konditionalität bedeutet seit Beginn der neunziger Jahre zunehmend, dass Entwicklungshilfe nicht nur an die Erfüllung gewisser wirtschafts- und finanzpolitischer Bedingungen, sondern auch an politische Auflagen (Menschenrechte, Demokratisierung, Korruptionsbekämpfung) geknüpft wird. Vgl. *Nohlen* 2000, S. 620.

20   In diesem Abschnitt kritisiert Brandt, dass die Handelspolitik der Industrieländer vor allem im Agrarbereich noch immer vom Protektionismus geprägt sei.

21   Vgl. Nr. 105, Anm. 9.

22   Vgl. ebd., Anm. 10.

23   Brandts letzte Reise nach Lateinamerika hatte ihn im Februar 1989 nach Caracas (Venezuela) geführt. Vgl. ebd., Anm. 7.

24   Brandt plädiert dafür, die zuvor beschriebenen Sorgen der Entwicklungsländer sehr ernst zu nehmen.

25   Brandt hatte Südkorea vom 23.–31. Oktober 1989 besucht. Siehe AdsD, WBA, A 19, 1058.

26   Weggelassen wurde die Schlussformel der Rede.

Nr. 108

1   Die *Frankfurter Rundschau* veröffentlichte am 16. Februar 1991 den hier dokumentierten Friedensplan Willy Brandts auf der Grundlage des Redemanuskriptes. Brandts Artikel „On the Road to Peace and Security in the Middle East" in *Socialist Affairs* 41 (1991) 1, S. 4–6, basiert auf dem hier auszugsweise abgedruckten Vortrag, jedoch wurde der Text leicht der weltweiten Leserschaft angepasst.

2   Brandt nahm Stellung zum Golfkrieg (Besetzung Kuwaits durch Irak im August 1990, UNO-Ultimatum zum Rückzug, nach dessen Verstreichen im Januar 1991: Angriff alliierter Truppen unter Führung der USA

zur Befreiung Kuwaits). Brandt gab der „starrsinnigen" Haltung von Saddam Hussein die Schuld am Kriegsausbruch, hielt den militärischen Einsatz der USA und ihrer Verbündeten daher für „legitimiert", plädierte nun aber für eine Waffenpause, nachdem am Tage des Vortrags der Irak seine Bereitschaft zum Abzug aus Kuwait erklärt hatte. Da dies an Bedingungen geknüpft war – u. a. den Rückzug Israels aus den besetzten Gebieten –, lehnten die Alliierten einen Waffenstillstand ab. Zu Brandts Position während des Golfkrieges vgl. Berliner Ausgabe, Bd. 10.

3 Blaupause, Entwurf.

4 Gemeint ist die Konferenz über Sicherheit und Zusammenarbeit in Europa (KSZE), die am 3. Juli 1973 begann und am 1. August 1975 zur Unterzeichnung der KSZE-Schlussakte in Helsinki führte. Im anschließenden Abschnitt geht Brandt kurz auf den KSZE-Prozess von 1975 bis 1990 ein.

5 Konferenz für Sicherheit und Zusammenarbeit im Mittleren Osten.

6 Als „Körbe" wurden bei der KSZE die unterschiedlichen Themenbereiche der Verhandlungen und Vereinbarungen bezeichnet. Vgl. Berliner Ausgabe, Bd. 9, insbesondere Nr. 17 und 18.

7 In *Socialist Affairs* fehlte der Hinweis auf die „fundamentalistischen Strömungen".

8 An diesem Tag besetzte der Irak Kuwait.

9 Hier folgt ein kurzer Rückblick auf frühere deutsch-französische Konflikte um Eisenerzvorkommen.

10 In der englischen Übersetzung in *Socialist Affairs* wurde aus Brandts Vorschlag, Mechanismen des Ausgleichs zwischen reichen und armen Ländern der Region – angelehnt an ähnliche EG-interne Regelungen – zu schaffen, die Forderung nach Hilfe für die Region durch die EG – vermutlich ein Übersetzungsfehler und keine Änderung in Brandts Position.

11 „Helsinki" steht für die KSZE-Schlussakte 1975, „Paris" für das KSZE-Gipfeltreffen vom 19.–21. November 1990, das mit der Unterzeichnung der „Charta von Paris" endete.

12 Brandt warnt, es dürfe nicht der Eindruck entstehen, das „christliche Abendland" kämpfe „gegen den muslimischen Orient". Anschließend plädiert er für eine aktive gemeinsame Außen- und Sicherheitspolitik der EG. Einen festen Sitz Deutschlands im UN-Sicherheitsrat mit Veto-Recht lehnt er ab.

Nr. 109

1 Hs.

2 Das Schreiben wird – so teilt Brandt mit – von seiner Ehefrau, Brigitte Seebacher-Brandt, überbracht, die Schewardnadse interviewen will.

3 Am 18. August 1991 hatten konservative Kräfte versucht, Staatspräsident Gorbatschow zu stürzen. Der Putsch misslang, insbesondere wegen des Widerstandes des russischen Präsidenten, Boris Jelzin. Am 23. August verbot dieser die Tätigkeit der Kommunistischen Partei in Russland. Tags darauf trat Gorbatschow als Generalsekretär der KPdSU zurück.

4 Gemeint ist die Sowjetunion.

5 Es tagte am 19./20. September 1991 in Berlin. Vgl. den Bericht in: *Socialist Affairs* 41 (1991) 3, S. 30 f.

6 Weder Schewardnadse noch Alexander Jakowlew nahmen am Treffen in Berlin teil, jedoch ein Vertreter der Sozialdemokratischen Partei der Russischen Föderation. Eine SI-Delegation unter Leitung von Pierre Mauroy hatte am 16./17. September 1991 Moskau besucht und mit Gorbatschow, Jelzin sowie Schewardnadse ge-

sprochen. Vgl. den Bericht in: *Socialist Affairs* 41 (1991) 3, S. 30.
7   Anm. 6.
8   Hs.

Nr. 110
1   Hs.
2   Der Brief vom 20. August 1991 liegt ebenfalls in: AdsD, WBA, A 13, 157c. Senghor bat darin auch um das Engagement der SI für die Kandidatur von Boutros Ghali.
3   Am 9. Juli 1991 teilte Boutros Ghali Brandt die Bewerbung schriftlich mit. Siehe AdsD, WBA, A 12, Ordner: Persönlich/privat, 1991, A–K.
4   Hs.

Nr. 111
1   Hs.
2   Manley hatte Brandt am 5. September 1991 geschrieben. Sein Brief traf exakt zwei Wochen später in Bonn ein. Siehe AdsD, WBA, A 13, 157c. Der jamaikanische Ministerpräsident bat darin die SI um Unterstützung der Kandidatur des nigerianischen Politikers und Generals Olesugun Obasanjo für das Amt des UN-Generalsekretärs. Die jamaikanische Regierung habe sich bereits förmlich für die Wahl Obasanjos ausgesprochen.
3   Die ständigen Mitglieder des UN-Sicherheitsrates sind: China, Frankreich, Großbritannien, Sowjetunion, USA.
4   Neben Boutros Ghali war dies vermutlich Gro Harlem Brundtland. Gewählt wurde Boutros Ghali.
5   Brandt konnte wegen einer Erkrankung an der Sitzung in Santiago de Chile am 26./27. November 1991 nicht teilnehmen.
6   Hs.

Nr. 112
1   Vorlage ist die Kopie des Schreibens in englischer Sprache, das am 4. Dezember 1991 vorab per Fax abgesandt wurde. Das Original ging einen Tag später per Post ab.
2   Die kriegerischen Auseinandersetzungen, die zum Zerfall Jugoslawiens führten, hatten im Juni 1991 begonnen. Vgl. Berliner Ausgabe, Bd. 10.
3   Gemäß der am 3. April 1991 vom Weltsicherheitsrat verabschiedeten Resolution 687 (1991) zum Waffenstillstand im Golfkrieg oblag es den Vereinten Nationen, die Erfüllung der dem Irak auferlegten Bedingungen zu überwachen. Vgl. EA 46 (1991) 9, S. D 227–D 233. Vgl. auch Berliner Ausgabe, Bd. 10.
4   Am 23. Oktober 1991 war in Paris das Friedensabkommen für Kambodscha unterzeichnet worden, mit dem der jahrelange Bürgerkrieg beendet wurde. Vgl. AdG 61 (1991), S. 36155.
5   Die Oppositionspolitikerin Suu Kyi hatte die Wahlen von 1990 mit großer Mehrheit gewonnen. Doch die Militärregierung verweigerte die Machtübergabe und stellte sie unter Hausarrest. Im Dezember 1991 wurde Suu Kyi in Abwesenheit der Friedensnobelpreis verliehen.
6   Der Sicherheitsrat der Vereinten Nationen hatte am 29. April 1991 einstimmig einen Friedensplan zur Lösung des seit Mitte der siebziger Jahre dauernden Westsahara-Konflikts angenommen. Er sah ein von der UN organisiertes Referendum für Anfang 1992 vor. Marokko torpedierte dann allerdings die Vorbereitung der Abstimmung, indem z. B. zehntausende Personen aus dem marokkanischen Kernland in das Westsahara-Gebiet transportiert wurden. Vgl. AdG 61 (1991), S. 35575, und AdG 62 (1992), S. 36548.
7   Die Vereinten Nationen mussten im Dezember 1991 erklären, es sei aus organi-

satorischen Gründen nicht möglich, die Volksabstimmung in der Westsahara zum vorgesehenen Zeitpunkt Ende Januar 1992 durchzuführen. Vgl. AdG 62 (1992), S. 36548. Nach mehrmaligen Verschiebungen wurde die Volksabstimmung 1999 erneut ausgesetzt.

8   Zur Entstehungsgeschichte dieser Kommission, die eine Folge der „Stockholmer Initiative" war, vgl. Einleitung sowie Nr. 104 und 113. Der Begriff „Global Governance" lässt sich am ehesten mit „Weltordnungspolitik" übersetzen.

9   Hs. unterzeichnet.

Nr. 113

1   Vorlage ist eine Kopie des Schreibens in englischer Sprache.

2   Hs.

3   Der Weltsicherheitsrat hatte der Generalversammlung bereits am 21. November 1991 die Wahl Boutros Ghalis empfohlen. Im Sicherheitsrat hatte der Ägypter die Unterstützung von elf der 15 Mitglieder erhalten. Die formelle Wahl für die fünfjährige Amtszeit erfolgte am 3. Dezember 1991 per Akklamation durch die Generalversammlung. Vgl. AdG 61 (1991), S. 36271.

4   Boutros Ghali war seit Mai 1990 einer der Vizepräsidenten der SI.

5   Die Ratstagung der SI in Kairo fand am 22./23. Mai 1990 statt. Für die Protokolle siehe AdsD, WBA, A 13, 144.

6   Gemeint ist die Konferenz der Vereinten Nationen über Umwelt und Entwicklung, die vom 3.–14. Juni 1992 in Rio de Janeiro stattfand.

7   Mit der Resolution 688 vom 5. April 1991 hatte der UN-Sicherheitsrat erstmals eine humanitäre Intervention gegen einen souveränen Staat beschlossen. Sie verlangte vom Irak, die Unterdrückung der Bevölkerung, insbesondere in den kurdischen Siedlungsgebieten, sofort einzustellen, die als Bedrohung für den Weltfrieden und die internationale Sicherheit eingestuft wurde. U. a. ersuchte der Sicherheitsrat den UN-Generalsekretär, seine humanitären Bemühungen im Irak fortzusetzen und sich der Flüchtlinge und Vertriebenen anzunehmen. Der Text der Resolution ist dokumentiert in: EA 46 (1991) 9, S. D 234.

8   Seitdem indonesische Truppen 1975 die ehemalige portugiesische Kolonie Ost-Timor widerrechtlich besetzt hatten, kam es immer wieder zu gewaltsamen Aktionen gegen die Widerstand leistenden Timoresen. Der Besuch einer SI-Delegation in Ost-Timor kam wegen der Weigerung Indonesiens nicht zustande.

9   Vgl. Einleitung.

10   Das Middle East Committee der SI (SIMEC) hatte am 29. April 1991 in Kairo getagt. Vgl. *Socialist Affairs* 41 (1991) 2, S. 23.

11   Hs. unterzeichnet.

Nr. 114

1   Hs.

2   Koschnick und Lindenberg besuchten Ende 1991 und Anfang 1992 im Auftrage Brandts mehrere europäische Vizepräsidenten der SI, um die Nachfolge im Amt des SI-Präsidenten zu klären. González, der im November 1991 seine Antwort noch offen gelassen hatte, lehnte im Januar 1992 unter Verweis auf seine Verpflichtungen als Regierungschef ab. Der einzige Angesprochene, der sich zur Kandidatur bereit erklärte, war Pierre Mauroy. Vgl. Einleitung und siehe die Unterlagen in AdsD, WBA, A 13, 167.

3   Hs.

Nr. 115

1   Das Treffen fand in der saarländischen Landesvertretung in Bonn statt. Brandt wurde von mehreren führenden Sozialde-

mokraten begleitet. Der Vermerk („Gesprächsnotiz") wurde am 6. März 1992 von Brandts Büroleiter, Lindenberg, verfasst. Seite 4 fehlt im Archiv.

2   Im ersten, größeren Teil des Gespräches wurde überwiegend die Lage in der ehemaligen Sowjetunion erörtert. Gorbatschow erklärte: „Ich bin Sozialdemokrat."

3   Brandt wies darauf hin, dass praktische Probleme nicht nur auf der staatlichen Ebene behandelt werden müssten.

4   Gorbatschow nahm am 17./18. September 1992 an einem internationalen Kongress in Wolfsburg teil. Vgl. „Gellende Pfiffe für Gorbis Liebe zu Kohl", in: *taz*, Bremen-Ausgabe, 19. September 1992.

5   Oskar Lafontaine unterstützt Brandts Vorschlag. Brandt und Gorbatschow beraten scherzhaft, ob die Rede 10 oder 20 Minuten dauern dürfe.

6   Diese Namen standen für frühere Eurokommunisten (Occhetto), für Postkommunisten (Horn) und für ehemalige Dissidenten (Dienstbier). Die italienische PDS, Nachfolgeorganisation der KP Italiens, wurde bereits beim Kongress im September 1992 SI-Mitglied. Dienstbier schloss sich einer liberalen Gruppierung an. Die ungarischen Sozialisten erhielten 1992 den Beobachterstatus, später wurden sie Vollmitglied, und Horn wurde 1996 SI-Vizepräsident.

7   Ergebnis dieser Überlegungen war das im Januar 1993 gegründete „European Forum for Democracy and Solidarity". Weitere Unterlagen zur Planungsphase in: AdsD, WBA, A 13, 185. Zum Forum siehe dessen Homepage http://www.europeanforum.net/organisation.php.

8   Gorbatschow nahm die Einladung an und redete beim Kongress.

Nr. 116

1   Der Kongress der SI fand vom 15.–17. September 1992 in Berlin statt. Das Grußwort Brandts wurde von Hans-Jochen Vogel verlesen. Vgl. auch Einleitung.

2   Im ms. Entwurf, der einige wenige hs. Korrekturen Brandts trägt, folgt: „auch". Siehe AdsD, WBA, B 25, 96.

3   Im Entwurf: „anderthalb Jahrzehnte".

4   Es folgt im Entwurf: „auch".

5   In der Vorlage heißt es: „hatten".

6   Zum Nachfolger wurde Pierre Mauroy gewählt.

Anhang

Quellen- und Literaturverzeichnis

Archivalische Quellen

Willy-Brandt-Archiv im Archiv der sozialen Demokratie der Friedrich-Ebert-Stiftung, Bonn
Persönliche Unterlagen/Biographische Materialien 1913–1992 (A 1)
Publizistische Äußerungen Willy Brandts 1933–1992 (A 3)
Bundeskanzler und Bundesregierung 1969–1974 (A 8)
Schriftwechsel/Aufzeichnungen geheim/vertraulich (A 9)
Abgeordnetentätigkeit (A 10)
    Deutscher Bundestag (A 10.1)
    Europäisches Parlament (A 10.2)
Sozialdemokratische Partei Deutschlands (Parteiführung) 1964–1987 (A 11)
    Persönliche Korrespondenz A–Z 1968–1980 (A 11.1)
    Persönliche Korrespondenz A–Z 1981–1986 (A 11.2)
    Präsidium, Bundesminister, Staatssekretäre A–Z 1964–1986 (A 11.3)
    Erich-Ollenhauer-Haus, zentrale Arbeitsgemeinschaften und Verbände (A 11.4)
    Mitgliedschaften in Gremien beim Parteivorstand A–Z 1964–1986 (A 11.8)
    Handakten Büroleiter 1971–1987 (A 11.13)
    Handschriftliche Aufzeichnungen 1966–1987 (A 11.14)
    Ausländische Regierungen, Parteien, Bewegungen A–Z 1976–1987 (A 11.15)
    Einzelthemen (A 11.16)
Ehrenvorsitzender der SPD 1987–1992 (A 12)
Sozialistische Internationale 1976–1992 (A 13)
Nord-Süd-Kommission 1977–1982 (A 14)
Stiftung Entwicklung und Frieden (A 15)
Reisen und Veranstaltungen (A 19)
Schriftgut Unkel (Akten) (B 25)

Arbetarrörelsens Arkiv och Bibliotek, Stockholm
   NL Olof Palme
Archiv der sozialen Demokratie der Friedrich-Ebert-Stiftung, Bonn
   Dep. Egon Bahr
   Dep. Horst Ehmke
   Dep. Klaus Lindenberg
   Dep. Helmut Schmidt
   NL Bruno Friedrich
   Nord-Süd-Kommission
   SPD-PV
Deutscher Bundestag, Pressedokumentation, Berlin
Deutsche Welle, Archiv, Bonn
Gerald R. Ford Library, Ann Arbor (Michigan)
   National Security Adviser, Memoranda of Conversations
Internationales Institut für Sozialgeschichte, Amsterdam
   NL Bernt Carlsson
   NL Joop den Uyl
   Socialist International
Ronald Reagan Library, Simi Valley (California)
   National Security Council
Stiftung Bruno Kreisky Archiv, Wien
   NL Bruno Kreisky:
      Cancún
      Sozialistische Internationale

Veröffentlichte Quellen

I. *Veröffentlichungen Willy Brandts*

Brandt, *Willy:* Koexistenz – Zwang zum Wagnis, Stuttgart 1963.
Brandt, *Willy/Kreisky, Bruno/Palme, Olof:* Briefe und Gespräche 1972 bis 1975, Frankfurt/Main – Köln 1975.
Brandt, *Willy:* Barcelona 37 – Madrid 77, in: L'76. Demokratie und Sozialismus (1977) 3, S. 55–63.
Brandt, *Willy:* Begegnungen und Einsichten. Die Jahre 1960–1975, Hamburg 1978 (Taschenbuchausgabe).

Brandt, Willy: Links und frei. Mein Weg 1930–1950, Hamburg 1982.
Brandt, Willy: Der organisierte Wahnsinn. Wettrüsten und Welthunger, Köln 1985.
Brandt, Willy: Sozialistische Internationale, in: Lexikon des Sozialismus, hrsg. von *Thomas Meyer* u. a., Köln 1986, S. 572–575.
Brandt, Willy: Menschenrechte – mißhandelt und mißbraucht, Reinbek 1987.
Brandt, Willy: Redefining North-South-Relations [Three Speeches Delivered in Asia], edited by Friedrich Ebert Stiftung, Bonn 1990.
Brandt, Willy: Umbrüche – Neue Chancen für den Nord-Süd-Dialog. Interviews mit Jean Lacombe, Frankfurt/Main und Berlin 1990.
Brandt, Willy: Erinnerungen. Mit den Notizen zum „Fall G.", Berlin und Frankfurt/Main 1994.
Brandt, Willy: Hitler ist nicht Deutschland. Jugend in Lübeck – Exil in Norwegen 1928–1940, bearb. von *Einhart Lorenz*, Bonn 2002 (Berliner Ausgabe, Bd. 1).
Brandt, Willy: Zwei Vaterländer. Deutsch-Norweger im schwedischen Exil – Rückkehr nach Deutschland 1940–1947, bearb. von *Einhart Lorenz*, Bonn 2000 (Berliner Ausgabe, Bd. 2).
Brandt, Willy: Berlin bleibt frei. Politik in und für Berlin 1947–1966, bearb. von *Siegfried Heimann*, Bonn 2004 (Berliner Ausgabe, Bd. 3).
Brandt, Willy: Auf dem Weg nach vorn. Willy Brandt und die SPD 1947–1972, bearb. von Daniela Münkel, Bonn 2000 (Berliner Ausgabe, Bd. 4).
Brandt, Willy: Die Partei der Freiheit. Willy Brandt und die SPD 1972–1992, bearb. von *Karsten Rudolph*, Bonn 2002 (Berliner Ausgabe, Bd. 5).
Brandt, Willy: Ein Volk der guten Nachbarn. Außen- und Deutschlandpolitik 1966–1974, bearb. von *Frank Fischer*, Bonn 2005 (Berliner Ausgabe, Bd. 6).
Brandt, Willy: Mehr Demokratie wagen. Innen- und Gesellschaftspolitik 1966–1974, bearb. von *Wolther v. Kieseritzky*, Bonn 2001 (Berliner Ausgabe, Bd. 7).

Brandt, Willy: Die Entspannung unzerstörbar machen. Internationale Beziehungen und deutsche Frage 1974–1982, bearb. von *Frank Fischer*, Bonn 2003 (Berliner Ausgabe, Bd. 9).
Discurso de Willy Brandt en Venezuela, in: Nueva Sociedad 4 (1975), Mai/Juni, S. 74–76.

II. Editionen, zeitgenössische Dokumente, Erinnerungen

Akten zur Auswärtigen Politik der Bundesrepublik Deutschland 1974, Band I: 1. Januar bis 30. Juni 1974, bearb. von *Daniela Taschler, Fabian Hilfrich* und *Michael Ploetz*, München 2005.
amnesty international. Jahresbericht 1987, Frankfurt/Main 1987.
Bahr, Egon: Zu meiner Zeit, München 1996.
Beitz, Wolfgang G. (Hrsg.): Praktizierte Humanitas: Weltproblem Flüchtlinge – eine europäische Herausforderung. Dokumentation einer europäischen Arbeitskonferenz der Otto-Benecke-Stiftung und der Friedrich-Ebert-Stiftung vom 30. Mai bis 1. Juni 1980, Baden-Baden 1981.
Bericht der SI-Kommission über die Entwicklung im Nahen Osten, in: *Die Neue Gesellschaft* 25 (1978) 2, S. 145–157.
Brandt, Willy/Holtz, Uwe (Hrsg.): Nord-Süd-Politik. Orientierung, Argumente und Anregungen des Nord-Süd-Forums der SPD vom Februar 1984 in Bonn, [Bonn] 1984.
The Brandt Commission Papers. Selected background papers prepared for the Independent Commission on International Development Issues 1978–1979, Genf 1981.
Bundesministerium für wirtschaftliche Zusammenarbeit (Hrsg.): Die entwicklungspolitischen Grundlinien der Bundesregierung, unter Berücksichtigung der Empfehlungen der „Unabhängigen Kommission für internationale Entwicklungsfragen", Bonn 1980.
Callaghan, James: Time and chance, London 1987.
Commission on Global Governance: Nachbarn in Einer Welt, Bonn 1995.
Common index and glossary to the Brandt, Palme and Brundtland reports of the Independent Commissions on International Deve-

lopment, Disarmament and Security, and Environment and Development, Commonwealth Secretariat, London 1990.

Dowe, Dieter/Klotzbach, Kurt (Hrsg.): Programmatische Dokumente der deutschen Sozialdemokratie. Mit den aktuellen Programmentwürfen im Anhang, 4., überarb. und aktual. Aufl., Bonn 2004.

Entwicklungspolitik: Die soziale Frage des 20. Jahrhunderts, hrsg. vom Vorstand der Sozialdemokratischen Partei Deutschlands, Abt. Öffentlichkeitsarbeit, Bonn [1977].

Eppler, Erhard: Komplettes Stückwerk. Erfahrungen aus fünfzig Jahren Politik, Frankfurt/Main und Leipzig 1996.

Der Fischer Weltalmanach 1979, hrsg. und verfaßt von *Gustav Fochler-Hauke*, Frankfurt/Main 1978.

Der Fischer Weltalmanach 1980, hrsg. von *Gustav Fochler-Hauke*, unter Mitarbeit von *Jan Ulrich Clauss, Winfried Magg, Günther Michler* und *Reinhard Paesler*, Frankfurt/Main 1979.

Friedrich-Ebert-Stiftung (Hrsg.): Unfähig zum Überleben. Reaktionen auf den Brandt-Report, Redaktion: *Michael Dauderstädt* und *Alfred Pfaller*, Frankfurt/Main u. a. 1983.

Friedrich-Ebert-Stiftung (Hrsg.): Zehn Jahre nach dem Brandt-Bericht: Neue Chancen für den Nord-Süd-Dialog. Bericht über die internationale Konferenz am 16. und 17. Januar 1990 in Königswinter, „Nord-Süd: Herausforderungen für die neunziger Jahre", Bonn 1990.

Global challenge – from crisis to cooperation: Breaking the North-South stalemate. Report of the Socialist International Committee on Economic Policy chaired by *Michael Manley*, London 1985.

Grebing, Helga/Brandt, Peter/Schulze-Marmeling, Ulrich (Hrsg.): Sozialismus in Europa – Bilanz und Perspektiven. Festschrift für Willy Brandt, Essen 1989.

Gries, Rainer: Nord-Süd II: Hilfe in der Weltkrise. Die Ergebnisse und Empfehlungen des 2. Berichtes der Nord-Süd-Kommission im Überblick, hrsg. von der Friedrich-Ebert-Stiftung, Bonn 1983.

Hauff, Volker (Hrsg.): Unsere gemeinsame Zukunft. Der Brundtland-Bericht der Weltkommission für Umwelt und Entwicklung, Greven 1987.

Hilfe in der Weltkrise – Ein Sofortprogramm. Der 2. Bericht der Nord-Süd-Kommission, hrsg. und eingeleitet von *Willy Brandt*, Reinbek bei Hamburg 1983.

International Partnership Initiative Wolfsburg: Europa und die Welt im Umbruch. Beiträge zum ersten IPI-Kongreß, 12.–14. September 1990 in Wolfsburg, Wolfsburg 1991.

Jahrbuch der Sozialdemokratischen Partei Deutschlands, 1975-1977, Bonn 1977.

Jahrbuch der Sozialdemokratischen Partei Deutschlands, 91/92, Bonn 1993.

Mateus, Rui: Contos Proibidos. Memórias de um PS desconhecido, Lisboa 1996.

Der Palme-Bericht. Bericht der unabhängigen Kommission für Abrüstung und Sicherheit, Berlin 1982.

Parteitag der Sozialdemokratischen Partei Deutschlands vom 11. bis 15. November 1975 in Mannheim, Protokoll der Verhandlungen, Bonn o.J.

Parteitag der Sozialdemokratischen Partei Deutschlands vom 30.8. bis 2. 9. 1988 in Münster, Bonn 1988.

Processos de democratização na Península Ibérica e na América Latina: Conferência de Lisboa. 30 setembro a 2 outubro [1978], Estoril, Lisboa o.J.

Protokoll der Verhandlungen des Parteitages der Sozialdemokratischen Partei Deutschlands vom 3. bis 7. Dezember 1979 in Berlin, Bonn o.J.

Stiftung Entwicklung und Frieden (SEF) (Hrsg.): Gemeinsame Verantwortung in den 90er Jahren – Die Stockholmer Initiative zu globaler Sicherheit und Weltordnung – Die Charta der Vereinten Nationen, Bonn 1991.

Summary of Proceedings of the Congress of the Socialist International, Lima, Peru June 20–23, 1986, o.O, o.J.

Das Überleben sichern: Gemeinsame Interessen der Industrie- und Entwicklungsländer – Bericht der Nord-Süd-Kommission. Mit einer Einleitung des Vorsitzenden *Willy Brandt*, Köln 1980.

Verhandlungen des Deutschen Bundestages, Stenographische Berichte, 9. Wahlperiode.

Vorstand der SPD, Referat Öffentlichkeitsarbeit (Hrsg.): Verschuldung und Rüstung hemmt die Entwicklung in der Dritten Welt – Sozialdemokratische Initiativen zur Nord-Süd-Politik, vorgelegt von der SPD Bundestagsfraktion, Bonn 1988.

Weizsäcker, Carl Friedrich von: Bedingungen des Friedens. Rede anlässlich der Verleihung des Friedenspreises des Deutschen Buchhandels, Göttingen 1963.

What kind of Africa by the year twothousand? Final Report of the Monrovia Symposium on the Future Development Prospects of Africa towards the Year Twothousand, 1979. Organisation of African Unity, Addis Abeba 1980.

III. Pressedienste, Zeitungen, Zeitschriften

Archiv der Gegenwart, Königswinter
Bild am Sonntag, Hamburg
Bild der Wissenschaft, Stuttgart
Buenos Aires Herald, Buenos Aires
Bulletin des Presse- und Informationsamts der Bundesregierung, Bonn
Encounter, London
Europa-Archiv, Bonn
Frankfurter Allgemeine Zeitung, Frankfurt/Main
Frankfurter Rundschau, Frankfurt/Main
International Herald Tribune, Paris
jungle world, Berlin
Le Monde, Paris
Münchner Merkur, München
Die Neue Gesellschaft, ab 1985 Die Neue Gesellschaft/Frankfurter Hefte, Bonn
Neue Zürcher Zeitung, Zürich
Le Nouvel Observateur, Paris
Nueva Sociedad, San José (Costa Rica)

Parlamentarisch-Politischer Pressedienst, Bonn
Presseservice der SPD, Bonn
Quehacer, Lima
Schweizer Monatshefte, Zürich
Service der SPD für Presse, Funk, TV, Bonn
Socialist Affairs, London
Socialist International Press Release, London
Sozialdemokraten Service Presse Funk TV, Bonn
Sozialdemokratischer Pressedienst, Bonn
SPD Pressemitteilungen und Informationen, Bonn
Der Spiegel, Hamburg
Stuttgarter Zeitung, Stuttgart
Süddeutsche Zeitung, München
tageszeitung, Berlin
The Times, London
UNESCO-Dienst, Bonn
Verdens Gang/VG, Oslo
Vorwärts, Bonn
Die Welt, Bonn/Hamburg
Westfälische Rundschau, Dortmund
Wirtschaftswoche, Düsseldorf
Die Zeit, Hamburg
zitty, Berlin

Darstellungen

Baudissin, Georg: Die Bedeutung der Nord-Süd-Auseinandersetzung in den Vereinten Nationen für die internationalen Beziehungen, Ebenhausen 1976.

Bohnet, Michael: Brandt-Bericht und deutsche Entwicklungspolitik am Beginn der 80er-Jahre, in: *Nuscheler, Franz* (Hrsg.): Entwicklung und Frieden im 21. Jahrhundert. Zur Wirkungsgeschichte des Brandt-Reports, Bonn 2000, S. 90–97.

Boughton, James M.: Silent Revolution. The International Monetary Fund 1979–1989, IMF, Washington D.C. 2001.

Braun, Gerald: Nord-Süd-Konflikt und Entwicklungspolitik – Eine Einführung, Opladen 1985.

Brenke, Gabriele: Die Bundesrepublik Deutschland und der Namibia-Konflikt, München 1989.

Chen, Shaohua/Ravallion, Martin: How have the world's poorest fared since the early 1980s?, Development Research Group, World Bank, Washington D.C. 2004.

Collado Herrera, María del Carmen: La política exterior de Venezuela hacia Nicaragua y El Salvador (1974–1984), in: Secuencia. Revista Americana de Ciencias Sociales 1 (1985) 2, S. 83–103.

Devin, Guillaume: L'Internationale Socialiste, Paris 1993.

Engel, Ulf: SPD und Entwicklungspolitik – Innerparteiliche Meinungsbildung und Perspektiven der Nord-Süd-Politik 1968–1986, Universität Hamburg, Diplomarbeit [1987].

Eppler, Erhard: Wenig Zeit für die Dritte Welt, 2. Aufl., Stuttgart–Berlin–Köln–Mainz 1971.

Erler, Brigitte: Tödliche Hilfe – Bericht von meiner letzten Dienstreise in Sachen Entwicklungshilfe, Freiburg i. Br. 1985.

Günsche, Karl-Ludwig/Lantermann, Klaus: Kleine Geschichte der Sozialistischen Internationale, Bonn-Bad Godesberg 1977.

Hayter, Teresa: The creation of world poverty: An alternative view to the Brandt Report, London 1982.

Hofmann, Michael: Rückblick auf Lob und Tadel am Brandt-Bericht, in: *Nuscheler, Franz* (Hrsg.): Entwicklung und Frieden im 21. Jahrhundert. Zur Wirkungsgeschichte des Brandt-Berichts, Bonn 2000, S. 76–89.

Kopsch, Uwe: Die Rolle und Aktivität der Sozialistischen Internationale und ihrer Mitgliedsorganisationen in Lateinamerika seit 1976, Hamburg 1982.

Krech, Hans: Die Nahostpolitik der Sozialistischen Internationale, Berlin 1996.

Kreisky, Bruno: Willy Brandt und die Sozialistische Internationale, in: Die Neue Gesellschaft/Frankfurter Hefte 33 (1986) 12, S. 1074–1078.

LeoGrande, William M.: Our own Backyard. The United States in Central America, 1977–1992, Chapel Hill/London 1998.
Matzke, Otto: Der zweite Brandt-Report. Hartnäckige Tabuisierung der Grundprobleme, in: Schweizer Monatshefte 63 (1983) 5, S. 407–417.
Morgan, Kenneth O.: Callaghan. A life, Oxford 1997.
Mujal-León, Eusebio/Nilsson, Ann-Sofie: Die Sozialistische Internationale in den 80er Jahren. Dritte-Welt-Politik zwischen den Blöcken, Paderborn u. a. 1995.
Nohlen, Dieter (Hrsg.): Lexikon der Politik, Bd. 4: Die östlichen und südlichen Länder, hrsg. von *Dieter Nohlen, Peter Waldmann* und *Klaus Ziemer*, München 1997.
Nohlen, Dieter (Hrsg.): Lexikon Dritte Welt. Länder, Organisationen, Theorien, Begriffe, Personen, vollständig überarbeitete Neuausgabe, Reinbek bei Hamburg 2000.
Nohlen, Dieter/Nuscheler, Franz (Hrsg.): Handbuch der Dritten Welt, Bd. 1: Grundprobleme, Theorien, Strategien, 1., durchgesehener Nachdruck der 3. Auflage, Bonn 1993.
Nohlen, Dieter/Nuscheler, Franz (Hrsg.): Handbuch der Dritten Welt, Bd. 2: Südamerika, 1., überarbeiteter und aktualisierter Nachdruck der 3. Auflage, Bonn 1995.
Nohlen, Dieter/Nuscheler, Franz (Hrsg.): Handbuch der Dritten Welt, Bd. 4: Westafrika und Zentralafrika, 3., völlig neu bearbeitete Auflage, Bonn 1993.
Nohlen, Dieter/Nuscheler, Franz (Hrsg.): Handbuch der Dritten Welt, Bd. 5: Ostafrika und Südafrika, 3., völlig neu bearbeitete Auflage, Bonn 1993.
Nohlen, Dieter/Nuscheler, Franz (Hrsg.): Handbuch der Dritten Welt, Bd. 8: Ostasien und Ozeanien, 3., völlig neu bearbeitete Auflage, Bonn 1994.
Nuscheler, Franz (Hrsg.): Entwicklung und Frieden im 21. Jahrhundert. Zur Wirkungsgeschichte des Brandt-Reports, Bonn 2000.
Peri, Yoram: Fall from Favor. Israel and the Socialist International, in: The Jerusalem quarterly 7 (1982) 24, S. 129–144.
Portelli, Hugues (Hrsg.): L'Internationale Socialiste, Paris 1983.

Rathkolb Oliver: The Cancún Charade 1981: Lessons of history. A Pioneering Attempt at Global Management that Failed, in: *Hoppenstedt, Wolfram/Pruessen, Ron/Rathkolb, Oliver* (Hrsg.): Global Management, Wien 2005, S. 61–70.

Rüstungsjahrbuch '80/81, hrsg. vom Stockholm International Peace Research Institute (SIPRI), gekürzte Fassung, Reinbek bei Hamburg 1980.

Scheberan, Gabriele Ilse: Entwicklungslinien der Sozialistischen Internationale von ihren Anfängen bis 1985 unter besonderer Berücksichtigung der Ära Brandt, Salzburg (Diss.) 1992.

Schmidt, Wolfgang: Die Wurzeln der Entspannung. Der konzeptionelle Ursprung der Ost- und Deutschlandpolitik Willy Brandts in den fünfziger Jahren, in: VfZ 51 (2003) 4, S. 521–563.

Schöllgen, Gregor: Geschichte der Weltpolitik von Hitler bis Gorbatschow 1941–1991, München 1996.

Seidelmann, Reimund: Die Sozialistische Internationale und Osteuropa, in: EA 45 (1990) 13–14, S. 428–436.

Seidelmann, Reimund: The Socialist International and its activities, 1976–1991, Bonn 1992.

Simonis, Udo Ernst (Hrsg.): Ordnungspolitische Fragen zum Nord-Süd-Konflikt, Berlin 1983.

SIPRI-Jahrbuch 7 – Chancen für Abrüstung. Dossier: Der Krieg am Golf, hrsg. vom Stockholm International Peace Research Institute (SIPRI), Reinbek bei Hamburg 1987.

Stahn, Eberhard: Die Suche nach einer Strategie für die Zweite Entwicklungsdekade, in: EA 25 (1970) 20, S. 757–770.

Stiftung Entwicklung und Frieden/Bundeskanzler-Willy-Brandt-Stiftung (Hrsg.): Gerechte Entwicklung wagen: Ein unerfülltes Versprechen! Anforderungen an einen „Brandt-Report" für das 21. Jahrhundert, Bonn 2000.

Tetzlaff, Rainer: Weltbank und Währungsfonds – Gestalter der Bretton-Woods-Ära, Kooperations- und Integrations-Regime in einer sich dynamisch entwickelnden Weltgesellschaft, Opladen 1996.

Verheugen, Günter: Apartheid. Südafrika und die deutschen Interessen am Kap. Mit einem Vorwort von Bischof Tutu, Köln 1986.

Volger, Helmut (Hrsg.): Lexikon der Vereinten Nationen, München/Wien 2000.

Wellenstein, Edmond P.: Der Pariser „Nord-Süd-Dialog". Die Konferenz über internationale wirtschaftliche Zusammenarbeit (KIWZ), in: EA 32 (1977) 17, S. 561–570.

Wenzel, Claudius: Südafrika-Politik der Bundesrepublik Deutschland 1982–1992. Politik gegen Apartheid?, Wiesbaden 1994.

Winkler, Heinrich August: Der lange Weg nach Westen. Bd. 2: Deutsche Geschichte vom „Dritten Reich" bis zur Wiedervereinigung, München 2000.

Abkürzungsverzeichnis

AA	Auswärtiges Amt
Abt.	Abteilung
a. D.	außer Dienst
AD	Acción Democrática (Demokratische Aktion)
AdG	Archiv der Gegenwart
AdsD	Archiv der sozialen Demokratie
AKP	Afrika, Karibik und Pazifik
aktual.	aktualisierte
AL	Abteilungsleiter
ANC	African National Congress (Afrikanischer Nationalkongress)
Anm.	Anmerkung
APRA	Alianza Popular Revolucionária Americana (Amerikanische Revolutionäre Volksallianz)
ASU	Arabische Sozialistische Union
Aufl.	Auflage
AZ	Arbeiterzeitung
BA	Berliner Ausgabe
Bd.	Band
bearb.	bearbeitet
Benelux	Belgien, Niederlande und Luxemburg
Betr./betr.	Betrifft
BK	Bundeskanzler
BM	Bundesminister
BMZ	Bundesministerium für wirtschaftliche Zusammenarbeit
BRD	Bundesrepublik Deutschland
BSP	Bruttosozialprodukt
bzw.	beziehungsweise
ca.	cirka
CDU	Christlich-Demokratische Union Deutschlands

CIA	Central Intelligence Agency (Zentrale Geheimdienstagentur)
COSEP	Consejo Superior de Empresa Privada (Unternehmerverband Nicaraguas)
CPE	Centrally Planned Economies (Zentralverwaltungswirtschaften)
ČSFR	Československá Federativni Republika (Tschechoslowakische Föderative Republik)
CSU	Christlich-Soziale Union in Bayern
DAC	Development Assistance Committee (Entwicklungshilfeausschuss der OECD)
DC	Democrazia Cristiana (Christlich-Demokratische Partei)
DDR	Deutsche Demokratische Republik
Dep.	Depositum
DGB	Deutscher Gewerkschaftsbund
D. h., d. h.	Das heißt
DM	Deutsche Mark
dpa	Deutsche Presse-Agentur
Dr.	Doktor
EA	Europa-Archiv
EADI	Europäische Vereinigung von Entwicklungsforschungs- und Ausbildungsinstituten
Ebd./ebd.	Ebenda
EG	Europäische Gemeinschaft
EL	Entwicklungsländer
EWG	Europäische Wirtschaftsgemeinschaft
EWS	Europäisches Währungssystem
f.	folgende
FAO	Food and Agriculture Organization of the United Nations (Organisation der Vereinten Nationen für Ernährung und Landwirtschaft)
FAZ	Frankfurter Allgemeine Zeitung
FDP	Freie Demokratische Partei
FES	Friedrich-Ebert-Stiftung

FMLN-FDR	Frente Farabundo Martí de Liberación Nacional – Frente Democrático Revolucionario (Nationale Befreiungsfront Farabundo Martí – Revolutionär-Demokratische Front)
FS	Fernschreiben
FSLN	Frente Sandinista de Liberación Nacional (Nationale Sandinistische Befreiungsfront)
G 7	Gruppe der sieben führenden westlichen Industrienationen
G 77	Gruppe der 77
GATT	General Agreement on Trade and Tariffs (Allgemeines Zoll- und Handelsabkommen)
geb.	geboren
gez.	gezeichnet
HIPC	Highly Indebted Poor Countries (hochverschuldete arme Länder)
Hrsg.	Herausgeber
hrsg.	herausgegeben
hs.	handschriftlich
IBRD	International Bank for Reconstruction and Development (= Weltbank)
IDA	International Development Agency (Internationale Entwicklungsagentur)
IFAD	International Fund for Agricultural Development (Internationaler Agrarentwicklungsfond)
IG	Industriegewerkschaft
IISG	Internationales Institut für Sozialgeschichte
ILO	International Labour Organisation (Internationale Arbeitsorganisation)
IMF	siehe IWF
INF	Intermediate Nuclear Forces (nukleare Mittelstreckenwaffen)
IPS	Inter Press Service
i. R.	im Ruhestand
IWF	Internationaler Währungsfonds

KIWZ	Konferenz über internationale wirtschaftliche Zusammenarbeit
km/h	Kilometer pro Stunde
KP	Kommunistische Partei
KPCh	Kommunistische Partei Chinas
KPdSU	Kommunistische Partei der Sowjetunion
KPP	Kommunistische Partei Portugals
KPTsch	Kommunistische Partei der Tschechoslowakei
KSZE	Konferenz über Sicherheit und Zusammenarbeit in Europa
KSZMO	Konferenz für Sicherheit und Zusammenarbeit im Mittleren Osten
LDC	Least Developed Countries (am wenigsten entwickelte Länder)
M	Mappe
MdB	Mitglied des Deutschen Bundestages
MdEP	Mitglied des Europaparlaments
MdL	Mitglied des Landtags
MdR	Mitglied des Reichstages
MFA	Movimento das Forças Armadas (Bewegung der Streitkräfte)
Mio.	Millionen
MNR	Movimiento Nacional Revolucionário (National-Revolutionäre Bewegung)
MPLA	Movimento Popular de Libertação de Angola (Volksbewegung zur Befreiung Angolas)
Mr.	Mister (Herr)
Mrd.	Milliarden
Ms., ms.	Manuskript, maschinenschriftlich
Mt.	Mont
NATO	North Atlantic Treaty Organization (Organisation des Nordatlantikpakts)
NJM	New Jewel Movement (Neue Jewel Bewegung)
NL	Nachlass
Nr.	Nummer

NZZ	Neue Zürcher Zeitung
o. ä.	oder ähnliches
OAU	Organization for African Unity (Organisation für afrikanische Einheit)
ODA	Official Development Assistance (öffentliche Entwicklungshilfeausgaben)
OECD	Organization for Economic Cooperation and Development (Organisation für Wirtschaftliche Zusammenarbeit und Entwicklung)
OEEC	Organization for European Economic Cooperation (Organisation für Europäische Wirtschaftliche Zusammenarbeit)
OFID	OPEC Fund for International Development (Fond für Internationale Entwicklung der OPEC)
o. J.	ohne Jahr
o. O.	ohne Ort
OPEC	Organization of the Petroleum Exporting Countries (Organisation der Erdöl exportierenden Länder)
PDC	Partido Demócrata Cristiano (Christdemokratische Partei)
PDS	Partito Democratico della Sinistra (Demokratische Partei der Linken)
PLI	Partido Liberal Independiente (Unabhängige Liberale Partei)
PLN	Partido de Liberación Nacional (Partei der Nationalen Befreiung)
PLO	Palestine Liberation Organization (Palästinensische Befreiungsorganisation)
PNP	People's National Party (Nationale Volkspartei)
PR	Partido Radical (Radikale Partei)
PRD	Partido Revolucionário Dominicano (Dominikanische Revolutionäre Partei)
PRD	Partido Revolucionario Democrático (Demokratisch-Revolutionäre Partei)

PRI	Partido Revolucionário Institucional (Partei der Institutionellen Revolution)
PSF	Parti Socialiste Français (Französische Sozialistische Partei)
PSI	Partito Socialista Italiano (Sozialistische Partei Italiens)
PSN	Partido Socialista Nicaragüense (Nicaraguanische Sozialistische Partei)
PSOE	Partido Socialista Obrero Español (Spanische Sozialistische Arbeiterpartei)
PStS	Parlamentarischer Staatssekretär
PV	Parteivorstand
PVAP	Polnische Vereinigte Arbeiterpartei
PvdA	Partij van de Arbeid (Partei der Arbeit)
Renamo	Resistência Nacional Moçambicana (Mosambikanischer Nationaler Widerstand)
RGW	Rat für gegenseitige Wirtschaftshilfe
RIAS	Rundfunk im Amerikanischen Sektor
S.	Seite
SEF	Stiftung Entwicklung und Frieden
SELA	Sistema Económico Latinoamericano (Lateinamerikanisches Wirtschaftssystem)
SI	Sozialistische Internationale
SICEP	Socialist International Committee on Economic Policy (Wirtschaftspolitischer Ausschuss der SI)
SIDAC	Socialist International Disarmament and Arms Control Advisory Council (Beratender Ausschuss der SI für Abrüstung und Rüstungskontrolle)
SIPRI	Stockholm International Peace Research Institute (Stockholmer Internationales Friedensforschungsinstitut)
SPD	Sozialdemokratische Partei Deutschlands
SPE	Sozialdemokratische Partei Europas
SPÖ	Sozialdemokratische (bis 1991: Sozialistische) Partei Österreichs

SS	Surface to Surface Missile (Boden-Boden-Rakete)
STABEX	System zur Stabilisierung der Exporterlöse
stellv.	stellvertretender
StS	Staatssekretär
s.u.	siehe unten
SU	Sowjetunion
SWAPO	South West African People's Organization (Volksorganisation Südwestafrikas)
SZ	Süddeutsche Zeitung
SZR	Sonderziehungsrechte
taz, TAZ	Tageszeitung
TU	Technische Universität
u. a.	unter anderen/m
u. ä.	und ähnliches
UDF	United Democratic Front (Vereinigte Demokratische Front)
UdSSR	Union der Sozialistischen Sowjetrepubliken
überarb.	überarbeitete
UGTT	Union Générale des Travailleurs Tunisiens (Allgemeine Union der Arbeiter Tunesien)
UN, UNO	United Nations (Organization) (Organisation der Vereinten Nationen)
UNCTAD	United Nations Conference on Trade and Development (Konferenz der Vereinten Nationen für Handel und Entwicklung)
UNESCO	United Nations Educational, Scientific and Cultural Organization (Organisation der Vereinten Nationen für Erziehung, Wissenschaft und Kultur)
UNICEF	United Nations International Children's Emergency Fund (Weltkinderhilfswerk der UNO)
UNIDO	United Nations Industrial Development Organization (Organisation der Vereinten Nationen für Industrielle Entwicklung)

UNITA	União Nacional para a Independência Total de Angola (Nationale Union für die völlige Unabhängigkeit Angolas)
US	United States (Vereinigte Staaten)
USA	United States of America (Vereinigte Staaten von Amerika)
VfZ	Vierteljahrshefte für Zeitgeschichte
Vgl./vgl.	Vergleiche
VN	Vereinte Nationen
VR	Volksrepublik
WBA	Willy-Brandt-Archiv
WDF	World Development Fund (Weltentwicklungsfond)
WDR	Westdeutscher Rundfunk
WEU	Westeuropäische Union
WFC	World Food Council (Welternährungsrat)
WFP	World Food Program (Welternährungsprogramm)
WHO	World Health Organization (Weltgesundheitsorganisation)
WTO	World Trade Organization (Welthandelsorganisation)
ZANU	Zimbabwe African National Union (Afrikanische Nationalunion von Zimbabwe)
ZAPU	Zimbabwe African People's Union (Afrikanische Volksunion von Zimbabwe)
z. B.	zum Beispiel
ZDF	Zweites Deutsches Fernsehen
ZK	Zentralkomitee
z. T.	zum Teil

Editionsgrundsätze

Die Berliner Ausgabe zeichnet anhand von Quellen, die nach wissenschaftlichen Kriterien ausgewählt werden, das politische Wirken Willy Brandts nach. Dabei werden die unterschiedlichen Funktionen und Ämter Brandts und thematisch abgrenzbare Tätigkeitsfelder jeweils gesondert behandelt. Die vorliegenden Dokumentenbände stützen sich vorwiegend auf Materialien aus dem Willy-Brandt-Archiv (WBA) im Archiv der sozialen Demokratie der Friedrich-Ebert-Stiftung. Veröffentlichte Dokumente und Schriftstücke aus anderen Archiven werden übernommen, wenn sie ursprünglicher oder vollständiger sind als Schriftstücke aus dem WBA, wenn sie Lücken im Brandt-Nachlass schließen oder ihr Inhalt eine Aufnahme in die Edition nahe legt.

In beschränktem Umfang werden in die Edition auch Quellen aufgenommen, deren Verfasser nicht Willy Brandt selbst ist, die aber in unmittelbarem Bezug zu seinem politischen Denken und Tun stehen. So finden sich in den Bänden sowohl Briefe oder sonstige Mitteilungen an Willy Brandt als auch Vorlagen seiner Mitarbeiter.

Die Edition richtet sich in Übereinstimmung mit dem gesetzlich festgelegten politischen Bildungsauftrag der Bundeskanzler-Willy-Brandt-Stiftung (BWBS) an eine breite historisch-politisch interessierte Öffentlichkeit. Dies war sowohl bei der Auswahl der zu publizierenden Dokumente als auch bei ihrer Aufbereitung und Kommentierung zu beachten. Deshalb finden vereinzelt auch Materialien Berücksichtigung, die z. B. Einblick in den Alltag eines Spitzenpolitikers und Staatsmannes gewähren. Sämtliche fremdsprachigen Texte wurden ins Deutsche übertragen und sind als Übersetzungen kenntlich gemacht.

Die durchnummerierten Dokumente sind grundsätzlich chronologisch angeordnet. Ausschlaggebend dafür ist das Datum des betreffenden Ereignisses, bei zeitgenössischen Veröffentlichungen das Datum der Publikation. Einzelne Bände der Berliner Ausgabe verbinden aus inhaltlichen Gründen eine themenbezogene systematische Gliederung mit dem chronologischen Ordnungsprinzip. Ein Dokument, das als Anlage kenntlich gemacht oder aus dem Textzusammenhang als Anlage erkennbar ist, gilt mit Blick auf die Reihenfolge und die Nummerierung nicht als eigenständig, wenn das Hauptdokument, dem es beigegeben ist, ebenfalls abgedruckt wird. In diesem Fall trägt es die Nummer des Hauptdokuments zuzüglich eines Großbuchstabens (in alphabetischer Reihenfolge) und wird im Dokumentenkopf ausdrücklich als Anlage ausgewiesen. Das Datum der Anlage ist für die Einordnung unerheblich.

Der Dokumentenkopf umfasst Dokumentennummer, Dokumentenüberschrift und Quellenangabe. Die Dokumentenüberschrift vermittelt auf einen Blick Informationen zum Datum, zur Art des Dokuments und zu den jeweils unmittelbar angesprochenen handelnden Personen. Die Quellenangaben weisen in der Regel nur den Fundort des Originals nach, nach dem das Dokument abgedruckt wird. Fremdsprachige Archivnamen und Bestandsbezeichnungen sind in den Angaben des Dokumentenkopfes ins Deutsche übersetzt.

Wird das Dokument unvollständig wiedergegeben, wird es in der Dokumentenüberschrift als Auszug bezeichnet.

Zum Dokument gehören sämtliche im Originaltext enthaltenen Angaben. Dazu zählen im einzelnen: Datum und Uhrzeiten, Klassifizierung, Anrede, Anwesenheits- oder Teilnehmerlisten, Überschriften und Zwischenüberschriften, Schlussformeln, Unterschriften, Namenskürzel, hand- oder maschinenschriftliche Zusätze, Kommentare und Korrekturen, sofern sie nicht einen deutlich späteren Zeitbezug haben. Auf eine Reihe dieser Angaben wird beim Abdruck verzichtet, wenn sie inhaltlich unerheblich oder schon im Dokumentenkopf enthalten sind. Dies gilt insbesondere für Datumsangaben, Absenderanschriften, Adressen und ebenso für Überschriften, sofern diese dem Dokumentenkopf weitestgehend entsprechen. Hand- bzw. maschinenschriftliche Vermerke oder Kommentare, die sich auf das Dokument insgesamt beziehen, werden unabhängig von ihrer Aussagekraft immer in der Anmerkung wiedergegeben, wenn sie von Brandt selbst stammen; dies gilt ebenso für die Paraphe oder andere Kürzel Brandts sowie Stempel bzw. Vermerke, mit denen bestätigt wird, dass Brandt Kenntnis von dem Schriftstück genommen hat. Übrige Vermerke, Paraphen oder Stempel werden nur dann in eine Anmerkung aufgenommen, wenn dies aus Sicht des jeweiligen Bearbeiters aus inhaltlichen Gründen geboten ist.

Streichungen im Original erscheinen nicht im Dokumententext, alle hand- bzw. maschinenschriftlichen Zusätze oder Korrekturen werden in der Regel *unkommentiert* in den Dokumententext übernommen, da sie allesamt als vom jeweiligen Verfasser genehmigt gelten können. Wird solchen Ergänzungen, Verbesserungen oder Streichungen jedoch eine wichtige inhaltliche Aussagekraft zugeschrieben, wird dies insoweit in textkritischen Anmerkungen erläutert. Im Text selbst werden solche Passagen in spitze Klammern „‹ ›" gesetzt. Unterschriften und Paraphen des Verfassers eines Dokuments werden in der Regel kommentiert, Unterstreichungen, Bemerkungen und Notizen am Rand nur dann, wenn dies inhaltlich geboten erscheint.

Bei der Wiedergabe der Dokumente wird ein Höchstmaß an Authentizität angestrebt. Die im jeweiligen Original gebräuchliche Schreibweise sowie Hervorhebungen werden unverändert übernommen. Dies gilt ebenso für die Wiedergabe von Eigennamen aus slawischen Sprachen, die im übrigen Text grundsätzlich in der transkribierten Form erscheinen. Das Layout folgt weitgehend dem Original, sofern Absätze, Zeilenausrichtung und Aufzählungen betroffen sind. Offensichtliche „Verschreibfehler" werden hingegen ohne weiteren Hinweis verbessert, es sei denn, sie besitzen inhaltliche Aussagekraft. Sinnentstellende Passagen und Zusätze werden im Dokumententext belassen, Streichungen solcher Art nicht rückgängig gemacht und in textkritischen Anmerkungen mit der gebotenen Zurückhaltung erläutert. Ebenso wird mit schwer verständlichen oder heute nicht mehr gebräuchlichen Ausdrücken verfahren. Sachlich falsche Angaben in der Vorlage werden im Anmerkungsapparat korrigiert. Tarnnamen und -bezeichnungen sowie sonstige „Codes" oder schwer zu deutende Formulierungen werden in eckigen Klammern im Dokumententext aufgeschlüsselt. Abkürzungen im Originaltext werden in der Regel im Abkürzungsverzeichnis aufgelöst. Im

Dokumententext selbst werden sie – in eckigen Klammern – nur dann entschlüsselt, wenn es sich um ungewöhnliche Kurzschreibformen handelt.

Die Berliner Ausgabe enthält einen bewusst knapp gehaltenen Anmerkungsteil, der als separater Abschnitt dem Dokumententeil angehängt ist. Die Zählung der Anmerkungen erfolgt durchgehend für die Einleitung und für jedes einzelne Dokument. Der Kommentar soll in erster Linie Hilfe für die Leserin und den Leser sein. Er ergänzt die im Dokumentenkopf enthaltenen formalen Informationen, gibt textkritische Hinweise, erläutert knapp Ereignisse oder Sachverhalte, die aus dem Textzusammenhang heraus nicht verständlich werden oder der heutigen Erfahrungswelt fremd sind, weist in den Dokumenten erwähntes veröffentlichtes Schriftgut nach und liefert Querverweise auf andere Quellentexte innerhalb der Edition, sofern sie in einem engeren Bezug zueinander stehen. Es ist nicht Aufgabe des Kommentars, Ereignisse oder Sachverhalte, die in den edierten Schriftstücken angesprochen sind, *detailliert* zu rekonstruieren. Ebenso wenig sollen weitere nicht abgedruckte Aktenstücke oder anderes Schriftgut mit dem Ziel nachgewiesen werden, den geschichtlichen Kontext der abgedruckten Quellentexte in ihrer chronologischen und inhaltlichen Abfolge sichtbar zu machen und damit Entscheidungsprozesse näher zu beleuchten.

Es bleibt der Einführung zu den einzelnen Bänden vorbehalten, das edierte Material in den historischen Zusammenhang einzuordnen, die einzelnen Dokumente in Bezug zueinander zu setzen sowie zentrale Begriffe ausführlich zu klären. Darüber hinaus unterzieht sie das politische Wirken Brandts und die jeweiligen historischen Rahmenbedingungen seiner Politik einer kritischen Bewertung. Aufgabe der Einführung ist es auch, die Auswahl der Dokumente zu begründen, in der gebotenen Kürze den Forschungsstand zu referieren und auf einschlägige Sekundärliteratur hinzuweisen.

Eine erste Orientierung in jedem Band bietet dem Leser das durchnummerierte Dokumentenverzeichnis mit Angabe der Seitenzahlen, über das sich jedes Dokument nach Datum, Bezeichnung des Vorgangs und der daran beteiligten Personen erschließen lässt.

Das Personenregister listet die Namen aller in der Einführung, im Dokumententeil einschließlich Dokumentenverzeichnis und im Anmerkungsapparat genannten Personen mit Ausnahme des Namens von Willy Brandt auf, sofern sie nicht im Rahmen selbständiger bibliographischer Angaben ausgewiesen sind; es enthält zusätzlich biographische Angaben, insbesondere zu den maßgeblichen Funktionen, die die angesprochenen Personen während der vom jeweiligen Band erfassten Zeitspanne ausübten. Die alphanumerisch geordneten Schlagwörter des Sachregisters, denen weitere Unterbegriffe zugeordnet sein können, ermöglichen einen gezielten, thematisch differenzierten Zugriff. Das Quellen- und Literaturverzeichnis vermittelt – mit Ausnahme von Artikeln in Tages-, Wochen- oder monatlich erscheinenden Zeitungen bzw. Pressediensten – einen Überblick über die im Rahmen der Bearbeitung des jeweiligen Bandes der Berliner Ausgabe eingesehenen Archivbestände und die benutzte Literatur.

Carsten Tessmer

Personenregister

Achour, Habib (1913–1999), tunesischer Gewerkschafter, 1970–1985 Generalsekretär bzw. Präsident des Gewerkschaftsdachverbandes, 1978–1981 und 1985–1987 aus politischen Gründen inhaftiert   545

Aké, Siméon (geb. 1932), 1977–1990 Außenminister der Elfenbeinküste   565

Alfonsín, Raúl (geb. 1927), argentinischer Politiker (Radikale Bürgerunion), 1983–1989 Staatspräsident   388, 400, 453, 574, 577, 585, 587

Al-Hamad, Abdlatif Y. (geb. 1936), kuwaitischer Ökonom und Politiker, 1972–1981 Generaldirektor des Kuwait Fonds für Arabische Wirtschaftsentwicklung, 1977–1983 Mitglied der Nord-Süd-Kommission, 1981–1983 Finanzminister, 1987–1990 Mitglied der Süd-Kommission („Nyerere-Kommission")   70, 248, 523

Allende, Salvador (1908–1973), chilenischer Arzt und Politiker (Sozialistische Partei), 1970–1973 Staatspräsident, 1973 bei → Pinochets Staatsstreich getötet   41 f.

Apel, Hans (geb. 1932), Politiker, seit 1955 Mitglied der SPD, 1965–1990 MdB (SPD), 1970–1988 Mitglied des SPD-PV, 1974–1978 Bundesminister der Finanzen, 1978–1982 Bundesminister der Verteidigung   523, 537

Aquino, Corazón (Maria) (geb. 1933), philippinische Politikerin, nach der Ermordung ihres Ehegatten Benigno Aquino Oppositionsführerin unter der Diktatur → Ferdinand E. Marcos, 1986–1992 Präsidentin   486, 593

Arafat, Jasir (1929–2004), palästinensischer Politiker und Guerillaführer, 1969 bis zu seinem Tod Vorsitzender der PLO, 1994 Friedensnobelpreis, 1996–2004 Präsident der Palästinensischen Autonomiegebiete   53 f., 56, 256 f., 276–278, 298 f., 307, 321–323, 521, 548 f., 555, 559, 561, 564

Arce Castaño, Bayardo (geb. 1950), nicaraguanischer Journalist und Politiker (Sandinistische Befreiungsfront), 1979–1980 Vorsitzender des Staatsrates, 1980–1984 Koordinator der Politischen Kommission der FSLN, 1984–1991 stellv. Koordinator der Exekutivkommission der FSLN   394 f., 578

Assad, Hafez (1930–2000), syrischer Politiker und General, seit 1946 Mitglied der Baath Partei (Sozialistische Partei der Arabischen Wiedergeburt), 1971–2000 Staatspräsident   72

Atatürk, Mustafa Kemal (1881–1938), türkischer Politiker, 1908/09 einer der Anführer der „jungtürkischen Revolution", 1923 bis zu seinem Tod Staatspräsident der von ihm gegründeten türkischen Republik   314, 331

d'Aubuisson, Roberto (1944–1992), salvadorianischer Offizier und Politiker, 1981 Gründer der rechts gerichteten National-Republikanischen Allianz (ARENA)   397, 579

Avramović, Dragoslav (1919–2001), jugoslawischer Volkswirt und Politiker, 1965–1977 leitende Funktionen in der

Weltbank, 1978–1980 Direktor des Sekretariats und bis 1983 ex-officio-Mitglied der Nord-Süd-Kommission 69, 248, 275, 550

Ayala, Luis (geb. 1948), chilenischer Politiker (Radikale Partei), seit 1989 Generalsekretär der Sozialistischen Internationale 36, 449, 505, 510

Baade, Fritz (1893–1974), Wirtschaftswissenschaftler und deutscher Politiker, 1930–1933 MdR (SPD), 1949–1965 MdB (SPD), 1961–1974 Direktor des Forschungsinstituts für Wirtschaftsfragen der Entwicklungsländer 574

Bahr, Egon (geb. 1922), Journalist und Politiker, seit 1956 Mitglied der SPD, 1974–1976 Bundesminister für wirtschaftliche Zusammenarbeit, 1976–1981 Bundesgeschäftsführer der SPD, 1972–1990 MdB (SPD), 1980–1982 Mitglied der Unabhängigen Kommission für Internationale Sicherheits- und Abrüstungsfragen („Palme-Kommission") 64, 76, 93, 107, 178, 267, 269, 521–523, 528, 533, 550, 552, 571

Baker, James A. (geb. 1930), amerikanischer Politiker (Republikaner), 1981–1985 Stabschef im Weißen Haus, 1985–1988 Finanzminister, 1989–1992 Außenminister der USA 503

Bakunin, Michail Aleksandrowitsch (1814–1876), russischer Revolutionär und Theoretiker des Anarchismus, Gegenspieler von → Marx 155

Bani-Sadr, Abol-Hassan (geb. 1933), iranischer Politiker, 1963–1979 im Exil, 1979–1980 Wirtschafts- und Finanzminister, 1979 auch kurzzeitig Außenminister, 1980–1981 Staatspräsident, 1981 Absetzung und Flucht ins französische Exil 309

Barre, Raymond (geb. 1924), französischer Politiker und Wirtschaftswissenschaftler, 1976–1978 Finanz- und Wirtschaftminister, 1976–1981 Premierminister 308

Barrios, Gonzalo (1902–1993), venezolanischer Politiker (Demokratische Aktion), 1974–1979 Vorsitzender der Demokratischen Aktion, 1978–1983 Vizepräsident der SI 141

Begin, Menachem (1913–1992), israelischer Politiker, 1948–1983 Vorsitzender der Partei Cherut (Freiheit), 1977–1983 Ministerpräsident, 1978 Friedensnobelpreis 564

Benjedid, Chadli (geb. 1929), algerischer Militär und Politiker, 1979–1992 Staatspräsident Algeriens 565

Benzing, Hermann (geb. 1940), 1972–2005 Mitarbeiter der FES 545

Berndt, Siegfried (geb. 1939), Journalist, zunächst freier Hörfunkreporter und Moderator beim WDR in Köln, 1987–1995 Fernsehdirektor der Deutschen Welle 351, 569

Betancourt, Rómulo (1908–1981), venezolanischer Politiker, 1941 Gründer der Demokratischen Aktion, 1945–1948 und 1959–1964 Staatspräsident 142

Betancur, Belisario (geb. 1923), kolumbianischer Jurist und Politiker (Konservative Partei), 1982–1986 Staatspräsident 579 f.

Beyers Naudé, Christiaan Frederick (1915–2004), südafrikanischer Theologe und Apartheidgegner, 1985–1987 Generalsekretär des Südafrikanischen Kirchenrates 429

Bishop, Maurice (1944–1983), grenadischer Politiker (New Jewel Movement), 1979–1983 Premierminister, 1983 Hinrichtung durch innerparteiliche Gegner 33, 368, 572

Boesak, Allan (geb. 1945), südafrikanischer Kleriker, Politiker und Apartheidgegner, 1982–1992 Präsident des Reformierten Weltbundes 429

Böhm, Karlheinz (geb. 1928), deutsch-österreichischer Schauspieler, 1981 Gründer der Stiftung „Menschen für Menschen" und Initiator von Hilfsprojekten in Äthiopien 407

Bölling, Klaus (geb. 1928), Journalist und Politiker, 1958 Eintritt in die SPD, 1974–1980 und 1982 StS und Leiter des Presse- und Informationsamtes der Bundesregierung, 1981–1982 Leiter der Ständigen Vertretung der Bundesrepublik Deutschland in der DDR 552

Börner, Holger (geb. 1931), 1948 Eintritt in die SPD, 1957–1976 MdB (SPD), 1972–1976 SPD-Bundesgeschäftsführer, 1976–1987 hessischer Ministerpräsident, 1987–2003 Vorsitzender der Friedrich-Ebert-Stiftung 99

Bortfeldt, Hermann (1911–1985), Journalist, ab 1967 Abteilungsleiter Kultur der Deutschen Welle 530

Botero Montoya, Rodrigo (geb. 1934), kolumbianischer Politiker und Publizist, 1974–1976 Finanzminister, 1977–1983 Mitglied der Nord-Süd-Kommission 70, 523

Botha, Pieter Willem (geb. 1916), südafrikanischer Politiker (National Party), 1966–1980 Verteidigungsminister, 1978–1984 Premierminister und 1984–1989 Staatspräsident 58, 426, 432, 472, 490, 583, 592, 594

Boumediène, Houari (1925–1978), algerischer Politiker, nach einem Putsch 1965–1978 Regierungs- und Staatschef in Personalunion 19 f., 125, 536

Bourguiba, Habib (1903–2000), tunesischer Politiker, 1957–1987 Präsident der Republik Tunesien, 1987 Absetzung und bis zu seinem Tod unter Hausarrest 37, 245 f., 545

Boutros Ghali, Boutros (geb. 1922), ägyptischer Jurist und Politiker, 1990–1991 Vizepräsident der SI, 1992–1996 Generalsekretär der UNO 506 f., 509 f., 597 f.

Breschnew, Leonid Iljitsch (1906–1982), sowjetischer Politiker, 1960–1964 und 1977–1982 Vorsitzender des Präsidiums des Obersten Sowjet (Staatsoberhaupt), 1964–1966 Erster Sekretär, 1966–1982 Generalsekretär des ZK der KPdSU 22 f., 38, 72, 131–133, 337, 340, 532, 537, 541, 567, 574

Bresser, Klaus (geb. 1936), politischer Journalist, 1965–1969 und 1971–1977 Redakteur beim WDR, 1981–1987 Leiter und Moderator der Sendung *heute-journal* beim ZDF, 1988–2000 Chefredakteur des ZDF 568

Breytenbach, Breyten (geb. 1939), südafrikanischer Apartheidgegner, Schriftsteller und Kunstmaler, 1975–1982 in Haft 429

Brink, André (geb. 1935), südafrikanischer Apartheidkritiker, Schriftsteller und Literaturwissenschaftler 429

Brizola, Leonel (1923–2004), brasilianischer Politiker (Demokratische Arbeiterpartei), 1964–1979 im Exil, 1982–1986 und 1990–1994 Gouverneur von Rio de Janeiro, 1989 bis 2003 Vizepräsident der SI 284

Broadbent, Ed (geb. 1936), kanadischer Politikwissenschaftler und Politiker (New Democratic Party), 1975–1989 Parteivorsitzender, 1976–1992 Vizepräsident der SI   192, 534

Bröhl, Günter R. (geb. 1928), Mitglied der SPD, Politologe und Soziologe sowie Journalist   53, 300 f., 559

Brown, Harold (geb. 1927), amerikanischer Physiker und Politiker (Demokratische Partei), 1965–1969 Luftwaffenminister, 1977–1981   Verteidigungsminister   550

Brundtland, Gro Harlem (geb. 1939), norwegische Politikerin (Arbeiterpartei), 1981–1992 Parteivorsitzende, 1981, 1986–1989 und 1990–1996 Ministerpräsidentin, 1980–1982 Mitglied der Unabhängigen Kommission für Internationale Sicherheits- und Abrüstungsfragen („Palme-Kommission"), 1984–1987 Vorsitzende der Weltkommission für Umwelt und Entwicklung („Brundtland-Kommission") 1986–1999 Vizepräsidentin der SI   94, 97-99, 458, 480, 585, 589 f., 593, 597

Burger, Hannes (geb. 1937), deutscher Journalist, seit 1968 für die *Süddeutsche Zeitung*, seit 1990 für *Die Welt*   536

Burnham, Forbes (1923–1985), guyanischer Politiker, 1980–1985 Staatspräsident   565

Bush, George Herbert Walker (geb. 1924), amerikanischer Politiker (Republikaner), 1976–1977 Chef des amerikanischen Geheimdienstes CIA, 1981–1989 Vizepräsident, 1989–1993 Präsident der Vereinigten Staaten   95, 465–468, 587, 590

Callaghan, James (1912–2005), britischer Politiker (Labour Party), 1974–1976 Außenminister, 1976–1979 Premierminister, 1976–1980 Vorsitzender der Labour Party   138, 187, 530, 536

Caradon, Lord (1907–1990), vormals **Foot, Hugh Macintosh**, britischer Politiker (Labour Party), 1964–1970 Staatsminister im Außenministerium und Ständiger Vertreter Großbritanniens bei der UNO   548

Cardenal, Ernesto (geb. 1925), nicaraguanischer Priester, Schriftsteller und Politiker (Sandinistische Befreiungsfront), 1977–1979 im Exil, 1979–1987 Kulturminister Nicaraguas, 1980 Friedenspreis des Deutschen Buchhandels   233

Cardoso, Fernando Henrique (geb. 1931), brasilianischer Sozialwissenschaftler und Politiker, 1980 Gründer der Partei der Brasilianischen Demokratischen Bewegung, 1988 Gründungsmitglied der Sozialdemokratischen Partei Brasiliens, 1992–1993 Außenminister, 1993–1994 Finanzminister, 1995–2003 Präsident Brasiliens   97

Carlsson, Bernt (1938–1988), schwedischer Politiker (Sozialdemokraten), 1976–1983 Generalsekretär der SI, 1987–1988 Sonderbeauftragter der UN für Namibia, 1988 durch einen Terroranschlag ermordet   34–36, 45 f., 107, 160, 313, 323, 347 f., 519 f., 568, 570 f.

Carlsson, Ingvar (geb. 1934), schwedischer Politiker (Sozialdemokraten), 1982–1986 stellv. Ministerpräsident, 1986–1991 und 1994–1996 Ministerpräsident   97–99, 510, 585, 589

Carter, James Earl (Jimmy) (geb. 1924), amerikanischer Politiker (Demokraten), 1971–1975 Gouverneur von Georgia, 1977–1981 Präsident der USA, 2002

Friedensnobelpreis 31, 37, 80 f., 86, 182, 194, 242, 534, 536, 544, 558, 566

Castañeda, Jorge (1921–1997), mexikanischer Jurist und Politiker, 1979–1982 Außenminister 560

Castro Ruz, Fidel (geb. 1923), kubanischer Politiker und Revolutionär, seit 1959 Regierungschef und seit 1976 Staatspräsident 43, 48 f., 232 f., 380, 388, 404–406, 450, 521, 577, 579 f., 587

Ceaușescu, Nicolae (1918–1989), rumänischer Politiker, ab 1965 Erster Sekretär des ZK bzw. Generalsekretär der KP Rumäniens, 1967 auch Staatsratsvorsitzender, ab 1974 Staatspräsident, Dezember 1989 Sturz und Hinrichtung 541

de Oliveira Chagas, angolanischer Diplomat 461

Christbaum, Wilhelm (geb. 1942), Journalist, seit 1972 beim *Münchner Merkur* 31

Chruschtschow, Nikita S. (1894–1971), sowjetischer Politiker, 1939–1952 Mitglied des Politbüros, 1952–1964 Mitglied des Präsidiums der KPdSU, 1953–1964 Erster Sekretär des ZK der KPdSU, 1958–1964 Ministerpräsident 17

Chun, Doo Hwan (geb. 1931), südkoreanischer General und Politiker, 1979–1980 Geheimdienstchef, 1980–1988 Staatspräsident 315 f.

Claes, Willy (geb. 1938), belgischer Diplomat und Politiker (Sozialistische Partei), zwischen 1973 und 1992 mehrmals Wirtschaftsminister, 1992–1994 Außenminister, 1994–1995 NATO-Generalsekretär 158, 532

Clark, William D. (1916–1985), britischer Journalist und Politiker, 1974–1980 Vizepräsident (für Außenbeziehungen) der Weltbank 533

Colóm Argueta, Manuel (1932–1979), guatemaltekischer Politiker (Frente Unido de la Revolución), 1970–1974 Bürgermeister von Guatemala-Stadt, 1974–1976 im Exil in Europa, 1976–1979 politische Aktivität in Guatemala, 1979 ermordet 283

Cools, André (1927–1991), belgischer Politiker (Sozialistische Partei), 1978–1981 Parteivorsitzender, 1991 ermordet 158, 532

Craxi, Bettino (Benedetto) (1934–2000), italienischer Politiker, 1976–1993 Generalsekretär der PSI, 1983–1987 Ministerpräsident, 1994 Verurteilung wegen Korruption, Flucht ins Exil 369, 477, 532, 585

Cruz, Arturo (geb. 1923), nicaraguanischer Bankier, Diplomat und Politiker, 1980/81 Mitglied der Junta-Regierung, 1981 Botschafter Nicaraguas in den USA, später Führer der Opposition gegen die Sandinisten 393 f.

Cunhal, Álvaro (1913–2005), portugiesischer Politiker, 1949–1960 politischer Häftling, 1961–1974 im Exil, 1961–1992 Vorsitzender der Kommunistischen Partei Portugals, 1974–1975 Staatsminister 22, 131

Dahrendorf, Ralf (geb. 1929), später **Lord Dahrendorf**, deutsch-britischer Soziologe, Publizist und Politiker, 1947 Beitritt zur SPD, 1967 Wechsel zur FDP, 1969–1970 MdB (FDP) und PStS im Auswärtigen Amt, 1970–1974 Mitglied der Europäischen Kommission, 1974–1984 Rektor der London School of

Economics, 1987–1997 Rektor des St. Antony's College in Oxford, 1993 zum Baron Dahrendorf of Clare Market geadelt und seither Mitglied des britischen Oberhauses 82, 567

Dakouré, Antoine Kipsa (geb. 1936), Politiker aus Burkina Faso (bis 1984 Obervolta), 1971–1976 Minister für Planung und ländliche Entwicklung, 1977–1983 Mitglied der Nord-Süd-Kommission 70, 523

Daniel, Jean (geb. 1920), französischer Journalist, Mitbegründer des *Nouvel Observateur* 298–300, 559

Deng Xiaoping (1904–1997), chinesischer Politiker, 1934–1935 Teilnahme am „Langen Marsch", 1955–1967 Mitglied des ZK und des Politbüros der KP Chinas, 1967 Verlust aller Ämter und bis 1973 Leben im „Umerziehungslager", 1973 Wiederaufnahme in ZK und Politbüro, 1976 Enthebung aus allen Posten und Ämtern, 1977 erneute Rehabilitierung und Rückkehr in alle früheren Ämter, 1983–1989 Vorsitzender der Zentralen Militärkommission 551, 575, 582

Desai, Morarji (1896–1995), indischer Politiker, 1977–1979 Ministerpräsident 536

Dienstbier, Jiří (geb. 1937), tschechischer Journalist und Politiker, 1958 Eintritt in die Kommunistische Partei der Tschechoslowakei, 1968 Unterstützer des „Prager Frühling" und Parteiausschluss, 1977 Mitunterzeichner der „Charta 77", 1979–1982 aus politischen Gründen inhaftiert, 1989–1992 Außenminister der Tschechoslowakei 513, 599

Dingels, Hans-Eberhard (geb. 1930), 1961–1965 Leiter des Auslandsreferats, 1965–1995 Leiter der Abteilung für internationale Beziehungen/Politik des SPD-PV 47, 159, 245, 520, 527, 529, 531, 564, 568 f., 574, 581, 585

Döding, Günter (1930–2005), Gewerkschaftsfunktionär, 1978–1989 Vorsitzender der Gewerkschaft Nahrung–Genuss–Gaststätten 524

Dregger, Alfred (1920–2002), Jurist und Politiker (CDU), 1967–1982 Landesvorsitzender der hessischen CDU, 1972–1998 MdB, 1982–1991 Vorsitzender der CDU/CSU-Bundestagsfraktion 285, 557

Dröscher, Wilhelm (1920–1977), Politiker, 1946 Eintritt in die KPD, 1949 Übertritt zur SPD, 1965–1971 MdEP, 1975 Wahl zum Präsidenten der Europäischen Sozialisten, 1975–1977 Bundesschatzmeister der SPD 34, 243, 529

Duarte, Napoleon (1925–1990), salvadorianischer Politiker (Christdemokrat), 1964–1972 Bürgermeister von San Salvador, 1972–1979 im Exil, 1980–1982 Juntapräsident, 1984–1989 Staatspräsident 46, 323, 377–379, 382, 397, 574 f., 579

Eban, Abba (1915–2002), israelischer Politiker (Arbeitspartei), 1966–1974 Außenminister 520

Eçevit, Bülent (geb. 1925), türkischer Politiker, 1966–1971 Generalsekretär und 1972–1980 Vorsitzender der Republikanischen Volkspartei, 1974–1975, 1977, 1978–1979 und 1999–2002 Ministerpräsident 38, 139, 189, 315, 331, 565

Echeverría Álvarez, Luis (geb. 1922), mexikanischer Politiker (PRI), 1964–1970 Innenminister und 1970–1976 Staatspräsident 26, 124–128, 282, 527 f.

Edelmann, Marek (geb. 1922), polnischer Arzt, 1943 einer der Anführer des Aufstands im Warschauer Ghetto, seit 1980 Mitglied der Gewerkschaft Solidarność, 1989–1993 Mitglied des polnischen Parlaments 40

Edingshaus, Anne-Lydia (geb. 1940), Wissenschaftspublizistin, 1974–1989 Leiterin des Bonner Redaktionsbüros der Zeitschrift *Bild der Wissenschaft*, 1986–1991 Vorsitzende der Wissenschaftspressekonferenz in Bonn, freie Publizistin 550

Ehmke, Horst (geb. 1927), Jurist und Politiker (SPD), 1969–1994 MdB, 1969–1972 Bundesminister für besondere Aufgaben und Chef des Bundeskanzleramtes, 1972–1974 Bundesminister für Forschung, Technologie und das Post- und Fernmeldewesen 48, 107, 519, 523, 533

Ehrenberg, Herbert (geb. 1926), Politiker, 1955 Eintritt in die SPD, 1972–1990 MdB, 1976–1982 Bundesminister für Arbeit und Sozialordnung 523

Engels, Friedrich (1820–1895), Theoretiker des Sozialismus 155

Eppler, Erhard (geb. 1926), 1956 Eintritt in die SPD, 1961–1976 MdB (SPD), 1968–1974 Bundesminister für wirtschaftliche Zusammenarbeit, 1970–1991 Mitglied des SPD-PV, 1973–1989 Mitglied des SPD-Präsidiums, 1976–1982 MdL (SPD) Baden-Württemberg, 1981–1983 und 1989–1991 Präsident des evangelischen Kirchentages 17, 20, 25, 421 f., 523

Erler, Brigitte (geb. 1943), Politikerin und Autorin, 1974–1983 Referentin im BMZ, 1976–1980 und 1982–1983 MdB (SPD), 1985–1989 Generalsekretärin von amnesty international Deutschland 93, 413–424, 582

Fahd, ibn Abd al-Asis (1923–2005), saudiarabischer Herrscher, 1975–1982 Kronprinz und Erster stellv. Ministerpräsident, 1982–2005 König von Saudi-Arabien 72, 565

Fälldin, Thorbjörn (geb. 1926), schwedischer Politiker (Zentrumspartei), 1976–1978 und 1979–1982 Ministerpräsident 72, 565

Fischer, Fritz (geb. 1936), Jurist und Volkswirt, 1973–1977 Referatsleiter EG-Entwicklungspolitik im BMZ, 1977–1980 persönlicher Mitarbeiter Brandts in Bonn für die Nord-Süd-Kommission, 1980 Rückkehr ins BMZ, 1984–1987 Exekutivsekretär des Gemeinsamen Entwicklungsausschusses von Weltbank und IWF, 1991–1996 Deutscher Exekutivdirektor bei der Weltbank 72, 248, 523–525, 536, 540, 542, 546 f., 552, 558

Fischer, Heinz (geb. 1938), österreichischer Jurist und Politiker (SPÖ), seit 1971 mehrmals Abgeordneter zum Nationalrat, 1983–1987 Wissenschaftsminister, 1979–2004 stellv. Parteivorsitzender, seit 2004 Bundespräsident 471

Flores Valencia, Elena (geb. 1945), spanische Politikerin, 1980–1994 Leiterin der Internationalen Abteilung der PSOE 362

Ford, Gerald Rudolf (geb. 1913), amerikanischer Politiker (Republikanische Partei), 1973–1974 Vizepräsident, 1974–1977 Präsident der USA 22, 532

Franco y Bahamonde, Francisco (1892–1975), spanischer General und

Diktator, 1939–1975 Staatschef 23 f., 133

Fraser, Malcolm (geb. 1930), australischer Politiker (Liberale), 1975–1983 Premierminister 72, 273, 553

Frei Montalva, Eduardo (1911–1982), chilenischer Politiker (Christdemokrat), 1964–1970 Staatspräsident, 1977–1982 Mitglied der Nord-Süd-Kommission 68, 70

Fuentes Mohr, Alberto (1927–1979), guatemaltekischer Politiker (Sozialdemokrat), 1966–1969 Finanzminister, 1969/70 Außenminister, 1974 Vizepräsidentschaftskandidat, 1979 ermordet 283

Fukuda, Takeo (1905–1995), japanischer Politiker (Liberaldemokrat), 1976–1978 Premierminister 536

Gablentz, Otto von der (geb. 1930), Jurist und Diplomat, 1978–1981 Gruppenleiter in der Abteilung Außen- und Sicherheitspolitik im Bundeskanzleramt, 1981–1982 Leiter dieser Abteilung, 1983–1995 Botschafter in den Niederlanden, Israel und Russland 525

Gandhi, Shrimati Indira (1917–1984), Tochter von → Jawaharlal Nehru, indische Politikerin (Kongresspartei), 1966–1977 und 1980–1984 Premierministerin, 1984 ermordet 17, 87, 95, 333, 383, 565, 575, 585

García Pérez, Alan (geb. 1949), peruanischer Jurist und Politiker (APRA), 1985–1990 und ab 2006 Staatspräsident 49, 92, 440, 443–447, 584–586

Gat, Israel (geb. 1936), israelischer Politiker, von den siebziger bis zu den neunziger Jahren Mitarbeiter des Internationalen Sekretariats der Arbeitspartei 478

Geisel, Ernesto (1908–1996), brasilianischer General und Politiker, 1964–1967 Generalstabschef, 1967–1969 Richter am „Obersten Militärgericht", 1974–1979 Staatspräsident 72, 227 f., 540

Genscher, Hans-Dietrich (geb. 1927), Politiker, 1965–1998 MdB (FDP), 1969–1974 Bundesminister des Inneren, 1974 bis September 1982 und Oktober 1982 bis 1992 Bundesminister des Auswärtigen, 1974–1985 Parteivorsitzender 86, 207, 210, 398, 537 f., 543, 562, 565

Ghotbzadeh, Sadegh (1936–1982), iranischer Politiker, 1979 Generaldirektor von Rundfunk und Fernsehen, 1979–1980 Außenminister, 1982 exekutiert 310, 561

Gierek, Edward (1913–2001), polnischer Politiker, 1954–1980 Mitglied des ZK der PVAP, 1956 und 1959–1980 Mitglied des Politbüros, 1970–1980 Erster ZK-Sekretär, 1979 Erster Vorsitzender des ZK, September 1980 von allen Ämtern entbunden, 1981 Ausschluss aus der Partei, 1981–1983 in Haft 541

Giscard d'Estaing, Valéry (geb. 1926), französischer Politiker (Republikaner), 1974–1981 Staatspräsident, 1989–1993 MdEP 75, 85, 264, 270, 297–299, 525, 528, 536, 551, 558 f.

Goethe, Johann Wolfgang von (1749–1832), Schriftsteller, Dichter, Naturwissenschaftler und Staatsmann 433

Goldmann, Nahum (1895–1982), zionistischer Politiker und Schriftsteller, 1949–1978 Präsident des Jüdischen Weltkongresses, 1956–1968 Präsident der Zionistischen Weltorganisation 257, 549

González Márquez, Felipe (geb. 1942), spanischer Politiker (Sozialist), 1974–1997 Generalsekretär der PSOE, 1982–1996 Ministerpräsident 24, 34, 44, 48, 62 f., 134, 171, 188, 244, 287, 308, 312 f., 324 f., 362, 364–367, 377–379, 381 f., 394, 511, 514, 519, 530, 532, 545, 561, 564, 571, 589, 598

Gorbatschow, Michail Sergejewitsch (geb. 1931), sowjetischer Politiker, 1971–1991 Mitglied des ZK, 1978 ZK-Sekretär, 1980–1981 Mitglied des Politbüros, 1985–1991 Generalsekretär der KPdSU, 1988–1990 Vorsitzender des Präsidiums des Obersten Sowjets (Staatsoberhaupt), 1990–1991 Staatspräsident, 1990 Friedensnobelpreis 59, 61, 93, 95, 99, 468, 512–514, 588, 590, 596, 598 f.

Grafe, Peter (geb. 1948), deutscher Journalist und Autor für die *tageszeitung* 578

Graham, Katharine (1917–2001), amerikanische Journalistin und Verlegerin, 1963–1991 Vorstandsvorsitzende des Verlags und bis 1979 Herausgeberin der *Washington Post*, 1977–1983 Mitglied der Nord-Süd-Kommission 68, 70, 80, 524

Guerreiro, Ramiro Saraiva (geb. 1918), brasilianischer Politiker 1979–1985 Außenminister 565

Guth, Wilfried (geb. 1919), deutscher Bankmanager, 1976–1985 Vorstandssprecher der Deutschen Bank 268, 552 f.

Gutiérrez Gutiérrez, Carlos José (1927–1999), costa-ricanischer Politiker (PLN), 1984–1986 Außenminister 574

Guzmán, Antonio (1911–1982), Politiker aus der Dominikanischen Republik (PRD), 1978–1982 Staatspräsident 46

Haile Selassie I. (1892–1975), äthiopischer Herrscher, 1930–1974 Kaiser (Negus) von Äthiopien, 1936–1941 Exil in Großbritannien 17

Hardenberg, Irene von (geb. 1954), Journalistin, 1982–1989 Redakteurin in den Ressorts Wirtschaft und Politik der Wochenzeitung *Die Zeit* 582

Hartling, Poul (1914–2000), dänischer Politiker (Liberale), 1973 Premierminister, 1978–1985 Hoher Flüchtlingskommissar der UN 306, 560

Havel, Václav (geb. 1936), tschechischer Dramatiker und Politiker, 1977 Mitbegründer und einer der Sprecher der „Charta 77", 1977, 1979–1983 und 1989 in Haft, 1989 Friedenspreis des Deutschen Buchhandels, 1989–1992 Staatspräsident der Tschechoslowakei, 1993–2003 Präsident der Tschechischen Republik 38, 97, 471, 591

Haya de la Torre, Víctor Raúl (1895–1979), peruanischer Politiker (APRA), 1923–1931 als Gegner der Militärdiktatur im Exil, 1924 Gründer der APRA, 1932–1933 in Haft, 1945–1948 Minister ohne Geschäftsbereich, 1962 Wahl zum Staatspräsidenten, jedoch Annullierung der Wahl durch das Militär, 1978 Präsident der Verfassunggebenden Versammlung 27, 284, 433, 586

Hayek, Friedrich August von (1899–1992), österreichischer Ökonom und Sozialphilosoph, seit den 1930er Jahren Gegner der Wirtschaftstheorien von → John Maynard Keynes und führender Vertreter der Schule des Neoliberalismus, 1974 Nobelpreis für Wirtschaftswissenschaften 82

Heath, Edward (1916–2005), britischer Politiker (Konservative Partei), 1950–2001 Abgeordneter des Unterhauses, 1965–1975 Vorsitzender der Konservativen Partei, 1970–1974 Premierminister, 1977–1983 Mitglied der Nord-Süd-Kommission 68, 73, 78, 86, 97, 251, 275, 297, 302, 359, 386, 523, 537, 570, 573, 576, 590

Herrera Campins, Luis (geb. 1925), venezolanischer Politiker (Christdemokrat), 1979–1984 Staatspräsident 565

Herrhausen, Alfred (1930–1989), deutscher Bankmanager, seit 1971 im Vorstand der Deutschen Bank, seit 1985 einer von zwei Vorstandssprechern der Bank, seit 1988 deren alleiniger Vorstandssprecher, 1989 durch einen terroristischen Anschlag ermordet 586

Hielscher, Almut (geb. 1943), Journalistin, 1977–1980 freie Journalistin in Sambia, 1980 Mitarbeiterin des *Stern*, anschließend bis 2004 beim *Spiegel* 538

Hintze, Rolf-Henning (geb. 1942), Journalist, bis 1977 bei der *Frankfurter Rundschau*, 1977–1980 in Sambia in der Entwicklungshilfe tätig, danach wieder Journalist in Deutschland 538

Hoffmann, Wolfgang (geb. 1936), Journalist, Redakteur der Wochenzeitung *Die Zeit* 582

Hofmann, Michael J. (geb. 1948), Politologe, 1978–1980 Assistent des Vorsitzenden der Nord-Süd-Kommission, 1980–1981 Mitarbeiter der Friedrich-Ebert-Stiftung, 1981–1988 Mitarbeiter am Deutschen Institut für Entwicklungspolitik, 1988–1992 Berater Willy Brandts in Nord-Süd-Fragen,

1992–1995 Leiter des Büro des SPD-Parteivorsitzenden 78, 82, 93, 510, 524, 526

Horn, Gyula (geb. 1932), ungarischer Politiker, 1989–1990 Außenminister, 1990 Wahl zum Vorsitzenden der Sozialistischen Partei Ungarns, 1994–1998 Ministerpräsident 512 f., 599

Houphouët-Boigny, Félix (1905–1993), ivorischer Politiker, 1960–1993 Präsident der Elfenbeinküste 17, 536

Hu Yaobang (1915–1989), chinesischer Politiker, 1981–1982 Vorsitzender der KPCh, 1980–1987 Generalsekretär der KPCh 575

Hussein II. (1935–1999), 1952–1999 König von Jordanien 72

Hussein, Saddam (geb. 1937), irakischer Politiker, seit 1957 Mitglied der Baath-Partei, 1959–1963 im Exil, 1964–1966 in Haft, 1966–1979 stellv. Generalsekretär der Baath-Partei, 1969–1979 Vizepräsident des Revolutionären Kommandorates, 1979–2003 Staats- und Regierungschef, 2003 Gefangennahme durch US-Militär 55, 595 f.

Isenberg, Veronika (geb. 1939), Politikwissenschaftlerin, 1970–1997 Mitarbeiterin der Internationalen Abteilung des SPD-PV 561

Jakeš, Miloš (geb. 1922), tschechischer Politiker, 1987–1989 Generalsekretär der KP der Tschechoslowakei 37, 471, 591

Jakowlew, Alexander N. (1923–2005), russischer Journalist und Historiker, 1987–1990 Mitglied des Politbüros der KPdSU und enger Vertrauter → Gorbatschows 505, 596

Jamal, Amir Habib (1922–1995), tansanischer Politiker, 1965–1972,

1975–1977 und 1979–1983 Finanzminister, 1972–1975 Handels- und Industrieminister, 1977–1979 Minister für Post- und Fernmeldewesen sowie Transport, 1977–1983 Mitglied der Nord-Süd-Kommission, 1986–1991 Ständiger Vertreter Tansanias bei den Sonderorganisationen der UN 68, 70, 248, 566

Jaruzelski, Wojciech (geb. 1923), polnischer General und Politiker, 1968–1983 Verteidigungsminister, 1971–1989 Mitglied des Politbüros der PVAP, 1981–1985 Ministerpräsident, 1985–1989 Vorsitzender des Staatsrates (Staatsoberhaupt), 1981–1989 Erster Sekretär des ZK der PVAP, 1989–1990 Staatspräsident 351, 568

Jaurès, Jean (1859–1914), französischer Sozialist und Philosoph, 1914 ermordet 584

Jelzin, Boris (geb. 1931), russischer Politiker, 1985–1987 Vorsitzender der Moskauer KP, 1981–1990 Mitglied des ZK der KPdSU, 1991–1999 Präsident der Russischen Föderation 505, 596

Jenkins, Roy, später **Baron Jenkins of Hillhead** (1920–2003), britischer Politiker (Labour Party), 1948–1977 und 1982–1987 Mitglied des Unterhauses, 1987–1997 Mitglied des Oberhauses, 1977–1981 EG-Kommissionspräsident, 1981 Mitbegründer der Social Democratic Party 187, 534, 536

Jesus (8-4 v. Chr.–29-36 n. Chr.), Religionsstifter 36

Jha, Lakshmi Kant (1913–1988), indischer Politiker, 1967–1970 Chef der indischen Zentralbank, 1977–1983 Mitglied der Nord-Süd-Kommission 70, 248, 523, 566

Jiryis, Sabri (geb. 1938), palästinensischer Rechtsanwalt, Direktor des Instituts für Palästinensische Studien 549

Johannes Paul II., bürgerlich Karol Józef Wojtyła (1920–2005), polnischer Kardinal und 1978–2005 Papst 255, 369, 548

Jonas, Hans (1903–1993), deutscher Philosoph 588

Jørgensen, Anker (geb. 1922), dänischer Gewerkschaftsfunktionär und Politiker, 1973–1987 Vorsitzender der Dänischen Sozialdemokratischen Partei, 1972–1973 und 1975–1982 Ministerpräsident 28, 187, 312, 530

Jospin, Lionel (geb. 1937), französischer Politiker, seit 1971 Mitglied der PSF, 1975–1981 Leiter des Ressorts „Beziehungen zur Dritten Welt" bzw. des Ressorts für außenpolitische Beziehungen im Sekretariat der PSF, 1981–1988 und 1995–1997 Vorsitzender der PSF, 1988–1992 Bildungsminister, 1997–2002 Ministerpräsident 309, 312 f., 348, 585

Kádár, János (1912–1989), ungarischer Politiker, 1956–1988 Erster Sekretär des ZK, 1956–1958 und 1961–1965 auch Ministerpräsident 541

Kaiser, Karl (geb. 1934), Politikwissenschaftler, 1964 Eintritt in die SPD, 1969–1973 Professor an der Universität des Saarlandes, 1974–1991 an der Universität Köln und seit 1991 an der Universität Bonn 529

Kaunda, Kenneth (geb. 1924), sambischer Politiker, führend in der Unabhängigkeitsbewegung, 1964–1991 Staatspräsident 217, 261, 425, 432, 550

Keller, Berthold (geb. 1927), Gewerkschaftsfunktionär, 1978–1990 Vorsitzender der Gewerkschaft Textil und Bekleidung   524

Kennedy, John F. (1917–1963), amerikanischer Politiker (Demokratische Partei), 1953–1961 Senator von Massachusetts, 1961–1963 Präsident der USA, 1963 ermordet   64

Kenyatta, Jomo (1893–1978), kenianischer Politiker, 1964–1978 Präsident Kenias   17, 517

Keynes, John Maynard (1883–1946), britischer Volkswirtschaftler und Publizist, 1920–1946 Professor in Cambridge   79, 88, 254, 274, 344

Khatijah, Ahmad (geb. 1939), malaysische Bankerin, 1973 Gründerin und seither Vorstandsvorsitzende eines Finanzdienstleistungsunternehmens, 1978–1983 Mitglied der Nord-Süd-Kommission   523, 537

Khomeini, Ruholla Musavi (Ayatollah Khomeini) (1900–1989), iranischer Schiitenführer und Politiker, 1965–1979 Exil in Irak und Frankreich, 1979 Rückkehr, 1979–1989 an der Spitze der Islamischen Republik Iran   54, 464, 548, 589

Kiewitt, Peter (geb. 1939), Diplomat, 1979–1982 Persönlicher Referent von Staatsminister → Wischnewski im Bundeskanzleramt, 1986–1990 Botschafter in Australien   257

Kim Dae Jung (geb. 1925), südkoreanischer Politiker, 1980 wegen angeblicher Umsturzpläne Verurteilung zum Tode (später umgewandelt in 20 Jahre Gefängnis), 1982 Ausreise in die USA, 1998–2003 Staatspräsident, 2000 Friedensnobelpreis   38, 315 f., 563

Kissinger, Henry A. (geb. 1923), amerikanischer Politiker und Historiker, 1938 Emigration aus Deutschland, 1969–1974 Sicherheitsberater Präsident Nixons, 1973–1977 Außenminister   22, 68, 421, 518

Klerk, Frederik Willem de (geb. 1936), südafrikanischer Jurist und Politiker (Nationale Partei), 1989–1994 Staatspräsident, 1993 Friedensnobelpreis gemeinsam mit → Nelson Mandela   58, 492 f.

Klibi, Chedli (geb. 1925), tunesischer Politiker, 1979–1990 Generalsekretär der Arabischen Liga   278, 556

Kodjo, Edem (geb. 1938), togolesischer Politiker, 1978–1984 Generalsekretär der OAU, 1994–1996 und seit 2005 togolesischer Premierminister   319

Kohl, Helmut (geb. 1930), Politiker, 1947 Eintritt in die CDU, 1969–1976 rheinland-pfälzischer Ministerpräsident, 1973–1998 Bundesvorsitzender der CDU, 1976–2000 MdB, 1976–1982 Vorsitzender der CDU/CSU-Bundestagsfraktion, 1982–1998 Bundeskanzler   89, 373, 386, 570, 573, 575 f., 590

Koniecki, Dieter (geb. 1931), Soziologe, 1969–1976 Repräsentant der Friedrich-Ebert-Stiftung in Mexiko, anschließend bis 2005 in dieser Funktion in Madrid   527

Koschnick, Hans (geb. 1929), Politiker, 1950 Eintritt in die SPD, 1967–1985 Bürgermeister und Senatspräsident von Bremen, 1975–1979 stellv. Vorsitzender der SPD, 1987–1994 MdB   511, 598

Krajger, Sergej (1914–2001), jugoslawischer Politiker, 1981/82 Präsident des Präsidiums der Republik   565

Kramer, Jürgen (geb. 1939), Journalist, 1969–1982 bei der *Stuttgarter Zeitung*, 1982–2003 beim WDR   67

Krawitz, Rainer (geb. 1953), Journalist, 1977–1981 Deutschlandfunk, seit 1981 WDR   257 f., 549

Kreisky, Bruno (1911–1990), österreichischer Politiker (SPÖ), 1935–1937 in Haft, 1938–1945 im schwedischen Exil, 1967–1983 Vorsitzender der SPÖ, 1970–1983 Bundeskanzler, 1976–1989 Vizepräsident der SI   15, 26, 28, 30–32, 34 f., 51–53, 55, 86, 106 f., 129, 136–140, 148, 172, 184, 187, 230–232, 243, 276 f., 279, 297–299, 301, 307 f., 311 f., 528, 530, 532, 540 f., 548 f., 555, 558–561, 564

Lafontaine, Oskar (geb. 1943), Politiker, 1966 Eintritt in die SPD, 1976–1985 Oberbürgermeister von Saarbrücken, 1985–1998 Ministerpräsident des Saarlandes, 1987–1995 stellv., 1995–1999 Vorsitzender der SPD, 1990 Kanzlerkandidat der SPD, 1998–1999 Bundesminister der Finanzen, 2005 Austritt aus der SPD   84, 599

Lahnstein, Manfred (geb. 1937), Politiker und Manager, 1959 Eintritt in die SPD, 1977–1980 StS im Bundesministerium für Finanzen, 1980–1982 StS im Bundeskanzleramt, 1982 Bundesminister der Finanzen, 1983 MdB, 1983–2002 Medienmanager   524

Larosière, Jacques de (geb. 1929), französischer Politiker, 1978–1987 Geschäftsführender Direktor des IWF   92, 440 f., 585

Leister, Klaus Dieter (geb. 1937), Jurist, 1974–1979 Leiter des Kanzlerbüros, 1979–1981 Leiter der Abteilung Grundsatzfragen im BMZ, 1981–1982 StS im Bundesministerium der Verteidigung   523

Lenárt, Jozef (1923–2004), Chemiefacharbeiter und tschechoslowakischer Politiker (KPTsch), 1963–1968 Ministerpräsident, 1970–1988 Erster Sekretär der slowakischen KP, 1988/89 Sekretär des ZK der KPTsch   471

Lenin, Wladimir Iljitsch (1870–1924), russischer Politiker, Gründer und Vorsitzender der KPdSU, 1917–1924 Vorsitzender des Rats der Volkskommissare (Regierungschef)   517

Li Peng (geb. 1928), chinesischer Politiker, seit 1982 Mitglied des ZK der KPCh, seit 1985 Mitglied des Politbüros, 1987–1998 Premierminister   590

Limberg, Margarete (geb. 1946), Politikwissenschaftlerin und Journalistin, seit 1974 beim Deutschlandfunk bzw. Deutschlandradio   406–410, 580

Lindenberg, Klaus (geb. 1940), Politikwissenschaftler, 1968–82 Mitarbeiter der Friedrich-Ebert-Stiftung, 1977–1983 Berater, 1983–1989 Mitarbeiter, 1989–1992 Büroleiter von Willy Brandt   33, 48, 107, 511, 519, 521, 545, 563, 570, 574, 577–581, 589, 592, 598 f.

Linowitz, Sol (1913–2005), amerikanischer Anwalt und Diplomat, Berater der Präsidenten Johnson und → Carter   242, 544

Loderer, Eugen (1920–1995), Gewerkschafter, 1968–1972 stellv. und 1972–1983 Vorsitzender der IG Metall   220

López Portillo y Pacheco, José (1921–2004), mexikanischer Politiker, 1976–1982 Staatspräsident   86 f., 301 f., 311, 334, 536, 560, 565 f.

Lusinchi, Jaime (geb. 1927), venezolanischer Arzt und Politiker (Demokratische Aktion), 1967–1979 Fraktionsvorsitzender, 1984–1989 Staatspräsident 442

Madrid, Miguel de la (geb. 1934), mexikanischer Jurist und Politiker (PRI), 1975–1979 Staatssekretär im Finanzministerium, 1982–1988 Staatspräsident 579 f., 585

Mahler, Halfdan (geb. 1923), dänischer Politiker, 1973–1988 WHO-Generaldirektor 253, 547

Majluta, Jacobo (1934–1996), Politiker aus der Dominikanischen Republik (PRD), 1982 kurzzeitig Staatspräsident 46

Malagodi, Giovanni (1904–1991), italienischer Politiker (Liberale Partei), 1972–1975 Parteivorsitzender, ab 1982 Präsident der Liberalen Weltunion, 1987 Senatspräsident 46, 374–377, 379, 382

Malik, Adam (1917–1984), indonesischer Politiker, 1966–1977 Außenminister, 1971–1972 Präsident der UN-Generalversammlung, 1977–1978 Präsident der Nationalversammlung, 1977–1983 Mitglied der Nord-Süd-Kommission, 1978–1983 Vizepräsident Indonesiens 70, 523

Mandela, Nelson (geb. 1918), südafrikanischer Jurist, Politiker (ANC) und Apartheidgegner, 1964–1990 aus politischen Gründen inhaftiert, 1993 Friedensnobelpreis, 1994–1999 Präsident der Republik Südafrika 59, 426, 429, 472 f., 490–494, 583 f., 591 f., 594

Mandela, Winnie (geb. 1936), südafrikanische Politikerin (ANC), Ex-Frau von → Nelson Mandela 429, 490

Manley, Michael (1924–1997), jamaikanischer Politiker (Nationale Volkspartei), 1969–1992 Vorsitzender der Nationalen Volkspartei, 1972–1980 und 1989–1992 (Rücktritt) Premierminister, 1978–1992 Vizepräsident, 1992–1997 Ehrenpräsident der SI, 1987–1990 Mitglied der Süd-Kommission („Nyerere-Kommission") 72, 449, 463, 507, 536, 553, 589, 597

Mao Tse-tung (1893–1976), chinesischer Politiker, 1935–1976 Vorsitzender der KP Chinas, 1954–1959 Staatspräsident 551

Marcos, Ferdinand E. (1917–1989), philippinischer Politiker, 1965–1986 Staatspräsident 437, 565, 582

Marshall, George C. (1880–1959), amerikanischer General und Politiker, 1947–1949 Außenminister 73, 239–241, 274, 467, 503, 540, 544, 552

Marx, Karl (1818–1883), Theoretiker des Sozialismus 15, 155, 196

Masuhr, Dieter (geb. 1938), Maler, Architekt, Schriftsteller und Übersetzer 233

Mateus, Rui (geb. 1944), portugiesischer Politikwissenschaftler und Politiker, 1964–1975 im Exil in Großbritannien und Schweden, 1975–1976 Mitarbeiter, 1976–1986 Leiter der Internationalen Abteilung der Sozialistischen Partei 518

Matthöfer, Hans (geb. 1925), 1950 Eintritt in die SPD, 1961–1987 MdB (SPD), 1972–1974 PStS im BMZ, 1973–1984 Mitglied des SPD-PV, 1974–1978 Bundesminister für Forschung und Technologie, 1978–1982 Bundesminister der Finanzen, 1982 Bundesminister für Post- und Fernmeldewesen, 1985–1987 Schatzmeister der SPD 311, 421, 562

Mauroy, Pierre (geb. 1928), französischer Politiker, 1973–2001 Bürgermeister von Lille, 1981–1984 Premierminister, 1988–1992 Vorsitzender der Sozialistischen Partei, 1992–1999 Präsident der SI   62, 592, 596, 598 f.

Mayer, Daniel (1909–1996), französischer Journalist und Politiker (Sozialistische Partei), 1977–1983 Präsident der Internationalen Liga der Menschenrechte, 1983–1986 Präsident des Verfassungsrates   243

Mayer-List, Irene siehe **Hardenberg, Irene von**

Mbeki, Thabo (geb. 1942), südafrikanischer Politiker, seit 1984 Informationssekretär, später außenpolitischer Sprecher des ANC, seit 1993 Parteivorsitzender, seit 1999 Präsident Südafrikas   97

McNamara, Robert S. (geb. 1916), amerikanischer Politiker (Demokrat), 1961–1968 Verteidigungsminister, 1968–1981 Präsident der Weltbank   64–66, 97, 177–179, 197, 201 f., 207, 294, 522 f., 533 f., 537, 547, 554, 566, 590

Mendès France, Pierre (1907–1982), französischer Politiker (Radikalsozialist, später Linkssozialist), 1954–1955 Premierminister, 1977–1978 Mitglied der Nord-Süd-Kommission   523, 537, 548

Mengistu, eigentlich **Mengistu Haile Mariam** (geb. 1937), äthiopischer Offizier und Militärdiktator, 1974 führende Beteiligung am Sturz → Haile Selassie I., seit 1977 an der Spitze eines kommunistischen Militärregimes in Äthiopien, 1987–1991 Staatspräsident, 1991 Flucht nach Simbabwe   581

Miert, Karel van (geb. 1942), belgischer Politiker (Sozialistische Partei), 1978–1988 Vorsitzender der Flämischen Sozialisten, 1979–1985 MdEP, 1986–1992 Vizepräsident der SI, 1989–1999 EU-Kommissar   244, 364, 545, 571

Mintoff, Dom (geb. 1916), maltesischer Architekt und Politiker (Labour Party), 1955–1958 und 1971–1984 Ministerpräsident   139, 187

Mirow, Thomas (geb. 1953), Politologe und Politiker, 1971 Eintritt in die SPD, 1975–1983 Referent und Büroleiter von Willy Brandt, 1983–1987 Sprecher des Senats der Freien Hansestadt Hamburg   348, 363, 559

Mitterrand, François (1916–1996), französischer Politiker, 1946–1981 Mitglied der Französischen Nationalversammlung, 1965, 1974 und 1981 Präsidentschaftskandidat, 1971–1981 Vorsitzender der PSF, 1981–1995 Staatspräsident   34–37, 46, 101, 138 f., 158, 190, 242–245, 307–309, 312–314, 412, 519, 532, 544 f., 561 f., 565, 581, 589 f.

Mohammed (571–632), Prophet und Begründer des Islam   196, 589

Monge, Luis Alberto (geb. 1925), costaricanischer Politiker (PLN), 1982–1986 Staatspräsident   380–382, 574 f.

Mori, Haruki (1911–1988), japanischer Politiker und Diplomat, 1972–1975 Botschafter in Großbritannien, 1977–1983 Mitglied der Nord-Süd-Kommission, 1980–1982 Mitglied der Unabhängigen Kommission für Internationale Sicherheits- und Abrüstungsfragen („Palme-Kommission")   70, 89, 523

Morris, Joe (1913–1996), kanadischer Gewerkschafter, 1974–1978 Vorsitzender des Canadian Labour Congress, 1970–1977 und 1978–1979 stellv. Vorstandsvorsitzender der ILO, 1977–1978 Vorstandsvorsitzender der ILO, 1977–1983 Mitglied der Nord-Süd-Kommission 68, 70

Mugabe, Robert Gabriel (geb. 1925), simbabwischer Politiker (ZANU), 1964–1974 in Haft, 1980–1987 Ministerpräsident, ab 1987 Staatspräsident Simbabwes 217

Muñoz Ledo, Porfirio (geb. 1933), mexikanischer Diplomat, 1979–1985 UN-Botschafter Mexikos 87

Muskie, Edmund S. (1914–1996), amerikanischer Politiker (Demokratische Partei), 1980–1981 Außenminister 561

Nakasone, Yasuhiro (geb. 1918), japanischer Politiker, 1982–1987 Premierminister 575 f.

Nansen, Fridtjof (1861–1930), norwegischer Forscher und Staatsmann, Hochkommissar des Völkerbundes für Flüchtlingsfragen, 1922 Friedensnobelpreis 306, 561

Nasser, Gamal Abd el (1918–1970), ägyptischer Offizier und Politiker, 1954–1970 Staatspräsident Ägyptens 16 f.

Nehru, Jawaharlal (1889–1964), indischer Politiker, 1947–1964 Ministerpräsident und Außenminister 16 f.

Nordli, Odvar (geb. 1927), norwegischer Politiker (Sozialdemokraten), 1976–1981 Ministerpräsident 553

Nujoma, Sam (geb. 1929), namibischer Politiker, seit 1960 Präsident der SWAPO, 1990–2005 Präsident Namibias 221

Numeiri, Jaafar Mohammed al- (geb. 1930), sudanesischer Offizier und Politiker, 1969 nach Militärputsch Staatschef des Sudans, 1985 gestürzt 72, 536

Nyerere, Julius Kambarage (1922–1999), tansanischer Politiker, 1961–1962 Ministerpräsident, 1964–1985 Staatspräsident, 1987–1990 Vorsitzender der Süd-Kommission („Nyerere-Kommission") 17, 87, 97–99, 139, 217, 523, 536, 565, 585, 593

Obasanjo, Olusegun (geb. 1937), nigerianischer General und Politiker, 1980–1982 Mitglied der Unabhängigen Kommission für Internationale Sicherheits- und Abrüstungsfragen („Palme-Kommission"), 1995–1998 aus politischen Gründen inhaftiert, ab 1999 Staatspräsident 495, 507, 553, 597

Obote, Milton (1924–2005), ugandischer Politiker, 1966–1971 und 1980–1985 Staatspräsident 17

Occhetto, Achille (geb. 1936), italienischer Politiker, ab 1976 Parlamentsabgeordneter, 1988–1994 Generalsekretär der KP Italiens bzw. der PDS 512, 599

Oduber Quirós, Daniel (1921–1991), costaricanischer Politiker (PLN), 1974–1978 Staatspräsident 44, 46, 192, 364–367, 381, 534, 536, 571

Offergeld, Rainer (geb. 1937), Politiker, 1963 Eintritt in die SPD, 1969–1984 MdB, 1978–1982 Bundesminister für wirtschaftliche Zusammenarbeit 76, 269, 272–274, 396, 552, 562

Ohlin, Göran (geb. 1925), schwedischer Ökonom, Exekutivsekretär und ex-officio-Mitglied der Nord-Süd-Kommission 69, 248, 275, 550, 566

Ollenhauer, Erich (1901–1963), 1933–1946 Exil und Mitglied des emigrierten SPD-PV, 1946–1952 stellv., 1952–1963 SPD-

Vorsitzender, 1952–1963 Vorsitzender der SPD-Bundestagsfraktion   527

Owen, David (geb. 1938), britischer Politiker und Arzt, 1974–1977 Staatsminister (Labour Party), 1977–1979 Außenminister, 1981 Mitbegründer der Sozialdemokratischen Partei, 1983–1987 deren Vorsitzender   217, 312, 539

Pahlawi, Mohammed Reza (1919–1980), Schah des Iran 1941–1979, 1980 Tod im ägyptischen Exil   54, 77, 287, 536, 548, 550

Pahr, Willibald (geb. 1930), österreichischer Politiker, 1976–1983 Außenminister   86 f., 565

Palach, Jan (1948–1969), tschechoslowakischer Philosophiestudent, der sich aus Protest gegen die Niederschlagung des „Prager Frühling" und die sowjetische Besatzung selbst verbrannte   591

Palme, Olof (1927–1986), schwedischer Politiker, 1969–1986 Vorsitzender der Sozialdemokratischen Partei Schwedens, 1969–1976 und 1982–1986 Ministerpräsident, 1986 ermordet   26, 32, 34–36, 68, 70, 89, 94, 97 f., 102, 106 f., 129, 138, 140, 184, 243 f., 308, 312, 338, 369, 424, 430, 439, 528, 532, 561 f., 567, 570 f., 577, 581, 583, 585, 593

Papandreou, Andreas (1919–1996), griechischer Politiker (Panhellenische Sozialistische Bewegung), 1974–1996 Parteivorsitzender, 1981–1989 und 1993–1996 Ministerpräsident   585

Paul VI., bürgerlich Giovanni Battista Montini (1897–1978), 1964–1978 Papst   392, 578

Pearson, Lester B. (1897–1972), kanadischer Politiker (Liberale Partei), 1948–1957 Außenminister, 1957 Friedensnobelpreis, 1963–1968 Premierminister, seit 1969 Vorsitzender einer Weltbankkommission über globale Entwicklungsstrategie   65, 204 f., 207, 522, 536, 553

Pein, Franz (geb. 1924), österreichischer Jurist und Diplomat, 1978–1983 Botschafter in Bonn   87

Peiser, Werner (1895–1991), Jurist und Romanist, 1933 Emigration, 1951–1960 Diplomat im Auswärtigen Amt   227 f., 540

Peña Gomez, José Francisco (1937–1998), Jurist und Politiker (PRD) aus der Dominikanischen Republik, 1974–1986 Generalsekretär der PRD, 1982–1986 Bürgermeister von Santo Domingo, 1983–1998 SI-Vizepräsident, 1986–1998 Präsident der PRD   46, 377–379, 382

Peres, Shimon (geb. 1923), israelischer Politiker, 1974–1977 Verteidigungsminister, 1984–1986 und 1995–1996 Ministerpräsident, 1988–1990 Finanzminister, 1986–1988, 1992–1995 und 2001–2002 Außenminister, 1977–1992, 1995–1997 und 2003–2005 Vorsitzender der Arbeitspartei, ab 1978 Vizepräsident der SI, 1994 Friedensnobelpreis, 2005 Übertritt von der Arbeitspartei zur neu gegründeten Partei „Kadima"   51 f., 230, 477 f., 541, 592

Pérez de Cuéllar, Javier (geb. 1920), peruanischer Politiker und Diplomat, 1982–1991 UN-Generalsekretär   88, 97 f., 358, 399, 464 f., 468, 479–482, 508 f., 590, 592

Pérez-Guerrero, Manuel (1911–1985), venezolanischer Politiker und Diplomat, mehrere Ministerposten, 1969–1974 Generalsekretär der UNCTAD,

1975–1977 Ko-Vorsitzender der Konferenz über internationale wirtschaftliche Zusammenarbeit, 1980/81 Vorsitzender der G 77 64, 522

Pérez, Carlos Andrés (geb. 1922), venezolanischer Politiker (Demokratische Aktion), 1974–1979 und 1989–1993 Staatspräsident, 1983-1996 Vizepräsident der SI, 1987–1990 Mitglied der Süd-Kommission („Nyerere-Kommission") 25 f., 44, 46, 49, 92, 125, 141 f., 364–367, 377–379, 381 f., 403 f., 440, 442 f., 487, 527, 530, 536, 553, 571, 578, 580, 589 f., 593

Peri, Yoram (geb. 1944), israelischer Journalist und Politikwissenschaftler, 1969–1974 Sprecher der israelischen Arbeitspartei 541

Peters, Arno (1916–2002), Historiker und Geograph 212, 538

Peterson, Peter G. (geb. 1926), amerikanischer Ökonom, 1972/73 Wirtschaftsminister, 1977–1982 Mitglied der Nord-Süd-Kommission 68, 80, 537, 544

Pinochet, Augusto (geb. 1915), chilenischer General und Politiker, 1973 Chef der Militärjunta, 1974–1990 (diktatorisch regierender) Staatspräsident 41 f., 68, 400 f.

Pirzio-Biroli, Detalmo (geb. 1915), italienischer Diplomat und Professor, 1976–1980 Leitender Repräsentant des Europäischen Entwicklungsfonds der EG-Kommission in Mali 263, 551

Pisani, Edgard (geb. 1918), französischer Politiker (Sozialistische Partei), 1954–1961 und 1974–1981 Senator, 1978–1983 Mitglied der Nord-Süd-Kommission, 1981–1984 EG-Kommissar 396, 523, 537

Pittermann, Bruno (1905–1983), österreichischer Politiker (SPÖ), 1957–1967 Parteivorsitzender, 1957–1966 Vizekanzler, 1964–1976 Präsident der SI 162

Pöhl, Karl Otto (geb. 1929), deutscher Bankmanager, 1972–1977 StS im Finanzministerium, 1980–1991 Präsident der Bundesbank 524

Pol Pot (1925–1998), kambodschanischer Politiker (KP), 1976–1979 diktatorisch regierender Ministerpräsident 560

Pontillon, Robert (1921–1992), französischer Politiker und Journalist, 1977–1992 Senator, 1979–1980 Vorsitzender der SPE, 1990–1992 Präsident der Parlamentarischen Versammlung der WEU 243, 245

Prebisch, Raúl (1901–1986), argentinischer Ökonom, 1965–1969 erster Generalsekretär der UNCTAD 391, 578

Pronk, Jan P. (geb. 1940), niederländischer Politiker (PvdA), 1973–1977 und 1989–1998 Minister für Entwicklungszusammenarbeit, 1977–1983 Ehrenamtlicher Schatzmeister und ex-officio-Mitglied der Nord-Süd-Kommission, 1980–1985 stellv. Generalsekretär der UNCTAD, 1985–1986 stellv. UN-Generalsekretär 48, 66, 93, 232 f., 248, 520, 535, 541 f.

Rabasa, Emilio O. (geb. 1925), mexikanischer Politiker, 1970–1975 Außenminister 124

Rabin, Itzhak (1922–1995), israelischer Politiker, 1964–1968 Generalstabschef, 1974–1977 Ministerpräsident, 1984–1990 Verteidigungsminister, 1992–1995 Ministerpräsident, 1994 Friedensnobelpreis (mit → Arafat und → Peres), 1976–1978, 1992–1995 Vizepräsident der SI, 1995 ermordet 192, 534

Ramírez Mercado, Sergio (geb. 1942), nicaraguanischer Schriftsteller und Politiker (Sandinistische Befreiungsfront), 1973–1975 als Stipendiat in Deutschland, 1984–1990 Vizepräsident Nicaraguas 233 f., 394

Ramphal, Sir Shridath S. (geb. 1928), 1975–1990 Generalsekretär des British Commonwealth, 1977–1983 Mitglied der Nord-Süd-Kommission, 1980–1982 Mitglied der Unabhängigen Kommission für Internationale Sicherheits- und Abrüstungsfragen („Palme-Kommission"), 1984–1987 Mitglied der Weltkommission für Umwelt und Entwicklung („Brundtland-Kommission"), 1987–1990 Mitglied der Süd-Kommission („Nyerere-Kommission") 68, 73, 78, 80 f., 86, 89, 94, 98, 275, 297, 325–330, 386, 465–468, 510, 535, 546, 548, 558, 566, 570, 573, 576

Reagan, Ronald W. (1911–2004), amerikanischer Filmschauspieler und Politiker (Republikaner), 1981–1989 Präsident der USA 33, 43, 87, 89, 335, 370, 401, 564–566, 569 f., 572 f., 587

Regan, Donald (1918–2003), amerikanischer Politiker, 1981–1985 Finanzminister, 1985–1987 Stabschef von Präsident → Reagan 391, 578

Renger, Annemarie (geb. 1919), Politikerin, 1953–1990 MdB (SPD), 1972–1976 Bundestagspräsidentin, 1976–1990 Vizepräsidentin des Bundestages 559

Ribicoff, Abraham (1910–1998), amerikanischer Politiker (Demokraten), 1961–1962 Minister für Gesundheit, Bildung und Wohlfahrt, 1963–1981 Senator 548

Riehl-Heyse, Herbert (1940–2003), Journalist, seit 1971 bei der *Süddeutschen Zeitung* 536

Rocard, Michel (geb. 1930), französischer Politiker (Sozialistische Partei), 1969–1973, 1978–1981 und 1986–1988 Abgeordneter in der Nationalversammlung, 1981–1983 Planungsminister, 1983–1985 Landwirtschaftsminister, 1988–1991 Premierminister 530

Rodríguez, Carlos Rafael (1913–1997), kubanischer Jurist, Schriftsteller und Politiker (Kommunistische Partei), ab 1966 Mitglied des ZK und Nationalsekretär der KP Kubas, 1976–1996 Mitglied des Politbüros der KP Kubas 406

Rohm, Franz Michael (geb. 1957), Journalist, 1988 Redakteur beim Stadtmagazin *zitty* in Berlin, seit 1993 freier Journalist 586

Røhne, Svein Atle (geb. 1945), norwegischer Journalist 572

Romero y Galdamez, Oscar Arnulfo (1917–1980), katholischer Geistlicher aus El Salvador, 1977–1980 Erzbischof von San Salvador, 1980 von rechtsradikalen Terroristen ermordet 46

Roosevelt, Franklin D. (1882–1945), amerikanischer Politiker (Demokraten), 1928–1932 Gouverneur von New York, 1933–1945 Präsident der USA 88

Rushdie, Salman (geb. 1947), indischbritischer Schriftsteller 97, 464, 589 f.

Rweyemamu, Justinian F. (1942–1982), tansanischer Wirtschaftswissenschaftler, 1975–1978 persönlicher Mitarbeiter von → Julius K. Nyerere in Wirtschaftsfragen, seit 1977 Professor für Wirtschaft, 1978–1980 Mitarbeiter im Sekretariat der Nord-Süd-Kommission 550

Sadat, Mohammed Anwar el- (1918–1981), ägyptischer Politiker, 1970–1981 Staatspräsident, 1978 Friedensnobelpreis, 1981 ermordet 51 f., 139, 201 f., 230, 299, 536, 541, 548

Sampson, Anthony (1926–2004), britischer Journalist und Schriftsteller 78

Sandino, Augusto César (1895–1934), nicaraguanischer Guerillaführer, 1934 ermordet 44

Sanguinetti, Julio María (geb. 1936), uruguayischer Politiker, 1985–1990 und 1995–2000 Staatspräsident 400

Santos, José Eduardo dos (geb. 1942), angolanischer Politiker (MPLA), 1975–1976 und 1984–1985 Außenminister, seit 1979 Staatspräsident 461 f., 588

Sartawi, Isam (1935–1983), palästinensischer Politiker und Arzt, Mitglied der PLO und der Fatah, Berater von → Yasir Arafat, 1983 ermordet 53, 256, 278, 548 f., 556, 564

Sattar, Abdus (1906–1985), bengalischer Politiker, 1981–1982 Präsident von Bangladesh, 1982 durch Militärputsch gestürzt 565

Scheel, Walter (geb. 1919), Politiker, seit 1946 Mitglied der FDP, 1953–1974 MdB (FDP), 1961–1966 Bundesminister für wirtschaftliche Zusammenarbeit, 1968–1974 FDP-Bundesvorsitzender, 1969–1974 Bundesaußenminister und Vizekanzler, 1974–1979 Bundespräsident 69 f., 209 f., 536–538

Schewardnadse, Eduard (geb. 1928), georgischer Politiker, 1972–1985 Vorsitzender der KP Georgiens, 1985–1990 Außenminister der Sowjetunion, 1992–2003 Staatsoberhaupt Georgiens 504 f., 596

Schiwkow, Todor (1911–1998), bulgarischer Politiker (Kommunist), 1954–1989 Erster Sekretär des ZK, 1962–1971 Ministerpräsident, 1971–1989 Vorsitzender des Staatsrates, 1989 gestürzt 541

Schlei, Marie (1919–1983), Politikerin, 1949 Eintritt in die SPD, 1969–1981 MdB (SPD), 1974–1976 PStS im Bundeskanzleramt, 1976–1978 Bundesministerin für wirtschaftliche Zusammenarbeit 67, 523

Schleicher, Harry (1928–2002), Journalist, 1958–1993 Mitarbeiter der *Frankfurter Rundschau* 469, 591

Schmid, Carlo (1896–1979), 1947–1973 Mitglied des SPD-PV, 1949–1972 MdB 527

Schmidt, Helmut (geb. 1918), Politiker, 1946 Eintritt in die SPD, 1953–1962 und 1965–1987 MdB, 1958–1984 Mitglied des SPD-PV, 1965–1967 stellv., 1967–1969 Vorsitzender der SPD-Bundestagsfraktion, 1968–1984 stellv. Vorsitzender der SPD, 1969–1972 Bundesminister der Verteidigung, 1972–1974 Bundesminister der Finanzen, 1974–1982 Bundeskanzler 25, 67, 72, 75 f., 78, 81 f., 84–86, 107, 127, 137, 150, 187, 207, 210, 229 f., 267, 269–274, 296 f., 301 f., 308, 311 f., 396, 519, 523, 525, 532, 537, 553–555, 558–560, 562, 570

Schmidt, Renate (geb. 1943), Politikerin, 1972 Eintritt in die SPD, 1980–1994 und seit 2005 MdB, 1997–2003 stellv. Parteivorsitzende 84

Scholz, Günther (1919–2003), Journalist, langjähriger Leiter des Bonner Büros der Deutschen Welle 356, 531, 570

Schreiner, Ottmar (geb. 1946), Politiker, 1969 Eintritt in die SPD, seit 1980 MdB 84

Schröder, Gerhard (geb. 1944), Jurist und Politiker, 1963 Eintritt in die SPD, 1978–1980 Bundesvorsitzender der Jusos, 1980–1986 und 1998–2005 MdB (SPD), 1983–1993 Vorsitzender des SPD-Bezirks Hannover, 1986–2005 Mitglied im SPD-PV, 1986–1998 MdL (Niedersachsen), 1989–2005 Mitglied des SPD-Präsidiums, 1990–1998 niedersächsischer Ministerpräsident, 1998–2005 Bundeskanzler, 1999–2004 SPD-Vorsitzender 84

Schulmann, Horst (1933–1994), Finanz- und Währungsfachmann, 1978–1980 Leiter der Abteilung für Wirtschafts-, Finanz- und Sozialpolitik im Bundeskanzleramt, 1981–1982 StS im Bundesministerium der Finanzen und weiterhin persönlicher Beauftragter des Bundeskanzlers für die Vorbereitung der G-7-Gipfel 555

Schultze-Kraft, Peter (geb. 1937), Journalist und Autor 233

Schwartz, Rolf-Dietrich (geb. 1940), Journalist, seit 1969 bei der Frankfurter Rundschau, 1972–1999 deren Bonn-Korrespondent 565

Scowcroft, Brent (geb. 1925), amerikanischer General, Sicherheitsberater der Präsidenten Nixon, Ford, → George Bush sen. und George Bush jun. 95, 526, 590

Seaga, Edward (geb. 1930), jamaikanischer Politiker (Labour Party), 1974–2004 Vorsitzender der Labour Party, 1980–1989 Premierminister 463

Seebacher, Brigitte (geb. 1946), Historikerin und Journalistin, Witwe Willy Brandts, 1965–1995 Mitglied der SPD, 1972–1977 Chefredakteurin der *Berliner Stimme*, 1995–1999 Leiterin der Kulturabteilung der Deutschen Bank, seit 2002 Lehrbeauftragte an der Universität Bonn 406, 596

Senghor, Léopold Sédar (1906–2001), senegalesischer Politiker und Dichter, 1946–1958 Abgeordneter in der französischen Nationalversammlung, 1960–1980 Staatspräsident, 1962–1970 auch Ministerpräsident 139, 150 f., 192, 261, 506, 534, 548 f., 581, 597

Shagari, Shehu (geb. 1925), nigerianischer Politiker, 1979–1983 Staatspräsident, 1983 durch Militärputsch gestürzt 565

Silva Cimma, Enrique (geb. 1918), chilenischer Jurist und Politiker (Radikale Partei), 1983–1990 Vorsitzender der Radikalen Partei, seit 1998 Senator 401

Singh, Karan (geb. 1931), indischer Politiker, 1964–1967 Gouverneur von Kaschmir, 1967–1980 verschiedene Ministerämter, 1989–1990 indischer Botschafter in den USA 499

Soares, Mário (geb. 1924), portugiesischer Politiker, 1973–1985 Generalsekretär der Sozialistischen Partei Portugals, 1974–1975 Außenminister, 1976–1978 und 1983–1985 Premierminister, 1986–1996 Staatspräsident 21 f., 27 f., 32, 34, 131, 135, 152, 171, 184, 187, 281, 287, 354, 510, 518, 530, 532, 556, 569

Somoza Debayle, Anastasio (1925–1980), nicaraguanischer Politiker, 1967–1972 und 1974–1979 Staatsoberhaupt, 1980 ermordet   42, 280, 283, 364, 382, 556

Sorsa, Kalevi (1930–2004), finnischer Politiker, 1975–1987 Vorsitzender der Sozialdemokratischen Partei Finnlands, 1972, 1975–1976 und 1987–1989 Außenminister, 1972–1975, 1977–1979 und 1982–1987 Ministerpräsident   244, 308, 581

Steen, Reiulf (geb. 1933), norwegischer Politiker, 1965–1975 stellv. und 1975–1981 Vorsitzender der Arbeiterpartei, 1979–1981 Minister für Handel   244

Strauß, Franz Josef (1915–1988), 1945 Mitbegründer der CSU, 1949–1978 MdB, 1961–1988 Vorsitzender der CSU, 1966–1969 Bundesminister der Finanzen, 1978–1988 bayerischer Ministerpräsident   285, 556 f.

Sucre Figarella, José Francisco (geb. 1931), venezolanischer Diplomat, 1976–1980 Botschafter in der Bundesrepublik Deutschland   522

Suharto, Hadji Mohamed (geb. 1921), indonesischer Politiker und General, seit 1966 Regierungschef, 1967 bis 1998 (diktatorisch regierender) Staatspräsident   536

Sukarno, dt. auch **Achmed Sukarno** (1901–1970), indonesischer Politiker, erklärte 1945 die Unabhängigkeit des Landes, 1949–1967 erster Staatspräsident   16

Sule Candia, Anselmo (1934–2002), chilenischer Politiker, 1969–1973 und 1990–1998 Mitglied des Senats, 1972 Vorsitzender der Radikalen Partei, nach Militärputsch 1973 verhaftet, 1975 Ausweisung nach Venezuela, 1976–1986 Vizepräsident der SI   192, 534

Suu Kyi, Aung San (geb. 1945), birmesische Politikerin, 1990 Siegerin der vom Militärregime nicht anerkannten Parlamentswahl in Birma/Myanmar, 1989 bis 1995, 2000 bis 2002 und erneut seit 2003 unter Hausarrest, 1991 Friedensnobelpreis   508, 597

Suzman, Helen (geb. 1917), südafrikanische Politikerin (Progressive Party), 1953–1989 Mitglied des Parlaments   429

Suzuki, Zenko (1911–2004), japanischer Politiker, 1980–1982 Ministerpräsident   565

Takeshita, Noboru (1924–2000), japanischer Politiker, 1979/80 und 1982–1986 Finanzminister, 1987–1989 Ministerpräsident   590

Tangermann, Klaus-Dieter (1947–2002), Journalist und Entwicklungshelfer, 1978 Mitbegründer der *tageszeitung*   578

Thatcher, Margaret (geb. 1925), britische Politikerin (Konservative Partei), 1959–1992 Mitglied des Unterhauses, 1975–1991 Parteivorsitzende, 1979–1990 Premierministerin   87, 336, 458, 565, 570, 576

Thiebach, Gerhard G. (geb. 1938), Volkswirt und Politikwissenschaftler, 1969–1978 Tätigkeit bei der Weltbank in Washington, 1978–1980 Wissenschaftlicher Mitarbeiter im Sekretariat der Nord-Süd-Kommission in Genf, 1980–1983 Leiter des Büros für Internationale Entwicklungsfragen in Den Haag, 1983–1987 Mitarbeiter für Nord-Süd-Fragen im Büro Brandt in Bonn   525 f., 557, 573, 576

Thorsson, Inga (1915–1994), schwedische Diplomatin und Politikerin (Sozialdemokraten), 1974–1982 Staatssekretärin für Abrüstung und Leiterin der schwedischen Delegation bei den Abrüstungsverhandlungen der UN in Genf, 1978–1981 Vorsitzende einer von UN-Generalsekretär → Waldheim eingesetzten Arbeitsgruppe von Regierungsexperten zum Verhältnis zwischen Abrüstung und Entwicklung 547

Tinbergen, Jan (1903–1994), niederländischer Ökonom, 1966–1975 Vorsitzender des UNO-Komitees für Entwicklungsplanung, 1969 erster Nobelpreisträger für Wirtschaftswissenschaften 485

Tindemans, Leo (geb. 1922), belgischer Politiker (Christdemokraten), 1974–1978 Ministerpräsident, 1981–1989 Außenminister 536

Tito, eigentlich **Josip Broz** (1892–1980), jugoslawischer Widerstandskämpfer und Politiker, 1945–1953 Ministerpräsident, 1953–1980 Staatspräsident 16, 541

Todenhöfer, Jürgen (geb. 1940), Politiker und Manager, 1972–1990 MdB (CDU), 1972–1980 entwicklungspolitischer Sprecher, 1981–1987 abrüstungspolitischer Sprecher der CDU/CSU-Bundestagsfraktion, seit 1987 Verlagsmanager und Buchautor 537

Traa, Marten van (1945–1997), niederländischer Journalist und Politiker, 1979–1987 internationaler Sekretär der PvdA 363 f.

Trudeau, Pierre Elliott (1919–2000), kanadischer Politiker (Liberale), 1968–1984 Premierminister 334, 536, 553, 565 f.

Tutu, Desmond (geb. 1931), südafrikanischer Geistlicher, 1976–1978 Bischof von Lesotho, 1978–1984 Generalsekretär des Südafrikanischen Kirchenrates, 1984–1986 Bischof von Johannesburg, 1984 Friedensnobelpreis, ab 1987 Präsident der Gesamtafrikanischen Kirchenkonferenz, 1986–1996 Erzbischof von Kapstadt 429

Ungo, Guillermo (1931–1991), salvadorianischer Jurist und Politiker, 1972–1979 und 1981–1987 im Exil, 1979–1980 Mitglied der regierenden Junta, ab 1985 Vizepräsident der SI 46, 323, 382, 575

Uyl, Joop den (1919–1987), niederländischer Journalist und Politiker, 1967–1986 Vorsitzender der PvdA, 1973–1977 Ministerpräsident, 1981–1982 Sozialminister 107, 187, 307 f., 312, 561, 581

Väänänen, Pentti (geb. 1945), finnischer Politiker (Sozialdemokrat), 1983–1989 Generalsekretär der SI 36, 424 f., 442, 571 f.

Valdés Subercaseaux, Gabriel (geb. 1919), chilenischer Jurist und Politiker (Christdemokraten), 1964–1970 Außenminister, ab 1982 Vorsitzender der Christlich-Demokratischen Partei, seit 1989 Senator, 1990–1996 Senatspräsident 401

Vance, Cyrus R. (1917–2002), amerikanischer Jurist und Politiker (Demokraten), 1977–1980 Außenminister der USA 549, 558

Verheugen, Günter (geb. 1944), Politiker, 1960 Eintritt in die FDP, 1977/78 Bundesgeschäftsführer der FDP, 1978–1982 FDP-Generalsekretär, 1983 Übertritt in die SPD, 1983–1999 MdB (SPD), 1993–1996 Bundesgeschäftsführer der SPD, 1998–1999 Staatsminister im AA, seit 1999 EU-Kommissar 461 f., 588 f.

Vetter, Heinz-Oskar (1917–1990), Gewerkschafter und Politiker (SPD), 1969–1982 Vorsitzender des DGB, 1974–1979 Präsident des Europäischen Gewerkschaftsbundes, 1979–1989 MdEP 529

Villanueva del Campo, Armando (geb. 1915), peruanischer Politiker (APRA), 1988/89 Ministerpräsident 284, 556

Vogel, Hans-Jochen (geb. 1926), seit 1950 Mitglied der SPD, 1960–1972 Oberbürgermeister von München, 1970–1991 Mitglied des SPD-Parteivorstandes, 1972–1981 und 1983–1994 MdB, 1972–1974 Bundesminister für Raumordnung, Bauwesen und Städtebau, 1974–1981 Bundesminister der Justiz, 1981 Regierender Bürgermeister von Berlin, 1983–1991 Vorsitzender der SPD-Bundestagsfraktion, 1987–1991 Vorsitzender der SPD 62, 85, 599

Vorster, Balthasar Johannes (1915–1983), südafrikanischer Politiker, 1966–1978 Vorsitzender der National Party, 1966–1978 Ministerpräsident und 1978–79 Staatspräsident 150, 531

Waldheim, Kurt (geb. 1918), österreichischer Diplomat und Politiker, 1972–1982 UN-Generalsekretär, 1986–1992 Bundespräsident 66, 69, 72, 80, 85, 247, 267, 288, 297, 353, 525, 546, 557 f., 565

Wałęsa, Lech (geb. 1943), polnischer Gewerkschafter und Politiker, 1980 Gründer der Gewerkschaft Solidarność, 1983 Friedensnobelpreis, 1990–1995 erster frei gewählter Präsident Polens nach 1944 39, 41

Warnke, Jürgen (geb. 1932), Politiker, 1969–1998 MdB (CSU), 1982–1987 und 1989–1991 Bundesminister für Wirtschaftliche Zusammenarbeit, 1987–1989 Verkehrsminister 396

Wechmar, Rüdiger Freiherr von (geb. 1923), deutscher Diplomat und Journalist, 1969–1974 Regierungssprecher, 1974–1981 ständiger Vertreter der Bundesrepublik bei den Vereinten Nationen, 1980/81 Präsident der UN-Generalversammlung, 1981–1983 Botschafter in Italien, 1983–1988 Botschafter in Großbritannien, 1989–1994 MdEP (FDP) 337, 523, 526, 546, 567

Weege, Wolfgang (geb. 1942), Diplom-Dolmetscher, 1981–1994 in der Internationalen Abteilung des SPD-PV tätig 574, 583, 589

Wehner, Herbert (1906–1990), Politiker und Journalist, 1927–1942 Mitglied der KPD, 1946 Eintritt in die SPD, 1949–1983 MdB, 1958–1973 stellv. Vorsitzender der SPD, 1966–1969 Bundesminister für Gesamtdeutsche Fragen, 1969–1983 Vorsitzender der SPD-Bundestagsfraktion, 1972–1983 Chefredakteur der Zeitschrift *Die Neue Gesellschaft* 523, 559

Weizsäcker, Carl Friedrich Freiherr von (geb. 1912), Physiker und Philosoph, 1969–1980 Direktor des Max-Planck-Instituts zur Erforschung der Lebensbedingungen in der wissenschaftlichen und technischen Welt in Starnberg 517

Weizsäcker, Richard Freiherr von (geb. 1920), Politiker, 1954 Eintritt in die CDU, 1969–1981 MdB, 1979–1981 Vizepräsident des Bundestags, 1981–1984 Regierender Bürgermeister von Berlin, 1984–1994 Bundespräsident 497, 595

Westphal, Heinz (1924–1998), Politiker (SPD), 1965–1990 MdB, 1982 Bundesminister für Arbeit und Sozialordnung, 1983–1990 Vizepräsident des Bundestags   559

Whitlam, Gough (geb. 1916), australischer Politiker, 1967–1977 Vorsitzender der Labour Party, 1972–1975 Premierminister, 1976–1978 Vizepräsident der SI   192, 534

Williams, Maurice J. (geb. 1919), amerikanischer Politiker, 1974–1978 Vorsitzender des Ausschusses für Entwicklungshilfe der OECD   253, 547

Wilson, Harold (1916–1995), britischer Politiker (Labour Party), 1963–1976 Vorsitzender der Labour Party, 1964–1970 und 1974–1976 Premierminister   138, 529

Wischnewski, Hans-Jürgen (1922–2005), 1946 Eintritt in die SPD, 1966–1968 Bundesminister für wirtschaftliche Zusammenarbeit, 1970–1985 Mitglied des SPD-PV und des Präsidiums, 1974–1976 Staatsminister im Auswärtigen Amt, 1976–1979 und 1982 Staatsminister im Bundeskanzleramt, 1979–1982 stellv. SPD-Vorsitzender, 1957–1990 MdB (SPD), 1980–1983 stellv. Fraktionsvorsitzender im Bundestag   41, 48, 76, 107, 139, 159, 256 f., 269, 274, 348, 525, 532, 548, 552, 561, 568, 574 f., 578, 592

Yaker, Layachi (geb. 1930), algerischer Politiker und Diplomat, 1969–1977 Handelsminister, 1977–1983 Mitglied der Nord-Süd-Kommission, 1987–1990 Mitglied der Süd-Kommission („Nyerere-Kommission"), 1992–1995 stellv. Generalsekretär der UN   68, 248, 546

Zaldívar, Andrés (geb. 1936), chilenischer Politiker, 1976–1982 und 1989–1991 Vorsitzender der Christlich-Demokratischen Partei, 1982–1986 Präsident der Christlich-Demokratischen Internationale, seit 1989 Senator, 1998–2004 Präsident des Senats, seit 2006 Innenminister und Vizepräsident   46, 374–377, 379, 382

Zhao Ziyang (1919–2005), chinesischer Politiker, 1980–1987 Premierminister, 1987–1989 Generalsekretär der KPCh   86, 565

Zundel, Rolf (1928–1989), Journalist, 1959–1989 Mitarbeiter der *Zeit*   519

Zyl Slabbert, Frederik van (geb. 1940), südafrikanischer Soziologe und Politiker, 1974–1986 Mitglied des südafrikanischen Parlaments, 1979–1986 Vorsitzender der Progressive Federal Party   429

Sachregister

Abkommen und Verträge
— Abkommen über Frieden und Freundschaft zwischen Argentinien und Chile, 29. November 1984   399, 579
— Abkommen zwischen Costa Rica und Nicaragua zur Verhinderung von Grenzzwischenfällen, 15. Mai 1984   575
— Abkommen zwischen der EG und 46 Staaten in Afrika, im karibischen Raum und im Pazifik (AKP), 25. Februar 1975 (Lomé I), und Folgeabkommen   127, 497, 528, 554, 563, 595
— Ägyptisch-israelisches Friedensabkommen, 26. März 1979   54, 279, 299, 548, 556
— Allgemeines Zoll- und Handelsabkommen (GATT), 1. Januar 1948   270, 360, 451, 553, 570
— Amerikanisch-sowjetisches Abkommen über die Begrenzung strategischer Nuklearwaffen (SALT I), 26. Mai 1972   172, 532
— Amerikanisch-sowjetisches Abkommen über die Begrenzung strategischer Nuklearwaffen (SALT II), 18. Juni 1979   172
— Amerikanisch-sowjetisches Abkommen über die Beseitigung der nuklearen Mittelstreckenwaffen (INF), 8. Dezember 1987   588
— Angola-Namibia-Abkommen zwischen Angola, Kuba und Südafrika, 22. Dezember 1988   476, 588 f.
— Kulturabkommen zwischen der Bundesrepublik Deutschland und der Republik Südafrika, 11. Juni 1962   220 f., 539
— Montrealer Protokoll zum Schutz der Ozonschicht, 16. September 1987   466, 590
— Übereinkommen zur Errichtung des Gemeinsamen Rohstoff-Fonds (Çommon Fund"), 27. Juni 1980   264 f., 271, 531, 533, 551, 554

Abrüstung siehe Rüstung: Abrüstung und Rüstungskontrolle
Addis Abeba   92, 410, 581
Afghanistan   304, 308, 412, 438, 588
— sowjetischer Einmarsch 1979   39 f., 80, 295, 369, 519, 557 f., 560
Afrika   16 f., 32, 50, 72, 92, 94, 127, 129 f., 150, 152 f., 155, 160, 167, 183, 192, 245, 260–263, 282, 304, 316, 319 f., 340, 342, 360, 373, 406–411, 416, 423, 430, 433, 438, 450, 456, 466, 474, 479 f., 497, 517, 528, 539 f., 563, 573 f., 580–582
— Ausbau der Infrastruktur   225
— Linksparteien   29, 138 f., 148, 150 f., 153, 160, 171 f., 530
— Nordafrika   152, 304, 500
— Sahelzone   263, 415–417, 573
— Subsahara   104, 466, 581
— südliches Afrika   32, 56–59, 162, 184, 216–221, 304, 425 f., 431 f., 461 f., 476, 494, 589
Ägypten   16 f., 20, 51, 54, 201 f., 230–232, 279, 299, 380, 536, 541, 548, 556, 574, 587, 595 siehe auch: Naher und Mittlerer Osten: Nahostkonflikt
— Arabische Sozialistische Union (ASU)   139, 231 f.
Albanien
— Sozialistische Partei (ehemalige Kommunisten)   61
Albufeira   435, 571
Alexandra   426
Algerien   19 f., 68, 72, 86 f., 526, 536, 565

Algier 19 f., 125, 517
„Allianz für Frieden und Fortschritt"
24–29, 32, 101, 128–131, 138 f., 142 f.,
150–157, 160, 529
Amnesty International 102, 176, 411, 444,
521
Amsterdam 107, 109, 140, 193, 532, 541
Analphabetismus 104, 174, 550
Anarchisten 155 f.
Angola 48, 56–58, 380, 431, 461 f., 476,
574 f., 588 f.
— MPLA 462
— UNITA 57 f., 431, 462, 583, 588
Ankara 39, 331
Antiamerikanismus 381
Antifaschismus 100
Antikommunismus 89, 100, 431
Apartheid siehe Südafrika; siehe auch: Menschenrechte, Menschenrechtsverletzungen
Arabische Staaten 19, 52–54, 56, 130, 148,
152, 155, 172, 183, 231, 278, 298–300,
502 f., 543, 548
— Arabische Liga 278
— Linksparteien 138 f., 528, 530
Arbeit 28, 77, 175, 181, 266
— Arbeitslosigkeit 79, 104, 175, 187, 206,
213, 251, 264, 289–291, 341, 457, 463,
538, 550
— Recht auf Arbeit 225, 540
Arbeiter 124, 434
— Arbeiterklasse 166, 226
Arbeiterbewegung 26, 166, 436
— internationale Arbeiterbewegung sozialistischer und sozialdemokratischer Parteien
— Internationale Arbeiterassoziation
1864–1876 15, 155 f., 162, 166,
434, 531 f.
— Internationaler Arbeiterkongress
(„Zweite Internationale")
1889–1914 15, 60, 162, 166, 434
— Sozialistische Arbeiter-Internationale 1923–1940 15, 102, 164

— Sozialistische Internationale siehe
Sozialistische Internationale (SI)
— polnische Arbeiterbewegung siehe Polen:
„Solidarność"
Arbeitsteilung
— „internationale sozialistische" 534
— neue internationale 225
Argentinien 47 f., 285, 351–353, 376, 388,
399 f., 447, 453, 538, 557, 569, 574, 577,
579 f., 584 f.
Armut 17, 95, 103 f., 194, 214, 236 f., 294,
318, 326, 342, 416–418, 426, 439, 458,
466 f., 482 f.
— absolute 104, 174, 178, 290, 479, 538,
543, 592
Arusha 425, 435, 438
Asien 16 f., 32, 72, 94, 104, 155, 162, 167,
196, 214, 282, 298, 319, 340, 342, 433,
456, 458, 466, 479, 489, 508, 517, 540
— Linksparteien 29, 130, 138, 148, 171 f.,
185, 530
— Südostasien 126, 304, 426, 500
Asylrecht 162, 305, 560
Äthiopien 17, 48, 92 f., 304, 380, 407, 409 f.,
414, 560, 574, 580 f.
Atomkraft siehe Energiepolitik: Kernenergie
Atomwaffen 71, 172 f., 193, 345, 594
— Gleichgewicht des Schreckens 146
Ausbeutung 20, 162, 167, 281, 287, 376,
413, 418, 421 f., 434
Australien 72, 273, 553
— Labour Party 185, 192, 589
Auswärtiges Amt 220, 545, 562, 590, 594

Bagdad 55
Bahamas 548
Bamako 551
Bandung 16
Bangladesh 416, 419, 565
Banken
— private Geschäftsbanken 90 f., 272,
372, 446 f., 449, 451 f., 455, 474
— regionale Entwicklungsbanken 269,
421 f., 503, 553

Barcelona 24, 518
„basic needs" siehe Grundbedürfnisse; siehe auch: Entwicklungspolitik: Entwicklungsstrategien
Befreiungsbewegungen 16, 56 f., 59, 162, 164, 216–218, 409, 428 f., 436, 460, 528, 539, 581 siehe auch: Kolonialherrschaft
Beirut 354, 569 f.
Belgien 187, 528, 536, 544
— Sozialistische Partei 139, 158, 244, 571
Belgrad 16, 170, 193, 532
Bengasi 582
Bergneustadt 303, 560
Berlin 16, 50, 61, 83 f., 94, 98, 448 f., 453, 505 f., 512–515, 525, 585 f., 596, 599
— Fall der Mauer 60
— -Frage 594
— Ost- 168, 532
— Reichstag 62, 514
— Schloss Charlottenburg 85
— West- 17, 582
Bevölkerungspolitik 291, 498 f.
— „Bevölkerungsexplosion" und Gegenmaßnahmen 79, 82, 95 f., 104, 146 f., 174, 194, 223, 253, 270 f., 340 f., 467, 481, 484, 488, 547, 554, 563, 574
Bildung 28, 31, 104, 261, 481
Birma 508, 597
Blockfreienbewegung 16, 18, 48, 101, 141 f., 173, 193, 232, 542, 593 siehe auch: Konferenzen und Verhandlungen
Blockfreiheit 44, 48, 149, 365, 395, 425, 430, 432
Bochum 456–460, 588
Bodenschätze siehe Rohstoffe: Bodenschätze
Bolivien 283–285, 556, 577
Bombay 341
Bonn 22, 35, 59, 65, 69 f., 72, 78, 81, 87–90, 108 f., 133, 138 f., 179, 181, 228 f., 238, 245, 302, 309, 313, 336, 355, 358 f., 371, 386, 409, 444, 478, 490 f., 493, 501, 511, 518, 521 f., 524, 533 f., 537–539, 541, 545, 564, 568, 570, 572, 574, 578, 585, 591, 597 f.

Boston 64, 197, 341, 522
Botswana 58, 419, 426, 432, 583
Boykott siehe Sanktionen
„Brandt-Kommission" siehe Nord-Süd-Kommission
„Brandt-Report" siehe Nord-Süd-Kommission: Bericht 1980
Brasilien 47 f., 72, 227 f., 283 f., 400, 417, 451, 455, 459, 500, 538, 540, 565, 577, 580, 584, 595
Bremen 538
Bretton Woods 73, 268, 534, 543
— „neues Bretton Woods" 91, 391
Bretton-Woods-Institutionen siehe Internationaler Währungsfonds, Weltbank
Brundtland-Kommission 93 f., 97 f., 458, 480, 593
Brüssel 72, 78, 88, 187, 267, 275, 497, 555, 561
Budapest 337, 339–346, 541, 591
Buenos Aires 47, 91, 392, 577 f.
Bulgarien 72, 541
— Sozialdemokratische Partei 61
— Sozialistische Partei (ehemalige Kommunisten) 61
Bundesbank 75
Bundeskabinett siehe Bundesregierung
Bundeskanzleramt 67, 75
Bundesministerium der Finanzen 75, 562
Bundesministerium für Wirtschaft 562
Bundesministerium für Wirtschaftliche Zusammenarbeit (BMZ) 64, 84, 518, 539, 554, 562, 582
Bundesregierung
— Regierung Brandt 1969–1974
— — Nord-Süd-Politik 17 f., 235, 421 f., 454
— Regierung Kohl 1982–1998 398, 401, 464
— — Nord-Süd-Politik 88, 370, 373, 386, 448, 451, 453, 573, 575 f., 587
— Regierung Schmidt 1974–1982 136, 181, 537

- Nord-Süd-Politik 25 f., 67, 75, 82, 84–87, 126, 145, 207, 273, 296, 319, 336 f., 396, 559, 562
- Rüstungsexportpolitik 84, 218 siehe auch: Rüstung: Waffenhandel
- Stellungnahme zum Brandt-Report 1980 76, 81 f., 267–274, 311, 558, 562
- Südafrikapolitik 150, 217–221, 539

Bundesrepublik Deutschland 19, 56, 90, 124, 127, 135, 137, 150, 153, 166, 187, 200, 207 f., 233 f., 256 f., 267–269, 271, 273, 300, 321 f., 335, 370, 382, 417, 430, 448, 450–453, 464, 487, 493, 495–497, 502, 509, 526, 528–530, 536, 538, 543 f., 553, 560, 564 f., 567, 583, 586–588, 596
- Deutsche Einheit 1990 96, 493, 495 f., 594
- Grundgesetz 305, 419, 560
- öffentliche Entwicklungshilfeausgaben 18, 25, 75, 84, 215, 269, 311, 336 f., 407, 454, 539, 553
- Rolle in den Nord-Süd-Beziehungen 67, 84, 181, 212 f., 337, 386, 451, 493, 496
- Rüstungszusammenarbeit mit Südafrika 58, 474 f., 591

Bundestag siehe Deutscher Bundestag
Bürgerbeteiligung 146, 212 f.
Bürgerkrieg siehe Krieg: Bürgerkrieg
Bürgerrechte siehe Menschenrechte, Menschenrechtsverletzungen
Burkina Faso 68
Butiama 523

Camp David 279, 299, 556
Cancún 85–88, 325–330, 332, 334–337, 370, 468, 565–567
- Cancún-II-Initiative 94–96, 383, 391, 465–468, 590

Caracas 26–30, 41, 49, 53, 139, 141–155, 157, 160, 171, 192, 286, 299, 348, 433, 435, 442 f., 527, 530–532, 540, 542, 559, 568, 585, 593, 595 siehe auch: Konferenzen und Verhandlungen: Konferenz europäischer und lateinamerikanischer sozialdemokratischer Parteien
- „Deklaration von Caracas" 29, 155, 531

CDU/CSU 285, 573
- Bundestagsfraktion 348, 537, 568

Charta über die wirtschaftlichen Rechte und Pflichten der Staaten vom 12. Dezember 1974 25 f., 124–128, 527 f., 530

Chile 47, 68 f., 184, 198–201, 285, 376, 399–401, 412, 437, 439, 535, 538, 557, 577, 579 f.
- Alianza Democrática 376, 400 f., 579
- Central Unica de Trabajadores de Chile 535
- Christlich Demokratische Partei 42, 535, 579
- Militärputsch 1973 22, 26, 41 f., 132, 198 f., 529
- Partido Radical (PR) 50, 192, 401, 521, 579
- Unidad Popular 535

China 86, 126, 168, 206, 267, 271, 356, 383–385, 415, 459, 466, 500, 527 f., 537, 548, 550 f., 554, 565, 570, 575, 582, 590, 597
- entwicklungspolitische Erfahrungen 71, 223, 262, 551
- Kommunistische Partei 60
- Protestbewegung 1989 60

Christlich-Demokratische Internationale (bis 1982 Christdemokratische Weltunion) 37, 45 f., 176, 374–377, 379, 382, 412, 575, 581
Chruschtschow-Ultimatum 17
CIA 394, 398
Cocoyoc 282
Colombo 173
Comecon siehe Rat für gegenseitige Wirtschaftshilfe
Commonwealth 68, 297, 386, 438, 510, 535
Compassion siehe Mit-Leidenschaft

Contadora *siehe Lateinamerika: Mittelamerika: Contadora-Gruppe, -Initiative*
Costa Rica   44, 47, 380 f., 398, 451, 536, 538, 575, 579 f.
— Partido de Liberación Nacional (PLN) 33, 45, 50, 381, 521, 564, 574 f.

Dakar   32, 435, 519
Dänemark   69, 187, 439, 528, 530, 535
Danzig   39
DDR *siehe Deutsche Demokratische Republik*
Demokratie   16, 39 f., 58, 146, 167–169, 188–190, 199–201, 233, 283–285, 315, 323, 367 f., 375 f., 378 f., 388, 392, 401, 428, 437, 463, 469, 477, 484, 498 f., 514, 578 f., 593, 595
— Demokratisierungsprozesse   16, 21–24, 39, 41, 43, 48, 59–61, 98–100, 131–136, 171, 188–190, 199 f., 280, 283–285, 287, 331, 376, 379, 388, 399–401, 403, 437, 444, 469 f., 502, 504 f., 576 f.
— parlamentarische   32, 201, 331
— soziale   25, 142 f., 147, 149, 174, 186, 284, 430, 435 f., 489, 513 *siehe auch: Sozialdemokratie, Sozialismus: demokratischer/freiheitlicher*
Den Haag   72, 83, 107, 294, 527, 557 f., 560, 592
Deutsche Demokratische Republik (DDR)   532
— Sozialdemokratische Partei der DDR (SDP)   60 f.
Deutsche Welle   109, 151–157, 355–357, 561, 570
Deutscher Bundestag   81, 296, 348, 350, 475, 568
— Wahlen 1976   138, 140
— Wahlen 1980   84, 311, 321 f., 564
Deutschlandfunk   257 f., 406–411, 549
Deutschlandpolitik   101
Dienstleistungsgesellschaft   225 f.
Diktatur, Diktaturen   21 f., 24, 26, 37–43, 47 f., 54 f., 68, 92, 133 f., 144 f., 154, 167,

171, 177, 184 f., 188–190, 192, 198–201, 219, 227 f., 234, 280 f., 283–285, 305, 314–316, 331, 347–353, 364 f., 376 f., 388, 399 f., 437, 444, 529, 534, 540, 542, 556 f., 565, 574, 576 f., 579 f., 597
Dollar, amerikanischer   543, 578
— „Dollar-Überhang"   271, 554
Dominikanische Republik   548
— Partido Revolucionário Dominicano (PRD)   50, 283, 521
Dortmund   150, 153
„Dreieckskooperation" *siehe Entwicklungspolitik: öffentliche Entwicklungshilfe: „Dreieckskooperation"*
„Dritte Welt" *siehe Blockfreienbewegung, Entwicklungsländer*
Dritte-Welt-Laden   374
„Dritter Weg"   17, 28, 94, 176
Drogenhandel   95, 441, 467, 481
Dublin   72

EADI *siehe Europäische Vereinigung der Entwicklungsforschungs- und Ausbildungsinstitute*
Ecuador   283 f., 577
— Izquierda Democrática   284
EFTA   498, 595
EG *siehe Europäische Gemeinschaft*
„Eine Welt"   82, 103, 208, 343
Eiserner Vorhang   509
El Salvador   45 f., 101, 283, 323, 375, 377–380, 382, 387, 397–399, 564, 574 f., 579
— FMLN-FDR   45 f., 49, 323, 397
— Movimiento Nacional Revolucionário (MNR)   45 f., 51, 323, 564, 574 f.
— Partido Demócrata Cristiano (PDC)   45 f., 379
Elfenbeinküste   17, 535 f., 565
Energiepolitik   187, 262 f., 268 f., 289 f., 293, 334 f., 337, 340–342, 459 f., 503, 528

- Energiekrisen 104
  - Ölkrise 1973/74 18 f., 100, 181, 528, 534
  - Ölkrise 1979–81 77 f., 257–259, 268, 289 f., 342, 549, 555
  - sichere Ölversorgung 289, 293, 504
- internationale Energiebehörde 254, 268, 273, 334, 356 f., 360, 390, 552, 566
- Kernenergie 268 f., 552
- Solarenergie 77, 262 f., 551
- Weltenergiestrategie 79, 328, 334, 345, 566

Entspannungspolitik 18, 22, 24 f., 60, 69 f., 98, 146, 153, 170, 173, 193–195, 222, 235, 244, 263 f., 294, 318, 346, 350, 418, 422, 481, 515, 567 siehe auch: Ostpolitik, Ost-West-Beziehungen, -Konflikt

Entwicklung 25, 80, 90, 94, 166, 194, 216, 235, 251 f., 282 f., 319 f., 373, 392, 437, 439, 460, 484 f.
- (Ab-)Rüstung und Entwicklung 17, 77, 82–84, 89, 96, 173, 222, 235, 252 f., 261, 263 f., 267, 320, 337–339, 345 f., 384, 423, 453, 467 f., 483, 486 f., 497, 547, 567
  - Rüstungssteuer für Entwicklung 75, 264, 267, 269, 292, 551
- Indikatoren 226, 540
- nachhaltige 94, 467
- Rolle der Frau 253, 481, 547
- selbstbestimmte 222, 227, 544
- soziale und kulturelle Dimension 96, 316 f., 481
- Umwelt und Entwicklung 94, 97, 346, 458 f., 466, 480, 482 siehe auch: Brundtland-Kommission
- Ursachen der Unterentwicklung 67, 70, 92, 255

Entwicklungsländer 28, 64, 66–68, 71, 73 f., 78 f., 84–93, 98–100, 103–105, 124 f., 145 f., 151, 153 f., 157, 160, 174 f., 177–182, 186, 192, 194, 197, 202–208, 210–216, 222–227, 229 f., 232, 235–241, 253–255, 260–274, 282, 289–293, 296 f., 302, 316–318, 326, 328, 332–334, 336, 339, 343, 346, 356–361, 370, 389 f., 408 f., 413–424, 435, 437, 448–460, 466, 479 f., 486 f., 497–500, 522, 527 f., 531, 533–538, 540, 542–544, 550–555, 558, 563 f., 567, 577 f., 582, 586–588, 590, 595
- ärmste 77, 89, 92, 179, 203, 223, 236 f., 241, 254, 258, 268 f., 293, 336, 372 f., 391, 408, 448 f., 452, 553, 573, 587
- Begriff „Dritte Welt" 16 f.
- Differenzierungsprozesse 82, 94, 254 f., 456, 466, 479, 484, 499 f., 503, 563
- Gruppe der 77 (G 77) 18–20, 26, 66, 297, 517, 536, 578
- Kapitaltransfer 79, 91, 173, 255, 273, 408, 454, 487 f. siehe auch: Kapitalflucht
- Missstände und Reformbedarf im Innern 28 f., 76, 82, 92 f., 96, 145, 207, 272 f., 282, 291, 335, 413, 416, 418 f., 468, 480, 485–487, 498
- Schulbildung 104, 261, 550
- Schwellenländer 203, 214, 236, 241, 290 f., 293, 449, 497, 500, 536, 538
- „self-reliance" 241, 544
- Süd-Süd-Kooperation 125, 260, 383
- Technologietransfer 76, 125, 127, 215, 226, 255, 260, 413 f., 418, 481, 483, 528, 550
- Traditionen 96, 317, 417
- Verschuldung 90–92, 104, 215, 226, 290, 328, 334, 360 f., 384 f., 388–390, 392, 403, 408, 421, 423, 437, 440 f., 446–453, 457, 463 f., 466 f., 474, 479 f., 484, 487 f., 538, 576–579, 585–587

Entwicklungspolitik 29, 69–71, 82–85, 90, 96, 103–105, 107, 181 f., 204 f., 207, 221, 311, 337 f., 346, 370, 376, 388 f., 392, 413–424, 480 f., 497–500, 528, 536
- Bedeutung privater (Auslands-)Investitionen 76, 88, 215 f., 226, 273, 335, 370, 372
- Entwicklungsstrategien 76 f., 260, 415, 417, 458, 522, 544, 550, 563
- gesellschafts- und wirtschaftspolitische Modelle 17, 94, 215 f., 251 f., 408, 460

— öffentliche Entwicklungshilfe 17 f.,
74 f., 79 f., 84, 90, 104, 204, 214–216, 241,
258, 262, 266, 282, 291–293, 336, 355 f.,
360 f., 370, 372, 407–409, 413–424, 458,
480, 487, 497–499, 522, 538 f., 550, 573,
582
— 0,7 %-Ziel 18, 75, 79, 84, 104, 254,
268 f., 274, 292, 454, 553, 557, 562
— „Dreieckskooperation" 125, 127,
527 f.
— internationale Abgabe bzw.
Steuer 74 f., 254, 264, 269, 292,
311, 551
— Konditionalität 76 f., 96, 272, 451,
498 f., 595
— konzessionäre Hilfen 544
— Kritik der Entwicklungshilfe 93,
370, 413–424
— Lieferbindung 370, 573
— Programm- und Projekthilfe
265 f., 269 f., 273, 292, 553, 586
Erderwärmung 95, 104, 342, 458, 467, 567
Eritrea 409
Erkrankungen Brandts 35, 62, 73 f., 245,
247, 256, 363, 545, 597
Ernährung *siehe Hunger: ausreichende Ernährung*
Estland
— Sozialdemokratische Partei 61
Estoril 542
Eurokommunisten *siehe Kommunisten: Eurokommunisten*
Europa 16, 24, 32, 50, 58 f., 62, 72 f., 93, 96,
98, 132–136, 142–144, 146, 156, 173,
176, 183, 185–187, 189, 212 f., 225, 235,
239–241, 245, 260, 274, 299 f., 303, 305,
320, 344–346, 350–352, 356, 375, 380 f.,
383, 392, 427, 433, 470, 485 f., 489,
493–500, 502, 504, 509, 514 f.
— Osteuropa, Ostmitteleuropa 292, 345,
380, 412, 468–470, 498–500, 512, 514,
522, 593 *siehe auch: Ostblock, Osten*

— Bürgerrechts- und Oppositionsbewegungen 41, 61, 190, 196, 471,
591, 599
— Umbruch und Revolution
1989/90 59–61, 96, 98, 469 f.,
494–496, 498–500
— Rolle in der Weltpolitik 90, 305, 344,
390–392, 403, 453, 578
— Südeuropa 21–24, 98, 100, 133–136,
188 f.
— Westeuropa 41, 100 f., 125, 135, 170,
186–190, 229, 239, 257, 325, 390, 499,
549 *siehe auch: Europäische Gemeinschaft
(EG)*
Europäische Bewegung 308
Europäische Gemeinschaft (EG) 72, 89,
170 f., 187 f., 220, 240, 303, 321 f., 333,
352 f., 357, 396, 398, 448, 451, 453, 457,
459 f., 497, 502 f., 528, 539, 544, 569,
595 f.
— Agrarpolitik 104, 262, 420 f., 582
— Außen- und Sicherheitspolitik 596
— Erweiterung 99, 498
— Europäisches Parlament 300, 355, 570
— Sozialistische Fraktion 170, 187,
308, 461, 583
— Europäisches Währungssystem
(EWS) 268, 552
— Hilfe für die iberischen Demokratien
23, 134–136
— Kommission 69, 187, 536
— Nord-Süd-Politik 90, 127 f., 396, 497 f.
— Europäischer Entwicklungsfonds
263, 528, 551
Europäische Vereinigung der Entwicklungsforschungs- und Ausbildungsinstitute (EADI) 339–346
Europarat 171
Eurozentrismus 212, 495
Exil 15, 162

Falkland-Inseln 47, 351–353, 376, 569,
574 *siehe auch: Krieg: Falkland-Krieg*

FAO *siehe Vereinte Nationen: Ernährungs- und Landwirtschaftsorganisation (FAO)*
Faschismus 132, 186, 239, 427
Fernost 185
Fernsehen
— britisches 83, 525
— Deutsches 304
— ZDF 349–351, 523
Finnland 69, 72, 595
Florenz 566
Flüchtlinge 104, 299, 303–306, 560 f., 598
Ford Foundation 69
Fortschritt 25, 142 f., 145 f., 162, 180, 283, 287, 330, 385, 435–437
Frankfurt/Main 164 f., 316, 434, 532, 563
Frankreich 68, 75, 85 f., 101, 164, 166, 189 f., 264, 267, 297–299, 307, 309, 453, 526, 528, 536, 543 f., 550 f., 558–560, 565, 583, 586 f., 590, 595, 597
— Kommunistische Partei 30, 40, 190, 531
— öffentliche Entwicklungshilfeausgaben 268, 553
— Sozialistische Partei (PSF) 30, 34 f., 37, 40 f., 62, 138, 158, 183, 189 f., 242–244, 307–309, 312–314, 348 f., 363, 530, 532, 545, 568, 589
Frauenemanzipation 584
Freie Demokratische Partei (FDP) 36, 188, 573
— Bundestagsfraktion 75, 568
Freiheit 28, 62, 100, 143–146, 154, 162, 164, 166–168, 183, 188, 190, 192, 195 f., 199, 201, 285, 287, 349, 364 f., 374 f., 377 f., 430, 434, 436 f., 473, 490, 514 f., 575
Frieden 20, 25, 31, 37, 44, 53 f., 56, 62, 70 f., 80, 88, 90, 97, 99, 103, 126, 143, 153, 162, 166 f., 170, 172–174, 177, 184, 186, 190, 193, 195, 202, 208, 210, 222, 231, 235, 246, 250, 252, 257, 267, 277–279, 300 f., 310, 318, 321 f., 332, 337 f., 340, 342, 347, 350, 354, 364–366, 368, 373–379, 387, 392, 402 f., 406, 426, 434 f., 437, 439, 462, 465, 474, 481, 483, 485, 491, 496, 501, 504, 508, 514 f., 558, 588 f., 595
Friedensbewegung 83
„Friedensdividende" 96, 104, 487, 497, 593, 595 *siehe auch: Rüstung: Abrüstung und Rüstungskontrolle*
Friedensnobelpreis 21, 31, 50, 100, 103, 153, 204, 465, 508, 597
Friedenspolitik *siehe Entspannungspolitik*
Friedrich-Ebert-Stiftung 21, 34, 69, 97, 99, 107 f., 382, 485, 487, 517, 527, 593
Friedrich-Naumann-Stiftung 69
Frontstaaten 425, 431 f., 583, 589 *siehe auch: Afrika: südliches Afrika, Südafrika*

G 7 *siehe Konferenzen und Verhandlungen: Gipfeltreffen der Staats- und Regierungschefs der sieben führenden westlichen Industrienationen (G 7); siehe auch Industrieländer: westliche*
G 77 *siehe Entwicklungsländer: Gruppe der 77*
Gaborone 425, 435, 438, 583
GATT *siehe Abkommen: Allgemeines Zoll- und Handelsabkommen*
Gaza 299
Gemeinsamkeit von Interessen *siehe Interessen: gemeinsame*
Genf 30 f., 34, 60, 67, 69, 72, 78, 139 f., 158, 161–177, 179, 191, 243, 247, 275, 286, 358, 412, 435, 515, 522, 533, 546, 551, 557, 561, 570, 576, 578, 591
Genozid *siehe Völkermord*
Gerechtigkeit 28, 103, 143–147, 154, 166 f., 183, 186, 192, 195 f., 250, 267, 374, 377, 428, 430, 437, 481, 490
— soziale 100, 162, 168, 287 f., 375, 429, 484
German Marshall Fund 69, 544
Gesellschaft 28
— nivellierte 32

Gesundheitspolitik 79, 253, 547
— Bekämpfung tödlicher Krankheiten 95, 104
Gewalt 177, 304, 323, 366, 426, 428, 444, 488, 491
— Gewaltherrschaft 164, 176, 194, 199, 201, 460
— Gewaltverzicht 153, 279
Gewerkschaft „Solidarność" siehe Polen: „Solidarność"
Gewerkschaften 37, 68, 134, 155 f., 164, 166, 176, 193, 246, 426, 428 f., 457, 534, 545
— Deutscher Gewerkschaftsbund (DGB) 350, 497, 569, 595
    — Gewerkschaft Nahrung–Genuss–Gaststätten 79, 524
    — Gewerkschaft Textil und Bekleidung 79, 524
    — IG Metall 220
— Europäischer Gewerkschaftsbund 137, 529
— Internationaler Gewerkschaftsbund 535
Ghana 582
Gleichheit 144
— der Chancen 236, 287
— der Ergebnisse 236
Global Governance 97 f., 598
— Internationale Kommission 98, 509 f.
Globalisierung, Globalismus 80, 88, 94, 100, 103–105, 146 f., 227, 341–344, 346, 456–461, 480 f., 500
Globalverhandlungen siehe Vereinte Nationen: Globalverhandlungen
Golfkrieg siehe Krieg: Golfkrieg 1990/91
Göteborg 595
Greenpeace 102
Grenada 33, 368 f.
— Besetzung durch amerikanische Streitkräfte 1983 33, 368 f., 572
— New Jewel Movement 32 f., 519, 572
Griechenland 98, 171, 189, 199, 585
— Zentrumsunion 139, 189

Großbritannien 47, 68 f., 86, 187, 217 f., 336, 351–353, 376, 430, 528–530, 534, 536, 543, 564 f., 569, 574, 576, 583, 586–588, 597
— Labour Party 47, 53, 138, 188, 352, 534
— „Lobby on Brandt" 83 f.
Große Koalition 1966–1969 17, 219
Grundbedürfnisse 71, 145, 223 f., 346, 489
— Grundbedürfnisstrategie 76, 223, 260 f., 417, 540 siehe auch: Entwicklungspolitik: Entwicklungsstrategien
Grundrechte 194, 285 siehe auch: Menschenrechte, Menschenrechtsverletzungen
— politische 37 f.
— soziale 28
Grundwerte 143–146, 149, 154, 192, 195, 481
— universelle 96
Grüne 582
Guatemala 283
Guerilla 26, 45 f., 49, 57, 564, 574 f., 579, 585
Gustav-Stresemann-Institut 501–503
Guyana 68, 535, 565

Hamburg 102, 162, 209, 308, 312, 497, 537, 554, 562, 595
Handel, Handelspolitik 75, 219, 268, 352, 467, 483, 503
— Handelsembargo siehe Sanktionen
— internationaler Handel 18, 181, 225, 237 f., 269, 273, 292, 328, 418 f., 431
— Protektionismus und Marktöffnung 75 f., 79, 104, 213, 215, 226, 229, 237, 268, 290 f., 359–361, 374, 388, 419, 454, 466, 479 f., 499, 543, 595
Harare 218, 462
Harvard-Universität 17, 239
Havanna 48, 267, 388, 404, 406, 542, 587
Hegemonie 192
Helsinki 56, 170, 193, 347, 351, 353, 504, 532, 596
Hermes-Bürgschaften 219 f., 539
Himalaja 417

Honduras 579
Hongkong 538, 588
Humanismus 103, 255
Hunger 77, 80, 83, 88 f., 103 f., 145, 174 f., 194, 223, 234, 242, 252, 259 f., 262, 271, 287, 289, 304, 320, 326, 328, 332 f., 337–339, 341 f., 346, 392, 409 f., 414–416, 423, 439, 483, 544, 550 f., 563, 574
— ausreichende Ernährung 28, 31
— Hungerkatastrophen 71, 92, 406 f., 410, 580 f.
— Nahrungsmittelhilfe 333, 360, 414 f., 582
— Welternährungsprogramm 79, 293, 328
Hyères 35, 524, 547

IDA siehe Weltbank: International Development Agency (IDA)
Ideologie 195, 212
Imperialismus 20, 70, 166 f., 434, 534, 567
Indien 16, 69, 71 f., 95, 164, 185, 203, 260, 297, 383–385, 415 f., 418, 459, 488, 499, 526, 535 f., 559 f., 565 f., 575, 585, 587, 590, 593 f.
— „grüne Revolution" 416, 582
— Sozialistische Partei 184
Indoamerikanismus 433, 584
Indochina 304, 508
Indonesien 16, 68, 203, 535 f., 560, 598
Industrialisierung 212 f., 226, 274, 290 f., 343, 417, 419
Industriegüterpreise 78, 420
Industrieländer 18, 64, 66, 68 f., 76, 79, 85, 92 f., 96, 99, 104, 124 f., 127, 145, 157, 173–175, 178–182, 194, 197, 202–208, 210–215, 222–227, 229 f., 232, 235–241, 258, 260, 262, 274, 281 f., 289–293, 297, 317 f., 326 f., 332, 336, 339, 343, 356, 360, 370, 383, 389 f., 408 f., 413 f., 435, 448, 452–454, 457 f., 460, 465 f., 522, 527 f., 530 f., 533, 535, 538, 543 f., 550, 564, 587, 590, 595

— östliche 17, 70, 182, 223, 252, 261 f., 291 f., 339, 458 siehe auch: Ostblock, Osten
— Rohstoffabhängigkeit 19 f., 343
— westliche 17, 25, 28 f., 73, 86, 151, 270, 281 f., 292, 302, 317, 335, 339, 458 siehe auch: Konferenzen und Verhandlungen: Gipfeltreffen der Staats- und Regierungschefs der sieben führenden westlichen Industrienationen (G 7), OECD
Inflation 75, 251, 289 f., 341, 361, 479
Inter Press Service (IPS) 399–402
Interdependenz 71, 88, 146, 227, 320, 340–343, 391, 467, 480, 495, 503
Interessen 181, 347
— gemeinsame 69, 71, 94, 101, 103, 124 f., 136, 146, 206, 210, 212–214, 221–227, 229 f., 235, 240, 250, 270, 274, 289 f., 293 f., 318, 320, 325, 342–344, 418, 470, 485, 504, 547
— nationale 67 f., 207–209, 337, 344, 420, 456, 573
— strategische 297, 304
International Partnership Initiative e.V. 109, 495, 594
Internationale Arbeiterassoziation siehe Arbeiterbewegung: internationale Arbeiterbewegung sozialistischer und sozialdemokratischer Parteien: Internationale Arbeiterassoziation 1864–1876
Internationale Arbeitsgemeinschaft 517
Internationale Gruppe demokratischer Sozialisten („Kleine Internationale") 15 f., 164, 167, 532
Internationaler Arbeiterkongress siehe Arbeiterbewegung: internationale Arbeiterbewegung sozialistischer und sozialdemokratischer Parteien: Internationaler Arbeiterkongress („Zweite Internationale") 1889–1914
Internationaler Gerichtshof 482, 527, 592
Internationaler Währungsfonds (IWF) 66, 73–76, 79, 92, 104, 237, 254, 265, 272, 292, 333, 360, 370, 391, 440 f., 446–450,

453, 455, 467, 543 f., 554, 566 f., 577, 585–589
— Goldverkäufe 74, 270 f., 553
— Jahresversammlung in Berlin 1988 94, 448, 586
— Konditionalität von Krediten 76, 272, 589
— Quoten und Stimmrechte 74, 76, 272, 333, 335, 448–450, 543, 554 f., 586 f.
— Reformforderungen 73, 82, 88, 91, 238 f., 328, 334, 448, 450
— Sonderziehungsrechte 74–76, 271 f., 554
  „Standby Facility" 463 f., 589
— Strukturanpassungsprogramme 91, 268, 390, 457, 463, 552, 587
Internationales Komitee vom Roten Kreuz 102
Intervention 222, 387, 439, 589 siehe auch: Nichteinmischung
— humanitäre 510, 598
— Interventionismus 155, 186, 192
— militärische 33, 39 f., 43, 48, 54 f., 350 f., 354, 368 f., 380, 396, 402, 437 f., 568 f.
Iran 56, 258, 310, 312, 322, 503, 535 f., 548–551, 577
— Islamische Revolution und Geiselaffäre 1979/80 54, 77, 255, 287 f., 308–310, 548 f., 557, 561, 563
— Mordaufruf gegen Salman Rushdie 1989 96 f., 464 f., 589 f.
Irak 55 f., 322, 502, 551, 577, 587, 594–598
Irland 187
Islam siehe Religion: Islam
Islamabad 593 f.
Island 595
Israel 19, 38, 51–56, 148, 172, 230–232, 276–279, 298–301, 322, 354, 416, 478, 502 f., 541, 548 f., 556, 559, 569 f., 596 siehe auch: Naher und Mittlerer Osten: Nahostkonflikt

— Israelische Arbeitspartei 51–56, 139, 185, 192, 230–232, 279, 477 f., 521, 541, 555, 564, 592
— Mapam-Partei 185, 592
Israelitische Cultusgemeinde Zürich 521
Istanbul 139
Italien 164, 187, 189 f., 369, 544
— Christdemokratische Partei (DC) 189, 382
— Kommunistische Partei (PCI), seit 1991 PDS 40, 61, 189, 512, 531, 599
— Sozialdemokratische Partei (PSDI) 189, 568
— Sozialistische Partei (PSI) 40 f., 158, 189, 348 f., 532, 568
IWF siehe Internationaler Währungsfonds (IWF)

Jamaika 72, 270, 463 f., 507, 536, 553, 589, 597
— People's National Party (PNP) 50, 283, 463 f., 521, 589
Japan 68 f., 72 f., 89, 164, 184 f., 192, 239, 241, 386, 448, 457, 459, 504, 535 f., 543, 565, 575 f., 586, 590
— Demokratisch-Sozialistische Partei 184
— öffentliche Entwicklungshilfeausgaben 215, 539
— Sozialdemokratische Partei 184
Jerusalem 51, 541
Johannesburg 220
Jordanien 72, 298, 322, 551, 595
Juden 38, 298, 300, 502
— Jüdischer Weltkongress 549
Jugoslawien 16, 72, 356, 414, 470, 508, 517, 526, 535 f., 541, 560, 564 f., 597

Kairo 509 f., 593, 598
Kalkutta 17
Kalter Krieg siehe Ost-West-Beziehungen, -Konflikt
Kambodscha 304, 439, 560, 588, 597

Kanada 32, 35, 68, 72, 172, 185, 204, 207, 241, 452, 526, 536, 553, 560, 565, 583, 590
— Neue Demokratische Partei 185, 192
Kapitalflucht 92, 480 f., 487 f.
Kapitalismus 17, 28, 67, 82, 98, 144, 147, 176, 528 siehe auch: Marktwirtschaft
Kapitalmärkte 75, 452, 455
Kapstadt 592
Karatschi 17
Karibik 41, 46, 50, 141, 152, 171, 192, 283 f., 286 f., 433, 528, 530, 572
Kaschmir-Konflikt 488, 593 f.
Kenia 17, 72, 531
Keynesianismus 79, 88, 274, 344
Kingston 507
Kirchen 176, 426, 429, 488 siehe auch: Religion: Christentum
— Katholische Kirche 39, 378 f., 593
KIWZ siehe Konferenzen und Verhandlungen: Konferenz über internationale wirtschaftliche Zusammenarbeit (KIWZ)
Klassenkampf
— „internationaler" 223
Koexistenz 172, 193
— friedliche 16, 517
Kolonialherrschaft 29, 56, 213, 502
— Dekolonisierung, Entkolonialisierung 16, 217 f., 227, 238, 460, 543, 548
— Kolonialismus/Neokolonialismus 18, 70, 146, 164, 166, 340, 352, 419, 425, 434, 454, 534
Kolumbien 47, 68, 572, 579 f.
Kommunismus 17, 39, 59, 61, 70, 92, 98, 144 f., 147, 156, 168, 177, 355 f., 430, 476
Kommunisten 28, 148, 156, 167, 469, 490, 532, 579
— Eurokommunisten 40, 61, 168 f., 190, 531, 599
— Machtmonopol 41
— Marxisten-Leninisten 33, 43, 56 f.
— Reformkommunisten 39, 60 f., 512, 599
Kommunistenfurcht 42

Konditionalität siehe Entwicklungspolitik: Entwicklungshilfe, Internationaler Währungsfonds (IWF)
Konferenzen und Verhandlungen
— Generalkonferenz der Organisation der Vereinten Nationen für Industrielle Entwicklung (UNIDO) in Lima, 12.–26. März 1975 555
— Gipfelkonferenz der Blockfreienbewegung in Belgrad, 1.–6. September 1961 16
— Gipfelkonferenz der Blockfreienbewegung in Colombo, 16.–19. August 1976 173, 533
— Gipfelkonferenz der Blockfreienbewegung in Havanna, 3.–9. September 1979 267
— Gipfeltreffen der Staats- und Regierungschefs der sieben führenden westlichen Industrienationen (G 7)
— in Bonn, 16./17. Juli 1978 229 f., 238, 541
— in London, 7.–9. Juni 1984 383 f., 386, 573, 575 f.
— in Ottawa, 20./21. Juli 1981 332, 565
— in Puerto Rico, 27./28. Juni 1976 151, 531
— in Toronto, 19.–21. Juni 1988 587
— in Venedig, 22./23. Juni 1980 81, 302, 311, 560
— Informelles Treffen von sieben Staats- und Regierungschefs aus Industrie- und Entwicklungsländern in Jamaika, 28./29. Dezember 1978 270, 553
— Internationale Konferenz über Zusammenarbeit und Entwicklung in Cancún, 22./23. Oktober 1981 (Nord-Süd-Gipfel) 85–88, 95, 325–330, 332–337, 370, 383, 391, 468, 525, 565–567, 570
— Vorbereitende Treffen der Außenminister von elf Staaten in Wien,

7./8. November 1980 und 13./14. März 1981   86 f., 567
— Konferenz asiatischer und afrikanischer Länder in Bandung, 18.–24. April 1955   16
— Konferenz der Außen- und Finanzminister von elf lateinamerikanischen Staaten zur Schuldenkrise in Mar del Plata, 13./14. September 1984   389, 577
— Konferenz der Außenminister der Staaten Mittelamerikas, der Contadora-Gruppe, der EG sowie Spaniens und Portugals in San José, 28./29. September 1984   396, 398, 579
— Konferenz der OPEC-Staaten in Algier, 4.–6. März 1975   125
— Konferenz der Vereinten Nationen für Handel und Entwicklung (UNCTAD)   270
  — in Genf, 23. März–16. Juni 1964 (UNCTAD I)   578
  — in Manila, 7. Mai–3. Juni 1979 (UNCTAD V)   262, 544, 551
  — in Nairobi, 5.–31. Mai 1976 (UNCTAD IV)   151, 157, 178, 531, 533, 554
  — in Santiago de Chile, 13. April–21. Mai 1972 (UNCTAD III)   18
— Konferenz der Vereinten Nationen über Umwelt und Entwicklung in Rio de Janeiro, 3.–14. Juni 1992   509 f., 598
— Konferenz der Vereinten Nationen über Währung und Finanzen in Bretton Woods, 1.–22. Juli 1944   73, 534, 543
— Konferenz europäischer und lateinamerikanischer sozialdemokratischer Parteien in Caracas, 22.–25. Mai 1976   27–30, 41, 49, 139, 141–155, 157, 160, 171, 192, 286, 433, 435, 530–532, 540, 542
— Konferenz europäischer und lateinamerikanischer sozialdemokratischer Parteien in Estoril über Prozesse der Demokratisierung auf der Iberischen Halbinsel und in Lateinamerika, 30. September–2. Oktober 1978   233, 435, 542
— Konferenz europäischer und lateinamerikanischer sozialdemokratischer Parteien in Lissabon, 29. Oktober 1979   286, 307
— Konferenz kommunistischer Parteien Europas in Ost-Berlin, 29./30. Juni 1976   168, 532
— Konferenz sozialdemokratischer Partei- und Regierungschefs aus West- und Südeuropa in Helsingör, 18./19. Januar 1976   138, 529
— Konferenz über internationale wirtschaftliche Zusammenarbeit (KIWZ) in Paris, 16. Dezember 1975–2. Juni 1977   64, 66, 86, 127, 178 f., 197, 203, 522, 528, 533, 535 f.
— Konferenz über Sicherheit und Zusammenarbeit in Europa (KSZE)   24, 344, 347, 501 f., 504, 594, 596
  — in Belgrad, 4. Oktober 1977–9. März 1978 (erstes Folgetreffen)   170, 193, 532
  — in Helsinki, 3. Juli 1973–1. August 1975   21, 55 f., 98, 170, 193, 532, 596
  — in Paris, 19.–21 November 1990   596
— Sondertagung der Generalversammlung der Vereinten Nationen über Entwicklungsfragen in New York, 25. August–15. September 1980   247, 297, 319, 327, 544, 563 f.
— Sondertagung der Generalversammlung der Vereinten Nationen über internationale Wirtschaftszusammenarbeit in New York, 23. April–1. Mai 1990   479, 482, 592 f.
— Verhandlungen über eine beiderseitige und ausgewogene Verminderung von Truppen und Rüstungen in Europa (MBFR) in Wien, 30. Oktober 1973–2. Februar 1989   173, 533

Königswinter 97, 99, 483 f.
Konservative 68, 88, 93, 148, 171, 187, 213, 391, 411–413, 439, 454
— „neo-konservative Offensive" 436 f.
Konsumverzicht 374, 457, 460
Kopenhagen 72, 138, 529
Korea *siehe Südkorea*
Korruption 92, 96, 480, 595
Kreml *siehe Sowjetunion*
Krieg 25, 41, 56, 77, 80, 92, 96, 104, 126, 173 f., 193, 222, 231, 252, 259, 289, 304, 345, 364, 373, 409, 434, 504, 514, 594
— Arabisch-israelischer Sechs-Tage-Krieg 1967 52
— Arabisch-israelischer Yom-Kippur-Krieg 1973 19
— Äthiopisch-somalischer Krieg 1977/78 48, 560
— Bürgerkrieg 283, 342, 400, 412, 431
  — im Libanon 1975–1990 *siehe Libanon*
  — in Angola 1975–1991 *siehe Angola*
  — in Äthiopien 1974–1991 *siehe Äthiopien*
  — in El Salvador 1980–1992 *siehe El Salvador*
  — in Nicaragua 1982–1990 *siehe Nicaragua*
  — in Spanien 1936–1939 24, 171
— „dritter Weltkrieg" 259, 340
— Erster Weltkrieg 1914–1918 15, 164, 186, 314
— Falklandkrieg 1982 47, 351–353, 569, 574
— Gefahr eines Nuklearkriegs 173, 223, 234 f.
— Golfkrieg 1990/91 55 f., 98, 495 f., 501 f., 508, 594–597
— Irakisch-iranischer Krieg 1980–1988 322, 389, 439, 577
— Jugoslawische Sezessionskriege 1991–1995 508, 597
— Sowjetisch-afghanischer Krieg 1979–1988 438, 560, 588
— Vietnamkrieg 1965–1975 98

— Zweiter Weltkrieg 1939–1945 15, 126, 146, 164, 166–168, 191, 235, 237, 239, 274, 303, 326, 460, 467, 540, 543
Kriegsrecht *siehe Polen: Verhängung des Kriegsrechts 1981*
Kroatien
— Sozialdemokratischer Bund 470
KSZE *siehe Konferenzen und Verhandlungen: Konferenz über Sicherheit und Zusammenarbeit in Europa (KSZE)*
Kuala Lumpur 73, 247 f., 253, 546
Kuba 26, 33, 42 f., 47–50, 58, 232 f., 380, 388, 404–406, 431, 450, 462, 500, 519, 521, 527, 534, 541 f., 565, 574, 580, 587–589
Kurden 502, 598
Kuwait 68, 88, 290, 416, 557
— Einmarsch irakischer Truppen 1990 55, 594–596 *siehe auch: Krieg: Golfkrieg 1990/91*

La Palma 397
Landwirtschaft 104, 308, 356, 360, 408 f., 414–417, 419–421, 551, 582
— Nahrungsmittelproduktion 79, 223, 291, 328, 333, 488
Lateinamerika 17, 29, 32, 41–51, 74, 91, 94, 100 f., 127, 141–143, 146, 151 f., 162, 167, 183–185, 192, 196, 199 f., 214, 244, 255, 280–287, 304, 314, 319, 340, 351–353, 364–366, 374–377, 379, 387–392, 402 f., 408, 433, 435, 437, 442, 444, 450 f., 456, 466, 479, 487, 499, 517 f., 576–578, 584, 595
— Linksparteien 26, 28 f., 101, 138, 150, 152, 171, 283–286, 530
— Mittelamerika 42 f., 46, 49 f., 56, 101, 129, 192, 233, 280, 283, 304, 365, 367–369, 375, 379–382, 397 f., 402 f., 412, 426, 437 f., 574 f., 577, 588
  — Contadora-Gruppe, -Initiative 366, 375, 381, 395 f., 398 f., 402, 438, 572, 575, 584
— Parteienstruktur 50

— Sistema Económico Latinoamericano (SELA)   125 f., 392, 527
— Südamerika   50, 92, 150, 280, 285, 388, 400, 403, 447
Leeds Castle   78, 288, 555
Lesotho   431, 583
„Leuchtender Pfad" siehe Peru: Sendero Luminoso
Libanon
— israelischer Einmarsch 1982   54 f., 354, 569 f.
Liberale Internationale   37, 46, 176, 374–377, 379, 382, 412, 575, 581
Liberalismus
— Linksliberalismus   61, 512
— Neo-, Wirtschaftsliberalismus   82, 89, 144
— Rechtsliberalismus   187
Libyen   551
— Bombardierung durch amerikanische Streitkräfte 1986   424 f., 582
Lille 242, 245
Lima   36, 49, 433, 435, 438, 440–445, 585
„Lima-Ziel"   273, 555
Lissabon   23, 158 f., 233, 276, 281, 283, 286, 307, 362, 435, 542, 555, 571
Litauen
— Sozialdemokratische Partei   61
Lomé   497, 528 siehe auch: Abkommen und Verträge: Abkommen zwischen der EG und 46 Staaten in Afrika, im karibischen Raum und im Pazifik (AKP)
London   15, 33, 72, 78, 83, 88, 107, 137, 160, 162, 164, 191, 270, 275, 288–295, 383 f., 386, 434, 505, 520 f., 555, 557, 573, 575 f.
Luftverkehr   75
Luxemburg   72, 187, 528, 544
— Sozialdemokratische Arbeiterpartei   139

Madrid   63, 134, 171, 313, 324, 381, 435, 511, 519, 564, 571, 581
Mailand   592

Malaysia   68, 73, 537, 560
— Partei der demokratischen Aktion   185
Mali   72, 262 f., 450, 551
Malta   136, 187, 450, 529
Managua   43 f., 48, 325, 382, 387, 393, 402, 556, 571, 578
Manila   262, 485–489, 544, 593
Mannheim   27, 138, 142, 151, 153 f., 521, 531
Mar del Plata   389, 577
Marktwirtschaft   67, 95 f., 208, 215 f., 273, 355 f., 392, 499, 551 siehe auch: Wirtschaftspolitik
— Deregulierung   88
— soziale Marktwirtschaft   60
— Wettbewerb   436 f., 457, 480, 500
Marokko   129, 597
Marshall-Plan   239–241, 274, 467, 503
— für die „Dritte Welt"   73, 240, 540, 552
Marxismus   196
Marxismus-Leninismus siehe Kommunismus, Kommunisten
Massenvernichtungswaffen   502 siehe auch: Atomwaffen
Mauritius   72
Médecins sans frontières   102
Meinungs- und Pressefreiheit   44, 134, 175, 365, 367, 578 f.
Menschenrechte, Menschenrechtsverletzungen   32, 34–39, 49, 58, 92, 96, 134, 144, 161, 175–177, 194 f., 198, 227 f., 245 f., 285, 305, 309, 314–316, 331, 347, 349 f., 364, 375–377, 411–413, 426–428, 431, 439, 442–446, 471–473, 481, 488 f., 498, 502, 508, 510, 515, 521, 539 f., 545, 581, 584 f., 591 f., 595 siehe auch: Grundrechte, Vereinte Nationen: Allgemeine Erklärung der Menschenrechte
— individuelle   31, 37, 175
— kollektive und soziale   31, 37, 175
Mexiko   26, 47, 85–87, 124–128, 152, 157, 203, 282, 301 f., 334, 391, 421, 435, 446 f., 452, 459, 500, 526 f., 535 f., 538, 548, 560, 564–566, 572, 579 f., 585, 587, 590

— Partido Revolucionário Institucional (PRI)   50, 152, 531
— Zahlungsunfähigkeit 1982   90 f.
Mexiko-Stadt   26, 124, 171, 387, 527, 531
Migration   82, 481 *siehe auch: Flüchtlinge*
— „Neue Völkerwanderung"   500
Mikroelektronik   341, 457
Militärregime *siehe Diktatur, Diktaturen*
Millenniumsziele   77, 104
Mit-Leidenschaft   167, 195
Mittelamerika *siehe Lateinamerika: Mittelamerika*
Mongolische Volksrepublik   534
Mont Pèlerin   71, 74, 221, 247 f., 540, 546 f.
Montreal   466, 590
Mosambik   56 f., 431
— Renamo   583
Moskau   39 f., 59, 93, 168, 308, 312, 337, 341, 380, 505, 518, 531 f., 549 f., 567, 570, 574, 596
Multilateralismus   103, 467, 481 f.
Multipolarität   90
„Multis" *siehe Transnationale Unternehmen*
Münster   95

Naher und Mittlerer Osten   32, 51–56, 101, 184, 244, 304, 321 f., 354, 412, 426, 439, 501–504, 508, 529 f., 595 f.
— KSZMO   501–503
— Nahostkonflikt   19, 51–56, 126, 172, 230–232, 256 f., 276–279, 298–301, 321 f., 354, 424, 433, 438, 541, 548 f., 556 *siehe auch: Arabische Staaten, Israel, PLO*
Nairobi   151, 157, 531, 533, 554
Namibia   57 f., 150, 217, 220 f., 431 f., 476, 531, 539, 583, 588 f.
— South West African People's Organization (SWAPO)   57, 59, 217 f., 221, 432, 521, 539, 583
Nansenpass   306, 561
Nationalsozialismus   186

NATO   38, 132, 153, 173, 349, 533, 550, 571
— Doppelbeschluss und „Nachrüstung"   36, 83, 106, 380, 575
Naturkatastrophen   92, 104, 305, 463
Neoliberalismus *siehe Liberalismus: Neo-, Wirtschaftsliberalismus*
Neu-Delhi   71, 95, 575, 593
Neue Weltwirtschaftsordnung *siehe Weltwirtschaft: Neue Weltwirtschaftsordnung*
Neuseeland
— Labour Party   185, 589
New Deal   88
New York   35, 66 f., 72 f., 98, 202, 234, 297, 319, 333, 523 f., 536 f., 543 f., 546, 558, 563, 584, 592
Nicaragua   42–45, 47 f., 101, 233 f., 280 f., 283, 324 f., 364–368, 375 f., 381 f., 393–399, 401–404, 438 f., 565, 571 f., 575, 578–580
— „Contras"   396, 402, 431, 578 f.
— „Coordinadora Democrática"   45, 393 f., 578
— Partido Socialista Nicaragüense (PSN)   395
— Prinzipien der Revolution   44, 365–367, 394 f.
— Sandinisten-Bewegung (FSLN)   42–45, 49–51, 281, 325, 364–368, 381 f., 393–396, 519, 542, 556, 565, 568, 575, 578 f.
— Unabhängige Liberale (PLI)   393 f.
— Wahlen 1984   44 f., 365, 367, 375 f., 381, 393–396, 571, 578–580
Nichteinmischung   59, 132, 134, 155, 167, 190, 245, 271, 347, 365, 410, 431, 446, 462, 471, 581
Nichtregierungsorganisationen   102, 482, 487, 581
Niederlande   66, 69, 187, 232, 302, 535, 544, 560
— Partij van de Arbeid (PvdA)   41, 139 f., 170, 363 f., 535
Nigeria   526, 553, 565, 597
Nomaden   415 f.

Nordamerika 58, 72, 167, 185, 196, 213, 433, 504
— Linksparteien 29, 148, 160, 171 f., 530
Nordirland-Konflikt 162
Nord-Süd-Beziehungen, -Dialog, -Konflikt 17–20, 24–26, 28 f., 31 f., 64–67, 69 f., 81 f., 85–90, 93, 96, 103–105, 144 f., 153 f., 157, 174 f., 177–182, 193 f., 197, 201–216, 221–227, 229 f., 234–242, 250, 253 f., 257–266, 271, 281–283, 289–294, 296 f, 302, 304, 306, 310, 316–320, 325–330, 332–347, 352, 356 f., 359–361, 369–374, 383 f., 391, 406, 409, 437, 456–461, 466–468, 479–489, 495–500, 509, 550, 584 *siehe auch: Konferenzen und Verhandlungen, Vereinte Nationen: Globalverhandlungen*
— Nord-Süd-Gipfeltreffen *siehe Konferenzen und Verhandlungen: Internationale Konferenz über Zusammenarbeit und Entwicklung*
Nord-Süd-Kommission 15, 31, 48, 50, 93, 97 f., 103 f., 107, 229 f., 232 f., 244, 312, 316, 325, 369 f., 372 f., 383–386, 448, 456 f., 465, 480, 541 f., 593
— Arbeitsmandat („Terms of Reference") 71, 180, 204–206, 222, 546
— Auswahl und Zusammensetzung der Mitglieder 68 f., 205 f., 211
— Bericht 1980 („1. Brandt-Report") 69, 71, 73–84, 88, 97, 103–105, 107, 178, 211, 227, 247–260, 262, 266–274, 288–297, 305, 311, 318 f., 326–328, 343, 355, 358, 360 f., 384 f., 457, 546–549, 553–555, 557 f., 577, 586, 593
  — Einleitung 74, 80, 83, 249 f., 547
  — öffentliche Aufnahme und Wirkung 80–84, 295–297, 318 f., 343 f.
  — Sofortprogramm 1980–85 79, 293, 319, 328 f., 334, 361, 563
  — Vorschlag für ein Nord-Süd-Gipfeltreffen 85 f., 266, 270, 272 f., 293 f., 297, 301 f., 311, 332, 391, 558–560, 564
— Bericht 1983 („2. Brandt-Report") 88, 334, 355, 358–361, 384 f., 526, 570, 574, 579
— Delegation in Saudi-Arabien und Kuwait 1979 289 f., 557
— Einbeziehung kommunistischer Experten 70 f., 182, 206, 261 f., 267, 548, 550
— Finanzgeber 69, 179, 544
— interne Meinungsverschiedenheiten 71–74, 78, 248 f., 251 f., 274 f., 546
— Nachfolgebüro in Den Haag 107, 294, 557
— Sekretariat in Genf 69, 72, 74 f., 77 f., 107, 179, 256, 275, 523, 533, 546–548, 557
— Sitzungen und Konferenzen 71 f.
  — Chairman's Report 74, 247–256, 546
  — Konstituierende Sitzung auf Schloss Gymnich, 9.–11. Dezember 1977 69–72, 209–213, 537
  — 2. Sitzung in Mont Pèlerin (Schweiz), 10.–12. März 1978 71 f., 221–227, 524, 540
  — 3. Sitzung in Bamako (Mali), 15.–17. Mai 1978 72, 262, 524, 551
  — 4. Sitzung in Tarrytown (USA), 25.–28. August 1978 72
  — 5. Sitzung in Kuala Lumpur (Malaysia), 24.–27. November 1978 73, 247 f., 253, 524, 546 f.
  — 6. Sitzung in Mont Pèlerin (Schweiz), 22.–26. Februar 1979 74, 247–256, 524, 546 f., 552
  — 7. Sitzung in Annecy (Frankreich), 2.–6. Mai 1979 552
  — 8. Sitzung in Wien, 4.–9. Juli 1979 77, 249, 257 f., 276, 524, 546, 549, 551
  — 9. Sitzung in Brüssel, 5.–9. Oktober 1979 78, 257, 267, 275
  — 10. Sitzung in Leeds Castle (Großbritannien), 14.–16. Dezember 1979 78, 275, 288

— 1. Nachfolgetreffen in Den Haag, 15.–18. Mai 1980   83, 302, 558, 560
— 2. Nachfolgetreffen in Berlin, 27.–31. Mai 1981   83–85
— 3. Nachfolgetreffen in Kuwait, 7./8. Januar 1982   88, 334, 566
— 4. Nachfolgetreffen in Brüssel, 22./23. September 1982   88
— 5. Nachfolgetreffen in Ottawa, 12.–14. Dezember 1982   88
— Treffen mit der Palme-Kommission in Rom, 20.–22. Januar 1984   89, 369
— Internationale Konferenz „Nord-Süd: Herausforderungen für die neunziger Jahre" in Königswinter, 16./17. Januar 1990   97, 99, 483–485, 593
— Unabhängigkeit   65, 179, 205, 251, 294
— Ursprung und Gründungsphase 1976/77   64–68, 177–182, 197 f., 201–209, 294, 533–537
Norwegen   69, 72, 94, 187, 535, 553, 595
— Arbeiterpartei   183–196, 244, 589
Nyerere-Kommission   97 f., 593

Obervolta *siehe* Burkina Faso
OECD, vormals OEEC   240, 254 f., 392, 454, 457, 466, 538, 544, 587
— Ausschuss für Entwicklungshilfe (DAC)   253, 538, 547
Öl, -krise *siehe Energiepolitik: Energiekrisen*
Orden   446
Organisation der Amerikanischen Staaten (OAS)   353
Organisation erdölexportierender Länder (OPEC)   19, 26, 90, 125, 236, 258, 263, 268, 289 f., 293, 302, 357, 456, 528, 543
— Fonds für Internationale Entwicklung   69, 550
Organisation für Afrikanische Einheit (OAU)   217, 319
Oslo   183, 187, 309 f., 312 f., 534, 561–563

Ostblock, Osten   41, 59, 206, 229, 252, 270, 337, 343, 355 f., 384, 390, 396, 455, 484, 499
— Nord-Süd-Politik   70 f., 95, 182, 252, 261 f., 267, 292, 337, 345, 468, 534, 567
Österreich   72, 86 f., 136, 187, 276 f., 298, 521, 526, 540, 558–560, 564 f., 595
— Sozialistische/Sozialdemokratische Partei Österreichs (SPÖ)   41, 128 f., 158, 184, 276, 471, 530, 532, 589
Osteuropa *siehe Europa: Osteuropa, Ostmitteleuropa*
Ostpolitik   18, 50, 69, 101, 153, 208, 212, 235, 454, 550 *siehe auch: Entspannungspolitik*
Ost-Timor   510, 598
Ost-West-Beziehungen, -Konflikt   17 f., 39 f., 46, 58, 80, 82 f., 90, 98 f., 101, 103, 146, 170, 181 f., 193, 235, 308, 317 f., 326, 339 f., 343–347, 357, 375, 380, 389, 402, 419, 430, 432, 456, 459, 500, 515, 517, 563
— Beendigung des Konflikts   59 f., 93–98, 104, 465, 481, 483, 494, 496, 515, 588, 593
Ottawa   88, 332, 565
Ozonloch   95, 458, 466 f., 590

Pakistan   304 f., 416 f., 419, 488, 499, 535 f., 560, 593 f.
Palästina   298
— palästinensischer Staat   299
— palästinensisches Volk   51 f., 54, 231, 277 f., 299–301, 321, 354, 502, 559
Palestine Liberation Organization (PLO)   52–56, 231, 256 f., 276–279, 298–301, 321 f., 478, 521, 548 f., 556, 559, 561, 564, 569 f. *siehe auch: Naher und Mittlerer Osten: Nahostkonflikt*
Palme-Kommission   89, 97 f., 312, 338, 369, 439, 567, 577, 593
Panama   47, 403, 477, 572, 580
— Partido Revolucionario Democrático (PRD)   33, 477, 592
Panama-Stadt   527

Paraguay   437, 577
Paris   64, 66, 72, 127, 162, 166, 179, 197, 203, 231, 270, 276, 307, 348, 504, 517, 526, 528, 533, 535 f., 541 f., 545, 564, 597
Pariser Klub   450, 587
Parteien   184 *siehe auch: Sozialistische Internationale* sowie Einträge zu einzelnen Staaten
— Einheits- und Staatsparteien   26 f., 50, 61, 129 f.
— kommunistische *siehe Kommunisten*
— Massen- und Programmparteien   50, 186
Ozeanien   433, 463, 528
Pazifik *siehe Ozeanien*
Pearson-Kommission   65, 204 f., 522, 536, 553
Peking   60, 168, 550
Pershing   83, 575
Peru   47, 92, 283–285, 433, 440–447, 577, 580, 584–586
— Alianza Popular Revolucionária Americana (APRA)   49, 284 f., 583, 586
— Sendero Luminoso   49, 441, 586
„Petrodollars"   90, 125
Philippinen   437, 486 f., 489, 565, 582, 593
Planwirtschaft   59, 252, 494, 537, 547
Pluralismus   325, 381, 395, 469 f.
— demokratischer   365, 367
— ideologischer   527
— Parteienpluralismus   50
— politischer   32, 44, 376, 379
Polen   60, 455, 500, 541, 587
— Polnische Vereinigte Arbeiterpartei (PVAP)   39 f., 61
— „Solidarność"   39–41, 347, 350, 568 f.
— Verhängung des Kriegsrechts 1981   39–41, 347–351, 568 f.
„Politik der Stärke"   342
Porto   137–139
Portugal   21–23, 56, 98, 131–133, 135 f., 171, 187 f., 199, 518, 527, 529, 571, 598
— Bewegung der Streitkräfte (MFA)   131 f.

— Kommunistische Partei   21–23, 131 f., 518, 529
— „Portugal-Solidaritätskomittee"   1975   23 f., 135, 529
— Sozialistische Partei   21–23, 30, 33, 131 f., 135, 158 f., 171, 183, 188, 244, 286 f., 354, 518, 529 f.
Prag   23, 591
Prager Frühling *siehe Tschechoslowakei: Prager Frühling 1968*
Pretoria   57 f., 431
Proletarier   164
Protektionismus *siehe Handel: Protektionismus und Marktöffnung*
Puerto Rico   151, 531

Rassentrennung *siehe Südafrika*
Rassismus   16, 104, 305, 427, 429, 491
Rat für gegenseitige Wirtschaftshilfe (RGW)   337, 345, 534, 567 *siehe auch: Ostblock, Osten*
Reaktion   165
— konservative   145
Rechtsstaatlichkeit   144, 149, 287, 325, 378, 473
Reform, Reformen   28 f., 40, 145, 375
Reisen und Staatsbesuche
— Bahr in Moskau 1978   550
— Bahr in Washington 1977   178, 533
— Bourgiba in Bonn 1978/79   245, 545
— Brandt im südlichen Afrika 1986   57 f.
— Brandt im Vatikan 1978   72, 392, 540, 578
— Brandt im Vatikan 1984   369
— Brandt in Afrika 1963   17
— Brandt in Afrika 1968   17
— Brandt in Afrika 1977/78   71 f., 216–221, 523, 539
— Brandt in Ägypten 1974   20
— Brandt in Algerien 1974   19 f.
— Brandt in Algerien 1978   72
— Brandt in Amsterdam 1977   193
— Brandt in Amsterdam 1978   541 f.
— Brandt in Asien 1967   17

- Brandt in Asien 1977   71 f.
- Brandt in Bagdad 1990   55
- Brandt in Barcelona 1937   24, 518
- Brandt in Brüssel 1979   78, 275
- Brandt in Budapest 1978   72, 541
- Brandt in Budapest 1981   337, 339–347
- Brandt in Bulgarien 1978   72, 541
- Brandt in Caracas 1975   26, 142, 527, 530
- Brandt in Caracas 1976   27–29, 141–149, 151–154
- Brandt in Caracas 1986   443
- Brandt in Caracas 1989   593, 595
- Brandt in China 1984   383–385, 575
- Brandt in Dakar 1978   72
- Brandt in Dakar 1987   519
- Brandt in den USA 1962   17
- Brandt in den USA 1975   527
- Brandt in den USA, März 1977   65, 178, 192, 533 f.
- Brandt in Finnland 1978   72
- Brandt in Florenz 1981   566 f.
- Brandt in Gaborone (Botswana) 1986   57 f., 425–432
- Brandt in Genf 1976   31, 161–177
- Brandt in Genf 1978   72
- Brandt in Genf 1979   247, 546
- Brandt in Genf 1983   88, 358
- Brandt in Genf 1984   576
- Brandt in Genf 1989   60
- Brandt in Göteborg 1990   595
- Brandt in Helsingør 1976   138
- Brandt in Helsinki 1982   47, 351–353
- Brandt in Islamabad 1990   488, 593 f.
- Brandt in Istanbul 1976   139
- Brandt in Jugoslawien 1978   72
- Brandt in Kairo 1990   509, 593
- Brandt in Lateinamerika 1968   17
- Brandt in Lateinamerika 1984   45, 47–49, 91, 387–394, 400 f., 403–406, 576, 578–580
  - in Buenos Aires 388, 392, 577 f.
  - in Havanna 48 f., 388, 404–406, 521, 577, 580
  - in Managua 48, 387, 393, 402, 578
  - in Mexiko-Stadt 387–393
  - in Rio de Janeiro 45, 393 f., 403, 579 f.
  - in Santiago de Chile 401
- Brandt in Lille 1978   242, 245, 545
- Brandt in Lima 1986   36, 49, 433–446
- Brandt in Lissabon 1976   30, 158 f.
- Brandt in Lissabon 1978   233
- Brandt in Lissabon 1979   276–279
- Brandt in London 1979   288–294
- Brandt in London 1982   520 f.
- Brandt in Madrid 1976   24
- Brandt in Madrid 1980   519
- Brandt in Madrid 1983   381, 571
- Brandt in Madrid 1990   63
- Brandt in Mailand 1989   477 f., 592
- Brandt in Mali 1978   72, 262 f.
- Brandt in Malta 1976   136, 139, 529
- Brandt in Manila 1990   485–489, 593
- Brandt in Mexiko-Stadt 1975   26, 124–128, 527
- Brandt in Mexiko-Stadt 1976   152, 157, 531
- Brandt in Mont Pèlerin 1978   71 f., 221–227
- Brandt in Mont Pèlerin 1979   74, 247–256
- Brandt in Moskau 1975   22, 131–133
- Brandt in Moskau 1981   337, 380, 567, 570, 574
- Brandt in Moskau 1988   93
- Brandt in Neu-Delhi 1977   71
- Brandt in Neu-Delhi 1984   95, 383–385, 575
- Brandt in Neu-Delhi 1990   488, 593
- Brandt in New York 1973   198 f., 547
- Brandt in New York, September 1977   66 f., 69, 202, 523, 536 f.
- Brandt in New York 1978   35, 72 f., 234–242, 247, 542 f., 546
- Brandt in New York, Februar 1980   80, 297, 524
- Brandt in New York 1991   98

- Brandt in Norwegen 1978   72
- Brandt in Oslo 1977   183–196
- Brandt in Oslo 1980   310, 312 f., 561
- Brandt in Paris 1989   526
- Brandt in Porto 1976   137–139
- Brandt in Rom, Januar 1984   89, 369
- Brandt in Rom, April 1984   374
- Brandt in Rotterdam 1977   42, 198–201
- Brandt in Rumänien 1978   72, 541
- Brandt in Santo Domingo 1980   46
- Brandt in Saudi-Arabien und Kuwait 1979   289 f., 557
- Brandt in Stockholm 1989   60
- Brandt in Stockholm 1991   97
- Brandt in Südafrika 1986   58, 426, 438, 490, 583, 594
- Brandt in Südfrankreich 1976   64
- Brandt in Südfrankreich 1979   74
- Brandt in Südkorea 1989   595
- Brandt in Tarrytown (USA) 1978   72
- Brandt in Tokio 1977   72
- Brandt in Vancouver 1978   35, 72, 242 f., 544 f.
- Brandt in Warschau 1985   41
- Brandt in Washington 1975   22
- Brandt in Washington, September 1977   66, 523, 536 f.
- Brandt in Washington, Februar 1980   80 f., 524, 558
- Brandt in Washington, Dezember 1980   324, 565
- Brandt in Washington 1989   95, 590
- Brandt in Wien 1975   128–131
- Brandt in Wien 1978   51 f., 72, 230–232, 540 f.
- Brandt in Wien 1979   53, 56, 77, 257–259, 276 f., 299, 321 f., 549, 556
- Brandt in Wien 1985   411–413
- Brandt in Wien 1989   60, 590
- Brandt in Zürich 1977   521
- Brandts Rundreise in die EG-Hauptstädte 1978   72, 229, 540
- Brandts Weltreise 1959   17
- Breschnew in der Bundesrepublik Deutschland 1978   541
- Dregger in Südamerika 1979   285, 557
- Geisel in der Bundesrepublik Deutschland 1978   227 f., 540
- Giscard d'Estaing im Nahen Osten 1980   298, 559
- González in Bonn 1991   511
- González, Kreisky und Palme in Teheran 1980   308, 312 f., 561
- Gorbatschow in der Bundesrepublik Deutschland 1990   513
- Gorbatschow in der Bundesrepublik Deutschland, März 1992   61, 512 f., 599
- Gorbatschow in der Bundesrepublik Deutschland, September 1992   61, 98, 512, 599
- Johannes Paul II. in Lateinamerika 1979   255, 548
- Kreisky im Nahen Osten 1974–1976   32, 139, 148
- Kreisky in Indien und Saudi-Arabien 1980   297, 559
- López Portillo in der Bundesrepublik Deutschland 1980   301 f., 560
- Mandela in Bonn 1990   59, 490–494
- McNamara in Bonn 1977   65, 179, 534
- McNamara in Bonn 1979   65
- Mitterrand in Bonn 1976   138
- Mitterrand in Bonn 1980   35, 309, 313, 561
- Monge in Bonn 1984   380–382, 574 f.
- Owen in Washington 1980   312
- Palme in Moskau 1980   308, 312
- Pronk in Kuba 1978   48, 232 f., 541 f.
- Sadat in Bonn 1976   139
- Sadat in Jerusalem 1977   51, 541
- Schmidt in den USA 1980   296 f., 558
- Soares in Bonn 1974   21 f.
- Strauß in Chile 1977   285, 556 f.
- Verheugen im südlichen Afrika 1988   461 f.
- Vorster in der Bundesrepublik Deutschland 1976   150, 531

— Zahl der Auslandsreisen Brandts
  1974–1992   21
Religion   195, 253, 255, 305
— Christentum   36, 103, 196, 596
— Islam   196, 310, 317, 464, 589, 596
   — islamischer Radikalismus   54, 96,
     298, 502
   — Schiiten und Sunniten   502
Revolution   42, 45
— wissenschaftlich-technologische   168,
  457
Rhodesien *siehe Zimbabwe*
Rio de Janeiro   45, 341, 381, 393, 403, 435,
  509, 580, 598
Rio Grande   29, 518
Rohstoffe, Rohstoffpolitik   151, 175, 206,
  258, 274, 480
— Bodenschätze   166, 291
   — in der Tiefsee   75, 265, 292, 551 f.
— Verfall und Stabilisierung der Rohstoff-
  preise   78 f., 125, 127, 215, 225, 264, 271,
  291, 409, 420, 423, 466, 554
   — Gemeinsamer Fonds (Common
     Fund) *siehe Abkommen: Überein-
     kommen zur Errichtung des Gemein-
     samen Rohstoff-Fonds*
Rohstoffländer   19, 124 f., 127, 179, 225,
  271, 527 *siehe auch: Entwicklungsländer*
„roll-back"   431
Rom   72, 89, 192, 369, 372, 374 f., 379, 382,
  412, 567, 581
Rotterdam   42, 184, 198, 535
Rüstung
— Abrüstung und Rüstungskontrolle   32,
  93, 172 f., 193, 263–265, 308, 312, 338,
  341, 346, 439, 459, 467 f., 483, 486 f., 497,
  502, 532 f., 551, 584 f., 593
— Rüstungsausgaben   80, 83
   — weltweit   104, 173, 263, 304, 346,
     407 f., 423, 486, 577
— Waffenhandel   84, 92, 96, 222, 263 f.,
  267, 269, 418, 453, 496, 504, 550 f., 587, 595
— Wettrüsten   88 f., 173, 223, 234, 289,
  339, 342, 373, 392, 434, 452, 456

Rumänien   72, 455, 541, 587
— Sozialdemokratische Partei (ehemalige
  Kommunisten)   61
Russland   176, 500, 505, 588, 596
— Sozialdemokratische Partei   596

Saarländischer Rundfunk   314
Salisbury *siehe Harare*
Salzburg   232
Sambia   72, 203, 216 f., 419, 455, 539, 550
Sandinisten *siehe Nicaragua: Sandinisten-
  Bewegung*
San José   396
Sanktionen   521
— gegen Argentinien   352, 569
— gegen das „Dritte Reich"   57
— gegen die Sowjetunion   40, 569
— gegen Polen   41, 348, 350, 568 f.
— gegen Südafrika   57–59, 219, 426,
  430 f., 473–476, 492 f., 539, 591, 594
Santiago de Chile   18, 401, 507, 597
Santo Domingo   46, 284, 435
Saudi-Arabien   69, 72, 84, 258, 290, 297,
  334, 357, 551, 557, 559, 565, 587
Schloss Gymnich   69–72, 209, 302, 537,
  560
Schuldenkrise *siehe Entwicklungsländer: Ver-
  schuldung*
Schweden   68 f., 72, 97, 140, 276, 395, 439,
  526, 547, 565 f., 595
— öffentliche Entwicklungshilfe, -aus-
  gaben   215, 420, 538
— Sozialdemokratische Arbeiterpartei
  Schwedens   34, 36, 41, 128 f., 158, 532,
  589
Schweiz   69, 71 f., 187, 248, 395, 416, 595
— Sozialdemokratische Partei der
  Schweiz   41
Selbstbestimmungsrecht   47, 277 f.
— der Völker   144, 155, 167, 298, 300, 365,
  377, 425, 432, 434, 502
— des Einzelnen   144, 176
Senegal   32, 72, 150, 261, 506, 550
— Sozialistische Partei   139

Shango-Preis 316–320, 563
Sharpeville 591
Sicherheitspolitik 97 f., 101, 106, 222, 295, 320, 363, 373, 467, 502, 571
— Gemeinsame Sicherheit 89, 470, 503, 577 siehe auch: Palme-Kommission
Singapur 538, 588
Sizilien 414
Slowenien
— Sozialdemokratischer Bund 470
Solidarität 143–149, 154, 162, 166 f., 174, 183, 186, 192, 195, 233 f., 250, 267, 280–282, 306, 310, 318, 375, 381 f., 425, 437, 439, 442, 460, 481, 493
„Solidarność" siehe Polen: „Solidarność"
Somalia 304 f., 560
Sonderziehungsrechte siehe Internationaler Währungsfonds (IWF): Sonderziehungsrechte
Souveränität 93, 97, 168, 227, 318, 410, 462, 481
Sowjetunion 16, 21–24, 38–40, 42, 48, 56, 58, 60, 80, 83, 88, 90, 95, 98 f., 101, 131–133, 146, 168, 172 f., 176, 190, 223, 256, 264, 271, 312, 317, 337, 340, 345, 350 f., 355–357, 369, 380, 389, 395, 402, 415 f., 432, 453, 455, 468, 476, 494, 500, 504 f., 512, 518, 532, 534, 536 f., 541, 549, 554, 567–570, 574 f., 587 f., 590, 595–597, 599
— Kommunistische Partei der Sowjetunion (KPdSU) 40, 59, 61, 72, 131, 518, 569, 596
— Nord-Süd-Politik 70 f., 86, 93, 267, 337, 345, 357, 459, 468, 534, 537
— Putschversuch 1991 504 f., 596
„Sozialdarwinismus" 457
Sozialdemokratie 23 f., 98, 183, 185, 195 f., 469 f., 512 siehe auch: Sozialistische Internationale, SPD, Sozialismus
— Bund der sozialdemokratischen Parteien der EG 130, 170, 188, 243, 307 f., 529, 561
— „in der Krise" 183, 186 f.

— (west-)europäische 26, 28 f., 39, 42, 50, 128, 130 f., 141, 143 f., 150, 152, 154, 157, 160, 168, 171, 184, 186–190, 192, 280, 285 f.
Sozialdemokratische Partei Deutschlands (SPD) 15, 20, 30, 35, 37, 53, 68, 76, 82, 89, 93, 100, 102, 129, 137, 152–154, 159, 161, 180 f., 188, 207, 209, 227 f., 243, 245, 268 f., 280, 285, 300 f., 308, 321 f., 350, 355, 382, 413, 490 f., 571, 582, 584
— Afrikapolitik 150, 461 f., 531 f.
— Kontakte zu Befreiungsbewegungen im südlichen Afrika 57, 216–219
— Bundesparteitag in Berlin 1979 269, 552 f.
— Bundesparteitag in Dortmund 1976 150, 153, 531
— Bundesparteitag in Hamburg 1977 209, 537
— Bundesparteitag in Mannheim 1975 27 f., 138, 142, 145, 150 f., 153 f., 519, 521, 529, 531
— Bundesparteitag in Münster 1988 95
— Bundestagsfraktion 75, 84, 348, 350, 568
— Godesberger Programm 1959 154, 170
— Hilfe für die portugiesischen und spanischen Sozialisten 21–24, 43, 132–136
— Kommission für Internationale Beziehungen 159 f.
— Lateinamerika-/Mittelamerikapolitik 42, 48, 233 f., 382, 393–406
— Nord-Süd-Politik 28, 84, 145, 153 f., 369–374, 553, 572–574
— Organisations- und Finanzkraft 21, 33 f.
— parallele Außenpolitik 25, 43
— Parteivorstand 84, 158–160, 529, 531, 569
— Internationale Abteilung 107, 308, 532
— Präsidium 47, 159 f., 527, 532, 569

Soziale Frage   67, 103, 204, 250, 429
Sozialismus   61, 154 f., 164, 167, 186, 196, 395, 421, 469
— demokratischer/freiheitlicher   20, 23, 25 f., 29–32, 36, 50, 60 f., 103, 129, 136, 143, 150, 154, 162, 164, 170, 176, 183, 185 f., 189, 195 f., 286 f., 331, 364 f., 433–436
Sozialistische Arbeiter-Internationale *siehe Arbeiterbewegung: internationale Arbeiterbewegung sozialistischer und sozialdemokratischer Parteien: Sozialistische Arbeiter-Internationale 1923–1940*
Sozialistische Internationale (SI)   29–62, 89, 92, 98–102, 107, 132, 141, 152, 208 f., 460 f., 489 *siehe auch: Sozialdemokratie, Sozialismus*
— Abrüstungskommission   244, 308
— afrikanische Mitgliedsparteien   50
— Aufnahmen und Ausschlüsse von Parteien   27, 32 f., 55, 60 f., 139, 286, 469 f., 477, 591 f., 599
— Beziehungen mit kommunistischen Parteien   55, 60 f., 478
— „Büro"   140, 160, 169, 191, 243 f., 309, 522, 530, 532, 544, 561 *siehe auch: SI: Rat („Council")*
  — Sitzung in Basel, 3./4. November 1982   519
  — Sitzung in Dakar, 12./13. Mai 1978   32, 435
  — Sitzung in Helsinki, 26./27. Mai 1982   47, 351–353
  — Sitzung in Lissabon, 30./31. Oktober 1979   53, 276–279, 281, 283 f., 307, 555 f.
  — Sitzung in Oslo, 12./13. Juni 1980   309 f., 312 f., 561–563
  — Sitzung in Paris, 28./29. September 1978   52, 231, 276, 541 f., 545
  — Sitzung in Rio de Janeiro, 1./2. Oktober 1984   45, 381, 403, 435, 578, 580
  — Sitzung in Rom, 2./3. Juni 1977   412, 581
  — Sitzung in Slangerup bei Kopenhagen, 25./26. April 1984   439
  — Sitzung in Wien, 15./16. Oktober 1985   411–413
— europäische Mitgliedsparteien   47, 50, 101, 185–190, 351, 438, 530, 569
  — nordeuropäische Sozialdemokraten   35 f., 139, 187
  — osteuropäische Exilparteien   60 f., 469 f.
  — Scandilux   363, 571
  — südeuropäische Sozialisten   35 f., 188 f., 571
— „European Forum for Democracy and Solidarity"   61, 513, 599
— Eurozentrismus   16, 27 f., 31 f., 100, 128 f., 138, 185, 191, 460
— Fachkonferenzen   149, 169
  — in Amsterdam über Entspannungspolitik, 6./7. November 1976   170, 532
  — in Oslo zur Beschäftigungspolitik, 2./3. April 1977   187, 534
  — in Washington über „Eurosocialism and America: An International Exchange", 5.-7. Dezember 1980   32, 324
— Finanzen   30, 33 f., 138, 140, 158–160, 191
— Frauen-Internationale   581
— Generalsekretär   34–36, 45, 109, 137, 140, 158, 160, 191, 244, 323, 347 f., 362–364, 424 f., 442, 505, 520, 568, 570–572
— globale Ausdehnung   32 f., 50, 62, 160, 167, 183–185, 191–193, 286 f., 433–435, 515
— neuer „Internationalismus"   460
— Kongress   532
  — in Albufeira, 7.–10. April 1983   36, 362, 435, 571

- in Berlin, 15.–17. September 1992 50, 61 f., 98 f., 512–516, 599
- in Frankfurt/Main, 30. Juni–3. Juli 1951 16, 164 f., 191, 434, 532
- in Genf, 26.–28. November 1976 30 f., 34, 67, 139 f., 158, 161–177, 191 f., 243, 286, 412, 435, 515, 532
- in Lima, 20.–23. Juni 1986 36, 49, 433–446, 583–586
- in Madrid, 13.–16. November 1980 33, 519, 564, 581
- in Stockholm, 20.–22. Juni 1989 55, 60, 469, 478, 522, 584, 592
- in Vancouver, 3.–5. November 1978 32, 35, 52, 172, 185, 242 f., 276, 282 f., 286, 435, 544 f.
— Lateinamerika-/Mittelamerikapolitik 41–51, 101, 233 f., 244, 280–287, 323–325, 364–369, 374–382, 387, 393–406, 438, 542, 564 f., 571, 575
  - Delegation in Lateinamerika 1978 32, 184, 192
  - Delegation in Nicaragua 1979 281, 556
  - Komitee zur Verteidigung der Revolution in Nicaragua 324 f., 564 f.
  - Konferenz „Future Perspectives for Chile" in Rotterdam, 29.–31. August 1977 42, 184, 198–201, 535
  - Regionalkonferenz in Santo Domingo, 26.–28. März 1980 46, 284, 435
— lateinamerikanische Mitgliedsparteien 47, 50, 351 f., 569
— Menschenrechtspolitik 31, 36–41, 175–177, 194 f., 243, 309, 331, 347, 349, 376 f., 411–413, 439, 471, 510, 515, 521, 545, 581
— Nahostpolitik 51–56, 101, 244, 256 f., 276–279, 287 f., 298–301, 307, 310, 322 f., 438, 478, 555 f., 561 *siehe auch: Naher und Mittlerer Osten*
  - Grundsätze für die Lösung des Nahostkonflikts 51 f., 230–232, 541
  - Kreisky-Missionen 1974–1976 32, 139, 148, 172, 184, 279, 530
  - Middle East Committee (SIMEC) 510, 598
  - Soares-Missionen 1982 354, 569
— Nord-Süd-Politik 31, 67, 94, 174 f., 194, 244, 454
— „Offensiven" 1976 31, 36 f., 172–176
— Öffnung nach Osten seit 1989/90 59–61, 469 f., 512–514
— organisatorische und strukturelle Mängel 23 f., 27, 30, 33–36, 137 f., 169, 242–244, 307–309, 312–314
— Parteiführerkonferenzen 130, 169
  - in Amsterdam, 16./17. April 1977 193
  - in Bommersvik (Schweden), 20./21. Juli 1979 276, 555, 561
  - in Tokio, 17.–19. Dezember 1977 32, 184 f., 192, 435
  - in Wien, 9./10. März 1989 59 f., 471, 590 f.
— Parteiführertreffen in Hamburg, 6. Mai 1980 308, 312, 562
— Präsidium 34, 507, 561
  - Sitzung in Berlin, 19./20. September 1991 505 f., 596
  - Sitzung in Bonn, 15./16. Juli 1981 520
  - Sitzung in Madrid, 13./14. März 1992 511
  - Sitzung in Paris, 29. Dezember 1981 41, 348, 568
  - Sitzung in Stockholm, 19. Juni 1989 478
— programmatische Grundlagen 32, 165–168, 244, 434–437, 439
— Rat („Council") 522
  - Sitzung in Bonn, 16./17. Oktober 1986 444

— Sitzung in Dakar, 15./16. Oktober 1987   519
— Sitzung in Genf, 23./24. November 1989   60f., 522, 591
— Sitzung in Kairo, 22./23. Mai 1990   509, 593
— Sitzung in Santiago de Chile, 26./27. November 1991   507, 597
— Sitzung in Stockholm, 19. Juni 1989   478, 592
— Statuten   129, 244
— Suche nach einem Nachfolger Brandts   62, 511, 514, 598
— Südafrikapolitik   56–59, 244, 425–432, 438f., 461f., 472–476, 490–494
  — Delegation in das südliche Afrika 1977   32, 184, 192
  — Hearing der „World Campaign against military and nuclear collaboration with South Africa" und des „United Nations Special Committee against Apartheid" in Bonn, 27. April 1989   475f., 591
  — Konferenz in Arusha, 4./5. September 1984   425, 435, 438, 583
  — Konferenz in Gaborone, 18./19. April 1986   57f., 425–432, 435, 438, 583
  — Konferenz in Harare, 15./16. Februar 1989   462, 589
— Unterstützung von Befreiungsbewegungen   43, 57, 59, 216–219, 528
— Vizepräsidenten   16, 34, 44, 140, 158, 160, 169, 191, 243, 286, 313, 362, 377, 445, 505f., 544f., 561–563, 598
— Wahl Brandts zum Präsidenten 1976   29–32, 102, 136–140, 158–161, 163, 180, 519, 532
  — Wiederwahl 1983   36, 355, 362, 570
— Wirtschaftspolitischer Ausschuss, -politik   441, 448f., 463, 586f.
— Zentrale in London („Sekretariat") 33f., 137f., 140, 160, 169, 191, 561

— Zusammenarbeit mit Christdemokraten und Liberalen   37, 45f., 176, 374–377, 379, 382, 412, 575, 581
Sozial-liberale Koalition 1969–1982   17, 58, 75, 188, 564
— Bruch 1982   36, 89, 355, 570
Sozialstaat *siehe Wohlfahrtsstaat, -sektor*
Spanien   21, 23f., 44, 62f., 98, 132–135, 171, 188f., 199, 398, 511
— Kommunistische Partei   531
— Sozialistische Arbeiterpartei Spaniens (PSOE)   24, 41, 52, 134f., 158, 171, 183, 188f., 244, 276, 286f., 362, 530, 532, 589
SPD *siehe Sozialdemokratische Partei Deutschlands (SPD)*
SPÖ *siehe Österreich: Sozialistische/ Sozialdemokratische Partei (SPÖ)*
SS-20   83, 575
Staatshandelsländer *siehe Ostblock, Osten*
Staatszerfall   104, 466
Stiftung Entwicklung und Frieden (SEF) 90, 105
Stockholm   15, 34, 55, 60, 97, 164, 424, 469, 478, 522, 532, 592
Stockholm International Peace Research Institute (SIPRI)   551
Stockholmer Initiative   97f., 510, 526, 598
siehe auch: Global Governance: Internationale Kommission
Straßburg   171, 300
Stuttgart   166
Südafrika   57–59, 150, 217–221, 244, 271, 412f., 425–432, 438f., 462, 472–476, 490–494, 531, 539, 583f., 588f., 591f., 594
— African National Congress (ANC)   57, 59, 218, 428, 476, 490–492, 521, 539, 583, 594
— Nationale Partei   473, 475
— United Democratic Front (UDF)   429, 472f., 583
Südamerika *siehe Lateinamerika: Südamerika*
Sudan   72, 414, 536

Südkorea 38, 69, 315, 500, 538, 563, 588, 595
— Vereinigte Sozialistische Partei 185
„Südpolitik" 69, 212, 538
Südwestafrika *siehe Namibia*
Supermächte *siehe Sowjetunion, Vereinigte Staaten von Amerika*
Sydney 571
Syrien 72, 322, 570, 587

Taiwan 538, 588
Tansania 17, 68, 72, 203, 217, 523, 526, 536, 565 f., 583, 585
Teheran 287, 548, 557, 561
Terrorismus 49, 52, 80, 92, 104, 424 f., 439, 441, 548, 559, 582
Thailand 305, 455, 560
Thatcherismus 458
Third-World-Prize 90
Tigray 409
Togo 528
Tokio 32, 435
Toronto 587
Totalitarismus 144
Transnationale Unternehmen 79, 216, 281, 291, 422, 459, 539
Transportwesen 75
Transvaal 473
Trier 196
Tripolis 582
Tschechoslowakei 471, 513
— Kommunistische Partei 37 f., 61, 471, 591
— kommunistischer Putsch 1948 23
— Prager Frühling 1968 39, 190, 569, 591
— Sozialdemokratische Partei 61
Tunesien 245 f., 545
— Sozialistische Destourpartei 37, 245
Tunis 545
Türkei 171, 189, 314 f., 331, 534, 563, 565
— Gerechtigkeitspartei 314
— Militärregierung 1980–1983 38 f., 314 f., 331

— Republikanische Volkspartei 139, 189, 314 f.

Überleben der Menschheit 71, 80, 103, 166, 177, 193, 223 f., 234, 250, 252, 318–320, 327, 433, 468, 488
UdSSR *siehe Sowjetunion*
Uganda 17
Umweltpolitik
— globale Umweltzerstörung 71, 80, 88, 95, 103 f., 175, 224, 252, 305, 320, 339–343, 346, 458, 467, 480, 500 *siehe auch: Erderwärmung, Ozonloch*
— Umweltschutz 82 f., 223 f., 340, 417, 419, 435, 466, 479–481, 483 f., 509, 584, 586
UN *siehe Vereinte Nationen*
Unabhängige Kommission für Internationale Entwicklungsfragen *siehe Nord-Süd-Kommission*
Unabhängige Kommission für Internationale Sicherheits- und Abrüstungsfragen *siehe Palme-Kommission*
Unabhängigkeitsbewegungen *siehe Befreiungsbewegungen*
UNCTAD *siehe Konferenzen und Verhandlungen: Konferenz der Vereinten Nationen für Handel und Entwicklung (UNCTAD)*
UNESCO *siehe Vereinte Nationen: UNESCO*
Ungarn 72, 455, 541, 567, 587
— Exil-Sozialdemokraten 60 f., 469, 591
— Sozialdemokratische Partei (USDP) 59, 469, 591
— Sozialistische Partei (ehemalige Kommunisten) 60 f., 513, 599
UNICEF *siehe Vereinte Nationen: UNICEF*
UNITA *siehe Angola: UNITA*
United Nations Association 73, 234–242, 543
Unkel 516
Unterentwickelte Länder *siehe Entwicklungsländer*
Unterentwicklung *siehe Entwicklung*

Uruguay 285, 399 f., 577, 584
USA *siehe Vereinigte Staaten von Amerika*

Vancouver 32, 35, 52, 172, 185, 242 f., 276, 282, 286, 435, 544 f.
Vatikan 72, 540, 579
Venedig 81, 302, 311, 560
Venezuela 25 f., 44, 47, 64, 92, 142, 151 f., 203, 403, 487 f., 522, 527, 531, 536, 538, 553, 559, 565, 572, 578, 580, 589 f., 593, 595
— Acción Democrática (AD) 26, 50, 141 f., 152, 171, 286, 442, 521, 530
Vereinigte Arabische Emirate 298
Vereinigte Staaten von Amerika 16, 24 f., 33, 48, 55 f., 66, 68, 72 f., 77, 80, 83, 86, 88, 90, 94 f., 98, 101, 104, 135, 146, 164, 172 f., 176, 178, 182 f., 188, 239–242, 258–260, 264, 269–271, 274, 287 f., 296 f., 312, 317, 335, 350, 352 f., 356 f., 368 f., 376, 380 f., 389, 391, 395, 402, 416, 424, 430, 437, 448, 450, 452 f., 457, 459 f., 462, 465, 476, 503, 521, 527 f., 532, 534, 536, 543, 549 f., 556 f., 564–566, 570, 574, 582 f., 586–589, 592, 595–597
— Bush-Administration 1989–1993 95, 465, 468, 590
— Carter-Administration 1977–1981 109, 207, 271, 315 f., 534, 544, 561
  — Menschenrechtspolitik 31, 182, 194
  — Nahostpolitik 54, 256, 549
  — Pläne für eine militärische Eingreiftruppe 77, 258, 550
  — Reaktion auf den Brandt-Report 1980 81, 297, 558
— Demokratische Partei 37, 193, 581
— Ford-Administration 1974–1977 22 f.
— Foreign Assistance Act von 1961 544
— Haushaltsdefizit 90, 452 f., 588
— Militärausgaben 89, 372, 452, 573
— öffentliche Entwicklungshilfeausgaben 215, 539
— Reagan-Administration 1981–1989 89, 109, 322, 335, 424, 569 f., 578
  — Afrikapolitik 58, 431 f.
  — Lateinamerika-/Mittelamerikapolitik 43 f., 46, 51, 89, 101, 366, 368 f., 375 f., 380, 394, 396–399, 401 f., 431, 520, 571 f., 579
  — Nord-Süd-Politik 86, 88 f., 356 f., 370, 372 f., 386, 566, 573
— Republikanische Partei 37, 581
— sozialistische Bewegung 130, 138, 185, 192
Vereinigung der Britischen Freunde des Diaspora Museums (Tel Aviv) 520 f.
Vereinte Nationen 55, 57, 66, 72, 85, 94, 104, 126, 128, 157, 193, 203, 219, 238 f., 264, 266, 273, 294, 297, 337, 353, 357, 397, 399, 439, 450, 454 f., 464, 467, 474, 479–482, 496, 502, 506–510, 515, 519, 527 f., 533 f., 539, 547, 551 f., 558, 567, 592 f., 594–598
— Allgemeine Erklärung der Menschenrechte 126, 175, 194, 305, 528, 540, 560
— Ernährungs- und Landwirtschaftsorganisation (FAO) 259, 333, 550, 566
— Finanzkrise 570, 584
— Flüchtlingskommissar 305, 560
— Friedenstruppen („Blauhelme") 221, 354, 570
— Generalsekretär 66, 69, 72, 80, 85, 88, 97 f., 247, 267, 288, 297, 353, 358, 399, 464, 468, 479, 506–510, 546, 565, 590, 598
  — Wahl 1991 506–510, 597 f.
— Generalversammlung 18 f., 25, 66, 197 f., 202, 247, 297, 319, 327, 337 f., 479, 507, 509, 527 f., 530, 536, 544, 551, 563 f., 567, 579, 590, 592 f., 598
— Globalverhandlungen 84, 87, 319, 327–329, 332 f., 337, 455, 563–567, 578
— Internationaler Agrarentwicklungsfonds (IFAD) 333, 565
— Reformvorschläge 97, 481 f., 484 f., 515, 593

— Sicherheitsrat 97, 287 f., 507, 569, 592, 596–598
  — Resolution 242   231, 257, 299, 548 f.
  — Resolution 338   231
  — Resolution 418   474 f., 539
  — Resolution 435   432, 462, 583, 588
  — Resolution 687   597
  — Resolution 688   510, 598
— UNESCO   526, 548
— UNICEF   253
— Welternährungsprogramm (WFP)   333, 345, 566 f.
— Welternährungsrat (WFC)   333, 566
„Vier-Kontinente-Initiative"   439, 585
Vierte Welt siehe Entwicklungsländer: ärmste
Vietnam   98, 303, 500, 534, 560
Völkermord   104, 174, 304
Völkerrecht   33, 127, 166, 298, 368, 424 f., 431, 437, 474 f.
Volkswagen AG   124, 594

Wahlen   21, 33, 39, 46, 131, 133, 135, 140, 221, 285, 375, 377–379, 381, 393–396, 401, 432, 453, 459, 463, 477, 519, 529, 556, 564, 574, 583, 586, 588 siehe auch: Nicaragua: Wahlen 1984
Währungs- und Finanzpolitik
— internationale   76 f., 79, 91, 175, 237, 254, 268, 271 f., 291, 293, 361, 391, 480, 543, 554, 578
„War on Want"   409
Warschau   41
— Ghetto-Aufstand 1943   40
Warschauer Pakt   39, 59, 173, 206, 262, 533, 591 siehe auch: Ostblock, Osten
Washington   22, 43 f., 54, 58, 66, 81, 88, 95, 109, 178, 257, 297, 312, 324, 335, 373, 381, 397, 399, 401 f., 409, 431, 437, 523–525, 533, 536 f., 543, 558, 565, 581, 590
Wasserknappheit   104, 415–417, 503
Weißes Haus   81, 95, 590

Weltbank, eigentlich International Bank for Reconstruction and Development (IBRD)   64–66, 75 f., 79, 91 f., 104, 177, 179 f., 197, 207, 237, 265, 269, 272 f., 292, 294, 333 f., 356 f., 370, 372, 395 f., 407 f., 447–449, 453, 455, 467, 522, 533 f., 536, 538, 543 f., 547, 553, 566 f., 577, 581, 587
— International Development Agency (IDA)   534, 570
  — Wiederauffüllung 1984   89, 372–374, 383–386, 391, 573, 575 f.
— Jahresversammlung in Berlin 1988   94, 448, 586
— Quoten und Stimmrechte   76, 272, 333, 335, 448–450, 543, 554 f., 586
— Reformforderungen   73, 82, 88, 91, 238 f., 292, 328, 334, 448, 450
Weltentwicklungsfonds   74 f., 254, 264–266, 270, 292, 423, 548, 586 siehe auch: Nord-Süd-Kommission: Bericht 1980
Weltfestspiele der Jugend und Studenten   48, 232, 542
Weltgesundheitsorganisation (WHO)   253, 547
Welthandelsorganisation (WTO)   553
„Weltinnenpolitik"   17, 80, 102 f., 343, 460
Weltkarte   212 f.
Weltkommission für Umwelt und Entwicklung siehe Brundtland-Kommission
Weltnachbarschaft   174 siehe auch: „Eine Welt", Global Governance
Weltordnung
— neue internationale Ordnung   227, 234–242, 250 f., 254, 282, 318, 346 siehe auch: Weltwirtschaft: Neue Weltwirtschaftsordnung
— Weltordnungspolitik siehe Global Governance
Weltregierung   391
Weltwirtschaft   98, 100, 103, 146, 151, 229, 238, 240, 251, 289–291, 336, 344, 384, 465 f., 479 f., 548, 567 siehe auch: Globalisierung, Globalismus, Interdependenz

— Krise zu Beginn der achtziger Jahre 77–80, 83, 88, 90, 289–291, 293, 308, 318, 326, 328 f., 336, 341, 358–361, 372, 457
— Krise zu Beginn der dreißiger Jahre 88, 213, 361
— Neue Weltwirtschaftsordnung 18–20, 25, 28, 67, 71, 73, 79, 82, 94, 98, 145, 175, 194, 206, 236 f., 305, 318, 409, 423, 454 f., 530, 537, 542, 564, 586
— Strukturwandel seit 1973 98, 168, 175, 186, 213, 528
Westdeutscher Rundfunk 351–353
Westen 37, 40, 42, 58, 92, 135, 182, 205, 255, 267, 296, 343–345, 430, 476, 484
— westliches Gesellschafts- und Wirtschaftsmodell 94, 168, 201, 215 f., 251 f., 317, 335, 408, 460
Westjordanland 299
Westminster-Parlamentarismus 32 siehe auch: Demokratie: parlamentarische
Westsahara-Konflikt 508, 597 f.
Wettbewerb siehe Marktwirtschaft: Wettbewerb
Wien 51–53, 56, 59 f., 77, 86 f., 129, 173, 232, 249, 276 f., 279, 307, 321 f., 341, 411, 471, 528, 533, 540 f., 546, 549, 551, 556, 567, 590
Wiesbaden 573
Windhoek 539
Wirtschaftspolitik 94 f.
— angebotsorientierte Wirtschaftspolitik 88, 457, 480, 588
— gemischte Wirtschaftsordnung 44, 365, 394 f.
— staatliche Investitionskontrolle und Planung 25, 125, 127, 527
Wirtschaftswachstum 145, 211, 212, 230, 271, 282, 290 f., 479 f.
Wladiwostok 532

Wohlfahrtsstaat, -sektor 51, 186, 225, 436 f.
Wohnen
— menschenwürdiges 28, 31
Wolfsburg 109, 495, 512, 599
World Affairs Council 522

Z DF siehe Fernsehen: ZDF
Zeitungen und Zeitschriften 176
— *Bild der Wissenschaft* 259–266
— *Die Zeit* 413–424
— *Frankfurter Rundschau* 214–221, 332–338, 469 f., 565, 595
— *International Herald Tribune* 366 f., 571
— *Münchner Merkur* 31 f.
— *New York Times* 401
— *Le Nouvel Observateur* 298–300
— *Quehacer (Lima)* 441–447
— *Socialist Affairs* 109, 280–287, 556, 595 f.
— *Süddeutsche Zeitung* 202–209
— *tageszeitung (taz)* 393–399, 578
— *Verdens Gang (Oslo)* 366–368, 572
— *Vorwärts* 556
— *Washington Post* 68
— *Westfälische Rundschau* 179–182, 533
— *zitty* 448–455
Zimbabwe 57, 217 f., 539
— ANC 521
— Patriotische Front (ZANU und ZAPU) 59, 217 f., 539
Zivilgesellschaft 102
Zürich 521
„Zweite Internationale" siehe Arbeiterbewegung: internationale Arbeiterbewegung sozialistischer und sozialdemokratischer Parteien: Internationaler Arbeiterkongress („Zweite Internationale") 1889–1914
Zypern-Konflikt 189, 534

Bildnachweis

Seite 6 und Foto auf dem Umschlag: Willy Brandt 1986 auf einer Pressekonferenz in Johannesburg. Foto: dpa/Archiv der sozialen Demokratie der Friedrich-Ebert-Stiftung, Bonn
Seite 19: Brandt und Boumediène in Algier, 19. April 1974. Foto: AP/Archiv der sozialen Demokratie der Friedrich-Ebert-Stiftung, Bonn
Seite 22: Brandt empfängt Mário Soares in Bonn, 3. Mai 1974. Foto: dpa/Archiv der sozialen Demokratie der Friedrich-Ebert-Stiftung, Bonn
Seite 27: Brandt und Haya de la Torre beim Treffen in Caracas, Mai 1976. Foto: nicht ermittelbar
Seite 46: SI-Regionalkonferenz für Lateinamerika und die Karibik in Santo Domingo, 26. März 1980. Foto: Socialist International, London
Seite 52: Brandt, Peres, Kreisky und Sadat in Wien, 9. Juli 1978. Foto: dpa/UPI/Archiv der sozialen Demokratie der Friedrich-Ebert-Stiftung, Bonn
Seite 63: Brandt und González in Madrid, 3. April 1990. Foto: M. Povedano, Madrid/Archiv der sozialen Demokratie der Friedrich-Ebert-Stiftung, Bonn
Seite 65: McNamara und Brandt in Bonn, 7. März 1979. Foto: WEREK/Archiv der sozialen Demokratie der Friedrich-Ebert-Stiftung, Bonn
Seite 70: Brandt eröffnet die Konstituierende Sitzung der Nord-Süd-Kommission auf Schloss Gymnich, 9. Dezember 1977. Foto: dpa
Seite 81: Brandt und Ramphal bei Carter im Weißen Haus, 15. Februar 1980. Foto: dpa/UPI/Archiv der sozialen Demokratie der Friedrich-Ebert-Stiftung, Bonn
Seite 99: Brandt, Nyerere, Brundtland, Carlsson und Börner bei der Nord-Süd-Konferenz in Königswinter, 17. Januar 1990. Foto: dpa/Archiv der sozialen Demokratie der Friedrich-Ebert-Stiftung, Bonn

Seite 129: Brandt, Palme und Kreisky in Wien, 24. Mai 1975. Foto: dpa/Archiv der sozialen Demokratie der Friedrich-Ebert-Stiftung, Bonn

Seite 163: Brandt beim SI-Kongress in Genf, 26. November 1976. Foto: Sven Simon/Archiv der sozialen Demokratie der Friedrich-Ebert-Stiftung, Bonn

Seite 228: Brandt und Geisel in Bonn, 7. März 1978. Foto: AP/Archiv der sozialen Demokratie der Friedrich-Ebert-Stiftung, Bonn

Seite 248: Sitzung der Nord-Süd-Kommission in Mont Pèlerin, 22.–26. Februar 1979. Foto: Jupp H. Darchinger

Seite 277: Gemeinsame Pressekonferenz von Arafat, Kreisky und Brandt in Wien, 8. Juli 1979. Foto: Internationale Pressebildagentur Franz Votava, Wien

Seite 302: Brandt und López Portillo auf Schloss Gymnich, 19. Mai 1980. Foto: dpa/Archiv der sozialen Demokratie der Friedrich-Ebert-Stiftung, Bonn

Seite 313: Mitterrand und Brandt in Bonn, 11. März 1980. Foto: dpa/Archiv der sozialen Demokratie der Friedrich-Ebert-Stiftung, Bonn

Seite 359: Brandt und Heath bei der Vorstellung von „Hilfe in der Weltkrise" in Bonn, 9. Februar 1983. Foto: dpa

Seite 371: Brandt vor dem Nord-Süd-Forum der SPD in Bonn, 16. Februar 1984. Foto: dpa/Archiv der sozialen Demokratie der Friedrich-Ebert-Stiftung, Bonn

Seite 405: Castro empfängt Brandt in Kuba, 15. Oktober 1984. Foto: Rolf Braun/Archiv der sozialen Demokratie der Friedrich-Ebert-Stiftung, Bonn

Seite 440: García und Brandt während des SI-Kongresses in Lima, 20. Juni 1986. Foto: dpa/Archiv der sozialen Demokratie der Friedrich-Ebert-Stiftung, Bonn

Seite 449: Brandt, Ayala und Manley bei der SICEP-Tagung in Berlin, 8. September 1988. Foto: dpa/Archiv der sozialen Demokratie der Friedrich-Ebert-Stiftung, Bonn

Seite 486: Brandt und Aquino in Manila, 31. Mai 1990. Foto: nicht ermittelbar/Archiv der sozialen Demokratie der Friedrich-Ebert-Stiftung, Bonn

Seite 491: Brandt und Mandela in der SPD-Parteizentrale in Bonn, 11. Juni 1990. Foto: Sven Simon/Archiv der sozialen Demokratie der Friedrich-Ebert-Stiftung, Bonn

Seite 513: Brandt und Gorbatschow, 10. November 1990. Foto: nicht ermittelbar/Archiv der sozialen Demokratie der Friedrich-Ebert-Stiftung, Bonn

Angaben zum Bearbeiter und zu den Herausgebern

Bearbeiter:

Bernd Rother, geb. 1954, Dr. phil., Studium der Geschichte und Politikwissenschaft in Braunschweig; Publikationen zur Geschichte der SPD, zur Erforschung des Holocaust und zur braunschweigischen Landesgeschichte sowie zur portugiesischen und spanischen Zeitgeschichte; seit 1999 wissenschaftlicher Mitarbeiter der Bundeskanzler-Willy-Brandt-Stiftung

Wolfgang Schmidt, geb. 1968, Dr. phil., Studium der Politikwissenschaft, der Neueren Geschichte und der Volkswirtschaft in Bonn, Marburg und Lawrence, USA; Veröffentlichungen zu Willy Brandt, zur Deutschlandpolitik und zur deutschen Zeitgeschichte seit 1945; seit 2002 wissenschaftlicher Mitarbeiter der Bundeskanzler-Willy-Brandt-Stiftung

Herausgeber:

Prof. Dr. Helga Grebing, geb. 1930 in Berlin. Studium an der Humboldt- und der Freien Universität. 1952 Promotion im Fach Geschichte. Danach Tätigkeiten im Verlagswesen und in Institutionen der Politischen Bildung. Seit 1971 Professorin für Geschichte (Schwerpunkt Sozialgeschichte des 19. und 20. Jahrhunderts) an den Universitäten Frankfurt/Main, Göttingen und Bochum, hier 1988–1995 Leiterin des Zentral-Instituts zur Erforschung der europäischen Arbeiterbewegung. 1995 emeritiert und seither als Publizistin in Göttingen lebend. Viele Veröffentlichungen zur Geschichte der Arbeiterbewegung; Autorin u. a. der „Geschichte der deutschen Arbeiterbewegung".

Prof. Dr. Gregor Schöllgen, geb. 1952 in Düsseldorf. Studium der Geschichte, Philosophie und Sozialwissenschaften in Bochum, Berlin, Marburg und Frankfurt/Main. Dort 1977 Promotion im Fach Philosophie; 1982 Habilitation für Neuere Geschichte in Münster. Seit 1985 Professor für Neuere Geschichte an der Universität Erlangen. Gastprofessor in New York, Oxford und London. Zahlreiche Veröffentlichungen, zuletzt: „Geschichte der Weltpolitik von Hitler bis Gorbatschow 1941–1991", „Die Außenpolitik der Bundesrepublik Deutschland", „Diehl. Ein Familienunternehmen in Deutschland 1902–2002" und „Willy Brandt. Die Biographie".

Prof. Dr. Heinrich August Winkler, geb. 1938 in Königsberg. Studium in Münster, Heidelberg und Tübingen. Promotion zum Dr. phil. in Tübingen 1963. Professor an der Freien Universität Berlin und an der Universität Freiburg/Br., seit 1991 an der Humboldt-Universität zu Berlin. Wichtigste Veröffentlichungen: „Arbeiter und Arbeiterbewegung in der Weimarer Republik" (3 Bde.), „Weimar 1918–1933. Die Geschichte der ersten deutschen Demokratie", „Streitfragen der deutschen Geschichte" und „Der lange Weg nach Westen" (2 Bde.). Weitere Publikationen zur deutschen, europäischen und amerikanischen Geschichte.

Uneinig in die Einheit

Die Sozialdemokratie und die
Vereinigung Deutschlands 1989/1990

Seit Sommer 1989 stritt die SPD intern wie öffentlich über ihren deutschlandpolitischen Kurs. Die Frage der Einheit trieb einen Keil in die Partei. Willy Brandt war bestürzt über die Auffassung Oskar Lafontaines und weiterer „Enkel", die im Fortbestehen zweier deutscher Staaten eine Voraussetzung für den Frieden in Europa sahen. Obwohl Sozialdemokraten wie Brandt und Hans-Jochen Vogel mahnten, man dürfe diese einmalige historische Chance nach dem Fall der Mauer nicht ungenutzt verstreichen lassen, akzeptierten Teile der SPD nur widerwillig jene politischen Fakten, wie sie von der Regierung Kohl geschaffen wurden: Wirtschafts- und Währungsunion, schließlich die staatliche Einheit selbst.

Im Herbst 2005 hat die Bundeskanzler-Willy-Brandt-Stiftung das Buch Daniel F. Sturms mit dem Willy-Brandt-Preis zur Förderung von Nachwuchswissenschaflerinnen und -wissenschaftlern ausgezeichnet.

Daniel Friedrich Sturm
Uneinig in die Einheit
Die Sozialdemokratie und die
Vereinigung Deutschlands 1989/1990

520 Seiten
Broschur
Euro 29,90
ISBN 3-8012-0363-8

www.dietz-verlag.de

Verlag J.H.W. Dietz Nachf. – Dreizehnmorgenweg 24 – 53175 Bonn
Tel. 0228/238083 – Fax 0228/234104 – E-Mail: info@dietz-verlag.de